Die Bonus-Seite

Ihr Vorteil als Käufer dieses Buches

Auf der Bonus-Webseite zu diesem Buch finden Sie zusätzliche Informationen und Services. Dazu gehört auch ein kostenloser **Testzugang** zur Online-Fassung Ihres Buches. Und der besondere Vorteil: Wenn Sie Ihr **Online-Buch** auch weiterhin nutzen wollen, erhalten Sie den vollen Zugang zum **Vorzugspreis**.

So nutzen Sie Ihren Vorteil

Halten Sie den unten abgedruckten Zugangscode bereit und gehen Sie auf **www.galileocomputing.de**. Dort finden Sie den Kasten **Die Bonus-Seite für Buchkäufer**. Klicken Sie auf **Zur Bonus-Seite/Buch registrieren**, und geben Sie Ihren **Zugangscode** ein. Schon stehen Ihnen die Bonus-Angebote zur Verfügung.

Ihr persönlicher **Zugangscode**: 6w5h-4dp9-bnzq-vxsu

Peter Müller

Websites erstellen mit Contao 3

Galileo Press

Liebe Leserin, lieber Leser,

mittlerweile muss man niemandem mehr Contao vorstellen. Innerhalb kürzester Zeit hat es sich vom Geheimtipp zu einem der beliebtesten CMS entwickelt. Die Gründe dafür sind vielfältig. So setzt Contao konsequent auf aktuelle Webstandards, Barrierefreiheit, Mehrsprachenfähigkeit, Personalisierbarkeit und suchmaschinenfreundliche URLs. Contao trennt konsequent zwischen Inhalt und Design mit CSS. Nun liegt mit Contao 3 das erste Major Release seit November 2006 vor. Die neue Version beinhaltet zahlreiche Neuerungen, viele nützliche Features sowie Usabilty-Verbesserungen. Nutzen Sie z.B. Responsive Webdesign Out-of-the-Box.

Peter Müller, vielen Lesern bekannt durch seine Einführung in CSS »Little Boxes«, stellt mit vielen Praxisbeispielen Installation, Konfiguration und Administration von Contao vor. Sein unnachahmlicher Stil garantiert Ihnen schnellen Lernerfolg und Unterhaltung auf jeder Seite. Schritt für Schritt begleitet er Sie bei der Erstellung Ihres Webauftritts. Angefangen von der Installation von Contao und einem Testsystem bis hin zur fertigen Website finden Sie alles, was Sie für einen erfolgreichen Start benötigen.

Die dritte, erweiterte Auflage wurde komplett aktualisiert und um viele neue Themen und Funktionen erweitert. Lesetipp von mir: Mobile Webseiten. Hier erfahren Sie alles, was Sie wissen müssen, wenn Sie Ihre Website für mobile Geräte, wie Smartphones oder Tablets, optimieren wollen.

Dieses Buch wurde mit großer Sorgfalt lektoriert und produziert. Sollten Sie dennoch Fehler finden oder inhaltliche Anregungen haben, scheuen Sie sich nicht, mit uns Kontakt aufzunehmen. Ihre Fragen und Änderungswünsche sind uns jederzeit willkommen. Versäumen Sie auch nicht die Website des Autors unter *www.websites-erstellen-mit-contao.de* zu besuchen. Hier finden Sie regelmäßig weitere Informationen und Aktualisierungen zum Buch und Contao.

Viel Vergnügen beim Lesen!

Wir freuen uns auf den Dialog mit Ihnen.

Ihr Stephan Mattescheck
Lektorat Galileo Computing

stephan.mattescheck@galileo-press.de
www.galileocomputing.de
Galileo Press · Rheinwerkallee 4 · 53227 Bonn

Auf einen Blick

Wir hoffen sehr, dass Ihnen dieses Buch gefallen hat. Bitte teilen Sie uns doch Ihre Meinung mit. Eine E-Mail mit Ihrem Lob oder Tadel senden Sie direkt an den Lektor des Buches: *stephan.mattescheck@galileo-press.de*. Im Falle einer Reklamation steht Ihnen gerne unser Leserservice zur Verfügung: *service@galileo-press.de*. Informationen über Rezensions- und Schulungsexemplare erhalten Sie von: *julia.mueller@galileo-press.de*.

Informationen zum Verlag und weitere Kontaktmöglichkeiten finden Sie auf unserer Verlagswebsite *www.galileo-press.de*. Dort können Sie sich auch umfassend und aus erster Hand über unser aktuelles Verlagsprogramm informieren und alle unsere Bücher versandkostenfrei bestellen.

An diesem Buch haben viele mitgewirkt, insbesondere:

Lektorat Stephan Mattescheck
Fachgutachten Leo Feyer (1. Auflage), Hannes Sottsass (2. Auflage) und Thomas Weitzel (3. Auflage)
Korrektorat Alexandra Müller, Olfen
Herstellung Lissy Hamann
Layout Vera Brauner
Einbandgestaltung Barbara Thoben, Köln
Coverfoto Fotolia.com: 4990699 © mao-in-photo
Satz III-satz, Husby
Druck Beltz Druckpartner, Hemsbach

Dieses Buch wurde gesetzt aus der TheAntiquaB (9,35/13,7 pt) in FrameMaker.
Gedruckt wurde es auf chlorfrei gebleichtem Offsetpapier (90 g/m²).

Der Name Galileo Press geht auf den italienischen Mathematiker und Philosophen Galileo Galilei (1564–1642) zurück. Er gilt als Gründungsfigur der neuzeitlichen Wissenschaft und wurde berühmt als Verfechter des modernen, heliozentrischen Weltbilds. Legendär ist sein Ausspruch Eppur si muove (Und sie bewegt sich doch). Das Emblem von Galileo Press ist der Jupiter, umkreist von den vier Galileischen Monden. Galilei entdeckte die nach ihm benannten Monde 1610.

Bibliografische Information der Deutschen Nationalbibliothek:
Die Deutsche Nationalbibliothek verzeichnet diese Publikation in der Deutschen Nationalbibliografie; detaillierte bibliografische Daten sind im Internet über *http://dnb.d-nb.de* abrufbar.

ISBN 978-3-8362-2010-1
3., aktualisierte und erweiterte Auflage

Inhalt

23 Wartung: die Website im Alltag 593

Geleitwort zur dritten Auflage von Thomas Weitzel

Ich wünsche allen Lesern dieses Buches einen guten, nein, den besten Start in die Welt mit Contao. Vor vielen Jahren kämpfte ich mit Tabellenlayouts, statischen Webseiten, verschiedenen CMSystemen und entdeckte eines Tages die Magie der kleinen Boxen: »Little Boxes« von Peter Müller. Beim Lesen kam die Sympathie zu CSS & Co. dank des immer wieder zwischen den Zeilen hervorblitzenden Humors von Peter. Ja, so macht es Spaß, so überwindet man manche Hürde im Lernen und Verstehen.

Inzwischen – viele Websites später – haben Peter und ich auf den vergangenen Contao-Konferenzen Workshops zu »Best Practice mit Contao« durchgeführt und unser Know-how weitergegeben.

Und genau das wünsche ich Ihnen auch jetzt beim Lesen und Lernen mit Contao – für sich selbst, für Ihre Projekte und möglicherweise auch für Ihre Kunden.

Es stecken in diesem Werk viele nützliche Tipps und eine detaillierte Beschreibung, um Ihnen die ersten Schritte zu erleichtern und erste Hürden deutlich niedriger zu setzen. Und selbst für alte Hasen ist auch in dieser Auflage noch das eine oder andere Fundstück dabei.

Mit Contao 3 ändern sich einige Dinge – was das Arbeiten mit diesem CMS für Sie nochmals angenehmer macht:

- Die datenbankbasierte Dateiverwaltung, mit der Sie nun Ordner- und Dateinamen im Nachhinein ändern und verschieben können und bei der Contao sich diese Änderungen merkt.
- Im Bereich der mobilen Websites sind Funktionen wie einfache Erstellung durch gesonderte Seitenlayouts sowie Unterstützung für Responsive Design hinzugekommen.
- Inhaltselemente in Nachrichten und Kalender ermöglichen nun eine deutlich vereinfachte und flexiblere Gestaltung.

Dies und vieles mehr bringt Peter auf anschauliche Weise in der nun dritten Auflage auf den Punkt.

Machen Sie sich auf – auf Ihre Reise in die Welt von Contao. Den richtigen Reiseführer halten Sie bereits in den Händen ...

Thomas Weitzel
Fachgutachter der dritten Auflage
Stuttgart

Geleitwort zur ersten Auflage von Leo Feyer

Peter Müller hat sich mit seiner Buchreihe »Little Boxes« schnell einen Namen in der Webdesign-Szene gemacht und war natürlich auch mir ein Begriff, als ich gefragt wurde, ob ich das Fachgutachten zu seinem Contao-Buch übernehmen möchte. Persönlich kennengelernt hatte ich ihn bis dahin noch nicht, sehr wohl war mir aber die fast ein wenig ehrfürchtige Art und Weise aufgefallen, in der die Leute über ihn sprachen. »Ja, Peter Müller. Little Boxes. Super Bücher. Erfolgsautor.« Wie würde wohl ein Buch zu einem CMS von ihm aussehen?

Zum damaligen Zeitpunkt war ihm das wahrscheinlich selbst noch nicht im Detail klar. Allerdings hatte er schon vor über zehn Jahren, als Dreamweaver & Co. noch das Maß der Dinge waren, Bücher zum Thema »Webpublishing« geschrieben und wusste aus der langjährigen Erfahrung heraus, wie man ein solches Werk strukturiert und die Inhalte dem Leser verständlich vermittelt. Inzwischen ist das Manuskript fertig, und ich kann sagen, dass Peter der Brückenschlag zwischen der Veranschaulichung von Contao und »seinem« Thema CSS optimal gelungen ist. Vor allem die ganzheitliche Betrachtung der Frage, wie man Stylesheets in Contao am besten einbindet und bearbeitet, dürfte für viele Anwender ein interessantes Kapitel sein. Denn nicht jeder kommt mit dem in Contao gewählten Standardweg auf Anhieb zurecht.

Das wurde auch auf dem Contao-Usertreffen im Mai 2010 deutlich, bei dem Peter zu unser aller Freude einen wohl unvergesslichen Gastvortrag zu diesem Thema gehalten hat. Für mich und die meisten anderen Teilnehmer war das der erste persönliche Kontakt mit ihm, und schnell stand fest, dass Peter nicht nur fachlich überzeugend ist, sondern auch Qualitäten als Entertainer hat – ein echtes Original eben. Seine humorvolle Art findet sich natürlich auch in seinen Büchern und Video-Trainings wieder.

Eine gehörige Portion Humor und Gelassenheit war dann wohl auch notwendig, als die Namensänderung von TYPOlight in Contao verkündet wurde. Zu diesem Zeitpunkt hatte Peter die ersten Kapitel des Buches bereits fertig, und ihm wurde bewusst, dass er sie nun überarbeiten musste. Eine unbezahlte Mehrarbeit, die leider auch für alle anderen Autoren angefallen ist, die inzwischen Contao-Bücher schrieben. Mittlerweile haben sich aber alle Beteiligten von dem »Schock« erholt und sind mit der Entscheidung und dem neuen Namen zufrieden. Denn Contao ist weder ein »CMS für Einsteiger« noch eine »abgespeckte Version« irgendwelcher anderer Blog- oder CMSysteme, wie das »light« im alten Namen vermehrt interpretiert wurde.

Das vorliegende Buch »Websites erstellen mit Contao« ist ein praxisorientierter Leitfaden für Anwender und Administratoren, der Schritt für Schritt die Erstellung einer

Website mit Contao beschreibt und dabei alle wichtigen Elemente und Vorgehensweisen erklärt. Es versteht sich nicht als vollständige Systemreferenz, sondern zeigt anhand eines konkreten Beispiels, welche Lösungen Contao für die gängigen Problemstellungen beim Bau von Webseiten bietet. Dabei weist Peter an vielen Stellen auch auf entsprechende Drittanbieter-Extensions hin, mit denen sich die Core-Funktionen sinnvoll ergänzen oder auf eine alternative Art und Weise nutzen lassen. Denn eines der schönsten Features von Contao ist seine Flexibilität, die den Anwender fast nie auf nur einen Lösungsweg beschränkt.

Ich wünsche allen Lesern viel Spaß mit diesem Buch und genauso viel Freude beim Arbeiten mit Contao wie Peter Müller.

Leo Feyer
Core-Entwickler des Content-Management-Systems Contao
München

Vorwort zur dritten Auflage

Das erste Jahrzehnt dieses Jahrtausends habe ich wie so viele Webworker mit der Suche nach einem geeigneten Content-Management-System verbracht, bis ich im Jahre 2008 Contao kennenlernte, das damals noch *TYPOlight* hieß. Nach einigen kleineren Sites habe ich im Sommer 2009 die Online-Version der CSS-Einführung »Little Boxes« damit erstellt, und das erste Mal fand ich ein CMS nach einem Projekt besser als vorher.

Anfang 2010 fragte Galileo Computing dann, ob ich Lust hätte, ein Buch zu Contao zu schreiben. Hatte ich, und so ist in den Monaten ein Buch entstanden, das Ihnen genau eine Sache näherbringen möchte, nämlich dass das Erstellen von Websites mit Contao Spaß macht und sehr effektiv ist.

In dieser dritten Auflage wurde das Manuskript komplett überarbeitet. Die Neuerungen von Contao 3.0 werden darin ebenso berücksichtigt wie die im Contao-Forum und in E-Mails von Lesern geäußerten Anregungen. Auch die Beispielsite wurde komplett überarbeitet.

Für wen ist dieses Buch?

Werfen Sie einen Blick auf die folgende Skala, und überlegen Sie kurz, wo Sie sich einordnen würden:

Websurfer – Webbastler – Webdesigner – Webmaster – Webentwickler

Okay? Weiter geht's.

Websurfer nutzen das Web. Sie kennen Firefox und andere moderne Browser, können aber weder HTML noch CSS. Websurfer können nach einer kurzen Einführung die Inhalte einer Contao-Site verwalten, werden bei der Erstellung einer eigenen Website mit Contao aber wahrscheinlich mehr Hilfe benötigen, als dieses Buch geben kann.

Webbastler, Webdesigner und Webmaster haben schon Webseiten erstellt, sei es als Hobby oder beruflich. Sie können mehr oder weniger HTML und CSS, kennen Firebug und haben zumindest ein bisschen Grundwissen zu Themen wie FTP und Dateiberechtigungen. Sie können mit Contao, diesem Buch und der Community eigene Websites erstellen, auch wenn sie bislang wenig Erfahrung mit CMSystemen haben. Dieses Buch ist für sie geschrieben.

Webentwickler sprechen JavaScript und PHP und sind meist auch mit Datenbankentwicklung und Serververwaltung vertraut. Entwickler können mit Contao fast alles machen und die Funktionalität beliebig erweitern. Sie bekommen in diesem Buch eine gute Einführung in das CMS, werden sich aber einen Knopf zum schnellen Vorlauf und mehr über Programmierung wünschen. Der schnelle Vorlauf ist drin, die Programmierung nicht.

Die CD im Buch

Auf der CD finden Sie neben einigen Programmen wie Contao, XAMPP und MAMP im Ordner *beispieldateien* nach Kapiteln sortiert alle Dateien, die Sie zur Erstellung der Beispielsite benötigen.

Vielen Dank

An Thomas Weitzel für das Fachlektorat der dritten Auflage.

An Edgar Selting (*dackelalarm.de*) für das Testen der mobilen Beispielsite und die vielen Verbesserungsvorschläge.

An Hannes Sottsass für das Fachlektorat der zweiten Auflage und die unzähligen Korrekturen und Anregungen.

An Erika Schiener und Dörte Neumann, die als Testleserinnen die Entstehung des Manuskriptes für die erste Auflage von Anfang bis Ende begleitet und mich mit zahlreichen Fragen, Vorschlägen und Kommentaren versorgt haben. Vielen, vielen Dank für eure Energie, Mühe und Zeit.

An Leo Feyer für die Entwicklung von Contao, das Kontrollieren der ersten Auflage als Fachgutachter und die Anregungen, die daraus entstanden sind.

An Stephan Mattescheck für die Idee zu diesem Buch.

Last but not least vielen Dank an Sie als Leser. Ohne Sie würde es keinen Spaß machen, und Sie lesen sogar das Vorwort. Wow. Ich wünsche Ihnen auf den kommenden Seiten viel Spaß und Erfolg. Take it easy, but take it.

Die Website zum Buch

Aktuelle Informationen zum Buch finden Sie auf der Website:

- *websites-erstellen-mit-contao.de*

Made with Contao.

TEIL I

Contao kennenlernen und installieren

Kapitel 1
Das ist Contao

In diesem Kapitel stelle ich Ihnen Contao kurz vor: Warum sollten Sie ein CMS nutzen? Welche Highlights bietet Contao? Wo finden Sie die wichtigsten Ressourcen im Web?

Die Themen im Überblick:

Contao. Klingt gut, ist einfach zu behalten und bedeutet auch noch was:

- *con* sind die ersten Buchstaben von *Content*.
- *tao* kommt aus dem Vietnamesischen und bedeutet *bilden, erzeugen, gestalten*.

Content erzeugen. Kein schlechter Name für ein Programm, mit dem Content erzeugt, gestaltet und verwaltet wird.

1.1 Contao ist ein Content-Management-System

Content-Management-System (kurz CMS) ist der gängige Begriff für ein Programm zum Verwalten von Inhalten auf Websites. Ein CMS wie Contao ist eine Software, ein Werkzeug, ein Tool, mit dem man Websites erstellen und pflegen kann. Contao ist ein webbasiertes CMS, denn die Bedienung erfolgt über das Web und mithilfe eines Webbrowsers.

1.1.1 Brauchen Sie überhaupt ein Content-Management-System?

Webseiten wurden früher manuell erstellt, auf den Webspace kopiert und dort vom Webserver unverändert ausgeliefert. Manuell erstellte, statische Webseiten sind sehr aufwendig in der Erstellung und der Pflege und sind deshalb immer seltener anzutreffen.

Für Agenturen und Semiprofis beschleunigt ein CMS schlicht und einfach die Erstellung von Prototypen, Klickmodellen und ganzen Sites. Wer Websites aber bisher manuell erstellt hat, muss für die Einarbeitung in ein CMS je nach Vorwissen mehr oder weniger Zeit einplanen und bei Workflow und Gewohnheiten in vielen Punkten völlig umdenken. Die Frage ist bei einem Projekt daher häufig, ob sich der Einsatz eines CMS überhaupt lohnt.

Folgende Kriterien können bei dieser Entscheidung hilfreich sein:

- **Regelmäßige Aktualisierung des Inhalts**
  Wenn Texte und Grafiken regelmäßig von Personen geändert werden müssen, die selbst keine Webseiten bauen, lohnt sich ein CMS auch bei einer kleinen Site.
- **Größe der Website**
  Wo genau die Grenze zu »größer« liegt, ist schwer zu sagen, aber bei größeren Sites ohne CMS wird z.B. eine nachträgliche Änderung an der Navigation sehr aufwendig. Bei mehr als ein paar einzelnen Seiten lohnt sich ein CMS meistens, auch wenn die Inhalte sich nicht oft ändern.
- **Anzahl der Mitarbeiter**
  Wenn an der Inhaltspflege mehr als zwei bis drei Leute beteiligt sind, lohnt sich ein CMS, denn sonst kommt es beim Hochladen des Inhalts früher oder später zu Katastrophen. Idealerweise hat das CMS eine gute Benutzerverwaltung und eine detaillierte Rechteverwaltung, damit jeder nur das sieht, was er sehen soll.
- **Ortsunabhängige Pflege des Inhalts**
  Ein webbasiertes CMS läuft in der Regel auf dem Webspace und wird per Browser bedient. So lassen sich Inhalte unabhängig vom Aufenthaltsort pflegen. Einzige Voraussetzungen sind ein Internetanschluss und ein Browser.

Diese Kriterien geben Ihnen einen ersten Anhaltspunkt, ob ein CMS sich lohnen könnte. Der Übergang von »Nein« über »Vielleicht« bis zu »Ja, sicher« ist fließend, aber wenn mehrere Mitarbeiter an verschiedenen Orten die Inhalte einer eher großen Site aktualisieren sollen, ist die Lage ziemlich eindeutig.

1.1.2 Ein CMS auf dem eigenen Webspace erfordert Know-how

Ein CMS auf dem eigenen Webspace ist in erster Linie ein Werkzeug für Webworker. Das gilt natürlich nicht nur für Contao, sondern auch für dessen Kollegen wie WordPress, Joomla, Drupal, Typo3 etc. Die Arbeit mit diesen Programmen erfordert Know-how auf verschiedenen Gebieten:

- Sie müssen sich passenden Webspace suchen und das System darauf installieren. Themen wie Webhosting, PHP-Versionen, Dateirechte (777 & Co.) und viele andere Details spielen dabei eine Rolle.

- Dann müssen Sie das System kennenlernen, begreifen, wie es funktioniert, und eine Website damit erstellen. Dazu benötigen Sie solide Kenntnisse in HTML und CSS und zumindest Grundwissen zu Bildbearbeitung, Grafikdesign, Usability etc. Je nach Vorwissen und System kann das ein paar Tage oder auch Wochen dauern.
- Nach der Veröffentlichung der Website müssen der Webspace verwaltet und das CMS gewartet werden, damit beide nicht zu einem Sicherheitsrisiko werden.

Anders ausgedrückt: Wenn Sie – egal, aus welchen Gründen – keine Lust oder Zeit haben, sich mit der technischen Seite einer Website zu beschäftigen, ist ein CMS auf dem eigenen Webspace wahrscheinlich das falsche Werkzeug.

Und selbst wenn Sie Lust dazu haben, sollten Sie über ein paar Vorkenntnisse verfügen. Wenn sich diese mit »ein bisschen Dreamweaver« oder »VHS-Kurs HTML, aber das ist schon ein paar Jahre her« umschreiben lassen, ist es mutig, sich an einem CMS auf dem eigenen Webspace zu versuchen.

Aber natürlich kann das alles auch nicht nur reibungslos klappen, sondern sogar richtig Spaß machen. Dieses Buch führt Sie Schritt für Schritt durch den CMS-Dschungel, und auch interessierte Laien sind dazu herzlich eingeladen, sollten aber eine gesunde Mischung aus Lernbereitschaft und Frustrationstoleranz mitbringen.

Noch dabei? Okay. Willkommen, bienvenue, welcome. Zu Contao, au Contao, to Contao. Denn Contao ist natürlich mehrsprachig.

1.1.3 Contao unterstützt Sie bei Inhalt, Gestaltung und Funktionen

Contao ist ein schlankes, aber leistungsfähiges und einfach erweiterbares Content-Management-System, das vergleichsweise leicht zu lernen ist und sich für kleine, mittlere und auch ziemlich große Websites eignet.

Bei der Erstellung und der anschließenden Verwaltung einer Website müssen Sie sich neben der eben beschriebenen Technik über drei Bereiche Gedanken machen: Inhalte, Gestaltung und Funktionen. Contao unterstützt Sie in allen drei Bereichen:

- **Inhalt**
  Content ist der Grund, warum Besucher auf eine Website kommen. Contao vereinfacht die Verwaltung der Inhalte mit einer übersichtlichen Baumstruktur, dem genialen Konzept der Inhaltselemente und nützlichen Erweiterungen, z.B. für Nachrichten, Termine oder Formulare.
- **Gestaltung**
  Layout. Design. Das Aussehen einer Website. Contao unterstützt Sie beim Layouten mit einem integrierten CSS-Framework und dem *Theme Manager*, mit dem Sie fertige Layouts importieren können.

- **Funktionen**
  Funktionen sind die interaktiven Bestandteile einer Website: Suchfunktion, Kontaktformular, Kommentarfunktion und vieles mehr. Contao bietet zahlreiche vorgefertigte Module, die Sie nur noch konfigurieren und einbinden müssen. Ohne Programmierung.

Contao ist also nicht nur ein hervorragendes *Content*-Management-System, sondern unterstützt Sie auch bei der Erstellung und Verwaltung der gesamten Website. Klingt gut? Ist gut. Los geht's.

1.2 Die Website zum Programm: »contao.org«

Contao ist eine Erfindung des Programmierers Leo Feyer aus Wuppertal und ein noch recht junges System.

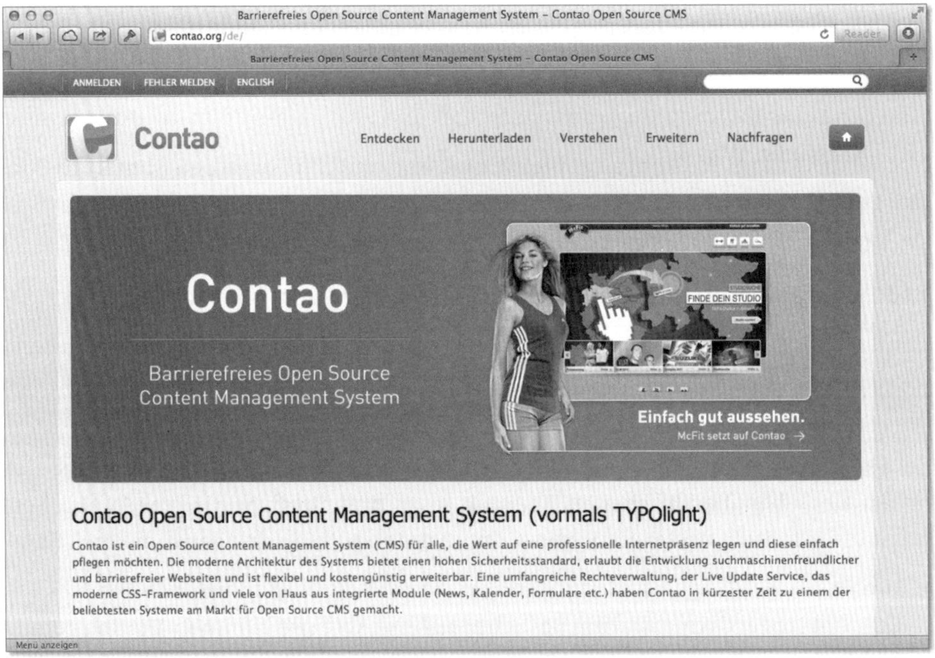

Abbildung 1.1 »contao.org« – die zentrale Anlaufstelle für Contao

Die erste Version von Contao erschien am 28. Februar 2006 unter dem Namen *TYPOlight*. Der Grund für die im Juni 2010 erfolgte Umbenennung zu Contao waren zwei chronische Missverständnisse, die immer mehr zu einem Ärgernis wurden:

- Das System war *keine* abgespeckte Version von TYPO3.
- Das *light* stand nicht für einen geringen Funktionsumfang.

Unter dem neuen Namen *Contao* wächst und gedeiht das Projekt und gewinnt nicht zuletzt dank der guten Pflege des engagierten Core-Teams eine immer größere Fangemeinde. Erste Anlaufstelle für Contao im Web ist:

- *contao.org*

Auf dieser mehrsprachigen Website können Sie alles rund um Contao ENTDECKEN, HERUNTERLADEN, VERSTEHEN, ERWEITERN und NACHFRAGEN.

1.3 Ein paar Highlights von Contao

In diesem Abschnitt möchte ich Ihnen zur Einführung ein paar Highlights von Contao vorstellen, auch wenn diese nur einen unzureichenden Einblick in den Charme des Systems geben.

Was Contao bei seiner stetig wachsenden Fangemeinde so beliebt macht, ist die Art und Weise, wie es im Alltag bei der Erstellung und Pflege einer Website zur Hand geht, und das lässt sich nicht auf eine Liste besonderer Features reduzieren.

1.3.1 Klassiker: Was an Contao schon immer Klasse war

Hier zunächst ein paar ausgewählte Highlights, die Contao schon seit Langem auszeichnen:

- **Contao ist ein seitenbasiertes Content-Management-System.**
  Anders als bei Blog-Systemen wie *WordPress*, kategoriebasierten Systemen wie *Joomla* oder nodebasierten Programmen wie *Drupal* ist Contao ein seitenbasiertes CMS. Der Kern einer Contao-Installation ist eine hierarchisch aufgebaute Seitenstruktur. In diesem Seitenbaum können Sie Seiten mit wenigen Klicks bearbeiten, kopieren, verschieben, löschen, verstecken, mit einem Passwort schützen, zeitgesteuert veröffentlichen und vieles mehr.
- **Der Inhalt einer Seite wird auf Inhaltselemente verteilt.**
  Auch nicht webaffine Redakteure können dank der leicht zu verstehenden Inhaltselemente gut aussehende Texte, Bildergalerien, Tabellen oder andere Inhaltstypen erstellen. Und zum Schreiben von Texten gibt es mit dem *TinyMCE* einen hervorragend integrierten WYSIWYG-Editor, dem man sogar Vorlagen für komplexe HTML-Strukturen mit auf den Weg geben kann.
- **Komfortable Editierfunktionen**
  Es macht richtig Spaß, mit Contao Inhalte zu verwalten. Sie können Inhaltselemente, Artikel und Seiten über die Zwischenablage kopieren und verschieben, mehrere Datensätze auf einmal bearbeiten (genial, wenn man es einmal entdeckt hat) und ältere Versionen per Klick wiederherstellen.

- **Schlanker Kern, viele Erweiterungen**

  Wichtige Module wie Nachrichten, Kalender (jeweils mit RSS-Feeds), Newsletter oder Formulargenerator sind in den Kern von Contao integriert und stehen sofort nach der Installation zur Verfügung.

  Zusätzlich gibt es im zentralen Erweiterungskatalog Hunderte von Erweiterungen, die die Funktionalität des Kerns beliebig erweitern und sich komfortabel aus dem Backend heraus installieren lassen.

- **Ein integriertes CSS-Framework – oder doch lieber eigene Styles?**

  Sie haben die Wahl: Contao hat ein leistungsfähiges, integriertes CSS-Framework, mit dem Sie sehr einfach mehrspaltige Seitenlayouts erstellen können. Sie können Contao mit anderen CSS-Frameworks kombinieren oder aber mit komplett eigenen Stylesheets arbeiten.

- **Detaillierte Rechte- und Benutzerverwaltung**

  Für Websites, an denen mehrere Personen arbeiten, wird die umfangreiche Benutzerverwaltung von Contao wichtig. Geschützte Bereiche mit Kunden-Login sind ebenso leicht zu realisieren wie ein schlankes Backend für Redakteure. Jeder sieht nur das, was er sehen soll, bis hinunter zu einzelnen Formularfeldern in Eingabemasken.

- **Mit Themes blitzschnell das Aussehen ändern**

  Ein *Theme* besteht aus Stylesheets, Frontend-Modulen und Seitenlayouts, bestimmt das Aussehen einer Website und kann mit wenigen Klicks verändert werden. Ohne den Inhalt zu verändern, bekommt eine Website im Nu ein neues Kleid.

- **Einfaches Live Update**

  Nach der Site ist vor der Site. Um aktuelle Installationen auf dem Laufenden zu halten, kann Contao entweder manuell oder über ein bequemes *Live Update* aktualisiert werden. Dieser Service ist zwar nicht kostenlos, aber so günstig, dass er sich wirklich für fast alle Sites lohnt.

- **Barrierefrei in Front- und Backend**

  Der Webdesigner hat mithilfe von Templates die volle Kontrolle über den erzeugten Quelltext und kann somit einfach eine barrierefreie Website erstellen.

  Aber auch das Backend ist barrierefrei. Der geschickte Einsatz von Technologien wie Ajax sorgt im Backend für hohen Bedienkomfort, aber auch ohne JavaScript lässt sich das Backend bedienen.

- **Mehrsprachigkeit und Multi-Domain**

  Man kann mit einer Contao-Installation sowohl mehrere Websites betreiben als auch eine Website in mehreren Sprachen. Oder mehrere Websites in mehreren Sprachen. Aber das sollten Sie vielleicht nicht gleich bei der allerersten Contao-Site versuchen ...

1.3.2 Und das ist neu: Highlights in Contao 3

Contao 3 ist das erste Major Release seit der Version 2 vom November 2006 und wurde dementsprechend mit Spannung erwartet. Hier ein paar Gründe, warum sich das Warten auf die dritte große Contao-Version gelohnt hat:

- **Datenbankgestütztes Dateisystem**
  Beim Umbenennen oder Verschieben von Dateien in der Dateiverwaltung bleiben die Verknüpfungen in Inhaltselementen und Modulen erhalten. Meta-Daten zum Beispiel für Bilder werden auch in der Datenbank erfasst. Die manuellen Bildbeschreibungen in einer *meta.txt* fallen weg.
- **Inhaltselemente auch in Nachrichten und Kalender**
  Inhaltselemente gibt es nicht mehr nur wie bisher in Artikeln, sondern auch in den Core-Erweiterungen Nachrichten und Kalender. Bildergalerien und vieles mehr in News-Beiträgen sind jetzt kein Problem mehr – und jetzt auch mit zeitgesteuertem Ein- und Ausblenden.
- **Versionsvergleich jetzt mit DIFF-Ansicht**
  Eine Versionierung, mit der man bei Inhaltselementen, Modulen und Stylesheets problemlos zu alten Versionen zurückkehren kann, hatte Contao schon immer, aber jetzt können Sie sich die Unterschiede zwischen verschiedenen Versionen direkt im Backend anzeigen lassen.
- **Vereinfachung der Erstellung mobiler Websites**
  Die mobile Version einer Website erfordert meist ein anderes Layout und andere Frontend-Module zum Beispiel zur Navigation. Contao 3 vereinfacht das, indem es ein separates Seitenlayout für mobile Endgeräte am selben Startpunkt ermöglicht. Mit dem neuen Inserttag *toggle_view* können Sie Ihren Besuchern den Wechsel zwischen mobiler Version und Desktop-Version ermöglichen.
- **Das CSS-Framework basiert auf dem Holy Grail**
  König Arthur und die Ritter der Tafelrunde hätten ihre wahre Freude an Contao 3, denn das integrierte CSS-Framework basiert auf dem *Holy Grail*. Dabei steht der Inhalt im Quelltext vor den Seitenspalten, was auf Mobilgeräten und für Suchmaschinen von Vorteil ist.
- **Das CSS-Framework ist responsive**
  Der neue *Layout-Builder* ist bereits von Haus aus *responsive* und stellt auf kleinen Bildschirmen die Inhaltsspalten automatisch untereinander dar. Auf Wunsch können Sie Ihre Seiten auch mit einem integrierten *Responsive Grid* gestalten.
- **Einfache Einbindung externer Stylesheets**
  Externe Stylesheets können jetzt ganz einfach im Seitenlayout eingebunden werden, indem Sie sie im Feld ZUSÄTZLICHE STYLESHEETS auswählen. Dadurch ist der Einsatz externer CSS-Frameworks wie YAML oder Skeleton viel einfacher als früher.

- **jQuery als alternatives Framework**
  Mit MooTools und jQuery unterstützt Contao die beiden beliebtesten JavaScript-Frameworks. Sie haben also die Wahl.
- **Video und Audio**
  Bei Contao 3 wurden ein HTML5-Video-Player in den Core integriert und neue Inhaltselemente für Video und YouTube eingeführt.
- **Sprechende Adressen: Folder-URLs**
  Auf Wunsch generiert Contao Folder-URLs wie *academy/news.html*, in denen sich die Seitenstruktur in der Webadresse widerspiegelt.

Daneben wurden unzählige kleine Usability-Verbesserungen, die das Arbeiten im Backend noch besser von der Hand gehen lassen, und viele andere nützliche Features eingepflegt. Es gibt eine E-Mail-Benachrichtigung bei Kommentaren, und RSS-Feeds können sich jetzt aus mehreren Archiven zusammensetzen. Für Entwickler gibt es eine aufgeräumte und durchdachte Ordner- und Dateistruktur, eine Debug-Konsole mit verbessertem Output, Contao 3 ist noch schneller als die auch schon ziemlich flotte Version 2 und so weiter und so fort.

1.4 Die Community im Web: »contao-community.de«

Die Contao-Community ist eigentlich ein Highlight für sich. Sie hat sich in den letzten Jahren den Ruf einer sehr freundlichen Gemeinschaft erworben, was sich auch im Umgangston im Forum widerspiegelt, der im Allgemeinen sehr angenehm ist.

Die deutschsprachige Contao-Community finden Sie unter folgender URL:

- *contao-community.de*

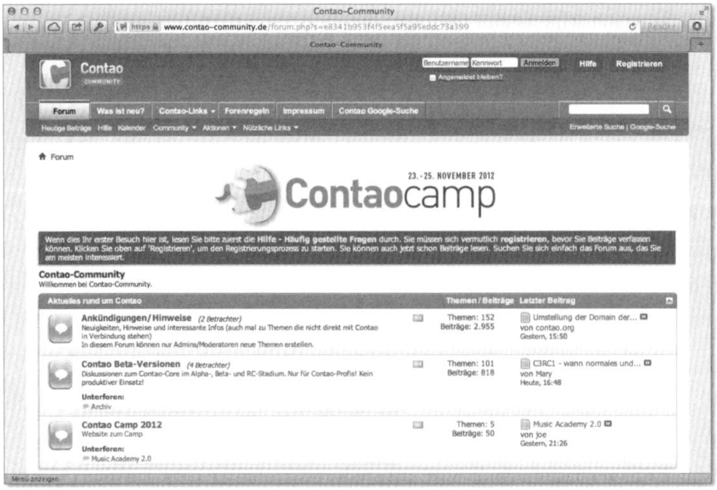

Abbildung 1.2 »contao-community.de« – die deutschsprachige Community

Im Forum gibt es übrigens auch einen Bereich WAS KANN CONTAO?, in dem Sie vor einer Installation konkret nachfragen können, ob Contao für die von Ihnen geplante Site geeignet ist.

1.4.1 Tipps zur Benutzung des Forums

Wie für alle Foren sollten Sie vor dem ersten Posting die Forenregeln gründlich lesen oder zumindest überfliegen:

- *contao-community.de/faq.php?faq=forenregeln*

Für die Beiträge selbst gibt es folgende Hinweise:

- **Suchfunktion benutzen**. Bevor Sie einen Beitrag zu Ihrem Problem verfassen, schauen Sie sich bitte im Forum um, ob das Thema schon behandelt wurde. Gut geeignet sind dazu in der Forumsnavigation das Suchfeld rechts oben und der Menüpunkt GOOGLE-SUCHE, der gleich mehrere für Contao relevante Sites auf einmal durchsucht.
- **Problem beschreiben**. Falls Sie über die Suche nichts finden, beschreiben Sie Ihr Problem so genau wie möglich. Wenn Sie sich für die Erstellung des Beitrags nur wenige Sekunden Zeit lassen, können Sie von anderen nicht wirklich erwarten, dass sie mehr Zeit für die Lösung aufwenden. Und oft hilft das Nachdenken beim Beschreiben des Problems schon bei der Lösung, und Sie müssen den Beitrag vielleicht gar nicht mehr posten.
- **Online-Link**. Wenn Sie Fragen zu einer von Ihnen erstellten Webseite haben, sollten Sie die Seite irgendwo online auf einem Webspace zur Verfügung stellen und im Forum einen Link dazu posten. Das ist viel besser, als den Quelltext direkt in den Forumsbeitrag zu schreiben, denn ein Online-Beispiel können die Antwortenden viel schneller untersuchen.

1.4.2 Fragen zum Buch bitte auch im Forum stellen

Falls beim Durcharbeiten dieses Buches Fragen auftauchen, schauen Sie zunächst in der News-Rubrik auf der Website zum Buch nach:

- *websites-erstellen-mit-contao.de*

Falls Sie dort nichts finden, stellen Sie Ihre Fragen bitte im Forum und nicht per Mail an mich. Wenn ich Zeit habe, bin ich auch im Forum zu finden, aber außer mir sind dort noch viele andere Leser unterwegs, die Ihnen eventuell auch helfen können. Und falls Ihr Problem gelöst wird, ist die Lösung öffentlich, und so haben viel mehr Leute etwas davon als bei einer E-Mail.

Lieber auf Englisch?

Contao kommt zwar aus deutschen Landen frisch auf den Tisch, ist aber in vielen anderen Sprachen erhältlich. Eine englischsprachige Community finden Sie unter folgender URL:

- *contao-community.org*

Weitere Sprachen sind auf *contao.org/netzwerk.html* gelistet.

Kapitel 2
Schnelldurchlauf: So funktioniert Contao

In diesem Kapitel sehen Sie anhand der Online-Demo, wie Contao tickt. Begriffe wie Frontend, Backend, Seitenstruktur, Themes, Module, Seitenlayouts, Artikel und Inhaltselemente werden kurz erklärt und in Aktion gezeigt.

Die Themen im Überblick:

Anhand der Online-Demo *Music Academy* möchte ich Ihnen in diesem Kapitel einen schnellen Überblick geben, damit Sie gleich zu Anfang eine Vorstellung davon bekommen, wie Contao tickt:

- CMS-Einsteiger werden vielleicht nicht gleich jedes Detail verstehen und richtig einordnen können, lernen hier aber die wichtigsten Begriffe und Zusammenhänge kennen, ohne gleich das CMS installieren zu müssen.
- CMS-Umsteiger finden die Funktionsprinzipien von Contao auf wenigen Seiten komprimiert und können sie beim Lesen mit bereits bekannten Systemen vergleichen.

Auf den folgenden Seiten machen Sie Bekanntschaft mit Begriffen wie *Frontend, Backend, Seitenstruktur, Themes, Modul, Seitenlayouts, Artikel, Inhaltselement* und *Rechteverwaltung* und sehen, wie diese Komponenten bei Contao zusammenarbeiten.

Dieses Kapitel können Sie online oder offline lesen

Die Abbildungen in diesem Kapitel sind so gewählt, dass die Lektüre ohne Internetzugang problemlos möglich ist. Mehr Spaß macht es aber wahrscheinlich, wenn Sie während der Lektüre die *Music Academy* im Browser öffnen und die Maus bereithalten:

- *demo.contao.org/*

Die Live-Demo lebt übrigens wirklich, und falls etwas nicht so ist, wie hier beschrieben, liegt das eventuell daran, dass gleichzeitig noch andere Neugierige etwas ausprobieren. Die Demo wird stündlich wieder zurückgesetzt. Die Demo-Site *Music Academy* ist auch im Download-Paket von Contao enthalten, sodass Sie sie selbst installieren und genau untersuchen können.

2.1 Das Frontend ist die Website

Contao besteht aus einem Frontend und einem Backend. Das Frontend ist die eigentliche Website, so wie ein Besucher sie sieht. Um das Frontend im Browser zu sehen, geben Sie die ganz normale Adresse der Website ein:

- *demo.contao.org/* (ohne *www* davor)

Das Frontend sieht so aus wie in Abbildung 2.1. Diese Webseite lag nicht fix und fertig auf dem Webspace, sondern ist nach der Eingabe der URL von Contao automatisch erstellt worden.

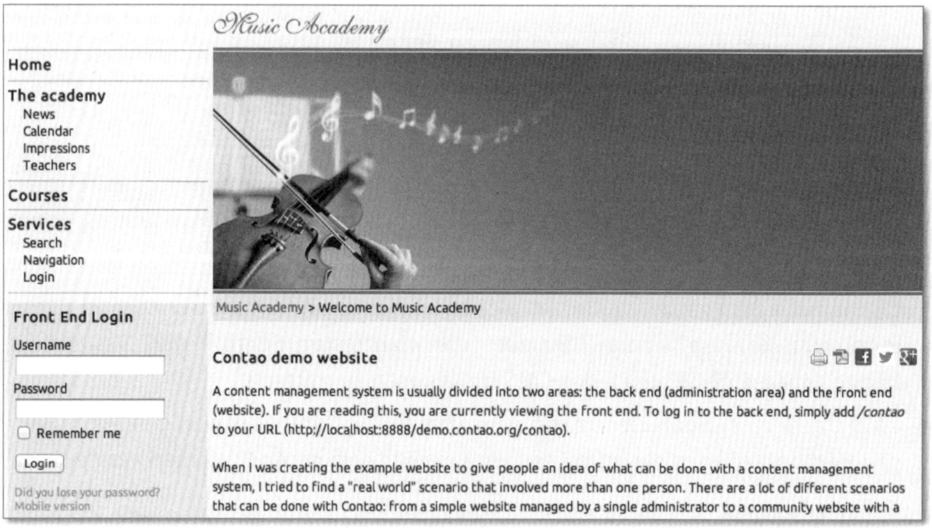

Abbildung 2.1 Das Frontend der Online-Demo »Music Academy«

Registrierte Benutzer wie z.B. die Studenten der Music Academy können sich im Frontend anmelden (FRONT END LOGIN) und haben dann Zugriff auf Informationen, die für nicht angemeldete Besucher (Gäste) unsichtbar bleiben. Die Studentin *Donna Evans* (Benutzername »d.evans«, Passwort »donnaevans«) sieht nach einem Login z.B. Informationen über ihren Kurs *Violin Master Class* (Abbildung 2.2).

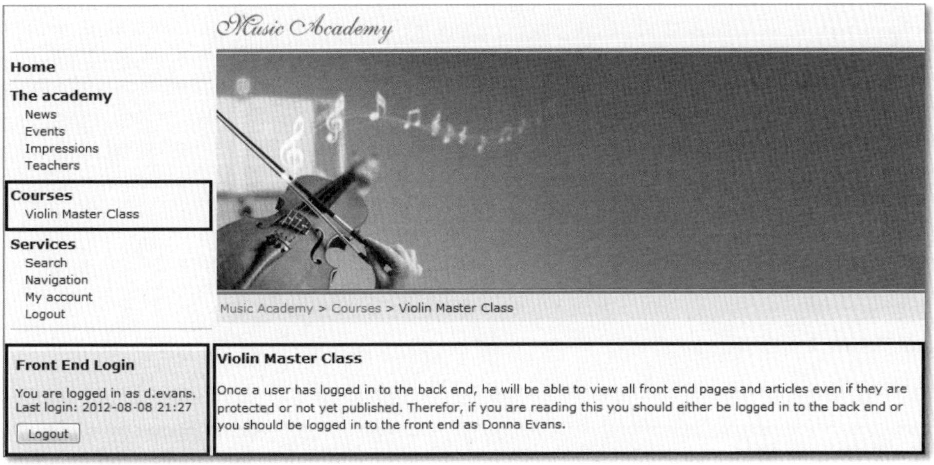

Abbildung 2.2 Ein angemeldeter Frontend-Benutzer sieht mehr ...

2.2 Das Backend ist die Verwaltungsabteilung

Das *Backend* ist der Administrationsbereich, also die Verwaltungsabteilung der Website. Im Backend wird aber nicht nur verwaltet, sondern auch richtig gearbeitet. Die Struktur der Website, das Seitenlayout und die Inhalte für die einzelnen Webseiten – alles wird hier im Backend erstellt und verwaltet.

Zutritt zum Backend haben nur Mitarbeiter, und deshalb werden am Eingang Benutzername und Passwort kontrolliert. Um das Backend aufzurufen, hängen Sie an die URL des Frontends einfach */contao/* hinten an:

▸ *demo.contao.org/contao/*

Am besten öffnen Sie das Backend in einem neuen Tab oder einem zweiten Browserfenster, damit Sie leicht zwischen Front- und Backend hin- und herwechseln können. Abbildung 2.3 zeigt das Anmeldeformular für das Backend.

Der Administrator der *Music Academy* heißt *Kevin Jones*, und nach einer Anmeldung mit dem Benutzernamen »k.jones« und dem Passwort »kevinjones« sehen Sie das Backend aus Abbildung 2.4.

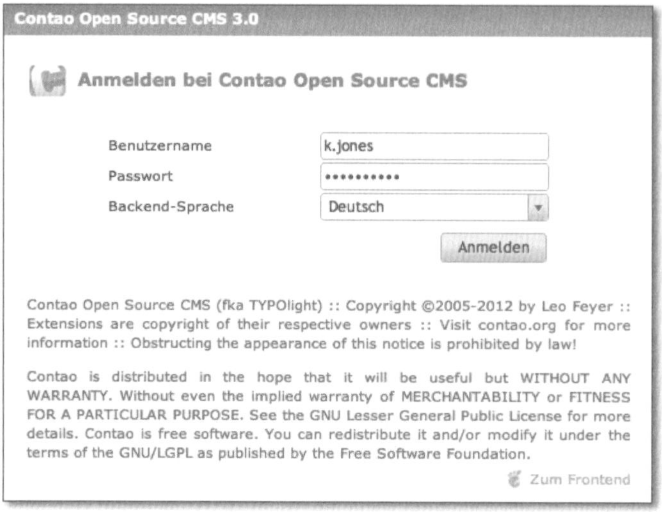

Abbildung 2.3 Die Anmeldung zum Backend von Contao

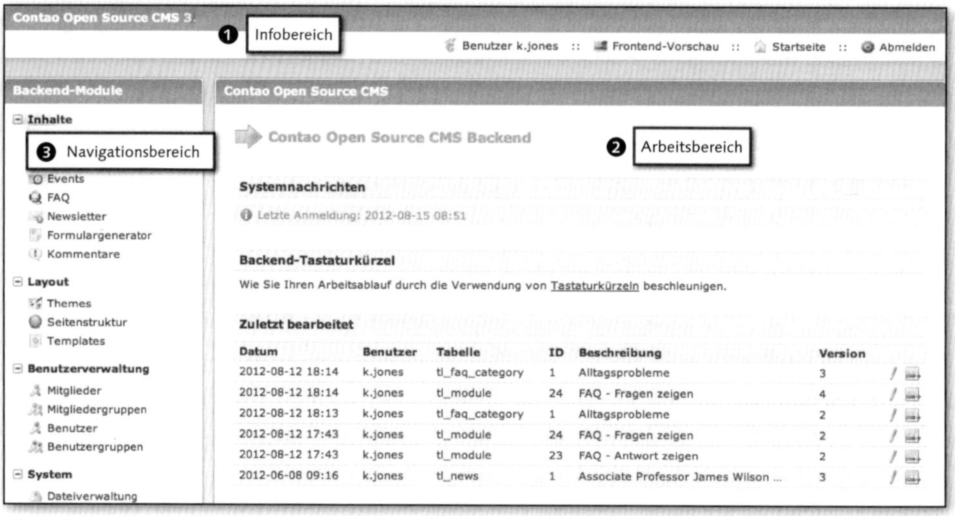

Abbildung 2.4 Das Backend nach erfolgreicher Anmeldung als »k.jones«

Im Backend gibt es drei Bereiche, die Sie später genauer kennenlernen:

❶. Infobereich (oben)

❷. Navigationsbereich (links)

❸. Arbeitsbereich (rechts)

Kevin Jones ist der Administrator der Site und hat Zugriff auf das gesamte Backend. Der Administrator ist der Chef und darf alles. Die Benutzer *Helen Lewis* und *James*

Wilson hingegen sehen nur den Teil des Backends, den sie für ihre Arbeit benötigen (siehe Abschnitt 2.10 ab Seite 55).

Das Backend lernen Sie später genauer kennen

Beim Schnelldurchlauf in diesem Kapitel machen Sie nur ein paar ausgesuchte Zwischenstopps im Backend. In Kapitel 5, »Ein kurzer Rundgang im Backend«, lernen Sie das Backend genauer kennen (ab Seite 113).

2.3 Die Seitenstruktur ist das Fundament der Website

Contao ist ein seitenbasiertes Content-Management-System, und ein hierarchisch aufgebauter Seitenbaum bildet das Rückgrat der Website. Wie ein Skelett einem Körper verleiht der Seitenbaum einer Website sowohl Stabilität als auch Flexibilität. Unter anderem dient die Seitenstruktur als Grundlage für die Navigation. Abbildung 2.5 zeigt oben die Navigation im Frontend und darunter die Seitenstruktur im Backend.

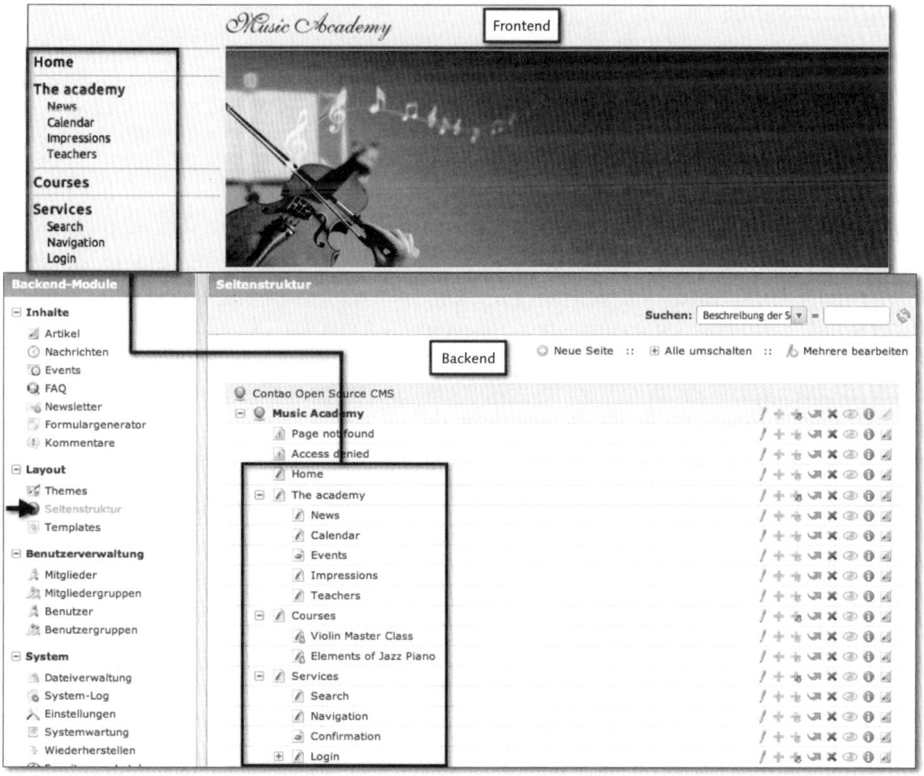

Abbildung 2.5 Navigation im Frontend und Seitenstruktur im Backend

Die in der Navigation hervorgehobenen Webseiten finden Sie im Backend im Bereich SEITENSTRUKTUR.

Mithilfe der Seitenstruktur können Sie die Site ganz einfach verwalten und mit wenigen Klicks neue Seiten hinzufügen oder die Reihenfolge der vorhandenen Seiten verändern. Änderungen in der Seitenstruktur wirken sich direkt auf die Navigation aus. In der Online-Demo können Sie das live ausprobieren:

- Löschen Sie zum Beispiel die Seite TEACHERS im Backend, indem Sie auf das rote x rechts daneben klicken.
- Wechseln Sie zum Frontend, und laden Sie die Startseite neu.

Die Seite TEACHERS ist in der Navigation nicht mehr zu sehen. We don't need no education ...

Versehentliche Bearbeitungsschritte kann man rückgängig machen

Die Online-Demo ist unkaputtbar, und nach dem stündlichen Reset ist die Seite TEACHERS sowieso wieder da. Contao bietet aber auch eine sehr komfortable Funktion, um versehentliche Bearbeitungsschritte rückgängig zu machen: Im Navigationsbereich gibt es unten links im Bereich SYSTEM einen Menüpunkt namens WIEDERHERSTELLEN. Probieren Sie ihn ruhig aus.

2.4 Themes bestimmen das Aussehen der Site

Das Aussehen einer Contao-Site wird von einem *Theme* bestimmt. Das wird »ßiehm« gesprochen, mit einem wunderschönen »Tie-Eitsch« am Anfang und einem ziemlich langen »ieh« in der Mitte. Nach einem Klick auf das Backend-Modul THEMES im Navigationsbereich sehen Sie in der Online-Demo das Theme MUSIC ACADEMY (Abbildung 2.6).

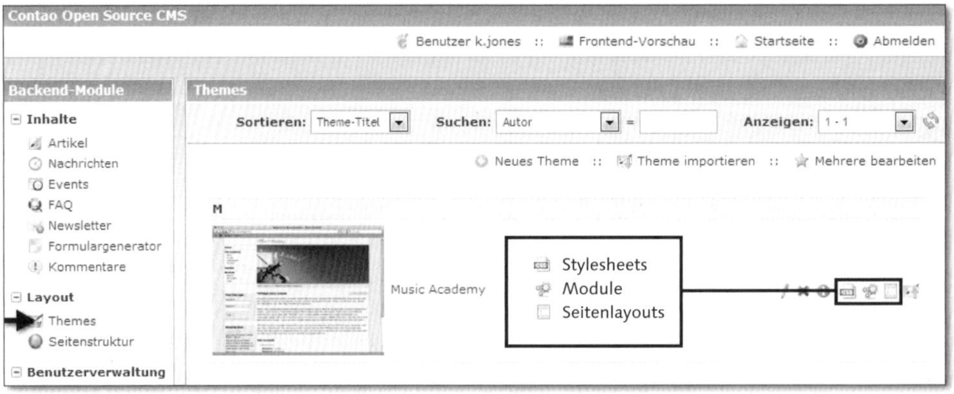

Abbildung 2.6 Das Backend-Modul »Themes« im Überblick

Ein Theme besteht aus *Stylesheets*, *Modulen* und *Seitenlayouts*, die mit einem Klick auf die entsprechenden Symbole rechts neben dem Theme bearbeitet werden können.

2.5 Module erzeugen den Quelltext für das Frontend

Module sind in Contao kleine Programme, die den Quelltext für das Frontend erzeugen. Um z.B. aus dem Seitenbaum die Navigation im Frontend zu erstellen, kommt ein solches Modul zum Einsatz.

Eine Übersicht über verwendete Module finden Sie im Backend in THEMES • MODULE. Die in diesem Bereich gelisteten Module erzeugen allesamt HTML für das Frontend und werden deshalb auch *Frontend-Module* genannt. Auf der Beispielsite sieht es dort so aus wie in Abbildung 2.7.

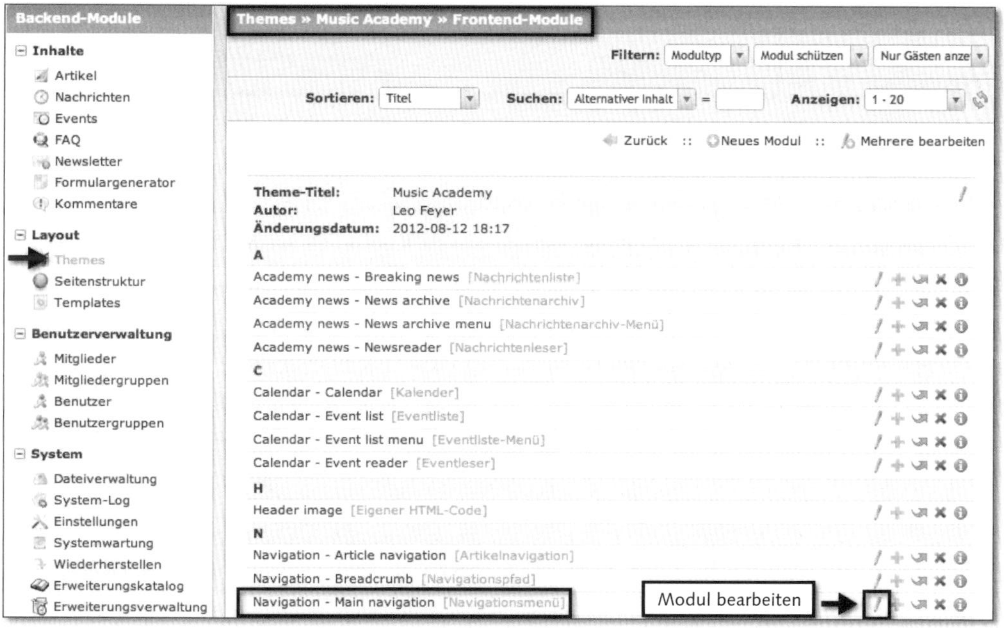

Abbildung 2.7 Die Frontend-Module der »Music Academy«

Sie müssen die Frontend-Module natürlich nicht selbst programmieren. Für alle wichtigen Funktionen stehen fertige Modultypen bereit, deren Namen hellgrau in eckigen Klammern hinter den Modulnamen stehen. Rechts am Rand gibt es für jedes Modul farbige Symbole zum Bearbeiten, Duplizieren, Verschieben, Löschen und für Detailinformationen.

Die Hauptnavigation im Frontend wird z.B. von dem Modul NAVIGATION – MAIN NAVIGATION erzeugt, das auf dem Modultyp NAVIGATIONSMENÜ basiert und mit wenigen Klicks einsatzbereit ist. Zur Bearbeitung eines Moduls klicken Sie auf das in Abbildung 2.7 rechts unten hervorgehobene gelbe Bleistiftsymbol. Sie sehen dann die Eingabemaske aus Abbildung 2.8.

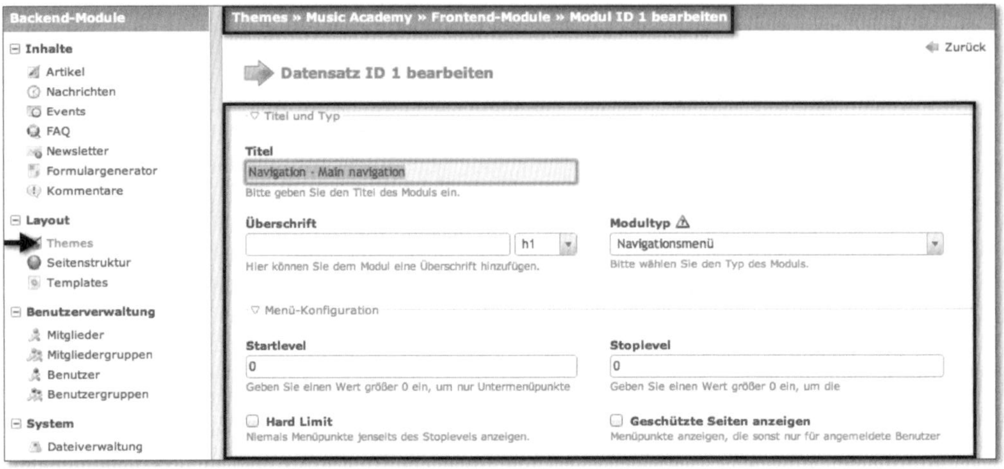

Abbildung 2.8 Das Modul »Navigation – Main navigation«

Was bei einem Navigationsmenü die Optionen wie STARTLEVEL, STOPLEVEL und HARD LIMIT genau bedeuten, erfahren Sie in Kapitel 9, »Navigationen erstellen in Contao«.

Templates definieren, welches HTML die Module erzeugen

Frontend-Module werden bequem per Eingabemaske im Backend konfiguriert. Welches HTML ein Modul genau erzeugt, wird über sogenannte *Templates* gesteuert.

2.6 Jede Seite hat ein Seitenlayout

Jede Seite basiert auf einem *Seitenlayout*, das die Seite in Layoutbereiche einteilt. Wenn Sie in der Online-Demo im Backend-Modul THEMES • SEITENLAYOUTS rechts neben DEFAULT LAYOUT [STANDARD] auf den gelben Bleistift klicken, können Sie die Einstellungen für das Layout bearbeiten.

Abbildung 2.9 zeigt drei wichtige Einstellungen aus dem Standardlayout der *Music Academy*. Sie können die einzelnen Bereiche auf dieser Seite wie z.B. TITEL UND STANDARD oder KOPF- UND FUSSZEILE mit einem Klick auf die grünen Überschriften komfortabel ein- und ausblenden, sodass die Seite immer übersichtlich bleibt.

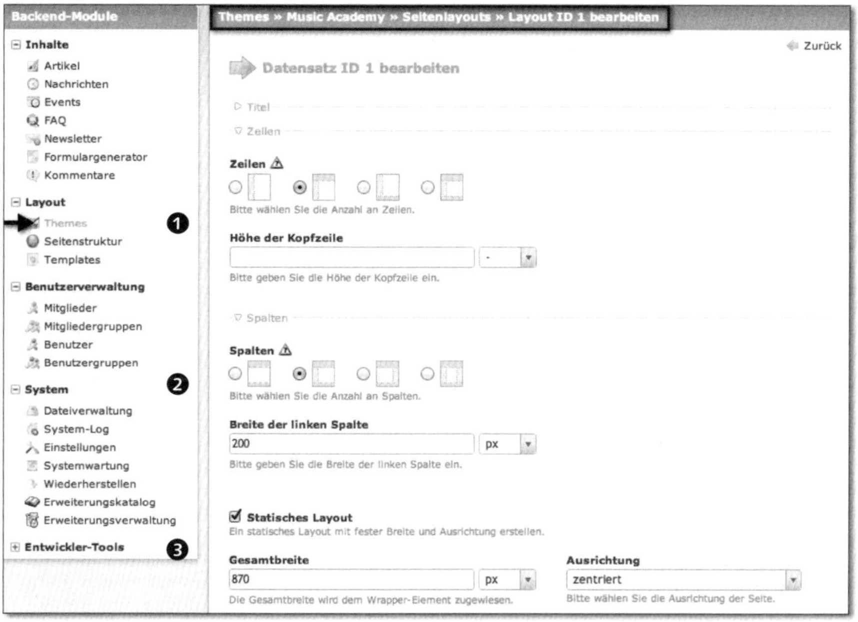

Abbildung 2.9 Ein Seitenlayout – die wichtigsten Einstellungen

Diese Einstellungen erzeugen folgendes Seitenlayout:

❶. eine Kopfzeile ohne feste Höhe

❷. ein zweispaltiges Layout mit einer 200 px breiten linken Spalte

❸. ein zentriertes, statisches Layout mit einer Breite von 870 px

Abbildung 2.10 zeigt dieses Seitenlayout im Frontend.

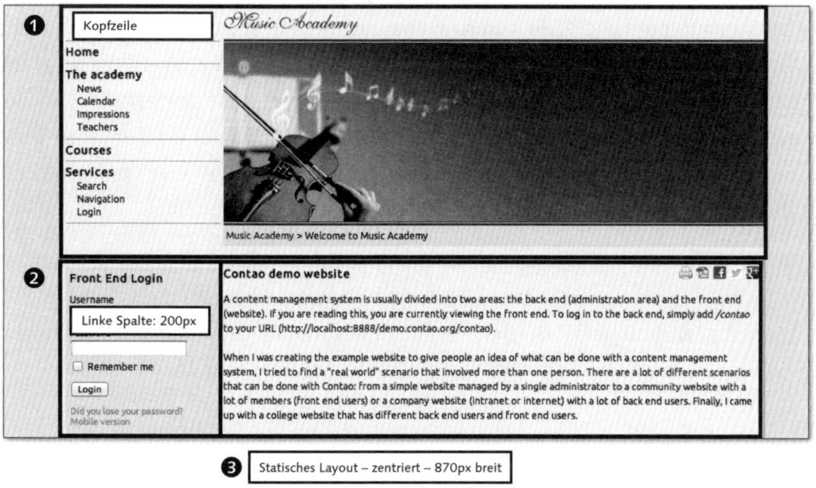

Abbildung 2.10 Das Seitenlayout im Frontend

Aber ein Seitenlayout teilt die Seite nicht nur in Layoutbereiche ein, sondern bestimmt auch, wo die einzelnen Elemente erscheinen. In Abbildung 2.10 können Sie sehen, dass die Hauptnavigation innerhalb der Kopfzeile sitzt. Das wird im Seitenlayout definiert.

Wenn Sie das DEFAULT LAYOUT [STANDARD] bearbeiten, können Sie im Bereich FRONTEND-MODULE sehen, dass das Modul NAVIGATION – MAIN NAVIGATION dem Bereich KOPFZEILE zugeordnet ist (siehe Abbildung 2.11).

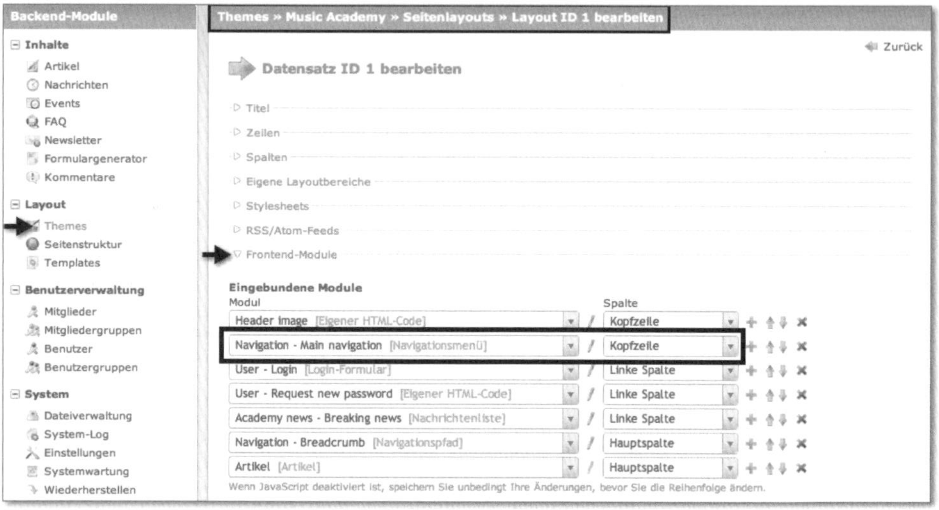

Abbildung 2.11 Modul »Navigation – Main navigation« in »Kopfzeile«

2.7 Seitenlayouts verbinden die Seiten mit Stylesheets

In einem Seitenlayout passiert aber noch mehr, denn Seitenlayouts verbinden die Seiten auch mit den Stylesheets. Im Backend-Modul THEMES • STYLESHEETS sind die vier Stylesheets *basic, default, mobile* und *print* gespeichert, mit denen die Site der Music Academy gestaltet wird. In Klammern dahinter wird jeweils der definierte Medientyp angezeigt. Abbildung 2.12 zeigt das Backend-Modul THEMES • STYLESHEETS mit den vier Stylesheets.

Im Backend-Modul THEMES • SEITENLAYOUTS werden für jedes definierte Seitenlayout die gewünschten Stylesheets ausgewählt. Abbildung 2.13 zeigt, dass für das Seitenlayout DEFAULT neben den beiden Stylesheets *basic* und *default* auch der sogenannte *Layout-Builder* aus dem CSS-Framework aktiviert wurde.

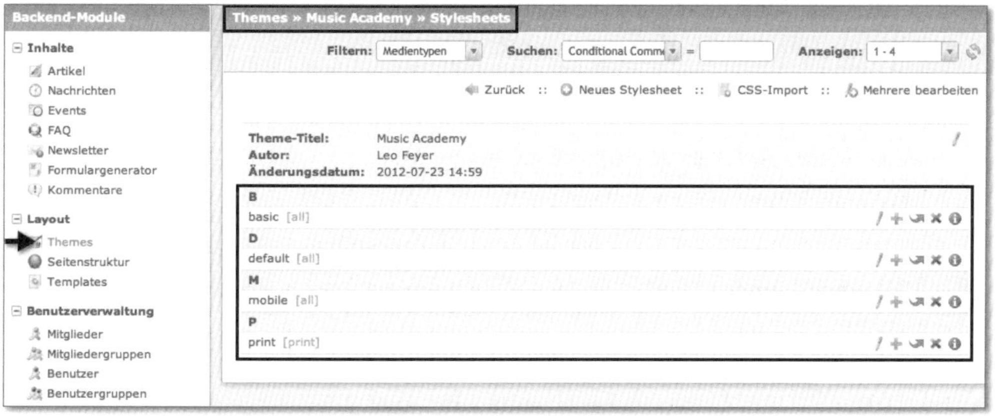

Abbildung 2.12 Im Backend-Bereich »Stylesheets« gibt es vier Stylesheets.

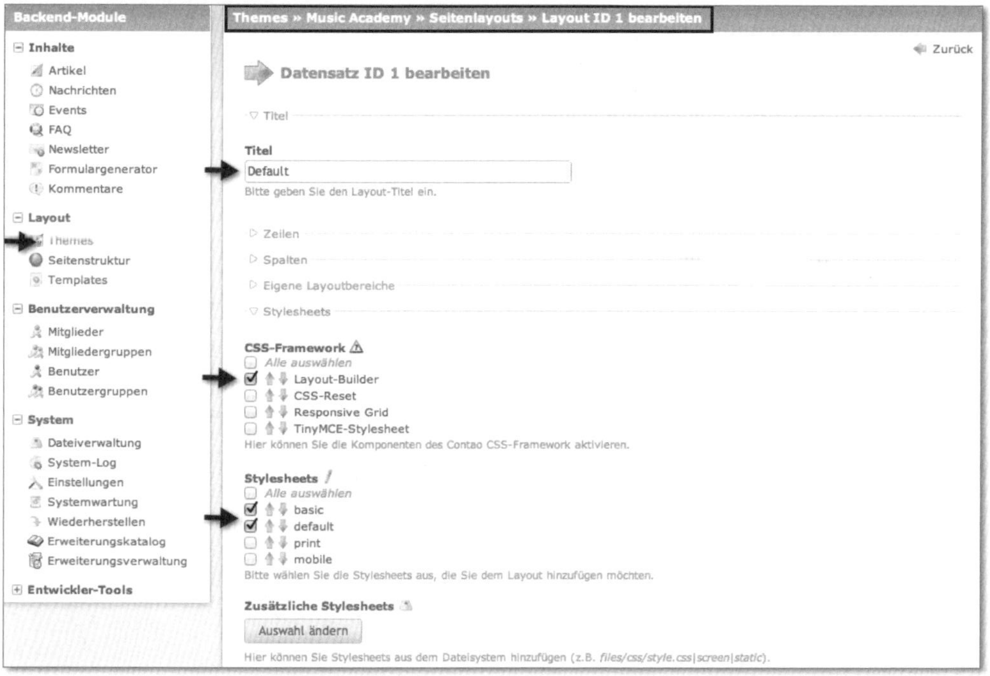

Abbildung 2.13 Mit dem Seitenlayout »Default« sind diverse Stylesheets verbunden.

Probieren Sie es ruhig einmal aus:

- Deaktivieren Sie im Seitenlayout zum Beispiel den Layout-Builder und die Stylesheets *basic* und *default*.
- Klicken Sie unten auf der Seite auf die Schaltfläche SPEICHERN.
- Rufen Sie das Frontend im Browser auf, und laden Sie es neu.

Nach dieser Aktion sieht das Frontend im Browser etwas anders aus, denn die Formatierungen aus den beiden Stylesheets fehlen.

2.8 Jeder Artikel gehört zu einer Seite

In Contao werden Inhalte in Artikeln gespeichert, und ein *Artikel* gehört immer zu einer bestimmten *Seite*. Zur Illustration zeigt Abbildung 2.14 einen Artikel mit der Überschrift »Impressions« auf der gleichnamigen Seite im Frontend.

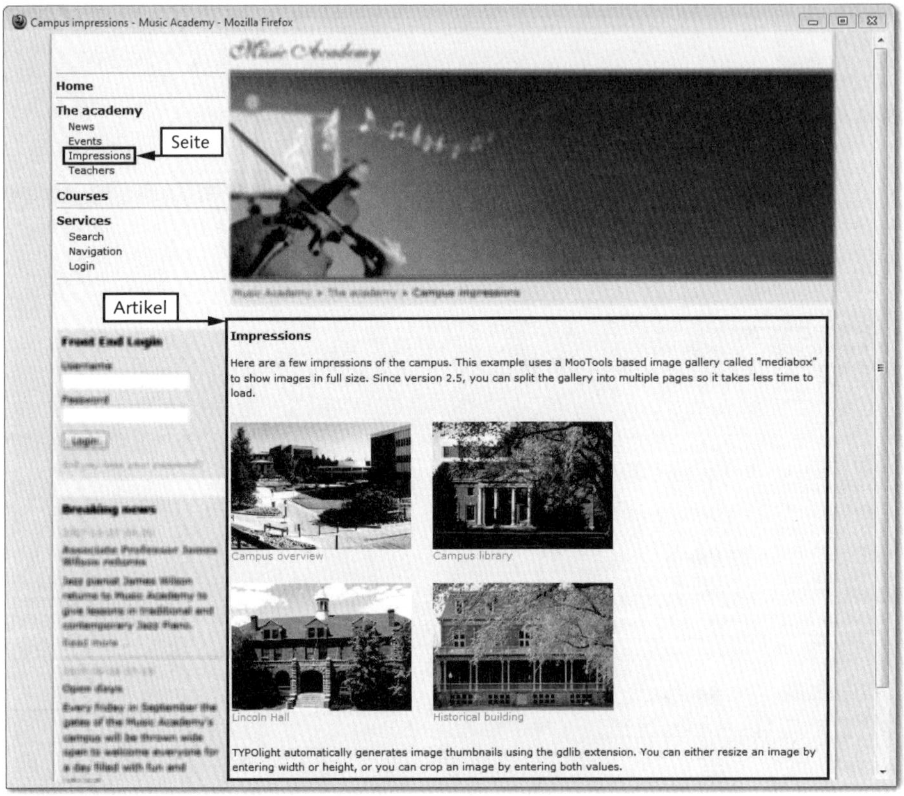

Abbildung 2.14 Der Artikel »Impressions« im Frontend

Im Backend-Modul ARTIKEL sehen Sie die bereits bekannte Seitenstruktur, aber dieses Mal mit den dazugehörigen Artikeln (Abbildung 2.15). Mit einem Klick auf die Plus- und Minuszeichen können Sie diesen Artikelbaum bei Bedarf ein- und ausklappen. Auf der Seite IMPRESSIONS wird ein gleichnamiger Artikel gelistet, der in der [HAUPTSPALTE] erscheint.

Ein Artikel ist genau genommen nur ein »Container«, ein Bereich auf einer Webseite, der ein oder mehrere *Inhaltselemente* enthält. Die eigentlichen Inhalte (Texte, Grafiken etc.) werden in diesen Inhaltselementen aufbewahrt. Ohne Inhaltselemente ist ein Artikel im Frontend nur ein leerer Bereich und nicht zu sehen.

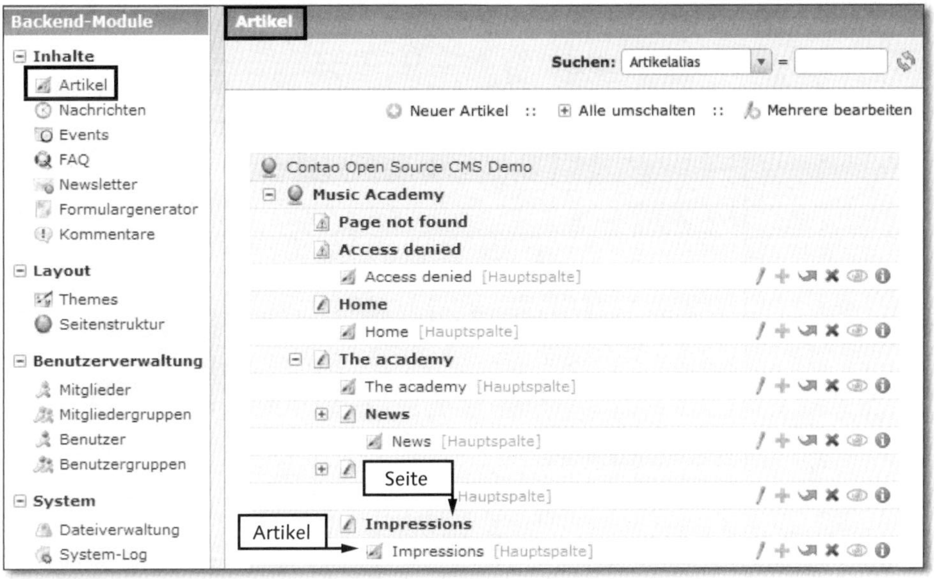

Abbildung 2.15 Der Artikel »Impressions« auf der Seite »Impressions«

Mehrere Artikel pro Seite

Auf einer Seite können natürlich auch mehrere Artikel erscheinen. Und umgekehrt kann ein Artikel auch auf verschiedenen Seiten auftauchen, ohne dass er kopiert werden muss.

2.9 Ein Artikel besteht aus Inhaltselementen

Artikel bestehen also aus Inhaltselementen, in denen die eigentlichen Inhalte gespeichert werden. Contao stellt für verschiedene Inhaltstypen vorgefertigte Inhaltselemente bereit. So gibt es z.B. spezielle Inhaltselemente für Überschriften, Texte (mit und ohne Bilder), Bildergalerien, Tabellen, Listen und vieles mehr.

Abbildung 2.16 zeigt, dass der Artikel IMPRESSIONS aus drei Inhaltselementen besteht. So können Sie die Abbildung in Ihrem Browser sehen:

- Öffnen Sie im Backend das Backend-Modul ARTIKEL.
- Suchen Sie im Seitenbaum den Artikel IMPRESSIONS [HAUPTSPALTE].
- Klicken Sie auf das gelbe Bleistiftsymbol, um den Artikel zu bearbeiten.

Jetzt sehen Sie die Inhaltselemente des Artikels (Abbildung 2.16).

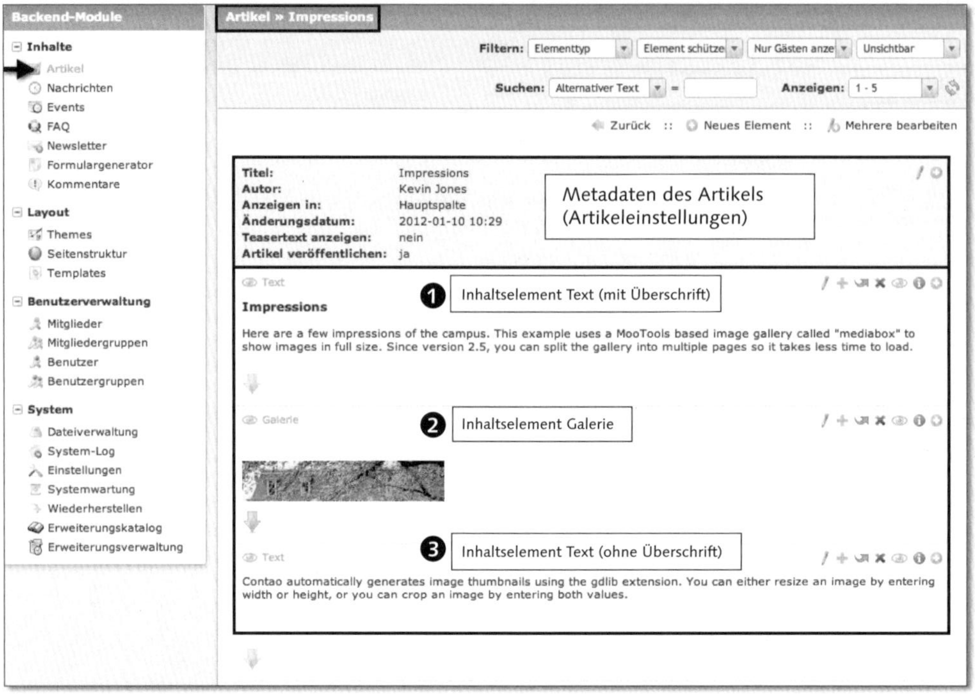

Abbildung 2.16 Der Artikel »Impressions« – Einstellungen und Inhaltselemente

Im oberen Bereich werden die *Einstellungen des Artikels* angezeigt, auch *Meta-Daten* genannt. Dazu zählen z.B. der Titel des Artikels, der Autor und das Änderungsdatum. Diese Einstellungen werden im Frontend nicht angezeigt. Unterhalb der Einstellungen sehen Sie drei *Inhaltselemente*:

❶. ein Inhaltselement vom Typ TEXT mit Überschrift und Fließtext

❷. ein Inhaltselement vom Typ GALERIE mit ein paar Fotos

❸. noch ein Inhaltselement vom Typ TEXT, dieses Mal ohne Überschrift

Abbildung 2.17 zeigt diese drei Inhaltselemente im Frontend.

Ein Artikel wird durch Inhaltselemente bildlich gesprochen in Scheibchen unterteilt, und diese Scheibchen können einzeln bearbeitet werden. Für Redakteure ist der Vorteil, dass sie nie den ganzen Artikel in einem Editorfenster bearbeiten, sondern sich immer nur um einen Teil kümmern müssen: *Divide et impera*.

Soll z.B. die Bildergalerie unterhalb der Textelemente am Ende des Artikels erscheinen, klicken Sie einfach auf das Inhaltselement GALERIE und ziehen es mit der Maus nach unten, bis es unterhalb des Inhaltselements TEXT steht. Einfacher geht es nicht. Probieren Sie es aus.

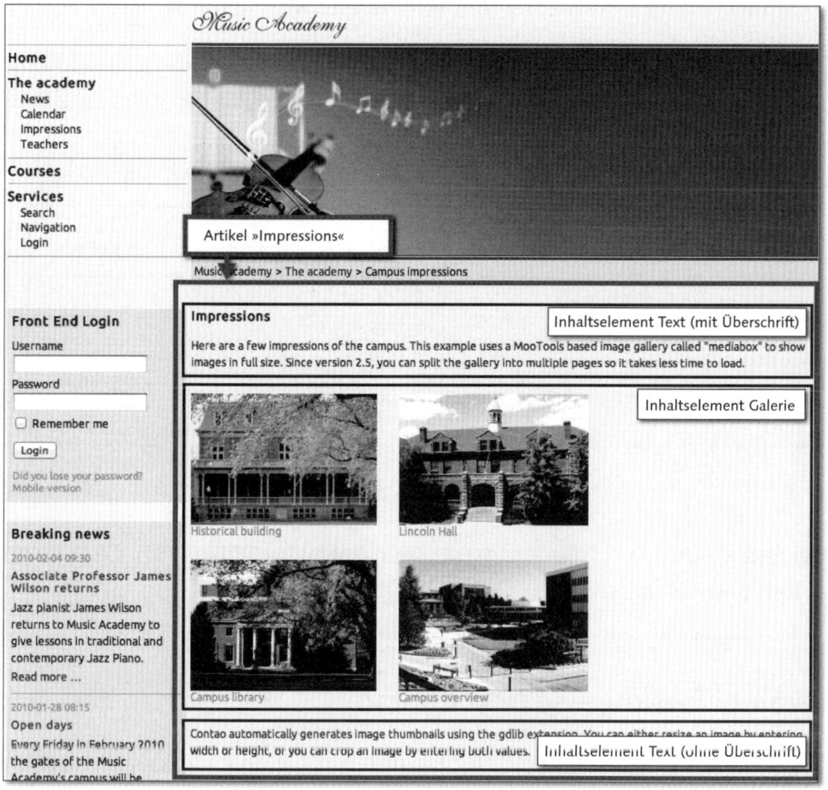

Abbildung 2.17 Der Artikel »Impressions« – Inhaltselemente im Frontend

Inhaltselemente erleichtern den Redakteuren die Arbeit

Die Sache mit den Inhaltselementen ist ungewohnt, aber ziemlich pfiffig und ein wichtiger Grund, warum Redakteuren die Bearbeitung der Inhalte in Contao leichter fällt als in vielen anderen CM-Systemen, in denen immer der ganze Artikel in einem Editorfenster erscheint.

2.10 Das Backend ist für Redakteure sehr übersichtlich

Contao hat ein sehr ausgefeiltes Rechtesystem, sodass jeder Mitarbeiter nur den Teil des Systems sieht, den er benötigt bzw. sehen soll. Neben den Frontend-Benutzern, die Sie ab Seite 42 schon kennengelernt haben, gibt es noch Backend-Benutzer, die bei der Verwaltung der Website helfen.

Professor *James Wilson* z.B. unterrichtet den Kurs *Elements of Jazz Piano* und ist verantwortlich für die inhaltliche Pflege der Seiten unterhalb von *Courses*. Wenn er sich mit seinem Benutzernamen »j.wilson« und seinem Passwort »jameswilson« anmeldet, sieht das Backend aus wie in Abbildung 2.18.

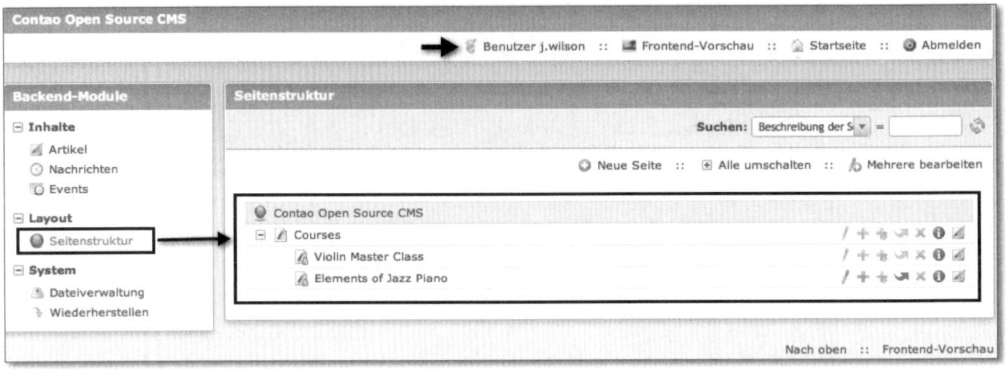

Abbildung 2.18 Übersichtlich – das Backend für »James Wilson«

Auch im Backend-Modul DATEIVERWALTUNG sieht Professor Wilson nur die Dateien für den von ihm betreuten Bereich der Website.

2.11 Zusammenfassung – so tickt Contao

In Contao arbeiten mehrere Komponenten zusammen, um eine Webseite zu erstellen:

- Texte, Grafiken etc. werden in *Inhaltselementen* gespeichert.
- Inhaltselemente gehören zu einem *Artikel*, der sie zusammenfasst.
- Artikel gehören zu einer *Seite*, auf der sie dargestellt werden.
- Die *Seitenstruktur* definiert, welche Seiten es gibt.
- Ein *Theme* bestimmt das Aussehen der Site und besteht aus *Stylesheets*, *Modulen* und *Seitenlayouts*.
- Jede Seite basiert auf einem *Seitenlayout*, das diverse Dinge definiert:
  - welche Layoutbereiche es auf einer Seite gibt
  - welches Modul in welchem Layoutbereich erscheint
  - welche Stylesheets zur Gestaltung der Seiten benutzt werden
- *Module* erzeugen den HTML-Quelltext für das Frontend.
- *Stylesheets* bestimmen das Aussehen der Webseiten und werden über das Seitenlayout mit einer Seite verbunden.

Soweit dieser Schnelldurchlauf. Natürlich gibt es in Contao noch eine Menge anderer interessanter Abteilungen wie z.B. Nachrichten, Kalender, Events, Systemverwaltung etc., aber das Buch hat ja auch gerade erst angefangen.

Kapitel 3
Der Offline-Webspace: XAMPP und MAMP

In diesem Kapitel erfahren Sie, warum Sie XAMPP oder MAMP benötigen und wie Sie es installieren. Danach werden die einzelnen Komponenten wie der Webserver, PHP und die Datenbank kurz vorgestellt.

Die Themen im Überblick:

XAMPP und MAMP sind Abkürzungen für eine gängige Kombination von Komponenten, die beim Einsatz von Webanwendungen benötigt werden:

- **X** oder **M**. Der erste Buchstabe steht für das verwendete Betriebssystem. Das M von MAMP steht für Mac OS, das X von XAMPP fungiert als Platzhalter, weil es XAMPP für verschiedene Betriebssysteme gibt.
- **A** ist der erste Buchstabe des Webservers *Apache*.
- **M** steht für den Datenbankserver *MySQL*.
- **PP** steht für die Programmiersprachen *PHP* und *Perl*.

Vor der Installation von XAMPP oder MAMP möchte ich kurz erklären, warum Sie es überhaupt benötigen. Wenn Sie ausschließlich auf einem Online-Webspace arbeiten, können Sie dieses Kapitel getrost überspringen.

3.1 Der Webspace auf Ihrem Rechner

XAMPP und MAMP sind die einfachsten Möglichkeiten, eine sogenannte *lokale Entwicklungsumgebung* einzurichten. *Lokal* bedeutet in diesem Zusammenhang *auf Ihrem Rechner* und hat nichts mit einer Gaststätte zu tun. Aber zunächst einmal möchte ich kurz erläutern, warum Sie so etwas überhaupt benötigen.

3.1.1 Statische Webseiten: der Webspace als Lagerhalle

Beim traditionellen Webpublishing werden die Webseiten in der Regel auf dem eigenen Rechner erstellt, auf den Webspace kopiert und dann unverändert vom Webserver ausgeliefert. Da die Webseiten auf dem Webspace nicht verändert werden, spricht man von *statischen Webseiten* (siehe Abbildung 3.1).

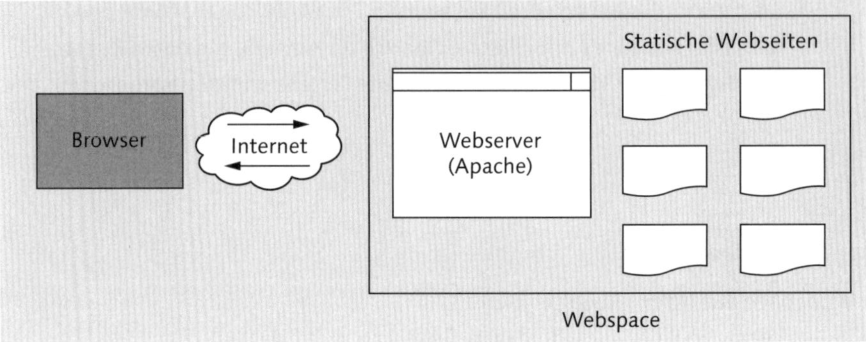

Abbildung 3.1 Statische Webseiten – der Webspace als Lagerhalle

Die Webseite ist im Moment der Anforderung durch den Browser bereits fix und fertig. Der Webspace dient als Lagerhalle zur Aufbewahrung der Webseiten, und es gibt dort nur den Webserver und die Webseiten.

3.1.2 Content-Management-System: der Webspace als Werkstatt

Ein *Content-Management-System* (CMS) ist ein Programm, das auf dem Webspace läuft und die Webseiten kurz vor der Auslieferung zusammenbaut. Die Webseiten liegen nicht mehr statisch auf dem Webspace, sondern werden dynamisch auf Anforderung erstellt. Der Webspace ist somit keine Lagerhalle mehr, sondern gleicht eher einer Werkstatt.

In dieser Werkstatt arbeitet ein ganzes Team von Programmen daran, die Webseiten so schnell wie möglich zu erstellen und zu liefern. Anstelle vieler fertiger Webseiten gibt es dort nur eine Vorlage, eine Datei namens *index.php*, die je nach Anforderung des Browsers mit verschiedenen Parametern unterschiedlich zusammengebaut wird.

Zum Team gehören neben dem Webserver noch ein paar andere Mitarbeiter:

- **PHP-Interpreter**
  Ein *Interpreter* ist ein *Übersetzer*. Contao wurde in der Programmiersprache PHP geschrieben, und damit ein in PHP geschriebenes Programm funktioniert, muss auf dem Webspace ein PHP-Interpreter vorhanden sein. PHP arbeitet sehr eng mit dem Webserver zusammen.

- **Content-Management-System**
  Ein *CMS* wie Contao ist der Motor der Website und koordiniert die Erstellung der Webseiten, bevor der Webserver sie ausliefert.
- **Datenbank**
  Viele Webanwendungen bewahren ihre Daten in einer *Datenbank* auf. Weit verbreitet und auch bei Contao im Einsatz ist MySQL.

Abbildung 3.2 zeigt das gesamte Team im Überblick.

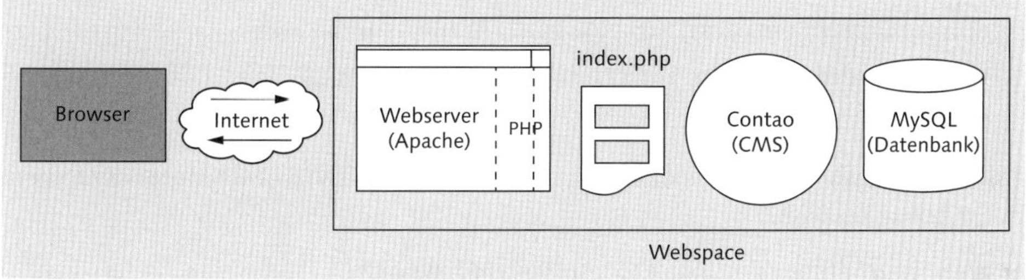

Abbildung 3.2 Das Content-Management-System – der Webspace als Werkstatt

Um eine dynamisch erstellte Website offline auf dem eigenen Rechner erstellen zu können, müssen Sie einen solchen Webspace auf Ihrem Rechner simulieren, und dazu benötigen Sie außer Contao noch einen Webserver, einen PHP-Interpreter und MySQL. Ein solcher Offline-Webspace wird oft auch *Entwicklungsumgebung* genannt.

Da es ziemlich mühsam ist, alle Komponenten einzeln zu installieren und dann auch noch zur Zusammenarbeit zu bewegen, haben die Macher von XAMPP und MAMP Ihnen diese Arbeit abgenommen, ein Komplettpaket geschnürt und es kostenlos veröffentlicht. Eines dieser Komplettpakete werden Sie jetzt installieren.

3.2 Windows: Offline-Webspace mit XAMPP

Sie finden XAMPP auf der Buch-CD im Ordner *software* oder bei *apache-friends.org*:

- *apachefriends.org/de/xampp-windows.html#631*

Falls Sie bereits eine Version von XAMPP installiert haben und diese benutzen möchten, prüfen Sie bitte, ob die Voraussetzungen für Contao erfüllt sind: PHP ab V5.3.2 und MySQL ab V4.1 (besser V5.x). Details dazu finden Sie in Kapitel 4, »Die Installation von Contao«, ab Seite 77.

3.2.1 XAMPP für Windows installieren

Die Installation von XAMPP ist recht simpel. Im Grunde müssen Sie nur das Installationsprogramm starten und die Standardeinstellungen bestätigen:

1. Starten Sie die Installationsdatei mit einem Doppelklick.
2. Einen eventuellen Hinweis bezüglich der Windows-Benutzerkontensteuerung (UAC) bestätigen Sie nach der Lektüre mit OK.
3. Im Willkommen-Bildschirm klicken Sie auf WEITER.
4. Als Ziel der Installation wird *C:\xampp* vorgeschlagen, und sofern es keine wirklich guten Gründe dagegen gibt, sollten Sie diesen Vorschlag übernehmen.
5. Akzeptieren Sie im nächsten Fenster die Standardeinstellungen, und starten Sie die Installation mit einem Klick auf die Schaltfläche INSTALLIEREN. Daraufhin werden die Dateien entpackt, was eine ganze Weile dauern kann.
6. Folgen Sie den weiteren Anweisungen, und beenden Sie dann das Installationsprogramm.

Falls irgendetwas nicht klappen sollte, finden Sie die FAQ zu XAMPP unter der folgenden Adresse im Web:

- *www.apachefriends.org/en/faq-xampp-windows.html*

3.2.2 Das XAMPP Control Panel

Falls das *XAMPP Control Panel* nicht automatisch gestartet wurde, können Sie es mit einem Doppelklick auf die Desktop-Verknüpfung oder auf die Datei *xampp-control.exe* im Ordner *C:\xampp* aufrufen.

Wenn das Control Panel zu sehen ist, starten Sie Apache und MySQL:

- Starten Sie zuerst den Webserver *Apache* mit einem Klick auf die Schaltfläche START. Kurze Zeit später wird Begriff *Apache* hellgrün hinterlegt, und die Schaltfläche heißt jetzt STOPPEN.
- Falls sich beim Starten eine Firewall meldet, sollten Sie einen Moment innehalten, die Meldung lesen und dann die Ausführung von Apache erlauben, denn sonst wird er nicht funktionieren.
- Starten Sie danach den Datenbankserver *MySQL*. Falls sich beim Apache eine Firewall gemeldet hat, kommt jetzt wahrscheinlich wieder eine Meldung. Erlauben Sie auch MySQL, denn sonst funktioniert es nicht.

Sieht das XAMPP Control Panel so ähnlich aus wie in Abbildung 3.3, hat alles geklappt.

Gewöhnungsbedürftig ist, dass ein Klick auf das X rechts oben im Fenster XAMPP nicht beendet, sondern das Control Panel nur verkleinert und es rechts unten in den Infobereich von Windows schickt. Um das Control Panel wirklich zu beenden, stoppen Sie zuerst alle aktiven Server und klicken dann auf die Schaltfläche BEENDEN.

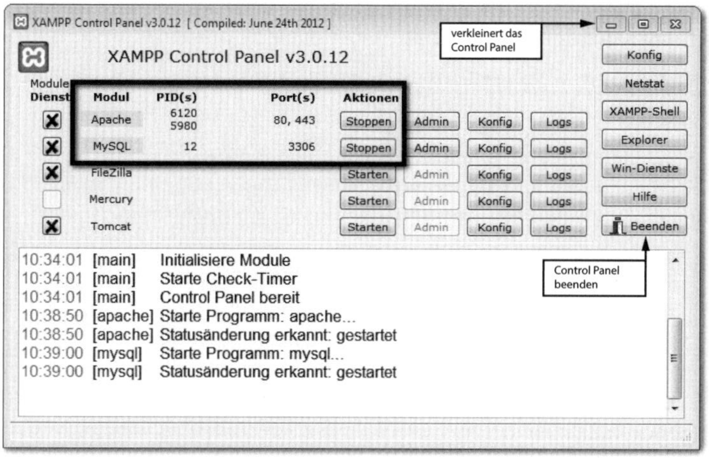

Abbildung 3.3 Das XAMPP Control Panel – Apache und MySQL laufen.

Mit der Schaltfläche EXPLORER können Sie sich die Ordnerstruktur unterhalb von *C:\xampp* im Windows-Explorer anzeigen lassen (siehe Abbildung 3.4).

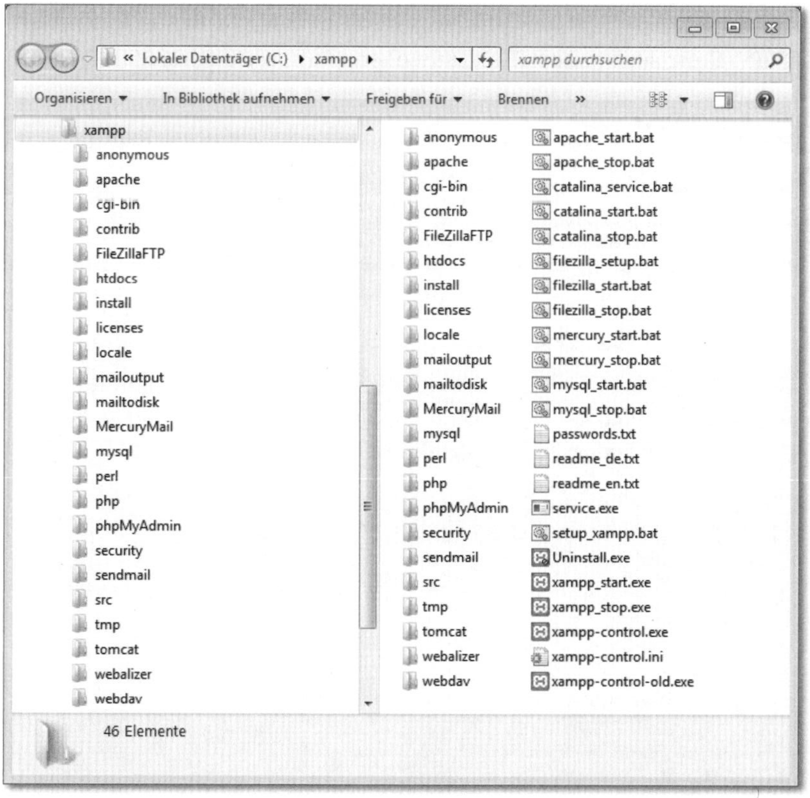

Abbildung 3.4 Die Ordnerstruktur von XAMPP

Wenn der Apache nicht startet

Falls der Apache nicht startet, ist ziemlich sicher der Port 80, den ein Webserver braucht, schon belegt. Kandidaten hierfür sind Fernwartungs- oder Telefonieprogramme wie z.B. *Skype*. Zur Beseitigung des Problems starten Sie einfach zuerst den Apache und dann Skype. Oder Sie ändern die Skype-Einstellungen auf einen anderen Port.

3.2.3 Testen, ob der Webserver funktioniert

Um zu testen, ob alles geklappt hat, starten Sie einen Browser Ihrer Wahl und geben in der Adresszeile folgende URL ein:

- *http://localhost/*

http heißt frei übersetzt »Gehe zu einem Webserver«, und *localhost* ist eine andere Formulierung für »der Computer, an dem ich gerade arbeite«.

Die URL *http://localhost/* ruft also die Startseite des Webservers auf Ihrem Computer auf, und nachdem Sie DEUTSCH als Sprache gewählt haben, gelangen Sie zur Startseite von XAMPP. Diese sollte ungefähr so aussehen wie in Abbildung 3.5.

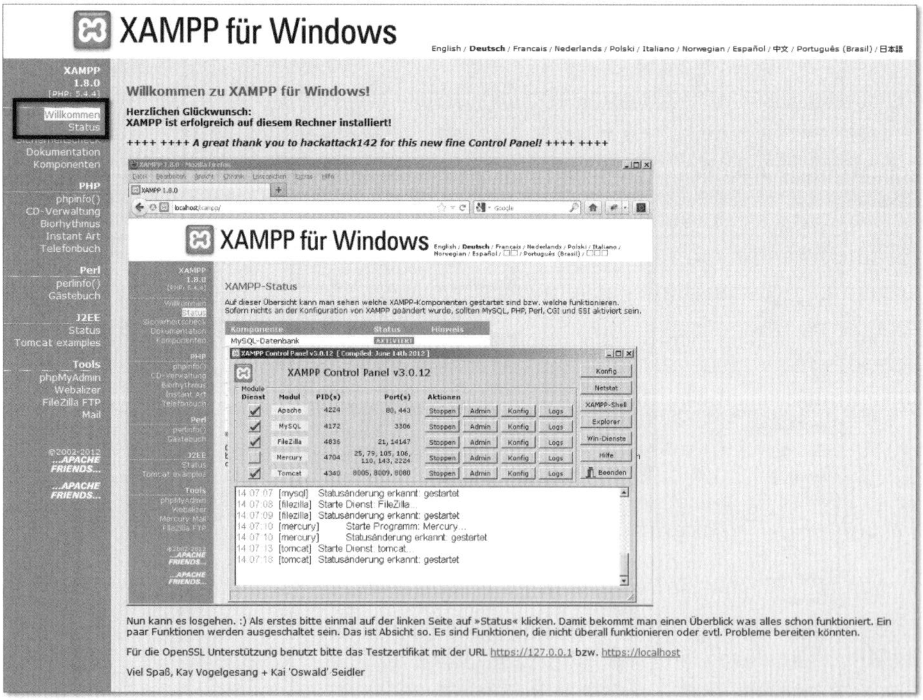

Abbildung 3.5 Die Startseite von XAMPP für Windows

Mit dem Erscheinen dieser Startseite im Browser ist bewiesen, dass der Webserver Apache funktioniert. In der orange hinterlegten Navigationsleiste am linken Rand können Sie mit einem Klick auf STATUS nachschauen, ob der Datenbankserver MySQL ebenfalls aktiviert ist.

- Der Apache-Webserver läuft auf dem Standardport 80. Zum Aufrufen lokaler Webseiten geben Sie im Browser einfach *http://localhost* ein.
- Der MySQL Server läuft bei XAMPP auf dem Standardport 3306. Der Benutzer heißt *root*, und es ist kein Passwort definiert.

Diese Informationen benötigen Sie bei der Installation von Contao im nächsten Kapitel.

Das Ausprobieren der anderen auf der XAMPP-Startseite angebotenen Beispiele und Tools ist übrigens freiwillig. Machen Sie sich ob der angebotenen Vielfalt keine Sorgen, Sie werden nichts davon benötigen. Wichtig ist nur, dass Apache und MySQL funktionieren.

3.2.4 Der Sicherheitscheck von XAMPP

Der große Gegenspieler von Sicherheit ist Bequemlichkeit. Ein Rechner ohne jeglichen Passwortschutz ist zum Beispiel bequem zu bedienen, aber nicht besonders sicher. XAMPP ist als Entwicklungsumgebung nach der Installation absichtlich eher bequem als sicher konfiguriert.

Wenn Ihr Rechner durch eine gut konfigurierte Firewall oder einen DSL-Router (oder beides) vom Internet getrennt ist, wird das Sicherheitsrisiko überschaubar, und die Gefahr beschränkt sich auf Zugriffe aus einem eventuell vorhandenen lokalen Netzwerk.

Auf einem Laptop mit ständig wechselnden und zum Teil auch direkten Internetzugängen sieht die Sache schon ein bisschen anders aus. Falls Sie die potenziellen Sicherheitslöcher einer XAMPP-Installation stopfen möchten, finden Sie auf der Website von apachefriends.org eine kurze Anleitung dazu:

- *www.apachefriends.org/de/xampp-windows.html#1217*

3.3 OS X: Offline-Webspace mit MAMP

Ein Mac mit OS X hat als UNIX-Abkömmling bereits alle Komponenten für eine lokale Entwicklungsumgebung an Bord, aber einfacher ist es mit dem Komplettpaket MAMP. Es gibt zwar von XAMPP auch eine Version für den Mac, aber MAMP ist auf dem Mac insgesamt etwas einfacher zu handhaben und bekommt daher den Vorzug.

Das Download-Paket von MAMP finden Sie auf der Buch-CD im Ordner *software* oder im Web:

- *mamp.info*

Falls Sie bereits eine Version von MAMP installiert haben und diese benutzen möchten, prüfen Sie bitte, ob die Voraussetzungen für Contao erfüllt sind: PHP ab V5.3.2 und MySQL ab V4.1 (besser V5.x). Details dazu finden Sie in Kapitel 4, »Die Installation von Contao«, ab Seite 77.

3.3.1 MAMP installieren

Die Installation von MAMP ist sehr einfach. Das einzige Hindernis könnten die strengen Sicherheitsvorkehrungen auf einem modernen OS X wie *Mountain Lion* sein, aber auch dafür gibt es einfache Abhilfe:

1. Entpacken Sie das im Finder heruntergeladenen ZIP-Paket.
2. Starten Sie die entpackte Datei *MAMP*.pkg* mit einem Doppelklick.

   Wenn die Sicherheitseinstellungen auf Ihrem Mac das nicht erlauben, weil das Programm nicht von einem »verifizierten Entwickler« stammt, bestätigen Sie zunächst die entsprechende Meldung mit OK.
3. Um das Installationsprogramm doch zu starten, drücken Sie die Taste `Ctrl` und klicken auf das Programmsymbol (oder klicken mit der rechten Maustaste). Wählen Sie aus dem Menü den Befehl ÖFFNEN, und bestätigen Sie den Warnhinweis mit OK.
4. Klicken Sie auf dem Willkommen-Bildschirm auf FORTFAHREN, und installieren Sie das Programm mit den vorgegebenen Einstellungen.
5. Am Ende der Installation erhalten Sie den Hinweis, dass MAMP und MAMP PRO erfolgreich installiert wurden. Beenden Sie das Installationsprogramm mit einem Klick auf SCHLIESSEN.

Falls irgendetwas nicht klappen sollte, finden Sie die FAQ zu MAMP unter der folgenden Adresse im Web:

- *mamp.info/de/dokumentation/faq.html*

3.3.2 Das Programmfenster von MAMP

Nach dem Starten von MAMP erscheint ein Programmfenster wie in Abbildung 3.6.

Kurze Zeit nach dem Programmstart sollten die roten Kreise im Bereich STATUS von alleine grün werden. Jetzt laufen sowohl der Apache als auch der MySQL Server.

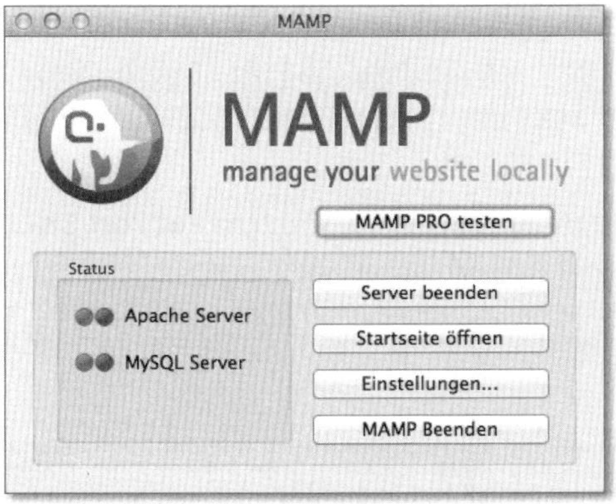

Abbildung 3.6 Das Programmfenster von MAMP

3.3.3 Testen, ob der Webserver funktioniert

Um zu testen, ob alles funktioniert hat, klicken Sie im Programmfenster von MAMP auf die Schaltfläche STARTSEITE ÖFFNEN. Jetzt wird ein Browser gestartet, der Ihnen die Startseite von MAMP präsentiert (siehe Abbildung 3.7).

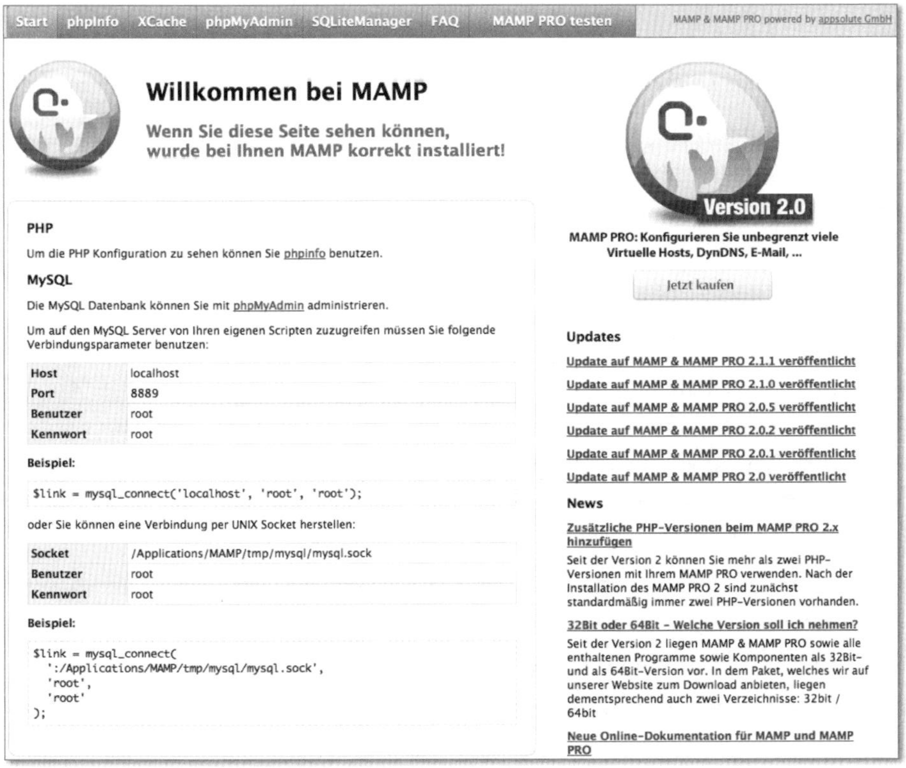

Abbildung 3.7 Die Startseite von MAMP im Browser

Bemerkenswert ist, dass MAMP nicht auf den Standardports läuft:

- Der Webserver läuft nicht wie sonst auf Port 80, sondern auf Port 8888. Im Browser müssen Sie deshalb die Portnummer 8888 mit angeben, und zwar nach einem Doppelpunkt: *http://localhost:8888/*
- Der MySQL Server läuft nicht auf dem Standardport 3306, sondern auf Port 8889. Der MySQL-Benutzer heißt *root*, und sein Passwort lautet auch *root*.

Diese Informationen benötigen Sie bei der Installation von Contao im nächsten Kapitel.

Ungeduldig? Die Installation von Contao beginnt auf Seite 77.

Falls Sie mit den Komponenten von MAMP und XAMPP vertraut sind oder falls Sie einfach ungeduldig sind und sofort mit Contao loslegen möchten, können Sie die folgenden Erläuterungen zu Webserver, PHP und Datenbank auch überspringen und gleich zur Installation von Contao gehen.

Falls später Begriffe wie *Document Root* unklar sein oder das Anlegen einer Datenbank mit *phpMyAdmin* Probleme bereiten sollten, kommen Sie einfach wieder zurück.

3.4 Der Webserver: Apache serviert Webseiten

Ein Webserver ist ein Webseiten-Servierprogramm, ein Programm, das auf Anfrage Webseiten ausliefert. Im Alltag ist mit *Webserver* zwar oft auch der Computer gemeint, auf dem das Programm läuft, aber eigentlich ist der Webserver nur das Programm.

3.4.1 Der Apache ist ein Webserver

Der Apache ist ein Open-Source-Projekt, und seine Entwicklung wird von der *Apache Software Foundation* koordiniert, die auf *apache.org* zu Hause ist. Der Name wurde laut FAQ aus Respekt vor dem Stamm der Apachen gewählt. Nicht ganz korrekt, aber weit verbreitet ist die Variante, dass sich der Name vom Ausdruck »a patchy server« ableitet, was so viel heißt wie »ein zusammengeflickter Server«.

Ein Webserver ist ein Programm, das Webseiten serviert. Man könnte den Apache also durchaus als *Webseitenservierer* bezeichnen. Laut *Web Server Survey* von Netcraft ist der Apache der meistbenutzte Webserver im Internet:

- *news.netcraft.com/archives/web_server_survey.html*

In XAMPP finden Sie übrigens in der orangefarbenen Navigation den Bereich DOKUMENTATION. Dort gibt es auch einen Link zur deutschsprachigen Übersicht der Apache-Dokumentation. Lektüre freiwillig.

3.4.2 »Document Root«: der Ordner für die Webseiten

Wenn ein Webserver Webseiten servieren soll, muss er wissen, wo sie aufbewahrt werden, und dazu gibt es auf der Festplatte einen speziellen Ordner, in dem die zu servierenden Webseiten liegen:

- In XAMPP ist das der Ordner *C:\xampp\htdocs*.
- Bei MAMP ist das der Ordner */Applications/MAMP/htdocs*.

Beim Apache wird dieser Ordner als *Document Root* bezeichnet, was so viel heißt wie »Hauptordner für Webseiten«. In der Praxis läuft das Servieren von Webseiten ungefähr so ab:

- Sie geben im Browser *http://localhost/* ein. Der einfache Schrägstrich am Ende der URL steht für die Document Root des Webservers.
- Der Webserver schaut in seiner Konfigurationsdatei nach, welcher Ordner als Document Root eingetragen ist, und findet *C:\xampp\htdocs* bzw. */Applications/MAMP/htdocs*.

Unter Windows finde ich den Ordner okay, auf dem Mac hingegen würde ich die Webseiten lieber in dem dafür vom Betriebssystem eigentlich vorgesehenen Ordner */Users/Benutzername/Websites* speichern. Um das zu erreichen, andern Sie in MAMP die Document Root, was ganz einfach geht:

1. Klicken Sie im MAMP-Programmfenster auf die Schaltfläche EINSTELLUNGEN...
2. Wechseln Sie auf das Register APACHE.
3. Geben Sie im Feld DOCUMENT ROOT den gewünschten Ordner ein, also zum Beispiel */Users/Benutzername/Websites*, oder wählen Sie den Ordner mit einem Klick auf AUSWÄHLEN
4. Bestätigen Sie die Änderung mit einem Klick auf OK.

Alle Webprojekte werden am besten jeweils in einem eigenen Ordner unterhalb der Document Root abgelegt. Probieren Sie testweise einmal das Anlegen eines neuen Ordners aus:

- Erstellen Sie unterhalb der Document Root einen Ordner namens *test*.
- Wenn Sie XAMPP benutzen, geben Sie im Browser *http://localhost/test/* ein, als MAMP-Benutzer *http://localhost:8888/test/*.

Der Apache zeigt Ihnen jetzt im Browser den leeren Ordner an. Wenn es in diesem Ordner eine Datei namens *index.html* gibt, zeigt ein Webserver diese Datei automatisch an.

Ist eine solche Datei mit dem Vornamen *index* nicht vorhanden, listet der Apache in XAMPP und MAMP alle Dateien im Ordner auf (*Directory Listing*). Das können Sie ganz einfach ausprobieren, indem Sie ein paar beliebige Dateien in den Ordner *test* kopieren und die Seite im Browser neu laden.

Manchmal sind Webserver nicht ganz so bequem konfiguriert und zeigen beim Fehlen einer Index-Seite die Meldung »403 – Zugriff verweigert«. Sie können den Ordner *test* übrigens gerne wieder löschen. Er wird nicht mehr gebraucht.

3.5 PHP: Programmiersprache und Interpreter

Mit dem Begriff *PHP* ist im Alltag zweierlei gemeint: erstens die Programmiersprache, die das Web im Sturm erobert hat, und zweitens der Interpreter, der die PHP-Befehle auf dem Webspace ausführt.

3.5.1 PHP ist auf php.net zu Hause

PHP ist wie der Apache Open Source, und die Entwicklung wird auf *php.net* koordiniert (siehe Abbildung 3.8).

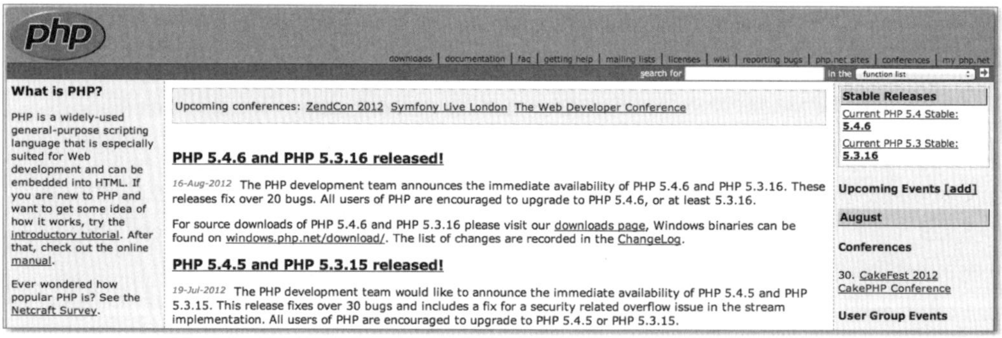

Abbildung 3.8 »php.net« – hier wird die Entwicklung von PHP koordiniert.

PHP-Befehle finden Sie bei Contao z.B. in den Templates, und sie sehen ungefähr so aus:

```
<div class="<?php echo $this->class; ?>">
```

Dieser Befehl schreibt den Wert der Variablen `$this->class` in den Quelltext, sodass dort dann z.B. `<div class="infobox">` steht.

Auf *php.net/manual/de* können Sie bei Bedarf alle PHP-Befehle nachschlagen, aber im folgenden Abschnitt geht es nicht in erster Linie um die *Programmiersprache* PHP, sondern um eine wichtige Konfigurationseinstellung für den *PHP-Interpreter*.

3.5.2 PHP: als Modul oder als CGI?

Es gibt zwei Arten, wie Apache und der PHP-Interpreter zusammenarbeiten können: als Modul oder als CGI. Diese Einstellung wird bei der Installation von Contao eventuell wichtig. Abbildung 3.9 zeigt links PHP als CGI und rechts PHP als Apache-Modul.

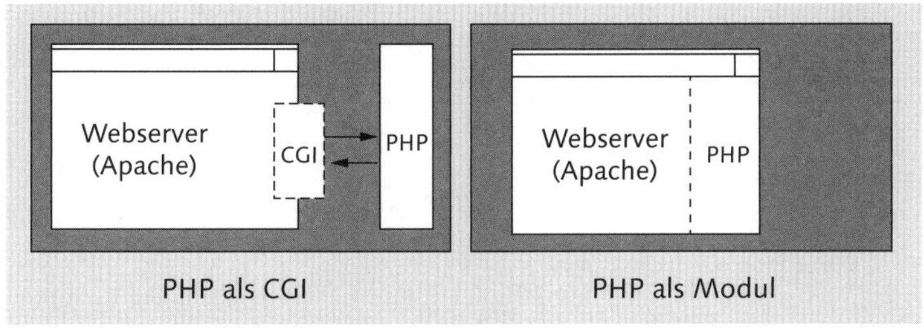

Abbildung 3.9 PHP als CGI und Modul

Beide Methoden haben verschiedene Vor- und Nachteile:

- Wenn der PHP-Interpreter über die CGI-Schnittstelle aufgerufen wird, sind Webserver und Interpreter zwei völlig getrennte Einheiten. Der Nachteil ist, dass der PHP-Interpreter immer wieder gestartet und beendet werden muss.

  Der Servercomputer verbringt dadurch einen nicht unerheblichen Teil seiner Rechenzeit einfach nur mit dem Starten und Beenden des PHP-Interpreters. Das klingt nicht besonders effektiv und ist es auch nicht, aber unter dem Namen *Fast-CGI* gibt es inzwischen eine schnellere CGI-Variante, die diesen Nachteil aufhebt.
- Wenn PHP als Apache-Modul betrieben wird, rücken Interpreter und Webserver buchstäblich enger zusammen. PHP wird quasi Teil des Servers und muss nicht jedes Mal neu gestartet werden, um einen Befehl auszuführen.

  Dadurch ist er natürlich eine ganze Ecke schneller als CGI, aber dafür laufen alle PHP-Programme unter dem Benutzernamen des Webservers, was – wie Sie bei der Installation von Contao sehen werden – wieder andere Nachteile mit sich bringt.

Viele Webhoster betreiben PHP als (Fast-)CGI, weil es sehr stabil ist und auf einem Webserver mit vielen Kunden relativ einfach zu verwalten ist. PHP-Programme laufen unter dem Namen des angemeldeten Benutzers und nicht unter dem des Webservers.

Bei der Installation von Contao auf dem Webspace im nächsten Kapitel werden beide Möglichkeiten wieder erwähnt. Momentan ist nur wichtig, dass es sie gibt.

Auf der Startseite von XAMPP gibt es in der Navigationsleiste im Bereich PHP einen Link namens PHPINFO(), mit dem Sie sich unter anderem die Konfiguration des PHP-Übersetzers bei XAMPP anschauen können (siehe Abbildung 3.10).

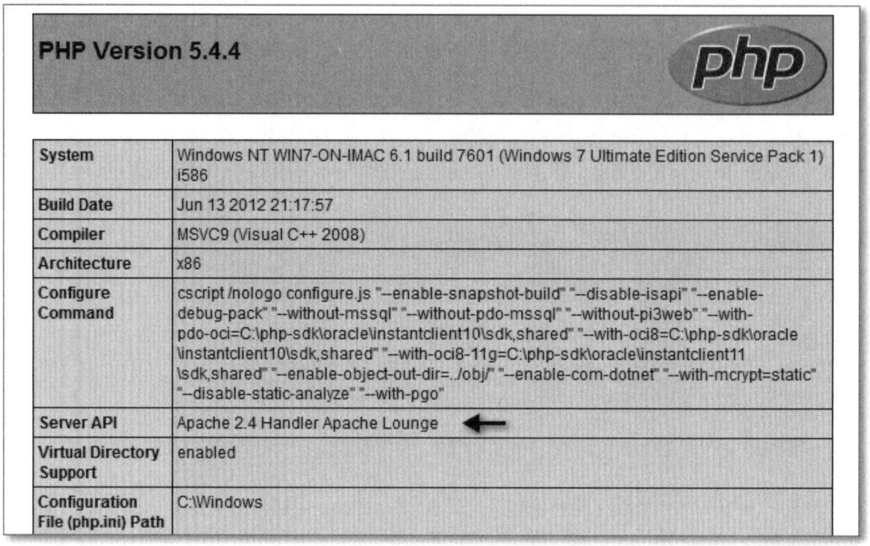
PHP Version 5.4.4

System	Windows NT WIN7-ON-IMAC 6.1 build 7601 (Windows 7 Ultimate Edition Service Pack 1) i586
Build Date	Jun 13 2012 21:17:57
Compiler	MSVC9 (Visual C++ 2008)
Architecture	x86
Configure Command	cscript /nologo configure.js "--enable-snapshot-build" "--disable-isapi" "--enable-debug-pack" "--without-mssql" "--without-pdo-mssql" "--without-pi3web" "--with-pdo-oci=C:\php-sdk\oracle\instantclient10\sdk,shared" "--with-oci8=C:\php-sdk\oracle\instantclient10\sdk,shared" "--with-oci8-11g=C:\php-sdk\oracle\instantclient11\sdk,shared" "--enable-object-out-dir=../obj/" "--enable-com-dotnet" "--with-mcrypt=static" "--disable-static-analyze" "--with-pgo"
Server API	Apache 2.4 Handler Apache Lounge
Virtual Directory Support	enabled
Configuration File (php.ini) Path	C:\Windows

Abbildung 3.10 Unter XAMPP läuft PHP als Apache-Modul.

In der sechsten Zeile ist bei SERVER API der Wert »HANDLER« eingetragen, und das bedeutet, dass der PHP-Interpreter als Apache-Modul betrieben wird. Wenn PHP als CGI oder FastCGI läuft, würden diese Buchstaben dort in irgendeiner Form auftauchen.

Bei MAMP können Sie PHPInfo direkt von der MAMP-Startseite im Browser aufrufen (siehe auch Abbildung 3.7 auf Seite 65).

Den eigenen Webspace erkunden: »phpinfo.php«

So können Sie die PHP-Einstellungen auf Ihrem Webspace analysieren:

- Erstellen Sie mit einem Editor eine neue, komplett leere Datei.
- Schreiben Sie nur die Zeile `<?php phpinfo(); ?>` in die Datei.
- Speichern Sie die Datei z. B. als *phpinfo.php*.
- Laden Sie die Datei per FTP auf Ihren Webspace.
- Rufen Sie die Datei im Browser auf.

Und schon sehen Sie die PHP-Einstellungen. Die Datei sollten Sie danach wieder entfernen, denn die PHP-Einstellungen auf Ihrem Webspace gehen nur Sie und Ihren Provider etwas an.

3.6 MySQL serviert SQL-Datenbanken

MySQL ist ein relationales Datenbank-Management-System (RDBMS) zur Verwaltung von SQL-Datenbanken und sehr weit verbreitet. Es ist ebenfalls ein Open-Source-Projekt, arbeitet gut mit der Programmiersprache PHP zusammen und ist pfeilschnell.

Das Programm MySQL ist also genau genommen keine Datenbank, sondern ein Datenbankserver für relationale Datenbanken.

Der Name ist übrigens nicht besonders originell. Ein Datenbankserver für SQL-Datenbanken namens MySQL ist ein bisschen so wie ein Hund, den man »Mein-Hund« nennt.

3.6.1 Eine relationale Datenbank besteht aus Tabellen

Relationale Datenbanken speichern Daten in Form von Tabellen. Tabelle 3.1 zeigt eine einfache Liste mit drei Autoren.

autor_id	nachname	vorname
1	Weber	Waldemar
2	Müller	Peter
3	Adams	Douglas

Tabelle 3.1 Eine einfache Datenbank

Eine solche Tabelle bekommt einen Namen wie z.B. *autorenliste* und besteht aus Zeilen und Spalten:

- Eine Zeile heißt *Datensatz* (*Record*) und enthält alle Informationen zu einem Autor.
- Eine Spalte enthält immer gleiche Datentypen. So stehen in der ersten Spalte die IDs, in der zweiten die Nachnamen und in der dritten die Vornamen. Eine Spalte besteht aus *Feldern* (*Fields*), und deswegen heißt die Spaltenüberschrift auch *Feldname*.

Wenn die Autorenliste zu einer Buchliste erweitert werden soll, gibt es zunächst einmal zwei Möglichkeiten:

1. Man erweitert die Tabelle *autorenliste* um Spalten wie *buch01*, *buch02* etc. In diesem Fall gibt es für Wenigschreiber wie Waldemar Weber jede Menge leere Felder.

2. Man fügt für jeden neuen Buchtitel eine neue Zeile ein. Dabei müssen die Namen der Autoren für jeden Buchtitel in jeder Zeile wiederholt werden. Das nennt man *Redundanz* und ist spätestens bei Namensänderungen oder -korrekturen eher ärgerlich.

Die Lösung ist, dass man die Buchtitel in einer eigenen Tabelle speichert, die man z. B. *buchliste* nennt. In diese Tabelle schreibt man die ID für die Namen aus der Tabelle *autorenliste* in eine eigene Spalte (siehe Tabelle 3.2).

buch_id	buchtitel	autor_id
1	Per Anhalter durch die Galaxis	3
2	Das große Little Boxes-Buch	2
3	Die Homepage-Schule	2
4	Die Letzten ihrer Art	3
5	Der elektrische Mönch	3

Tabelle 3.2 Tabelle »buchliste« mit ID aus der Tabelle »autorenliste«

Die beiden Tabellen haben ein gemeinsames Feld *autor.id*, über das sie miteinander verknüpft werden können. Jetzt können Sie für jeden Autor beliebig viele Buchtitel speichern und haben weder leere Felder noch redundante Autoren.

Divide et impera. Die Daten werden auf mehrere Tabellen verteilt und über ein spezielles Feld miteinander verbunden. Diese Verbindungen nennt man *Beziehungen*, auf Englisch *Relations*. *Relationale Datenbanken* sind also Datenbanken mit mehreren Tabellen, die in Beziehung zueinander stehen.

3.6.2 SQL ist eine Sprache zur Verwaltung von Datenbanken

Eine Datenbank ist nur ein Speicher, in dem Daten gelagert werden. Nützlich werden Datenbanken erst durch die Möglichkeit, je nach Bedarf bestimmte Daten aus der Datenbank herauszuholen. Dieser Vorgang nennt sich *Abfrage* oder auf Englisch *Query*.

Damit man nicht für jedes Datenbank-Management-System eine neue Abfragesprache lernen muss, gibt es eine (weitgehend) standardisierte Sprache namens *SQL*. Die drei Buchstaben stehen für *Structured Query Language* und werden im Deutschen meist »es-kuh-ell« gesprochen. Im Englischen gibt es neben der Aussprache »es-kju-ell« noch die Variante »sie-kwell«, mit einem scharfen »ß« am Anfang (wie das Wort *sequel*).

Mit SQL-Befehlen kann man Daten aus einer Datenbank holen oder in einer Datenbank speichern bzw. verändern. Hier ist ein einfaches Beispiel:

```
SELECT buchtitel FROM buchliste WHERE autor_id =3;
```

Dieser SQL-Befehl holt den Inhalt des Feldes `buchtitel` aus der Tabelle `buchliste`, wenn in der Spalte `autor_id` eine `3` steht. Oder einfacher: alle Bücher von Douglas Adams.

Sie werden mit SQL-Befehlen kaum direkten Kontakt haben, aber SQL wird von Webanwendungen wie phpMyAdmin oder Contao im Hintergrund die ganze Zeit benutzt.

3.7 phpMyAdmin verwaltet die Datenbanken von MySQL

MySQL selbst ist von der Ausstattung her eher spartanisch, und so gibt es zum Beispiel keinerlei Benutzeroberfläche. Sie müssten in der MySQL-Konsole manuell SQL-Befehle eintippen, um z.B. eine neue Datenbank zu erstellen. Wenn Sie nicht zufällig fließend SQL sprechen, macht das wenig Spaß. Aus diesem Grunde enthalten XAMPP und MAMP eine Webanwendung namens *phpMyAdmin*.

3.7.1 phpMyAdmin starten

phpMyAdmin erleichtert das Leben eines jeden Webentwicklers, aber auch hier ist der Name eher verwirrend. Das Programm ist eine in PHP geschriebene Webanwendung zur Administration von MySQL-Datenbanken, und somit wäre ein Name wie php*MySQL*Admin wahrscheinlich eindeutiger.

phpMyAdmin ist eine Webanwendung und wird über den Browser bedient:

- Bei XAMPP geben Sie *http://localhost/* ein, um die XAMPP-Startseite aufzurufen, und klicken in der linken Navigationsleiste im Bereich TOOLS auf den Link PHPMYADMIN.
- Bei MAMP klicken Sie im Programmfenster auf STARTSEITE ÖFFNEN und auf der Startseite im Browser in der Navigationsleiste oben auf PHPMYADMIN.

Falls die Startseite bei Ihnen etwas anders aussieht, macht das nichts. Es gibt im Web unzählige verschiedene Versionen und Oberflächen für phpMyAdmin, aber sie machen letztlich alle dasselbe, nämlich Datenbankverwaltung.

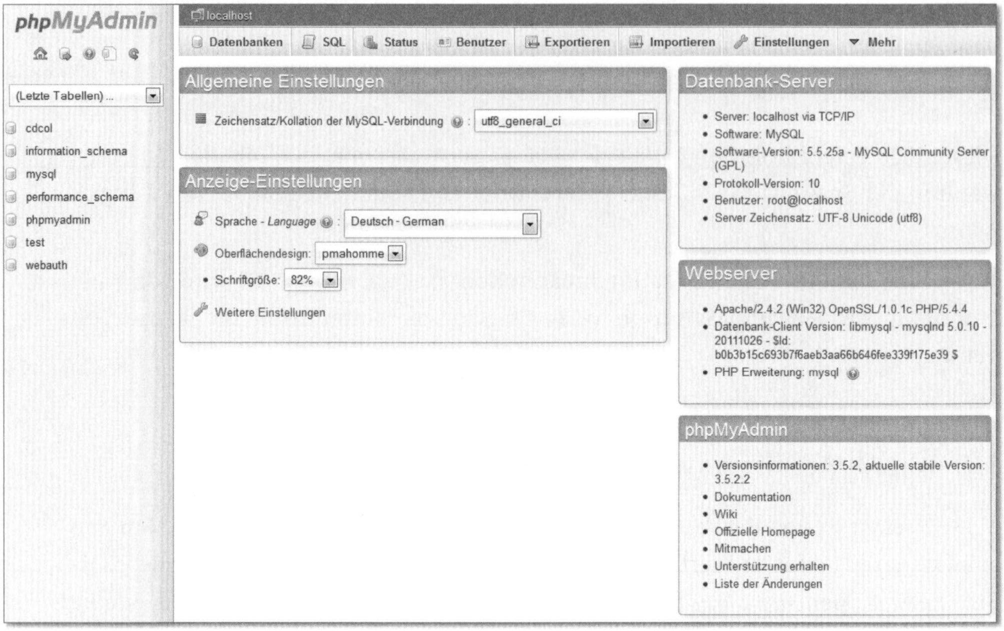

Abbildung 3.11 phpMyAdmin – die Startseite

3.7.2 Eine Datenbank anlegen mit phpMyAdmin

phpMyAdmin wird bei der Arbeit mit Contao im Idealfall nur benötigt, um vor der Installation von Contao eine Datenbank anzulegen. In dieser Datenbank werden dann vom Contao-Installtool automatisch die benötigten Tabellen und Felder angelegt.

Sie können das Erstellen einer Datenbank am besten gleich mal üben:

1. Klicken Sie in der oberen Navigationsleiste von phpMyAdmin auf DATENBANKEN.
2. Geben Sie in das Eingabefeld unterhalb von NEUE DATENBANK ANLEGEN den gewünschten Namen der Datenbank an, z.B. »db_test« (siehe Abbildung 3.12).
3. Klicken Sie auf die Schaltfläche ANLEGEN.

Fertig. Links in der Sidebar ist jetzt ein neuer Eintrag zu sehen.

Falls Sie die eben erstellte Datenbank wieder löschen möchten, ist auch das mit phpMyAdmin ganz einfach:

1. Klicken Sie auf der Startseite von phpMyAdmin links in der Übersicht auf die zu löschende Datenbank DB_TEST.
2. Klicken Sie in der oberen Navigationsleiste auf OPERATIONEN.

3. Klicken Sie auf den Link DATENBANK LÖSCHEN (DROP).
4. Es erscheint noch eine Frage, ob Sie das wirklich tun möchten. Sie möchten. Klicken Sie also auf OK.

Und schon ist die Datenbank wieder weg.

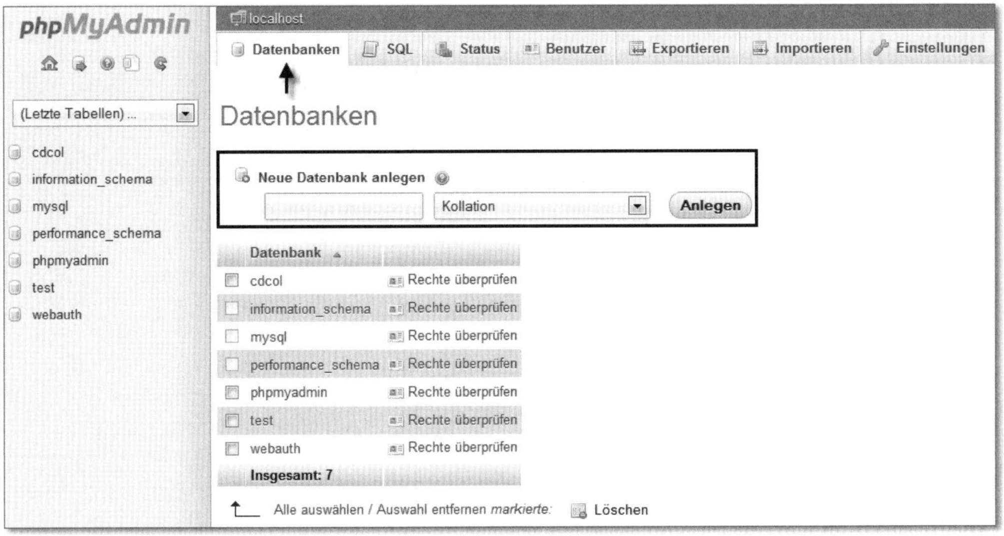

Abbildung 3.12 Neue Datenbank anlegen mit phpMyAdmin

Kapitel 4
Die Installation von Contao

In diesem Kapitel erfahren Sie alles über die Installation von Contao, zuerst lokal auf Ihrem Rechner und dann auf dem echten Webspace. Danach erhalten Sie Hinweise zum Troubleshooting und die Anleitung zum Transfer einer Website von Ihrem Rechner auf den Online-Webspace.

Die Themen im Überblick:

In diesem Kapitel wird die Installation von Contao gleich mehrfach beschrieben – zunächst lokal auf dem mit XAMPP oder MAMP erstellten Offline-Webspace auf Ihrem Rechner und dann live auf einem Online-Webspace.

4.1 Vorbereitung

Bevor Sie Contao installieren, erfahren Sie etwas über die Systemvoraussetzungen und die richtige Contao-Version für dieses Buch.

4.1.1 Die Systemvoraussetzungen

Damit Contao reibungslos funktioniert, müssen auf dem Webspace folgende Voraussetzungen erfüllt sein:

- PHP ab Version 5.3.2
- MySQL-Version 5.x

Genau genommen, reicht bei MySQL die Version 4.1, aber V5.x ist eine echte Empfehlung, weil sie einfach besser und schneller ist.

Außerdem sollten die beiden folgenden PHP-Erweiterungen installiert sein:

- *GDlib*, damit Contao hochgeladene Bilder bearbeiten kann
- *SOAP* zur Installation von Erweiterungen aus dem Backend heraus

Aktuelle Versionen von XAMPP und MAMP erfüllen diese Voraussetzungen locker, und mit dem Contao-Check können Sie ganz einfach überprüfen, ob Contao auch auf Ihrem Online-Webspace läuft. Ab Seite 91 wird in Abschnitt 4.4.2 ausführlich geschildert, wie das geht.

4.1.2 Die richtige Contao-Version für dieses Buch

Sie finden die Contao-Version, die in diesem Buch verwendet wird, auf der Buch-CD, und ich empfehle Ihnen, zum Durcharbeiten des Buches diese Version zu verwenden. Dadurch minimieren Sie zusätzliche Fehlerquellen und können sich genau an den Schritt-für-Schritt-Anleitungen in den ToDo-Kästchen orientieren.

Nachdem Sie Contao in diesem Buch kennengelernt haben, wird Ihnen der Umstieg auf eine neuere Version sehr leicht fallen, denn die Funktionsprinzipien sind nach wie vor die gleichen.

Falls Sie lieber gleich die aktuellste Contao-Version verwenden möchten, finden Sie sie auf der Contao-Downloadseite:

- *contao.org/herunterladen.html*

Sie sollten in diesem Fall vor der Installation im News-Bereich auf der Website zum Buch schauen, ob es irgendwelche besonderen Hinweise dazu gibt:

- *websites-erstellen-mit-contao.de*

Ein Besuch auf der Website zum Buch lohnt sich sowieso.

Die Versionsnummern von Contao

In Abschnitt 23.5 erfahren Sie ab Seite 602 Details zur Bedeutung der Versionsnummern in Contao. Dort lernen Sie unter anderem die genauen Unterschiede zwischen einem *Bugfix-Release*, einer *Minor-* und einer *Major-Version* kennen.

4.2 Offline: Contao auf Ihrem Rechner installieren

Zum Kennenlernen von Contao installieren Sie es in diesem Abschnitt manuell auf Ihrem eigenen Rechner, sodass Sie auch offline damit arbeiten können. Im Ordner *contaobuch* erstellen Sie in diesem Abschnitt eine leere Website, die Sie im Laufe der nächsten Kapitel nach und nach fertigstellen.

Schritt 1: Contao-Dateien in den Ordner »contaobuch« kopieren

Im ersten Schritt erstellen Sie einen neuen Ordner für das neue Projekt und kopieren die Contao-Dateien in diesen Ordner. Online würde man das mit einem FTP-Programm machen, offline reichen der Windows-Explorer oder der Finder. Falls Sie nicht wissen, was im folgenden ToDo-Kästchen mit *Document Root* gemeint ist, finden Sie entsprechende Hinweise ab Seite 67.

ToDo: Dateien in den Ordner »contaobuch« kopieren

1. Erstellen Sie einen Ordner namens *contaobuch* unterhalb der *Document Root* des Apache-Webservers.
2. Laden Sie die aktuelle Contao-Version von *contao.org* herunter.
3. Entpacken Sie das ZIP-Archiv in einen Ordner auf Ihrer Festplatte.
4. Öffnen Sie den Ordner *contao-**, das Sternchen steht für die aktuelle Versionsnummer.
5. Kopieren Sie die Dateien aus diesem Ordner in den Ordner *contaobuch*.

Der Ordner *contaobuch* sollte nach diesen Schritten ungefähr so aussehen wie in Abbildung 4.1.

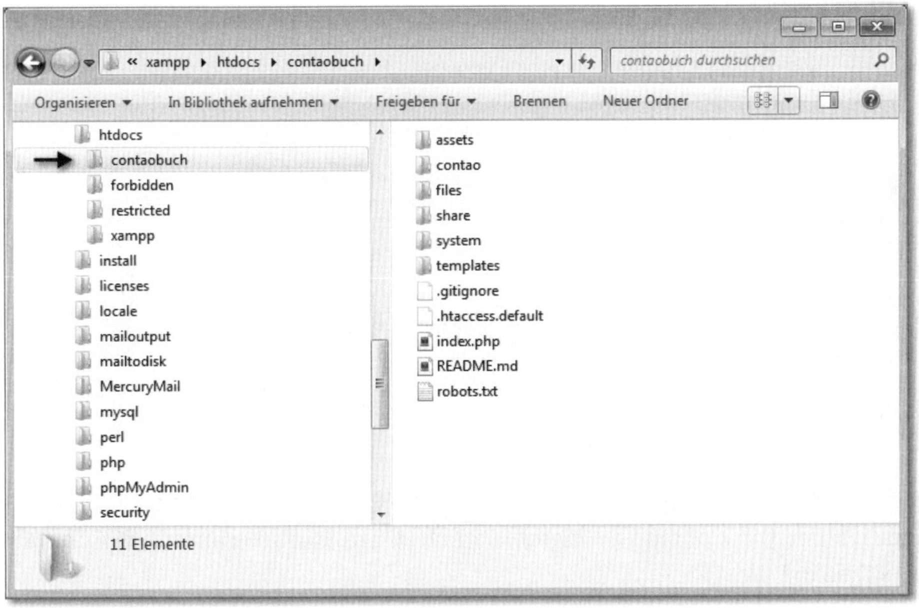

Abbildung 4.1 Der Ordner »contaobuch« enthält die Dateien von Contao.

Im Ordner *contaobuch* liegen unter anderem die *index.php* und eine Datei mit dem etwas seltsamen Namen *.htaccess.default*. Außerdem gibt es die Ordner *assets, contao, files, share, system* und *templates*, in denen wiederum zum Teil jede Menge Dateien und Unterordner enthalten sind. Alles zusammen ist Contao.

Schritt 2: Datenbank erstellen mit phpMyAdmin

Vor der eigentlichen Installation legen Sie mit phpMyAdmin zunächst eine Datenbank an. In Abschnitt 3.7.2 haben Sie das auf Seite 74 vielleicht schon einmal gemacht.

ToDo: Datenbank erstellen mit phpMyAdmin

1. Öffnen Sie phpMyAdmin im Browser.
2. Öffnen Sie in phpMyAdmin das Register DATENBANK, und suchen Sie das Eingabefeld NEUE DATENBANK ANLEGEN.
3. Geben Sie den Namen der Datenbank ein, die angelegt werden soll: »db_contaobuch«.
4. Erstellen Sie mit einem Klick auf ANLEGEN die Datenbank.

Wenn alles geklappt hat, sollten Sie eine Meldung bekommen, dass die Datenbank erzeugt wurde. Das könnte etwa so aussehen wie in Abbildung 4.2.

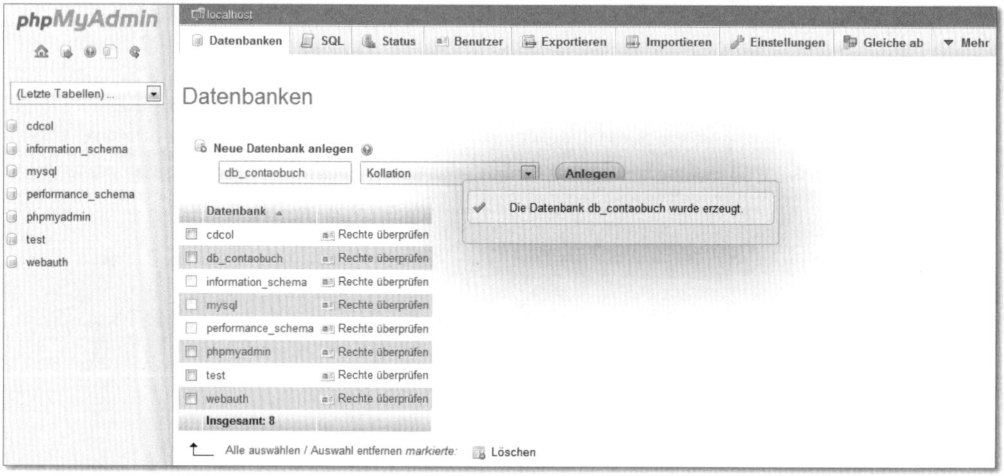

Abbildung 4.2 phpMyAdmin – die Datenbank »db_contaobuch« wurde erzeugt.

Die Datenbank ist leer und enthält noch keinerlei Tabellen, Felder oder Daten. Das Erzeugen der von Contao benötigten Datenbankstruktur übernimmt das Contao-Installtool in Schritt 5.

Der Datenbankname beginnt mit »db_«

Die Datenbank muss nicht unbedingt *db_contaobuch* heißen, aber der Name ist auch nicht zufällig gewählt. Durch das Kürzel *db_* am Anfang wissen Sie immer, dass der Name für eine Datenbank steht. Ohne das *db_* könnte *contaobuch* auch ein Ordnername oder etwas völlig anderes sein.

Schritt 3: Das Installtool starten und die Lizenz akzeptieren

Das Installationsprogramm liegt im Unterordner *contaobuch/contao/* und heißt *install.php*. Um es zu starten, geben Sie im Browser also folgende URL ein:

- XAMPP: *localhost/contaobuch/contao/install.php*
- MAMP: *localhost:8888/contaobuch/contao/install.php*

Wenn alles geklappt hat, erscheint die »GNU Lesser General Public License« (siehe Abbildung 4.3).

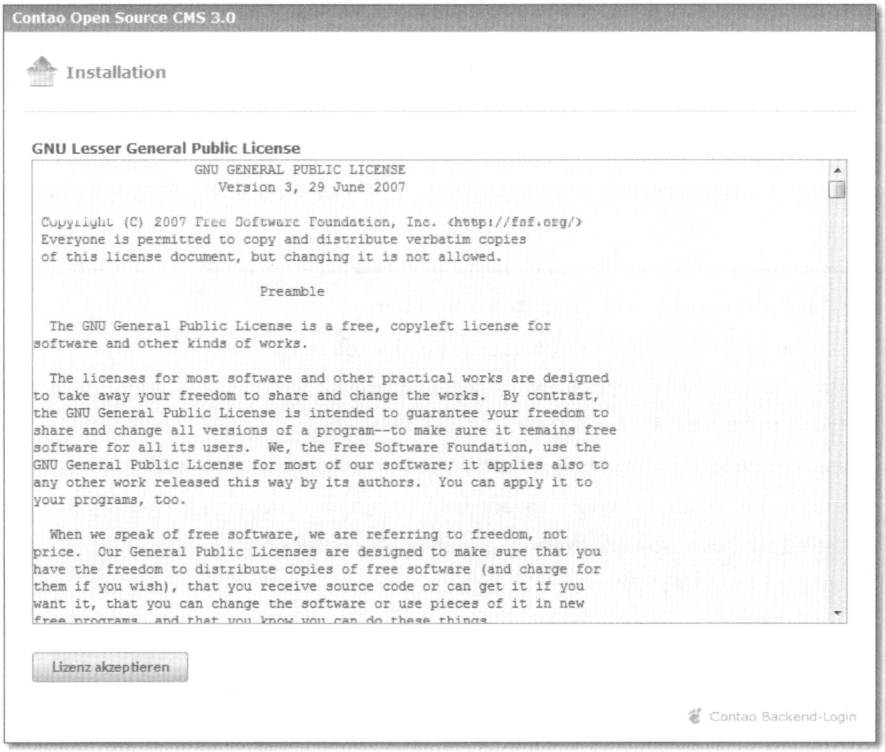

Abbildung 4.3 Die »GNU Lesser General Public License« akzeptieren

Falls Sie nicht die Lizenz aus Abbildung 4.3 sehen, gibt es folgende Möglichkeiten:

- Sie werden gebeten, Ihre FTP-Zugangsdaten einzugeben. Bei einer Installation auf einem UNIX-basierten System (also auch unter OS X) kann das durchaus passieren. Sie müssen in diesem Fall vor der Installation von Contao noch etwas erledigen. Lesen Sie dazu ab Seite 99 Abschnitt 4.5 über den FTP-Modus von Contao (»Safe Mode Hack«).
- Sie sehen eine Fehlermeldung *404* oder *Not Found*. Prüfen Sie die URL und die Pfadangabe im Dateisystem. Denken Sie daran, dass der erste einfache Slash nach *localhost* für den Ordner *htdocs* steht (Document Root).
- Sie sehen eine Fehlermeldung VERBINDUNG KONNTE NICHT AUFGEBAUT WERDEN. Der Webserver ist wahrscheinlich nicht gestartet. Lesen Sie in Kapitel 3, »Der Offline-Webspace: XAMPP und MAMPP«, den Abschnitt »Testen, ob der Webserver funktioniert«.

Wenn die Ursache für die Meldung behoben wurde, geht es weiter. Nach einem Klick auf LIZENZ AKZEPTIEREN beginnt dann die Installation, und zwar mit einer Passworteingabe für das Installtool selbst.

Schritt 4: »Installtool-Passwort« – das Passwort für das Installtool eingeben

Das Installtool von Contao ist eigentlich eher ein *Setup-Tool*, denn es kommt nicht nur bei der ersten Installation zum Einsatz, sondern auch bei späteren Updates. Deshalb bleibt es in der Regel auf dem Webspace liegen und wird mit einem Passwort geschützt.

ToDo: Das Passwort für das Installtool eingeben

1. Rufen Sie gegebenenfalls im Browser das Installtool auf.
2. Bestätigen Sie, falls noch nicht geschehen, die »GNU Lesser General Public License« mit einem Klick auf LIZENZ AKZEPTIEREN.
3. Geben Sie im Feld PASSWORT ein Passwort mit mindestens acht Zeichen ein.
4. Wiederholen Sie die Passworteingabe im Feld BESTÄTIGUNG.
5. Notieren Sie das Passwort. Wenn Sie wollen, gleich hier:
6. *Passwort für das Installtool*: ....
7. Klicken Sie auf PASSWORT SPEICHERN (siehe Abbildung 4.4).

Nach der Änderung des Passworts wird automatisch ein sogenannter »Verschlüsselungsschlüssel« erstellt. Dieser Schlüssel ist eine ziemlich lange, zufällige Zeichenfolge, die in der Datei *localconfig.php* gespeichert und nur intern verwendet wird.

Sie müssen ihn nirgendwo selbst eingeben, und deshalb wird er auch gar nicht erst angezeigt.

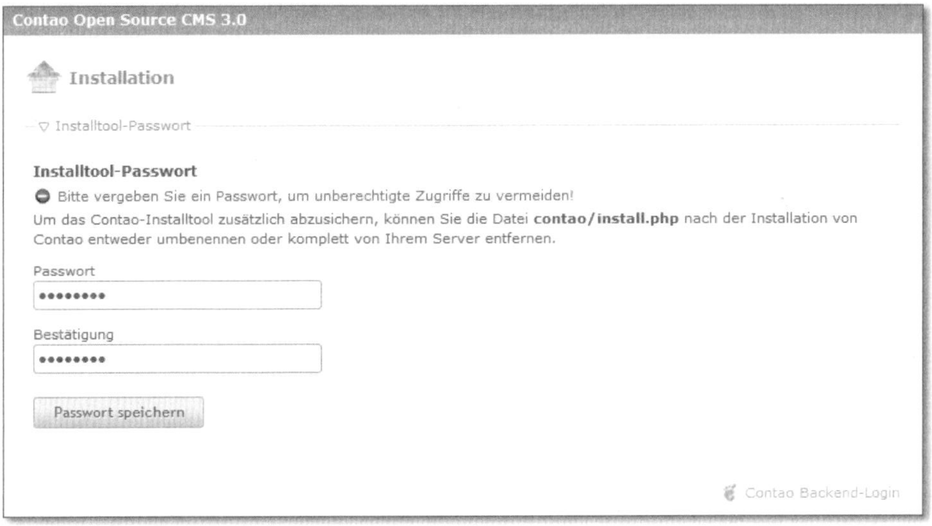

Abbildung 4.4 Passwort für das Installtool ändern

Der während der Installation erzeugte Schlüssel ist später übrigens bei Bedarf auch im Backend abrufbar, und zwar unter SYSTEM • EINSTELLUNGEN • SICHERHEITSEINSTELLUNGEN. Dort heißt er HASHWERT FÜR VERSCHLÜSSELUNG, Sie sollten ihn aber nicht nachträglich ändern.

Zusätzliche Sicherheitsmaßnahmen zum Schutz des Installtools

Wenn jemand Zugriff auf das Installtool hat, kann er die komplette Website löschen. Falls Ihnen ein Passwort als Schutz nicht ausreicht, werden in Abbildung 4.4 oberhalb der Passworteingabe zwei weitere Sicherheitsmaßnahmen erwähnt:

- *install.php* umbenennen. Am besten in einen schlecht zu erratenden Dateinamen wie z.B. *43r7za.php*.
- *install.php* komplett vom Webspace entfernen. Falls das Installtool bei einem Update benötigt wird, laden Sie es einfach wieder hoch.

Sie können den Zugriff auf den Ordner *contao* auch mit einer *.htaccess* schützen. Viele Webhoster stellen ein Hilfsprogramm zum Erstellen eines Verzeichnisschutzes bereit. Das sind aber, wie gesagt, alles reine Vorsichtsmaßnahmen.

Schritt 5: »Datenbankverbindung« – Kontakt mit der Datenbank aufnehmen

In diesem Schritt geben Sie die Zugangsdaten zur Datenbank ein, damit Contao eine Verbindung herstellen kann. Die in Rot erscheinende Meldung KEINE VERBINDUNG ZUR DATENBANK VORHANDEN ist kein Grund zur Sorge, da Sie ja noch gar nicht probiert haben, eine Verbindung herzustellen. Abbildung 4.5 zeigt das beispielhaft ausgefüllte Formular noch vor einem Klick auf EINSTELLUNGEN SPEICHERN.

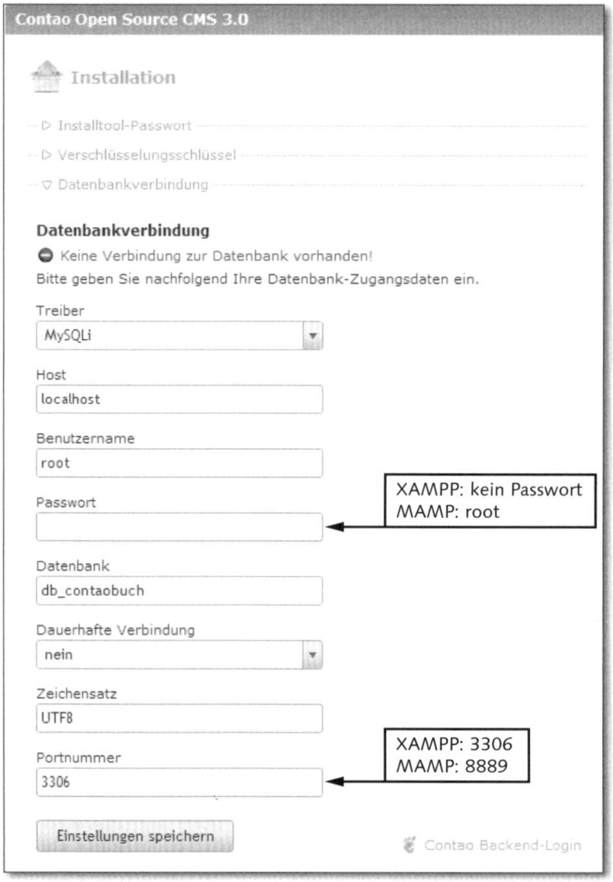

Abbildung 4.5 Zugangsdaten für die Datenbank eingeben

Im folgenden ToDo geben Sie die Zugangsdaten zur Datenbank ein.

ToDo: Kontakt mit der Datenbank aufnehmen

1. In der Auswahlliste TREIBER wird der gewünschte Datenbankserver gewählt. Mit Treiber ist das PHP-Modul gemeint, das Kontakt mit MySQL aufnimmt. Ideal ist MYSQLI, mit »i« wie »improved« (verbessert) am Ende. Falls das nicht klappt, probieren Sie MYSQL ohne das »i« hinten dran.

2. Im Feld Host geben Sie den Namen des Rechners ein, auf dem der Datenbankserver läuft: »localhost«.
3. Im Feld Benutzername tragen Sie »root« ein. Das ist der MySQL-Benutzer, der Zugriff auf die Datenbank hat.
4. Im Feld Passwort tragen Sie bei XAMPP gar nichts ein und bei MAMP das Passwort »root« (ohne Anführungszeichen).
5. Im Feld Datenbank tragen Sie den Namen der auf Seite 80 in Schritt 2 erstellten Datenbank ein. Wahrscheinlich ist das »db_contaobuch«.
6. Die Felder Dauerhafte Verbindung und Zeichensatz lassen Sie unverändert. Der Zeichensatz UTF-8 heißt bei MySQL wirklich UTF8, ohne Bindestrich. »Korrigieren« Sie das nicht!
7. XAMPP verwendet für die Verbindung zur Datenbank die Standard-Portnummer 3306. MAMP benutzt den Port 8889.
8. Überprüfen Sie Ihre Eingaben noch einmal. Wenn alles korrekt ist, bestätigen Sie sie mit einem Klick auf Einstellungen speichern.

Jetzt versucht das Installtool, Kontakt mit der Datenbank aufzunehmen. Wenn alles geklappt hat, erscheint in grünen Lettern die Meldung Datenbankverbindung OK.

Nach diesem Schritt setzt das Installtool automatisch die sogenannte *Kollation* für die gesamte Datenbank auf utf8_general_ci. Sie müssen hier nichts ändern. Weiter geht es mit dem Anlegen der Datenbanktabellen im nächsten Schritt.

Kollation: Zeichensatz und Sortierung

Vereinfacht gesagt, geht es bei der Kollation um den verwendeten Zeichensatz, die Sortierung der Daten in der Datenbank und solche Sachen.

Die Einstellung utf8_general_ci bewirkt unter anderem, dass man bei der Anmeldung am Backend beim Benutzernamen nicht auf Groß- und Kleinschreibung achten muss (»ci« wie *case insensitive*): »k.jones«, »K.JONES« oder »K.Jones« funktioniert alles. Wenn Sie das nicht möchten, können Sie stattdessen utf8_bin verwenden.

Schritt 6: »Tabellen prüfen« – die Datenbanktabellen anlegen

Wenn das Installtool eine Verbindung mit der Datenbank hergestellt hat, kann es in diesem Schritt die von Contao benötigten Tabellen und Felder in der Datenbank einrichten.

Die in Rot erscheinende Meldung Die Datenbank ist nicht aktuell! ist nicht schlimm, denn bei einer Erstinstallation ist die Datenbank ja noch komplett leer und deshalb natürlich nicht auf dem neuesten Stand.

ToDo: Tabellen aktualisieren und in der Datenbank anlegen

1. Scrollen Sie ein paar Bildschirmseiten langsam nach unten, bis die Schaltfläche DATENBANK AKTUALISIEREN ins Bild kommt.
2. Prüfen Sie beim Scrollen, ob alle Kontrollkästchen vor den SQL-Befehlen `CREATE TABLE '...'` angekreuzt sind.
3. Klicken Sie weiter unten auf die Schaltfläche DATENBANK AKTUALISIEREN, um die angezeigten SQL-Befehle auszuführen (siehe Abbildung 4.6).

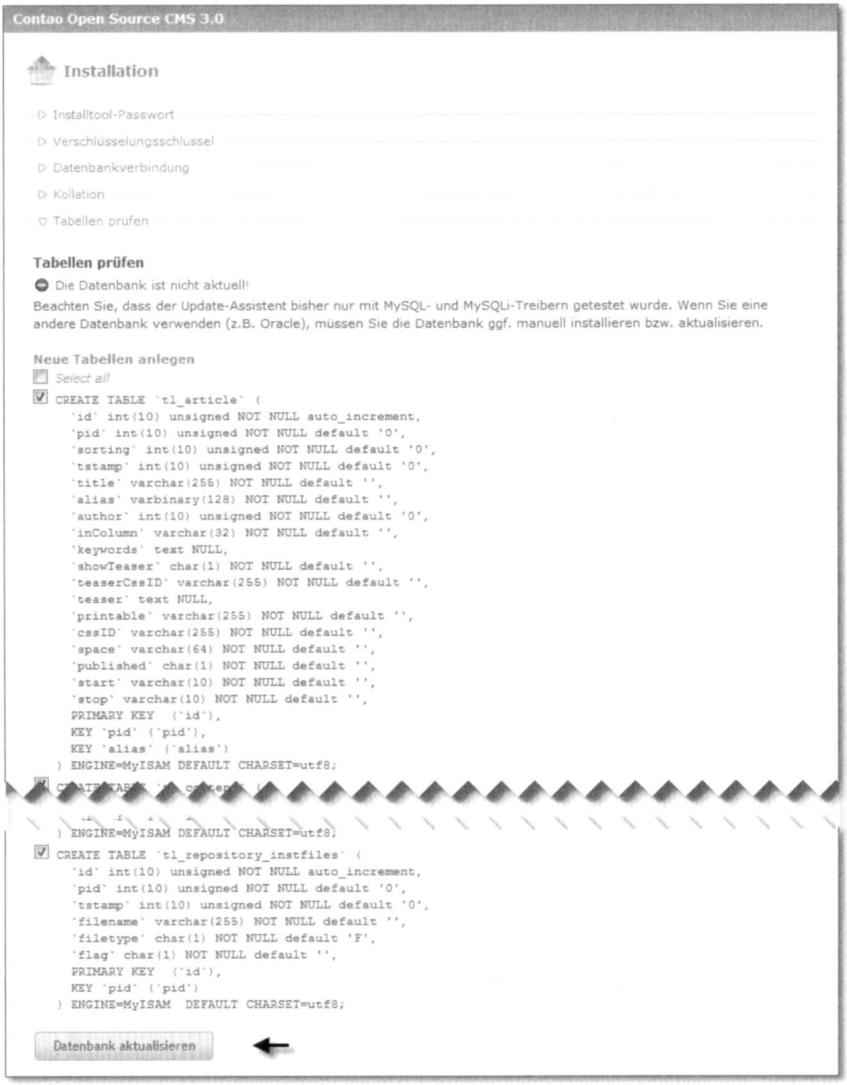

Abbildung 4.6 Neue Datenbanktabellen anlegen

Nach einem Klick auf DATENBANK AKTUALISIEREN führt das Installtool die angezeigten SQL-Befehle aus und erzeugt die von Contao benötigten Tabellen und Felder in der Datenbank.

Vorsicht, wenn sich mehrere Anwendungen diese Datenbank teilen

Wenn das Contao-Installtool anbietet, »fremde« Tabellen aus der Datenbank zu entfernen, sollten Sie vorsichtig sein, falls die Datenbank auf Ihrem Server auch noch von anderen Anwendungen benutzt wird. SQL-Befehle zum Löschen wie `DROP TABLE` sollten Sie nur ankreuzen, wenn Sie sich mehr als hundertprozentig sicher sind, dass die Tabellen nicht benötigt werden.

Schritt 7: »Ein Template importieren« – oder auch nicht

Nach dem Anlegen der Datenbankstrukturen bietet Ihnen das Installtool an, ein sogenanntes *Template* zu importieren (siehe Abbildung 4.7).

Abbildung 4.7 (K)ein Template importieren

Mit Template ist an dieser Stelle ein *Frontend-Template* gemeint, manchmal auch *Website-Template* oder *Contao-Template* genannt. Ein solches Frontend-Template ist eine SQL-Datei, die eine komplette, vorkonfigurierte Website enthält. Ein Importieren überschreibt alle eventuell vorhandenen Daten in der Datenbank. Auf gut Deutsch: Eine eventuell bereits existierende Website ist danach weg. Wirklich weg. Sie sollten also nicht einfach nur zum Spaß mal eben ein Frontend-Template in eine bestehende Site importieren. Auch später nicht.

Da Sie in diesem Buch mit einer leeren Site beginnen, die Sie Schritt für Schritt vervollständigen, importieren Sie an dieser Stelle bitte kein Template und gehen gleich weiter zum nächsten Schritt.

Schritt 8: Ein Administratorkonto anlegen

Zum Abschluss der Installation erstellen Sie noch ein Administratorkonto (siehe Abbildung 4.8).

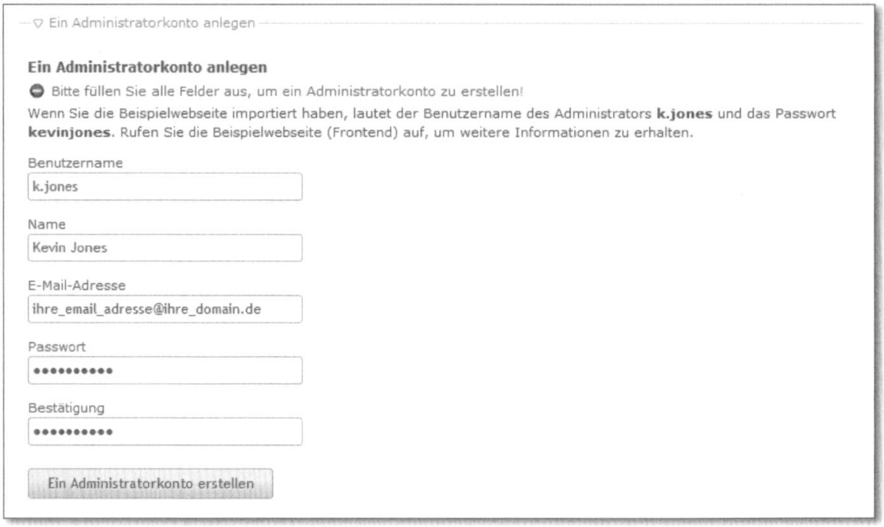

Abbildung 4.8 Ein Administratorkonto anlegen

Falls Sie bezüglich Benutzernamen und Passwort keine besonderen Wünsche haben, sollten Sie für die lokale Installation der Beispielsite ruhig wie in der Online-Demo »k.jones« und »kevinjones« nehmen. Für eine echte Website auf einem Online-Webspace wäre das keine so gute Idee.

ToDo: Administratorkonto anlegen

1. Tragen Sie im Feld BENUTZERNAME einen Benutzernamen für den Administrator ein (zum Beispiel »k.jones«).
2. Im Feld NAME geben Sie den vollen Namen des Administrators ein (zum Beispiel »Kevin Jones«).
3. Das Feld E-MAIL-ADRESSE muss ausgefüllt werden, auch wenn bei einer lokalen Installation kein Mailserver vorhanden ist, der Meldungen an den Admin schicken könnte.
4. Geben Sie ein PASSWORT ein, und bestätigen Sie es im Feld BESTÄTIGUNG (zum Beispiel »kevinjones«).
5. Notieren Sie die von Ihnen eingegebenen Zugangsdaten für das Administratorkonto:

   Admin-Benutzername: ....

   Name: ....

E-Mail-Adresse: ....

Admin-Passwort: ....

6. Klicken Sie auf EIN ADMINISTRATORKONTO ERSTELLEN.

Wenn alles geklappt hat, können Sie sich mit einem Klick auf den Link CONTAO BACKEND-LOGIN ganz rechts unten am Backend anmelden, das Sie in den nächsten Kapiteln genauer kennenlernen werden.

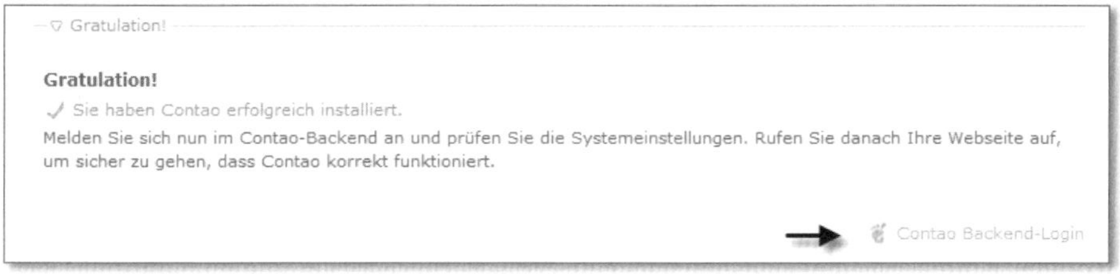

Gratulation!
Gratulation!
Sie haben Contao erfolgreich installiert.
Melden Sie sich nun im Contao-Backend an und prüfen Sie die Systemeinstellungen. Rufen Sie danach Ihre Webseite auf, um sicher zu gehen, dass Contao korrekt funktioniert.
Contao Backend-Login

Abbildung 4.9 Sie haben Contao erfolgreich installiert.

Um das Frontend der frisch installierten Website aufzurufen, geben Sie folgende Adresse ein:

- XAMPP: *http://localhost/contaobuch*
- MAMP: *http://localhost:8888/contaobuch*

Dort ist momentan außer der Meldung NO ROOT PAGE FOUND noch nichts zu sehen. Das ist okay und ändert sich bald.

In den Ordnern auf der Festplatte befinden sich noch einige Dateien für die Beispielsite *Music Academy*, die Sie für Ihre Beispielsite nicht benötigen und die Sie zum Abschluss dieser Installation einfach löschen können:

- die Datei *templates/music_academy.sql*
- der Ordner *files/music_academy/*

4.3 Die Demo »Music Academy« offline installieren

Die Beispielsite *Music Academy* haben Sie beim Schnelldurchlauf mit der Online-Demo in Kapitel 2, »Schnelldurchlauf: So funktioniert Cantao«, bereits kennengelernt. Sie ist in einem Contao-Download enthalten, und in diesem Abschnitt wird beschrieben, wie Sie *Music Academy* in einer zweiten Datenbank zusätzlich zu der eben erstellten leeren Website lokal auf Ihrem Rechner installieren. Als »Offline-Demo« sozusagen.

Die Demo-Site auf dem eigenen Rechner hat den Vorteil, dass Sie jederzeit in einer funktionierenden Contao-Site nachschauen können, wie das eine oder andere Detail umgesetzt wurde.

Die Installation der Demo-Site läuft genauso wie eben beschrieben, nur in einen anderen Ordner, mit einer anderen Datenbank und dem Import eines Frontend-Templates.

Zunächst gibt es vor der Installation wieder einige Dinge zu erledigen:

1. Erstellen Sie unterhalb der Document Root einen neuen Ordner *music_academy*.
2. Kopieren Sie die Contao-Dateien in diesen Ordner.
3. Erstellen Sie mit phpMyAdmin eine neue Datenbank, die Sie zum Beispiel *db_music_academy* nennen.

Nachdem alles vorbereitet wurde, starten Sie das Contao-Installtool:

- XAMPP: *http://localhost/music_academy/contao/install.php*
- MAMP: *http://localhost:8888/music_academy/contao/install.php*

Nach der Bestätigung der Lizenz geht es los:

1. Passwort für das Installtool eingeben (und notieren)
2. Verbindung zur Datenbank *db_music_academy* herstellen
3. Datenbanktabellen anlegen per Klick auf DATENBANK AKTUALISIEREN
4. Frontend-Template *music_academy.sql* importieren

Fertig. Für die »Music Academy« müssen Sie kein Administratorkonto erstellen, denn im Frontend-Template ist bereits ein Admin-Konto für Kevin Jones enthalten: Benutzername »k.jones«, Passwort »kevinjones«.

Nach der Installation können Sie die Beispielsite wie folgt im Browser aufrufen (bei MAMP die Portnummer 8888 ergänzen):

- Frontend: *localhost/music_academy/*
- Backend: *localhost/music_academy/contao/*

Am Backend können Sie sich mit dem Benutzernamen »k.jones« und dem Passwort »kevinjones« als Administrator anmelden, und auch das Frontend funktioniert.

Ungeduldig? Kapitel 5, »Ein kurzer Rundgang im Backend«

Falls Sie im Moment nur offline arbeiten möchten, können Sie die folgenden Abschnitte über die Installation auf einem Online-Webspace, die dabei möglichen Probleme und den Umzug einer lokalen Site ins Web auch später lesen. Dann springen Sie jetzt zu Seite 113und machen mit Kapitel 5 weiter, »Ein kurzer Rundgang im Backend«.

4.4 Online: Contao im Web installieren

Für die ersten Schritte und zur Entwicklung von Websites ist eine lokale Installation gut geeignet, aber früher oder später wird Contao auf einem online erreichbaren Webspace installiert.

4.4.1 Informationen über Webhoster im Forum

Hosting ist laut Wikipedia »die Unterbringung von Internetprojekten, die sich in der Regel auch öffentlich durch das *Internet* abrufen lassen«, und ein *Webhoster* oder *Provider* ist eine Firma, die die »Unterbringung von Internetprojekten« ermöglicht, indem sie Ihnen Webspace zur Verfügung stellt.

Bevor Sie Contao auf einem Online-Webspace installieren, sollten Sie eventuell kurz im Forum nachschauen, ob andere Forenmitglieder im Bereich ERFAHRUNGEN MIT WEBHOSTERN vielleicht bereits etwas über Erfahrungen mit Contao bei Ihrem Provider veröffentlicht haben:

- *bit.ly/contao-forum-webhosting*

Diese Kurz-URL führt Sie direkt in den entsprechenden Forumsbereich.

4.4.2 Den Contao-Check installieren

Der Contao-Check ist ein PHP-Programm, mit dem Sie prüfen können, ob der Webspace alle Voraussetzungen für Contao erfüllt und mit dem Sie die Contao-Dateien auf den Webspace kopieren können. Dazu laden Sie zunächst einmal den Contao-Check herunter:

- *contao.org/den-live-server-konfigurieren.html#contao-check*

Über den Link auf dieser Seite bekommen Sie automatisch immer die neueste Version des Contao-Checks. Die Beschreibungen in diesem Abschnitt basieren auf dem Contao-Check in der Version 2.5.0.

ToDo: Webspace testen mit dem Contao-Check

1. Entpacken Sie die heruntergeladene ZIP-Datei.
2. Kopieren Sie den Ordner *check* von Ihrer Festplatte per FTP in das Verzeichnis, in das Sie Contao installieren möchten.
3. Rufen Sie den Contao-Check im Browser auf. Falls Sie den Ordner in das Hauptverzeichnis des Webservers (*Document Root*) kopiert haben, geben Sie dazu folgende URL ein:

   http://ihre-domain.de/check/

   Ersetzen Sie *ihre-domain.de* dabei durch Ihre eigene Domain.

Falls der Contao-Check nicht gefunden wird und Sie einen 404-Error bekommen, stimmt eventuell die Pfadangabe nicht. Das Hauptverzeichnis für Webseiten heißt bei XAMPP und MAMP *htdocs*, kann auf dem Webspace aber völlig verschiedene Namen haben: *webseiten*, *html*, *httpdocs*, *public_html* oder etwas ganz anderes. Fast nichts ist unmöglich. Wenn es klappt, zeigt der Browser den Contao-Check (siehe Abbildung 4.10).

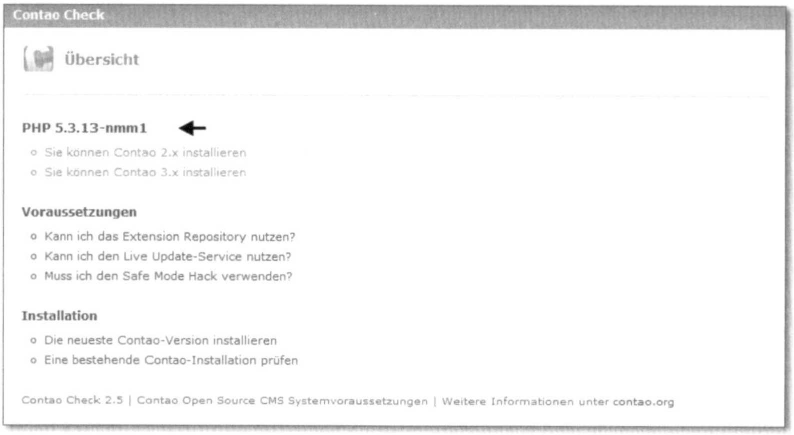

Abbildung 4.10 Der Contao-Check

Der Contao-Check überprüft zunächst einmal die PHP-Version und zeigt Ihnen an, welche Contao-Versionen Sie installieren können. Danach können Sie mit dem Contao-Check zwei grundlegend verschiedene Dinge erledigen:

- Im Bereich VORAUSSETZUNGEN überprüfen Sie, ob zusätzliche Dienste wie das *Extension Repository* und der *Live Update-Service* funktionieren werden und ob Sie zum Betrieb von Contao den sogenannten *Safe Mode Hack* verwenden müssen.
- Im Bereich INSTALLATION können Sie die Dateien für die neueste Contao-Version mit einem Klick auf den Webspace kopieren und eine bestehende Contao-Installation prüfen.

4.4.3 Der Contao-Check: Voraussetzungen prüfen

Falls Sie bei der Überprüfung der drei Voraussetzungen in diesem Abschnitt negative Auskünfte erhalten, können Sie Contao trotzdem installieren, müssen dann aber eventuell bestimmte Dinge beachten.

Das *Extension Repository* ist die *Erweiterungsverwaltung* von Contao, mit der Sie aus dem Backend heraus Erweiterungen installieren können. Mit Erweiterungen können Sie die Funktionalität von Contao erweitern. Das können kleine nützliche Tools sein oder auch komplette Anwendungen wie die Verwaltung von Ferienwohnungen oder Online-Shops.

Nach einem Klick auf KANN ICH DAS EXTENSION REPOSITORY NUTZEN? überprüft der Contao-Check, ob die PHP-Erweiterung SOAP auf Ihrem Webspace installiert ist und ob eine Verbindung zu *contao.org* hergestellt werden kann. Falls beides möglich ist, bekommen Sie eine entsprechende Meldung auf dem Bildschirm (siehe Abbildung 4.11).

Falls Sie eine negative Meldung bekommen, können Sie Contao trotzdem problemlos installieren. Mehr zum Extension Repository erfahren Sie in Abschnitt 5.4 ab Seite 126.

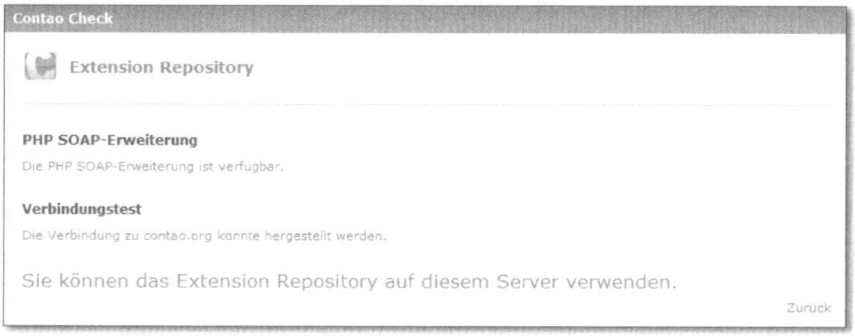

Abbildung 4.11 Sie können das Extension Repository auf diesem Server verwenden.

Mit einem Klick auf den Link ZURÜCK rechts unten kommen Sie zurück auf die Überssichtsseite. Der nächste Test bezieht sich auf den Live Update-Service von Contao. Dieser vereinfacht ein Update auf eine neue Contao-Version und wird in Abschnitt 23.6 ab Seite 605 genauer beschrieben. Falls das Live Update nicht möglich ist, können Sie Contao trotzdem erst einmal installieren.

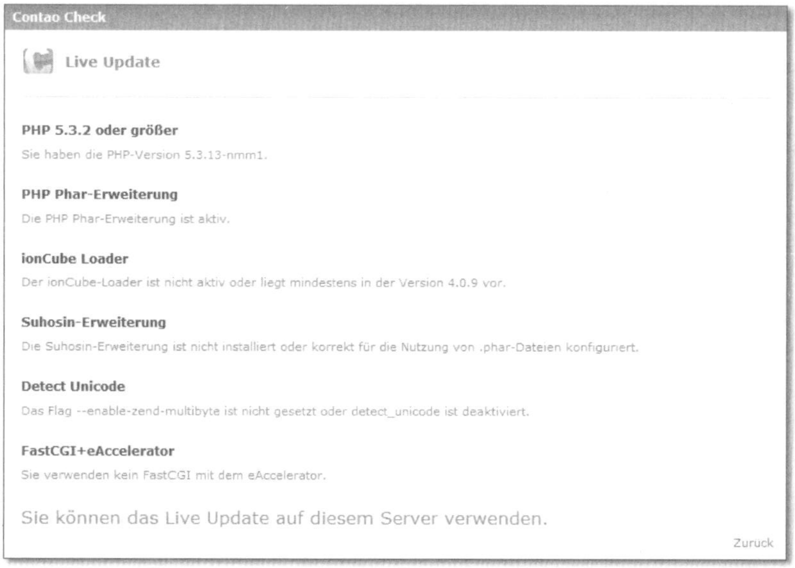

Abbildung 4.12 Sie können das Live Update auf diesem Server verwenden.

Der letzte Test, MUSS ICH DEN SAFE MODE HACK VERWENDEN?, ist der vorerst wichtigste, denn er hat unmittelbare Folgen für die bevorstehende Installation. Im Idealfall ist auch hier alles im grünen Bereich (siehe Abbildung 4.13).

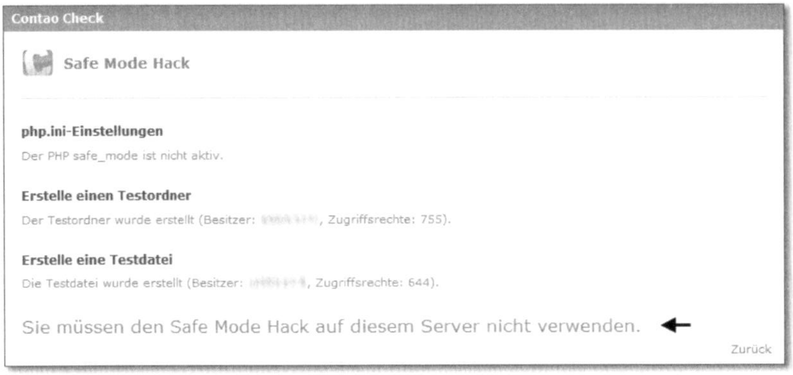

Abbildung 4.13 Sie müssen den Safe Mode Hack nicht verwenden.

Safe Mode Hack empfohlen? Keine Panik – siehe Seite 99

Falls Sie in roter Schrift die Meldung bekommen SIE MÜSSEN DEN SAFE MODE HACK AUF DIESEM SERVER VERWENDEN, ist das nicht halb so schlimm, wie der Name befürchten lässt. In Abschnitt 4.5 erfahren Sie ab Seite 99 mehr dazu.

4.4.4 Installation, Teil 1 – Dateien auf den Webspace kopieren

Die Installation von Contao auf dem Webspace bei Ihrem Webhoster verläuft abgesehen von kleinen Unterschieden ähnlich wie eine lokale Installation.

Nach der Prüfung des Webspace mit dem Contao-Check müssen Sie die Contao-Dateien auf den Webspace kopieren. Es gibt diverse Möglichkeiten, die Contao-Dateien auf den Server zu bekommen:

- Sie nutzen den Contao-Check. Ein Klick, und er kopiert die Dateien für Sie auf den Webspace. Unübertroffen einfach und schnell.
- Sie kopieren die Dateien mit einem FTP-Programm wie *FileZilla* oder *WinSCP* auf den Webspace. Das ist der übliche und am weitesten verbreitete Weg, dauert aber etwas länger.
- Sie kopieren die Dateien per Kommandozeile, GIT oder 1-Click-Install. Das sind jedoch eher Sondermöglichkeiten.

Einen vollständigen Überblick gibt folgender Beitrag auf *contao.org*:

- *contao.org/de/news/contao-installieren.html*

Dateien auf den Webspace kopieren mit dem Contao-Check

Am bequemsten ist das Kopieren der Dateien mit dem Contao-Check. Das geht nicht auf jedem Webspace, aber Sie sollten es auf jeden Fall probieren. Falls es geht, bekommen Sie die in Abbildung 4.14 gezeigte Meldung DIE AUTOMATISCHE INSTALLATION IST AUF IHREM SERVER MÖGLICH.

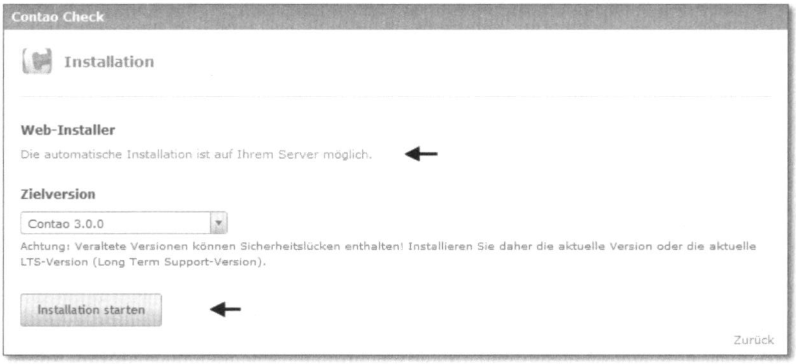

Abbildung 4.14 Die automatische Installation ist möglich.

Wählen Sie dann, wie im folgenden ToDo beschrieben, die Zielversion, und starten Sie die Installation.

ToDo: Die Contao-Dateien mit dem Contao-Check kopieren

1. Starten Sie, falls nicht schon geschehen, den Contao-Check.
2. Klicken Sie im Bereich INSTALLATION auf den Link DIE NEUESTE CONTAO-VERSION INSTALLIEREN. Der Contao-Check überprüft dann, ob das auf dem Server möglich ist.
3. Wählen Sie aus der Dropdown-Liste die neueste Contao-Version.
4. Klicken Sie auf die Schaltfläche INSTALLATION STARTEN.
5. Warten Sie, bis die Dateien auf Ihren Webspace kopiert worden sind.

Jetzt werden im Hintergrund die Dateien der gewählten Contao-Version direkt auf Ihren Webspace kopiert und entpackt. Sie brauchen weiter nichts zu tun, als ein paar Sekunden zu warten und dann auf die Schaltfläche ZUM CONTAO-INSTALLTOOL zu klicken.

Die in Abbildung 4.15 dargestellte Meldung INSTALLATION ABGESCHLOSSEN ist zwar etwas optimistisch, denn die eigentliche Installation beginnt ja gleich erst, aber das automatische Kopieren der Dateien auf den Server ist eine wirklich gute Sache und spart enorm Zeit.

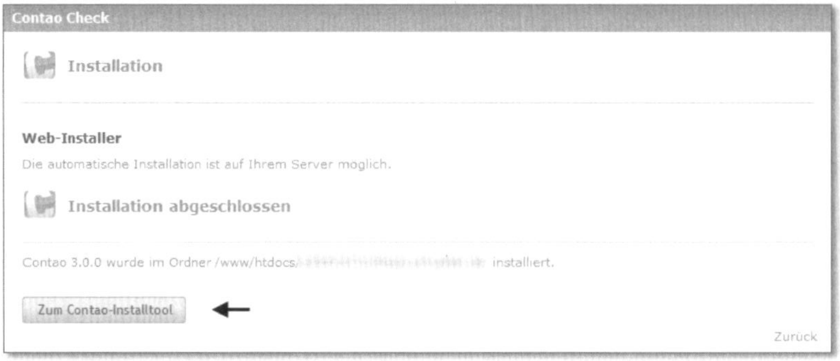
Contao Check
Installation
Web-Installer
Die automatische Installation ist auf Ihrem Server möglich.
Installation abgeschlossen
Contao 3.0.0 wurde im Ordner /www/htdocs/
installiert.
Zum Contao-Installtool
Zurück

Abbildung 4.15 Die Dateien wurden auf den Webspace kopiert.

Dateien auf den Webspace kopieren per FTP

Falls die automatische Installation nicht möglich sein sollte, kopieren Sie die Dateien einfach, wie im folgenden ToDo beschrieben, per FTP auf den Server.

ToDo: Die Contao-Dateien per FTP auf den Webspace kopieren

1. Starten Sie Ihr FTP-Programm, und stellen Sie eine Verbindung zum Webspace her.
2. Kopieren Sie die Contao-Dateien in den gewünschten Ordner auf dem Webspace. Falls Contao nicht im Hauptverzeichnis installiert werden soll, müssen Sie zuerst einen entsprechenden Unterordner anlegen.

Nach dem Kopieren der Dateien sollten Sie mit dem Contao-Check noch einmal kurz überprüfen, ob alles geklappt hat. Starten Sie dazu den Contao-Check, und klicken Sie im Bereich INSTALLATION auf den Link EINE BESTEHENDE CONTAO-INSTALLATION ÜBERPRÜFEN. Falls alles okay ist, erhalten Sie eine Nachricht wie in Abbildung 4.16.

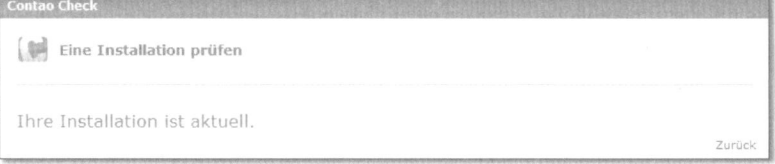

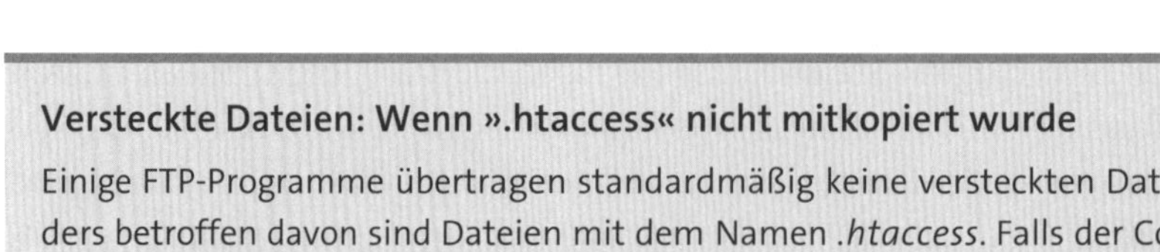
Contao Check
Eine Installation prüfen
Ihre Installation ist aktuell.
Zurück

Abbildung 4.16 Installation aktuell – alle Dateien sind auf dem Webspace.

Versteckte Dateien: Wenn ».htaccess« nicht mitkopiert wurde

Einige FTP-Programme übertragen standardmäßig keine versteckten Dateien. Besonders betroffen davon sind Dateien mit dem Namen *.htaccess*. Falls der Contao-Check meldet, dass diese Dateien fehlen, liegt das wahrscheinlich an den Einstellungen Ihres FTP-Programms.

Die HTACCESS-Dateien sorgen dafür, dass bestimmte Dateien und Ordner wie z.B. die Log- oder Cache-Dateien nicht von jedem Besucher eingesehen werden können, und gewährleisten so die Sicherheit des Systems.

4.4.5 Installation, Teil 2 – Zugangsdaten für die Datenbank

Wenn mit den Dateien alles in Ordnung ist, geht es weiter mit der Datenbank, auch wenn Sie das Installtool bereits gestartet haben.

Ist bereits eine Datenbank vorhanden, halten Sie die Zugangsdaten bereit, die in den Unterlagen stehen sollten, die Sie von Ihrem Webhoster bekommen haben:

- *Datenbankname*: ....
- *Benutzername*: ....
- *Passwort*: ....

Auf dem Online-Webspace kann es noch zwei zusätzliche Details geben:

- *Hostname*: ....
  Wenn Contao und MySQL nicht auf demselben Rechner laufen, lautet der Hostname nicht *localhost*, sondern *dbserver.provider.de* oder ähnlich.
- *Portnummer*: ......
  Eventuell kommuniziert die MySQL-Datenbank nicht auf dem Standardport 3306. Das passiert eher selten, kann aber vorkommen.

Wenn Sie diese Informationen nicht finden können, fragen Sie einfach Ihren Webhoster.

Falls es noch keine Datenbank gibt, müssen Sie mit phpMyAdmin oder einem vergleichbaren Tool vor der Installation eine Datenbank anlegen. Wie das mit phpMyAdmin geht, wurde auf Seite 74 beschrieben.

4.4.6 Installation, Teil 3 – das Installtool im Überblick

Die eigentliche Installation mit dem Installtool verläuft online genau wie die bereits beschriebene Offline-Installation. Das folgende ToDo zeigt eine kurze Zusammenfassung.

ToDo: So installieren Sie Contao auf einem Online-Webspace

1. Starten Sie gegebenenfalls das Installationsprogramm von Contao. Liegt Contao nicht im Hauptverzeichnis, müssen Sie nach dem ersten einfachen Slash noch entsprechende Ordnernamen ergänzen:
   ihre-domain.de/contao/install.php.

2. Wenn nach dem Aufruf des Installtools anstelle der Lizenzbestätigung das Dialogfeld DATEIEN VIA FTP BEARBEITEN erscheint, informieren Sie sich zunächst ab Seite 99 über den *Safe Mode Hack*.
3. Akzeptieren Sie die Lizenz, ändern Sie das Passwort für das Installtool, und notieren Sie es:

   Passwort für das Installtool (online): ....
4. Klicken Sie auf PASSWORT SPEICHERN.
5. Geben Sie die Zugangsdaten für die Datenbank ein, und klicken Sie auf EINSTELLUNGEN SPEICHERN, um eine Verbindung zur Datenbank herzustellen. Lassen Sie die Kollation unverändert auf UTF8_GENERAL_CI.
6. Aktualisieren Sie die Datenbanktabellen, indem Sie nach unten scrollen, die Schaltfläche DATENBANK AKTUALISIEREN suchen und anklicken.
7. Importieren Sie (k)ein Frontend-Template. Bei der Erstinstallation ist das Importieren ungefährlich, aber bei einem späteren Import werden wie erwähnt alle bereits bestehenden Daten in der Datenbank überschrieben.

Haben Sie ein Frontend-Template importiert, brauchen Sie kein Admin-Konto anzulegen, weil dies in einem Frontend-Template bereits enthalten ist. Der Standard-Admin von vielen Contao-Beispielinstallationen ist der Benutzer »k.jones« mit dem Passwort »kevinjones«.

Falls Sie kein Frontend-Template importiert haben, müssen Sie noch ein Admin-Konto eröffnen. Notieren Sie sich in beiden Fällen die Zugangsdaten:

Admin-Benutzername (online): ....
Name: ....
E-Mail-Adresse: ....
Admin-Passwort (online): ....

Melden Sie sich danach am Backend an, um zu testen, ob alles geklappt hat. Nach dem Import eines Frontend-Templates sollte auch das Frontend bereits »in voller Blüte« erscheinen; ohne den Import eines Templates erscheint lediglich die Mitteilung NO ROOT PAGE FOUND, aber das wird, wie gesagt, bald behoben.

Zugriff auf das Verzeichnis während der Entwicklung schützen

Während der Entwicklung sollten Sie den Zugriff auf den Ordner schützen. Insbesondere Suchmaschinenrobots werden so vorerst draußen gehalten. Viele Webhoster stellen für einen solchen Verzeichnisschutz komfortable Tools zur Verfügung.

4.5 »Safe Mode Hack«: der FTP-Modus von Contao

Dieser Abschnitt ist nur relevant, wenn das Installtool Sie mit der Aufforderung zur Eingabe der FTP-Daten begrüßt oder wenn der Contao-Check eine entsprechende Meldung ausgibt.

Vereinfacht gesagt, kommt die Meldung, weil Contao seine eigenen Dateien nicht ändern darf. Das ist nötig, um z.B. Konfigurationsdateien zu speichern oder mit dem integrierten Dateimanager Bilder und Dokumente zu verwalten. Der Grund dafür ist wahrscheinlich, dass PHP als Modul betrieben wird und unter einem anderen Benutzernamen läuft als der FTP-Benutzer, dem die Dateien gehören.

Details in »Know-how: Dateiberechtigungen – das 1×1 zu 644«

Wenn Sie genau wissen wollen, was es mit dem Safe Mode Hack auf sich hat, lesen Sie Abschnitt 4.8 ab Seite 106.

4.5.1 SMH: »Sie müssen den Safe Mode Hack auf diesem Server verwenden«

Abbildung 4.17 zeigt den Contao-Check für einen Webspace, bei dem der Safe Mode Hack (SMH) benötigt wird. Mit vollem Namen heißt der SMH übrigens *Dateien via FTP bearbeiten* oder auch *FTP für den Dateizugriff verwenden*.

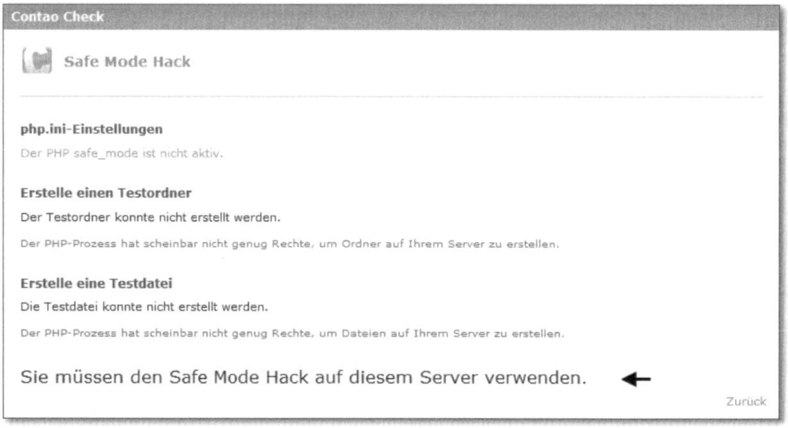

Abbildung 4.17 Sie müssen den Safe Mode Hack auf diesem Server verwenden.

4.5.2 Eine Alternative zum SMH: PHP als CGI oder Fast-CGI

Idealerweise konfigurieren Sie Ihren Webspace so, dass der SMH gar nicht erst benötigt wird. Bei einigen Webhostern gibt es dazu z.B. die Möglichkeit, mithilfe der Datei *.htaccess* den PHP-Interpreter nachträglich von MODUL auf FAST-CGI umzustellen.

Schauen Sie sich im Contao-Forum nach Erfahrungen mit Ihrem Provider um, oder fragen Sie direkt beim Support nach. Beim Webhoster *all-inkl.com* geht das z.B. so:

- Benennen Sie die mitgelieferte Datei *.htaccess.default* im Hauptverzeichnis von Contao in *.htaccess* um. Die Datei muss *punkthtaccess* heißen, nichts davor, nichts dahinter und keine Leerstelle.
- Öffnen Sie die Datei im Editor, und schreiben Sie folgende Zeilen an den Anfang der Datei:

```
# PHP als FastCGI wegen Contao SMH
AddHandler php5-fastcgi .php
```

- Speichern Sie die Datei *.htaccess,* und laden Sie sie hoch.
- Rufen Sie erneut den Contao-Check auf. Die rot gefärbte Meldung bezüglich des Safe Mode Hacks sollte jetzt verschwunden sein.

Bei anderen Webhostern heißen die Befehle eventuell anders. Fragen Sie einfach nach.

Die Datei ».htaccess« konfiguriert den Apache

Die Datei *.htaccess* kann für viele verschiedene Dinge benutzt werden – unter anderem dazu, den Apache zu konfigurieren, ohne Zugriff auf dessen Konfigurationsdatei *httpd.conf* zu haben. Sie spielt auch eine wichtige Rolle beim Erzeugen von lesbaren URLs in Abschnitt 20.1 ab Seite 530.

4.5.3 Online: So richten Sie den Safe Mode Hack ein

Wenn Sie auf Ihrem Online-Webspace den Safe Mode Hack benötigen, erscheint beim Aufrufen des Installtools das Dialogfeld DATEIEN VIA FTP BEARBEITEN (siehe Abbildung 4.18).

Idealerweise richten Sie in dem Verwaltungswerkzeug einen speziellen FTP-Benutzer ein, der nach der Anmeldung direkt in den Ordner */contao* geleitet wird. Notieren Sie sich die Zugangsdaten für diesen Benutzer. Das Passwort kann ruhig schlecht zu merken sein, denn Sie werden es nur ein einziges Mal eingeben müssen.

Tragen Sie in das Formular aus Abbildung 4.18 die FTP-Zugangsdaten für den soeben eingerichteten Benutzer ein.

Falls Sie nicht wissen, wie man einen zusätzlichen FTP-Benutzer einrichtet, oder falls das auf Ihrem Webspace nicht möglich ist, tragen Sie in das Formular die Daten ein, mit denen Sie sich auch mit Ihrem FTP-Programm an Ihrem Webspace anmelden, und klicken Sie auf die Schaltfläche FTP-EINSTELLUNGEN SPEICHERN.

Wenn alles geklappt hat, müssen Sie im nächsten Schritt die LIZENZ AKZEPTIEREN und können dann mit der eigentlichen Installation beginnen. Contao wird bei Bedarf im Hintergrund Dateien via FTP ändern und speichern, ohne dass Sie davon etwas merken.

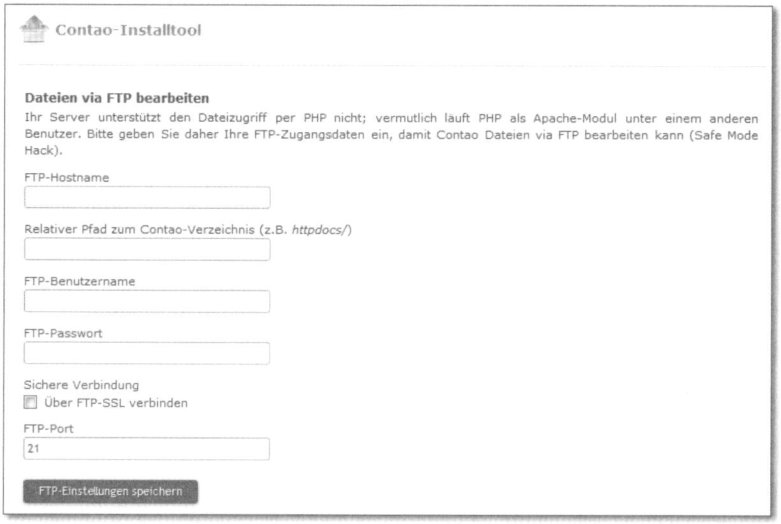

Abbildung 4.18 FTP-Zugangsdaten für den Safe Mode Hack eingeben

Falls es nicht geklappt hat, erscheint die Meldung KEINE VERBINDUNG ZUM FTP-SERVER MÖGLICH, und Sie dürfen es noch einmal probieren. Besonders fehleranfällig ist die Eingabe im Feld RELATIVER PFAD ZUM CONTAO-VERZEICHNIS. Dieser Pfad muss aus Sicht des FTP-Programms angegeben werden und unbedingt mit einem Slash (Schrägstrich) enden. Sollten Sie sich nicht sicher sein, probieren Sie einfach aus, welcher Pfad der richtige ist:

- Starten Sie Ihr FTP-Programm.
- Loggen Sie sich mit den im Formular eingetragenen Daten ein.
- Schauen Sie, in welchem Verzeichnis Sie nach der Anmeldung landen.
- Falls Sie nicht im Contao-Ordner sind, merken Sie sich die Namen der Ordner auf dem Weg dorthin.

Wenn Sie z.B. nach der FTP-Anmeldung im Hauptordner landen und danach erst in den Unterordner *www* wechseln müssen, um Contao zu finden, geben Sie im Installtool den relativen Pfad *www/* ein, mit einem Slash hintendran.

Der SMH wird von Contao nur verwendet, wenn Dateien auf dem Webspace geändert werden müssen. Das kann z.B. eine Änderung in einer Konfigurationsdatei sein, wenn Bilder automatisch verkleinert werden oder im Dateimanager Dateien hochgeladen werden. Nach der Einrichtung arbeitet der SMH im Hintergrund, und Sie merken davon nichts.

Anleitung für den Safe Mode Hack (SMH) im Forum

Falls es irgendwelche Probleme geben sollte, gibt es im Forum einen Thread, der sich speziell mit dem SMH beschäftigt:

- Safe Mode Hack anlegen
  bit.ly/bZ2CzN

Dort wird auch beschrieben, wie Sie den SMH manuell in die Konfigurationsdatei eintragen und wie Sie testen können, ob er wirklich funktioniert.

4.6 Hilfe bei sonstigen Installationsproblemen

Die Konfigurationsmöglichkeiten auf einem Webspace tendieren gegen unendlich, und die potenziellen Probleme bei der Installation einer Webanwendung laufen parallel dazu.

Bei Problemen wie dem Erscheinen wirrer Zeichen auf dem Bildschirm oder einer komplett weißen Seite gibt es folgende Anlaufpunkte:

- FAQ – Abschnitt INSTALLATION
  contao.org/haeufige-fragen.html
- Contao-Forum – ALLGEM. INSTALLATIONSFRAGEN
  bit.ly/contao-forum-installation

Im Forum können Sie lesen, suchen und Fragen stellen. Gerade Fragen zur Installation sind schon häufig gestellt worden. Die Suchfunktion hilft beim Finden.

Wenn Sie trotz ausführlicher Suche nichts gefunden haben, nehmen Sie sich bitte die Zeit, um den Sachverhalt und die Fragen so präzise wie möglich zu formulieren. Dazu gehören auf jeden Fall:

- der Name des Providers (Webhoster) und der genaue Tarif
- die verwendete Contao-Version
- eine genaue Beschreibung des Problems
- eine Beschreibung der bisherigen Maßnahmen

Bei einer lokalen Installation ist das Betriebssystem genauso wichtig wie die verwendeten Versionen von Apache, PHP und MySQL.

Das kostet zwar alles Zeit und Mühe, und durch die Installationsprobleme ist man sowieso schon gefrustet, aber denken Sie bitte daran, dass die anderen Forumsteilnehmer die von Ihnen gestellten Fragen freiwillig und in ihrer Freizeit beantworten.

Eine gut formulierte Frage erhöht die Chance auf eine gut formulierte Antwort. Wenn Sie sich die Zeit nehmen, den Sachverhalt genau zu beschreiben, sind andere eher dazu bereit, sich mit Ihrem Problem zu beschäftigen.

4.7 Umzug: von XAMPP und MAMP auf den Online-Webspace

Wenn Sie eine Website in einer lokalen Umgebung entwickelt haben, muss diese irgendwann auf den Online-Webspace umziehen. Dazu benötigen Sie nur ein bisschen Zeit, ein FTP-Programm zum Übertragen der Dateien und phpMyAdmin zum Exportieren und Importieren der Daten aus der Datenbank.

Schritt 1: Contao vorbereiten

Zunächst sollten Sie in der Contao-Installation ein bisschen aufräumen:

- Löschen Sie, wie in Abschnitt 23.1 beschrieben, die Logdatei (Seite 593).
- In der SYSTEMWARTUNG sollten Sie alle DATEN BEREINIGEN (Seite 595).

Ziel dieser Aktionen ist es, die zu exportierende Datenbank so klein wie möglich zu halten.

Schritt 2: Dateien auf den Online-Webspace übertragen

Dieser Schritt ist einfach:

- Starten Sie Ihr FTP-Programm.
- Stellen Sie eine Verbindung zum Online-Webspace her.
- Kopieren Sie alle Dateien der lokalen Contao-Installation in den gewünschten Ordner auf dem Online-Webspace.

Fertig. Damit sind alle benötigten Dateien an Ort und Stelle.

Schritt 3: Die lokale Datenbank exportieren

Um die Daten aus der Datenbank von Ihrem Rechner in die Datenbank auf dem Online-Webspace zu transferieren, exportieren Sie zunächst die Daten aus der lokalen Datenbank. Das Ergebnis ist ein *SQL-Dump*, eine Datei mit der Endung *.sql*, die jede Menge SQL-Befehle enthält. Diese Datei wird auf dem Online-Webspace wieder importiert. Los geht es aber erst einmal mit dem Exportieren der lokalen Datenbank:

- Starten Sie phpMyAdmin im Browser: *localhost/phpmyadmin/*
- Öffnen Sie die gewünschte Datenbank, und klicken Sie oben auf das Register Exportieren.
- Ändern Sie gegebenenfalls die Einstellungen, wie in Abbildung 4.19 dargestellt.
- Klicken Sie rechts unten auf OK.

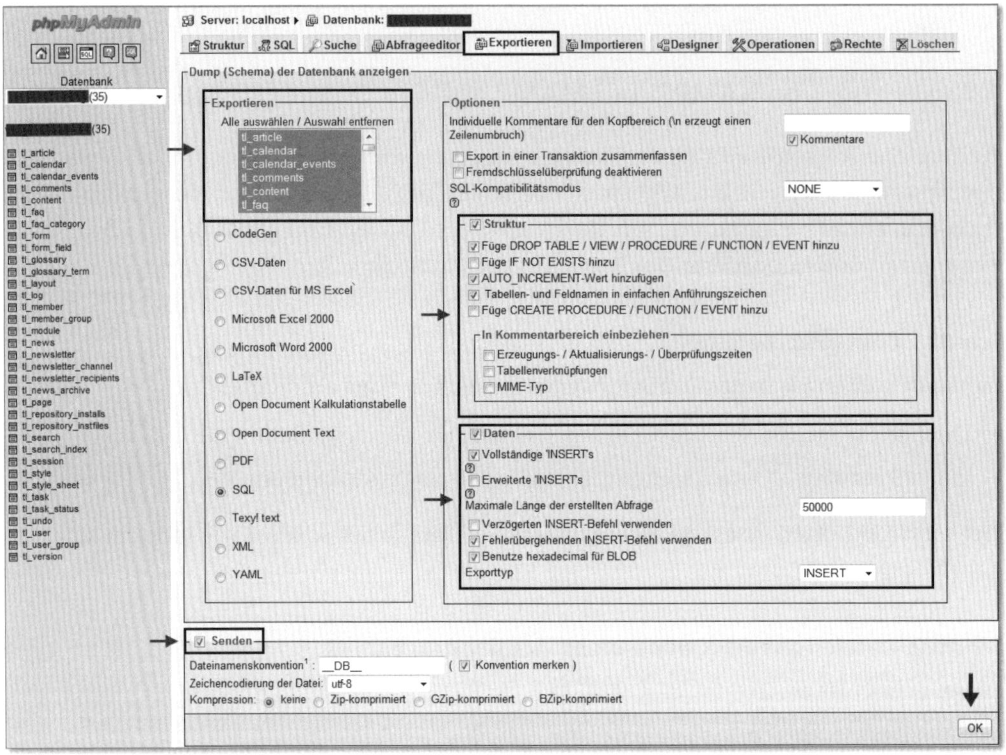

Abbildung 4.19 Die Datenbank der Website exportieren

Speichern Sie die Datei auf der Festplatte, und merken Sie sich Ordner und Dateinamen.

Schritt 4: Den SQL-Dump auf den Webspace importieren

In diesem Schritt werden die exportierten Daten in die Datenbank auf dem Online-Webspace importiert:

- Starten Sie phpMyAdmin auf dem Online-Webspace. Die URL zum Starten von phpMyAdmin erfahren Sie von Ihrem Webhoster.
- Klicken Sie links in der Übersicht auf die Datenbank, in die die SQL-Datei importiert werden soll. Diese Datenbank muss leer sein. Existieren bereits irgendwelche

Contao-Tabellen, wird der Import nicht klappen oder nur unvollständig ausgeführt werden.

- Klicken Sie auf das Register IMPORTIEREN (siehe Abbildung 4.20).
- Wählen Sie mit einem Klick auf DURCHSUCHEN die in Schritt 3 exportierte SQL-Datei aus, die Sie auf Ihrer Festplatte gespeichert haben.
- Klicken Sie rechts unten auf OK.

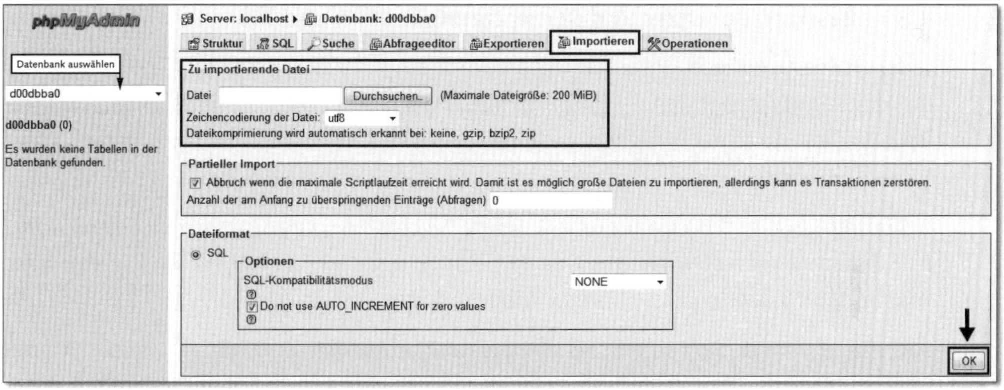

Abbildung 4.20 Datenbank auswählen und SQL-Datei importieren

Die SQL-Exportdatei wird jetzt auf den Server übertragen und ihr Inhalt in die ausgewählte Datenbank eingelesen. Wenn alles glattgeht, ist die Datenbank kurz danach mit den Daten aus dem SQL-Dump gefüllt worden.

Schritt 5: Das Contao-Installtool starten

Im vierten und letzten Schritt müssen Sie das Contao-Installtool starten und die letzten Feinheiten erledigen:

- Starten Sie das Contao-Installtool auf dem Online-Webspace.
- Geben Sie das Passwort für das Contao-Installtool ein, das Sie in der XAMPP-Installation auf Ihrem Rechner benutzt haben.
- Falls die Datenbank auf dem Online-Webspace einen anderen Namen oder andere Zugangsdaten hat, müssen Sie die Zugangsdaten zur Datenbank im Installtool aktualisieren.
- Prüfen Sie die anderen Einstellungen des Installtools.

Wenn alles okay ist, können Sie sich jetzt am Backend anmelden und die Website online administrieren. Der Umzug ist damit abgeschlossen.

Falls es noch Fehler gibt, prüfen Sie zunächst die Einstellungen in der *.htaccess* und in *system/config/localconfig.php*.

4.8 Know-how: Dateiberechtigungen – das 1 × 1 zu 644

Die meisten Webhoster haben Linux-Server, und unter Linux gibt es ein recht ausgeklügeltes Sicherheitssystem. Das folgende kurze Einmaleins zu Linux-Dateiberechtigungen lesen Sie als Neuling im Bereich Serververwaltung am besten ganz langsam und wenn Sie wirklich wach und aufnahmefähig sind. Los geht's.

4.8.1 Besitzer, Benutzer und Berechtigungen: 644 und 755

Jeder Ordner und jede Datei hat unter Linux einen Besitzer (*Owner*). In der Regel ist das der Benutzer, der den Ordner oder die Datei erstellt hat. Dieser Besitzer kann bei Bedarf aber auch nachträglich geändert werden, und zwar mit dem Befehl `chown` (*Change Owner*).

Außerdem gibt es für Ordner und Dateien Zugriffsberechtigungen (*File Permissions*), mit denen festgelegt wird, wer was damit machen darf. Diese Berechtigungen kann man mit dem Befehl `chmod` (*Change Mode*) ändern.

Auf einem Linux-Server gibt es neben dem Administrator oft noch jede Menge andere Benutzer. Auf einem Shared-Hosting-Server teilen sich viele Kunden einen Server, und in der Regel ist jeder Kunde ein Benutzer. Bei den Dateiberechtigungen werden die Benutzer in drei Klassen eingeteilt:

- in den *Besitzer* einer Datei
- in die *Gruppe*, zu der er gehört
- in *alle anderen Benutzer* auf dem Server

Auch bei den Zugriffsrechten gibt es drei Möglichkeiten, die jeweils eine unterschiedliche Punktzahl bekommen:

Recht	Punkte
Lesen	4
Schreiben (Ändern, Speichern etc.)	2
Ausführen	1

Tabelle 4.1 Dateiberechtigungen unter Linux – Übersicht

Die Punkte für die Zugriffsrechte werden einfach addiert und für alle drei Benutzerklassen hintereinandergeschrieben. Zwei weit verbreitete Beispiele sind die Kürzel 644 und 755:

- 644 bedeutet, dass der Besitzer die Datei *lesen* und *schreiben* (4 + 2) darf, die Gruppe und alle anderen hingegen dürfen nur *lesen*. Das ist bei Dateien auf einem Webspace der Normalfall.
- 755 heißt, dass der Besitzer alles darf, die Gruppe und alle anderen auf dem Server dürfen nur *lesen* und *ausführen*. Ordner haben online oft die Berechtigung 755.

777 bedeutet, dass jeder Benutzer auf dem Server alles damit machen darf.

Dateiberechtigungen per FTP-Programm ändern

Viele FTP-Programme können dazu benutzt werden, auf dem Webspace die Berechtigungen für Dateien und Ordner zu ändern. Klicken Sie einfach mal mit der rechten Maustaste auf eine Datei, und schauen Sie sich das Kontextmenü an. Vielleicht steht da etwas von CHMOD. Bei *FileZilla* heißt der Befehl übrigens ganz einfach DATEIBERECHTIGUNGEN ...

4.8.2 PHP und Contao: Benutzerrechte, Modul und (Fast)CGI

So weit, so gut, aber warum ist das nun ein Problem? Contao muss, um reibungslos funktionieren zu können, Schreibrechte für seine eigenen Dateien haben, um diese ändern und speichern zu dürfen.

Normalerweise wird Contao per FTP hochgeladen. Die dabei erstellten Ordner und Dateien gehören nach dem Hochladen zum FTP-Benutzernamen, z. B. *w0091673*, der Webserver läuft aber unter einem anderen Benutzernamen, z. B. unter *wwwrun* oder *nobody*, und hat damit nur begrenzten Zugriff auf die hochgeladenen Dateien.

Spannend wird diese Geschichte nun, wenn der PHP-Interpreter ins Spiel kommt. Weil Contao vom PHP-Interpreter ausgeführt wird, hat es dieselben Zugriffsrechte wie PHP, und deshalb ist es so wichtig, unter welchem Benutzernamen PHP läuft:

- Wenn der PHP-Interpreter unter einem anderen Benutzer läuft als der FTP-Benutzer, dem die Dateien gehören, darf Contao seine eigenen Dateien nicht ändern. Das ist oft der Fall, wenn PHP als Modul läuft.
- Wenn der PHP-Interpreter und somit Contao unter dem Namen des FTP-Benutzers laufen, gibt es keine Probleme. Das ist bei CGI und FastCGI normalerweise der Fall.

Bei einigen Webhostern gibt es auch Konfigurationen, bei denen PHP als Modul läuft und trotzdem kein Safe Mode Hack benötigt wird, wie z. B. bei *iNetRobots.com*, der Firma von Contao-Gründer Leo Feyer und anderen Contao-Partnern. Das ist natürlich im Grunde genommen ideal: Sie haben den schnellen Modulmodus und benötigen trotzdem keinen SMH.

4.8.3 Was der Safe Mode Hack genau macht

Dateien haben als Standardzugriffsrecht meist den Wert 644 und Ordner 755. Das bedeutet, dass sie nur vom Besitzer geändert werden können, alle anderen Benutzer auf dem Server dürfen sie nur lesen. Im Klartext:

- Wenn PHP unter einem anderen Benutzernamen läuft als der FTP-Benutzer, darf Contao bei den sicheren Zugriffsrechten 644 und 755 seine eigenen Dateien nicht ändern.
- Läuft PHP hingegen unter dem gleichen Namen wie der FTP-Benutzer, hat Contao dessen Rechte, und alles funktioniert reibungslos.

Der Safe Mode Hack greift nun, wenn PHP unter einem anderen Benutzernamen als der FTP-Benutzer läuft, und bewirkt, dass Contao beim Ändern der Dateien eine FTP-Verbindung aufbaut und als FTP-Benutzer agiert. Das ist wie erwähnt ganz schön pfiffig und um Klassen besser als ein Sicherheitsloch namens 777.

4.8.4 Sicherheitsloch: »Alles auf 777« ist keine gute Idee

Die »Triple Seven« von Boeing ist ein wunderbar geräumiges Flugzeug für Langstreckenflüge mit viel Beinfreiheit, die »Triple Seven« als Dateiberechtigung auf einem Webspace ist hingegen keine so gute Idee: Dateien und Ordner mit der Zugriffsberechtigung 777 dürfen von jedem Benutzer auf dem Servercomputer verändert werden.

Beim Shared Hosting teilen Sie sich den Server mit vielen anderen Kunden, und ein irgendwo auf diesem Server installiertes bösartiges Programm darf dann auch bei Ihnen sein Unwesen treiben:

- 777-Dateien können geändert oder gelöscht werden.
- 777-Ordner sind eine Einladung für »Kuckuckseier« – fremde Dateien mit dubiosen Inhalten, die in einem Ordner auf Ihrem Webspace liegen und von dort aus serviert werden, ohne dass Sie etwas davon ahnen.

Sie merken schon: 777 ist sehr bequem, aber keine gute Idee, außer für Ordner, in denen temporäre Dateien aufbewahrt werden, die regelmäßig gelöscht werden.

Viele Webanwendungen haben aber kein Äquivalent zum Safe Mode Hack anzubieten und empfehlen deshalb, die Zugriffsrechte für bestimmte Dateien und Ordner auf 777 zu stellen, damit die Anwendung überhaupt funktioniert. Auch in Foren wird das manchmal ganz locker als Lösung für alle Probleme empfohlen: »Einfach alles auf 777 setzen, dann funzt das.«

Eine bequeme Lösung ist aber selten eine sichere. Der Contao-Check sagt zu diesem Thema:

> *Under no circumstances should you try to solve this problem by changing the file permissions!*

> *Versuchen Sie keinesfalls, das Problem durch eine Änderung der Dateiberechtigungen zu lösen!*

Die Meldung erscheint zwar in kleiner, hellgrauer Schrift, aber die Aussage ist deutlich: Just don't do it. Vielleicht erzählt Ihnen in einem Forum ein freundlicher Experte, dass 777 nicht wirklich gefährlich sei. Überlegen Sie einfach, ob Sie auf Empfehlung dieses Experten zur Hauptverkehrszeit mit verbundenen Augen eine gut befahrene, mehrspurige Schnellstraße überqueren würden. Wenn nicht, dann ist 777 nichts für Sie. Sie sind dann nicht gutgläubig genug und besitzen zu wenig Risikobereitschaft.

TEIL II

Die erste Website mit Contao

Kapitel 5
Ein kurzer Rundgang im Backend

In diesem Kapitel machen Sie einen kurzen Rundgang durch das Backend der frisch installierten, noch leeren Website. Dabei erledigen Sie gleich ein paar wichtige Einstellungen und lernen den Dateimanager und die Erweiterungsverwaltung kennen.

Die Themen im Überblick:

Das Backend ist, wie in Kapitel 2, »Schnelldurchlauf: So funktioniert Contao«, bereits erwähnt wurde, der Administrationsbereich von Contao. Im Backend wird aber nicht nur verwaltet, sondern auch richtig gearbeitet. Bevor Sie im nächsten Kapitel die erste eigene Site mit Contao erstellen, möchte ich Ihnen zunächst das Backend kurz vorstellen.

5.1 Überblick: das Backend

Rufen Sie im Browser das Backend von Contao auf:

- *localhost/contaobuch/contao/*

Wenn Sie mit MAMP arbeiten, ergänzen Sie gegebenenfalls die Portnummer 8888.

Nach einer Anmeldung als Administrator sieht das Backend aus wie in Abbildung 5.1. Es ist sehr übersichtlich und in drei große Bereiche eingeteilt:

❶. Der *Infobereich* (oben) enthält die Benutzereinstellungen, eine Frontend-Vorschau, einen Link zur Backend-Startseite und die Abmeldung.

❷. Der *Navigationsbereich* (links) enthält nach der Installation von Contao vier Gruppen mit Backend-Modulen, die weiter hinten in diesem Kapitel kurz vorgestellt werden.

❸. Der *Arbeitsbereich* (rechts) zeigt jeweils Detailinformationen zum ausgewählten Backend-Modul, das im Navigationsbereich grün hervorgehoben wird.

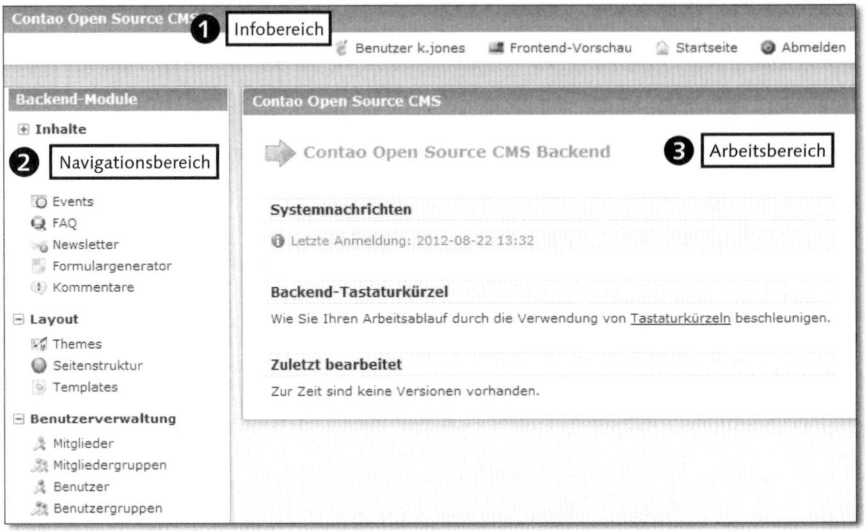

Abbildung 5.1 Das Backend nach einer Anmeldung als Administrator

Diese drei Bereiche werden im Folgenden kurz vorgestellt.

5.1.1 Ganz oben im Backend: der Infobereich

Der Infobereich oben im Backend ist recht schmal und nicht besonders auffällig. Er enthält aber einige nützliche Links (siehe Abbildung 5.2).

Abbildung 5.2 Der Infobereich im Backend

Links oben steht zunächst einmal die Versionsnummer von Contao. In der Zeile darunter gibt es, rechtsbündig ausgerichtet, vier Links:

- BENUTZER zeigt, welcher Benutzer gerade angemeldet ist. Ein Klick darauf öffnet den Bereich PERSÖNLICHE DATEN, der weiter unten genauer erklärt wird.
- FRONTEND-VORSCHAU öffnet das Frontend in einem neuen Tab oder Browserfenster. Die Frontend-Vorschau ist insbesondere dann nützlich, wenn Sie später mit verschiedenen Benutzern oder unveröffentlichten Elementen arbeiten.
- STARTSEITE führt immer zurück zur Startseite im Backend.
- Mit einem Klick auf ABMELDEN können Sie – ja, genau das.

Nach einem Klick auf den Link BENUTZER sehen Sie die Seite PERSÖNLICHE DATEN aus Abbildung 5.3. Auf dieser Seite kann der gerade angemeldete Benutzer seine persönlichen Daten wie NAME (den vollständigen, nicht den Benutzernamen), E-MAIL-ADRESSE und PASSWORT-EINSTELLUNGEN ändern. Außerdem kann er hier auch die BACKEND-EINSTELLUNGEN wie z.B. die im Backend verwendete Sprache festlegen und den CACHE LEEREN.

In Abbildung 5.3 sehen Sie übrigens ganz oben mit einem großen grünen Pfeil davor die ID des gerade bearbeiteten Datensatzes. Eine ähnliche Mitteilung werden Sie des Öfteren sehen, denn in Contao ist im Grunde alles ein Datensatz, egal, ob Benutzer, Seite, Artikel oder Inhaltselement, und jeder Datensatz hat eine ID.

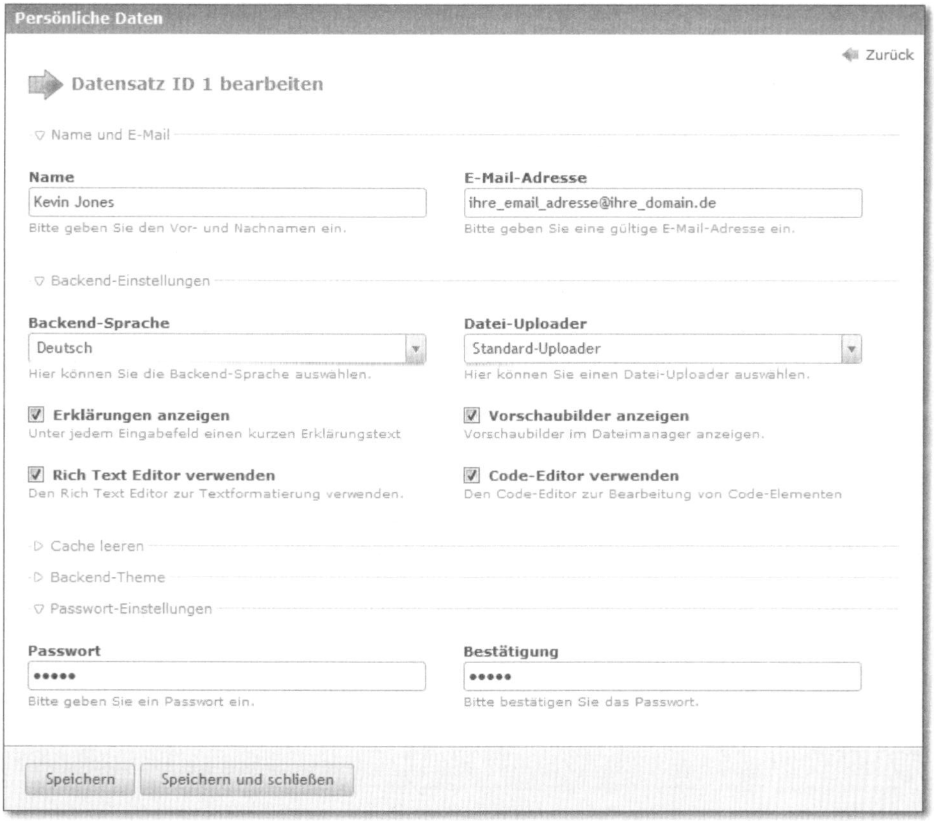

Abbildung 5.3 »Persönliche Daten« von Administrator Kevin Jones

Ganz unten in Abbildung 5.3 gibt es zwei Schaltflächen zum Speichern:

- SPEICHERN speichert die aktuellen Einstellungen in der Datenbank, lässt das Formular aber geöffnet.
- SPEICHERN UND SCHLIESSEN macht genau das, was draufsteht.

Der Aufbau des Arbeitsbereichs

Der übersichtliche, zweispaltige Aufbau des Arbeitsbereichs ist typisch für Contao. Die einzelnen Rubriken können Sie mit einem Klick auf die grüne Überschrift ein- und ausblenden. Contao merkt sich diese Einstellungen – und zwar pro Benutzer.

5.1.2 Links: der Navigationsbereich (Backend-Module)

Der Navigationsbereich ordnet die zur Verfügung stehenden Backend-Module in die folgenden Kategorien:

- INHALTE: In dieser Kategorie befinden sich alle Backend-Module, die Inhalt für die Webseiten erzeugen: Artikel, Nachrichten und einiges mehr.
- LAYOUT: Die Backend-Module in dieser Kategorie haben mit der Struktur und dem Aussehen der Site zu tun.
- BENUTZERVERWALTUNG: Contao unterscheidet MITGLIEDER (Frontend-Benutzer) und BENUTZER (Backend-Benutzer).
- SYSTEM: Hier finden Sie diverse Module zur Konfiguration und Wartung der Contao-Installation.

Mit einem Klick auf das Minus- bzw. Pluszeichen vor dem Namen der Gruppe können Sie die Module darunter aus- und einblenden. Das jeweils ausgewählte Backend-Modul wird hellgrün hervorgehoben.

In Abbildung 5.4 ist die Gruppe LAYOUT ausgeklappt, und darin wurde das Modul SEITENSTRUKTUR aktiviert, das in hellgrüner Schrift dargestellt wird. Die einzelnen Backend-Module lernen Sie im weiteren Verlauf des Buches nach und nach kennen.

Abbildung 5.4 Die Backend-Module sind in Gruppen unterteilt.

Nicht im Bild ist die Gruppe ENTWICKLERTOOLS, die Sie in diesem Buch nicht benötigen werden. Wenn Sie später Erweiterungen von Drittanbietern installieren, fügen diese auch oft neue Backend-Module oder ganze Gruppen von Backend-Modulen hinzu. Dann kann es im Navigationsbereich auch mehr als die momentan vorhandenen Gruppen geben.

Die Gruppe »Benutzerfunktionen« gibt es nicht mehr

In früheren Contao-Versionen gab es noch einen Bereich Benutzerfunktionen, in dem die Module Rückgängig, Persönliche Daten und das Task-Center enthalten waren:

- Rückgängig heißt jetzt Wiederherstellen und ist in der Gruppe System zu finden.
- Die Persönlichen Daten finden Sie oben im Infobereich mit einem Klick auf den Benutzernamen.
- Das Task-Center gehört nicht mehr zum Kern von Contao 3, kann bei Bedarf aber als Erweiterung installiert werden.

5.1.3 Rechts: der Arbeitsbereich

Der Arbeitsbereich trägt seinen Namen nicht zu Unrecht, denn nach der Auswahl des gewünschten Backend-Moduls links im Navigationsbereich geht es rechts an die Arbeit. Hier werden Sie einen Großteil Ihrer Zeit verbringen.

Auf der Startseite enthält der Bereich Backend-Tastaturkürzel einen Link zu einer Übersicht der wichtigsten Tastenkürzel, der die folgende URL aufruft:

- *contao.org/de/keyboard-shortcuts.html*

Mausfans dürfen natürlich auch weiterhin gern auf die entsprechenden Links und Schaltflächen klicken, aber die Tastaturkürzel sind eine echte Arbeitserleichterung. Tabelle 5.1 zeigt eine kleine Übersicht der nützlichsten Kürzel.

Windows	Mac	Aktion
Alt + S	ctrl + alt + S	Speichern
Alt + C	ctrl + alt + C	Speichern und schließen (Close)
Alt + E	ctrl + alt + E	Speichern und bearbeiten (Edit)
Alt + N	ctrl + alt + N	Neues Element
Alt + B	ctrl + alt + B	Zurück (Back)
Alt + T	ctrl + alt + T	Nach oben (Top)
Alt + F	ctrl + alt + F	Frontend-Vorschau
Alt + Q	ctrl + alt + Q	Abmelden (Quit)

Tabelle 5.1 Die wichtigsten Tastenkürzel im Backend

Je nach Browser und Betriebssystem können diese Kürzel etwas abweichen, und Sie müssen einfach ein paar Varianten ausprobieren. In Chrome (und in Firefox) unter Windows müssen Sie zum Beispiel *gleichzeitig* [Alt] + [⇧] drücken und gedrückt halten.

Probieren Sie es einfach einmal aus:

- Rufen Sie oben im Infobereich die Option BENUTZER: K.JONES auf.
- SPEICHERN UND SCHLIESSEN Sie die Eingabemaske per Tastatur.

Nacheinander gedrückt, dient die Kombination [Alt] + [⇧] (links) unter Windows übrigens zum Wechseln zwischen installierten Tastaturlayouts (Englisch, Deutsch, Niederländisch etc.). Wenn Ihre Tastatur also plötzlich keine Umlaute ausgibt und »y« und »z« vertauscht sind, drücken Sie einfach noch ein- oder zweimal [Alt] + [⇧]. Im Tipp-Kasten etwas weiter unten finden Sie einen Trick, wie Sie Firefox dazu bringen können, dass er Kürzel nur mit [Alt] versteht.

Unterhalb des Tastaturkürzellinks sehen Sie den Bereich ZULETZT BEARBEITET. Dort werden auf der Startseite später die verschiedenen Versionen der zuletzt bearbeiteten Datensätze angezeigt, die Sie hier direkt aufrufen und sogar mit früheren Versionen vergleichen können. Das ist im Alltag sehr praktisch, aber momentan ist dort noch nicht so viel zu sehen, da Sie ja noch nichts gemacht haben.

Firefox (Windows): Kürzel nur mit (Alt)-Taste aufrufen

Wenn Sie auch in Firefox die Tastenkürzel lieber nur mit der [Alt]-Taste eingeben möchten (statt mit [Alt] + [⇧]), können Sie das ändern:

- Geben Sie in Firefox in der Adresszeile »about:config« ein.
- Bestätigen Sie die Meldung, dass Sie vorsichtig sein werden (und seien Sie es auch wirklich).
- Geben Sie oben im FILTER die Zeichen »ui.« ein. Das steht für *User Interface*, auf Deutsch *Benutzeroberfläche*, und danach sehen Sie nur noch Einstellungen, die mit diesen Zeichen beginnen.
- Doppelklicken Sie in der Zeile UI.KEY.CHROMEACCESS auf den Wert, und ändern Sie ihn von »4« auf »5«.
- Ändern Sie in der Zeile UI.KEY.CONTENTACCESS darunter den Wert von »5« auf »4«.

Die Änderungen werden nach der Bestätigung mit OK ohne Speicherung und ohne Neustart von Firefox sofort wirksam. Probieren Sie es aus.

5.2 Das Backend-Modul »System • Einstellungen«

Im Backend-Modul SYSTEM • EINSTELLUNGEN werden die wichtigsten Systemeinstellungen vorgenommen. Auch hier können Sie mit einem Klick auf den grünen Titel die einzelnen Rubriken ein- und ausblenden. In diesem Kapitel lernen Sie erst einmal die allerwichtigsten Bereiche kennen.

5.2.1 Der »Titel der Webseite«

Gleich die allererste Option heißt TITEL DER WEBSEITE (siehe Abbildung 5.5), womit die gesamte Website gemeint ist und nicht eine einzelne Seite. Genau genommen, gelten die in diesem Bereich gemachten Einstellungen nicht nur für eine Website, sondern für die gesamte Contao-Installation.

Da Contao in einer Installation mehrere Websites verwalten kann, können Sie die hier gemachten Einstellungen bei Bedarf für jede Website im sogenannten *Startpunkt* (engl. *Root Page*) überschreiben. Was genau ein solcher Startpunkt ist, erfahren Sie im nächsten Kapitel bei der Erstellung der ersten Website mit Contao.

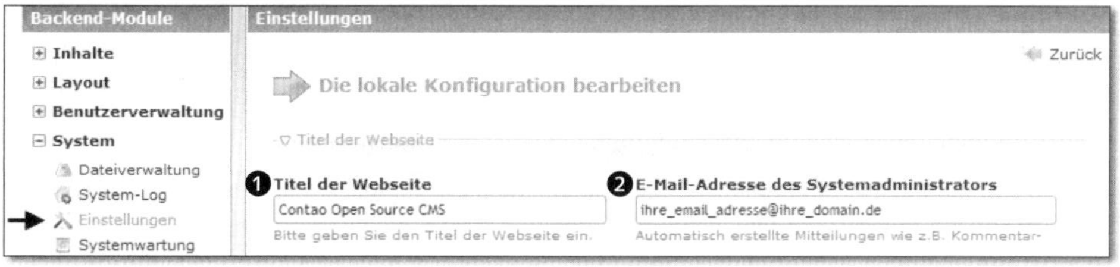

Abbildung 5.5 Neulich im Backend-Modul »System • Einstellungen«

Der hier eingegebene TITEL DER WEBSEITE ❶ wird bei der Erstellung des für Suchmaschinen wichtigen `title`-Elements im Head einer Webseite verwendet, und zwar zusammen mit dem Titel der einzelnen Webseiten, den Sie später bei der Erstellung der Seiten definieren. Dabei benutzt Contao zuerst den Titel der Seite und dann nach einem Bindestrich den hier definierten Titel der Webseite.

Rechts neben dem Titel steht übrigens die während der Installation eingegebene E-MAIL-ADRESSE DES SYSTEMADMINISTRATORS ❷. Im folgenden ToDo ändern Sie den TITEL DER WEBSEITE und überprüfen die Mail-Adresse.

ToDo: »Titel der Webseite« ändern

1. Öffnen Sie das Backend-Modul SYSTEM • EINSTELLUNGEN.
1. Ändern Sie den TITEL DER WEBSEITE in »Websites erstellen mit Contao«.
2. Überprüfen Sie, ob die für den Administrator eingegebene E-Mail-Adresse korrekt ist.
3. Klicken Sie weiter unten auf SPEICHERN UND SCHLIESSEN (oder probieren Sie das weiter oben beschriebene Tastaturkürzel, zum Beispiel [Alt] + [C]).

Falls Sie nach dem Speichern der Einstellungen nicht sowieso schon auf der Backend-Startseite landen, klicken Sie einmal rechts oben im Infobereich auf den Link STARTSEITE. Auf der Backend-Startseite sehen Sie links oben im Arbeitsbereich gleich zweimal den neuen Titel »Websites erstellen mit Contao«, einmal in Weiß und darunter in Grün (siehe Abbildung 5.6).

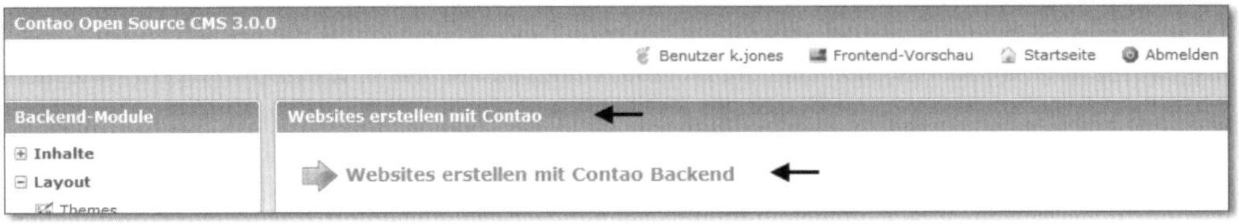

Abbildung 5.6 Der neue »Titel der Webseite« auf der Backend-Startseite

Webseite vs. Website

Die Begriffe rund um das Webpublishing stammen aus dem Englischen, und bei der Übertragung ins Deutsche passieren manchmal seltsame Dinge. So wurde eine *Web Page* auf Deutsch zu einer *Webseite*, aber das englische *Web Site* als Bezeichnung für eine Menge zusammengehörender Webseiten hat keine wirklich gelungene deutsche Entsprechung gefunden.

In der deutschen Übersetzung von Contao meint der Begriff *Webseite* nicht immer eine einzelne Webseite, sondern manchmal auch die Website. Diese doppelte Bedeutung von *Webseite* findet man im deutschsprachigen Web häufiger, aber bisweilen führt sie zu Verwirrungen, wie hier bei TITEL DER WEBSEITE.

Ich werde an den entsprechenden Stellen darauf hinweisen oder gleich die eindeutigeren Begriffe *Website* bzw. die Kurzform *Site* benutzen.

5.2.2 Das Format für Angaben von Datum und Zeit

Der nächste Bereich in SYSTEM • EINSTELLUNGEN heißt DATUM UND ZEIT.

Abbildung 5.7 »System • Einstellungen • Datum und Zeit«

Die Standardvorgabe ist dort `Y-m-d`, was auf einer Webseite als 2012-11-28 dargestellt wird. Dieses Datumsformat ist zwar sehr praktisch und universell verständlich, aber trotzdem eher ungewöhnlich.

Mit einem Klick auf das rot umrandete Dreieck bekommen Sie eine kurze Hilfestellung zu den möglichen Datumsformaten. Im Backend sind nur numerische Formate zulässig. Für eine deutsche Website ist z. B. `d.m.Y` nicht schlecht, was als 28.11.2012 dargestellt wird. Für die Uhrzeit ergibt `H:i` das Format 14:58.

Die im folgenden ToDo vorgenommenen Einstellungen für Datum und Uhrzeit gelten genau wie der Titel der Webseite für die gesamte Contao-Installation und können später in einem Startpunkt zum Beispiel für eine englische oder niederländische Website überschrieben werden.

ToDo: Das Datumsformat einstellen

1. Öffnen Sie das Backend-Modul System • Einstellungen.
2. Geben Sie als Datumsformat das Kürzel `d.m.Y` ein.
3. Das Zeitformat soll `H:i` sein.
4. Datums- und Zeitformat ist die Kombination `d.m.Y H:i`.
5. Zeitzone ist `Europe/Berlin`, wenn der Computer, auf dem der Webserver läuft, in Deutschland steht. Dazu müssen Sie nicht scrollen, sondern können einfach »Berlin« in das Suchfeld tippen und den angezeigten Eintrag dann per Maus oder Tastatur auswählen.
6. Speichern Sie die Änderungen mit einem Klick auf die Schaltfläche Speichern oder zum Beispiel mit dem Tastenkürzel [Alt] + [S].

Speicherzeiten: die »Verfallszeit einer Session« erhöhen

Im Bereich Speicherzeiten regelt die Verfallszeit einer Session, wie lange Sie im Backend inaktiv sein können, bevor Sie sich wieder anmelden müssen. Gemessen wird in Sekunden, und die Standardeinstellung ist 3600, also eine Stunde.

Falls Sie sich während der Lektüre dieses Buches im Backend zu oft wieder anmelden müssen, erhöhen Sie diese Zahl auf z. B. 36000. Später sollten Sie die letzte Null wieder entfernen.

5.3 Der Dateimanager: »System • Dateiverwaltung«

In diesem Abschnitt lernen Sie die Dateiverwaltung von Contao kennen. Dahinter verbirgt sich ein Dateimanager, mit dem Sie ohne FTP-Programm Dateien von einem lokalen Rechner auf den Servercomputer übertragen und dort verwalten können. Der Zugriff des Dateimanagers ist aus Sicherheitsgründen auf den Ordner *files* und seine Unterordner begrenzt.

Alle Dateien, die Sie für Ihre Website benötigen und die nicht zur Contao-Installation gehören, wie zum Beispiel Fotos für Artikel oder zum Download angebotene PDFs, sollten Sie unterhalb dieses Ordners speichern.

»tinymce.css« und »tiny_templates« gibt es schon

Bereits vorhanden sind die Datei *tinymce.css* und ein Ordner namens *tiny_templates*. Mehr zu diesen beiden erfahren Sie in Abschnitt 25.2 bei der Optimierung des Editors TinyMCE ab Seite 634.

Falls noch ein Ordner namens *music_academy* zu sehen ist, können Sie ihn in dieser Installation, in der Sie die Beispielsite nachbauen, einfach löschen.

5.3.1 Ordner erstellen mit dem Dateimanager

In diesem Abschnitt erstellen Sie eine Ordnerstruktur zur Ablage von Dateien (siehe Abbildung 5.8).

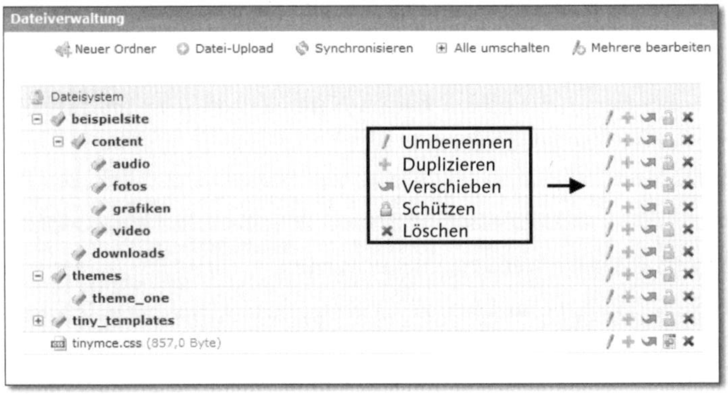

Abbildung 5.8 Empfohlene Ordnerstruktur unterhalb von »files«

Diese Ordner werden Sie im weiteren Verlauf des Buches benutzen:

- In *beispielsite/content/* bewahren Sie alle für den Inhalt der Beispielsite relevanten Medien wie z.B. allgemeine Grafiken und Fotos auf.
- Für den Ordner *beispielsite/downloads/* erstellen Sie in Abschnitt 21.6 einen geschützten Download-Bereich (ab Seite 568).
- Im Unterordner *themes/theme_one* speichern Sie alle Dateien, die zu diesem Theme gehören.

Im folgenden ToDo erstellen Sie diese Ordnerstruktur.

ToDo: Eine Ordnerstruktur für die Beispielsite anlegen

1. Öffnen Sie das Backend-Modul SYSTEM • DATEIVERWALTUNG.
2. Klicken Sie oben im Arbeitsbereich auf NEUER ORDNER. Daraufhin erscheinen am rechten Rand braun hinterlegte, leicht blinkende weiße Pfeile.
3. Um einen Ordner auf der obersten Ebene einzufügen, klicken Sie oben in der Zeile mit dem Wort DATEISYSTEM rechts am Rand auf den kleinen braunen Pfeil nach rechts.
4. Geben Sie den Namen »beispielsite« ein.
5. Klicken Sie auf SPEICHERN UND SCHLIESSEN.
6. Erstellen Sie auf diese Art und Weise die in Abbildung 5.8 dargestellte Ordnerstruktur.

Falls nicht gleich alles auf Anhieb funktioniert, können Sie die Ordner mit dem blauen Pfeil verschieben und mit dem roten X löschen.

5.3.2 Dateien mit dem Dateimanager hochladen

Nach dem Erstellen der Ordnerstruktur laden Sie in diesem Abschnitt mit dem Dateimanager ein paar Dateien auf den Webspace hoch.

Als Übungsobjekte dienen dabei ein Vorschaubild für das Theme namens *screenshot.png* und zwei kleine Grafiken namens *plus.gif* und *minus.gif*. Im folgenden ToDo laden Sie diese Grafiken hoch.

ToDo: Dateien mit dem Dateimanager hochladen

1. Öffnen Sie das Backend-Modul SYSTEM • DATEIVERWALTUNG.
2. Klicken Sie oben im Arbeitsbereich auf DATEI-UPLOAD.
3. Wählen Sie den Ordner *themes/theme_one/* mit einem Klick auf den braun hinterlegten, blinkenden Pfeil daneben.
4. Klicken Sie im Bereich DATEI-UPLOAD auf den Link DATEIEN SUCHEN.
5. Wechseln Sie auf die Buch-CD.
6. Öffnen Sie den Ordner */beispieldateien/grafiken/theme_one*.
7. Markieren Sie die drei Grafiken *screenshot.png*, *plus.gif* und *minus.gif*, und klicken Sie auf ÖFFNEN.
8. Klicken Sie im Bereich DATEI-UPLOAD auf den Link UPLOAD STARTEN.
9. Mit einem Klick auf den Link ZURÜCK rechts oben kommen Sie zurück zur Dateiverwaltung.

Nach diesem ToDo befinden sich die drei Grafiken im Ordner *themes/theme_one* (siehe Abbildung 5.9).

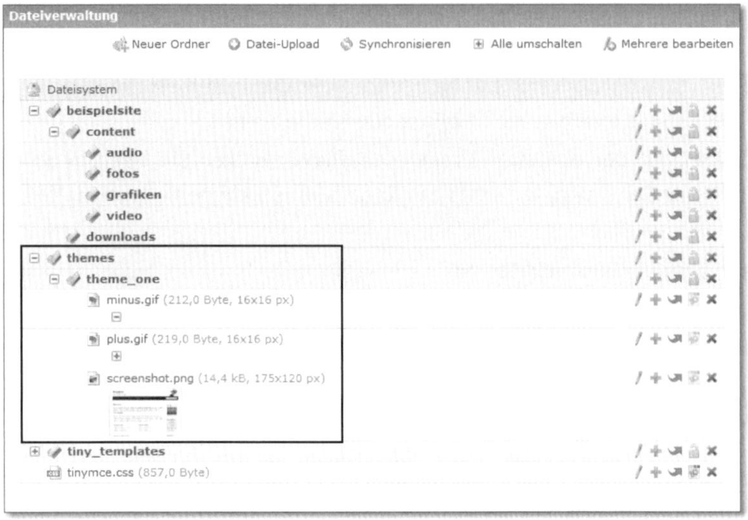

Abbildung 5.9 Der Dateimanager mit den hochgeladenen Grafiken

Falls Sie die Vorschaubilder für die Grafiken nicht sehen möchten, können Sie diese in den Benutzereinstellungen deaktivieren. Dazu klicken Sie oben im Infobereich auf den Link BENUTZER: K.JONES. Sie kommen dann in eine Eingabemaske, in der Sie bei Bedarf im Bereich BACKEND-EINSTELLUNGEN die Option VORSCHAUBILDER ANZEIGEN ausstellen können.

Limits für große Grafiken

Standardmäßig können Sie Grafiken bis zu 3.000 × 3.000 Pixel hochladen, die beim Hochladen automatisch auf 800 × 600 verkleinert werden.

Diese Standardeinstellungen können Sie bei Bedarf im Backend-Modul SYSTEM • EINSTELLUNGEN ändern, und zwar in den Bereichen DATEIEN UND BILDER und DATEI-UPLOADS.

5.3.3 »Synchronisieren«: Abgleich zwischen Datenbank und Ordner »files«

Contao hat seit der Version 3 ein datenbankgestütztes Dateisystem, bei dem alle unterhalb des Ordners *files* vorhandenen Ordner und Dateien in der Datenbank erfasst werden. Dadurch können Sie Dateien und Ordner nachträglich umbenennen oder verschieben, und eine Verknüpfung in Inhaltselementen und Frontend-Modulen bleibt trotzdem erhalten. Das klingt vielleicht nicht sonderlich spektakulär, ist im Alltag aber buchstäblich Gold wert.

Wenn Sie Dateien und Ordner wie in diesem Abschnitt über die Dateiverwaltung bearbeiten, erfasst Contao die Änderungen automatisch in der Datenbank, und alles ist okay.

Wenn Sie Ordner und Dateien im Ordner *files* hingegen per FTP oder mit dem Windows-Explorer (PC) oder dem Finder (Mac) bearbeiten, bekommt Contao das nicht mit. Damit diese Änderungen trotzdem in der Datenbank erfasst werden, müssen Sie den Ordner *files* und die Datenbank manuell abgleichen. Das machen Sie mit einem Klick auf den Link SYNCHRONISIEREN oben in der Dateiverwaltung.

Fazit: Wenn Sie im Ordner *files* Ordner oder Dateien per FTP, Explorer oder Finder hochladen, löschen oder ändern, sollten Sie nicht vergessen, danach auf SYNCHRONISIEREN zu klicken.

5.3.4 Template-Ordner erstellen im Backend-Modul »Templates«

In diesem Abschnitt erstellen Sie im Ordner */templates* einen Unterordner mit dem Namen *theme_one*, den Sie im nächsten Kapitel in Abschnitt 6.2.1, »Das erste Theme erstellen«, benötigen. In diesem Ordner werden die speziell für das Theme One angepassten Templates gespeichert.

Die Dateiverwaltung von Contao arbeitet nur unterhalb des Ordners */files*, und deshalb erstellen Sie den Ordner */templates/theme_one* im Backend-Modul LAYOUT • TEMPLATES.

ToDo: Einen neuen Template-Ordner anlegen

1. Wechseln Sie in das Backend-Modul N • TEMPLATES.
2. Klicken Sie oben im Arbeitsbereich auf NEUER ORDNER.
3. Klicken Sie rechts neben DATEISYSTEM auf das braune Symbol mit dem weißen Pfeil nach rechts.
4. Der NAME des Ordners soll *theme_one* sein.
5. Klicken Sie auf SPEICHERN UND SCHLIESSEN ([Alt] + [C]).

Nach diesem ToDo gibt es im Backend-Modul LAYOUT • TEMPLATES einen Unterordner mit dem Namen *theme_one* (Abbildung 5.10).

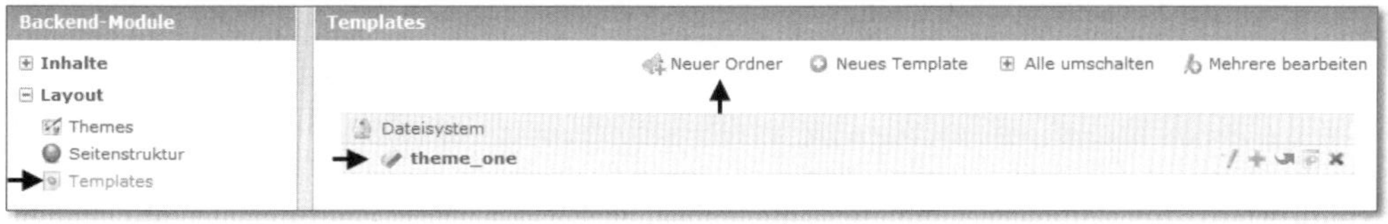

Abbildung 5.10 Unterordner »theme_one« im BE-Modul »Templates«

5.4 Der Erweiterungskatalog: Erweiterungen installieren

In der Einleitung haben Sie gelesen, dass wichtige Erweiterungen wie Nachrichten, Kalender und Newsletter im Kern von Contao integriert sind und bereits sofort nach der Installation zur Verfügung stehen. Zusätzlich gibt es in der Erweiterungsliste auf *contao.org* Hunderte von Erweiterungen, die die Funktionalität des Kerns fast beliebig erweitern und sich komfortabel aus dem Backend heraus installieren lassen.

5.4.1 Die Erweiterungsliste auf »contao.org«

Die Erweiterungen zu Contao werden in einer zentralen Erweiterungsliste auf *contao.org* gesammelt, die auch unter dem Namen *Extension Repository* (kurz *ER*) bekannt ist. Sie müssen also auf der Suche nach einer bestimmten Erweiterung nicht das ganze Web durchsuchen, sondern nur zu einer Adresse surfen:

- *contao.org/erweiterungsliste.html*

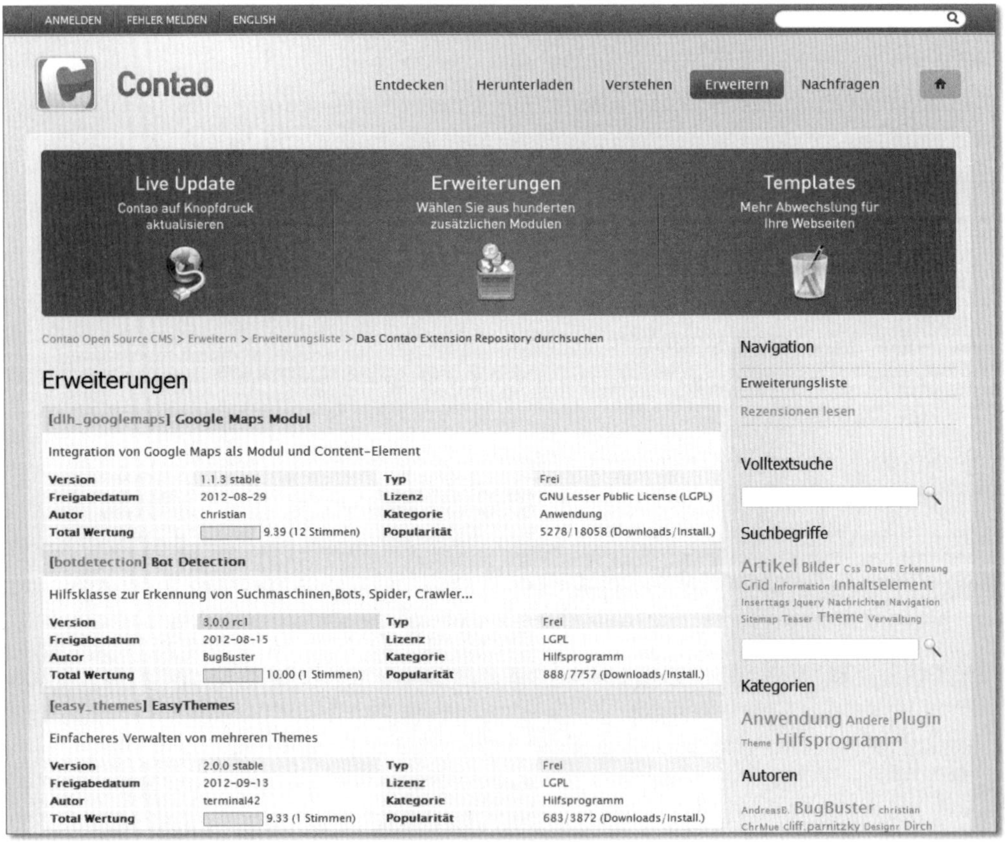

Abbildung 5.11 Die Erweiterungsliste auf »contao.org«

Noch besser ist, dass Sie vom Contao-Backend aus direkten Zugriff auf das Extension Repository haben und den Erweiterungskatalog durchsuchen können.

CERIS – das »Contao Extension Repository Informations System«

Falls Sie im Erweiterungskatalog eine bestimmte Erweiterung nicht finden können, probieren Sie mal die Volltextsuche von CERIS:

- *contao-pool.de/ceris.html*

Mit dem von Stefan Lindecke entwickelten Tool finden Sie gesuchte Erweiterungen manchmal einfacher als im Erweiterungskatalog selbst.

5.4.2 Eine Erweiterung aus dem Backend heraus installieren

Um den *Erweiterungskatalog* und die *Erweiterungsverwaltung* kennenzulernen, installieren Sie in diesem Abschnitt die Erweiterung *x_backend_notes* von Christoph Krebs (aka *gecko*).

Mit dieser Erweiterung können einzelne Seiten sowie Frontend-Module im Backend mit individuellen Notizen versehen werden, und das ist besonders für Einsteiger sehr praktisch.

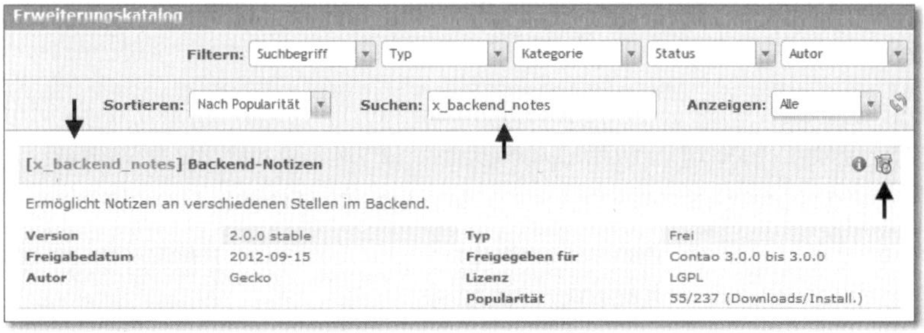

Abbildung 5.12 Der Erweiterungskatalog im Backend

ToDo: Die Erweiterung »[x_backend_notes]« installieren

1. Öffnen Sie das Backend-Modul SYSTEM • ERWEITERUNGSKATALOG.
1. Geben Sie oben im Arbeitsbereich im Feld SUCHEN das Wort »x_backend_notes« ein, und drücken Sie [↵]. Contao zeigt Ihnen jetzt die Erweiterung und alle wichtigen Informationen auf einen Blick an.
2. Installieren Sie die Erweiterung mit einem Klick auf das Symbol INSTALLIEREN ganz rechts außen.

3. Bestätigen Sie den Überblick auf der nächsten Seite mit einem Klick auf die Schaltfläche WEITER.
4. Bestätigen Sie die Erfolgsmeldung ebenfalls mit WEITER.
5. Aktualisieren Sie mit einem Klick auf AKTUALISIERUNG die Datenbank.
6. Beenden Sie die Installation mit OK.

Nach diesem ToDo sieht das Backend-Modul SYSTEM • ERWEITERUNGSVERWALTUNG ungefähr so aus wie in Abbildung 5.13.

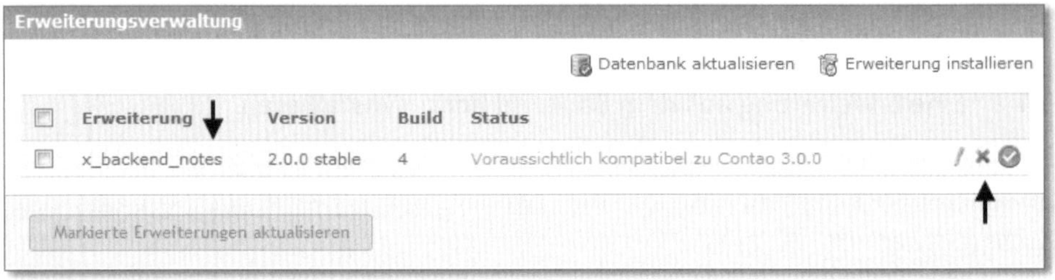

Abbildung 5.13 Erweiterungsverwaltung mit Erweiterung »x_backend_notes«

In der Erweiterungsverwaltung erhalten Sie einen Überblick über die installierten Erweiterungen und können diese mit den Symbolen rechts daneben bearbeiten, löschen oder aktualisieren.

Sobald im Erweiterungskatalog eine neuere Version der Erweiterung vorliegt, wird der Status auf NEUE VERSION VERFÜGBAR gesetzt, und Sie können die Erweiterung mit einem Klick auf das grün hinterlegte weiße Häkchen ganz rechts aktualisieren.

Erweiterungskatalog: alle Erweiterungen anzeigen

Standardmäßig zeigt der Erweiterungskatalog im Backend nur Erweiterungen an, die von den Autoren für die verwendete Contao-Version explizit freigegeben wurden. Falls Sie auch potenziell nicht kompatible Versionen sehen möchten, aktivieren Sie in SYSTEM • EINSTELLUNGEN ganz unten im Bereich EXTENSION REPOSITORY das Kontrollkästchen INKOMPATIBLE ERWEITERUNGEN ANZEIGEN.

Wer inkompatible Erweiterungen installiert, sollte aber genau wissen, was er tut, denn die Installation kann die Systemintegrität beeinträchtigen oder sogar gefährden. Auf gut Deutsch: Das kann danebengehen.

Kapitel 6

Die erste Website mit Contao

In diesem Kapitel erstellen Sie die erste Site mit Contao. Die Reise beginnt mit der Erstellung einer Seitenstruktur und geht über Themes und Seitenlayouts weiter zu Frontend-Modulen, einem Artikel und einer Navigation. Sie endet mit einem Blick in den Quelltext, einem Exkurs zu Templates und einem Überblick über das Zusammenspiel der Komponenten in Contao.

Die Themen im Überblick:

Anfangs kommen einem bei der Arbeit mit Contao Begriffe wie *Seite, Theme, Seitenlayout, Artikel, Inhaltselement, Frontend-Modul* und *Template* wie einzelne Puzzleteile vor, die nicht so richtig zusammenpassen wollen. Dieses Kapitel erläutert das Zusammenspiel dieser Komponenten und hilft Ihnen bei der Eingewöhnung.

Abbildung 6.1 zeigt, wie die Startseite der Beispielsite am Ende von Kapitel 17, »Startseite und Sidebar gestalten«, ausssehen wird. Nur damit Sie schon mal wissen, wohin die Reise geht. Aber auch die längste Reise beginnt mit dem ersten Schritt, und der wird noch nicht ganz so aussehen.

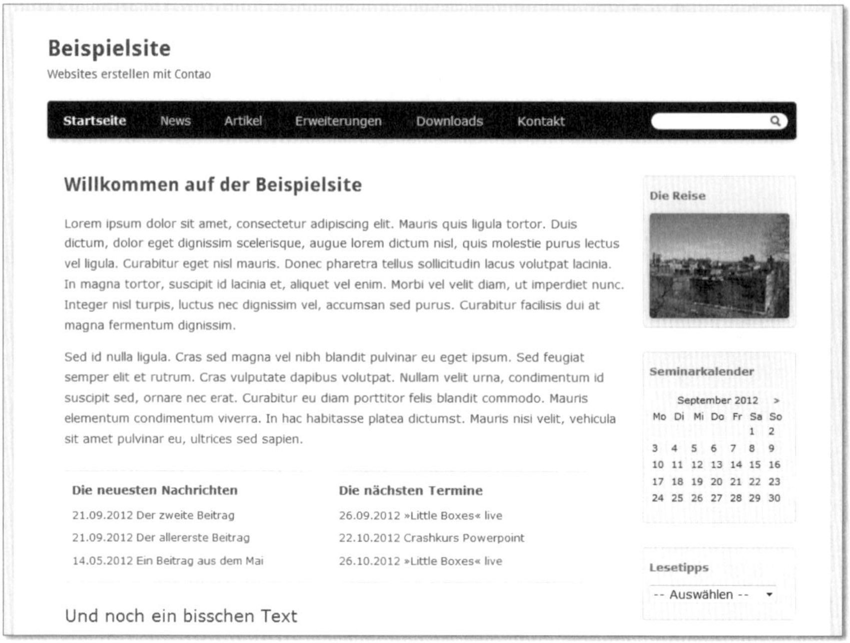
Beispielsite
Websites erstellen mit Contao
Startseite
News
Artikel
Erweiterungen
Downloads
Kontakt
Willkommen auf der Beispielsite
Lorem ipsum dolor sit amet, consectetur adipiscing elit. Mauris quis ligula tortor. Duis dictum, dolor eget dignissim scelerisque, augue lorem dictum nisl, quis molestie purus lectus vel ligula. Curabitur eget nisl mauris. Donec pharetra tellus sollicitudin lacus volutpat lacinia. In magna tortor, suscipit id lacinia et, aliquet vel enim. Morbi vel velit diam, ut imperdiet nunc. Integer nisl turpis, luctus nec dignissim vel, accumsan sed purus. Curabitur facilisis dui at magna fermentum dignissim.
Sed id nulla ligula. Cras sed magna vel nibh blandit pulvinar eu eget ipsum. Sed feugiat semper elit et rutrum. Cras vulputate dapibus volutpat. Nullam velit urna, condimentum id suscipit sed, ornare nec erat. Curabitur eu diam porttitor felis blandit commodo. Mauris elementum condimentum viverra. In hac habitasse platea dictumst. Mauris nisi velit, vehicula sit amet pulvinar eu, ultrices sed sapien.
Die neuesten Nachrichten
21.09.2012 Der zweite Beitrag
21.09.2012 Der allererste Beitrag
14.05.2012 Ein Beitrag aus dem Mai
Die nächsten Termine
26.09.2012 »Little Boxes« live
22.10.2012 Crashkurs Powerpoint
26.10.2012 »Little Boxes« live
Und noch ein bisschen Text
Die Reise
Seminarkalender
September 2012 >
Mo Di Mi Do Fr Sa So
1 2
3 4 5 6 7 8 9
10 11 12 13 14 15 16
17 18 19 20 21 22 23
24 25 26 27 28 29 30
Lesetipps
-- Auswählen --

Abbildung 6.1 Die Startseite der Beispielsite am Ende von Kapitel 17

6.1 »No root page found« – die Seitenstruktur erstellen

Wenn Sie das Frontend der frisch installierten Beispielsite aufrufen, ist es recht übersichtlich. Links oben steht die Meldung No root page found, und sonst ist nichts zu sehen (siehe Abbildung 6.2).

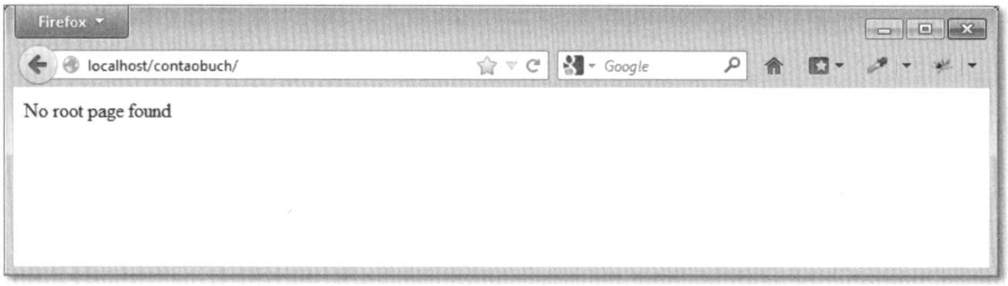
Firefox
localhost/contaobuch/
Google
No root page found

Abbildung 6.2 Das Frontend nach der Installation einer leeren Site

Das ist nicht gerade spektakulär, aber der Befund No root page found entspricht den Tatsachen, denn im Backend gibt es tatsächlich noch keine »root page«. Genau genommen, gibt es überhaupt noch gar keine Seiten.

6.1.1 Der Startpunkt für eine neue Website

Die erste Seite, die Sie im Seitenbaum erstellen, ist gleich etwas ganz Besonderes, nämlich die im Frontend monierte fehlende »root page«, die im deutschsprachigen Backend STARTPUNKT EINER WEBSEITE genannt wird. Mit dem Begriff WEBSEITE ist in diesem Fall übrigens die WEBSITE gemeint.

Ein STARTPUNKT ist übrigens nicht identisch mit der Startseite für Besucher im Frontend. Ein Startpunkt dient lediglich zu Verwaltungszwecken im Backend und taucht im Frontend nicht auf.

ToDo: Den »Startpunkt einer Webseite« erstellen

1. Rufen Sie das Backend von Contao auf, und melden Sie sich als Administrator an: *localhost/contaobuch/contao/* (bei MAMPP mit Port 8888).
2. Öffnen Sie das Backend-Modul LAYOUT • SEITENSTRUKTUR. Dort steht momentan nur KEINE EINTRÄGE GEFUNDEN.
3. Klicken Sie oben im Arbeitsbereich auf NEUE SEITE. Daraufhin erscheint eine Zeile mit dem Titel der Webseite »Websites erstellen mit Contao«, den Sie in SYSTEM • EINSTELLUNGEN vergeben haben.
4. Oberhalb dieser Zeile steht der Hinweis LEGEN SIE ALS NÄCHSTES DIE (NEUE) POSITION DES ELEMENTS FEST. Klicken Sie dazu ganz rechts auf das braune Symbol mit dem weißen Pfeil nach rechts, um eine neue Seite einzufügen.
5. Geben Sie im Feld SEITENNAME »Startpunkt Beispielsite Contaobuch« ein ❶. Der Seitenname dient nur zur Verwaltung im Backend.
6. Wählen Sie als SEITENTYP die Option STARTPUNKT EINER WEBSEITE ❷. Das Feld SEITENALIAS wird automatisch ausgefüllt.
7. Blenden Sie den Bereich META-INFORMATIONEN ein, und geben Sie im Feld SEITENTITEL den Text »Beispielsite Contaobuch« ein. Der Seitentitel erscheint im Frontend als Teil des `<title>` und überschreibt den Eintrag TITEL DER WEBSEITE aus SYSTEM • EINSTELLUNGEN.
8. Öffnen Sie den Bereich DNS-EINSTELLUNGEN. Geben Sie im Pflichtfeld SPRACHE den Wert »de« ein, und aktivieren Sie direkt daneben das Kontrollkästchen für den SPRACHEN-FALLBACK ❸.
9. Aktivieren Sie im Bereich VERÖFFENTLICHUNG weiter unten das Kontrollkästchen SEITE VERÖFFENTLICHEN ❹.
10. Bestätigen Sie Ihre Einstellungen mit SPEICHERN UND SCHLIESSEN.

Abbildung 6.3 zeigt die Einstellungen aus dem ToDo im Überblick.

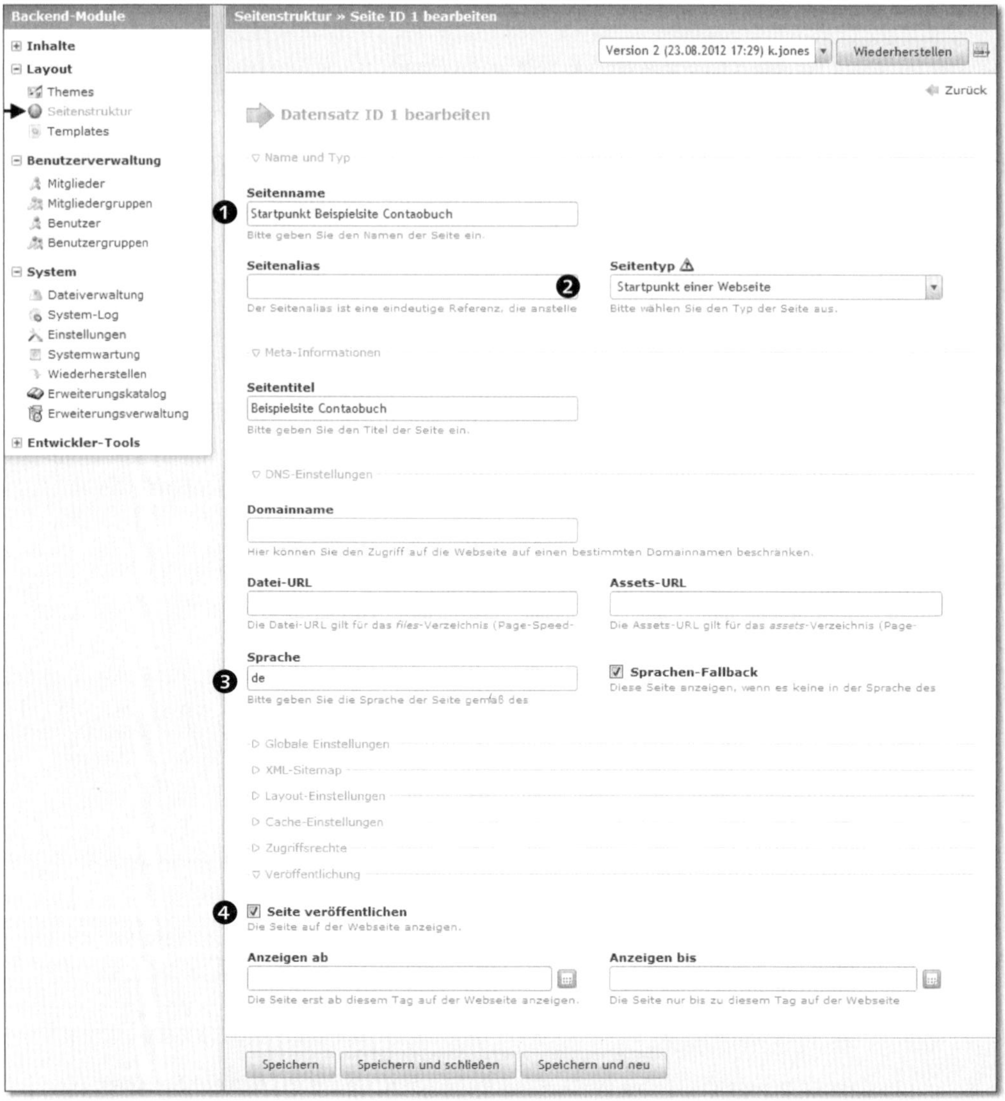

Abbildung 6.3 Den Startpunkt einer Webseite erstellen

Das Häkchen bei SEITE VERÖFFENTLICHEN ist wichtig, denn sonst wird zwar in der Datenbank eine Seite angelegt, sie bleibt aber offline.

Nach dem Klick auf SPEICHERN UND SCHLIESSEN sieht der Seitenbaum im Backend so aus wie in Abbildung 6.4. Am rechten Seitenrand sehen Sie Symbole zur Bearbeitung der Seite. Wenn Sie mit der Maus kurz über einem Symbol verweilen, bekommen Sie einen kleinen Hinweis.

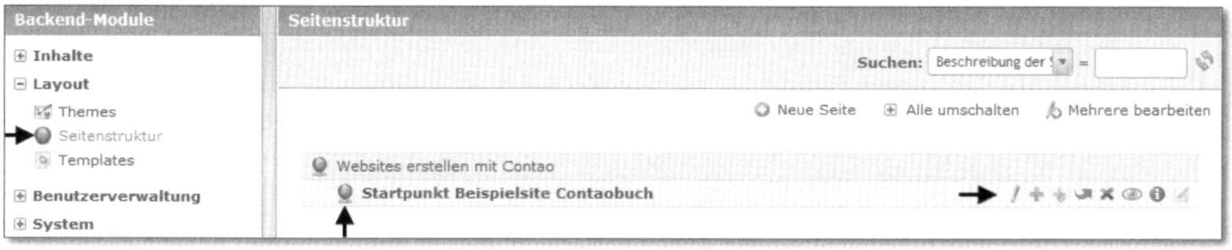

Abbildung 6.4 Die Seitenstruktur mit dem Startpunkt einer Webseite

6.1.2 Der Sprachen-Fallback für den Startpunkt ist wichtig

Viele der zahlreichen Einstellungen für einen Startpunkt, die Sie in Abbildung 6.3 sehen, werden erst relevant, wenn in einer Contao-Installation mehrere Websites verwaltet werden. Eine Sache hingegen ist bereits jetzt wichtig und deshalb sofort erledigt worden, damit sie später nicht zu Problemen führt, und das ist der *Sprachen-Fallback*.

Der Hintergrund dieser Einstellung ist, dass jeder Browser dem Webserver mitteilt, in welcher Sprache er die Webseiten am liebsten hätte. Die bevorzugte Sprache kann man in jedem Browser einstellen, bei Firefox z.B. unter EXTRAS • EINSTELLUNGEN • INHALT • SPRACHEN.

Ist im Startpunkt die Sprache DE eingetragen, werden die Webseiten nur an Browser ausgeliefert, die sich als Sprache Deutsch wünschen. Besucher mit anderen Sprachwünschen bekämen die Meldung NO ROOT PAGE FOUND, da für die vom Browser gewünschte Sprache kein Startpunkt existiert.

Das gilt auch für Suchmaschinenrobots, die sich oft Englisch als erste Sprache wünschen. Ohne Sprachen-Fallback würden diese Robots nur die Meldung NO ROOT PAGE FOUND bekommen, und Ihre Webseiten wären in den Suchmaschinen nicht vorhanden. Das Gemeinste daran ist, dass Sie selbst diesen Fehler nicht bemerken, denn solange in Ihrem Browser DE als erste Sprache eingestellt ist, scheint die Welt in Ordnung zu sein.

Das Häkchen bei SPRACHEN-FALLBACK bewirkt, dass die Webseiten unterhalb dieses Startpunktes ausgeliefert werden, wenn es für die vom Browser gewünschte Sprache keinen eigenen Startpunkt gibt.

Wenn kein Sprachen-Fallback aktiviert wurde ...

Falls der Sprachen-Fallback nicht aktiviert wurde, gibt es eine kaum zu übersehende, knallrote Fehlermeldung: BEI KEINEM DER AKTIVEN WEBSITE-STARTPUNKTE OHNE EXPLIZITE DNS-ANGABE WURDE DIE OPTION »SPRACHEN-FALLBACK« AUSGEWÄHLT.

Sie können das ganz einfach ausprobieren. Öffnen Sie den Startpunkt zur Bearbeitung (Klick auf den gelben Bleistift), deaktivieren Sie den Sprachen-Fallback, und klicken Sie auf SPEICHERN UND SCHLIESSEN.

Vergessen Sie nicht, den Sprachen-Fallback wieder einzuschalten.

6.1.3 Die Startseite für die Beispielsite erstellen

Nachdem der STARTPUNKT EINER WEBSEITE jetzt eingerichtet ist, erstellen Sie in diesem Abschnitt die Startseite für die Besucher der Website.

ToDo: Eine Startseite für die Beispielsite erstellen

1. Öffnen Sie das Backend-Modul LAYOUT • SEITENSTRUKTUR.
2. Klicken Sie im Arbeitsbereich oben auf NEUE SEITE.
3. Klicken Sie in der Zeile STARTPUNKT BEISPIELSITE CONTAOBUCH ganz rechts auf das braune Symbol mit dem weißen Pfeil nach rechts, um die neue Seite als Unterseite zum Startpunkt einzufügen.
4. Schreiben Sie im Bereich NAME UND TYP in das Feld SEITENNAME das Wort »Startseite«.
5. Prüfen Sie, ob bei SEITENTYP die Option REGULÄRE SEITE ausgewählt ist.
6. Aktivieren Sie weiter unten im Bereich VERÖFFENTLICHUNG die Option SEITE VERÖFFENTLICHEN. Sie können sich die zahlreichen anderen Optionen auf dieser Seite gerne anschauen, aber lassen Sie sie vorerst unverändert. Diese Optionen kommen später an die Reihe.
7. Beenden Sie die Bearbeitung mit einem Klick auf SPEICHERN UND SCHLIESSEN, um zum Seitenbaum zurückzukehren.

Nach diesem ToDo sieht der Seitenbaum so aus wie in Abbildung 6.5. Falls Sie nicht alle Seiten sehen, klicken Sie auf das Pluszeichen vor dem Startpunkt oder oben im Arbeitsbereich auf ALLE UMSCHALTEN.

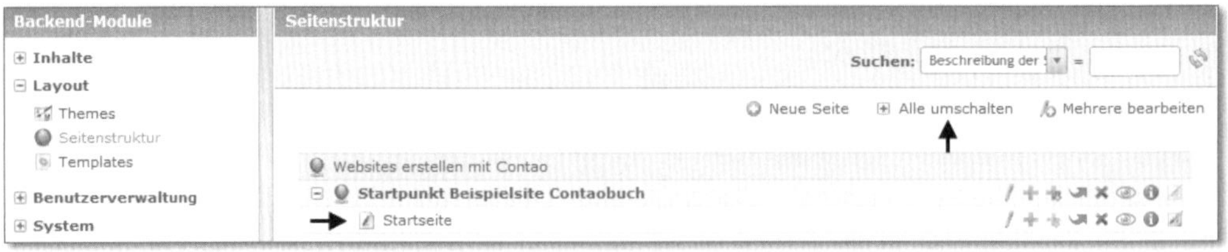

Abbildung 6.5 Der Seitenbaum mit Startpunkt und Startseite

Wie Sie sehen, hat die Startseite ein anderes Symbol und ist etwas nach rechts eingerückt. Wenn Sie auf das Minuszeichen vor dem STARTPUNKT BEISPIELSITE CONTAOBUCH klicken, sollte die Startseite nicht mehr zu sehen sein. Sehen Sie die Startseite trotzdem noch, befinden sich Startseite und Startpunkt auf einer Ebene. Verschieben Sie dann die Startseite mit einem Klick auf den blauen Pfeil, und fügen Sie sie mit den braun hinterlegten Pfeilen an der richtigen Stelle wieder ein.

Eine Seite ist auch nur ein Datensatz

Wenn Contao eine Seite erstellt, dann ist das normalerweise keine statische Webseite, die als Datei irgendwo auf dem Webspace gespeichert wird, sondern nur ein Datensatz in einer Datenbanktabelle. Deshalb heißt die Startseite hier auch nicht *index.html* oder *index.php*, sondern einfach nur STARTSEITE. Eine im Browser sichtbare Webseite wird daraus erst durch das am Ende dieses Kapitels beschriebene Zusammenspiel aller Komponenten.

6.1.4 Die Seitenstruktur für die Beispielsite erweitern

Eine Contao-Website kann aus Hunderten oder Tausenden von Webseiten bestehen, aber zum Üben fangen Sie erst einmal mit vier an. Später werden es dann noch mehr.

ToDo: Die Seitenstruktur für die Beispielsite erweitern

1. Öffnen Sie das Backend-Modul LAYOUT • SEITENSTRUKTUR.
2. Klicken Sie im Arbeitsbereich oben auf den Link NEUE SEITE.
3. Klicken Sie in der Zeile STARTSEITE rechts auf das kleine braune Symbol mit dem Pfeil nach unten, um die neue Seite auf derselben Ebene wie die Startseite einzufügen.
4. Schreiben Sie im Bereich NAME UND TYP in das Feld SEITENNAME den Wert »Downloads«.
5. Prüfen Sie, ob REGULÄRE SEITE unter SEITENTYP ausgewählt ist.
6. Aktivieren Sie weiter unten im Bereich VERÖFFENTLICHUNG die Option SEITE VERÖFFENTLICHEN.
7. Beenden Sie die Bearbeitung dieses Mal der Abwechslung halber mit einem Klick auf SPEICHERN UND NEU (`Alt` + `N`). Sie bekommen dann sofort das Formular für die nächste neue Seite.
8. Erstellen Sie zwei weitere reguläre Seiten mit den Seitennamen KONTAKT und IMPRESSUM, und vergessen Sie nicht, die Seiten zu veröffentlichen.
9. Beenden Sie die Erstellung der letzten Seite mit einem Klick auf die Schaltfläche SPEICHERN UND SCHLIESSEN (`Alt` + `C`).

Nach diesem ToDo sieht der Seitenbaum im Backend so aus wie in Abbildung 6.6.

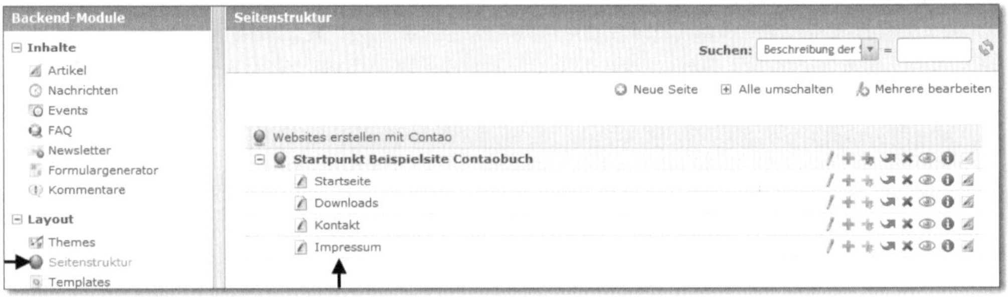

Abbildung 6.6 Der erweiterte Seitenbaum mit vier Seiten

Und so setzt sich dieser übersichtliche kleine Seitenbaum zusammen:

- Ganz oben steht die nicht anklickbare Überschrift »Websites erstellen mit Contao«. Das ist der Name für die gesamte Contao-Installation, den Sie im Backend-Modul System • Einstellungen festgelegt haben.
- Darunter gibt es den Startpunkt einer Webseite mit dem sprechenden Namen Startpunkt Beispielsite Contaobuch. Das ist der Name der Website.
- Unterhalb des Startpunktes gibt es eingerückt vier reguläre Webseiten: Startseite, Downloads, Kontakt und Impressum.

Diese vier Webseiten sollten alle auf derselben Ebene liegen und gerade untereinanderstehen, mit keinerlei Einrückungen nach links oder rechts. Wenn Sie auf das Minuszeichen vor dem Startpunkt Beispielsite Contaobuch klicken, sollten die vier regulären Seiten nicht mehr zu sehen sein.

6.2 »No layout specified« – Theme und Seitenlayout erstellen

Falls Sie nach der Erstellung des Seitenbaums das Frontend bereits im Browser betrachtet haben, sehen Sie zwar immer noch keine Webseite, aber die Meldung links oben hat sich geändert und lautet jetzt No layout specified (siehe Abbildung 6.7).

Abbildung 6.7 »No layout specified« – neue Meldung im Frontend

Im Schnelldurchlauf am Anfang des Buches haben Sie gesehen, dass jede Seite im Seitenbaum auf einem *Seitenlayout* basiert. Zur Beseitigung der Fehlermeldung benötigen Sie also ein Seitenlayout, und das gehört immer zu einem *Theme*.

6.2.1 Das erste Theme erstellen

Ein *Theme* bestimmt das Aussehen der Website und ist eine Sammlung aus Seitenlayouts, Stylesheets und Frontend-Modulen, die durch Templates und Layoutgrafiken ergänzt werden. Mit einem Theme kann man einer Site ein anderes Design geben, ohne ihren Inhalt zu verändern.

Ein Theme muss zunächst einen Namen haben und wissen, in welchen Ordnern die dazugehörigen Dateien aufbewahrt werden. Das Theme, das Sie im folgenden ToDo erstellen, heißt schlicht und einfach *Theme One*, da es Ihr erstes Theme ist.

Bevor Sie das folgende ToDo abarbeiten, sollten Sie prüfen, ob Sie, wie in Abschnitt 5.3.4 auf Seite 125 beschrieben, einen Template-Ordner namens *theme_one* erstellt haben. Falls nicht, sollten Sie das nachholen.

ToDo: Ein neues Theme erstellen

1. Öffnen Sie das Backend-Modul LAYOUT • THEMES.
2. Klicken Sie im Arbeitsbereich oben auf den Link NEUES THEME.
3. Geben Sie im Feld THEME-TITEL »Theme One« ein.
4. Geben Sie im Feld AUTOR Ihren Namen ein.
5. Klicken Sie im Bereich ORDNER auf die Schaltfläche AUSWAHL ÄNDERN, und wählen Sie den Ordner *themes/theme_one/*. Dieser Ordner liegt unterhalb von *files* und enthält alle Dateien, die für das Theme benötigt werden, wie zum Beispiel Layoutgrafiken.
6. Klicken Sie im Bereich BILDSCHIRMFOTO auf die Schaltfläche AUSWAHL ÄNDERN, und wählen Sie aus dem Ordner *themes/theme_one/* die Datei *screenshot.png*, die Sie auf Seite 123 mit dem Dateimanager von Contao hochgeladen haben.
7. Öffnen Sie im Bereich TEMPLATES-ORDNER die Auswahlliste, und wählen Sie den Ordner *theme_one*. Falls in der Liste kein Ordner erscheint, müssen Sie, wie auf Seite 125 beschrieben, einen Template-Ordner erstellen.
8. Beenden Sie die Erstellung des Themes mit SPEICHERN UND SCHLIESSEN.

Nach der Erstellung des Themes und dem Schließen des Dialogfeldes sieht das Backend-Modul THEMES so aus wie in Abbildung 6.8.

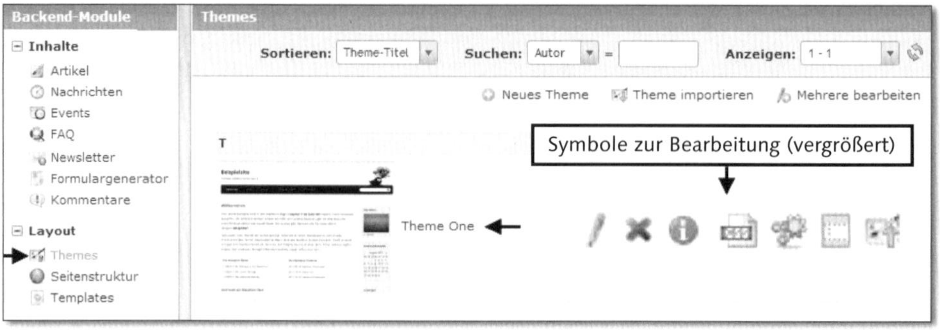

Abbildung 6.8 Das frisch erstellte Theme im Backend

Unter »T« wie »Theme One« wird das neue Theme gelistet. Das Bildschirmfoto hat übrigens eine Größe von 175 × 120 Pixeln. Die Abbildung ist ihrer Zeit ein bisschen voraus, aber so wissen Sie schon einmal ungefähr, wohin die Reise geht.

In Abbildung 6.8 sehen Sie rechts sieben Symbole zum Bearbeiten eines Themes, die in Tabelle 6.1 der Reihe nach erklärt werden.

	BEARBEITEN DER THEME-EINSTELLUNGEN Der gelbe Bleistift steht für die Bearbeitung. Hier können Sie die Einstellungen für das aktuelle Theme ändern: Name, Autor und die zugewiesenen Ordner.
	THEME LÖSCHEN Ein Klick auf das rote X löscht das Theme. Es erscheint eine Sicherheitsfrage, und danach wird gelöscht.
	DETAILS ZUM THEME ANZEIGEN Ein Klick auf das kleine »i« im blauen Kreis zeigt alle Details zum Theme in einer kleinen Übersicht.
	STYLESHEETS ERSTELLEN UND BEARBEITEN Mit dem CSS-Symbol können Sie die Stylesheets für das Theme erstellen. Das werden Sie demnächst noch ausführlich tun.
	FRONTEND-MODULE ERSTELLEN UND BEARBEITEN Ein Klick auf das fünfte Symbol führt Sie zur Bearbeitung der Frontend-Module, die den Quelltext für das Frontend erzeugen. Auch das werden Sie in diesem Kapitel noch kennenlernen.
	SEITENLAYOUTS ERSTELLEN UND BEARBEITEN Ein Seitenlayout sorgt für die Darstellung der Seite. Direkt im Anschluss an diesen Abschnitt erstellen Sie das erste Seitenlayout.

Tabelle 6.1 Die Symbole zur Bearbeitung von Themes

	THEME EXPORTIEREN Ein Theme zu exportieren bedeutet, alle Stylesheets, Frontend-Module, Seitenlayouts und auch die zum Theme gehörenden Ordner in einem ZIP-Archiv zu speichern. Dieses ZIP-Archiv kann in einer anderen Contao-Installation mit der gleichen Versionsnummer wieder importiert werden.

Tabelle 6.1 Die Symbole zur Bearbeitung von Themes (Forts.)

So viel zur Erstellung des ersten Themes. Im folgenden Abschnitt erstellen Sie zunächst ein Seitenlayout.

6.2.2 Das erste Seitenlayout erstellen und zuweisen

Das erste Seitenlayout ist ein echter Klassiker: zentriert, 960 Pixel breit, mit drei Spalten sowie einem Header und einem Footer.

ToDo: Ein Seitenlayout erstellen

1. Öffnen Sie das Backend-Modul LAYOUT • THEMES.
2. Öffnen Sie die SEITENLAYOUTS zur Bearbeitung (2. Symbol von rechts).
3. Klicken Sie im Arbeitsbereich rechts oben auf NEUES LAYOUT.
4. Geben Sie als TITEL für das Layout »Standardlayout« ein.
5. Aktivieren Sie im Bereich ZEILEN das Symbol ganz rechts mit einer Kopf- und einer Fußzeile. Vergeben Sie für beide keine Höhe.
6. Wählen Sie im Bereich SPALTEN das dreispaltige Layout ganz rechts. Geben Sie für die Breite der linken und der rechten Spalte jeweils »180« ein, und wählen Sie als Einheit aus der Dropdown-Liste daneben PX.
7. Blenden Sie den Bereich STYLESHEETS ein, und prüfen Sie, ob in der Gruppe CSS-FRAMEWORK der Layout-Builder aktiviert ist.
8. Öffnen Sie den Bereich EXPERTEN-EINSTELLUNGEN, und prüfen Sie, ob das SEITENTEMPLATE *fe_page* und das Ausgabeformat auf HTML eingestellt sind.
9. Aktivieren Sie im Bereich STATISCHES LAYOUT das gleichnamige Kontrollkästchen. Das Layout soll eine GESAMTBREITE von 960 px mit der AUSRICHTUNG ZENTRIERT haben.
10. Beenden Sie die Bearbeitung mit SPEICHERN UND SCHLIESSEN.

Damit haben Sie das erste Seitenlayout erstellt. Jetzt müssen Sie im Seitenbaum noch festlegen, für welche Seiten es gelten soll. Da das Standardlayout zunächst einmal für alle Seiten gilt, weisen Sie es dem Startpunkt zu. Und genau das machen Sie im folgenden ToDo.

ToDo: Das Seitenlayout dem Startpunkt zuweisen

1. Öffnen Sie das Backend-Modul LAYOUT • SEITENSTRUKTUR.
2. Öffnen Sie den STARTPUNKT BEISPIELSEITE CONTAOBUCH mit einem Klick auf den gelben Bleistift daneben zur Bearbeitung.
3. Öffnen Sie den Bereich LAYOUT-EINSTELLUNGEN, und aktivieren Sie das Kontrollkästchen vor EIN LAYOUT ZUWEISEN.
4. Wählen Sie in der Auswahlliste SEITENLAYOUT das STANDARDLAYOUT. Lassen Sie das LAYOUT FÜR MOBILE SEITEN vorerst unverändert.
5. Beenden Sie die Bearbeitung mit SPEICHERN UND SCHLIESSEN.

Die Zuweisung des Seitenlayouts wird an alle Seiten unterhalb des Startpunktes vererbt, sofern für diese kein eigenes Seitenlayout definiert wurde.

Wenn Sie das Standardlayout erstellt und zugewiesen haben, klicken Sie im Seitenbaum auf das weiße Symbol mit dem roten Strich direkt vor dem Wort STARTSEITE. Dadurch wird ein neuer Tab oder Browserfenster geöffnet, in dem Sie eine leere weiße Seite sehen (siehe Abbildung 6.9).

Abbildung 6.9 Seitenlayout erstellt und zugewiesen – leere Seite

Es ist vielleicht schwer zu glauben, aber diese leere Seite ist ein echter Fortschritt. Erstens gibt es keine störende Meldung mehr, und zweitens ist das Grundgerüst der Seite zum Teil schon vorhanden. Im Quelltext.

6.3 Frontend-Module für den Kopf- und den Fußbereich

In Contao gibt es zwei Sorten von Modulen:

- *Backend-Module* finden Sie im Navigationsbereich des Backends. Sie sind in die Gruppen INHALTE, LAYOUT, BENUTZERVERWALTUNG und SYSTEM aufgeteilt.

- *Frontend-Module* sind, vereinfacht gesagt, kleine PHP-Programme, die irgendetwas machen und als Ergebnis HTML für das Frontend ausgeben. Sie werden im Backend-Modul THEMES verwaltet.

Wenn Sie irgendwo in Contao einfach nur das Wort *Module* lesen, sind fast immer *Frontend-Module* gemeint.

In diesem Abschnitt erstellen Sie den Inhalt für die Kopf- und die Fußzeile der Webseiten. Dazu kommt ein Frontend-Modul namens EIGENER HTML-CODE zum Einsatz, in das Sie, wie der Name andeutet, eigenes HTML schreiben.

6.3.1 Frontend-Module für den Kopf- und den Fußbereich erstellen

In den folgenden ToDos erstellen Sie zunächst jeweils ein Frontend-Modul für Kopf- und Fußbereich. Im nächsten Abschnitt werden diese Module dann in das Seitenlayout eingebunden.

ToDo: Das Frontend-Modul »Layout – Header« erstellen

1. Öffnen Sie das Backend-Modul LAYOUT • THEMES.
2. Öffnen Sie die FRONTEND-MODULE zur Bearbeitung (3. Symbol von rechts).
3. Klicken Sie im Arbeitsbereich oben auf NEUES MODUL.
4. Geben Sie im Feld TITEL »Layout – Header« ein.
5. Wählen Sie als MODULTYP den Eintrag EIGENER HTML-CODE.
6. Geben Sie in das Feld HTML-CODE den folgenden Quelltext ein:

```
<hgroup>
<h1>Beispielsite</h1>
<h2>Websites erstellen mit Contao</h2>
</hgroup>
```

7. Klicken Sie auf SPEICHERN UND SCHLIESSEN, um das Modul zu speichern.

So viel zum Frontend-Modul für den Kopfbereich. Das Modul für den Fußbereich folgt im nächsten ToDo. Darin kopieren Sie das Header-Modul und ändern es dann etwas ab.

ToDo: Das Frontend-Modul »Layout – Footer« erstellen

1. Öffnen Sie gegebenenfalls das Backend-Modul LAYOUT • THEMES • FRONTEND-MODULE.
2. Duplizieren Sie das Modul LAYOUT – HEADER mit einem Klick auf das grüne Kreuz rechts neben dem gelben Bleistift. Nach dem Kopieren erscheint rechts oben im Arbeitsbereich der Link ABLAGE LEEREN und darunter ein braunes Symbol mit einem weißen Pfeil nach unten.

3. Fügen Sie das Modul mit einem Klick auf das braune Symbol mit dem weißen Pfeil nach unten ein.
4. Ändern Sie den Eintrag im Feld Titel in Layout – Footer.
5. Ändern Sie den Quelltext im Feld HTML-Code wie folgt:

   `<p>Made with Contao.</p>`
6. Klicken Sie auf Speichern und schliessen (Alt + C).

Im Backend sehen Sie jetzt zwei Frontend-Module: Layout – Footer und Layout – Header. Hinter jedem Modul steht in eckigen Klammern und hellgrauer Schrift der Modultyp, auf dem das Modul basiert.

»Ablage leeren«: Kopieren oder Verschieben abbrechen

Um einen begonnenen Kopier- oder Verschiebevorgang abzubrechen, klicken Sie einfach oben rechts im Arbeitsbereich auf Ablage leeren.

6.3.2 Die Module für den Kopf- und den Fußbereich im Seitenlayout einbinden

Nachdem Sie die beiden Module erstellt haben, werden Sie sie jetzt in das Seitenlayout einbinden, damit Contao weiß, in welchem Layoutbereich der von den Modulen erzeugte Quelltext angezeigt werden soll.

Die Entscheidung ist in diesem Fall ziemlich einfach, denn das Modul Layout – Header soll in der Kopfzeile stehen und Layout – Footer in der Fußzeile.

ToDo: Die Frontend-Module im Seitenlayout einbinden

1. Öffnen Sie das Backend-Modul Layout • Themes.
2. Öffnen Sie die Seitenlayouts zur Bearbeitung (2. Symbol von rechts).
3. Klicken Sie im Arbeitsbereich rechts neben dem Seitenlayout Standardlayout auf den gelben Bleistift, um die Einstellungen zu bearbeiten.
4. Suchen Sie den Bereich Frontend-Module, und blenden Sie ihn ein.
5. Klicken Sie im Bereich Eingebundene Module zweimal auf das grüne Kreuz rechts neben der Liste Spalte, um die vorhandene Zeile zweimal zu duplizieren.
6. Wählen Sie in der ersten Zeile aus der Liste Modul den Eintrag Layout – Header [Eigener HTML-Code] und in der Liste Spalte die Kopfzeile.
7. Wählen Sie in der dritten Zeile aus der Liste Modul den Eintrag Layout – Footer [Eigener HTML-Code] und in der Liste Spalte die Fusszeile.
8. Lassen Sie alle anderen Einstellungen unverändert.
9. Klicken Sie auf Speichern und schliessen (Alt + C).

Im Frontend sehen die Seiten jetzt so aus wie in Abbildung 6.10.

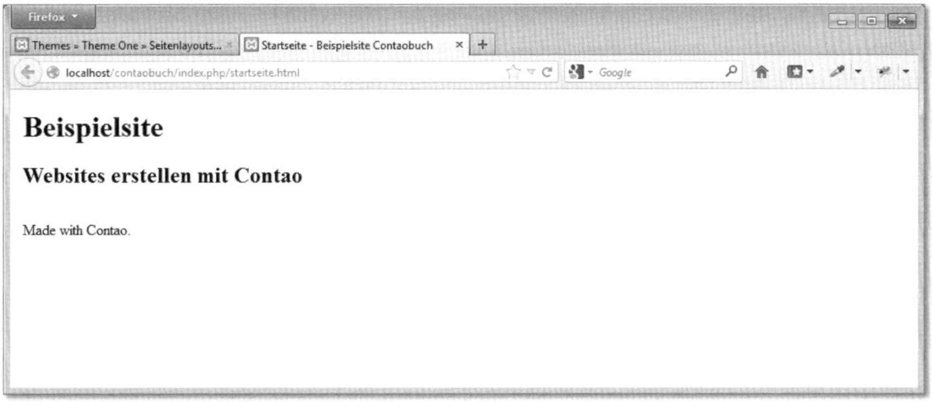

Abbildung 6.10 Die Startseite mit Header und Footer

Im nächsten Abschnitt erstellen Sie einen Artikel und zwei Inhaltselemente, sodass im Hauptbereich der Startseite ein wenig Inhalt erscheint.

6.4 Der erste Artikel und zwei Inhaltselemente

In diesem Abschnitt machen Sie den ersten Abstecher in die Gruppe INHALTE, in der Sie nach der Erstellung und Freischaltung der Site wahrscheinlich die meiste Zeit zubringen werden. In der Gruppe INHALTE sind nämlich alle Backend-Module versammelt, die mit der Erstellung und Verwaltung von Inhalten zu tun haben. Das wichtigste steht gleich am Anfang und heißt ARTIKEL.

6.4.1 Der Artikelbaum: die Übersicht über alle Artikel

Contao zeigt Ihnen im Backend-Modul INHALTE • ARTIKEL mit dem Artikelbaum eine Übersicht aller vorhandenen Artikel, die auf den ersten Blick eine verblüffende Ähnlichkeit mit dem Seitenbaum hat.

Falls der Artikelbaum bei Ihnen nicht wie in Abbildung 6.11 in voller Länge zu sehen ist, klicken Sie im Arbeitsbereich oben auf den Link ALLE UMSCHALTEN.

Bei genauerem Hinsehen ist der Artikelbaum eine erweiterte Version des Seitenbaums aus dem Backend-Modul SEITENSTRUKTUR. Der Artikelbaum zeigt alle in diesem Kapitel erstellten Seiten und darunter jeweils einen gleichnamigen Artikel mit dem hellgrauen Zusatz [HAUPTSPALTE] und einigen Symbolen zur Bearbeitung der Artikel rechts daneben.

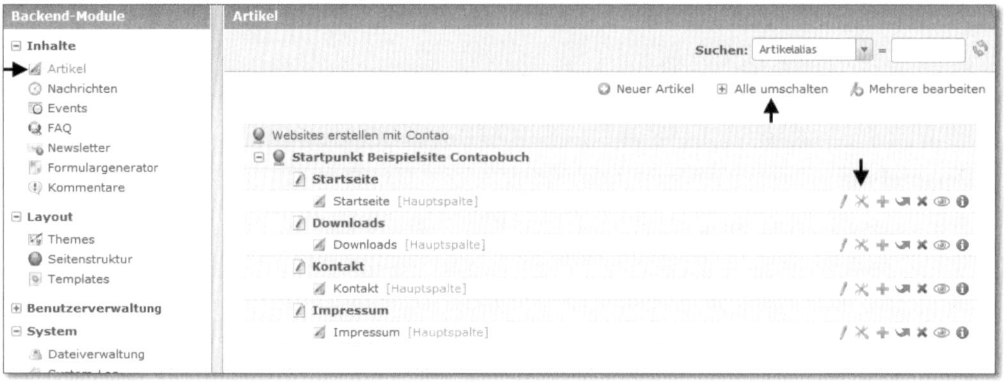

Abbildung 6.11 Der Artikelbaum – Übersicht über die Artikel

Wenn Sie sich wundern, woher diese Artikel stammen: Contao erstellt beim Anlegen einer Seite automatisch einen gleichnamigen Artikel in der Hauptspalte. Da diese Kombination im Alltag mit Abstand am häufigsten benötigt wird, ist das eine sehr praktische Sache.

Neu in Contao 3 ist übrigens das kleine, aber feine Symbol EINSTELLUNGEN DES ARTIKELS BEARBEITEN rechts neben dem gelben Bleistift, mit dem Sie direkt zu den im folgenden Abschnitt beschriebenen Einstellungen für den Artikel gelangen.

6.4.2 Die Einstellungen für einen Artikel

Nach einem Klick auf den gelben Bleistift rechts neben dem Artikel STARTSEITE [HAUPTSPALTE] sehen Sie unterhalb der Bedienelemente zum Filtern und Suchen die Artikel-Einstellungen und den Hinweis KEINE EINTRÄGE GEFUNDEN. Mit *Einträge* sind *Inhaltselemente* gemeint, und das stimmt, denn in diesem Artikel gibt es noch keine Inhaltselemente (siehe Abbildung 6.12).

Abbildung 6.12 Die Einstellungen für den Artikel »Startseite«

Zur Bearbeitung der Artikel-Einstellungen klicken Sie wie immer auf den gelben Bleistift. Daraufhin erscheint die in Abbildung 6.13 dargestellte Eingabemaske.

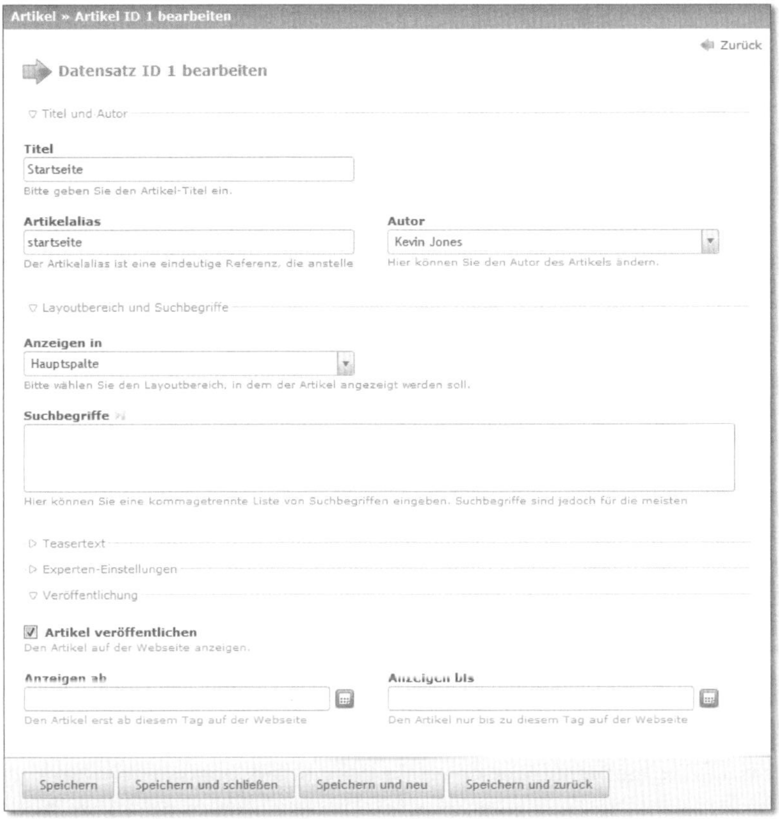

Abbildung 6.13 Die wichtigsten Einstellungen für einen Artikel

Die wichtigsten Einstellungen für einen Artikel sind die folgenden:

- TITEL: Der Artikeltitel erscheint im Artikelbaum und wird als Überschrift verwendet, wenn der Teasertext angezeigt wird. Ohne aktivierten Teaser erscheint dieser Titel nicht auf der Webseite.
- AUTOR: Hier geben Sie den Autor des Artikels ein. Vorgegeben ist der momentan angemeldete Benutzer.
- ARTIKELALIAS wird meist leer gelassen und von Contao automatisch generiert. Kann benutzt werden, um einen Artikel direkt aufzurufen. Im Quelltext wird der Artikelalias als Wert für das Attribut `id` verwendet, sofern in den Experten-Einstellungen keine andere ID vergeben wurde.
- ANZEIGEN IN: Hier können Sie auswählen, in welchem Layoutbereich der Artikel dargestellt werden soll. Damit der Artikel im Frontend allerdings auch wirklich

dort erscheint, muss dem Layoutbereich im Backend-Modul SEITENLAYOUTS das Modul ARTIKEL zugewiesen worden sein. Der Satz klingt komplizierter, als er in Wirklichkeit ist.

- Falls Sie SUCHBEGRIFFE eingeben, erscheinen diese automatisch im Meta-Element `keywords`. Allerdings gibt es kaum noch eine Suchmaschine, die dieses Element tatsächlich auswertet.
- ARTIKEL VERÖFFENTLICHEN: Sobald Sie das Kontrollkästchen aktivieren, wird der Artikel im Frontend angezeigt (sofern die dazugehörige Seite auch veröffentlicht ist). Bei einer Live-Site kann es durchaus sinnvoll sein, dass Sie das erst tun, wenn der Artikel fertig ist. Über die FRONTEND-VORSCHAU oben im Infobereich können Sie sich auch unveröffentlichte Artikel im Frontend anschauen.
- Mit den Feldern ANZEIGEN VON und ANZEIGEN BIS können Sie das Erscheinen eines Artikels zeitlich eingrenzen.

In dieser Aufzählung nicht erwähnte Einstellungen wie TEASERTEXT und die Kontrollkästchen zur SYNDIKATION in den EXPERTEN-EINSTELLUNGEN kommen später noch dran.

6.4.3 Inhaltselemente zu einem Artikel hinzufügen

Im Schnelldurchlauf in Kapitel 2 haben Sie gelesen, dass Artikel aus Inhaltselementen bestehen und die eigentlichen Inhalte in diesen Inhaltselementen gespeichert werden. In diesem Abschnitt fügen Sie dem Artikel die ersten beiden Inhaltselemente hinzu.

Da der Inhalt des Textes momentan keine große Rolle spielt, benutze ich durchgehend *Fülltext*, der oft auch *Blindtext* genannt wird. Der bekannteste ist wahrscheinlich »Lorem ipsum ...«, den Sie z.B. von *loremipsum.de* oder *lipsum.com* herunterladen können. Auf der Buch-CD finden Sie in den Beispieldateien für dieses Kapitel auch die Datei *loremipsum.txt*, die die beiden in Abbildung 6.15 gezeigten Absätze enthält.

Im folgenden ToDo fügen Sie dem Artikel zwei Inhaltselemente hinzu: eine Überschrift und darunter ein bisschen Fülltext.

ToDo: Inhaltselemente zu einem Artikel hinzufügen

1. Öffnen Sie das Backend-Modul INHALTE • ARTIKEL.
2. Klicken Sie im Arbeitsbereich rechts auf den gelben Bleistift neben dem Artikel STARTSEITE [HAUPTSPALTE].
3. Klicken Sie im Arbeitsbereich oben auf den Link NEUES ELEMENT. Danach erscheinen oben rechts in den Artikel-Einstellungen ein Hinweis und ein kleines braunes Symbol mit einem Pfeil nach unten.

4. Klicken Sie auf das kleine braune Symbol, um das Inhaltselement direkt nach den Artikel-Einstellungen einzufügen.
5. Wählen Sie in der Liste ELEMENTTYP den Eintrag ÜBERSCHRIFT aus.
6. Geben Sie im Feld ÜBERSCHRIFT den Text »Willkommen auf der Beispielsite« ein, und prüfen Sie, ob in der Liste daneben die Überschriftebene `h1` ausgewählt ist.
7. Beenden Sie die Bearbeitung mit SPEICHERN UND NEU (Alt + N). Contao präsentiert Ihnen danach ein Formular zur Erstellung des Inhaltselements TEXT. Unterhalb des Eingabefeldes für eine ÜBERSCHRIFT sehen Sie im Bereich TEXT/HTML/CODE den Editor TinyMCE, in den Sie Fließtext eingeben und ganz einfach formatieren können.
8. Geben Sie im Editor zwei kurze Absätze beliebigen Blindtext ein.
9. Klicken Sie auf SPEICHERN UND SCHLIESSEN (Alt + C).

Nach dem Speichern kehren Sie zur Seite mit den Einstellungen für den Artikel zurück. Darunter erscheinen jetzt, wie in Abbildung 6.14 zu sehen, die soeben erstellten Inhaltselemente.

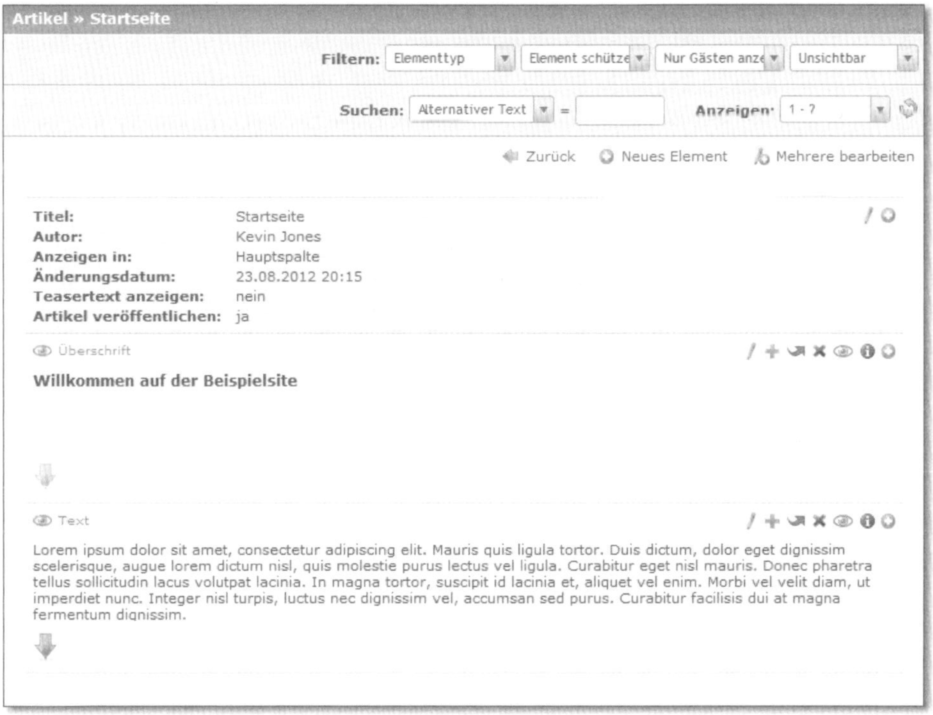
Artikel » Startseite
Filtern: Elementtyp
Element schütze
Nur Gästen anze
Unsichtbar
Suchen: Alternativer Text =
Anzeigen: 1 - 7
Zurück
Neues Element
Mehrere bearbeiten
Titel: Startseite
Autor: Kevin Jones
Anzeigen in: Hauptspalte
Änderungsdatum: 23.08.2012 20:15
Teasertext anzeigen: nein
Artikel veröffentlichen: ja
Überschrift
Willkommen auf der Beispielsite
Text
Lorem ipsum dolor sit amet, consectetur adipiscing elit. Mauris quis ligula tortor. Duis dictum, dolor eget dignissim scelerisque, augue lorem dictum nisl, quis molestie purus lectus vel ligula. Curabitur eget nisl mauris. Donec pharetra tellus sollicitudin lacus volutpat lacinia. In magna tortor, suscipit id lacinia et, aliquet vel enim. Morbi vel velit diam, ut imperdiet nunc. Integer nisl turpis, luctus nec dignissim vel, accumsan sed purus. Curabitur facilisis dui at magna fermentum dignissim.

Abbildung 6.14 Das erste selbst erstellte Inhaltselement

Falls Sie im Inhaltselement TEXT den gesamten Text sehen möchten, klicken Sie auf den grünen Pfeil links unten.

Artikel und Inhaltselemente erscheinen noch nicht im Frontend, da der Artikel noch nicht im Seitenlayout eingebunden ist.

Details zu Inhaltselementen folgen später

In Contao gibt es für viele Inhaltstypen wie Überschriften, Texte (mit Bildern und ohne), Bildergalerien, Tabellen, Listen und vieles mehr vorgefertigte Elemente. Wann man welche wie wo am besten einsetzt, erfahren Sie in den Kapiteln 10, »Inhaltselemente für Texte und Bilder«, und 11, »Weitere nützliche Inhaltselemente«.

6.4.4 Den Artikel mit dem Seitenlayout verbinden

Im folgenden ToDo prüfen Sie, ob für die Hauptspalte erstellte Artikel im Seitenlayout eingebunden werden, sodass der eben erstellte Artikel auch tatsächlich in der Hauptspalte erscheint.

ToDo: Den Artikel im Seitenlayout einbinden

1. Öffnen Sie das Backend-Modul LAYOUT • THEMES • SEITENLAYOUTS.
2. Öffnen Sie das STANDARDLAYOUT zur Bearbeitung.
3. Blenden Sie den Bereich FRONTEND-MODULE ein.
4. Prüfen Sie, ob dort eine Zeile existiert, bei der in der Liste MODUL der Eintrag ARTIKEL [ARTIKEL] und in der Liste SPALTE die HAUPTSPALTE ausgewählt ist. Sollte das nicht der Fall sein, erstellen Sie sie, indem Sie eine der vorhandenen Zeilen mit einem Klick auf das grüne Kreuz duplizieren und dann entsprechend ändern.
5. Lassen Sie alle anderen Einstellungen unverändert.
6. Klicken Sie auf SPEICHERN UND SCHLIESSEN (`Alt` + `C`).

Contao ordnet die Zeilen mit den eingebundenen Modulen nach dem Speichern in der Reihenfolge, in der sie im Quelltext auftreten. Viel wichtiger ist aber, dass der Artikel im Frontend in der Hauptspalte erscheint (siehe Abbildung 6.15).

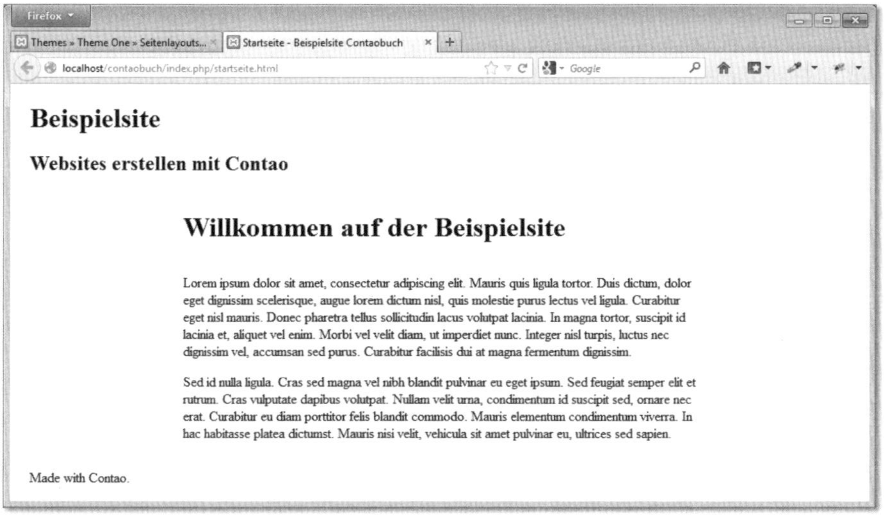
Firefox
Themes » Theme One » Seitenlayouts...
Startseite - Beispielsite Contaobuch
localhost/contaobuch/index.php/startseite.html
Google
Beispielsite
Websites erstellen mit Contao
Willkommen auf der Beispielsite
Lorem ipsum dolor sit amet, consectetur adipiscing elit. Mauris quis ligula tortor. Duis dictum, dolor eget dignissim scelerisque, augue lorem dictum nisl, quis molestie purus lectus vel ligula. Curabitur eget nisl mauris. Donec pharetra tellus sollicitudin lacus volutpat lacinia. In magna tortor, suscipit id lacinia et, aliquet vel enim. Morbi vel velit diam, ut imperdiet nunc. Integer nisl turpis, luctus nec dignissim vel, accumsan sed purus. Curabitur facilisis dui at magna fermentum dignissim.
Sed id nulla ligula. Cras sed magna vel nibh blandit pulvinar eu eget ipsum. Sed feugiat semper elit et rutrum. Cras vulputate dapibus volutpat. Nullam velit urna, condimentum id suscipit sed, ornare nec erat. Curabitur eu diam porttitor felis blandit commodo. Mauris elementum condimentum viverra. In hac habitasse platea dictumst. Mauris nisi velit, vehicula sit amet pulvinar eu, ultrices sed sapien.
Made with Contao.

Abbildung 6.15 Der Artikel erscheint in der Hauptspalte.

6.4.5 Inhalt für die anderen Seiten erstellen mit »Mehrere bearbeiten«

Die Seiten DOWNLOADS, KONTAKT und IMPRESSUM schauen momentan noch ein bisschen neidisch auf die STARTSEITE, weil die immerhin schon eine Überschrift und zwei Textabsätze hat.

Im folgenden ToDo lernen Sie die phantastische Option MEHRERE BEARBEITEN kennen, mit der Sie die vorhandenen Inhaltselemente einfach in andere Artikel kopieren und dann die Überschrift entsprechend ändern.

ToDo: »Mehrere bearbeiten« – Inhalte für die anderen Seiten

1. Öffnen Sie das Backend-Modul ARTIKEL, und klicken Sie im Arbeitsbereich auf den gelben Bleistift rechts neben dem Artikel STARTSEITE [HAUPTSPALTE].
2. Klicken Sie im Artikel oben rechts auf den Link MEHRERE BEARBEITEN.
3. Aktivieren Sie darunter das Kontrollkästchen nach ALLE AUSWÄHLEN, um alle Inhaltselemente zu markieren.
4. Klicken Sie unten auf die Schaltfläche KOPIEREN, um die markierten Inhaltselemente in die Ablage zu kopieren.
5. Klicken Sie links im Navigationsbereich auf das Backend-Modul ARTIKEL.
6. Klicken Sie im Arbeitsbereich rechts auf den gelben Bleistift neben dem Artikel DOWNLOADS [HAUPTSPALTE].
7. Fügen Sie die kopierten Inhaltselemente mit einem Klick auf das braune Symbol mit dem weißen Pfeil nach unten aus der Ablage in den Artikel DOWNLOADS ein.

8. Öffnen Sie die das Inhaltselement ÜBERSCHRIFT zur Bearbeitung, und ändern Sie den Text der Überschrift in »Downloads«.
9. Klicken Sie auf SPEICHERN UND SCHLIESSEN (Alt + C).
10. Wiederholen Sie diese Schritte sinngemäß, sodass Sie auch auf den Seiten KONTAKT und IMPRESSUM jeweils eine Überschrift und ein bisschen Text einfügen.

Nach diesem ToDo haben Sie jetzt vier Webseiten mit einem Header, einem Footer, einer Überschrift und ein bisschen Blindtext im Inhaltsbereich. Jetzt fehlt nur noch eine Navigation, damit Sie sich bequem hin- und herbewegen können.

6.5 Ein Frontend-Modul für die Navigation: »Nav – Main«

In diesem Abschnitt erstellen Sie ein Frontend-Modul für die Hauptnavigation, das aus dem Seitenbaum eine Navigation erzeugt und das über das Seitenlayout so eingebunden wird, dass es in der linken Spalte erscheint.

6.5.1 Ein Navigationsmodul erstellen

Das Erstellen der Hauptnavigation besteht aus zwei Schritten: Zuerst müssen Sie das Modul erstellen und konfigurieren, danach wird im Seitenlayout festgelegt, in welchem Bereich das Modul erscheinen soll.

ToDo: Ein Navigationsmodul erstellen

1. Öffnen Sie das Backend-Modul LAYOUT • THEMES.
2. Öffnen Sie die FRONTEND-MODULE zur Bearbeitung (3. Symbol von rechts).
3. Klicken Sie im Arbeitsbereich oben auf NEUES MODUL.
4. Geben Sie im Feld TITEL »Nav – Main« ein.
5. Lassen Sie das Feld ÜBERSCHRIFT einfach leer, da die Navigation keine Überschrift haben soll.
6. Prüfen Sie, ob als MODULTYP NAVIGATIONSMENÜ ausgewählt ist.
7. Lassen Sie alle anderen Optionen wie STARTLEVEL, STOPLEVEL und HARDLIMIT unverändert, und denken Sie nicht zu viel darüber nach. Das kommt ausführlich in Kapitel 9, »Navigationen erstellen mit Contao«.
8. Überprüfen Sie, ob im Bereich TEMPLATE-EINSTELLUNGEN das Navigationstemplate *nav_default* ausgewählt ist.
9. Klicken Sie auf SPEICHERN UND SCHLIESSEN (Alt + C).

Abbildung 6.16 zeigt die wichtigsten im ToDo gemachten Einstellungen im Überblick.

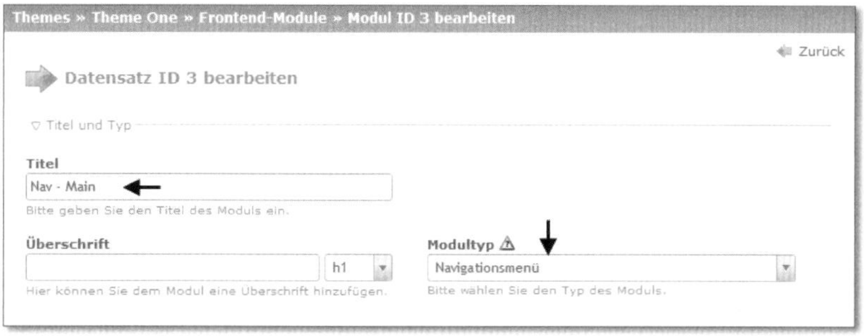

Abbildung 6.16 Die wichtigsten Einstellungen für das Modul »Nav – Main«

Das Modul NAV – MAIN ist nach wenigen Klicks fertig zum Einsatz, aber noch gibt es im Browser nichts zu sehen, denn Contao muss noch wissen, in welchen Layoutbereich die Navigation eingebaut werden soll.

Das Modul muss übrigens nicht unbedingt NAV – MAIN heißen, aber wenn alle Navigationsmodule mit NAV beginnen, stehen sie später alle schön ordentlich untereinander und lassen sich so besser von anderen Modulen für Events, News, FAQ oder das Layout unterscheiden.

Das Template »nav_default«

Im Template *nav_default* wird festgelegt, welches HTML das Navigationsmodul erzeugen soll. Mehr dazu erfahren Sie ab Seite 156. Momentan ist es nur wichtig, dass es ein solches Template gibt.

6.5.2 Das Navigationsmodul im Seitenlayout einbinden

In diesem Abschnitt wird das soeben erstellte Navigationsmodul mit dem Seitenlayout verbunden oder, wie es im Contao-Jargon heißt, »eingebunden«. Nach dem folgenden ToDo erscheint die Navigation im Frontend.

ToDo: Das Navigationsmodul im Seitenlayout einbinden

1. Öffnen Sie das Backend-Modul LAYOUT • THEMES • SEITENLAYOUTS.
2. Klicken Sie rechts neben dem STANDARDLAYOUT auf den gelben Bleistift, um die Einstellungen zu bearbeiten. Sie können gerade nicht benötigte Bereiche per Klick auf die grüne Überschrift ausblenden.

3. Blenden Sie den Bereich FRONTEND-MODULE ein. Dort sind unter der Überschrift »Eingebundene Module« bereits drei Zeilen vorhanden.
4. Fügen Sie eine neue Zeile hinzu, indem Sie eine beliebige vorhandene Zeile mit einem Klick auf das grüne Kreuz daneben duplizieren.
5. Wählen Sie in der Liste MODUL das Modul NAV – MAIN [NAVIGATIONSMENÜ] und in der Liste SPALTE die LINKE SPALTE.
6. Lassen Sie alle anderen Einstellungen unverändert.
7. Klicken Sie auf SPEICHERN UND SCHLIESSEN (Alt + C).

Jetzt weiß Contao, dass der vom Navigationsmodul erzeugte Quelltext in der linken Spalte dargestellt werden soll. Abbildung 6.17 zeigt, wie das im FRONTEND aussieht (Alt + F).

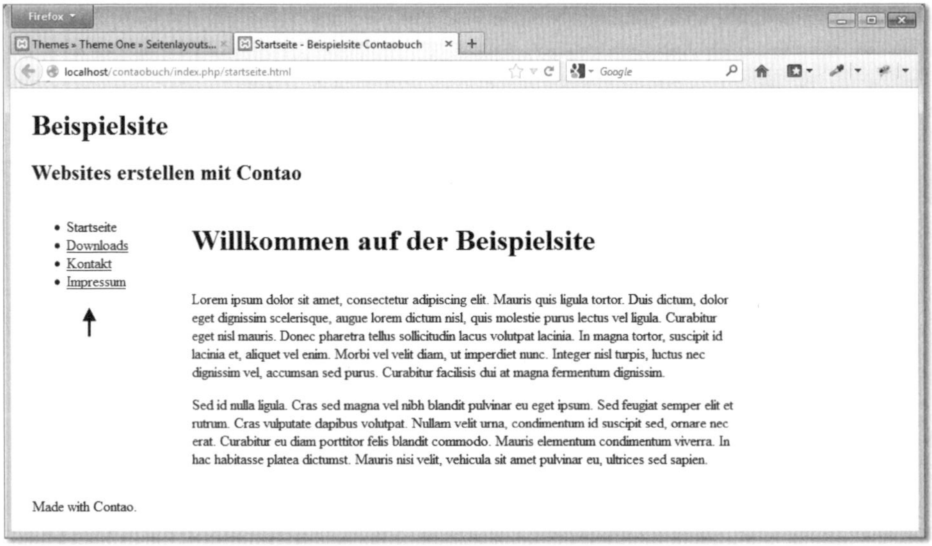
Firefox
Themes » Theme One » Seitenlayouts...
Startseite - Beispielsite Contaobuch
localhost/contaobuch/index.php/startseite.html
Google
Beispielsite
Websites erstellen mit Contao
Startseite
Downloads
Kontakt
Impressum
Willkommen auf der Beispielsite
Lorem ipsum dolor sit amet, consectetur adipiscing elit. Mauris quis ligula tortor. Duis dictum, dolor eget dignissim scelerisque, augue lorem dictum nisl, quis molestie purus lectus vel ligula. Curabitur eget nisl mauris. Donec pharetra tellus sollicitudin lacus volutpat lacinia. In magna tortor, suscipit id lacinia et, aliquet vel enim. Morbi vel velit diam, ut imperdiet nunc. Integer nisl turpis, luctus nec dignissim vel, accumsan sed purus. Curabitur facilisis dui at magna fermentum dignissim.
Sed id nulla ligula. Cras sed magna vel nibh blandit pulvinar eu eget ipsum. Sed feugiat semper elit et rutrum. Cras vulputate dapibus volutpat. Nullam velit urna, condimentum id suscipit sed, ornare nec erat. Curabitur eu diam porttitor felis blandit commodo. Mauris elementum condimentum viverra. In hac habitasse platea dictumst. Mauris nisi velit, vehicula sit amet pulvinar eu, ultrices sed sapien.
Made with Contao.

Abbildung 6.17 Die Navigation erscheint in der linken Spalte.

Die vier Webseiten aus dem Seitenbaum werden als ungeordnete Liste dargestellt. Klicken Sie sich am besten einmal durch die Navigation. Der Titel der Webseiten ändert sich, und die jeweils aktuelle Seite ist in der Navigation kein Link mehr. Alles automatisch.

6.5.3 Die Seite »News« erstellen

Um ein Gefühl für die Flexibilität des Navigationsmoduls zu bekommen, erweitern Sie im folgenden ToDo die Seitenstruktur um die Seite NEWS, die danach automatisch in der Navigation erscheint.

ToDo: Die Seitenstruktur um die Seite »News« erweitern

1. Öffnen Sie das Backend-Modul LAYOUT • SEITENSTRUKTUR.
2. Fügen Sie unterhalb der STARTSEITE eine neue Seite vom Typ REGULÄRE SEITE ein.
3. Der SEITENNAME ist NEWS.
4. Aktivieren Sie weiter unten die Option SEITE VERÖFFENTLICHEN.
5. Klicken Sie auf SPEICHERN UND SCHLIESSEN.

Damit die Seite NEWS nicht ganz leer ist, kopieren Sie am besten wie weiter oben beschrieben mit der Funktion MEHRERE BEARBEITEN Überschrift und Text von einer anderen Seite und ändern die Überschrift in »News«. Das Frontend sieht dann nach dem Neuladen der Seite so aus wie in Abbildung 6.18.

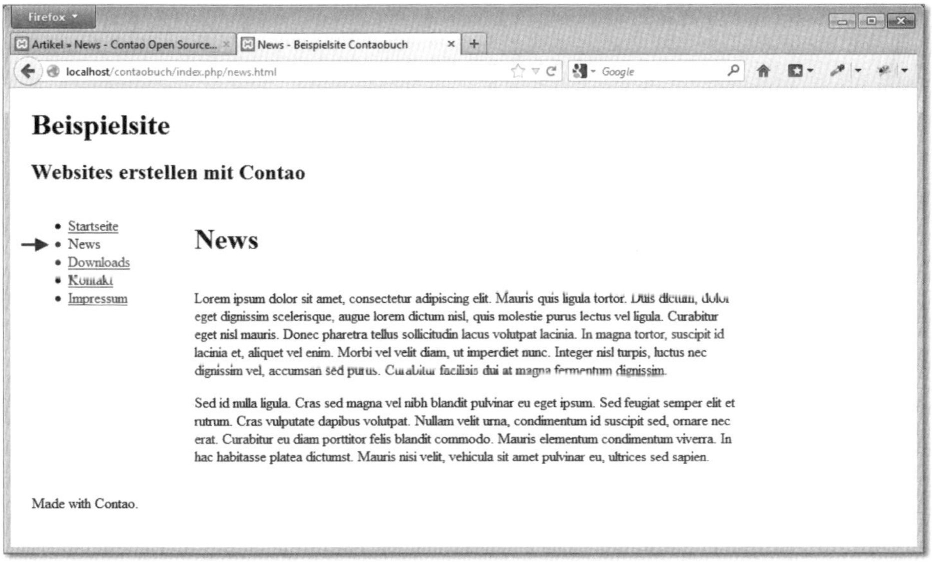

Abbildung 6.18 Die Hauptnavigation bildet den Seitenbaum ab.

In Contao erstellen Sie mit wenigen Klicks und ohne selbst zu programmieren eine sehr flexible Navigation. Gestaltet wird die Navigation später per CSS.

Die Arbeit mit einem Frontend-Modul besteht übrigens fast immer aus den zwei gezeigten Schritten:

- Zuerst wird das Frontend-Modul im Bereich LAYOUT • THEMES • FRONTEND-MODULE erstellt.
- Dann wird das Frontend-Modul ins Seitenlayout eingebunden, damit Contao weiß, wo der vom Modul erzeugte Quelltext hingehört.

Zunächst werden Sie die Module in das Seitenlayout einbinden, sodass sie automatisch auf allen Seiten erscheinen. Später lernen Sie die Möglichkeit kennen, ein Modul in einen Artikel einzubinden, sodass es nur auf einer Seite erscheint. Aber immer schön eins nach dem anderen.

6.6 Ein kurzer Blick in den Quelltext

Nach der Erstellung der Navigation wird es Zeit, einmal einen kurzen Blick in den Quelltext zu werfen. Dieser Quelltext ist nicht irgendwo fix und fertig auf dem Webspace gespeichert, sondern wird dynamisch von Contao erstellt, wenn ein Browser die Seite anfordert.

6.6.1 Der Style-Block im <head>

Im `<head>`-Bereich des Quelltextes gibt es einen Style-Block, in dem das Layout der Seite definiert wird. Listing 6.1 zeigt diesen Style-Block etwas übersichtlicher formatiert:

```
<style>
  #wrapper{ width:960px; margin:0 auto }
  #left{ width:180px; right:180px }
  #right{ width:180px }
  #container{ padding-left:180px; padding-right:180px }
</style>
```

Listing 6.1 Der Style-Block im <head>

Diesen Style-Block generiert der Layout-Builder als Teil des CSS-Frameworks aus den im Seitenlayout gemachten Angaben. Ergänzt wird dieser Block durch Styles, die Contao im Ordner *assets/contao/css/* in der Datei *layout.css* aufbewahrt, aber dazu erfahren Sie im Abschnitt über das CSS-Framework von Contao noch mehr.

6.6.2 Die Layoutbereiche aus dem Seitenlayout im <body

Der Style-Block formatiert die Layoutcontainer, die etwas weiter unten im `<body>` der Seite stehen. Listing 6.2 zeigt einen Ausschnitt aus dem vorhandenen Quelltext:

```
<body id="top" class=" win firefox gecko fx14">
<div id="wrapper">
  <header id="header"> </header>
  <div id="container">
      <div id="main"> </div>
     <aside id="left"> </aside>  </div>
```

```
  <footer> </footer>
</div>
</body>
```

Listing 6.2 HTML-Grundgerüst der Startseite

Die Layoutbereiche KOPFZEILE, HAUPTSPALTE, LINKE SPALTE und FUSSZEILE, die im Seitenlayout von Contao definiert wurden, sind in Listing 6.2 fett hervorgehoben.

Der Layoutbereich RECHTE SPALTE ist zwar im Seitenlayout ebenfalls bereits definiert, taucht aber im Quelltext nicht auf, weil darin noch keinerlei Inhalt vorhanden ist. Er würde zwischen `<aside id="left">` und `<footer>` stehen. In Tabelle 6.2, die die fünf Layoutbereiche von Contao in der Reihenfolge des Auftretens im Quelltext zeigt, ist die rechte Spalte bereits mit aufgenommen.

Nr.	Name im Seitenlayout	HTML-Element im Quelltext
1.	KOPFZEILE	`<header id="header"></header>`
2.	HAUPTSPALTE	`<div id="main"></div>`
3.	LINKE SPALTE	`<aside id="left"></aside>`
4.	RECHTE SPALTE	`<aside id="right"></aside>`
5.	FUSSZEILE	`<footer id="footer"></footer>`

Tabelle 6.2 Reihenfolge der Layoutbereiche im Quelltext

Bemerkenswert ist dabei die Reihenfolge der Layoutbereiche: Die Hauptspalte `#main` erscheint *vor* den beiden Seitenspalten. Bis Contao 2.11 und bei allen klassischen, float-basierten Layouts ist diese Reihenfolge anders: Zuerst kommt `#left`, dann `#right` und erst danach der Inhaltsbereich `#main`.

Wenn die Spalten im Browser nebeneinander dargestellt werden, ist die Reihenfolge im Quelltext nicht so wichtig, aber für Suchmaschinen und mobile Endgeräte wäre es an sich besser, wenn der Inhaltsbereich `#main` im Quelltext zuerst kommt. Suchmaschinen finden so den Inhalt schneller, und auf dem Smartphone und anderen kleinen Bildschirmen, auf denen die Spalten untereinanderstehen, muss man nicht erst lange scrollen, um zum Inhalt zu gelangen.

Um die Reihenfolge aus Tabelle 6.2 zu erreichen, wurde das CSS-Framework von Contao auf das »Holy-Grail«-Prinzip umgestellt, bei dem mit dem geschickten Einsatz von `float` und negativen Margins genau diese Reihenfolge erreicht wird. Mehr zum »Holy Grail« erfahren Sie im Abschnitt über das CSS-Framework.

6.7 Templates erstellen das HTML für den Quelltext

Zum Abschluss dieses Kapitels werfen Sie noch einen kurzen Blick auf die Funktionsweise von Templates.

6.7.1 In Contao gibt es viele verschiedene Arten von Templates

Der Begriff *Template* benennt in Contao zum Teil sehr verschiedene Dinge. Zunächst einmal gibt es eine grobe Unterscheidung in zwei große Gruppen:

- **Frontend-Templates – Endung .sql**

  Ein Frontend-Template ist eine Datei mit der Endung *.sql* und eine komplette *Website* inklusive Inhalt, Stylesheets, Benutzer und allem Drum und Dran und wird auch *Website-Template* oder *Contao-Template* genannt.

  Ein Frontend-Template wird mit dem Installtool importiert und überschreibt alle in der Datenbank vorhandenen Daten. Sie können also nicht mal eben so ein neues Frontend-Template ausprobieren: neues Frontend-Template = neue Website = alte Website weg.

- **Alle anderen Templates – Endung .html5 oder .xhtml**

  Diese Templates erzeugen die HTML-Ausgabe für das Frontend, die vollständig auf solchen Templates basiert, und haben die Endungen *.html5* oder *.xhtml*, je nachdem, welches Ausgabeformat Sie im Seitenlayout festgelegt haben. Da Sie in diesem Kapitel das Ausgabeformat HTML gewählt haben, ist die relevante Template-Endung *.html5*.

Die Templates mit den Endungen *.html5* und *.xhtml* kann man in drei Untergruppen aufteilen, die für unterschiedliche Bereiche einer Webseite zuständig sind:

- **Seitentemplates wie »fe_page.html5«**

  Seitentemplates erzeugen die grundlegende HTML-Struktur für die Webseiten und werden im Contao-Jargon manchmal auch *Layouts* genannt, was aber eher missverständlich sein dürfte. Für die meisten Websites sollte ein einziges Seitentemplate ausreichen, und sofern nichts wirklich Wichtiges dagegenspricht, sollte das *fe_page.html5* sein.

- **Modultemplates wie »mod_newslist.html5«**

  Modultemplates kümmern sich um das HTML für ein Frontend-Modul oder ein Inhaltselement und werden auch *Views* genannt. Es gibt sehr viele Modultemplates, denn in Contao basiert die HTML-Ausgabe für alle Module und Inhaltselemente auf einem Template.

- **Subtemplates wie »news_short.html5«**

  Subtemplates sind sehr viel seltener als Modultemplates und werden auch *Par-*

tials genannt. Sie sind für einen Teil der HTML-Ausgabe eines Moduls zuständig, insbesondere für wiederkehrende, sich wiederholende Inhalte.

Die Templates werden übrigens gut versteckt in den Unterordnern von *system/modules* aufbewahrt. Dort hat jedes Modul einen Unterordner namens *templates*. Geändert und angepasst werden Templates aber *niemals* direkt in diesen Ordnern, sondern *immer* über das Backend-Modul LAYOUT • TEMPLATES. Gleich folgt mehr dazu, aber zunächst werfen wir noch einen Blick auf das HTML der Navigation.

Templates vs. Frontend-Templates

Wenn ich in diesem Buch von Templates spreche, meine ich *immer* die Dateien mit der Endung *.html5* bzw. *.xhtml*. Ein *Frontend-Template* mit der Endung *.sql* wird immer mit vollem Namen angesprochen und als *Frontend-Template*, *Website-Template* oder *Contao-Template* bezeichnet.

6.7.2 Das HTML der Navigation im Quelltext

Der Quelltext für die Navigation auf der Beispielsite wird vom Modultemplate *mod_navigation.html5* und dem Subtemplate *nav_default.html5* erzeugt. Listing 6.3 zeigt den Quelltext, wobei ich die Werte von `href` durch Punkte ersetzt habe, um das Listing übersichtlicher zu halten. Das Modultemplate *mod_navigation.html5* erzeugt das umschließende `div` und den Skiplink, das Subtemplate die ungeordnete Liste dazwischen.

```
<!-- indexer::stop -->
<nav class="mod_navigation block">
<a href="..." class="invisible">Navigation überspringen</a>
<ul class="level_1">
  <li class="active first">
  <span class="active first">Startseite</span>
  </li>
  <li class="sibling">
  <a href="..." title="News" class="sibling">News</a>
  </li>
  <li class="sibling">
  <a href="..." title="Downloads" class="sibling">Downloads</a>
  </li>
  <li class="sibling">
  <a href="..." title="Kontakt">Kontakt</a>
  </li>
  <li class="sibling last">
  <a href="..." title="Impressum" class="sibling last">Impressum</a>
```

```
  </li>
</ul>
<a … id="skipNavigation1" class="invisible"> </a>
</nav>
<!-- indexer::continue -->
```

Listing 6.3 Die vertikale Navigation im Quelltext

Der Quelltext der Navigation ist wie folgt aufgebaut:

- Die Navigation ist im Quelltext von einem `nav`-Element mit den Klassen `mod_navigation` und `block` umgeben. `nav` ist ein HTML5-Element zur Auszeichnung wichtiger Navigationsblöcke.
- Am Anfang und am Ende befindet sich ein zweiteiliger Skiplink, der mit der Klasse `invisible` ausgeblendet wird.
- Kern der Navigation ist die ungeordnete Liste mit der Klasse `level_1`.
- Der aktive Navigationspunkt bekommt im `li` die Klasse `active` zugewiesen. Außerdem wird der Link durch ein `span` ersetzt, das ebenfalls die Klasse `active` hat.
- Die anderen Listenelemente enthalten alle einen Hyperlink.
- Der erste und der letzte Listenpunkt haben zusätzlich noch die Klassen `first` bzw. `last`.

Es handelt sich also um eine klassische ungeordnete Liste mit einem umgebenden `div` und einem integrierten Skiplink. Durch die geschickte Vergabe der Klassen im HTML ist es später ziemlich leicht, die Navigation per CSS nach Wunsch zu stylen.

`<!-- indexer::stop -->` und `<!-- indexer::continue -->` sind übrigens Anweisungen für die interne Suchmaschine von Contao, damit sie die Zeilen dazwischen nicht in den Suchindex aufnimmt.

Seltsame URLs: »index.php/startseite.html«

Falls Ihnen im Quelltext URLs wie *index.php/startseite.html* aufgefallen sind – die werden Sie in Kapitel 20, »Das erste Theme erstellen«, in eine elegantere Variante ändern.

6.7.3 Backend-Modul »Templates«: Templates update-sicher anpassen

Die Templates in den Ordnern unterhalb von *system/modules/* sollten Sie unter keinen Umständen selbst ändern. Erstens ist es gefährlich, mit der bloßen Hand in einen laufenden Motor zu greifen, und zweitens sind Änderungen in diesem Ordner nicht update-sicher und werden beim nächsten Update von Contao überschrieben.

Für update-sichere Änderungen an Templates gibt es das Backend-Modul TEMPLATES, das im Ordner */templates* direkt unterhalb des Hauptordners eine Kopie des Original-Templates aus dem Systemordner anlegt. Diese Kopie können Sie nach Belieben untersuchen, bearbeiten und verändern. Bei einem Update lässt Contao die Templates in diesem Ordner in Ruhe.

Contao sucht ein Template zunächst im Ordner */templates*, wo die von Ihnen geänderten Templates aufbewahrt werden. Gibt es das gesuchte Template dort, wird es benutzt. Gibt es das gesuchte Template nicht, läuft Contao schnell weiter zum Systemordner und nimmt das Original. Langer Rede kurzer Sinn:

- Um sich das Template *nav_default.html5* anzuschauen, öffnen Sie nicht das Original aus dem Systemordner im Editor.
- Sie erstellen mit dem Backend-Modul TEMPLATES eine Kopie von *nav_default.html5* und untersuchen diese Kopie.

Genau das machen Sie im folgenden ToDo.

ToDo: Eine Kopie des Subtemplates »nav_default.html5« erstellen

1. Öffnen Sie in der Gruppe LAYOUT das Backend-Modul TEMPLATES.
2. Klicken Sie im Arbeitsbereich oben auf den Link NEUES TEMPLATE.
3. Wählen Sie in der beeindruckend langen Liste der TEMPLATES den Eintrag *nav_default.html5*, indem Sie den Dateinamen in das Suchfeld eingeben und das Template dann per Tastatur oder Maus auswählen.
4. Das ZIELVERZEICHNIS ist der Ordner *templates/theme_one*.
5. Klicken Sie auf die Schaltfläche TEMPLATE ERSTELLEN.

Nach diesem ToDo erscheint im Backend-Modul TEMPLATES ein Template mit dem Namen *nav_default.html5*. Rechts daneben gibt es fünf Symbole:

- Der gelbe Bleistift dient zum Umbenennen des Templates.
- Mit dem grünen Kreuz können Sie eine Kopie des Templates erstellen.
- Der blaue Pfeil dient dazu, das Template in einen anderen Ordner zu verschieben.
- Ein blau-weißes Symbol dient zum Bearbeiten des Templates in einem Editor.
- Last, but not least gibt es ein rotes X: Damit löschen Sie das Template.

Abbildung 6.19 zeigt das Template und die fünf Symbole im Backend.

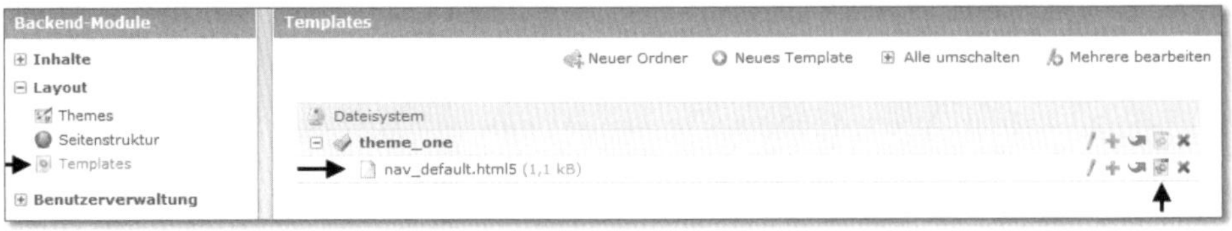

Abbildung 6.19 Eine Kopie des Subtemplates »nav_default.html5«

Im Dateisystem auf Ihrem Webspace wurde im Ordner *templates/theme_one* direkt unterhalb des Root-Ordners die Datei *nav_default.html5* erstellt, und zwar mit einem Speicherdatum, das noch nicht allzu lange her sein dürfte. Das Originaltemplate liegt nach wie vor ungeändert im Systemordner.

Wenn also nach der Untersuchung des Templates im nächsten Abschnitt wider Erwarten etwas völlig danebengehen sollte und Contao im Frontend keine Navigation mehr darstellt, dann löschen Sie einfach im Backend-Modul TEMPLATES die Kopie von *nav_default.html5,* und alles ist wieder so wie vorher.

6.7.4 Ein kurzer Blick in das Template »nav_default.html5«

Falls Sie noch nie eine PHP-Anweisung wie `<?php echo "Hallo"; ?>` gesehen haben, erschrecken Sie nicht:

- PHP-Anweisungen beginnen im Quelltext immer mit `<?php` und enden mit `?>`.
- PHP-Anweisungen werden vom PHP-Interpreter abgearbeitet und durch Quelltext ersetzt.

Der Befehl `echo` hat nichts mit der Akustik in gebirgigen Gegenden zu tun, sondern ist PHP für »Schreibe in den Quelltext«. Die Anweisung `<?php echo "Hallo"; ?>` schreibt also einfach das Wort »Hallo« in den Quelltext – ohne die Anführungsstriche.

Das Grundprinzip des Quelltextes in *nav_default.html5* ist wie folgt:

- Zuerst wird eine ungeordnete Liste erstellt. Diese Liste bekommt die Ebene der Seite in der Seitenstruktur gleich als Klasse mitgeliefert. Für die erste Ebene lautet das Ergebnis `<ul class="level_1">`.
- Nach `<ul>` folgt ein `foreach`, und vor `</ul>` steht das entsprechende `endforeach`. Das bedeutet nichts anderes, als dass der ganze Block dazwischen für jeden Menüpunkt wiederholt wird. *For each* heißt *für jeden*. Programmierer nennen das eine Schleife.
- Bei der Erstellung der Listenpunkte `li` innerhalb der Schleife wird zwischen aktiven und nicht aktiven Menüpunkten unterschieden:
  - Die Bedingung `if ($item['isActive'])` lautet frei übersetzt »Wenn das Ding aktiv ist«, also wenn der Menüpunkt für die gerade dargestellte Seite steht.

- In dem Fall wird im Listenpunkt anstelle eines Hyperlinks ein `span` erzeugt, und sowohl das `li` als auch das `span` bekommen die Klasse `active` (und noch ein paar andere, falls welche definiert wurden).
- Ist der Menüpunkt nicht aktiv, gilt der Block unterhalb von `else`.
- Hier wird ein `li` mit einem Hyperlink `a` erstellt, bei dem abgefragt wird, ob Attribute wie `accesskey` oder `tabindex` eingebaut werden sollen.

Das ist der Aufbau des Subtemplates für die Navigationsliste. Wie gesagt: Wenn Sie PHP-Befehle vorher noch nie gesehen haben, wirkt das ein bisschen – sagen wir mal – unübersichtlich. Wer mit PHP vertraut ist, wird keine Schwierigkeiten haben, hier seine eigenen Änderungen und Wünsche umzusetzen.

Sie haben in diesem Abschnitt das Prinzip der Templates kennengelernt und dabei eine Kopie des Templates *nav_default.html5* erstellt. Diese Kopie benötigen Sie vorerst nicht mehr und löschen sie im folgenden ToDo gleich wieder. Contao benutzt dann wieder das Original aus dem Systemordner.

ToDo: Die Kopie des Subtemplates »nav_default.html5« löschen

1. Öffnen Sie in der Gruppe LAYOUT das Backend-Modul TEMPLATES.
2. Öffnen Sie, falls nötig, den Ordner *theme_one*.
3. Klicken Sie auf das rote X rechts neben *nav_default.html5*.
4. Bestätigen Sie die Sicherheitsabfrage mit einem Klick auf OK.

6.8 Das Contao-Prinzip: altogether now

In diesem Kapitel haben Sie Ihre erste Website mit Contao erstellt. Sie ist zwar weder fertig noch besonders hübsch, aber auch so eine provisorische Seite ist für ein CMS bereits harte Arbeit. Die folgende Übersicht zeigt, was dabei genau passiert.

Los geht es immer mit dem Aufruf der URL im Browser:

- Der Besucher gibt im Browser eine URL ein, zum Beispiel: *http://localhost/contaobuch/*
- Der Browser braust daraufhin los, sucht den Webserver und findet ihn auf demselben Rechner.
- Der Webserver schaut in den Ordner *htdocs/contaobuch*, sieht, dass dort Contao zuständig ist. Also sagt er Bescheid, dass da eine Seite gewünscht wird – wenn möglich, auf Deutsch.
- Contao prüft die *Seitenstruktur*. Dort gibt es einen Startpunkt mit der Sprache *de*. Passt.

- Zu diesem Startpunkt gehören mehrere *Seiten*. Contao nimmt, weil in der URL keine bestimmte Seite gewünscht wurde, die erste *reguläre Seite* unterhalb des Startpunktes, die den Status *veröffentlicht* hat, und das ist die Seite mit dem Namen STARTSEITE.
- Zur Darstellung dieser Seite im Frontend benutzt Contao ein *Theme*, das aus Seitenlayouts, Stylesheets und Frontend-Modulen besteht.
- Da für die Startseite nichts anderes definiert wurde, nimmt Contao als Seitenlayout das STANDARDLAYOUT, das dem übergeordneten Startpunkt zugewiesen wurde.
- Das Seitenlayout definiert die Layoutstruktur der Webseite:
  - Die Seite hat ein zentriertes, dreispaltiges Layout mit einer Breite von 960 px.
  - Die linke und rechte Spalte haben eine Breite von jeweils 180 px.
  - Es gibt einen Kopf- und einen Fußbereich.
  - Gestaltet wird die Seite momentan nur vom *Layout-Builder* aus dem CSS-Framework, das im Seitenlayout aktiviert ist. Im nächsten Kapitel kommen andere Styles und Stylesheets hinzu.
- Im Seitenlayout wird außerdem definiert, welche Frontend-Module in welchem Layoutbereich (*Spalte*) erscheinen:
  - Das HTML aus dem Modul LAYOUT – HEADER kommt in die Kopfzeile.
  - Das Modul ARTIKEL sorgt dafür, dass alle Artikel, die den Status VERÖFFENTLICHT haben und der Hauptspalte zugeordnet sind, auf der entsprechenden Seite in der Hauptspalte erscheinen.
  - Das Modul NAV – MAIN erscheint in der linken Spalte.
  - Das HTML aus dem Modul LAYOUT – FOOTER erscheint in der Fußzeile.

Mit all diesen Informationen erstellt Contao den Quelltext der Webseite, den der Webserver an den Besucher ausliefert.

Fazit: Das »Seitenlayout« ist der Dreh- und Angelpunkt

Ohne *Seitenstruktur* geht in Contao gar nichts, aber der eigentliche Dreh- und Angelpunkt ist das *Seitenlayout*. Es verbindet *Seitenstruktur, Frontend-Module, Stylesheets* und *Artikel* miteinander, sodass aus all diesen Komponenten im Browser eine ganz normale Webseite wird. Eigentlich ist es ganz einfach, wenn man erst einmal verstanden hat, wie alles ineinandergreift.

Kapitel 7
Contao und CSS: Webseiten gestalten

In diesem Kapitel erfahren Sie alles über die Arbeit mit Stylesheets, den CSS-Editor von Contao und das Einbinden von externen Stylesheets.

Die Themen im Überblick:

Dieses Kapitel erläutert die verschiedenen Möglichkeiten, wie Sie Ihre Webseiten in Contao per CSS gestalten können.

7.1 Übersicht: Contao und CSS

Wie Sie im letzten Kapitel gesehen haben, wird das HTML für den Quelltext der Beispielsite von Contao erzeugt. In diesem Kapitel stelle ich Ihnen verschiedene Möglichkeiten vor, wie Sie dieses HTML in Contao mit CSS gestalten können.

7.1.1 Gestatten: das CSS-Framework von Contao

Contao verfügt über ein integriertes CSS-Framework, mit dem sich nahezu alle gewünschten Webdesigns umsetzen lassen. Eine Komponente dieses CSS-Frameworks, den »Layout-Builder«, haben Sie bei der Erstellung der Beispielsite in Abschnitt 6.2.2 bereits benutzt, als Sie im Backend-Modul THEMES • SEITENLAYOUTS festgelegt haben, wie das Layout aussehen soll.

Kopf- und Fußzeilen, die Spaltenkonfiguration sowie Breite und Ausrichtung des Layouts wurden im Backend-Modul SEITENLAYOUT bequem per Mausklick definiert. Der Layout-Builder hat aus diesen Angaben im Hintergrund das entsprechende HTML und CSS erzeugt, sodass in allen Browsern ein stabiles Layout angezeigt wird.

Aus Benutzersicht gibt es im Backend-Modul THEMES • SEITENLAYOUTS vier Bereiche, die für die Arbeit mit dem Layout-Builder relevant sind:

- ZEILEN
- SPALTEN
- STYLESHEETS
- STATISCHES LAYOUT (Breite und Ausrichtung)

Gerade zum Kennenlernen von Contao ist die Benutzung des Layout-Builders sehr zu empfehlen, denn Sie müssen dann zur Erstellung eines Layouts weder ein eigenes Seitentemplate anlegen noch das für die Layoutstruktur benötigte CSS selbst schreiben und können sich voll auf die Arbeit mit Contao konzentrieren.

Technische Details zum CSS-Framework von Contao

In Kapitel 8, »Das CSS-Framework von Contao«, erfahren Sie mehr über die technische Seite des CSS-Frameworks von Contao.

7.1.2 Interne oder externe Stylesheets

In Contao gibt es zwei grundsätzlich verschiedene Möglichkeiten, das CSS zur Gestaltung der Webseiten zu schreiben:

- **Interne Stylesheets**
  Interne Stylesheets werden im Backend-Modul THEMES • STYLESHEETS erstellt und bearbeitet, in der Datenbank gespeichert und mit dem CSS-Editor von Contao bearbeitet, den Sie in diesem Kapitel ausführlich kennenlernen werden.
- **Externe Stylesheets**
  Externe Stylesheets sind ganz normale Stylesheet-Dateien, die in einem ganz normalen Editor bearbeitet werden. Nachdem Sie die Arbeit mit internen Stylesheets kennengelernt haben, erfahren Sie gegen Ende des Kapitels ab Seite 197, wie man in Contao mit externen Stylesheets arbeitet.

Natürlich kann man interne und externe Stylesheets auch kombinieren, aber zunächst einmal geht es um eine Spezialität von Contao: interne Stylesheets.

7.1.3 So funktionieren interne Stylesheets

Das Backend-Modul THEMES • STYLESHEETS speichert die Stylesheets und die darin enthaltenen Formatdefinitionen in der Datenbank. Aus diesen Datensätzen werden im Ordner *assets/css/* CSS-Dateien generiert, die der Browser zur Darstellung der Webseiten benutzt. Abbildung 7.1 stellt diesen Sachverhalt dar.

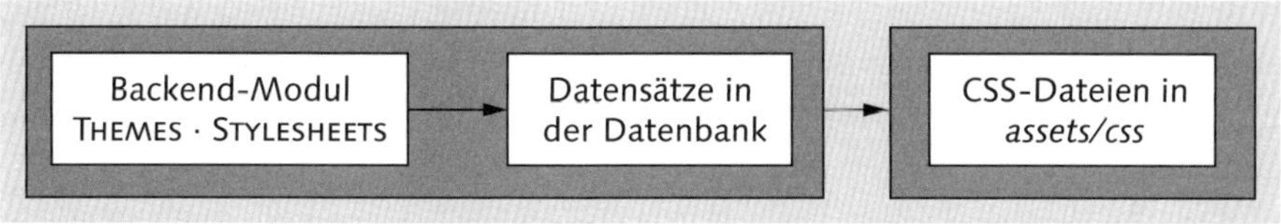

Abbildung 7.1 Interne Stylesheets werden in der Datenbank gespeichert.

Wichtig zu verstehen ist, dass der in Abbildung 7.1 dargestellte Weg von der Datenbank zur CSS-Datei eine *Einbahnstraße* ist. Sie könnten die im Ordner *assets/css/* automatisch erzeugten CSS-Dateien zwar in einem normalen CSS-Editor öffnen und bearbeiten, aber spätestens bei der nächsten automatischen Generierung der Stylesheets im Backend werden diese Änderungen wieder überschrieben.

Interne Stylesheets ohne Dateiendung, externe mit ».css«

Da im Folgenden manchmal ein Stylesheet in der Datenbank und manchmal eine CSS-Datei auf dem Webspace gemeint ist, gilt folgender Grundsatz:

- »Das Stylesheet *layout*« ohne die Endung *.css* meint ein Stylesheet im Backend oder in der Datenbank.
- »Das Stylesheet *layout.css*« mit der Endung *.css* meint eine CSS-Datei in einem Ordner irgendwo auf dem Webspace.

7.2 Der CSS-Editor von Contao: »Themes • Stylesheets«

Im Backend-Modul Themes • Stylesheets finden Sie den CSS-Editor von Contao. Hier können Sie Stylesheets und Styles erstellen und bearbeiten.

CSS-Regeln per HTML-Formular zu erstellen ist ungewohnt, aber der CSS-Editor von Contao hat diverse Vorteile gegenüber von Hand geschriebenen externen Stylesheets:

- Der CSS-Editor erzeugt das CSS automatisch. Tippfehler wie `heigth` gehören der Vergangenheit an, und wer mit der genauen Syntax von CSS nicht so vertraut ist, muss sich nicht mehr darum kümmern.
- Versionierung. Contao erstellt bei jedem Speichervorgang eine Version des Styles. Sie können bequem verschiedene Versionen vergleichen und zu einer früheren Version zurückkehren.
- Code für alte Browser wird automatisch generiert. Browser-Präfixe wie `-moz-` oder `-webkit-` werden, falls nötig, automatisch erzeugt, und bei Eigenschaften wie `box-shadow` oder `border-radius` generiert der Editor den Code für ältere IEs automatisch.

- Stylesheets und Kategorien. Contao fasst alle internen Stylesheets automatisch zusammen und liefert sie als ein Stylesheet aus. Sie können also beliebig viele Stylesheets erstellen und die Styles darin mit Kategorien übersichtlich filtern und sortieren.
- Der »Augen-Klick«. Auskommentieren von Styles war nie einfacher: Ein Klick auf das grüne Auge genügt.
- Variablen für Themes und Stylesheets. Sie können Variablen für Farben, Abstände und Schriftgrößen definieren und dann im Stylesheet verwenden.

Ich habe als passionierter CSS-Schreiberling den CSS-Editor von Contao anfangs komplett ignoriert, viele Witze darüber gemacht und wie gewohnt mit externen Stylesheets gearbeitet. Aber Gewohnheiten kann man ändern, und inzwischen benutze ich in Contao bei manchen Sites fast nur noch den integrierten Editor. Vor zwei, drei Jahren hätte ich nie gedacht, dass ich das mal sagen würde. Things change.

7.2.1 Die Gruppe »Selektor und Kategorie«

Im CSS-Editor von Contao werden die CSS-Eigenschaften in neun Gruppen unterteilt. Abbildung 7.2 zeigt diese Gruppen in der Übersicht, wobei die erste, SELEKTOR UND KATEGORIE, bereits sichtbar ist.

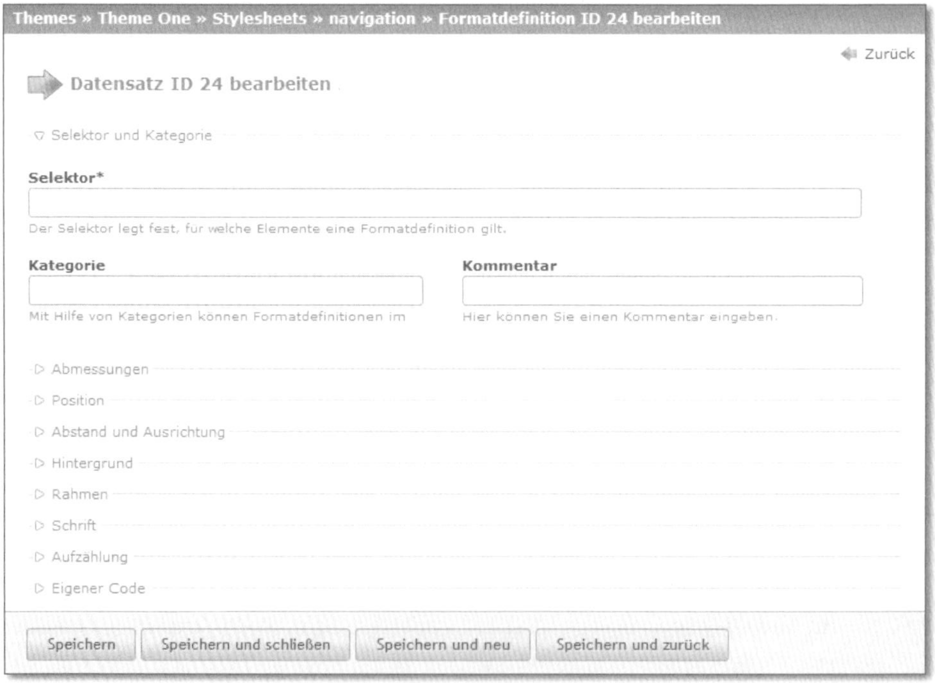

Abbildung 7.2 Der CSS-Editor von Contao im Überblick

Das Formular zur Erstellung und Bearbeitung von Formatdefinitionen beginnt mit der in Abbildung 7.2 dargestellten Gruppe SELEKTOR UND KATEGORIE.

Im ersten Feld geben Sie den gewünschten SELEKTOR ein. Das kann der Name eines HTML-Elements (`body`), eine Klasse (`.ce_text`), eine ID (`#header`) oder eine Kombination davon sein.

Hilfreich ist dabei, dass die Klassennamen der Contao-Elemente durchgehend logisch aufgebaut sind:

- Klassen für (Frontend-)Module beginnen immer mit dem Präfix `mod_`, gefolgt vom Namen des Moduls, also z.B. `mod_navigation`.
- Inhaltselemente fangen mit `ce_` an, kurz für *Content Element*, und enden mit dem Elementtyp, also z.B. `ce_text` oder `ce_image`.

Im Zweifelsfall hilft ein kurzer Blick in den Quelltext der Webseite.

Außerdem können Sie in dieser Gruppe eine KATEGORIE sowie einen KOMMENTAR für den Style eingeben. Die Verwendung von Kategorien erlaubt es, Formatdefinitionen im Backend zu gruppieren und zu filtern. Wie das geht und warum das sehr praktisch ist, wird im Laufe des Kapitels ab Seite 192 noch erläutert.

7.2.2 Breite und Höhe: die Gruppe »Abmessungen«

In der Gruppe ABMESSUNGEN geht es um die Einstellungen für die Größe des HTML-Elements, also alles rund um `width` und `height`. Abbildung 7.3 zeigt die Gruppe im Überblick.

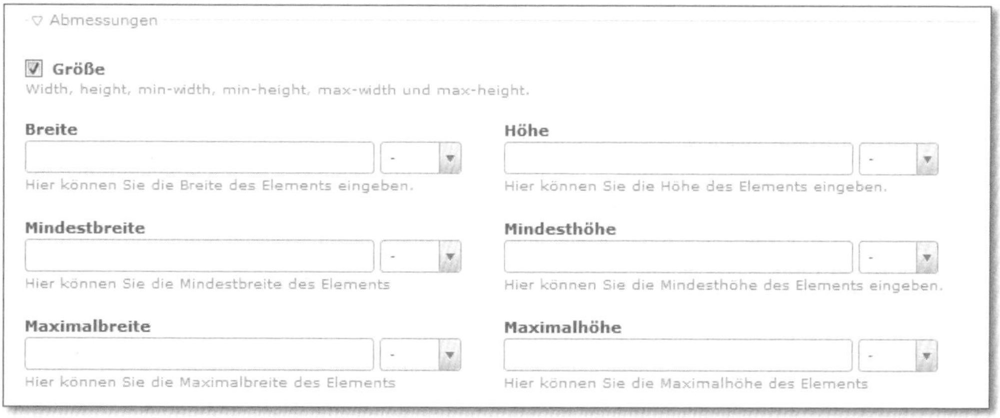

Abbildung 7.3 Die Gruppe »Abmessungen« im CSS-Editor von Contao

7.2.3 Elemente positionieren: die Gruppe »Position«

In der Gruppe POSITION können Sie die CSS-Eigenschaften zur Positionierung von HTML-Elementen bequem per Mausklick definieren: `position`, `float` und `clear` sowie `overflow` und `display` sind hier zu finden (siehe Abbildung 7.4).

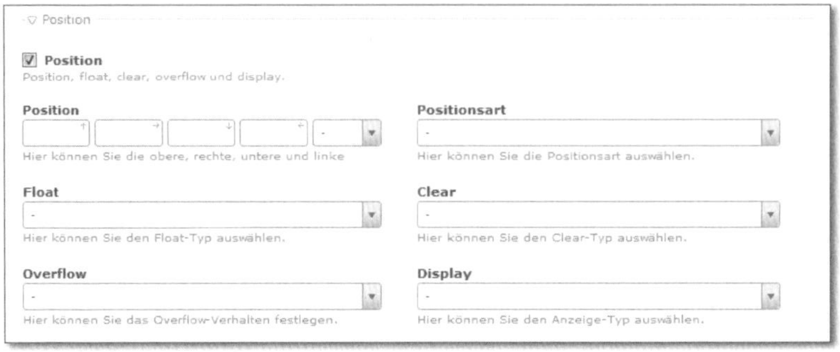

Abbildung 7.4 Die Gruppe »Position« im CSS-Editor von Contao

7.2.4 Box-Modell, Teil 1 – die Gruppe »Abstand und Ausrichtung«

In der Gruppe ABSTAND UND AUSRICHTUNG finden Sie die Box-Modell-Eigenschaften `margin` und `padding` sowie drei Auswahllisten zur Ausrichtung von Elementen:

- ELEMENTAUSRICHTUNG dient zur Ausrichtung von Block-Elementen. Die Optionen LINKSBÜNDIG, ZENTRIERT und RECHTSBÜNDIG überschreiben weiter oben definierte Einstellungen für den `margin`.
- VERTIKALE AUSRICHTUNG bietet die Optionen TOP, TEXT-TOP, MIDDLE, TEXT-BOTTOM, BASELINE und BOTTOM für die CSS-Eigenschaft `vertical-align`.
- TEXTAUSRICHTUNG dient zur Ausrichtung von Text und Inline-Elementen und erzeugt die Eigenschaft `text-align` mit Werten für LINKSBÜNDIG, ZENTRIERT, RECHTSBÜNDIG und BLOCKSATZ.

Abbildung 7.5 zeigt diese Einstellungen im Überblick.

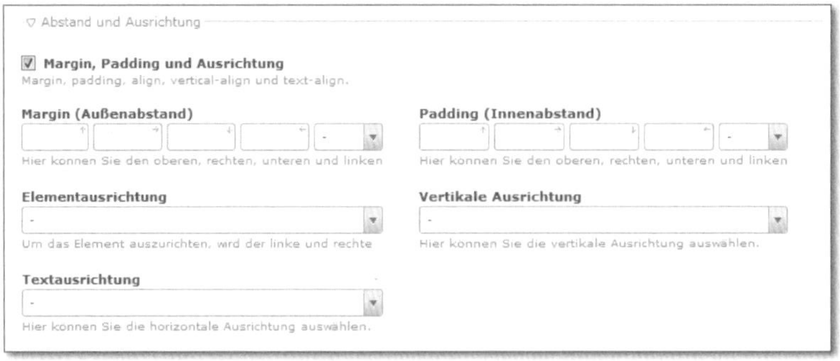

Abbildung 7.5 Die Gruppe »Abstand und Ausrichtung« im Überblick

7.2.5 Box-Modell, Teil 2 – die Gruppe »Hintergrund«

In der Gruppe HINTERGRUND finden Sie diverse Einstellungen für die CSS-Eigenschaft `background` (siehe Abbildung 7.6).

Bei der Eingabe von Farbwerten für den HINTERGRUND (`background-color`) darf die führende Raute nicht eingegeben werden. Kurzschreibweisen wie `eee` werden akzeptiert, Farbnamen wie `white` hingegen nicht.

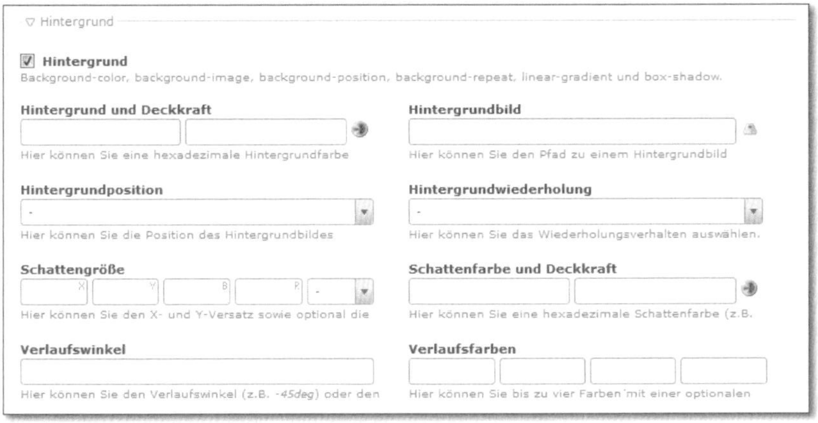

Abbildung 7.6 Die Gruppe »Hintergrund« im CSS-Editor von Contao

Falls Sie die DECKKRAFT definieren, schreibt Contao die Farbangabe im CSS als dezimalen RGBA-Wert. Die HINTERGRUNDFARBE `eee` mit einer DECKKRAFT von 70 ergibt im CSS also `rgba(238, 238, 238, 0.7)`.

Die folgende Liste beschreibt die anderen Optionen in Kurzform:

- Ein HINTERGRUNDBILD können Sie mit einem Klick auf das unscheinbare Symbol rechts neben dem Eingabefeld per Maus auswählen. Die Pfadangabe für `background-image` wird dann automatisch ergänzt.
- Bei der HINTERGRUNDPOSITION bietet die Auswahlliste diverse Kombinationen für `background-position` wie z.B. `left top`. Eine Angabe von numerischen Werten ist hier nicht möglich und müsste, falls gewünscht, ganz unten in der Gruppe EIGENER CODE manuell erfolgen.
- HINTERGRUNDWIEDERHOLUNG bietet mögliche Werte für die Eigenschaft `background-repeat` an.

Die beiden letzten Zeilen in der Gruppe HINTERGRUND definieren CSS3-Eigenschaften. Die Eingabefelder für Schatten erzeugen einen `box-shadow`. Schattenfarben werden im Eingabefeld hexadezimal definiert, geben Sie eine DECKKRAFT an, erzeugt Contao automatisch einen dezimalen RGBA-Wert.

Die Felder für VERLAUFSWINKEL und VERLAUFSFARBEN in der letzten Zeile generieren einen linearen Farbverlauf per CSS3. Das von Contao erzeugte CSS enthält dabei automatisch Browser-Präfixe wie `-moz-` oder `-webkit-` und funktioniert damit in allen modernen Browsern.

7.2.6 Box-Modell, Teil 3 – die Gruppe »Rahmen«

In der Gruppe RAHMEN dreht sich alles um die Box-Modell-Eigenschaft `border` (Abbildung 7.7).

Die ersten Einstellungen betreffen die klassischen Eigenschaften wie RAHMENBREITE (`border-width`), RAHMENSTIL (`border-style`) und RAHMENFARBE (`border-color`). Die Angabe einer DECKKRAFT erzeugt wieder einen dezimalen RGBA-Wert.

Aber Sie finden hier auch die CSS3-Eigenschaft `border-radius`, mit der Sie abgerundete Ecken erstellen können, und sie erzeugt dabei sogar einen entsprechenden Patch für ältere Internet Explorer (kleiner als V9).

In der letzten Zeile werden die nur für Tabellen relevanten Eigenschaften RAHMENMODELL (`border-collapse`) und RAHMENABSTAND definiert (`border-spacing`).

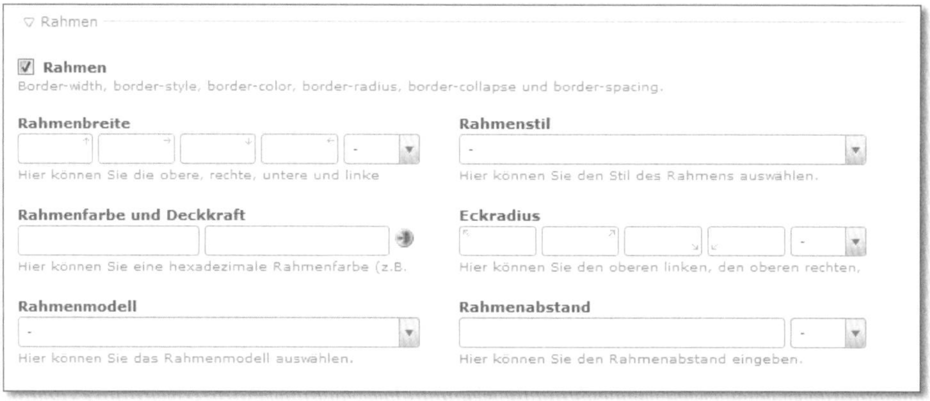

Abbildung 7.7 Die Gruppe »Rahmen« im CSS-Editor von Contao

7.2.7 Text gestalten: die Gruppe »Schrift«

Die Gruppe SCHRIFT ist etwas umfangreicher und enthält zahlreiche CSS-Eigenschaften zur Schriftgestaltung (Abbildung 7.8).

Die ersten drei Optionen – SCHRIFTARTEN, SCHRIFTGRÖSSE sowie SCHRIFTFARBE UND DECKKRAFT – definieren Werte für die CSS-Eigenschaft `font`.

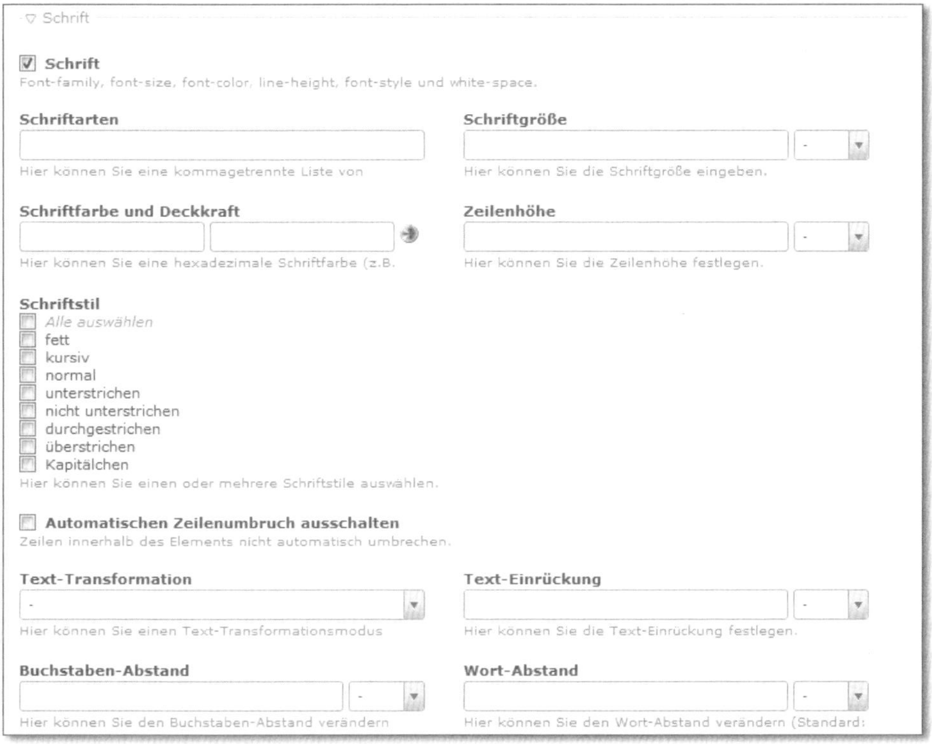

Abbildung 7.8 Die Gruppe »Schrift« im CSS-Editor von Contao

Die Option ZEILENHÖHE definiert die Eigenschaft `line-height`, und die Kontrollkästchen unterhalb von SCHRIFTSTIL enthalten eine Sammlung diverser CSS-Eigenschaften wie `font-weight`, `font-style`, `text-decoration` und `font-variant`. Ausgesprochen praktisch.

Das Kontrollkästchen vor AUTOMATISCHEN ZEILENUMBRUCH AUSSCHALTEN erzeugt im CSS die Anweisung `white-space:nowrap`.

Die Optionen TEXT-TRANSFORMATION bzw. TEXT-EINRÜCKUNG generieren die Eigenschaften `text-transform` bzw. `text-indent`, und in der letzten Zeile geht es um die Abstände zwischen Buchstaben (`letter-spacing`) und Worten (`word-spacing`).

7.2.8 Die Gruppen Aufzählung und »Eigener Code«

Komplettiert wird der CSS-Editor von Contao durch die Gruppen AUFZÄHLUNG, in der die Eigenschaften `list-style-type` und `list-style-image` definiert werden können, und das Eingabefeld EIGENER CODE, in das Sie beliebiges eigenes CSS eingeben können.

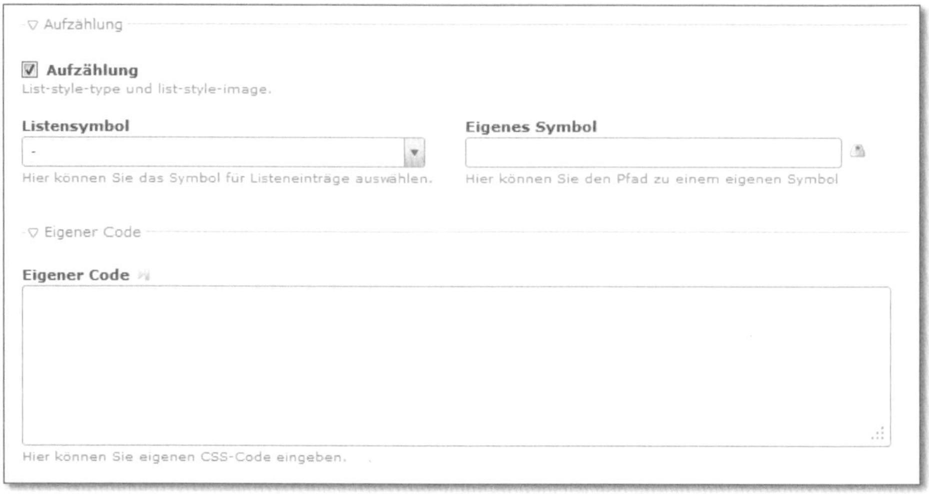

Abbildung 7.9 Die Gruppen »Aufzählung« und »Eigener Code«

7.3 Das erste Stylesheet

Nach der Erstellung der ersten Site in Kapitel 6, »Die erste Website mit Contao«, erzeugt Contao schon jede Menge Quelltext, aber das schönste HTML nützt nichts ohne ein bisschen CSS, und es wird Zeit für das erste Stylesheet.

7.3.1 Das erste Stylesheet erstellen: »Layout • Themes • Stylesheets«

In diesem Abschnitt erstellen Sie das erste Stylesheet im Backend von Contao. Genau wie die Seitenlayouts und die Frontend-Module gehören auch die Stylesheets immer zu einem Theme.

ToDo: Das erste Stylesheet im Backend erstellen

1. Öffnen Sie das Backend-Modul LAYOUT • THEMES.
2. Öffnen Sie die STYLESHEETS zur Bearbeitung (4. Symbol von rechts).
3. Klicken Sie im Arbeitsbereich oben auf NEUES STYLESHEET.
4. Geben Sie im Feld NAME das Wort »layout« ein, und zwar ohne die Endung *.css*.
5. Deaktivieren Sie gegebenenfalls das Kontrollkästchen vor ALL, und aktivieren Sie für das Stylesheet nur den Medientyp SCREEN.
6. Lassen Sie die anderen Einstellungen unverändert.
7. Klicken Sie auf SPEICHERN UND SCHLIESSEN (`Alt` + `C`).

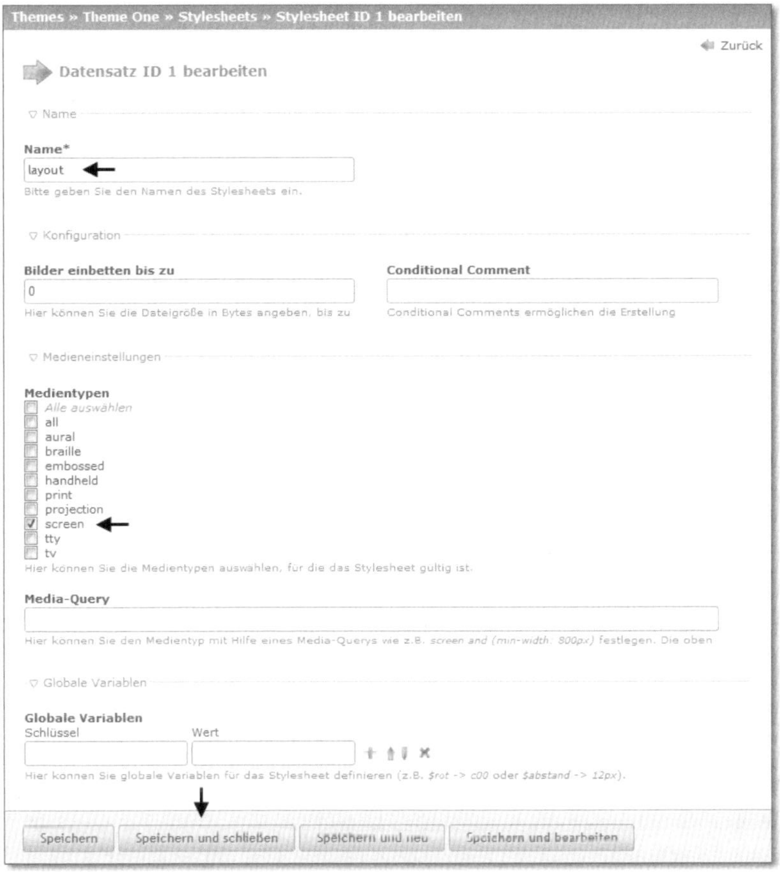

Abbildung 7.10 Ein neues Stylesheet erstellen

Der MEDIENTYP definiert, für welche Medien das Stylesheet gilt, und die Auswahl SCREEN beschränkt die Gestaltung auf den Bildschirm. Das eben erstellte Stylesheet *layout* wird also vom Browser z.B. beim Ausdrucken der Webseite nicht verwendet.

Contao erzeugt die dazu benötigte CSS-Anweisung automatisch. Wenn Sie mit externen Stylesheets arbeiten (ab Seite 197), müssen Sie das selbst tun und den Medientyp mithilfe der Anweisung `@media` innerhalb der Stylesheets definieren. `@media` umschließt alle anderen Styles. Die öffnende Zeile mit `@media` steht also *vor* allen anderen Styles und die schließende geschweifte Klammer *danach*.

```
@media screen {
  /* Styles zur Gestaltung am Bildschirm */
}
```

Listing 7.1 Definition des Ausgabemediums in externen Stylesheets

7.3.2 Styles für »html« und »body« erstellen

Im folgenden ToDo erstellen Sie im neuen Stylesheet den ersten Style, der in Contao als FORMATDEFINITION bezeichnet wird. Darin erhält das Stammelement `html` die Anweisung `overflow-y:scroll`, die in modernen Browsern bei der Navigation durch die Site ein »Hüpfen« der Seiten verhindert, weil rechts im Browserfenster auch auf kurzen Webseiten ein Scrollbalken angezeigt wird.

Im zweiten Style wird der Text im `body` der Webseiten gestaltet:

- Als Schriftart wird erst einmal Verdana gewünscht. Falls diese nicht vorhanden ist, bieten Sie dem Browser der Reihe nach Arial, Helvetica oder irgendeine andere Schriftart ohne die *Serifen* genannten Häkchen an den Buchstaben (*sans-serif*) an.
- Die Schriftgröße wird etwas reduziert. Die Angabe von 87.5 % (ohne Leerstelle zwischen Wert und Einheit) reduziert den Browser-Standardwert von 16 px auf angenehm lesbare 14 px.

Diese Formatierungsanweisungen erledigen Sie mit dem folgenden ToDo.

ToDo: Styles für »html« und »body« erstellen

1. Öffnen Sie das Backend-Modul LAYOUT • THEMES • STYLESHEETS.
2. Öffnen Sie das Stylesheet *layout* mit einem Klick auf den gelben Bleistift rechts daneben. Sie sehen dann Informationen zum Stylesheet wie Name, Änderungsdatum und den gewählten Medientyp.
3. Klicken Sie im Arbeitsbereich oben auf NEUE FORMATDEFINITION. Rechts oben im Arbeitsbereich erscheinen daraufhin ein Hinweis, der Link ABLAGE LEEREN und darunter ein kleines braunes Symbol mit einem weißen Pfeil nach unten darin.
4. Klicken Sie auf das kleine braune Symbol, um den neuen Style am Anfang des Stylesheets einzufügen. Es erscheint ein Formular zur Definition des Styles.
5. Der SELEKTOR soll »html« heißen (wie immer ohne die Anführungsstriche). Geben Sie im Feld KATEGORIE direkt darunter »Layoutbereiche« ein.
6. Blenden Sie ganz unten den Bereich EIGENER CODE ein, und geben Sie im Eingabefeld die Anweisung »overflow-y: scroll;« ein (mit einem Semikolon am Ende).
7. Klicken Sie auf SPEICHERN UND NEU (Alt + N).
8. Geben Sie im Feld SELEKTOR »body« ein und in KATEGORIE darunter wieder »Layoutbereiche«.
9. Aktivieren Sie im Bereich ABSTAND UND AUSRICHTUNG das Kontrollkästchen vor MARGIN, PADDING UND AUSRICHTUNG, und definieren Sie ein `padding-top` und ein `padding-bottom` von jeweils 1.5. Wählen Sie aus der Liste rechts daneben die Einheit EM.

10. Aktivieren Sie im Bereich HINTERGRUND das gleichnamige Kontrollkästchen. Contao lädt daraufhin automatisch die Optionen zur Formatierung des Hintergrunds.
11. Geben Sie bei der Option HINTERGRUND UND DECKKRAFT in das erste Eingabefeld den Wert »ececec« ein (ohne # davor).
12. Aktivieren Sie das Kontrollkästchen SCHRIFT.
13. Geben Sie bei SCHRIFTARTEN den Wert »Verdana, Arial, Helvetica, sans-serif« ein (ohne Anführungsstriche und ohne Semikolon am Ende).
14. Die SCHRIFTGRÖSSE soll den Wert »87.5« mit der Einheit % bekommen.
15. Klicken Sie auf SPEICHERN UND SCHLIESSEN.

Fertig sind die ersten Styles. Falls Sie schon mal geschaut haben und sich wundern: Im Frontend ist noch keine Änderung zu sehen, denn das Stylesheet ist noch nicht mit dem Seitenlayout verbunden.

Kategorien kann man später nutzen, um in einem längeren Stylesheet Formatdefinitionen zu filtern, was die Sache übersichtlicher macht. Die Kategorie LAYOUTBEREICHE bekommen die Styles zur Gestaltung der, ja, genau, Layoutbereiche. Die Bezeichnung der Kategorie wählen Sie selbst. *HTML-Elemente zur Strukturierung des Layouts* würde zum Beispiel auch gehen, aber *Layoutbereiche* ist etwas knackiger.

Der CSS-Validator des W3C und die Eigenschaft »overflow-y«

Die Eigenschaft `overflow-y` ist in CSS2.1 nicht enthalten, und deshalb wird der CSS-Validator vom W3C meckern. Das ist nicht weiter schlimm, da der Validator kein Selbstzweck, sondern ein Hilfsmittel ist. Wenn Ihnen aber ein grüner Balken vom Validator wichtiger ist als ein nicht hüpfendes Layout, sollten Sie die Eigenschaft `overflow-y` nicht einsetzen.

7.3.3 Effektive Bedienung: Tasten und Maus in Kombination

Nachdem Sie die ersten Styles erstellt haben, möchte ich Ihnen, bevor es weitergeht, ein paar einfache Tricks zur Arbeit mit dem CSS-Editor von Contao zeigen. Am effektivsten ist die Bedienung mit einer Kombination aus Maus und Tastatur:

- Blenden Sie die einzelnen Bereiche per Maus mit einem Klick auf die grüne Überschrift je nach Bedarf ein und aus.
- Ein Sprung in einen anderen Bereich ist am einfachsten mit der Maus. *Innerhalb* eines Bereichs hingegen ist die Tastatur schneller: [⇆] springt weiter ins nächste Feld, [⇧] + [⇆] bringt Sie wieder zurück.

- Bei einer Dropdown-Liste für Einheiten können Sie den gewünschten Wert einfach per Buchstabe eingeben: `P` für *px* oder `E` für *em*.
- Per Tastatur können Sie eine Auswahlliste mit `Alt` + `↓` ausklappen. Mit `↑` bzw. `↓` wählen Sie den gewünschten Eintrag, und mit `↵` bestätigen Sie diesen.

Tastaturfans lassen beim Bearbeiten der Styles die linke Hand in ständiger Bereitschaft links unten über der Tastatur schweben:

- `Alt` + `S` speichert, lässt die Eingabemaske aber geöffnet.
- `Alt` + `C` speichert und kehrt zur Liste der Styles zurück.
- `Alt` + `N` öffnet nach dem Speichern die Eingabemaske für die nächste Formatdefinition.
- `Alt` + `B` entspricht einem Klick auf den grünen ZURÜCK-Pfeil rechts oben im Arbeitsbereich und geht zur vorherigen Seite zurück, *ohne* die Änderungen zu speichern.

Auf dem Mac müssen Sie wahrscheinlich `ctrl` + `alt` und den entsprechenden Buchstaben drücken. Probieren Sie aus, was in Ihrem Browser funktioniert. Mit diesen Kürzeln geht die Arbeit im CSS-Editor von Contao nach kurzer Zeit buchstäblich locker von der Hand.

In einigen Browsern gibt es andere Tastenkombinationen

Details zu den richtigen Tastenkombinationen in Ihrem Browser finden Sie in Abschnitt 5.1.3 ab Seite 117.

7.3.4 Einen Style für »#wrapper« erstellen

Bevor Sie das Stylesheet mit dem Seitenlayout verbinden, erstellen Sie im folgenden ToDo einen Style mit einer weißen Hintergrundfarbe, einem horizontalen `padding` und einem leichten Schatten für den `#wrapper`, der im Quelltext alle anderen Layoutbereiche umschließt.

ToDo: Einen Style für »#wrapper« erstellen

1. Öffnen Sie das Stylesheet *layout* zur Bearbeitung.
2. Erstellen Sie am Ende des Stylesheets eine neue Formatdefinition, indem Sie rechts neben dem Style für `body` auf das weiße Kreuz im grünen Kreis klicken.

3. Der SELEKTOR soll »#wrapper« heißen. Die Kategorie ist »Layoutbereiche«.
4. Aktivieren Sie im Bereich ABSTAND UND AUSRICHTUNG das Kontrollkästchen vor MARGIN, PADDING UND AUSRICHTUNG.
5. Geben Sie in den Feldern für das rechte und linke Padding den Wert »40« ein, und wählen Sie PX aus der Einheitenliste rechts daneben.
6. Aktivieren Sie im Bereich HINTERGRUND das gleichnamige Kontrollkästchen, und geben Sie im Bereich HINTERGRUND UND DECKKRAFT im ersten Feld die Hintergrundfarbe »fff« ein (ohne # davor).
7. Definieren Sie einen Schatten (`box-shadow`) für den Wrapper. Die Werte für die SCHATTENGRÖSSE sind der Reihe nach 0, 2, 6 und 0, und als Einheit dient PX.
8. Definieren Sie »8e8e8e« als Schattenfarbe mit einer Deckkraft (`opacity`) von 30.
9. Klicken Sie auf SPEICHERN UND SCHLIESSEN.

Nach diesen Schritten sieht das Stylesheet im Backend aus wie in Abbildung 7.11. Im Style für `#wrapper` hat der Editor bei der Eigenschaft `box-shadow` automatisch eine Deklaration mit einem Browser-Präfix erzeugt. Ältere Internet Explorer, die eigentlich überhaupt keinen `box-shadow` verstehen, werden mithilfe des Plug-ins CSS3Pie und der Datei *Pie.htc* dazu überredet, auch einen Schatten darzustellen.

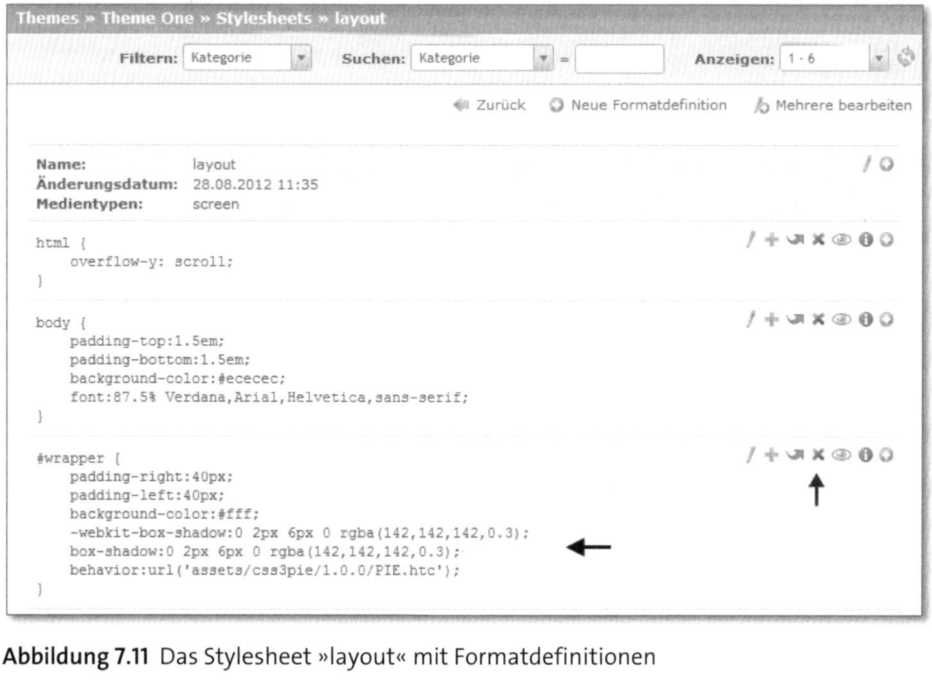

Abbildung 7.11 Das Stylesheet »layout« mit Formatdefinitionen

7.3.5 Die Symbole zur Bearbeitung von Styles im Überblick

Abbildung 7.11 zeigt neben jedem Style einen Satz von Symbolen zur Bearbeitung der Styles. Tabelle 7.1 gibt einen Überblick über diese Symbole.

	Der gelbe Bleistift öffnet die Formatdefinition zur Bearbeitung.
	Das grüne Kreuz dient zum Duplizieren des Styles.
	Mit dem blauen Pfeil verschieben Sie einen Style in ein *anderes* Stylesheet. *Innerhalb* eines Stylesheets können Sie die Styles einfach mit gedrückter Maustaste rauf- und runterschieben.
	Das rote X löscht den Style.
	Der »Augen-Klick«. Kommentiert einen Style aus. Ausgeblendete Styles haben ein graues Auge.
	Zeigt alle Eigenschaften und Werte des Styles auf einen Blick und ist dabei übersichtlicher als das HTML-Formular.
	Fügt direkt darunter eine neue Formatdefinition ein.

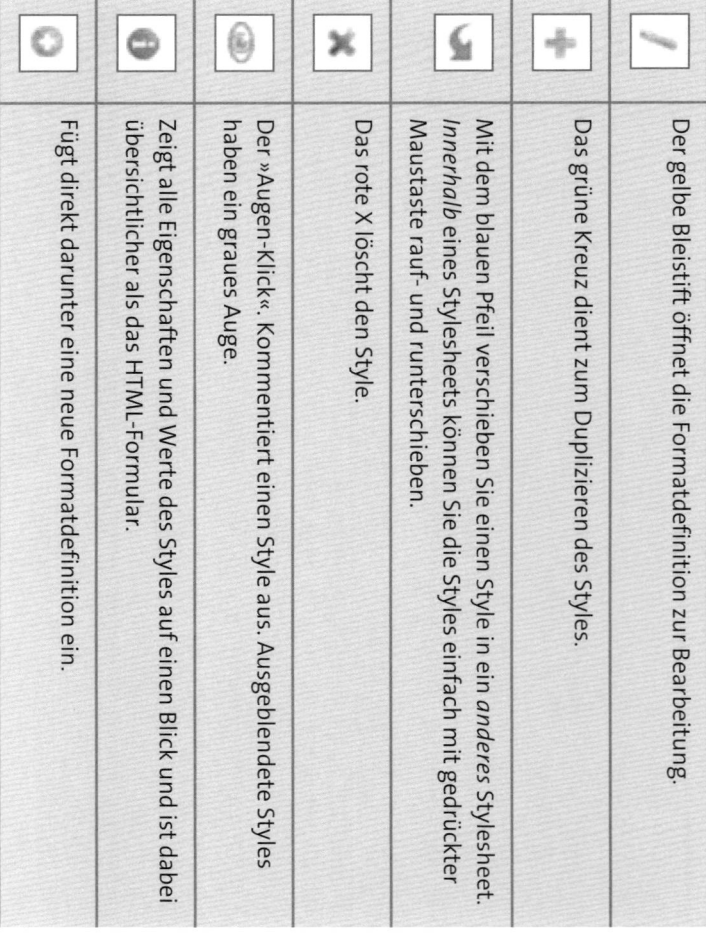

Tabelle 7.1 Die Symbole zur Bearbeitung

Sehr praktisch ist der bereits erwähnte »Augen-Klick«, also ein Klick auf das grüne Auge, mit dem Sie einen Style auskommentieren können, um dessen Auswirkung im Frontend zu studieren:

- Wenn Sie auf das grüne Auge klicken, wird es grau, um zu signalisieren, dass der Style inaktiv ist.
- Nach dem Neuladen zeigt der Browser die Webseite ohne diesen Style.

Bei jeder Änderung, also auch bei einem Klick auf das Auge, erzeugt Contao im Hintergrund im Ordner *assets/css* blitzschnell ein neues Stylesheet mit dem Namen *layout.css*. Im Backend-Modul SYSTEM • SYSTEM-LOG können Sie das genau sehen. Achten Sie auf die in Grün erscheinende Meldung GENERATED STYLE SHEET »LAYOUT.CSS«.

Vor der Auslieferung an den Browser wird *layout.css* übrigens mit allen anderen relevanten Stylesheets von Contao zu einer einzigen Datei mit einem zufällig gewählten

Namen wie *223552b8cb3c.css* zusammengefasst, komprimiert und dann an den Browser ausgeliefert.

7.3.6 Das Stylesheet mit dem Seitenlayout verbinden

Um das Stylesheet *layout* auf die Seite anzuwenden, verknüpfen Sie es im folgenden ToDo mit dem Seitenlayout.

ToDo: Das Stylesheet im Seitenlayout einbinden

1. Öffnen Sie das Backend-Modul LAYOUT • THEMES.
2. Öffnen Sie die SEITENLAYOUTS zur Bearbeitung (2. Symbol von rechts).
3. Öffnen Sie das STANDARDLAYOUT zur Bearbeitung.
4. Blenden Sie den Bereich STYLESHEETS ein.
5. Aktivieren Sie das Stylesheet *layout*.
6. Reduzieren Sie weiter unten im Bereich STATISCHES LAYOUT die Gesamtbreite auf 880 px, um das für den Wrapper definierte linke und rechte Padding von jeweils 40 px auszugleichen (40 + 40 + 880 = 960).
7. Lassen Sie alle anderen Einstellungen für das Seitenlayout unverändert.
8. Klicken Sie auf SPEICHERN UND SCHLIESSEN (`Alt` + `C`).

Jetzt sollte im Frontend das Stylesheet aktiv sein und die Startseite etwa so aussehen wie in Abbildung 7.12. Der Hintergrund ist hellgrau, der Wrapper weiß mit einem leichten Schatten, und der Text wird in Verdana dargestellt. Im Browserfenster sehen Sie rechts außen auch noch den durch `overflow-y:scroll;` erzeugten inaktiven Scrollbalken.

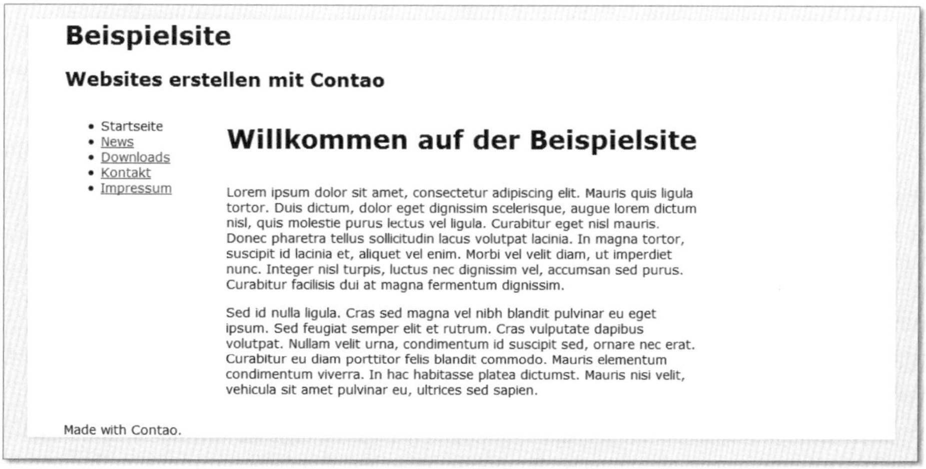
Beispielsite
Websites erstellen mit Contao
Startseite
News
Downloads
Kontakt
Impressum
Willkommen auf der Beispielsite
Lorem ipsum dolor sit amet, consectetur adipiscing elit. Mauris quis ligula tortor. Duis dictum, dolor eget dignissim scelerisque, augue lorem dictum nisl, quis molestie purus lectus vel ligula. Curabitur eget nisl mauris. Donec pharetra tellus sollicitudin lacus volutpat lacinia. In magna tortor, suscipit id lacinia et, aliquet vel enim. Morbi vel velit diam, ut imperdiet nunc. Integer nisl turpis, luctus nec dignissim vel, accumsan sed purus. Curabitur facilisis dui at magna fermentum dignissim.
Sed id nulla ligula. Cras sed magna vel nibh blandit pulvinar eu eget ipsum. Sed feugiat semper elit et rutrum. Cras vulputate dapibus volutpat. Nullam velit urna, condimentum id suscipit sed, ornare nec erat. Curabitur eu diam porttitor felis blandit commodo. Mauris elementum condimentum viverra. In hac habitasse platea dictumst. Mauris nisi velit, vehicula sit amet pulvinar eu, ultrices sed sapien.
Made with Contao.

Abbildung 7.12 Die Startseite mit dem Stylesheet »layout«

Die Seiten sind zwar noch keine Augenweide, aber nehmen Sie sich ruhig einen Moment Zeit, um den Quelltext mit einem Werkzeug wie Firebug oder dem WebKit-Seiteninspektor in Ruhe zu untersuchen. Falls Sie gerade einen IE8 bereithaben, schauen Sie sich die Seite auch einmal darin an. Der Schatten um den Wrapper ist dank CSS3Pie immer noch da.

Stylesheet und Formatdefinitionen sind auch nur Datensätze

Auch das Stylesheet und die darin enthaltenen Styles sind Datensätze in einer Datenbanktabelle. Contao erzeugt aus diesen Datensätzen im Ordner *assets/css/* Stylesheets, die der Browser zur Darstellung der Webseiten benutzt.

7.3.7 Der integrierte CSS-Reset

Viele Webdesigner benutzen ein Reset-Stylesheet zur Normalisierung der Abstände von `margin` und `padding` und zur grundlegenden Formatierung der Webseiten.

Bevor Sie im weiteren Verlauf des Kapitels die Beispielsite gestalten, aktivieren Sie in diesem Abschnitt das CSS-Reset von Contao. Der CSS-Reset ist Teil des CSS-Frameworks, das Sie in Kapitel 8 noch genauer kennenlernen werden.

ToDo: Den CSS-Reset im Seitenlayout aktivieren

1. Öffnen Sie das Backend-Modul Layout • Themes.
2. Öffnen Sie die Seitenlayouts zur Bearbeitung (2. Symbol von rechts).
3. Blenden Sie den Bereich Stylesheets ein, und aktivieren Sie das Kontrollkästchen vor CSS-Reset.
4. Beenden Sie die Bearbeitung mit Speichern und schliessen.

Nach diesem Schritt hat sich das Frontend im Browser ein bisschen verändert, denn die »inkonsistente Standardformatierung der HTML-Elemente in verschiedenen Browsern«, wie es in der Online-Hilfe im Backend so schön heißt, ist entfernt worden.

Die Schriftformatierung hat sich verändert, die Aufzählungspunkte in der Navigation sind verschwunden, und bei einigen Elementen wurden Außen- und Innenabstände (`margin` und `padding`) geändert (siehe Abbildung 7.13).

Die Webseiten sind nicht unbedingt hübscher als vorher, aber der Reset erzeugt ein browserübergreifendes Fundament für die Gestaltung der Beispielsite auf den folgenden Seiten.

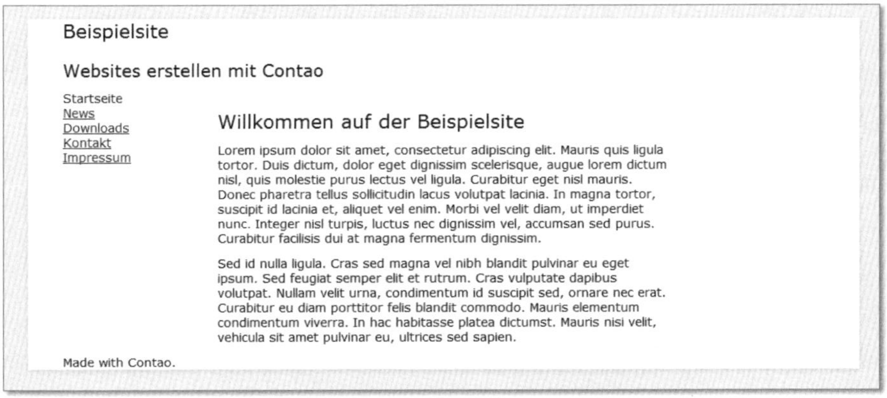
Beispielsite
Websites erstellen mit Contao
Startseite
News
Downloads
Kontakt
Impressum
Willkommen auf der Beispielsite
Lorem ipsum dolor sit amet, consectetur adipiscing elit. Mauris quis ligula tortor. Duis dictum, dolor eget dignissim scelerisque, augue lorem dictum nisl, quis molestie purus lectus vel ligula. Curabitur eget nisl mauris. Donec pharetra tellus sollicitudin lacus volutpat lacinia. In magna tortor, suscipit id lacinia et, aliquet vel enim. Morbi vel velit diam, ut imperdiet nunc. Integer nisl turpis, luctus nec dignissim vel, accumsan sed purus. Curabitur facilisis dui at magna fermentum dignissim.
Sed id nulla ligula. Cras sed magna vel nibh blandit pulvinar eu eget ipsum. Sed feugiat semper elit et rutrum. Cras vulputate dapibus volutpat. Nullam velit urna, condimentum id suscipit sed, ornare nec erat. Curabitur eu diam porttitor felis blandit commodo. Mauris elementum condimentum viverra. In hac habitasse platea dictumst. Mauris nisi velit, vehicula sit amet pulvinar eu, ultrices sed sapien.
Made with Contao.

Abbildung 7.13 Die Startseite der Beispielsite mit aktiviertem CSS-Reset

Falls Sie im Editor eine Liste eingeben, erscheint diese nach dem CSS-Reset im Frontend ohne Einrückung und Aufzählungspunkt oder Nummerierung. Im folgenden ToDo werden die Abstände und Aufzählungszeichen wiederhergestellt.

ToDo: Restaurierung von Listen nach dem Reset

1. Öffnen Sie Backend-Modul THEMES • STYLESHEETS.
2. Öffnen Sie das Stylesheet *layout* zur Bearbeitung.
3. Fügen Sie folgende Formatdefinitionen zur Restaurierung der Listen ein (KATEGORIE: Restaurierung):

```
/* Restaurierung der Listen */
ul { list-style: square; margin-bottom: 1.5em; }
ol { list-style: decimal; margin-bottom: 1.5em; }
li { margin-left:2em; }
```

Listing 7.2 Restaurierung der Listen im Stylesheet »layout«

Im CSS-Editor von Contao finden Sie die Aufzählungszeichen in der Gruppe AUFZÄHLUNG. Das rechteckige Aufzählungszeichen *square* heißt dort in der Dropdown-Liste LISTENSYMBOL einfach nur QUADRAT, und dezimale Zahlen für die Nummerierung werden als ZIFFERN gelistet.

Details zum CSS-Reset von Contao

Die Styles für den CSS-Reset werden im Ordner *assets/contao/css* aufbewahrt, und zwar in der Datei *reset.css*. Im Abschnitt über das CSS-Framework von Contao erfahren Sie ab Seite 219 mehr dazu.

7.4 Grundlegende Gestaltung für die Beispielsite

In diesem Abschnitt gestalten Sie die Layoutbereiche der Beispielsite, und zwar der Reihe nach zunächst den Kopf- und Fußbereich, dann den Inhaltsbereich und zum Schluss den Navigationsbereich. Aber zunächst besorgen Sie sich eine hübsche Schriftart.

7.4.1 Google Web Fonts: die Schriftart »Droid Sans« einbinden

Die Schriftart wird auf Webseiten mit der CSS-Eigenschaft `font-family` definiert, aber die dort angegebene Schriftart muss natürlich auf dem Computer des Besuchers vorhanden sein.

Webworker äußern deshalb immer gleich eine ganze Reihe von Wünschen und ordnen diese dann der Reihe nach. Im Stylesheet für die Beispielsite steht im Style für `body` folgende Wunschliste:

```
Verdana, Arial, Helvetica, sans-serif;
```

Für den Browser bedeutet das »Nimm bitte *Verdana*. Wenn du das nicht hast, dann nimm *Arial* oder *Helvetica*. Und wenn's das alles nicht gibt, dann bitte irgendeine Schriftart ohne Häkchen an den Buchstaben.«

Um bei der Auswahl der Schriften etwas mehr Flexibilität zu haben, gibt es im Web Dienstleister wie *TypeKit* und *FontSquirrel*, die sich die Bereitstellung von Schriftarten zur Aufgabe gemacht haben. Auch Google hat sich des Problems angenommen und mit den *Google Web Fonts* eine Lösung präsentiert, die einfach zu bedienen und sehr gut in Contao integriert ist.

Für die Beispielsite binden Sie im folgenden ToDo die beliebte Schriftart Droid Sans ein und gestalten damit die Überschriften im Kopfbereich.

ToDo: Google Web Fonts »Droid Sans« im Seitenlayout einbinden

1. Öffnen Sie das Backend-Modul Layout • Themes • Seitenlayouts.
2. Öffnen Sie das Standardlayout zur Bearbeitung.
3. Blenden Sie den Bereich Experten-Einstellungen ein.
4. Geben Sie im Eingabefeld Google-Webfonts die gewünschte Schrift ein: »Droid+Sans:400,700«.
5. Klicken Sie auf Speichern und schliessen.

Abbildung 7.14 zeigt das Eingabeformular mit ausgefülltem Eingabefeld.

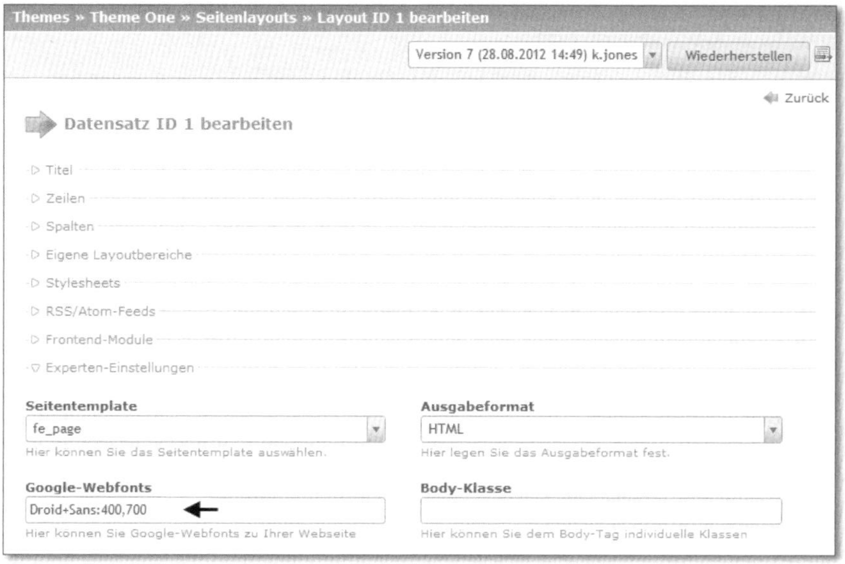

Abbildung 7.14 Google Web Fonts in Contao einfügen

Fertig. Das war's. Contao erzeugt mit diesen Angaben im `<head>`-Bereich des Quelltextes folgendes `<link>`-Element:

```
<link rel="stylesheet"
href="http://fonts.googleapis.com/css?family=Droid+Sans:400,700">
```

Listing 7.3 Die Einbindung der Google Web Fonts im Quelltext

Mit dieser Zeile steht Ihnen die Schriftart Droid Sans zur Verfügung, und zwar in den Schriftschnitten normal (400) und fett (700).

Die komplette Kollektion der Google Web Fonts finden Sie übrigens unter folgender URL:

- *google.com/webfonts/*

Schauen Sie sich um, und probieren Sie es aus. Zur Einbindung in Contao müssen Sie nicht die gesamte URL aus dem Einbettungscode kopieren, sondern lediglich die Angaben nach `family`. Bei dem in diesem Abschnitt eingebauten Beispiel Droid Sans steht im Einbettungscode folgende URL:

- *http://fonts.googleapis.com/css?family=Droid+Sans:400,700*

Davon benötigen Sie lediglich den Teil *Droid+Sans:400,700*, den Sie kopieren und im Backend von Contao im Seitenlayout einfügen.

Weitere Infos zu Google Web Fonts

Zur allgemeinen Einführung in die Arbeit mit den Google Web Fonts sind unter anderem folgende Artikel geeignet:

- *bit.ly/elma-google-webfonts*

Kurze Einführung im lesenswerten Blog von Elma Webstudio (de)

- *bit.ly/designshack-google-webfonts*

Ausführliche Einführung in die Google Web Fonts (en)

7.4.2 Den Kopfbereich gestalten

Nach der Einbindung der Schriftart Droid Sans beginnen Sie in diesem Abschnitt mit der Gestaltung von Kopf- und Fußbereich. Vor der Gestaltung werfen Sie aber zunächst noch einen Blick auf die HTML-Struktur des Kopfbereichs:

```
<header id="header">
  <div class="inside">
  <hgroup>
    <h1>Beispielsite</h1>
    <h2>Websites erstellen mit Contao</h2>
  </hgroup>
  </div>
</header>
```

Listing 7.4 Das HTML für den Kopfbereich

Dieses HTML gestalten Sie in den folgenden ToDos mit ein paar einfachen Styles.

ToDo: Einen Style für den Kopfbereich »#header« erstellen

1. Öffnen Sie das Stylesheet *layout* zur Bearbeitung.
2. Erstellen Sie am Ende des Stylesheets eine neue Formatdefinition.
3. SELEKTOR ist »#header«, und der Style gehört zur KATEGORIE »Layoutbereiche«.
4. Aktivieren Sie im Bereich ABSTAND UND AUSRICHTUNG das Kontrollkästchen vor MARGIN, PADDING UND AUSRICHTUNG.
5. Geben Sie in den Feldern für das obere und untere `padding` den Wert »1.5« ein, und wählen Sie EM aus der Werteliste rechts daneben.
6. Klicken Sie auf SPEICHERN UND SCHLIESSEN.

Nach diesem ToDo hat der Kopfbereich oben und unten ein padding von 1.5em. Weiter geht es mit der Gestaltung der beiden Überschriften.

ToDo: Styles für die Überschriften im Kopfbereich erstellen

1. Öffnen Sie das Stylesheet *layout* zur Bearbeitung.
2. Erstellen Sie am Ende des Stylesheets eine neue Formatdefinition.
3. SELEKTOR ist »#header h1«. KATEGORIE ist »Im Kopfbereich«.
4. Aktivieren Sie im Bereich ABSTAND UND AUSRICHTUNG das Kontrollkästchen vor MARGIN, PADDING UND AUSRICHTUNG, und setzen Sie bei MARGIN (AUSSENABSTAND) und PADDING (INNENABSTAND) alles auf 0.
5. Aktivieren Sie das Kontrollkästchen vor SCHRIFT.
6. Bei SCHRIFTARTEN geben Sie »"Droid Sans", sans-serif;« ein. Die Anführungsstriche vor und nach Droid Sans sind notwendig, weil der Name der Schriftart aus mehreren Worten besteht.
7. Die SCHRIFTGRÖSSE ist 26 px, die ZEILENHÖHE 1.7, die SCHRIFTFARBE 444, und bei SCHRIFTSTIL kreuzen Sie bitte FETT an.
8. Klicken Sie auf SPEICHERN UND SCHLIESSEN.
9. Duplizieren Sie den eben erstellen Style mit einem Klick auf das grüne Kreuz, und fügen Sie ihn direkt darunter wieder ein.
10. Ändern Sie den SELEKTOR in »#header h2«, und lassen Sie die KATEGORIE ebenso unverändert wie die Werte für margin und padding.
11. Ändern Sie die SCHRIFTGRÖSSE in 1em, entfernen Sie den Wert bei ZEILENHÖHE, und ändern Sie den SCHRIFTSTIL in NORMAL.
12. Klicken Sie auf SPEICHERN UND SCHLIESSEN.

Damit ist der Kopfbereich erst einmal versorgt. Einen Screenshot gibt es erst nach der Gestaltung des Fußbereichs im ersten Abschnitt (siehe Abbildung 7.15).

7.4.3 Den Fußbereich gestalten

Zunächst wieder ein kurzer Blick in den Quelltext:

```
<footer id="footer">
  <div class="inside">
  <p>Made with Contao.</p>
  </div>
</footer>
```

Listing 7.5 Das HTML für den Fußbereich

Im folgenden ToDo gestalten Sie diese HTML-Struktur:

ToDo: Styles für den Fußbereich erstellen

1. Öffnen Sie das Stylesheet *layout* zur Bearbeitung.
2. Erstellen Sie am Ende des Stylesheets eine neue Formatdefinition.
3. SELEKTOR ist »#footer«, KATEGORIE: »Layoutbereiche«.
4. Aktivieren Sie im Bereich ABSTAND UND AUSRICHTUNG das Kontrollkästchen vor MARGIN, PADDING UND AUSRICHTUNG.
5. Definieren Sie einen oberen MARGIN (AUSSENABSTAND) und ein oberes sowie ein unteres PADDING (INNENABSTAND) von jeweils 1.5 em.
6. Aktivieren Sie das Kontrollkästchen vor RAHMEN.
7. Definieren Sie eine obere Rahmenlinie mit 1 px RAHMENBREITE, SOLID als RAHMENSTIL und der RAHMENFARBE d9d9d9.
8. Als Schriftgröße definieren Sie 12 px.
9. SCHRIFTFARBE ist 444, und bei SCHRIFTSTIL kreuzen Sie NORMAL an.
10. Klicken Sie auf SPEICHERN UND NEU.
11. Erstellen Sie einen Style für den Selektor »#footer p«, der zur KATEGORIE »Im Fußbereich« gehört, und setzen Sie alle Werte für `margin` und `padding` auf 0.
12. Klicken Sie auf SPEICHERN UND SCHLIESSEN.

Mit diesen Styles sieht die Startseite etwa so aus wie in Abbildung 7.15.

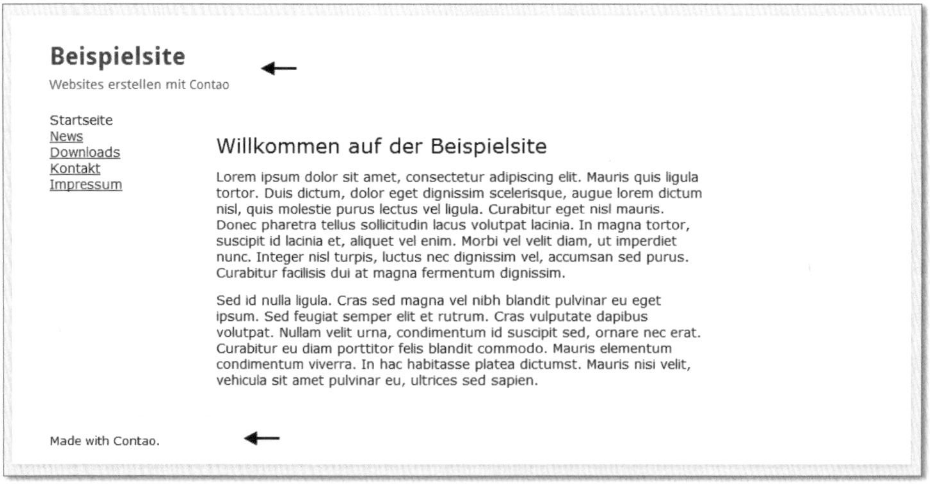
Beispielsite
Websites erstellen mit Contao
Startseite
News
Downloads
Kontakt
Impressum
Willkommen auf der Beispielsite
Lorem ipsum dolor sit amet, consectetur adipiscing elit. Mauris quis ligula tortor. Duis dictum, dolor eget dignissim scelerisque, augue lorem dictum nisl, quis molestie purus lectus vel ligula. Curabitur eget nisl mauris. Donec pharetra tellus sollicitudin lacus volutpat lacinia. In magna tortor, suscipit id lacinia et, aliquet vel enim. Morbi vel velit diam, ut imperdiet nunc. Integer nisl turpis, luctus nec dignissim vel, accumsan sed purus. Curabitur facilisis dui at magna fermentum dignissim.
Sed id nulla ligula. Cras sed magna vel nibh blandit pulvinar eu eget ipsum. Sed feugiat semper elit et rutrum. Cras vulputate dapibus volutpat. Nullam velit urna, condimentum id suscipit sed, ornare nec erat. Curabitur eu diam porttitor felis blandit commodo. Mauris elementum condimentum viverra. In hac habitasse platea dictumst. Mauris nisi velit, vehicula sit amet pulvinar eu, ultrices sed sapien.
Made with Contao.

Abbildung 7.15 Die Startseite mit Styles für Kopf- und Fußbereich

7.4.4 Den Inhaltsbereich gestalten

Zwischen Kopf- und Fußbereich sitzt der Bereich `#container`, der die mittlere Spalte `# main` und die beiden Seitenspalten umschließt. Die mittlere Spalte mit dem eigentlichen Inhalt erscheint im Quelltext dabei, wie gesagt, vor den Seitenspalten. Diese Layoutbereiche sind in Listing 7.6 fett hervorgehoben.

```
<div id="container">
<div id="main">
  <div class="inside">
    <div class="mod_article block" id="startseite">
    <h1 class="ce_headline">Startseite</h1>
    <div class="ce_text block">
    <p>Lorem ipsum ... </p>
    </div> <!-- Ende .ce_text -->
    </div> <!-- Ende .mod_article -->
  </div> <!-- Ende .inside -->
</div> <!-- Ende #main -->
<!-- Hier kommen die Sidebars #left und #right -->
</div> <!-- Ende #container -->
```

Listing 7.6 Die HTML-Struktur für den Inhaltsbereich

Im folgenden ToDo vergeben Sie ein leichtes Styling für den Inhaltsbereich. `#container` bekommt einen oberen Außenabstand und die mittlere Spalte `#main` eine Grundformatierung für die Schrift.

ToDo: Styles für den Inhaltsbereich erstellen

1. Öffnen Sie das Stylesheet *layout* zur Bearbeitung.
2. Erstellen Sie vor den Styles für den Fußbereich eine neue Formatdefinition.
3. Der SELEKTOR ist »#container«, und der Style gehört zur KATEGORIE »Layoutbereiche«.
4. Definieren Sie einen oberen MARGIN (AUSSENABSTAND) von 2 em.
5. Klicken Sie auf SPEICHERN UND NEU.
6. Der SELEKTOR ist »#main«. KATEGORIE: »Layoutbereiche«.
7. Als Schriftgröße definieren Sie 1 em und eine Zeilenhöhe von 1.7 (ohne Einheit).
8. SCHRIFTFARBE ist 444, und bei SCHRIFTSTIL kreuzen Sie NORMAL an.
9. Klicken Sie auf SPEICHERN UND NEU.
10. SELEKTOR: »#main .inside«. KATEGORIE: »Layoutbereiche«.
11. Definieren Sie einen rechten und linken MARGIN (AUSSENABSTAND) von jeweils 1.5 em.
12. Klicken Sie auf SPEICHERN UND SCHLIESSEN.

Erwähnenswert ist, dass der horizontale Abstand zwischen den drei Spalten im Inhaltsbereich nicht direkt über `#main` definiert wird, sondern über das innere `div` mit der Klasse `inside`. Grund dafür ist, dass der »Holy Grail« Innen- oder Außenabstände an `#main`, `#left` und `#right` nicht verträgt. Mehr dazu erfahren Sie in Kapitel 8 über das CSS-Framework von Contao.

Die Styles zur Gestaltung der `h1`-Überschrift und des Fließtextes im Inhaltsbereich speichern Sie in einem neuen Stylesheet mit dem Namen *inhalte*. In diesem Stylesheet bewahren Sie später auch die Styles für Artikel, Bilder, Galerien, Tabellen, Akkordeons etc. auf.

ToDo: Überschrift und Fließtext im Inhaltsbereich gestalten

1. Erstellen Sie ein neues Stylesheet namens *inhalte* mit dem Medientyp SCREEN.
2. Erstellen Sie in dem Stylesheet einen Style mit dem SELEKTOR »#main h1« und der KATEGORIE »Fließtext«.
3. Definieren Sie einen oberen MARGIN (AUSSENABSTAND) von 0.
4. Definieren Sie im Bereich SCHRIFT eine ZEILENHÖHE von 1 (ohne Einheit).
5. Klicken Sie auf SPEICHERN UND NEU.
6. SELEKTOR: »#main p«. KATEGORIE: »Fließtext«.
7. Definieren Sie einen unteren MARGIN (AUSSENABSTAND) von 1 em.
8. Klicken Sie auf SPEICHERN UND SCHLIESSEN.
9. Öffnen Sie das STANDARDSEITENLAYOUT, und binden Sie das Stylesheet *inhalte* ein. Reihenfolge: *layout, inhalte*.

Nach diesem ToDo sieht die Startseite so aus wie in Abbildung 7.16.

Beispielsite
Websites erstellen mit Contao
Startseite
News
Downloads
Kontakt
Impressum
Willkommen auf der Beispielsite
Lorem ipsum dolor sit amet, consectetur adipiscing elit. Mauris quis ligula tortor. Duis dictum, dolor eget dignissim scelerisque, augue lorem dictum nisl, quis molestie purus lectus vel ligula. Curabitur eget nisl mauris. Donec pharetra tellus sollicitudin lacus volutpat lacinia. In magna tortor, suscipit id lacinia et, aliquet vel enim. Morbi vel velit diam, ut imperdiet nunc. Integer nisl turpis, luctus nec dignissim vel, accumsan sed purus. Curabitur facilisis dui at magna fermentum dignissim.
Sed id nulla ligula. Cras sed magna vel nibh blandit pulvinar eu eget ipsum. Sed feugiat semper elit et rutrum. Cras vulputate dapibus volutpat. Nullam velit urna, condimentum id suscipit sed, ornare nec erat. Curabitur eu diam porttitor felis blandit commodo. Mauris elementum condimentum viverra. In hac habitasse platea dictumst. Mauris nisi velit, vehicula sit amet pulvinar eu, ultrices sed sapien.
Made with Contao.

Abbildung 7.16 Grundlegendes Styling für den Inhaltsbereich

7.4.5 Übung: die Navigation mit einem internen Stylesheet gestalten

Nach dieser Einführung in die Arbeit mit internen Stylesheets im Backend-Modul THEMES • STYLESHEETS gibt es jetzt eine kleine Übung. Das HTML für die Navigation haben Sie in Listing 6.3 auf Seite 158 bereits kennengelernt.

Die Navigation in der linken Spalte soll mit den Styles aus Listing 7.7 gestaltet werden, wobei die Kommentare nur zur Erläuterung dienen und nicht unbedingt übertragen werden müssen.

Bei der Erstellung von internen Stylesheets haben Sie im Prinzip mehrere Möglichkeiten:

- Sie können das Stylesheet in Ihrem Lieblingseditor als Datei erstellen und dann in THEMES • STYLESHEETS importieren.
- Sie können sich auch noch das Abtippen sparen und das Stylesheet *navigation.css* von der Buch-CD in THEMES • STYLESHEETS importieren.
- Sie können die Styles aus Listing 7.7 auch nach und nach im CSS-Editor von Contao eingeben.

Letzteres ist eine gute Übung, und Sie lernen den CSS-Editor von Contao dabei kennen, auch wenn es anfangs vielleicht etwas länger dauert.

```
/* Liste und Listenelemente gestalten */
#left .mod_navigation ul {
  margin: 0;
  padding: 0;
  list-style-type: none;
}
#left .mod_navigation li { margin: 0; padding: 0; }

/* Menüpunkte gestalten */
#left .mod_navigation a,
#left .mod_navigation span {
  display: block;
  text-decoration: none;
  color: #444;
  padding: 0;
  margin: 0 0 1em 0;
  outline: 0;
}

/* Rollover und Tab-Fokus */
#left .mod_navigation a:hover,
#left .mod_navigation a:focus {
```

```
  color: #141414;
  text-decoration: underline;
}

/* Aktiven Menüpunkt hervorheben */
#left .mod_navigation span.active,
#left .mod_navigation .trail {
  color: #141414;
  font-weight: bold;
}
```

Listing 7.7 Das CSS für die vertikale Navigation

Diese Styles gestalten die Navigation quasi von außen nach innen:

- Außen- und Innenabstände für Liste und Listenelemente werden auf 0 gesetzt und die Aufzählungspunkte entfernt.
- Die Hyperlinks und das `span` für den aktiven Menüpunkt werden als Blockelemente dargestellt und bekommen ein bisschen Padding. Außerdem wird der Text eingefärbt und die Unterstreichung entfernt.
- Beim Hovern mit der Maus und »Durch-Tabben« per Tastatur werden die Links dunkler und wieder unterstrichen.
- Der aktive Menüpunkt `span.active` wird fett hervorgehoben.
- Die Klasse `.trail` gibt es momentan im HTML noch nicht. Sie vergeben sie prophylaktisch, denn `.trail` wird erst benötigt, wenn die Navigation Unterpunkte bekommt (ab Seite 240).

Das ToDo ist kurz und bündig und liefert als Ergebnis ein internes Stylesheet namens *navigation*, mit dem die Navigation gestaltet wird.

ToDo: Erstellen Sie ein internes Stylesheet für die Navigation

1. Erstellen Sie mit den Styles aus Listing 7.7 ein internes Stylesheet mit dem Namen *navigation*.
2. Definieren Sie für das Stylesheet den Medientyp SCREEN.
3. Erstellen Sie im Stylesheet *navigation* die Formatdefinitionen aus Listing 7.7 im CSS-Editor von Contao.
4. Alle Styles bekommen die KATEGORIE »Vertikale Navigation«.
5. Die Deklaration »outline:0;« geben Sie im Feld EIGENER CODE ein.
6. Aktivieren Sie das Stylesheet im Seitenlayout STANDARDLAYOUT.
7. Die Reihenfolge der Stylesheets im Seitenlayout ist *layout, navigation*.

Die Startseite sieht nach dieser Übung so aus wie in Abbildung 7.17.

Beispielsite
Websites erstellen mit Contao
Startseite
News
Downloads
Kontakt
Impressum
Willkommen auf der Beispielsite
Lorem ipsum dolor sit amet, consectetur adipiscing elit. Mauris quis ligula tortor. Duis dictum, dolor eget dignissim scelerisque, augue lorem dictum nisl, quis molestie purus lectus vel ligula. Curabitur eget nisl mauris. Donec pharetra tellus sollicitudin lacus volutpat lacinia. In magna tortor, suscipit id lacinia et, aliquet vel enim. Morbi vel velit diam, ut imperdiet nunc. Integer nisl turpis, luctus nec dignissim vel, accumsan sed purus. Curabitur facilisis dui at magna fermentum dignissim.
Sed id nulla ligula. Cras sed magna vel nibh blandit pulvinar eu eget ipsum. Sed feugiat semper elit et rutrum. Cras vulputate dapibus volutpat. Nullam velit urna, condimentum id suscipit sed, ornare nec erat. Curabitur eu diam porttitor felis blandit commodo. Mauris elementum condimentum viverra. In hac habitasse platea dictumst. Mauris nisi velit, vehicula sit amet pulvinar eu, ultrices sed sapien.
Made with Contao.

Abbildung 7.17 Die gestylte Navigation im Frontend

Im Backend-Modul THEMES • STYLESHEETS gibt es jetzt die drei Stylesheets *layout*, *inhalte* und *navigation*, die im Seitenlayout genau in dieser Reihenfolge eingebunden werden.

7.4.6 Die Beispielsite ist schon ein bisschen »responsive«

Das CSS-Framework sorgt im Hintergrund übrigens bereits dafür, dass sich die Beispielsite auf kleinen Bildschirmen anders verhält als auf großen. Wenn Sie das Browserfenster weit genug verkleinern, springt die linke Spalte mit der Navigation unter die Inhaltsspalte, sodass der Text immer gut lesbar bleibt. Das passiert übrigens genau in dem Moment, in dem der innere Bereich des Browserfensters, der sogenannte *Viewport*, kleiner als 768 Pixel wird. Diese vorprogrammierte Reaktion einer Website auf ihre Umgebung bezeichnet man als »responsive« (siehe Abbildung 7.18).

Die Beispielsite erfüllt längst nicht alle Kriterien an ein wirklich »responsives Webdesign«, aber es geht in die richtige Richtung. Wie so etwas gemacht wird und was genau dabei im Hintergrund passiert, erfahren Sie übrigens ab Seite 215 in Abschnitt 8.4, in dem es um den Kern des CSS-Frameworks von Contao geht.

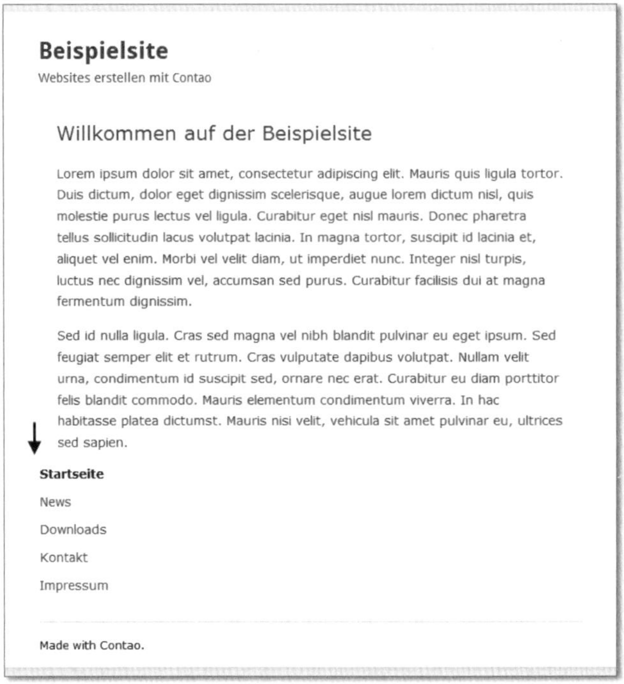

Beispielsite
Websites erstellen mit Contao
Willkommen auf der Beispielsite
Lorem ipsum dolor sit amet, consectetur adipiscing elit. Mauris quis ligula tortor. Duis dictum, dolor eget dignissim scelerisque, augue lorem dictum nisl, quis molestie purus lectus vel ligula. Curabitur eget nisl mauris. Donec pharetra tellus sollicitudin lacus volutpat lacinia. In magna tortor, suscipit id lacinia et, aliquet vel enim. Morbi vel velit diam, ut imperdiet nunc. Integer nisl turpis, luctus nec dignissim vel, accumsan sed purus. Curabitur facilisis dui at magna fermentum dignissim.
Sed id nulla ligula. Cras sed magna vel nibh blandit pulvinar eu eget ipsum. Sed feugiat semper elit et rutrum. Cras vulputate dapibus volutpat. Nullam velit urna, condimentum id suscipit sed, ornare nec erat. Curabitur eu diam porttitor felis blandit commodo. Mauris elementum condimentum viverra. In hac habitasse platea dictumst. Mauris nisi velit, vehicula sit amet pulvinar eu, ultrices sed sapien.
Startseite
News
Downloads
Kontakt
Impressum
Made with Contao.

Abbildung 7.18 Die Navigation springt unter den Inhalt.

7.5 Tipps zur Arbeit mit internen Stylesheets

In diesem Abschnitt möchte ich Ihnen noch einige Tipps und Tricks zur Arbeit mit dem Backend-Modul THEMES • STYLESHEETS zeigen, die besonders bei längeren Stylesheets sehr nützlich sind.

7.5.1 »Filtern«: nur Styles einer bestimmten Kategorie anzeigen

Wenn ein Stylesheet zur Bearbeitung geöffnet ist, sehen Sie ganz oben im Arbeitsbereich die in Abbildung 7.19 hervorgehobene Zeile zum Filtern und Suchen von Styles.

Abbildung 7.19 Filtern und Suchen in internen Stylesheets

Ganz rechts sehen Sie, wie viele Styles gerade angezeigt werden. Standardmäßig stellt Contao 30 Datensätze pro Seite dar. Bei Bedarf können Sie das in SYSTEM • EINSTELLUNGEN im Bereich BACKEND-EINSTELLUNGEN ändern. Direkt daneben sehen Sie ganz außen rechts den »güldenen Doppelpfeil« zum Ausführen der eingestellten Optionen.

Um zum Beispiel nur Styles einer bestimmten Kategorie anzuzeigen, klicken Sie auf die Dropdown-Liste FILTERN, wählen eine Kategorie aus und bestätigen die Auswahl mit [↵] oder einem Klick auf den Doppelpfeil ganz rechts.

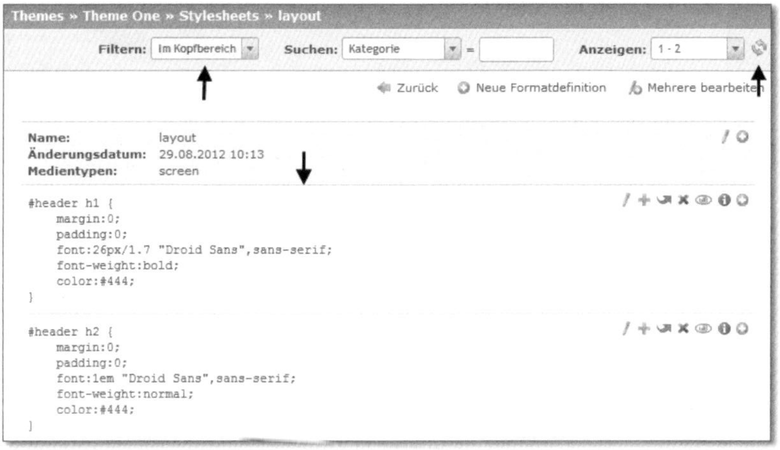

Abbildung 7.20 Filtern – Stylesheet »layout«, Kategorie »Im Kopfbereich«

Abbildung 7.20 zeigt das Stylesheet *layout* mit dem Filter IM KOPFBEREICH. Zu dieser Kategorie gehören lediglich die zwei darunter angezeigten Styles.

Dass ein Filter aktiv ist, erkennen Sie daran, dass das Feld hellgelb hinterlegt ist. Wenn Sie also Styles vermissen, schauen Sie erst einmal nach oben, ob entweder ein Feld hellgelb hinterlegt ist oder ob – z. B. bei einem langen Stylesheet mit mehr als 30 Styles – womöglich nicht alle Styles angezeigt werden.

7.5.2 »Suchen«: bestimmte Kommentare oder Selektoren suchen

Besonders bei langen Stylesheets ist auch das Feld SUCHEN sehr nützlich. In der Dropdown-Liste können Sie die Optionen KATEGORIE, SELEKTOR oder KOMMENTAR auswählen.

Abbildung 7.21 zeigt im Stylesheet *layout* die Suche nach dem Selektor #header. Angezeigt werden alle drei Styles, bei denen die Suchbedingung erfüllt ist. Auch hier ist ein aktiver Filter wieder hellgelb hervorgehoben.

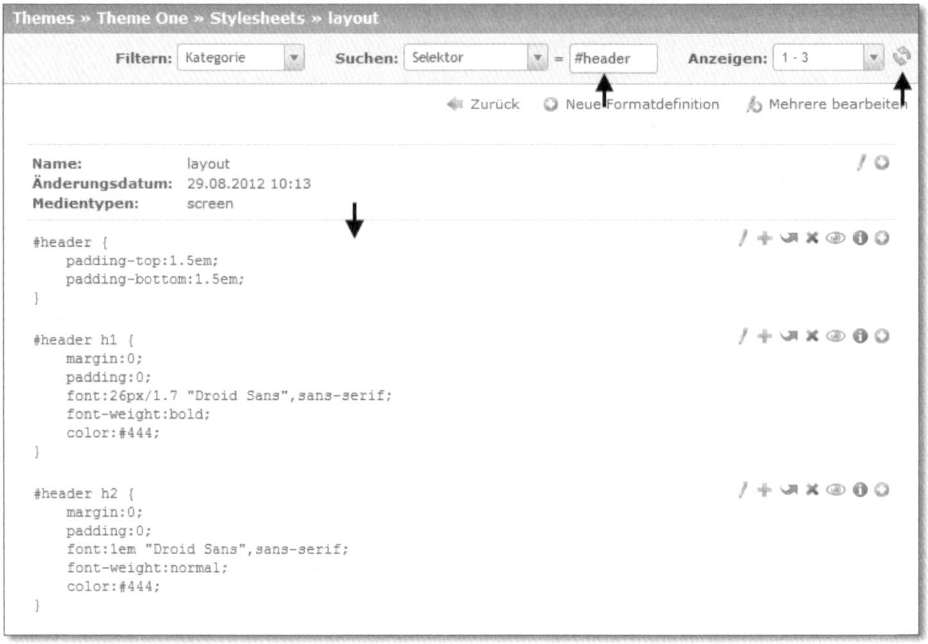

Abbildung 7.21 Suchen nach einem Selektor

Vergessen Sie nach der Suche und dem Bearbeiten der gewünschten Styles nicht, die Filter wieder zu entfernen. Dazu entfernen Sie den Suchbegriff und bestätigen mit [↵].

7.5.3 »Versionierung«: Versionen vergleichen und wiederherstellen

Contao erstellt bei jedem Speichervorgang eine neue Version des Styles, behält die alte aber in der Datenbank. So können Sie bequem zu einer früheren Version zurückkehren und sogar verschiedene Versionen vergleichen.

In Abbildung 7.22 sehen Sie ganz oben in der hellgrauen Leiste, wie viele Versionen es gibt und welche gerade aktiv ist, inklusive Speicherdatum und Benutzernamen. Um eine bestimmte Version wiederherzustellen, klicken Sie einfach auf die Dropdown-Liste, wählen die gewünschte Version aus und klicken auf die Schaltfläche WIEDERHERSTELLEN. Falls die gewählte Version Ihren Wünschen entspricht, vergessen Sie nicht, die Änderungen zu speichern.

Falls Sie nicht mehr genau wissen, was sich zwischen verschiedenen Versionen geändert hat, können Sie sie mit einem Klick auf das Symbol ganz oben rechts außen vergleichen. Abbildung 7.23 zeigt zwei Versionen des Styles für body an.

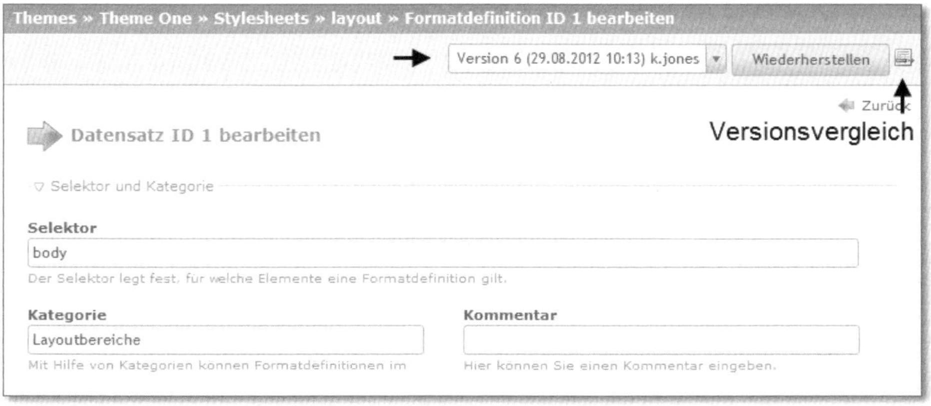

Abbildung 7.22 Versionen wiederherstellen bei den Styles

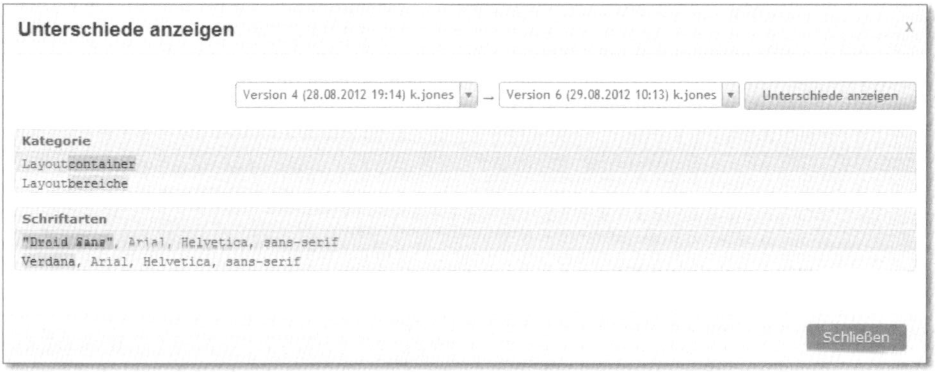

Abbildung 7.23 Versionsvergleich bei den Styles

In Version 4 hieß die Kategorie noch »Layoutcontainer«, und als Schriftart war DROID SANS definiert. In Version 6 heißt die Kategorie »Layoutbereiche« und die Schriftart wurde auf VERDANA umgestellt. Droid Sans ist für Überschriften sehr schön, aber für den Fließtext ist Verdana auch okay.

Gespeicherte Versionen löschen und Speicherzeit ändern

Gespeicherte Versionen löschen können Sie im Backend-Modul SYSTEM • SYSTEMWARTUNG, und zwar im Bereich DATEN BEREINIGEN mit der Option VERSIONEN LÖSCHEN.

Contao speichert die Versionen für 7.776.000 Sekunden, was 90 Tagen entspricht. Bei Bedarf können Sie das in SYSTEM • EINSTELLUNGEN ändern, und zwar in der Gruppe SPEICHERZEITEN im Eingabefeld SPEICHERZEIT FÜR VERSIONEN.

7.5.4 Variablen in Themes und Stylesheets

Zum Abschluss der Tipps und Tricks noch eine »Kleinigkeit«, die im Alltag sehr nützlich sein kann. Sie können, wie zu Beginn des Kapitels angedeutet, in Themes und Stylesheets Variablen definieren und diese in den Stylesheets einsetzen.

Sie könnten zum Beispiel die in diesem Abschnitt bisher eingesetzten Grautöne im Theme als Variablen definieren und dann im Stylesheet einsetzen. Falls Sie einen Grauton ändern möchten, müssen Sie nur noch den Wert der Variablen ändern.

Tabelle 7.2 zeigt, wie das aussehen könnte, wobei das »g« im Namen der Variablen für »Grau« steht.

Variable	Wert	Beschreibung
`$g1`	#141414	Navigation – aktive Menüpunkte
`$g2`	#444	Schriftfarbe
`$g3`	#8e8e8e	box-shadow
`$g5`	#d9d9d9	Rahmenlinien
`$g6`	#ececec	Hintergrundfarbe body

Tabelle 7.2 Die verwendeten Grautöne als Variablen

Falls Sie das praktisch finden und einmal ausprobieren möchten:

- Öffnen Sie das *Theme One* zur Bearbeitung, und geben Sie im Bereich GLOBALE VARIABLEN die Variablen und Werte ein. Ein Kommentarfeld ist dort leider (noch) nicht vorhanden.
- Öffnen Sie danach die Styles, und definieren Sie die Farben jetzt mit dem Namen der Variablen. Anstelle von 444 schreiben Sie einfach `$g2` in das entsprechende Eingabefeld.

Beachten Sie, dass in den Eingabefeldern für Farben maximal sechs Zeichen eingegeben werden dürfen. Der Name der Variablen für einen Farbwert darf also maximal sechs Zeichen lang sein.

Die im Theme definierten globalen Variablen können in den Eigenschaften eines Stylesheets überschrieben werden.

Variablen für Abstände oder Schriften

Variablen können Sie nicht nur für Farbwerte einsetzen, sondern auch für Abstände (`margin`, `padding`) oder Schriftformatierungen. So könnten Sie zum Beispiel eine Variable namens `$mb` mit einem Wert von »1« definieren.

Dabei gilt, anders als bei den Farbwerten, die Begrenzung von sechs Zeichen für den Variablennamen nicht. Die Variable `$mb` könnten Sie also auch `$margin-bottom` nennen. Oder Sie definieren die Schriftgröße für `h2`-Überschriften mit `$font-size-h2`.

7.6 Arbeiten mit externen Stylesheets

Falls Sie es gewohnt sind, Ihr CSS in einem Editor von Hand zu schreiben, und Sie sich trotz der liebevollen Beschreibung in diesem Kapitel nicht mit dem CSS-Editor von Contao anfreunden können, dann müssen Sie das nicht.

Sie können weiterhin mit externen Stylesheets und einem externen Editor arbeiten, wie Sie es gewohnt sind. Und das Arbeiten mit externen Stylesheets ist in Contao 3 einfacher denn je.

7.6.1 Externe Stylesheets speichern und im Seitenlayout einbinden

Wenn Sie mit externen Stylesheets arbeiten möchten, speichern Sie die Stylesheet-Dateien am besten im Theme-Ordner zusammen mit den für das Theme benötigten Grafiken. Für die Beispielsite wäre das also der Ordner */files/themes/theme_one/*.

Um Contao mitzuteilen, dass die Beispielsite mit externen Stylesheets gestaltet werden soll, sind nur ein paar Klicks nötig:

- Wechseln Sie in das Backend-Modul THEMES • SEITENLAYOUTS.
- Öffnen Sie das Seitenlayout STANDARDLAYOUT.
- Blenden Sie den Bereich STYLESHEETS ein.
- Klicken Sie im Bereich ZUSÄTZLICHE STYLESHEETS auf die Schaltfläche AUSWAHL ÄNDERN. Falls die Stylesheets nicht angezeigt werden, müssen Sie vielleicht erst noch »synchronisieren« (siehe Seite 124).
- Markieren Sie die gewünschten externen Stylesheets, und fügen Sie sie mit einem Klick auf die Schaltfläche ANWENDEN hinzu.

So einfach ist das in Contao 3.

Abbildung 7.24 zeigt das Seitenlayout mit externen Stylesheets. Die Reihenfolge können Sie übrigens einfach per Drag & Drop mit der Maus verändern.

Die externen Stylesheets werden von Contao übrigens genau wie interne Stylesheets zu einem einzigen Stylesheet mit einem kryptischen Namen zusammengefasst und dann an den Browser ausgeliefert.

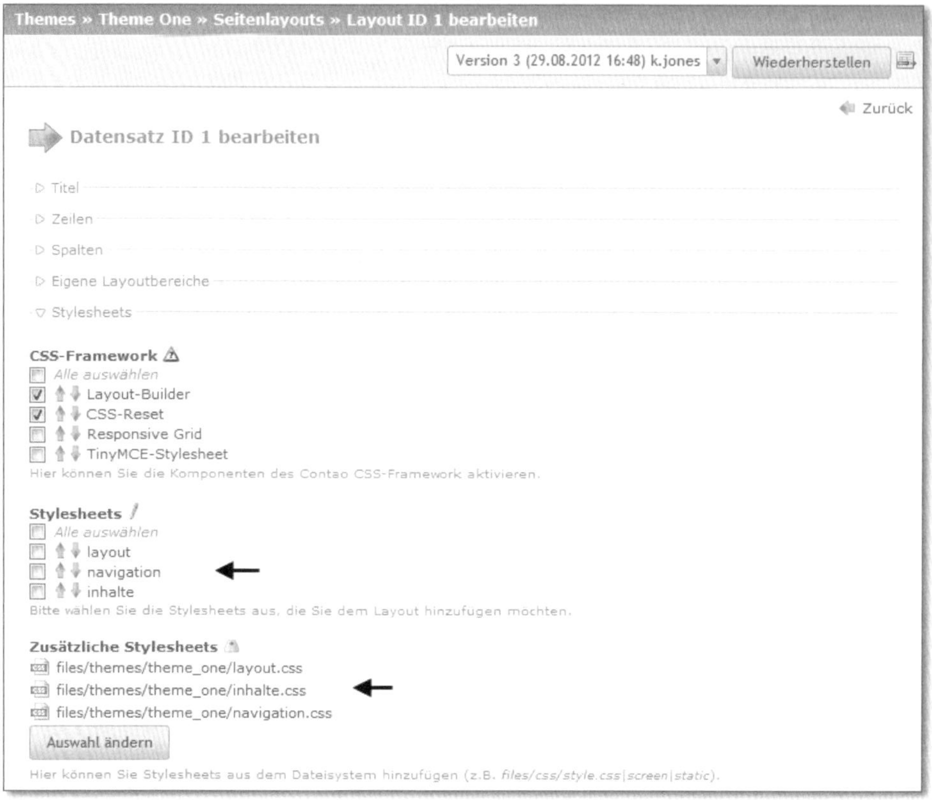

Abbildung 7.24 Seitenlayout mit eingebundenen externen Stylesheets

Wenn Sie im weiteren Verlauf des Buches lieber mit externen Stylesheets arbeiten möchten, sollten Sie die eventuell bereits erstellten internen Stylesheets im Seitenlayout deaktivieren, damit Sie nicht versehentlich mit beiden arbeiten.

Beispielsite wahlweise mit internen oder externen Stylesheets

In den folgenden Kapiteln werde ich das für die Beispielsite benötigte CSS so schreiben, dass Sie sowohl mit internen als auch mit externen Stylesheets arbeiten können. Sie haben also die Wahl. Zwei Hinweise dazu:

- Wenn ich ein internes Stylesheet *inhalte* erwähne, dann sollte die externe Variante *inhalte.css* heißen.
- Wenn ich bei internen Stylesheets von *Kategorien* sprechen, dann können Sie die für externe Stylesheets ignorieren oder stattdessen Kommentare einfügen.

Contao überlässt es Ihnen, wie Sie Ihre Stylesheets bearbeiten. Wenn Sie das wünschen, können Sie auch problemlos mit *Sass* und *Compass* arbeiten ...

7.6.2 Teamwork: interne und externe Stylesheets zusammen

Sie haben in diesem Kapitel bis jetzt zwei grundlegend verschiedene Methoden im Umgang mit CSS bei Contao kennengelernt:

- *Interne Stylesheets* werden in THEMES • STYLESHEETS mit dem CSS-Editor von Contao bearbeitet und in der Datenbank gespeichert.
- *Externe Stylesheets* werden unterhalb des Ordners *files* gespeichert und mit einem externen Editor bearbeitet.

In diesem kurzen Abschnitt geht es um zwei Varianten der Zusammenarbeit von internen und externen Stylesheets, die man mit den Worten *nacheinander* und *miteinander* umschreiben kann.

Die erste Möglichkeit ist ein »Nacheinander«:

- Die arbeitsintensive Entwicklungsphase erfolgt im externen Editor.
- Vor dem Launch werden die externen Stylesheets dann importiert, gecheckt und kategorisiert.

Die externen Stylesheets werden vom Webspace entfernt, und nach dem Launch der Site werden die Stylesheets intern weitergepflegt.

Die zweite Variante ist hingegen mehr ein »Miteinander«:

- Die Site wird an sich mit externen Stylesheets gestaltet.
- Zusätzlich werden interne Stylesheets erstellt und benutzt.

Diese Möglichkeit ist z.B. von Vorteil, wenn ein Kunde oder ein Redakteur selbst Hand an die Gestaltung der Website anlegen möchte oder soll, mit der Syntax von CSS aber nicht vertraut ist.

Im nächsten Kapitel geht es weiter mit einigen technischen Details zum CSS-Framework.

Kapitel 8
Das CSS-Framework von Contao

In diesem Kapitel erfahren Sie alles über das Contao-CSS-Framework. Besonders der Layout-Builder und der CSS-Reset werden im Detail vorgestellt.

Die Themen im Überblick:

Dieses Kapitel erklärt, wie das Contao-CSS-Framework aufgebaut ist.

8.1 Das CSS-Framework von Contao im Überblick

In diesem Abschnitt geht es zunächst darum, was genau das CSS-Framework eigentlich ist.

8.1.1 CSS-Editor und CSS-Framework sind nicht dasselbe

Auch wenn die Begriffe ähnlich klingen, sind der CSS-Editor aus Kapitel 7, »Contao und CSS: Webseiten gestalten«, und das CSS-Framework nicht dasselbe:

- Der CSS-Editor dient zur Erstellung und Bearbeitung von Styles und verbirgt sich im Backend-Modul THEMES • STYLESHEETS.
- Das CSS-Framework arbeitet im Hintergrund, und die einzelnen Komponenten werden über THEMES • SEITENLAYOUTS per Mausklick aktiviert.

Abbildung 8.1 zeigt den Bereich STYLESHEETS aus dem Seitenlayout, bei dem Sie alle Möglichkeiten im Überblick sehen.

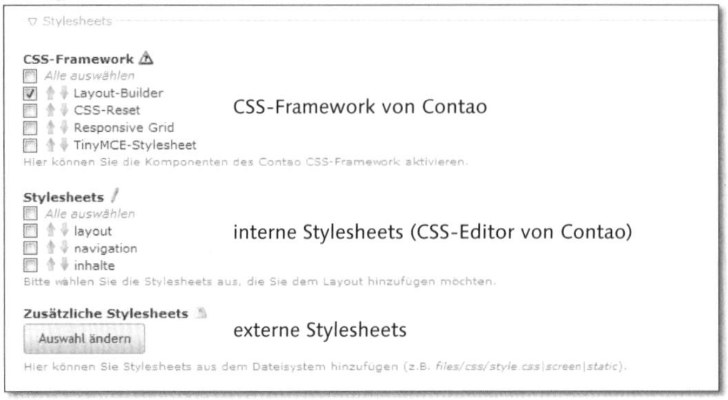

Abbildung 8.1 CSS-Framework nebst internen und externen Stylesheets

Es gibt also diverse Kombinationsmöglichkeiten:

- Sie können das CSS-Framework von Contao nutzen und die Stylesheets mit dem CSS-Editor von Contao bearbeiten (interne Stylesheets).
- Sie können das CSS-Framework von Contao nutzen und die Stylesheets mit einem ganz normalen Editor bearbeiten (externe Stylesheets).
- Sie können das CSS-Framework von Contao deaktivieren, mit einem externen CSS-Framework wie YAML, 960GS oder Skeleton arbeiten und die Stylesheets in einem externen Editor bearbeiten.

Every which way you want. Contao macht Ihnen viele Angebote, schreibt ihnen aber nichts vor. Entdecke die Möglichkeiten.

Und damit Ihnen die Entscheidung leichter fällt, stelle ich Ihnen in diesem Kapitel das CSS-Framework von Contao ausführlich vor.

8.1.2 Die Komponenten des CSS-Frameworks

Der Benutzer sieht vom Contao-CSS-Framework zunächst einmal nur die Optionen im Seitenlayout aus Abbildung 8.1. Dort können Sie die vier Komponenten ein- und ausstellen. Tabelle 8.1 zeigt diese Komponenten im Überblick, und zwar mit den entsprechenden Dateinamen.

Komponente CSS-Framework	Datei
Layout-Builder	*fe_page.html5* bzw. *fe_page.xhtml* und *assets/contao/css/layout.css*
CSS-Reset	*assets/contao/css/reset.css*

Tabelle 8.1 Die Komponenten des CSS-Frameworks von Contao

Komponente CSS-Framework	Datei
Responsive Grid	*assets/contao/css/responsive.css*
TinyMCE-Stylesheet	*files/tinymce.css*

Tabelle 8.1 Die Komponenten des CSS-Frameworks von Contao (Forts.)

Standardmäßig ist nur der *Layout-Builder* aktiviert. Er ist die zentrale Komponente des CSS-Frameworks und besteht aus dem Seitentemplate *fe_page* und dem Stylesheet *layout.css*. Diese beiden Dateien arbeiten sehr eng zusammen:

- Das Seitentemplate *fe_page* erzeugt eine wohlüberlegte HTML-Struktur.
- Das Stylesheet *layout.css* gestaltet die HTML-Struktur aus der *fe_page*.

Die anderen Komponenten wie der *CSS-Reset*, das *Responsive Grid* und das *TinyMCE-Stylesheet* sind optional. Den *CSS-Reset* haben Sie auf Seite 180 für die Beispielsite bereits aktiviert, und er wird in diesem Kapitel ab Seite 219 genauer vorgestellt. Danach lernen Sie das *Responsive Grid* kurz kennen. Die letzte Komponente, das Stylesheet für den TinyMCE, kommt dann weiter hinten im Buch in Abschnitt 25.2 dran.

Zunächst aber folgt ein kurzer Exkurs über die Entwicklung von HTML.

8.2 XHTML, HTML5 und Contao

Das Web unterliegt einem ständigen Wandel und hat sich in den gut zwanzig Jahren seiner faszinierenden Existenz von einem Hypertextexperiment von Wissenschaftlern zu einem Massenmedium für jedermann gemausert.

So ist es nicht verwunderlich, dass auch die dem Web zugrunde liegenden Technologien sich ständig weiterentwickeln, was bei vielen Benutzern manchmal zu Verwirrungszuständen und Entscheidungsproblemen führt.

8.2.1 Von HTML über XHTML zu HTML5

Ende der 90er-Jahre beschloss das Standardisierungsgremium *World Wide Web Consortium* (*W3C*), die Meta-Sprache XML zum Fundament für das Web zu machen.

Folgerichtig legte das W3C den damals aktuellen Standard *HTML 4.01* (mit Leerstelle vor der Versionsnummer) mit den strengeren XML-Regeln neu auf. Das Ergebnis war *XHTML 1.0*, das als Übergangslösung gedacht war und in den Geschmacksrichtungen *Transitional* und *Strict* erhältlich war. Im ersten Jahrzehnt dieses Jahrtausends galt XHTML 1.0 zusammen mit CSS als *State of the Art* und als Basis für die Zukunft.

Aber diese Zukunft kam anders als erwartet, denn die eher akademischen W3C-Entwürfe zu XHTML 2.0 gingen an der Realität des Web vorbei und wurden von den Browserherstellern, deren Browser den Quelltext ja letztlich darstellen müssen, mehr oder weniger komplett ignoriert. Anstatt XHTML 2.0 zu unterstützen, ergriffen Google, Apple, Opera und Mozilla im Jahre 2004 die Initiative und gründeten einen gemeinsamen Gegenentwurf namens *WhatWG*, dessen erklärtes Ziel die kontinuierliche Weiterentwicklung von HTML zu HTML5 war. Ohne X am Anfang und ohne Leerstelle vor der Versionsnummer.

Im Oktober 2006 schrieb W3C-Chef und Web-Erfinder Tim Berners Lee in seinem Blog einen denkwürdigen Beitrag mit dem Titel »Back to HTML«, der letztlich das Ende von XHTML 2.0 besiegelte und die Zusammenarbeit von W3C und WhatWG an HTML5 zur Folge hatte.

Die Entwicklung von Webstandards ist ein langsamer, aber beständiger Prozess. Es wird also kein festes Datum geben, ab dem neue Technologien wie HTML5 und CSS3 problemlos einsetzbar sind. Die Zukunft des Web heißt zwar ohne Zweifel HTML5, aber das bedeutet nicht, dass XHTML 1.0 von heute auf morgen zum alten Eisen gehört und nicht mehr eingesetzt wird.

Im Grunde genommen ist es heute genau wie in den 90ern: Die Browser bestimmen, was geht, und die Grenze des praktisch Möglichen verschiebt sich langsam, aber stetig.

8.2.2 Neuerungen in HTML5: vereinfachte Schreibweise und neue Elemente

Große Teile von HTML5 kann man heute bereits problemlos einsetzen, andere verstehen die Browser nur mit ein bisschen Nachhilfe, und wiederum andere Bestandteile sind reine Zukunftsmusik.

HTML5 vereinfacht z.B. viele Schreibweisen, wie das folgende Beispiel zeigt, das übrigens *alle* Browser ohne Probleme verstehen:

```
<!DOCTYPE html>
<html>
<head>
  <meta charset="utf-8">
  <title>HTML5 - einfacher zu schreiben</title>
</head>
```

Listing 8.1 HTML5 vereinfacht viele Schreibweisen

Der DOCTYPE ist einen halben Kilometer kürzer als in XHTML, und die Definition des Zeichensatzes UTF-8 ist wesentlich einfacher lesbar. Auch die XHTML-typische

Endung für inhaltsleere Elemente mit Leerstelle-Schrägstrich-Größer-als wie z.B. in `<br />` ist in HTML5 nicht mehr erforderlich.

HTML5 geht aber einen Schritt weiter und bringt neue Strukturelemente für die Layoutbereiche im `body` einer Webseite. In Contao sieht das etwas vereinfacht dargestellt ungefähr so aus:

```
<header>
  <h1>Beispielsite</h1>
  <nav>Die Navigation</nav>
</header>
...
<aside>Sidebar</aside>
<footer>Made with Contao</footer>
```

Listing 8.2 HTML5 bringt neue Strukturelemente.

In älteren Browsern wie dem Internet Explorer 7 und 8 können diese neuen Strukturelemente unter Umständen Probleme verursachen, weshalb Contao zur Vorbeugung einen sogenannten »html5shim« einbaut (siehe etwas weiter unten).

8.2.3 In Contao haben Sie die Wahl zwischen XHTML oder HTML5

Es gibt also keinen Stichtag zur Einführung neuer Webstandards, und die Frage ist, wie man als Programmierer eines CMSystems mit diesem kontinuierlichen Änderungsprozess umgeht. Die Antwort des Contao-Teams ist absolut gelungen: HTML5 einbauen soweit es geht, aber für weitestgehende Browserkompatibilität weiterhin XHTML 1.0 unterstützen.

In der Praxis bedeutet dies:

- Das *Backend* basiert komplett auf HTML5, allerdings ohne die neuen Strukturelemente, sondern mit normalen `div`-Elementen.
- Für das *Frontend* kann der Anwender das Ausgabeformat selbst wählen und entscheiden, ob Contao HTML5 oder XHTML generiert.

So bietet Contao das Beste aus beiden Welten und ist sowohl in der Gegenwart alltagstauglich als auch für die Zukunft gerüstet. Pfiffig gelöst.

8.2.4 HTML5 oder XHTML: Ausgabeformat im Seitenlayout definieren

Bei der Erstellung des ersten Seitenlayouts in Abschnitt 6.2.2 haben Sie bereits kurz gesehen, dass man im Backend-Modul SEITENLAYOUTS das Ausgabeformat ändern kann (siehe Abbildung 8.2).

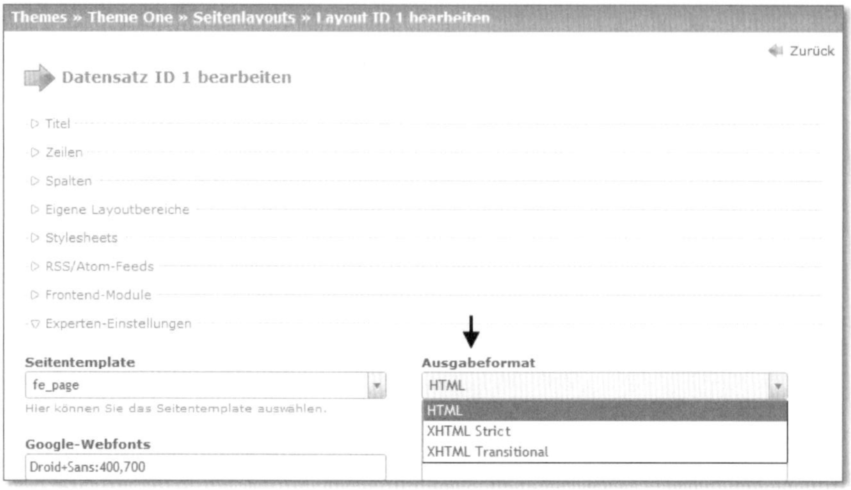

Abbildung 8.2 Das Ausgabeformat für das Frontend definieren

Die Seitenlayouts sind der »Hub«, die Nabe, die alle Contao-Komponenten zusammenhält, und Contao bietet Ihnen hier die Wahl:

- Das Ausgabeformat HTML erzeugt im Frontend HTML5.
- Die beiden XHTML-Ausgabeformate generieren, nun ja, XHTML.

Der Trick an der Sache ist eine Erweiterung des Template-Systems von Contao, die ich Ihnen im nächsten Abschnitt kurz vorstellen möchte.

8.2.5 Alle Templates gibt es als HTML5 und als XHTML

Die Frontend-Ausgabe von Contao basiert vollständig auf Templates. Um nun dem Benutzer wahlweise die Erzeugung von HTML5 oder XHTML zu ermöglichen, gibt es alle Templates doppelt.

Dies führt im Backend-Modul TEMPLATES nach einem Klick auf NEUES TEMPLATE zu einer beeindruckend langen Liste (Abbildung 8.3).

Contao entscheidet je nach gewähltem Ausgabeformat im Seitenlayout, welche Templates es zur Generierung des Frontends benutzt:

- Templates mit der Endung **.html5* erzeugen im Frontend HTML5.
- Templates mit der Endung **.xhtml* erzeugen im Frontend XHTML.

Diese Lösung ist ebenso einfach wie genial, denn damit lässt Contao Ihnen die freie Wahl. Die Beispielsite in diesem Buch basiert auf HTML5.

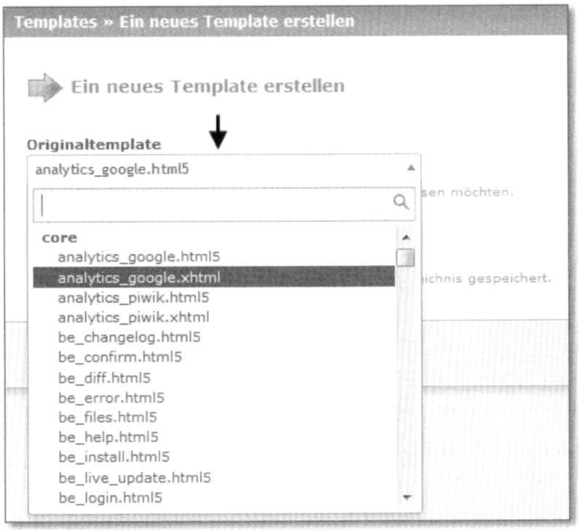

Abbildung 8.3 Die Templates existieren alle zweimal.

8.3 Die HTML-Struktur: das Seitentemplate »fe_page«

Das Fundament des CSS-Frameworks von Contao ist das Seitentemplate *fe_page*. Mit diesem Seitentemplate lassen sich alle möglichen Layouts realisieren, und einer der größten Fehler von Contao-Einsteigern ist es, gleich zu Beginn ein eigenes Seitentemplate zu erstellen und die *fe_page* zu ignorieren.

8.3.1 Das HTML-Grundgerüst von Contao

Das Seitentemplate *fe_page* stellt von Haus aus fünf Layoutbereiche zur Verfügung. In der Reihenfolge ihres Auftretens sind das:

- Kopfzeile: `#header`
- Hauptspalte: `#main`
- Linke Spalte: `#left`
- Rechte Spalte: `#right`
- Fußzeile: `#footer`

Ein Blick in den Quelltext der Beispielsite zeigt, dass dort beim Ausgabeformat HTML5 im `body` folgendes HTML-Grundgerüst vorhanden ist:

```
<div id="wrapper">
  <header id="header">
    <div class="inside"> </div>
    <nav class="mod_navigation block"> </nav>
```

```
  </header>
  <div id="container">
    <div id="main">
      <div class="inside"> </div>
    </div> <!-- Ende #main -->
    <aside id="left">
      <div class="inside"> </div>
    </aside>
    <aside id="right">
      <div class="inside"> </div>
    </aside>
  </div> <!-- Ende #container -->
  <footer id="footer">
    <div class="inside"> </div>
  </footer> <!-- Ende #footer -->
</div> <!-- Ende #wrapper -->
```

Listing 8.3 Das HTML-Grundgerüst von Contao

Falls die rechte Seitenspalte noch nicht im Quelltext auftaucht, liegt das daran, dass sie momentan noch keinerlei Inhalt enthält. Abbildung 8.4 zeigt die fünf Layoutbereiche auf der Startseite.

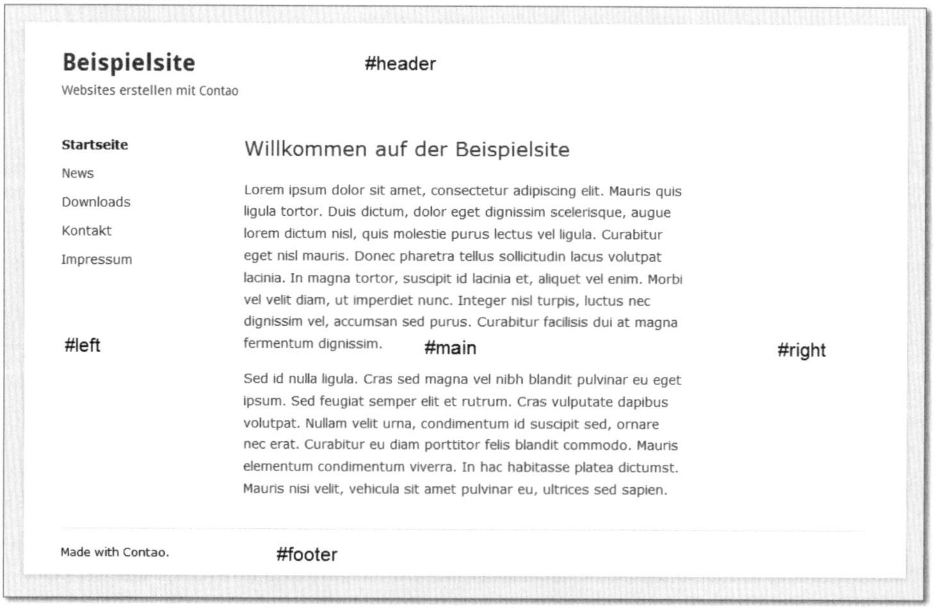
Beispielsite
Websites erstellen mit Contao
#header
Startseite
News
Downloads
Kontakt
Impressum
#left
Willkommen auf der Beispielsite
Lorem ipsum dolor sit amet, consectetur adipiscing elit. Mauris quis ligula tortor. Duis dictum, dolor eget dignissim scelerisque, augue lorem dictum nisl, quis molestie purus lectus vel ligula. Curabitur eget nisl mauris. Donec pharetra tellus sollicitudin lacus volutpat lacinia. In magna tortor, suscipit id lacinia et, aliquet vel enim. Morbi vel velit diam, ut imperdiet nunc. Integer nisl turpis, luctus nec dignissim vel, accumsan sed purus. Curabitur facilisis dui at magna fermentum dignissim.
#main
Sed id nulla ligula. Cras sed magna vel nibh blandit pulvinar eu eget ipsum. Sed feugiat semper elit et rutrum. Cras vulputate dapibus volutpat. Nullam velit urna, condimentum id suscipit sed, ornare nec erat. Curabitur eu diam porttitor felis blandit commodo. Mauris elementum condimentum viverra. In hac habitasse platea dictumst. Mauris nisi velit, vehicula sit amet pulvinar eu, ultrices sed sapien.
#right
Made with Contao.
#footer

Abbildung 8.4 Die Layoutbereiche aus »fe_page« auf der Startseite

Die »div«-Elemente mit der Klasse »inside«

Die `div`-Elemente mit der Klasse `inside` sind genau genommen eine Dopplung der umgebenden Elemente wie `header`, `footer`, `aside` oder `div` und haben besonders bei flexiblen Layouts viele Vorteile. Bei Bedarf finden Sie mehr zu diesem Thema in »Little Boxes« (siehe *little-boxes.de*):

- Abschnitt 17.3, »Mehrspaltige, flexible Layouts: Das doppelte DIV« *bit.ly/b4YyZc*

Bei vielen statischen Layouts sind die inneren DIVs zwar nicht zwingend notwendig, aber sie stören nicht weiter, und manchmal sind sie sogar nützlich.

8.3.2 Der <head>-Bereich der »fe_page«

In diesem Abschnitt schauen Sie sich im Seitentemplate *fe_page.html5* den Bereich zwischen `<head>` und `</head>` genauer an und lernen dabei einige für das CSS-Framework wichtige PHP-Befehle kennen.

Sie erstellen zunächst eine Kopie des Templates und benennen diese Kopie um, damit Sie in Ruhe experimentieren können und Contao weiterhin das Original *fe_page* benutzt, das sich übrigens im Ordner */system/modules/core/templates* befindet.

ToDo: Eine Kopie des Seitentemplates »fe_page« im Backend öffnen

1. Öffnen Sie das Backend-Modul LAYOUT • TEMPLATES.
2. Klicken Sie rechts oben auf NEUES TEMPLATE.
3. Wählen Sie aus der Liste das Seitentemplate *fe_page.html5*. Geben Sie dazu im Suchfeld einfach die ersten Buchstaben ein, und wählen Sie dann den Dateinamen *fe_page.html5* per Maus oder Tastatur.
4. Speichern Sie die Kopie im ZIELVERZEICHNIS *templates*.
5. Benennen Sie die Datei mit einem Klick auf den gelben Bleistift um, zum Beispiel in *fe_page_untersuchen.html5*.
6. Klicken Sie zum Öffnen der *fe_page_untersuchen.html5* auf das blau-weiße Symbol (zweites Symbol von rechts).

Jetzt sehen Sie den Quelltext des Seitentemplates in einem Editorfenster. Am Anfang des Quelltextes stehen ein paar PHP-Anweisungen, die unter anderem den DOCTYPE und den Seitentitel definieren.

Nach dem Seitentitel überspringen Sie ein paar Meta-Elemente und landen bei einigen für das CSS-Framework sehr wichtigen Zeilen:

```
<?php echo $this->viewport; ?>
<?php echo $this->framework; ?>
<?php echo $this->stylesheets; ?>
<?php echo $this->mooScripts; ?>
<?php echo $this->head; ?>
</head>
```

Listing 8.4 Einbinden der Stylesheets im »<head>« der »fe_page«

Die Angabe `$this->viewport` wird erst im Zusammenhang mit mobilen Layouts wichtig und deshalb erst in Kapitel 18, »Mobile Webseiten«, näher besprochen.

8.3.3 Der Style-Block von »$this->framework«

Die Zeile `echo $this->framework` heißt frei übersetzt so viel wie »Schreibe den Wert der Variablen `$this->framework` in den Quelltext der Startseite.«

In dieser Variablen werden einige Einstellungen aus dem Seitenlayout gespeichert, wie z.B. die Breite und Ausrichtung des Layouts und die Spaltenkonfiguration. Das Ergebnis dieser Anweisung sehen Sie übersichtlich formatiert in Listing 8.5:

```
<style>
#wrapper{
  width:880px;
  margin:0 auto
}
#left{
  width:180px;
  right:180px
}
#right{
  width:180px
}
#container{
  padding-left:180px;
  padding-right:180px
}
</style>
```

Listing 8.5 Die Ausgabe von »$this->framework«

Der Style-Block enthält das CSS für die Einstellungen, die Sie im Seitenlayout definiert haben:

- einen zentrierten Wrapper mit einer Breite von 880 px
- die zwei Spalten `#left` und `#right` mit je 180 px Breite, wobei `#left` zusätzlich noch die Anweisung `right: 180px` hat
- `#container` mit einem `padding-left` und `padding-right` von jeweils 180 px

Diese Styles ergänzen die weiter unten beschriebenen allgemeinen Styles für ein »Holy-Grail«-Layout, die in der *layout.css* gespeichert sind, durch die Angaben aus dem Seitenlayout.

Ein Style-Block? Ist das nicht unelegant?

Viele gestandene CSSler werden sich bei dem Anblick eines Style-Blocks im Head der Seite wundern, gilt CSS in einem Style-Block doch eher als unschön. Ein Style-Block ist aber ein völlig legitimer Bestandteil der Kaskade, und in Contao ermöglicht er es, in verschiedenen Seitenlayouts verschiedene Layoutbereiche zu benutzen.

8.3.4 Stylesheets einbinden: »$this->stylesheets«

Contao lädt alle im Seitenlayout aktivierten internen und externen Stylesheets, komprimiert das CSS, packt alle Styles in eine einzige Datei mit einem zufällig gewählten Namen und speichert diese Datei im Ordner *assets/css*.

Die Anweisung `$this->stylesheets` erzeugt ein `<link>`-Element zur Einbindung dieser Datei. Darin werden die folgenden Stylesheets eingebunden:

- *layout.css*, wenn der Layout-Builder aktiviert ist. Der allgemeine Teil des Layout-Builders steht in dieser CSS-Datei, der layoutspezifische Teil im Style-Block etwas weiter oben im `<head>`.
- *reset.css*, wenn der CSS-Reset im Seitenlayout aktiviert ist
- Stylesheets für jQuery- oder MooTools-Skripte, wie z.B. die Media-Box, sofern sie im Seitenlayout ausgewählt wurden
- interne Stylesheets in der im Seitenlayout definierten Reihenfolge
- externe Stylesheets ebenfalls in der Reihenfolge, die im Seitenlayout festgelegt wurde

Die Anweisung »$this->head«

Ganz am Ende des `<head>`-Bereichs steht noch die Anweisung `echo $this->head`, die die im Seitenlayout im Feld `Zusätzliche <head>-Tags` definierten HTML-Elemente einfügt.

8.3.5 »fe_page.html5« enthält neue HTML5-Strukturelemente

Das Seitentemplate *fe_page.html5* basiert auf den folgenden Grundbausteinen:

- Der Kopfbereich wird mit `<header>` ausgezeichnet.
- Wichtige Navigationsmodule stehen in `<nav>`.
- Die Seitenspalten werden mit `<aside>` gebaut.
- Der Fußbereich basiert auf `<footer>`.

Damit alle Browser diese neuen Strukturelemente als Block-Elemente darstellen, gibt es in der *layout.css* folgende Regel:

```
header,footer,nav,section,aside,article,figure,figcaption {
  display:block;
}
```

Listing 8.6 layout.css – HTML5-Elemente als Block-Elemente darstellen

Details zur *layout.css* erfahren Sie weiter unten in diesem Kapitel ab Seite 213.

8.3.6 »html5shim« – HTML5 für Internet Explorer 7 und 8 via JavaScript

Die Internet Explorer bis einschließlich Version 8 haben ein Problem im Umgang mit unbekannten Elementen. Listing 8.7 zeigt zunächst ein einfaches Beispiel mit dem neuen HTML5-Element `<header>`:

```
<header>
  <h1>HTML - einfacher zu schreiben</h1>
</header>
```

Listing 8.7 Einfaches HTML5-Beispiel

Moderne Browser würden `<header>` zwar als Inline-Element darstellen, verstehen aber wenigstens, was gemeint ist, und lassen sich mit dem CSS aus Listing 8.6 bei der Darstellung helfen. IE7 und 8 verstehen die neuen Elemente hingegen überhaupt gar nicht. Das einfache Beispiel aus Listing 8.7 sieht in IE7 und 8 etwa so aus:

```
<header></header>
  <h1>HTML - einfacher zu schreiben</h1>
</header></header>
```

Listing 8.8 IE7 und 8 verstehen die neuen Strukturelemente nicht.

Tja. Und bei so einem HTML-Müll hilft auch kein CSS mehr bei der Darstellung. Es gibt zwei Lösungsstrategien für dieses Problem:

- kein HTML5, also `<div id="header>` anstelle von `<header id="header">`
- ein JavaScript, das dem IE hilft, die neuen Elemente zu verstehen

Contao bietet Ihnen beide Möglichkeiten.

- Beim Ausgabeformat XHTML bekommen Sie anstelle der neuen HTML5-Strukturelemente die traditionellen `div`-Elemente.
- Beim Ausgabeformat HTML baut Contao automatisch einen sogenannten *html5shim* ein.

Dieses Skript heißt mit vollem Namen *HTML5 IE enabling script*, stammt von Remy Sharp und ist im Web unter folgender URL zu finden:

- *code.google.com/p/html5shim/*

Dahinter verbirgt sich eine JavaScript-Datei namens *html5shiv.js*, die von Contao mit einem Conditional Comment an IE < 9 ausgeliefert wird:

```
<!--[if lt IE 9]>
<script src="assets/html5shiv/3.6/html5shiv.js"></script>
<![endif]-->
```

Listing 8.9 Die Einbindung des »html5shim« in Contao

Die Begriffe *shim* und *shiv* sind beide gebräuchlich und meinen dasselbe. Dieses Skript sorgt dafür, dass ältere Internet Explorer bei der Darstellung Ihrer Webseiten nicht unabsichtlich abstrakte Kunst erzeugen.

8.4 Der Kern des CSS-Frameworks: »layout.css«

Das Stylesheet *layout.css* liegt im Ordner *assets/contao/css* und ist wie gesagt der wichtigste Teil des CSS-Frameworks. Es besteht aus mehreren Teilen, die ich im Folgenden kurz vorstellen möchte.

Das CSS in *layout.css* ist übrigens stark komprimiert. Dem Browser macht das nichts, aber zur Untersuchung durch menschliche Augen ist die unkomprimierte Version in der Datei *layout-uncompressed.css* wesentlich besser geeignet.

8.4.1 Teil 1 – ein paar allgemeine Styles

Am Anfang der *layout.css* stehen ein paar allgemeine Styles, die einige grundlegende Gestaltungsanweisungen vornehmen. Listing 8.10 zeigt diesen Teil im Überblick.

```
/* Standardize some basic elements */
body,form { margin:0; padding:0; }
img { border:0; }
header,footer,nav,section,aside,article,figure,figcaption {
  display:block;
```

```
}

/* Fix some font issues */
body { font-size:100.01%; }
select,input,textarea { font-size:99%; }

/* Fix some positioning issues */
#container,.inside { position:relative; }
```

Listing 8.10 »layout.css«, Teil 1

Neben allgemeinen Styles wie dem Zurücksetzen von `margin` und `padding` für `body` und `form` und dem Entfernen von Rahmenlinien um Bilder gibt es hier im ersten Teil folgende Styles:

- Im dritten Style wird festgelegt, dass neue HTML5-Elemente wie `header`, `footer` etc. als Block-Elemente dargestellt werden.
- Der Bereich `#container` und die in den Layoutbereichen enthaltenen inneren `div`-Elemente werden mit der Klasse `inside` relativ positioniert. Damit dienen sie als Bezugspunkt für darin enthaltene absolute Positionierungen.

Teil 1 enthält also nichts wirklich Spektakuläres, deshalb gleich weiter mit dem zweiten Teil.

8.4.2 Teil 2 – »Holy Grail«: Weblayouts und der heilige Gral

Der zweite Teil von *layout.css* enthält die grundlegenden Styles für das Holy-Grail-Layout. Der Legende nach ist der heilige Gral laut Wikipedia »ein wundertätiges Gefäß in Form einer Schale, eines Kelchs oder eines Steines«, das ewige Lebenskraft spendet. Fast wichtiger als der Gral selbst ist aber die Suche nach ihm, bei der der Held der Geschichte sein behütetes Zuhause verlässt und schier unglaubliche Abenteuer erlebt.

Im Webdesign ist der heilige Gral ein Layout mit folgenden Eigenschaften:

- Das Layout hat zwischen Kopf- und Fußzeile bis zu drei Spalten.
- Die mittlere der drei Spalten hat eine flexible Breite.
- Die beiden Seitenspalten haben eine feste Breite.
- Die mittlere Spalte steht im Quelltext *vor* den Seitenspalten.
- Die Fußzeile darunter geht über die gesamte Layoutbreite.

Das grundlegende Layoutprinzip wird in einem mittlerweile klassischen Artikel von Matthew Levine aus dem Jahre 2006 geschildert:

- »In Search of the Holy Grail«
  alistapart.com/articles/holygrail

Listing 8.11 zeigt die fünf einfachen Styles, mit denen Contao dieses Holy-Grail-Layout erstellt.

```
/* Apply the holy grail CSS layout */
#main, #left, #right { float:left; position:relative; }
#main { width:100%; }
#left { margin-left:-100%; }
#right { margin-right:-100%; }
#footer {clear:both; }
```

Listing 8.11 »layout.css«, Teil 2 – der Holy Grail

Durch diese Styles kann die mittlere Spalte `#main` im Quelltext vor den beiden Seitenspalten `#left` und `#right` stehen. Der Trick basiert auf dem geschickten Einsatz von `float` und negativen Margins, mit denen die Seitenspalten im Browserfenster links und rechts neben die mittlere Spalte platziert werden, obwohl sie im Quelltext danach kommen.

Die fünf Styles im zweiten Teil der *layout.css* werden vom Browser übrigens mit dem weiter oben bereits geschilderten Style-Block im `<head>`-Bereich kombiniert. Hier in der *layout.css* stehen die allgemeinen, grundlegenden Anweisungen für ein Holy-Grail-Layout, dort im `<head>`-Bereich werden die Einstellungen aus dem Backend-Modul THEMES • SEITENLAYOUT eingebunden. Beide Teile bilden zusammen ein Ganzes.

8.4.3 Teil 3 – Media Query – auf kleinen Bildschirmen kein »Holy Grail«

Auf Seite 191 haben Sie bereits gesehen, dass das Layout der Beispielsite sich auf kleinen Bildschirmen anders verhält als auf großen. Da auf kleinen Bildschirmen drei Spalten nebeneinander nicht wirklich sinnvoll sind, rutschen die Seitenspalten `#left` und `#right` automatisch unter den Inhaltsbereich `#main`, sodass der Inhalt immer gut lesbar bleibt.

Für dieses Verhalten ist der dritte Teil der *layout.css* zuständig (Listing 8.12).

```
/* ... display all columns underneath each other ... */
@media (max-width:767px) {
  #wrapper { margin:0; width:auto; }
  #header,#footer { height:auto; }
  #container { padding-left:0; padding-right:0; }
  #main,#left,#right { float:none; width:auto; }
```

```
  #left { right:0; margin-left:0; }
  #right {margin-right:0; }
}
```

Listing 8.12 »layout.css«, Teil 3 – die Media Query

Die Bedingung `@media (max-width:767px)` fragt ab, wie breit der Anzeigebereich (*Viewport*) ist, in dem die Webseite dargestellt wird. Nach der Anweisung steht eine öffnende geschweifte Klammer, die erst in der letzten Zeile von Listing 8.12 wieder geschlossen wird. Die sechs Styles zwischen den geschweiften Klammern von `@media` werden nur ausgeführt, wenn die Bedingung `max-width:767px` erfüllt ist, wenn also der Viewport nicht breiter als 767 Pixel ist. Nur dann gelten die sechs Styles innerhalb der geschweiften Klammern.

Diese Styles machen die Einstellungen für das Holy-Grail-Layout aus dem zweiten Teil der *layout.css* (Listing 8.11) wieder rückgängig und sorgen so dafür, dass die Spalten `#main`, `#left` und `#right` im Browserfenster untereinander dargestellt werden.

@media: Media Queries in der Praxis

Beispiele für Media Queries in der Praxis finden Sie auf der folgenden Website mit einem sehr passenden Domainnamen:

- *mediaqueri.es*

Michael Jendryschik hat bereits 2010 einen guten Artikel zur Verwendung von Media Queries geschrieben:

- *heise.de/ix/artikel/Allen-recht-1058764.html*

Hinweise zur Syntax von Media Queries bekommen Sie am besten direkt beim W3C:

- *w3.org/TR/css3-mediaqueries/*

8.4.4 Teil 4 – flexible Bilder und Videos mit »max-width:100%«

Zu einem flexiblen Layout gehören auch flexible Medien. Im vierten Teil der *layout.css* wird definiert, dass Bilder, eingebettete Objekte und Videos sich entsprechend verhalten (Listing 8.13).

```
/* Flexible images and videos */
img,embed,object,video { height:auto; max-width:100%; }

img {
  width:auto\9; /* IE8 */
  -ms-interpolation-mode:bicubic; /* IE7 */
}
```

Listing 8.13 »layout.css«, Teil 4 – flexible Medien mit »max-width: 100%«

Mit dem ersten Style wird sichergestellt, dass Bilder und Videos auf kleinen Bildschirmen nicht das Layout sprengen. Die einfache Anweisung `max-width:100%` ist die Zauberwaffe, denn sie sorgt dafür, dass Bilder und andere Medien auch in flexiblen Layouts niemals breiter werden als das umgebende HTML-Element (das Elternelement). Der zweite Style ist nur ein Bugfix für IE7 und IE8.

8.4.5 Teil 5 – die Bildergalerien von Contao formatieren

Direkt danach erfolgt eine Grundformatierung für die von Contao erzeugten Bildergalerien (siehe Abschnitt 10.6 ab Seite 287). In früheren Versionen wurden Galerien mit Tabellen dargestellt, in Contao 3 kommen jetzt ungeordnete Listen zum Einsatz (Listing 8.14).

```
/* Format the Contao image galleries */
.ce_gallery ul {
  margin:0;
  padding:0;
  overflow:hidden;
  list-style:none;
}
.ce_gallery li { float:left; }
.ce_gallery li.col_first { clear:left; }
```

Listing 8.14 »layout.css«, Teil 5 – Bildergalerien von Contao formatieren

Das `ul`-Element bekommt keinerlei `margin` und `padding`. Das `overflow:hidden` sorgt dafür, dass die gefloateten Listenelemente umschlossen werden, und durch `list-style:none` werden die Aufzählungspunkte entfernt.

Die Listenelemente mit den Bildern innerhalb der Liste werden nach links gefloatet, und Listenelemente mit der Klasse `col_first` beginnen auf einer neuen Zeile.

8.4.6 Teil 6 – nützliche Klassen und zusätzliche Layoutbereiche

Zum Abschluss der *layout.css* werden noch ein paar nützliche Klassen definiert. Die Erläuterungen der Styles folgen nach Listing 8.15.

```
/* Clear floats */
.block { overflow:hidden; }

.clear,#clear {
  height:0.1px;
  font-size:0.1px;
  line-height:0.1px;
```

```
  clear:both;
}

/* Hide invisible elements*/
.invisible {
  width:0;
  height:0;
  left:-1000px;
  top:-1000px;
  position:absolute;
  overflow:hidden;
  display:inline;
}

/* Custom layout sections */
.custom { display:block; }
#container:after,.custom:after {
  content:".";
  display:block;
  height:0;
  clear:both;
  visibility:hidden;
}
```

Listing 8.15 Allgemeine Klassen am Ende der »layout.css«

Diese vordefinierten Klassen sind im CSS-Alltag sehr praktisch:

- Elemente, die Floats umschließen sollen, bekommen in Contao einfach die Klasse `block`.
- Elemente, die einen Floatzustand beenden sollen, bekommen die Klasse `clear` oder die ID `clear`.
- Elemente, die am Bildschirm unsichtbar sein sollen, bekommen die Klasse `invisible`.

Die Klasse `custom` wird für eigene Layoutbereiche verwendet. Was genau das ist, erfahren Sie weiter hinten im Buch in Abschnitt 25.3.

Der abschließende Style ist ein klassischer *Clearfix* und sorgt dafür, dass `#container` und eventuelle eigene Layoutbereiche darin enthaltene gefloatete Elemente umschließen.

Floats clearen

Falls Ihnen die Tricks zum Umschließen von Floats wie `overflow:hidden` oder *Clearfix* nicht wirklich etwas sagen, können Sie sich in »Little Boxes« darüber informieren:

- »Containing Floats: gefloatete Elemente einschließen«
  bit.ly/9mTifx

Das Umschließen von Floats ist beim Gestalten mit CSS eine wichtige Basistechnik, die jeder Webdesigner verstehen sollte.

8.5 Der CSS-Reset von Contao im Detail

In diesem Abschnitt werfen Sie einen kurzen Blick auf den CSS-Reset von Contao.

Die Styles für den CSS-Reset werden im Ordner *assets/contao/css* in der Datei *reset.css* gespeichert. Diese Datei enthält eine komprimierte Version des Resets, bei der keine Leerstelle zu viel enthalten ist. Einem Browser macht das nichts, aber für das menschliche Auge ist die unkomprimierte Version in *reset-uncompressed.css* besser geeignet. Inhaltlich sind die beiden Dateien identisch, aber die unkomprimierte Version ist etwas übersichtlicher.

Der CSS-Reset von Contao besteht aus vier großen Teilen:

1. Reset in `Reset the margin and padding of the block elements`
2. Basisformatierung in `Format basic elements`
3. Schriftformatierung in `Default font settings`
4. Vertikale Abstände im Abschnitt `Default margins`

8.5.1 Teil 1 – der Reset

Der Reset in Teil 1 ist nur ein einziger Style, der das `margin` und `padding` für zahlreiche Blockelemente auf `0` setzt. Der Selektor dieses Styles wird im folgenden Listing der Übersichtlichkeit halber auf mehrere Zeilen verteilt (Listing 8.16).

```
/* Reset the margin and padding ... */
body, div,
h1, h2, h3, h4, h5, h6,
p, blockquote, pre, code,
ol, ul, li, dl, dt, dd,
figure, table, th, td,
form, fieldset, legend, input,
```

```
textarea {
  margin: 0;
  padding: 0;
}
```

Listing 8.16 Der »Reset« – Teil 1 des Stylesheets »reset.css«

8.5.2 Teil 2 – grundlegende Formatierung

Der zweite Teil enthält eine Grundformatierung und beginnt mit dem Kommentar `/* Basic element formatting */`. Teil 2 besteht aus zehn Styles mit Formatierungen für Tabellen, Hyperlinks und andere Elemente.

```
/* Format basic elements */
table {border-collapse: collapse; border-spacing: 0;}
caption, th, td {
  text-align: left;
  text-align:start; /* see #4596 */
  vertical-align: top;
}
abbr, acronym {
  font-variant: normal;
  border-bottom: 1px dotted #666;
  cursor: help;
}
blockquote, q {quotes: none;}
fieldset, img {border: 0;}
li {list-style-type: none;}
sup {vertical-align: text-top;}
sub {vertical-align: text-bottom;}
del {text-decoration: line-through;}
ins {text-decoration: none;}
```

Listing 8.17 Die »Grundformatierung« – Teil 2 des CSS-Resets

8.5.3 Teil 3 – grundlegende Schriftformatierung

Teil 3 beginnt mit dem Kommentar `/* Default font settings */` und umfasst folgende Styles mit einer grundlegenden Schriftformatierung:

```
/* Default font settings */
body {
  font: 12px "Lucida Grande", "Lucida Sans Unicode", Verdana,
             sans-serif;  color: #000;
```

```
}
input, button, textarea, select {
  font-family: inherit;
  font-size: 99%;
  font-weight: inherit;
}
pre, code { font-family:Monaco, monospace;}
h1, h2, h3, h4, h5, h6 {
  font-size: 100%;
  font-weight: normal;
}
h1 {font-size: 1.8333em; /* 22px */}
h2 {font-size: 1.6667em; /* 20px */}
h3 {font-size: 1.5em; /* 18px */}
h4 {font-size: 1.3333em; /* 16px */}
table {font-size: inherit;}
caption, th {font-weight: bold;}
a {color: #00f; }
```

Listing 8.18 »Schriftformatierung« – Teil 3 des Reset-Stylesheets

8.5.4 Teil 4 – Abstände

Im vierten und letzten Teil werden nach dem Kommentar `/* Default margins */` für einige Elemente noch vertikale Außenabstände definiert:

```
/* Default margins */
h1, h2, h3, h4, h5, h6 {margin-top: 1em;}
h1, h2, h3, h4, h5, h6, p, pre, blockquote, table, ol, ul, form {
  margin-bottom: 12px; /* Should match the font size */
}
```

Listing 8.19 »Standardabstände« – Teil 4 des Reset-Stylesheets

So viel zum Inhalt des Reset-Stylesheets *reset.css*.

8.6 Das »Responsive Grid« von Contao

Ein weiterer Bestandteil des CSS-Frameworks von Contao ist das »Responsive Grid«, das man im Seitenlayout aktivieren kann. Ein Grid ist ein Layoutraster, das ein Layout in verschiedene Rasterspalten aufteilt. Rastersysteme sind für Grafikdesigner ein unentbehrliches Hilfsmittel beim Layouten, und CSS-Grids erleichtern die Umsetzung solcher Raster für Weblayouts.

8.6.1 Was ist überhaupt »responsive«?

Im Mai 2010 hat Ethan Marcotte bei A List Apart einen bahnbrechenden Artikel namens »Responsive Web Design« veröffentlicht:

- *alistapart.com/articles/responsive-web-design/*

Ursprünglich bedeutet *responsive* so viel wie »reagierend, reaktionsfähig«, und Ethan Marcotte hat mit diesem Artikel einen Stein ins Rollen gebracht. Kurz darauf, im Jahre 2011, erschien dann Marcottes Buch »Responsive Web Design«, das zum Bestseller avancierte und inzwischen ein echter Webklassiker geworden ist. Marcotte meint mit »Responsive Web Design« im Wesentlichen drei Dinge:

- *Fluid Grids* (in Prozent definierte Layoutraster, nicht pixelbasiert)
- *Flexible Images* (zum Beispiel durch `max-width` für das Elternelement)
- *Media Queries*

Der Begriff hat von Anfang an für Verwirrung gesorgt, und ALA-Herausgeber Jeffrey Zeldman hat in einem Blog-Beitrag mit dem schönen Titel »Responsive Design. I Don't Think That Word Means What You Think It Means.« dafür plädiert, den Begriff nicht zu eng zu fassen:

> *Our understanding of 'responsive design' should be broadened to cover any approach that delivers elegant visual experiences regardless of the size of the user's display and the limitations or capabilities of the device.*

»Responsive« ist also demzufolge jeder Ansatz, der dem Benutzer unabhängig vom verwendeten Gerät ein ansprechendes, visuelles Layout liefert. Seitdem wird unter »responsive« so ziemlich alles verstanden, was nicht gerade »ein pixelbasiertes, festgenageltes Layout« ist.

Um Ihre Webseiten *responsive* zu machen, reicht es übrigens nicht aus, im Seitenlayout einfach RESPONSIVE GRID anzuklicken. Sie können auch ohne das *responsive Grid* von Contao ein *responsives Layout* erstellen. Responsive Webdesign ist kein Automatismus, sondern ein ganzes Bündel von Maßnahmen, und die meisten davon werden in Handarbeit umgesetzt.

8.6.2 Und was bitte ist ein »Grid«?

Dieser Abschnitt ist keine Einführung in die Arbeit mit Rastersystemen oder CSS-Grid-Frameworks wie *960GS* oder *Blueprint*, sondern soll lediglich die Begriffe *Grid* und *CSS-Grid-Framework* kurz erläutern. Wenn Sie also bis zur Lektüre dieser Zeilen noch nie mit einem Layoutraster oder einem CSS-Grid-Framework gearbeitet haben, werden Sie das danach wahrscheinlich auch nicht können. Aber Sie bekommen vielleicht eine Idee davon, ob es sich für Sie lohnt, sich damit näher zu beschäftigen.

Ein *Grid* ist einfach nur ein Layoutraster, ein Gestaltungsraster aus Spalten und Zeilen. In gewisser Weise sieht so ein Raster aus wie eine ganz normale Tabelle. Im Web bezeichnet der Begriff meist ein Raster nur aus Spalten. Die Zeilen werden einfach weggelassen, weil man auf Webseiten die Höhe von Elementen nur sehr schlecht kontrollieren kann.

Ein *CSS-Grid-Framework* versucht, die Erstellung von Layoutrastern auf Webseiten zu vereinfachen. Ein klassisches CSS-Grid-Framework ist für eine bestimmte Layoutbreite wie 960 Pixel optimiert. Es definiert, vereinfacht gesagt, für jede Layoutspalte eine CSS-Klasse, in der die Spaltenbreite inklusive der Außenabstände definiert wird. Die Klassen werden durchnummeriert und heißen dann zum Beispiel g1 bis g12. »g« wie »Grid«. Dadurch ermöglicht das Framework dem Benutzer, durch simple Zuweisung von CSS-Klassen ein Layoutraster zu erstellen:

- Eine Layoutspalte hat zum Beispiel eine Breite von 80 Pixeln.
- Ein Layout mit zwölf Spalten hätte dann ein Breite von genau 960 Pixeln.
- Wenn man einer Spalte jetzt die Klasse g6 zuweist, bedeutet das »Werde 6 x 80 Pixel breit, also die halbe Layoutbreite«.
- Die Klasse g3 hingegen lässt ein Element 240 Pixel breit werden (3 x 80 Pixel).

Ein Bild sagt oft mehr aus tausend Worte, und daher zeigt Abbildung 8.5 den Entwurf einer Webseite von Fachlektor Thomas Weitzel. Das Beispiel finden Sie live in seinem Blog: *think-contao.de/contaogrid/*

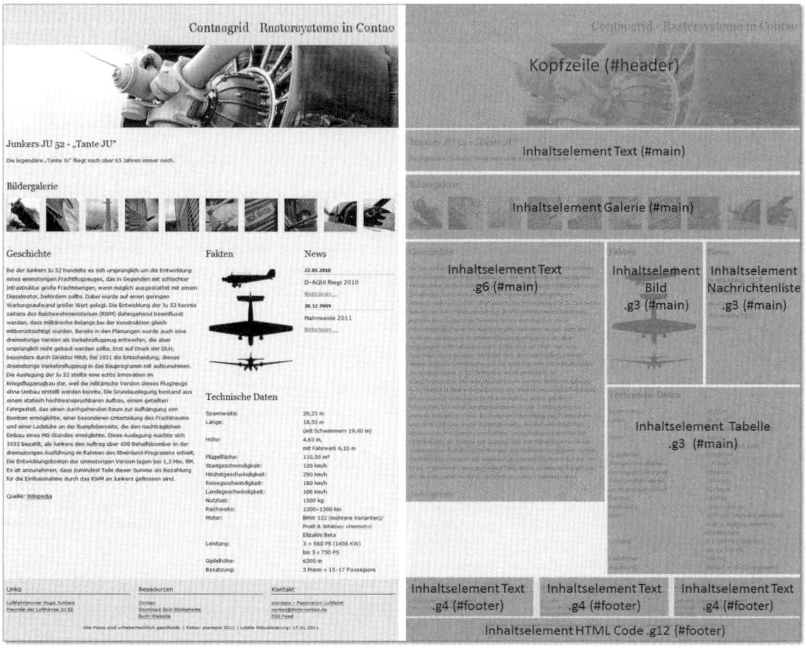

Abbildung 8.5 Entwurf einer Webseite mit eingezeichneten Gridklassen

Im Grunde genommen ist die Arbeit mit so einem CSS-Grid-Framework recht simpel:

- Im Layout-Builder von Contao wird ein einspaltiges Layout definiert, sodass `#main` die gesamte Layoutbreite einnimmt.
- Artikel und Inhaltselemente innerhalb von `#main` bekommen Gridklassen wie `g1` bis `g12` zugewiesen und wissen dadurch, wie breit sie werden sollen.

Die klassischen CSS-Grid-Frameworks sind, wie gesagt, allesamt für Layouts mit einer bestimmten Pixelbreite optimiert und damit nicht responsive.

8.6.3 Responsive Grid, Teil 1 – das Fundament für das Grid

In den letzten Jahren sind CSS-Frameworks mit dem Etikett »responsive« wie Pilze aus einem feuchten Waldboden geschossen, und auch das bereits seit Längerem verfügbare 960-Pixel-Gridsystem von Contao trägt jetzt diesen Ehrentitel.

Das Stylesheet, das sich hinter dem »Responsive Grid« verbirgt, finden Sie im Ordner *assets/contao/css* unter dem Namen *responsive.css*. Zur Untersuchung in diesem Abschnitt bietet sich die unkomprimierte Variante aus demselben Ordner an.

Zunächst einmal wird gleich zu Anfang der Wrapper auf 960 px gesetzt:

```
/* Make the wrapping container 960 pixel wide */
#wrapper {
  width:960px;
  margin:0 auto;
}
```

Listing 8.20 Der Wrapper wird auf 960 px gesetzt.

Im nächsten Style werden alle HTML-Elemente, bei denen der Klassenname die Buchstaben »grid« enthält, nach links gefloatet und mit linken und rechten Außenabständen von jeweils 10 px versehen.

```
/* Set the default margin of the grid columns */
*[class*="grid"] {
float:left;
display:inline;
margin-right:10px;
margin-left:10px;
}
```

Listing 8.21 Das Grid entsteht.

Jetzt werden in zwei weiteren Styles die Außenabstände für Inhaltselemente und Artikel definiert.

```
/* Add a default margin to all content elements ... */
.mod_article>* {
  margin-left:10px;
  margin-right:10px;
}
/* Remove the margin from floated articles ... */
.inside>*[class*="grid"] {
  margin-left:0;
  margin-right:0;
}
```

Listing 8.22 Außenabstände für Inhaltselemente und Artikel

Damit ist das Fundament für das Layoutraster gelegt.

8.6.4 Responsive Grid, Teil 2 – das Grid wird ein Grid

In diesem Abschnitt des Stylesheets werden die Spaltenbreiten definiert. Ähnlich wie bei den klassischen CSS-Grid-Frameworks *Blueprint* oder *960GS* wird hier ein Layoutraster definiert.

Das Grid von Contao hat zwölf Spalten, von denen die erste 60 px und die anderen jeweils 80 px breit sind (Listing 8.23).

```
/* Grid column widths  */
.grid1  { width:60px;  }
.grid2  { width:140px; }
.grid3  { width:220px; }
.grid4  { width:300px; }
.grid5  { width:380px; }
.grid6  { width:460px; }
.grid7  { width:540px; }
.grid8  { width:620px; }
.grid9  { width:700px; }
.grid10 { width:780px; }
.grid11 { width:860px; }
.grid12 { width:940px; }
```

Listing 8.23 Die Standardbreite der Rasterspalten

Im folgenden Abschnitt werden diese Breiten für Artikel korrigiert. Diese können 20 px breiter sein, da in Listing 8.22 der linke und rechte Außenabstand entfernt wurde (siehe Listing 8.24).

```
/* Floated articles can be 20 pixel wider (no margin) */
.mod_article.grid1  { width:80px;  }
.mod_article.grid2  { width:160px; }
.mod_article.grid3  { width:240px; }
.mod_article.grid4  { width:320px; }
.mod_article.grid5  { width:400px; }
.mod_article.grid6  { width:480px; }
.mod_article.grid7  { width:560px; }
.mod_article.grid8  { width:640px; }
.mod_article.grid9  { width:720px; }
.mod_article.grid10 { width:800px; }
.mod_article.grid11 { width:880px; }
.mod_article.grid12 { width:960px; }
```

Listing 8.24 Artikel dürfen 20 px breiter sein.

Nach der Definition der Spaltenbreite werden noch diverse Offset-Klassen definiert (`.offset1` bis `.offset12`), mit denen Elemente innerhalb des Grids verschoben werden können.

8.6.5 Responsive Grid, Teil 3 – das Grid wird responsive

Zum Schluss werden mithilfe von `@media` noch zwei Sonderfälle definiert:

- Bildschirmbreite schmaler als 980 px (aber breiter als 768 px)
- Bildschirmbreite schmaler als 768 px

Im ersten Fall werden die Spalten etwas schmaler definiert (siehe Listing 8.25).

```
/* Reduce overall width and width of the grid columns
   if the screen width is less than 980px ... */
@media (min-width:768px) and (max-width:979px) {
      /* Reduce the overall width */

#wrapper { width:744px; }
/* Hier folgt die Definition der schmaleren Gridspalten ... */
}
```

Listing 8.25 Das Grid für schmalere Bildschirme

Falls die Bildschirmbreite schmaler als 768 px ist, werden ähnlich wie in der *layout.css* aus Abschnitt 8.4 alle Spalten untereinander dargestellt, und die Breite des Wrappers wird auf `auto` gesetzt (siehe Listing 8.26).

```
/* Remove all floats and fixed widths if the screen width is less than 768px
*/
@media (max-width:767px){
  /* Remove the overall width */
  #wrapper { width:auto; }
  /* Show all columns underneath each other */
  *[class*="grid"],.inside>*[class*="grid"] {
    float:none;
    display:block;
    width:auto;
    margin:0;
  }
}
```

Listing 8.26 Das Grid auf ganz schmalen Bildschirmen

960-Pixel-Grid und mehrspaltige Layouts mit dem Layout-Builder

Normalerweise wird bei der Arbeit mit einem Grid im Seitenlayout der Layout-Builder auf ein einspaltiges Layout gesetzt, sodass `#main` die gesamte Layoutbreite einnimmt. Die Gestaltung innerhalb dieser Spalte erfolgt durch Zuweisung der Klassennamen `.grid1` bis `.grid12` bei den Artikeln oder Inhaltselementen.

Leo Feyer hat auf *contao.org* einen Beitrag geschrieben, wie man mehrspaltige Layouts vom Layout-Builder zusammen mit einem 960-Pixel-Grid einsetzen kann und auch noch ein 960-Pixel-Grid-Tool für Chrome gebaut:

Den Layout-Builder mit einem 960-Pixel-Grid kombinieren

- *bit.ly/layout-builder-960px-grid*

Contao-Tools für Chrome

- *contao.org/de/news/contao-tools-fuer-chrome.html*

8.7 Contao und CSS3

In diesem Abschnitt möchte ich Ihnen zum Abschluss dieses Kapitels noch einen kurzen Überblick über die Entwicklung von CSS geben, darüber, was heute mit CSS3 schon geht und wie Contao diese Möglichkeiten umsetzt.

8.7.1 Eine kurze Geschichte von CSS

Die erste Version von CSS bekam im Dezember 1996 unter dem Namen *CSS Level 1* den Status einer W3C-Empfehlung. *CSS Level 2* folgte im Mai 1998, wurde noch einmal überarbeitet und im August 2002 als *CSS Level 2 Revision 1* veröffentlicht. Diese Spezifikation ist besser bekannt als *CSS 2.1*. Die aktuelle Version der Spezifikation stammt vom 7. Juni 2011 und kann unter der URL *w3.org/TR/CSS21/* abgerufen werden. Einen Überblick über die gesamte Entwicklung von CSS erhalten Sie unter *w3.org/TR/CSS/*.

Die Arbeit an *CSS Level 3* wurde bereits im April 2000 begonnen, und es wird noch viele Jahre dauern, bis die Spezifikation wirklich fertig ist, aber so lange müssen Sie nicht warten. Sie können CSS3 heute schon auf Ihren Webseiten benutzen. Zumindest Teile davon, und es wird Ihnen viele stundenlange Grafikbasteleien ersparen.

CSS3 ist nicht ein einziger Standard, der am Tag X für die Öffentlichkeit freigegeben wird. CSS3 besteht aus zahlreichen Modulen mit unterschiedlichen Prioritäten und unterschiedlichem Entwicklungstempo.

Einige Module wie *Selectors* oder *CSS Color* sind so gut wie fertig, an anderen wie *CSS Backgrounds and Borders* wird gearbeitet, während wieder andere wie *CSS Lists* in eine Art Dornröschenschlaf gefallen zu sein scheinen. Einen aktuellen Überblick über den Stand der verschiedenen Module bekommen Sie z.B. auf der Seite *css3.info/modules/*.

8.7.2 Wofür man CSS3 heute schon nutzen kann

Natürlich gibt es auf einer Website Dinge, bei denen man besser nicht experimentieren sollte. Das Layout ist so ein Fall. Die CSS3-Module für mehrspaltige Layouts sind noch lange nicht fertig, und die Browser verstehen davon entsprechend wenig. Float-basierte, mehrspaltige Layouts werden uns also noch eine ganze Weile begleiten.

Andererseits gibt es visuelle Verfeinerungen wie abgerundete Ecken oder Hover-Effekte, die das Aussehen und die Bedienung der Site verbessern, die aber für das Funktionieren der Website nicht wirklich wichtig sind. Ein Browser, der die neuen Eigenschaften nicht versteht, ignoriert sie einfach, aber er stellt die Seiten trotzdem fehlerfrei dar.

Viele Dinge, die bisher nur mithilfe von Grafiken gelöst werden konnten, gehen heute mit CSS3 einfacher. Hier einige Beispiele:

- abgerundete Ecken mit `border-radius`
- Schlagschatteneffekte mit `box-shadow`
- lineare Farbverläufe für `background`
- Transparenzeffekte mit `opacity` und *RGBA*

Aktuelle Versionen von Mozilla Firefox, Apple Safari, Opera, Google Chrome und deren mobile Ableger verstehen die CSS3-Eigenschaften im Allgemeinen recht gut. Der Internet Explorer kennt den ganzen Krempel erst ab Version 9. Ältere Internet

Explorer benötigen etwas Nachhilfe, die der interne CSS-Editor in Form von *CSSPie* bei Bedarf bereitstellt.

8.7.3 Die Browser-Präfixe: »-moz-«, »-webkit-«, »-o-« und »-ms-«

Da viele CSS3-Eigenschaften noch nicht wirklich fertig sind, unterscheidet sich die Umsetzung in den verschiedenen Browsern zum Teil erheblich. Die meisten modernen Browser können z.B. Farbverläufe darstellen, aber die genaue Syntax dazu ist momentan noch sehr unterschiedlich.

Die Browserhersteller sind deshalb dazu übergegangen, noch nicht fertige CSS3-Eigenschaften mit Browser-Präfixen zu versehen, mit denen man ganz gezielt bestimmte Browser ansprechen kann.

Browser	Browser-Präfix	Layout Engine
Mozilla Firefox	-moz-	Gecko
Google Chrome	-webkit-	WebKit
Apple Safari	-webkit-	WebKit
Opera	-o-	Presto
Internet Explorer	-ms-	Trident

Tabelle 8.2 Die wichtigsten Browser-Präfixe für CSS3-Eigenschaften

Der CSS-Editor von Contao erzeugt diese Browser-Präfixe übrigens wie gesehen automatisch.

8.7.4 Interne Stylesheets und CSS3

Wenn Sie mit externen Stylesheets arbeiten, bestimmen Sie selbst, welches CSS in Ihren Stylesheets steht. Contao liefert die Dateien nur aus. In diesem Abschnitt geht es um eine Zusammenfassung der CSS3-Möglichkeiten, die der in Kapitel 7, »Contao und CSS: Webseiten gestalten«, vorgestellte CSS-Editor von Contao bietet:

- Abgerundete Ecken mit `border-radius` werden in der Gruppe RAHMEN definiert.
- Schlagschatten mit `box-shadow` gibt es in der Gruppe HINTERGRUND in den Feldern SCHATTENGRÖSSE und SCHATTENFARBE UND DECKKRAFT.
- Lineare Farbverläufe werden ebenfalls in der Gruppe HINTERGRUND definiert, und zwar in den Feldern VERLAUFSWINKEL und VERLAUFSFARBEN.

- Das in mehreren Gruppen vorhandene Eingabefeld DECKKRAFT erzeugt zusammen mit der angegebenen Farbe einen RGBA-Wert. Für die Farbe `eee` mit einer DECKKRAFT von `70` erzeugt Contao z.B. den Wert `rgba(238, 238, 238, 0.7)`.

Weitere CSS3-Features werden nach und nach eingebaut, sobald diese in allen relevanten Browsern stabil unterstützt werden.

8.7.5 Fallback ältere IEs mit »CSS3 Pie«

Contao bereitet CSS3-Eigenschaften wie `border-radius`, `box-shadow` und `linear-gradient` mit *CSS3 Pie* so auf, dass selbst ältere Internet Explorer sie verstehen und darstellen.

Der Trick beruht darauf, dass die CSS3-Eigenschaften in einer Datei namens *pie.htc* speziell für die älteren Internet Explorer aufbereitet und mithilfe einer speziellen Anweisung ausgeliefert werden:

```
behavior:url("assets/css3pie/1.0.0/PIE.htc");
```

Das funktioniert sogar ohne JavaScript. Weitere Infos zu CSS3 Pie finden Sie unter *css3pie.com*.

In manchen Webhosting-Umgebungen kann es nötig sein, in der *.htaccess* noch eine Zeile hinzuzufügen, damit der Webserver den Dateityp **.htc* korrekt ausliefert. In der bei Contao mitgelieferten Beispieldatei *.htaccess.default* finden Sie ein Beispiel:

```
AddType text/x-component .htc
```

Spätestens mit dieser Zeile sollten dann auch ältere Internet Explorer in internen Contao-Stylesheets CSS3-Tricks wie runde Ecken verstehen.

Kapitel 9
Navigationen erstellen in Contao

In diesem Kapitel geht es ausschließlich um Navigation. Sie lernen die Navigationsmodule von Contao kennen, die Ihnen die Erstellung einer übersichtlichen Navigation erleichtern, egal, wie viele Seiten die Site hat.

Die Themen im Überblick:

Eine Website ist in gewisser Weise wie ein öffentliches Gebäude. Beide werden gebaut, um Besucher zu empfangen, und bei beiden sollten die Besucher sich auf Anhieb zurechtfinden und möglichst schnell an ihr Ziel gelangen. Ein Mittel dazu ist eine gute Navigation, und in diesem Kapitel erfahren Sie, welche Navigationsmöglichkeiten es in Contao von Haus aus gibt.

9.1 So funktioniert Contao: Seiten, Module und Artikel

Bevor Sie sich in diesem Kapitel intensiv der Arbeit mit Navigationsmodulen widmen, möchte ich kurz das Grundprinzip der Zusammenarbeit von Seiten, Modulen und Artikeln in Contao erläutern:

- Eine *Seite* besteht standardmäßig aus bis zu fünf Layoutbereichen: KOPFZEILE, LINKE SPALTE, HAUPTSPALTE, RECHTE SPALTE und FUSSZEILE.
- Der Inhalt für diese Bereiche kommt entweder aus einem *Artikel* oder aus einem *Frontend-Modul*.
- Im *Seitenlayout* werden Artikel und Frontend-Module einem der Layoutbereiche zugeordnet.

Auf der Startseite der Beispielsite sieht das so aus wie in Abbildung 9.1.

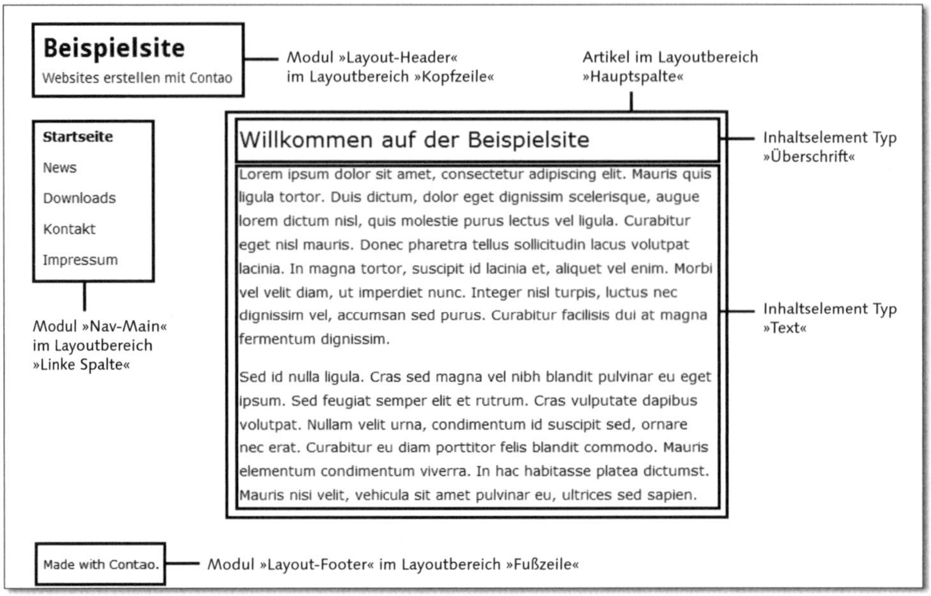
Beispielsite
Websites erstellen mit Contao
Modul »Layout-Header« im Layoutbereich »Kopfzeile«
Artikel im Layoutbereich »Hauptspalte«
Startseite
News
Downloads
Kontakt
Impressum
Modul »Nav-Main« im Layoutbereich »Linke Spalte«
Willkommen auf der Beispielsite
Inhaltselement Typ »Überschrift«
Lorem ipsum dolor sit amet, consectetur adipiscing elit. Mauris quis ligula tortor. Duis dictum, dolor eget dignissim scelerisque, augue lorem dictum nisl, quis molestie purus lectus vel ligula. Curabitur eget nisl mauris. Donec pharetra tellus sollicitudin lacus volutpat lacinia. In magna tortor, suscipit id lacinia et, aliquet vel enim. Morbi vel velit diam, ut imperdiet nunc. Integer nisl turpis, luctus nec dignissim vel, accumsan sed purus. Curabitur facilisis dui at magna fermentum dignissim.
Sed id nulla ligula. Cras sed magna vel nibh blandit pulvinar eu eget ipsum. Sed feugiat semper elit et rutrum. Cras vulputate dapibus volutpat. Nullam velit urna, condimentum id suscipit sed, ornare nec erat. Curabitur eu diam porttitor felis blandit commodo. Mauris elementum condimentum viverra. In hac habitasse platea dictumst. Mauris nisi velit, vehicula sit amet pulvinar eu, ultrices sed sapien.
Inhaltselement Typ »Text«
Made with Contao.
Modul »Layout-Footer« im Layoutbereich »Fußzeile«

Abbildung 9.1 Inhalte stammen aus Modulen oder aus Artikeln

In diesem Kapitel geht es um die Arbeit mit Navigationsmodulen. Wie Inhalte mittels Artikeln, Inhaltselementen und weiteren Frontend-Modulen eingefügt werden können, wird dann ab dem nächsten Kapitel erläutert.

9.2 Die Navigationsmodule von Contao im Überblick

Navigationen werden in Contao durch Frontend-Module generiert, und für verschiedene Arten von Navigationen gibt es verschiedene Modultypen. Abbildung 9.2 zeigt die verschiedenen Navigationsmodule, die Contao von Haus aus kennt.

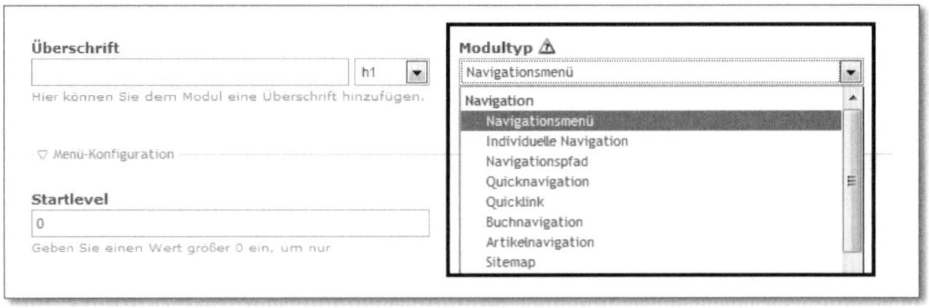
Überschrift
h1
Hier können Sie dem Modul eine Überschrift hinzufügen.
Menü-Konfiguration
Startlevel
0
Geben Sie einen Wert größer 0 ein, um nur
Modultyp
Navigationsmenü
Navigation
Navigationsmenü
Individuelle Navigation
Navigationspfad
Quicknavigation
Quicklink
Buchnavigation
Artikelnavigation
Sitemap

Abbildung 9.2 Neues Modul erstellen – die Navigationsmodule

Hier eine kurze Beschreibung dieser Navigationsmodule:

- **Navigationsmenü**
  Der wohl wichtigste Modultyp erstellt basierend auf dem Seitenbaum aus dem Backend-Modul LAYOUT • SEITENSTRUKTUR eine ungeordnete Liste mit Links und kann sehr flexibel konfiguriert werden. Wie die Navigation aussieht und ob sie im Browser vertikal oder horizontal erscheint, entscheidet das CSS, nicht das Modul.
- **Individuelle Navigation**
  Erstellt ein Navigationsmenü aus beliebigen Seiten. Gut geeignet zur Erstellung einer Meta-Navigation mit z.B. *Kontakt*, *Impressum* und *Sitemap*.
- **Sitemap**
  Inhaltsverzeichnis. Übersicht. Erstellt eine Auflistung aller Seiten aus dem Seitenbaum, die veröffentlicht und nicht versteckt sind.
- **Quicknavigation**
  Erstellt eine Auswahlliste als Dropdown-Menü, mit dem man zu einer bestimmten Seite springen kann. Quicknavigation ist ein *Navigationsmenü* als Auswahlliste und bildet den kompletten Seitenbaum oder einen Teil davon ab.
- **Quicklink**
  Erstellt wie Quicknavigation eine Auswahlliste als Dropdown-Menü, aber aus beliebigen Seiten. Quicklink ist eine INDIVIDUELLE NAVIGATION als Auswahlliste.
- **Navigationspfad**
  Auch bekannt als »Breadcrumb«, »Brotkrümel« oder »Sie-sind-hier«. Sehr nützlich zur Orientierung für Besucher auf Websites mit mehr als zwei oder drei Navigationsebenen.
- **Buchnavigation und Artikelnavigation**
  Erstellen beide eine Navigation, mit der man innerhalb von Seiten bzw. Artikeln vorwärts- oder rückwärtsgehen kann.

Sie haben also jede Menge Auswahl.

Ein Notizfeld für Module: die Erweiterung »x_backend_notes«

Die in Abschnitt 5.4 installierte Erweiterung *x_backend_notes* fügt den Eingabemasken zur Erstellung von Frontend-Modulen und Seiten im Backend ein einfaches Notizfeld hinzu, in dem Sie sich Notizen machen können. Diese Notizen dienen als persönliche Gedächtnisstütze, damit Sie auch morgen noch wissen, warum Sie heute was wie gemacht haben.

9.3 Die Seitenstruktur der Beispielsite erweitern

In Abschnitt 6.5 haben Sie ab Seite 150 ein Navigationsmodul namens NAV – MAIN erstellt, in der linken Spalte eingebaut und dann in Abschnitt 7.4.5 ab Seite 189 per CSS gestaltet. Diese Navigation ist der Ausgangspunkt für die folgenden Ausführungen.

In diesem Abschnitt wird aber zunächst die Seitenstruktur der Beispielsite um ein paar Seiten und Unterseiten erweitert, damit man mit den Navigationsmodulen ein bisschen besser spielen kann. Abbildung 9.3 zeigt den Seitenbaum nach der Erweiterung der Seitenstruktur im folgenden ToDo.

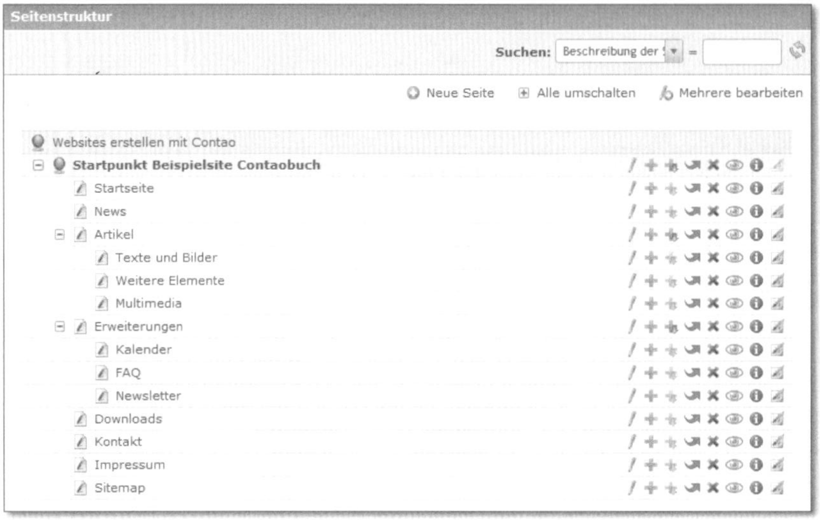

Abbildung 9.3 Die erweiterte Seitenstruktur im Backend

Im folgenden ToDo erstellen Sie die neuen Seiten.

ToDo: Die Seitenstruktur der Beispielsite erweitern

1. Öffnen Sie das Backend-Modul LAYOUT • SEITENSTRUKTUR.
2. Klicken Sie oben im Arbeitsbereich auf NEUE SEITE.
3. Fügen Sie die neue Seite unterhalb der Seite NEWS auf derselben Ebene ein, indem Sie neben NEWS auf das braune Symbol mit dem Pfeil nach unten klicken.
4. SEITENNAME: »Artikel«. Kreuzen Sie SEITE VERÖFFENTLICHEN an, und klicken Sie auf SPEICHERN UND SCHLIESSEN.
5. Klicken Sie oben im Arbeitsbereich erneut auf NEUE SEITE.
6. Erstellen Sie eine Unterseite zu ARTIKEL, indem Sie neben ARTIKEL ganz rechts außen auf das blinkende, braune Symbol mit dem Pfeil nach rechts klicken.
7. SEITENNAME: »Texte und Bilder«. VERÖFFENTLICHEN. SPEICHERN UND NEU.

8. Erstellen Sie eine weitere Unterseite mit dem Namen »Weitere Elemente«. VERÖFFENTLICHEN. SPEICHERN UND NEU.
9. Erstellen Sie eine dritte Unterseite namens »Multimedia«. Kreuzen Sie wiederum VERÖFFENTLICHEN an, und klicken Sie auf SPEICHERN UND SCHLIESSEN.
10. Erstellen Sie die übrigen Seiten aus Abbildung 9.3:
»Erweiterungen«, Unterseiten »Kalender, FAQ und Newsletter« und »Sitemap« unterhalb von IMPRESSUM auf derselben Ebene.
11. Erstellen Sie für jede Seite eine `h1`-Überschrift (Inhaltselement ÜBERSCHRIFT) mit etwas Fülltext (Inhaltselement TEXT).

Das Erstellen von Überschrift und Fülltext auf den neuen Seiten geht am einfachsten mit der Funktion MEHRERE BEARBEITEN:

- Wechseln Sie auf eine Seite mit Überschrift und Text, zum Beispiel auf die STARTSEITE.
- Klicken Sie oben im Arbeitsbereich auf die Funktion MEHRERE BEARBEITEN.
- Markieren Sie die Inhaltselemente ÜBERSCHRIFT und TEXT, und klicken Sie anschließend unten auf die Schaltfläche KOPIEREN. Jetzt sind die beiden Inhaltselemente in der *Ablage*.
- Um die kopierten Inhaltselemente in einem Artikel auf einer anderen Seite wieder einzufügen, wechseln Sie zunächst zurück in den Artikelbaum. Klicken Sie dazu oben im Arbeitsbereich auf den Link ZURÜCK (mit dem grünen Pfeil).
- Im Artikelbaum öffnen Sie den gewünschten Artikel und fügen die beiden Inhaltselemente dort ein.
- Nach dem Einfügen müssen Sie nur noch die Überschrift bearbeiten und an den jeweiligen Seitennamen anpassen.

Das geht eine ganze Ecke schneller, als überall Überschrift und Text manuell einzugeben. Diese Art der Inhaltsverwaltung ist sehr effektiv und macht den Alltag mit Contao auf Dauer so angenehm.

Nach diesem ToDo werden die neu erstellten Seiten in der Navigation bereits angezeigt, aber, wie Abbildung 9.4 zeigt, sehen die Unterseiten im Browser genauso aus wie die Seiten der ersten Ebene. Wie gesagt: Die Module von Contao erzeugen das HTML für die Navigation, das Aussehen bestimmten Sie per CSS.

Falls eine Seite nicht im Frontend erscheint, ist sie vielleicht nicht *veröffentlicht*. Achten Sie im Seitenbaum auf die »Augenfarbe«: Veröffentlichte Seiten haben ein grünes Auge, nicht veröffentlichte ein graues. Ein Klick auf das Auge verändert die Farbe (und den Veröffentlichungsstatus). Die Reihenfolge der Seiten können Sie übrigens mit dem blauen Verschiebepfeil nachträglich jederzeit verändern.

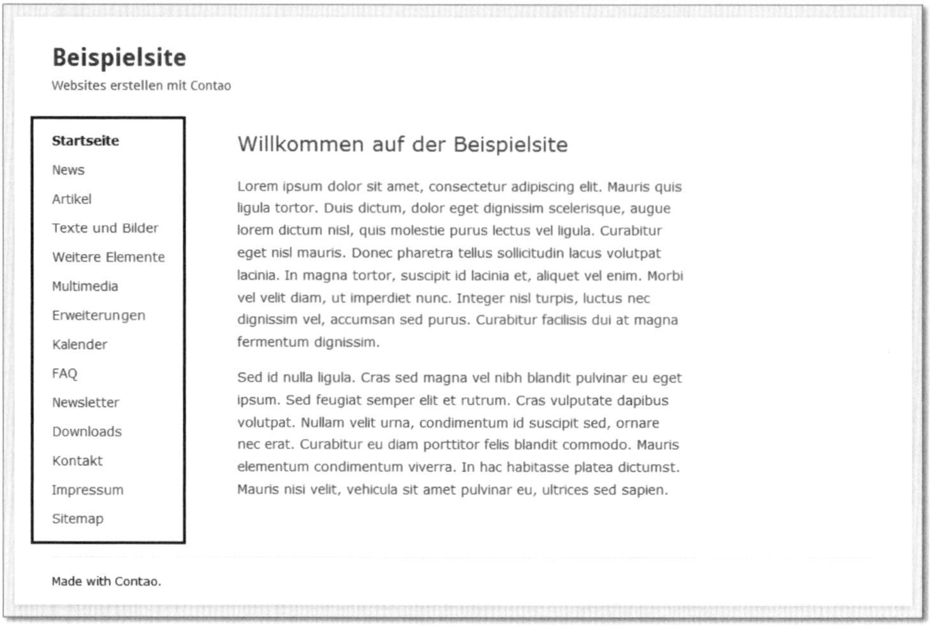

Beispielsite
Websites erstellen mit Contao
Startseite
News
Artikel
Texte und Bilder
Weitere Elemente
Multimedia
Erweiterungen
Kalender
FAQ
Newsletter
Downloads
Kontakt
Impressum
Sitemap
Willkommen auf der Beispielsite
Lorem ipsum dolor sit amet, consectetur adipiscing elit. Mauris quis ligula tortor. Duis dictum, dolor eget dignissim scelerisque, augue lorem dictum nisl, quis molestie purus lectus vel ligula. Curabitur eget nisl mauris. Donec pharetra tellus sollicitudin lacus volutpat lacinia. In magna tortor, suscipit id lacinia et, aliquet vel enim. Morbi vel velit diam, ut imperdiet nunc. Integer nisl turpis, luctus nec dignissim vel, accumsan sed purus. Curabitur facilisis dui at magna fermentum dignissim.
Sed id nulla ligula. Cras sed magna vel nibh blandit pulvinar eu eget ipsum. Sed feugiat semper elit et rutrum. Cras vulputate dapibus volutpat. Nullam velit urna, condimentum id suscipit sed, ornare nec erat. Curabitur eu diam porttitor felis blandit commodo. Mauris elementum condimentum viverra. In hac habitasse platea dictumst. Mauris nisi velit, vehicula sit amet pulvinar eu, ultrices sed sapien.
Made with Contao.

Abbildung 9.4 Hauptnavigation nach der Erweiterung des Seitenbaums

9.4 Eine vertikale Navigation mit zwei Ebenen

Die Navigation hat nach der Erweiterung der Seitenstruktur noch zwei Fehler: Sie ist erstens ziemlich lang, und zweitens kann man die beiden Navigationsebenen optisch nicht unterscheiden.

In diesem Abschnitt werden Sie im ersten Schritt ein paar Seiten verstecken, um die Navigation etwas zu verkürzen. Im zweiten Schritt gestalten Sie dann die zweite Navigationsebene so, dass sie auch als solche erkennbar ist.

Schritt 1: »Layout • Seitenstruktur« – Seiten im Menü verstecken

Im ersten Schritt blenden Sie die Seiten IMPRESSUM und SITEMAP aus, sodass sie in der Hauptnavigation nicht mehr erscheinen. Dazu gibt es in Contao eine Funktion mit dem treffenden Namen IM MENÜ VERSTECKEN.

Die beiden versteckten Seiten werden in Abschnitt 9.7 übrigens mit einer INDIVIDUELLEN NAVIGATION wieder sichtbar gemacht und zusammen mit der Seite KONTAKT als Meta-Navigation links unten im Fußbereich platziert. Aber zunächst einmal verstecken Sie im folgenden ToDo die Seiten, und zwar mal wieder mit der superpraktischen Funktion MEHRERE BEARBEITEN, die Ihnen auf Dauer viel Klickarbeit ersparen wird.

ToDo: Seiten im Menü verstecken

1. Öffnen Sie das Backend-Modul SEITENSTRUKTUR.
2. Klicken Sie oben rechts im Arbeitsbereich auf MEHRERE BEARBEITEN.
3. Markieren Sie die beiden Seiten IMPRESSUM und SITEMAP.
4. Klicken Sie rechts unten auf die Schaltfläche BEARBEITEN.
5. Aktivieren Sie die Optionen SEITENNAME (relativ weit oben) und IM MENÜ VERSTECKEN (relativ weit unten).
6. Klicken Sie auf die Schaltfläche WEITER.
7. Kontrollieren Sie die Seitennamen, und aktivieren Sie das Kontrollkästchen IM MENÜ VERSTECKEN.
8. Klicken Sie auf SPEICHERN UND SCHLIESSEN.

Das Symbol der Seiten im Seitenbaum verändert sich von Rot zu Grau, um anzudeuten, dass diese Seiten im Menü nicht angezeigt werden. Im Frontend sind die beiden Seiten aus der Navigation verschwunden (siehe Abbildung 9.5).

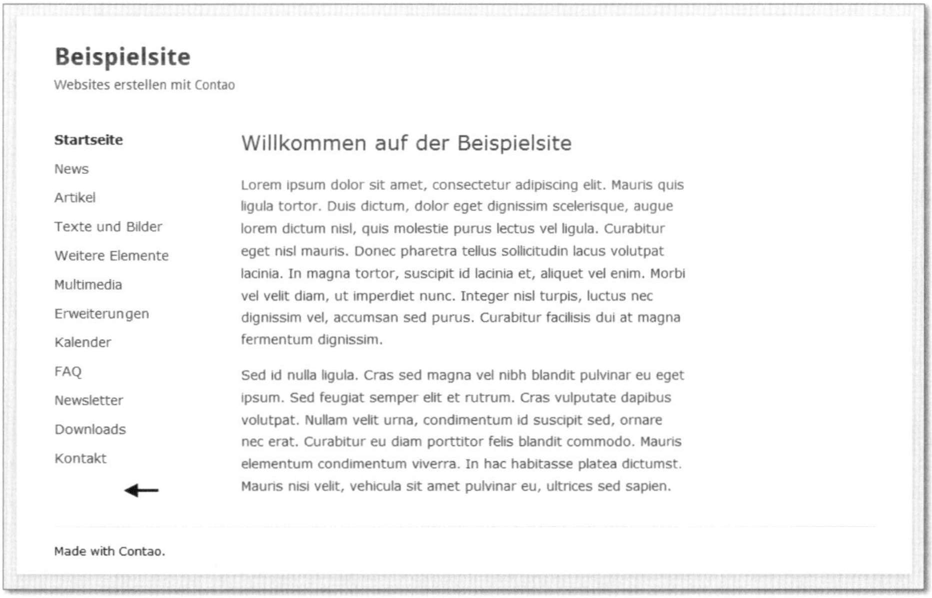
Beispielsite
Websites erstellen mit Contao
Startseite
News
Artikel
Texte und Bilder
Weitere Elemente
Multimedia
Erweiterungen
Kalender
FAQ
Newsletter
Downloads
Kontakt
Willkommen auf der Beispielsite
Lorem ipsum dolor sit amet, consectetur adipiscing elit. Mauris quis ligula tortor. Duis dictum, dolor eget dignissim scelerisque, augue lorem dictum nisl, quis molestie purus lectus vel ligula. Curabitur eget nisl mauris. Donec pharetra tellus sollicitudin lacus volutpat lacinia. In magna tortor, suscipit id lacinia et, aliquet vel enim. Morbi vel velit diam, ut imperdiet nunc. Integer nisl turpis, luctus nec dignissim vel, accumsan sed purus. Curabitur facilisis dui at magna fermentum dignissim.
Sed id nulla ligula. Cras sed magna vel nibh blandit pulvinar eu eget ipsum. Sed feugiat semper elit et rutrum. Cras vulputate dapibus volutpat. Nullam velit urna, condimentum id suscipit sed, ornare nec erat. Curabitur eu diam porttitor felis blandit commodo. Mauris elementum condimentum viverra. In hac habitasse platea dictumst. Mauris nisi velit, vehicula sit amet pulvinar eu, ultrices sed sapien.
Made with Contao.

Abbildung 9.5 »Impressum« und »Sitemap« sind versteckt.

Schritt 2: Der Modultyp »Navigationsmenü« im Detail

In der Regel wird ein Menü mit vielen Unterpunkten nicht sofort komplett angezeigt, sondern die zweite Ebene wird erst eingeblendet, wenn der entsprechende Menüpunkt der ersten Ebene ausgewählt wurde.

Um das zu erreichen, können Sie in Contao für das Navigationsmodul die Einstellungen im Bereich Menü-Konfiguration entsprechend ändern. Abbildung 9.6 zeigt die momentan definierten Einstellungen für das Modul Nav – Main, die die in Abbildung 9.5 dargestellte Navigation erzeugen.

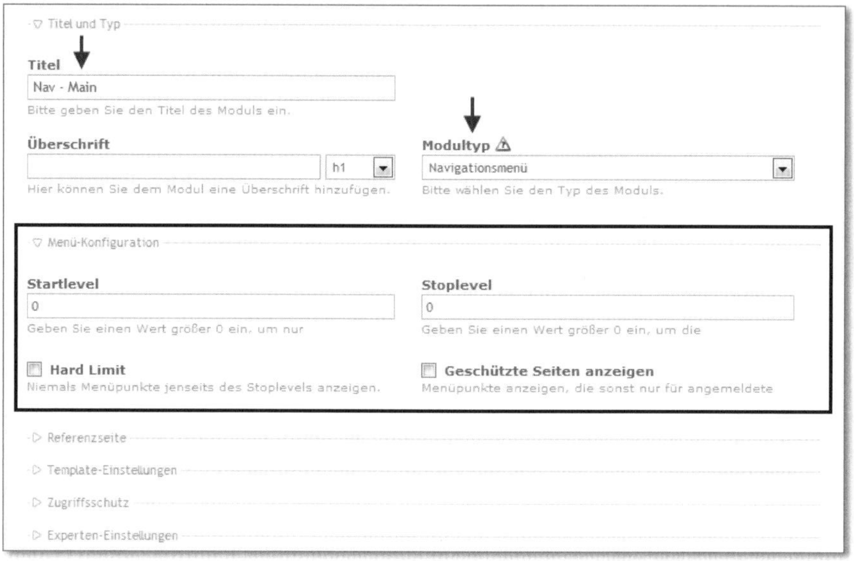

Abbildung 9.6 Menü-Konfiguration – »Startlevel«, »Stoplevel« und »Hard Limit«

Im Bereich Menü-Konfiguration gibt es vier Optionen zur Konfiguration des Navigationsmoduls, von denen momentan drei wichtig sind:

- Startlevel
  Der Startlevel legt fest, *ab welcher Ebene* die Menüpunkte angezeigt werden. Der Standardwert 0 bewirkt, dass das Modul die Navigation ab der obersten Ebene darstellt. 1 würde die oberste Ebene weglassen und die Menüpunkte erst ab der zweiten Ebene anzeigen. Das ist z. B. bei einem Untermenü sehr praktisch.
- Stoplevel
  Der Stoplevel legt fest, *bis zu welcher Ebene* die Menüpunkte angezeigt werden. Der Standardwert 0 bedeutet: »Zeige alle Ebenen an.« Der Wert 1 zeigt nur die erste Ebene, blendet aber bei Aktivierung des Menüpunkts eventuelle Unterpunkte ein.

- HARD LIMIT
  Das Hard Limit sorgt dafür, dass der Stoplevel beim Wort genommen wird. Jenseits des Stoplevels werden keine Unterseiten angezeigt. Das ist z.B. sinnvoll für eine horizontale Navigation, die immer nur die erste Ebene darstellen soll. Die Unterpunkte ab der zweiten Ebene können dann in einer getrennten vertikalen Navigation angezeigt werden.

Das ist mit ein bisschen Übung recht einfach und vor allem sehr vielseitig. Tabelle 9.1 zeigt einige Kombinationsmöglichkeiten von STARTLEVEL, STOPLEVEL und HARD LIMIT.

Startlevel	Stoplevel	Hard Limit	In der Navigation sichtbar:
0	0	nein	alle Ebenen
0	1	nein	nur die erste Ebene; Unterpunkte nach Klick
0	1	ja	nur die erste Ebene; Unterpunkte nie

Tabelle 9.1 Kombinationen von »Startlevel«, »Stoplevel« und »Hard Limit«

Für die vertikale Navigation aus der Beispielsite ist die zweite Einstellung am sinnvollsten: *nur erste Ebene; Unterpunkte nach Klick*. Und das machen Sie im folgenden ToDo.

ToDo: Vertikale Navigation konfigurieren

1. Wechseln Sie gegebenenfalls in das Backend-Modul THEMES • MODULE.
2. Öffnen Sie das Modul NAV – MAIN zur Bearbeitung.
3. Lassen Sie den STARTLEVEL auf 0.
4. Ändern Sie den Wert für den STOPLEVEL auf 1.
5. Lassen Sie das HARD LIMIT deaktiviert.
6. Klicken Sie auf SPEICHERN UND SCHLIESSEN.

Mit diesen Einstellungen wird die zweite Ebene nur angezeigt, wenn der entsprechende Menüpunkt der ersten Ebene ausgewählt wurde. Abbildung 9.7 zeigt die Navigation nach dem Aufruf der Startseite. Die Unterpunkte zu den Seiten ARTIKEL und ERWEITERUNGEN werden erst nach dem Anklicken der Menüpunkte angezeigt, sehen aber noch genauso aus wie die erste Navigationsebene.

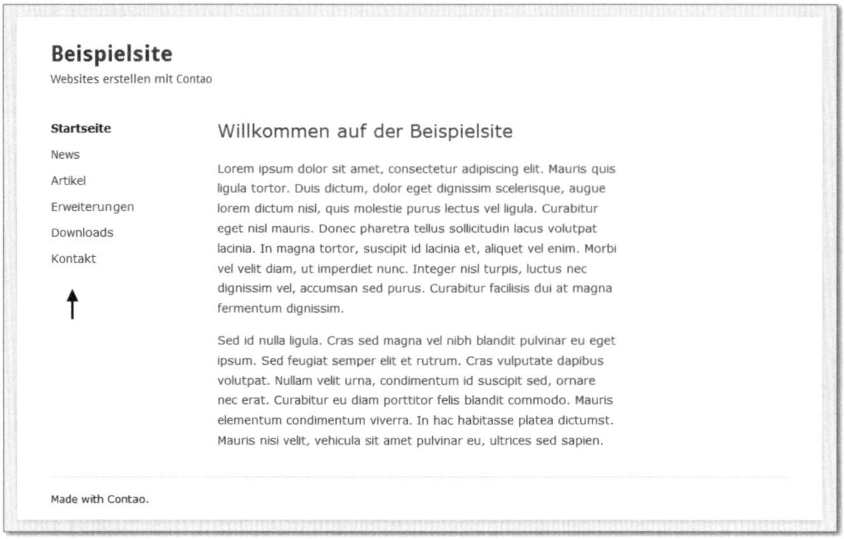

Beispielsite
Websites erstellen mit Contao
Startseite
News
Artikel
Erweiterungen
Downloads
Kontakt
Willkommen auf der Beispielsite
Lorem ipsum dolor sit amet, consectetur adipiscing elit. Mauris quis ligula tortor. Duis dictum, dolor eget dignissim scelerisque, augue lorem dictum nisl, quis molestie purus lectus vel ligula. Curabitur eget nisl mauris. Donec pharetra tellus sollicitudin lacus volutpat lacinia. In magna tortor, suscipit id lacinia et, aliquet vel enim. Morbi vel velit diam, ut imperdiet nunc. Integer nisl turpis, luctus nec dignissim vel, accumsan sed purus. Curabitur facilisis dui at magna fermentum dignissim.
Sed id nulla ligula. Cras sed magna vel nibh blandit pulvinar eu eget ipsum. Sed feugiat semper elit et rutrum. Cras vulputate dapibus volutpat. Nullam velit urna, condimentum id suscipit sed, ornare nec erat. Curabitur eu diam porttitor felis blandit commodo. Mauris elementum condimentum viverra. In hac habitasse platea dictumst. Mauris nisi velit, vehicula sit amet pulvinar eu, ultrices sed sapien.
Made with Contao.

Abbildung 9.7 Unterpunkte werden erst bei Aktivierung angezeigt.

Schritt 3: Die zweite Navigationsebene per CSS gestalten

Das HTML für die erste Navigationsebene haben Sie auf Seite 157 in Listing 6.3 bereits gesehen. Jetzt folgt das HTML für die zweite Navigationsebene in Kurzform. Tabelle 9.2 zeigt einen Überblick über die HTML-Elemente und CSS-Klassen, die der Modultyp NAVIGATIONSMENÜ im Quelltext zur Verfügung stellt.

Elemente	Klasse	Bedeutung
`nav, div`	`mod_navigation`	für Modultyp NAVIGATIONSMENÜ
`a`	`invisible`	Skiplink vor der Navigation
`ul`	`level_x`	Navigationsebene: `level_1` etc.
`li`	–	nicht ausgewählter Menüpunkt
`li, a, span`	`first`	erstes Listenelement einer Liste oder Link bzw. `span` im ersten Listenelement
`li, a, span`	`last`	letztes Listenelement einer Liste oder Link bzw. `span` im letzten Listenelement
`li, span`	`active`	der aktive Menüpunkt
`li, a`	`sibling`	Menüpunkte auf derselben Ebene (Geschwister)
`li, a, span`	`submenu`	enthält Untermenü
`li, a`	`trail`	enthält Untermenü mit aktivem Menüpunkt

Tabelle 9.2 CSS-Klassen für den Modultyp »Navigationsmenü«

Besonders erwähnenswert sind die Klassen `submenu` und `trail`: Wenn ein `li`-Element ein Untermenü enthält, bekommt es ebenso wie die Links darin die Klasse `submenu`. Passender Name. Die Klasse `trail` wird Listenelement und Link hinzugefügt, wenn es im Untermenü einen aktiven Unterpunkt gibt.

Falls Sie mit internen Stylesheets arbeiten, öffnen Sie im Backend-Modul THEMES • STYLESHEETS das Stylesheet *navigation*. Alle drei Styles bekommen die KATEGORIE »Vertikale Navigation – Level 2«.

Falls Sie mit externen Stylesheets arbeiten, öffnen Sie das Stylesheet *navigation.css* zur Bearbeitung in einem Editor.

ToDo: Die zweite Navigationsebene gestalten

1. Öffnen Sie das Stylesheet zur Gestaltung der Navigation.
2. Fügen Sie nach den vorhandenen Styles folgende CSS-Regel zur Gestaltung der Menüpunkte hinzu:

```
/* Unterpunkte links einrücken */
#left .mod_navigation .level_2 a,
#left .mod_navigation .level_2 span {
  margin-left: 12px;
  font-size: 12px;
  font-weight: normal;
}
```

3. Beim Hovern per Maus oder "Durch-Tabben" per Tastatur sollen die Links etwas dunkler werden.

```
/* Hervorhebung für Unterpunkte */
#left .mod_navigation .level_2 a:hover,
#left .mod_navigation .level_2 a:focus {
  color: #141414;
  text-decoration: underline;
}
```

4. Der aktive Menüpunkt wird fett hervorgehoben.

```
/* Alle Links im aktiven Listenelement einfärben */
#left .mod_navigation .level_2 span.active {
  font-weight: bold;
}
```

5. Speichern Sie das Stylesheet.

Im Browser sieht die Navigation jetzt so aus wie in Abbildung 9.8, in der die Unterseite WEITERE ELEMENTE angezeigt wird.

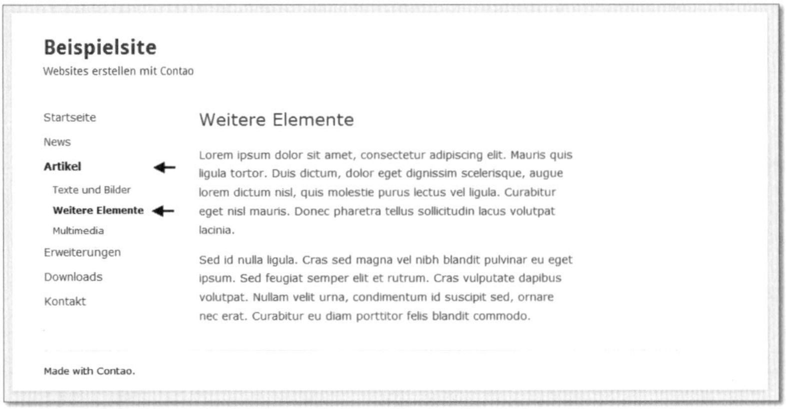
Beispielsite
Websites erstellen mit Contao
Startseite
News
Artikel
Texte und Bilder
Weitere Elemente
Multimedia
Erweiterungen
Downloads
Kontakt
Weitere Elemente
Lorem ipsum dolor sit amet, consectetur adipiscing elit. Mauris quis ligula tortor. Duis dictum, dolor eget dignissim scelerisque, augue lorem dictum nisl, quis molestie purus lectus vel ligula. Curabitur eget nisl mauris. Donec pharetra tellus sollicitudin lacus volutpat lacinia.
Sed id nulla ligula. Cras sed magna vel nibh blandit pulvinar eu eget ipsum. Sed feugiat semper elit et rutrum. Cras vulputate dapibus volutpat. Nullam velit urna, condimentum id suscipit sed, ornare nec erat. Curabitur eu diam porttitor felis blandit commodo.
Made with Contao.

Abbildung 9.8 Hervorhebungen in der Navigation

Wenn in der Navigation eine Unterseite ausgewählt ist, wird der übergeordnete Menüpunkt ARTIKEL mithilfe der bereits auf Seite 189 formatierten Klasse `.trail` automatisch hervorgehoben, um Besuchern optisch zu signalisieren, in welcher Abteilung sie sich befinden.

9.5 Eine horizontale Dropdown-Navigation

Die Verwandlung der vertikalen Navigation in eine horizontale besteht im Wesentlichen aus zwei Schritten:

- Zuerst verschieben Sie das Modul NAV – MAIN im Seitenlayout von der linken Spalte in die Kopfzeile.
- Danach gestalten Sie die Navigation per CSS, und zwar für die Beispielsite als Dropdown-Menü.

Die Einstellungen für das Navigationsmodul NAV – MAIN bleiben vorerst genauso wie bei der vertikalen Navigation weiter oben (siehe Tabelle 9.3).

Startlevel	Stoplevel	Hard Limit	In der Navigation sichtbar:
0	1	nein	nur die erste Ebene; Unterpunkte erst nach Klick

Tabelle 9.3 »Startlevel«, »Stoplevel« und »Hard Limit« für die Navigation

Schritt 1: Das Navigationsmodul in die Kopfzeile verschieben

Im folgenden ToDo verschieben Sie das Navigationsmodul NAV – MAIN von der linken Spalte in die Kopfzeile.

ToDo: Modul »Nav – Main« in die Kopfzeile verschieben

1. Öffnen Sie das Backend-Modul THEMES • SEITENLAYOUTS.
2. Öffnen Sie das Seitenlayout STANDARDLAYOUT.
3. Ändern Sie im Bereich FRONTEND-MODULE die Zuweisung für das Modul NAV • MAIN [NAVIGATIONSMENÜ] von LINKE SPALTE zu KOPFZEILE.
4. Klicken Sie auf SPEICHERN UND SCHLIESSEN.

Abbildung 9.9 zeigt, dass die Navigation nach diesem ToDo zweifelsohne in der Kopfzeile sitzt, allerdings weder hübsch noch horizontal.

Die Navigationsliste erscheint ziemlich ungestaltet im Kopfbereich der Seite, denn im Stylesheet beginnen die Selektoren zur Gestaltung der vertikalen Navigation mit `#left`. Diese Selektoren selektieren nichts mehr, weil die Navigation in `#header` verschoben wurde, und sind deshalb im Augenblick wirkungslos.

Beispielsite
Websites erstellen mit Contao
Startseite
News
Artikel
Erweiterungen
Downloads
Kontakt
Willkommen auf der Beispielsite
Lorem ipsum dolor sit amet, consectetur adipiscing elit. Mauris quis

Abbildung 9.9 Das Navigationsmodul befindet sich jetzt im Kopfbereich.

Schritt 2: Die erste Navigationsebene gestalten

Jetzt geht es an die Gestaltung des Navigationsmoduls im Kopfbereich, und nach diesem Schritt sieht die erste Ebene der horizontalen Navigation im Browser so aus wie in Abbildung 9.10.

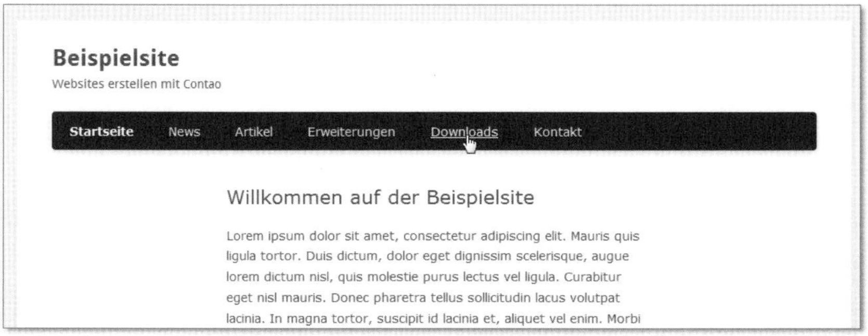
Beispielsite
Websites erstellen mit Contao
Startseite
News
Artikel
Erweiterungen
Downloads
Kontakt
Willkommen auf der Beispielsite
Lorem ipsum dolor sit amet, consectetur adipiscing elit. Mauris quis ligula tortor. Duis dictum, dolor eget dignissim scelerisque, augue lorem dictum nisl, quis molestie purus lectus vel ligula. Curabitur eget nisl mauris. Donec pharetra tellus sollicitudin lacus volutpat lacinia. In magna tortor, suscipit id lacinia et, aliquet vel enim. Morbi

Abbildung 9.10 Die erste Ebene der horizontalen Navigation

Listing 9.1 zeigt das CSS zur Gestaltung dieser Navigation.

```
#header .mod_navigation {
  background: #141414;
  color: #fff;
  border-radius: 4px;
  box-shadow:0 2px 6px rgba(68,68,68,0.3);
  margin-top: 24px;
}
#header .mod_navigation ul {
  float: left;
  width: auto;
  list-style-type: none;
  padding: 0;
  margin: 0;
}
#header .mod_navigation li {
  float: left;
  width: auto;
  margin: 0 ;
}
#header .mod_navigation a,
#header .mod_navigation span {
  display: block;
  color: #ececec;
  line-height: 44px;
  text-decoration: none;
}
#header .mod_navigation .active,
#header .mod_navigation .trail {
  color: #fff;
  font-weight: bold;
}
#header .mod_navigation a:hover,
#header .mod_navigation a:focus {
  color: #fff;
  text-decoration: underline;
}
```

Listing 9.1 Das CSS zur Gestaltung der horizontalen Navigation

Dieses CSS gestaltet eine gefloatete horizontale Navigation so, wie sie in Abbildung 9.10 zu sehen ist. Besonders erwähnenswert sind die folgenden Details:

- Das umgebende Element `.mod_navigation` umschließt die gefloatete Liste, weil ihm die im CSS-Framework definierte Klasse `block` ein `overflow:hidden` zuweist.

- Die Navigation bekommt einen leichten Schlagschatten. Falls Sie mit internen Stylesheets arbeiten, finden Sie die Eigenschaft `box-shadow` in der Gruppe HINTERGRUND. Die SCHATTENGRÖSSE ist 0, 2 und 6 mit der Einheit PX, die SCHATTENFARBE ist 444 und die DECKKRAFT 30. Daraus erzeugt Contao die korrekte Syntax.
- Die eigentliche Gestaltung der Navigation erfolgt in den Deklarationen für die Hyperlinks und das `span`-Element. Die Angabe von `line-height: 44px` erzeugt die Höhe der Navigation.
- Die Klasse `trail` sorgt dafür, dass auch der übergeordnete Menüpunkt hervorgehoben wird, wenn später ein Unterpunkt aktiv ist.

9

Der CSS-Editor von Contao erzeugt die für `box-shadow` eventuell benötigen Browser-Präfixe ebenso automatisch wie die CSS3Pie-Anweisungen für ältere Internet Explorer. Im folgenden ToDo gestalten Sie die horizontale Navigation mit den Styles aus Listing 9.1.

ToDo: Die horizontale Navigation gestalten

1. Öffnen Sie das Stylesheet *navigation* bzw. *navigation.css*.
2. Fügen Sie die Styles aus Listing 9.1 *am Anfang* des Stylesheets ein. Bei internen Stylesheets vergeben Sie für alle Styles die KATEGORIE »Horizontale Navigation«.
3. Der Lerneffekt ist am größten, wenn Sie nach jedem Style kurz speichern und sich die Auswirkungen im Browser anschauen.
4. Speichern Sie das Stylesheet.

Die horizontale Navigation ist voll funktionsfähig, und die erste Ebene sieht jetzt so aus wie in Abbildung 9.10. Wenn Sie aber auf einen der beiden Menüpunkte ARTIKEL oder ERWEITERUNGEN klicken, sehen Sie deutlich, dass die zweite Menüebene noch ungestaltet ist. Diese wird im folgenden Schritt in ein schickes Dropdown-Menü verwandelt.

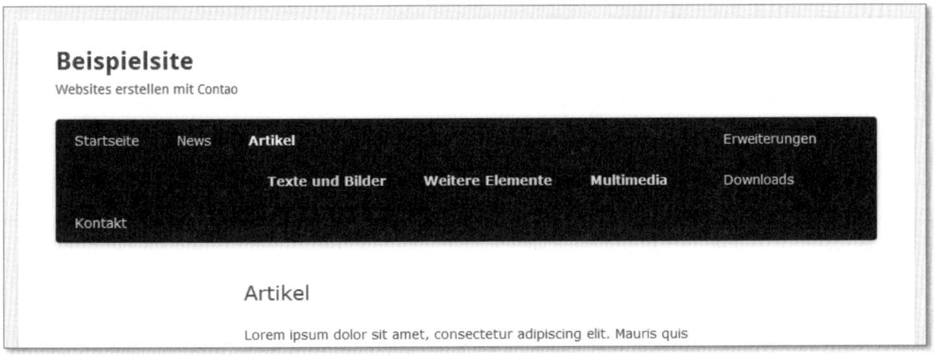

Abbildung 9.11 Die erste Navigationsebene ist okay, die zweite noch nicht.

»Hard Limit« – horizontale Navigation mit nur einer Ebene

Wenn Sie für Ihre Website eine horizontale Navigation möchten, die immer nur die erste Navigationsebene anzeigt, aktivieren Sie das HARD LIMIT im Navigationsmodul NAV – MAIN. Die Einstellungen lauten dann:

- Start 0
- Stop 1
- Hard Limit aktivieren

Durch das HARD LIMIT wird in der Navigation immer nur die erste Ebene angezeigt, auch wenn es im Seitenbaum noch Unterseiten gibt.

Schritt 3: Dropdown – horizontale Navigation zum Ausklappen

In diesem Abschnitt möchte ich Ihnen zeigen, wie Sie diese horizontale Navigation in ein Dropdown-Menü verwandeln, bei dem die Unterpunkte automatisch eingeblendet werden, sobald die Maus über den entsprechenden Hauptpunkt fährt.

Für eine Dropdown-Navigation müssen Sie im Prinzip nur zwei Änderungen vornehmen:

- Setzen Sie im Navigationsmodul NAV – MAIN den STOPLEVEL auf 0, damit im HTML *immer* alle Menüpunkte erzeugt werden.
- Blenden Sie im CSS die zweite Navigationsebene so lange aus, bis der Benutzer mit der Maus über den Menüpunkt fährt (*MouseOver*).

Zunächst setzen Sie den STOPLEVEL im Navigationsmodul wieder auf 0, damit im Quelltext alle Menüpunkte vorhanden sind. Das ist nötig, damit sie per CSS bei Mausberührung sichtbar gemacht werden können (siehe Tabelle 9.4).

Startlevel	Stoplevel	Hard Limit	In der Navigation sind:
0	0	nein	alle Ebenen; immer

Tabelle 9.4 »Startlevel«, »Stoplevel« und »Hard Limit« für ein Dropdown-Menü

Im folgenden ToDo ändern Sie die Einstellungen für das Navigationsmodul.

ToDo: Die Einstellungen für das Navigationsmodul ändern

1. Öffnen Sie das Backend-Modul THEMES • FRONTEND-MODULE.
2. Öffnen Sie das Modul NAV – MAIN.
3. Setzen Sie den STOPLEVEL auf 0.
4. Klicken Sie auf SPEICHERN UND SCHLIESSEN.

Jetzt zeigt die horizontale Navigation immer alle Ebenen an, und es fehlt nur noch das CSS für eine Dropdown-Navigation, um die zweite Ebene zu verstecken und bei einem MouseOver schön ordentlich wieder einzublenden (siehe Listing 9.2).

```
/* Zweite Ebene ausblenden */
#header .mod_navigation .level_2 {
  position: absolute;
  left: -32768px;
  top: -32768px;
  overflow: hidden;
  display: inline;
  width: 0;
  height: 0;
}

/* Listenelemente zweite Ebene untereinander */
#header .mod_navigation .level_2 li {
  clear: both;
}
/* Zweite Ebene bei MouseOver einblenden */
#header .mod_navigation li:hover .level_2 {
  left: auto;
  top: auto;
  overflow: auto;
  display: block;
  width: auto;
  min-width: 78px;
  height: auto;
  background-color: #141414;
  z-index: 1000;
}
/* Hyperlinks und span gestalten */
#header .mod_navigation .level_2 a,
#header .mod_navigation .level_2 span {
  font-size: 13px;
  line-height: 32px;
  font-weight: normal;
}
/* Aktiven Menüpunkt hervorheben */
#header .mod_navigation .level_2 span.active {
  font-weight: bold;
}
```

Listing 9.2 Das CSS zum Ein- und Ausblenden der zweiten Menüebene

Im folgenden ToDo fügen Sie die Styles aus Listing 9.2 dem Stylesheet zur Gestaltung der Navigation hinzu.

ToDo: Das CSS für eine horizontale Dropdown-Navigation

1. Öffnen Sie das Stylesheet zur Gestaltung der Navigation.
2. Fügen Sie nach den Styles für die horizontale Navigation die folgenden CSS-Regeln ein. Falls Sie mit internen Stylesheets arbeiten, geben Sie allen Styles die KATEGORIE »Dropdown«.
3. Speichern Sie das Stylesheet.

Im Browser sieht man zunächst nur die erste Menüebene. Die zweite Ebene wird erst sichtbar, wenn wie in Abbildung 9.12 der Mauszeiger über einen Menüpunkt der ersten Ebene mit Unterseiten fährt.

Wenn Sie mit internen Stylesheets arbeiten, können Sie dem Dropdown ganz einfach einen Farbverlauf hinzufügen, indem Sie beim letzten Style, der die zweite Ebene wieder einblendet, in der Gruppe HINTERGRUND folgende Eintragungen machen:

- VERLAUFSWINKEL ist TOP (Verlauf beginnt oben)
- VERLAUFSFARBEN sind 141414 und eine etwas hellere Farbe wie zum Beispiel 555450.

Der CSS-Editor von Contao erstellt wieder automatisch Browser-Präfixe und CSS3Pie-Anweisungen für Internet Explorer 7 und 8.

Mit einem externen Stylesheet können Sie einen Farbverlauf zum Beispiel mit dem *Ultimate CSS Gradient Generator* erstellen, den Sie online unter der folgenden URL finden:

- *colorzilla.com/gradient-editor/*

Mit einem solchen leichten Farbverlauf sieht das Dropdown-Menü etwa so aus wie in Abbildung 9.12.

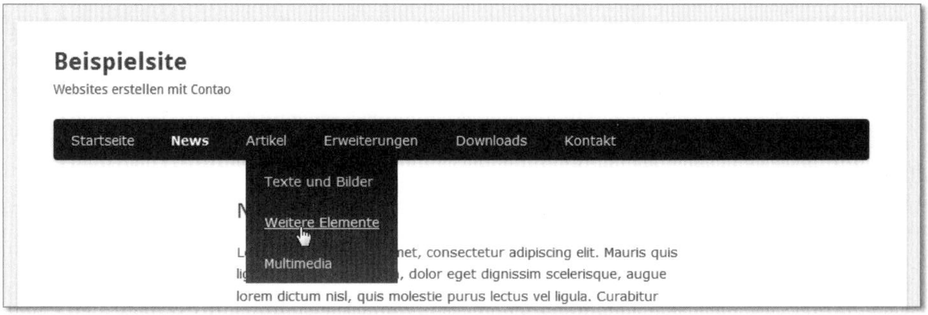

Abbildung 9.12 Eine CSS-basierte Dropdown-Navigation

Alt, aber gut – das »Dropdown low down«

Online ist ein guter Ausgangspunkt zur vertiefenden Lektüre der Artikel »Dropdown low down«, ein echter Klassiker der Webliteratur, der immer mal wieder aktualisiert wird und über zwanzig verschiedene Techniken zur Erstellung von Dropdown-Menüs im Überblick vorstellt:

Artikel »Dropdown low down« von Tyssen Design

▶ *www.tyssendesign.com.au/articles/css/dropdown-low-down/*

9.6 Horizontale und vertikale Navigation zusammen

In diesem Abschnitt kombinieren Sie die horizontale Dropdown-Navigation im Header mit einer vertikalen in der linken Spalte.

Die beiden Navigationen praktizieren dabei eine Art Arbeitsteilung: Die horizontale Navigation zeigt die erste Navigationsebene und als Dropdown eventuelle Unterseiten, die vertikale Navigation in der linken Spalte zeigt die zweite Menüebene, wenn man sich auf einer Unterseite befindet. Für die vertikale Navigation erstellen Sie einfach ein neues Navigationsmodul namens Nav – Sub mit den Einstellungen aus Tabelle 9.5., das Sie in der linken Spalte platzieren.

Startlevel	Stoplevel	Hard Limit	In der Navigation sichtbar:
1	1	nein	nur die zweite Ebene; Unterpunkte erst nach dem Klick

Tabelle 9.5 »Startlevel«, »Stoplevel« und »Hard Limit« für die Unternavigation

Im folgenden ToDo erstellen und konfigurieren Sie das Navigationsmodul für die Unternavigation in der linken Spalte.

ToDo: Navigationsmodul für Unternavigation erstellen und einbinden

1. Öffnen Sie das Backend-Modul Themes • Module.
2. Klicken Sie oben im Arbeitsbereich auf Neues Modul.
3. Titel: »Nav – Sub«
4. Modultyp: Navigationsmenü
5. Startlevel: 1
6. Stoplevel: 1
7. Hard Limit: nein

8. Alle anderen Optionen lassen Sie unverändert.
9. Klicken Sie auf SPEICHERN UND SCHLIESSEN.
10. Öffnen Sie das Seitenlayout STANDARDLAYOUT zur Bearbeitung.
11. Fügen Sie im Bereich FRONTEND-MODULE nach den Modulen für die *Kopfzeile* die Zeile Modul NAV – SUB [NAVIGATIONSMENÜ] in der Spalte LINKE SPALTE hinzu.
12. Klicken Sie auf SPEICHERN UND SCHLIESSEN.

Abbildung 9.13 zeigt das Untermenü zu der Seite ARTIKEL in der linken Spalte. Es ist schon gestaltet, da im Stylesheet zur Gestaltung der Navigation das CSS für eine vertikale Navigation noch vorhanden ist und die mit `#left` beginnenden Selektoren wieder etwas zum Gestalten haben.

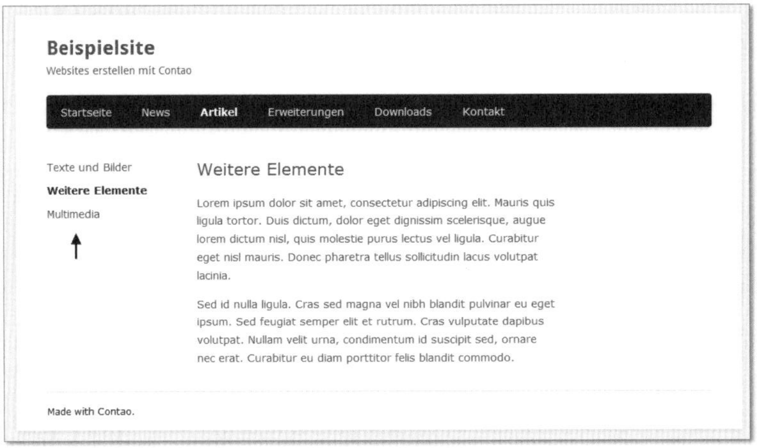
Beispielsite
Websites erstellen mit Contao
Startseite
News
Artikel
Erweiterungen
Downloads
Kontakt
Texte und Bilder
Weitere Elemente
Multimedia
Weitere Elemente
Lorem ipsum dolor sit amet, consectetur adipiscing elit. Mauris quis ligula tortor. Duis dictum, dolor eget dignissim scelerisque, augue lorem dictum nisl, quis molestie purus lectus vel ligula. Curabitur eget nisl mauris. Donec pharetra tellus sollicitudin lacus volutpat lacinia.
Sed id nulla ligula. Cras sed magna vel nibh blandit pulvinar eu eget ipsum. Sed feugiat semper elit et rutrum. Cras vulputate dapibus volutpat. Nullam velit urna, condimentum id suscipit sed, ornare nec erat. Curabitur eu diam porttitor felis blandit commodo.
Made with Contao.

Abbildung 9.13 Die Navigation auf der Unterseite »Weitere Elemente«

9.7 Meta-Navigation: eine »Individuelle Navigation«

Auf vielen Webseiten gibt es eine Navigation, die Links wie KONTAKT, IMPRESSUM oder SITEMAP enthält. Während die Links im Hauptmenü direkt zum Inhalt der Website führen, geht es bei diesen Links eher um Funktionen, die dem Besucher das Leben erleichtern und in gewisser Weise *über* dem Inhalt stehen. Deshalb wird dieser Navigationstyp auch als *Servicenavigation* oder *Meta-Navigation* bezeichnet.

In diesem Abschnitt erstellen Sie ein neues Navigationsmodul namens NAV – META, das auf dem Modultyp INDIVIDUELLE NAVIGATION basiert und links unten im Fußbereich positioniert wird. Das Modul gibt Links zur Seite KONTAKT und zu den beiden am Anfang des Kapitels versteckten Webseiten IMPRESSUM und SITEMAP aus und ersetzt das Modul LAYOUT – FOOTER, das bisher nur den Satz MADE WITH CONTAO ausgegeben hat (siehe Abbildung 9.14).

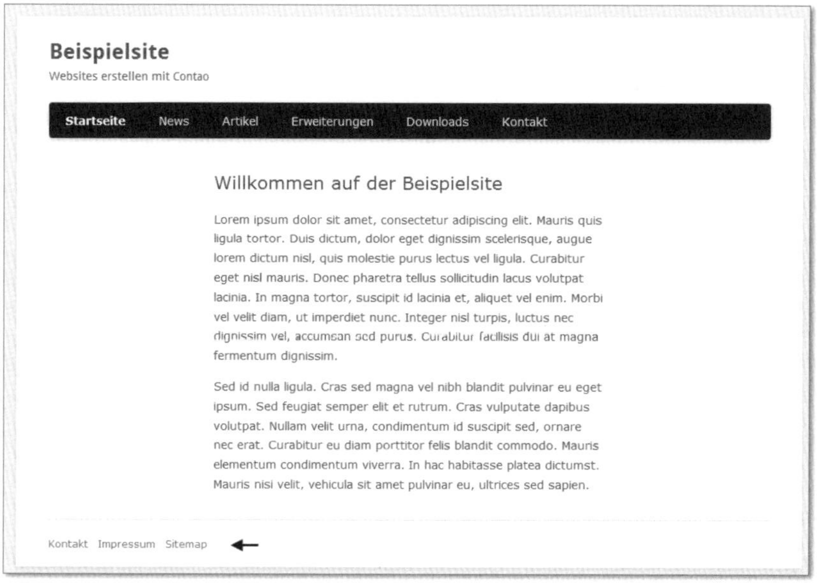
Beispielsite
Websites erstellen mit Contao
Startseite
News
Artikel
Erweiterungen
Downloads
Kontakt
Willkommen auf der Beispielsite
Lorem ipsum dolor sit amet, consectetur adipiscing elit. Mauris quis ligula tortor. Duis dictum, dolor eget dignissim scelerisque, augue lorem dictum nisl, quis molestie purus lectus vel ligula. Curabitur eget nisl mauris. Donec pharetra tellus sollicitudin lacus volutpat lacinia. In magna tortor, suscipit id lacinia et, aliquet vel enim. Morbi vel velit diam, ut imperdiet nunc. Integer nisl turpis, luctus nec dignissim vel, accumsan sed purus. Curabitur facilisis dui at magna fermentum dignissim.
Sed id nulla ligula. Cras sed magna vel nibh blandit pulvinar eu eget ipsum. Sed feugiat semper elit et rutrum. Cras vulputate dapibus volutpat. Nullam velit urna, condimentum id suscipit sed, ornare nec erat. Curabitur eu diam porttitor felis blandit commodo. Mauris elementum condimentum viverra. In hac habitasse platea dictumst. Mauris nisi velit, vehicula sit amet pulvinar eu, ultrices sed sapien.
Kontakt
Impressum
Sitemap

Abbildung 9.14 Die fertige Meta-Navigation links unten im Fußbereich

Wie immer wird das Modul zunächst erstellt und dann im Seitenlayout eingebunden, bevor es an die Gestaltung geht.

Schritt 1: Das Modul »Nav – Meta« erstellen

Mit einer individuellen Navigation können Sie in Contao einen Navigationsbereich erstellen, in dem Sie beliebige Seiten aus dem Seitenbaum darstellen. Abbildung 9.15 zeigt die Eingabemaske für den Modultyp INDIVIDUELLE NAVIGATION im Backend.

Titel und Typ
Titel
Nav - Meta
Bitte geben Sie den Titel des Moduls ein.
Überschrift
h1
Hier können Sie dem Modul eine Überschrift hinzufügen.
Modultyp
Individuelle Navigation
Bitte wählen Sie den Typ des Moduls.
Menü-Konfiguration
Geschützte Seiten anzeigen
Menüpunkte anzeigen, die sonst nur für angemeldete
Seiten
Kontakt (kontakt.html)
Impressum (impressum.html)
Sitemap (sitemap.html)
Auswahl ändern
Bitte wählen Sie eine oder mehrere Seiten aus der Seitenstruktur.

Abbildung 9.15 Eingabeformular für den Modultyp »Individuelle Navigation«

Im folgenden ToDo erstellen Sie eine individuelle Navigation.

ToDo: Das Modul für die Meta-Navigation erstellen

1. Öffnen Sie das Backend-Modul THEMES • MODULE.
2. Klicken Sie oben im Arbeitsbereich auf NEUES MODUL.
3. TITEL: »Nav – Meta«
4. MODULTYP: INDIVIDUELLE NAVIGATION
5. Klicken Sie im Bereich SEITEN auf die Schaltfläche AUSWAHL ÄNDERN.
6. Wählen Sie die Seiten KONTAKT, IMPRESSUM und SITEMAP aus.
7. Bestätigen Sie die Auswahl mit einem Klick auf ANWENDEN.
8. Klicken Sie auf SPEICHERN UND SCHLIESSEN.

Das Modul ist erstellt und wird im nächsten Schritt im Seitenlayout eingebunden.

Schritt 2: Das Modul »Nav – Meta« einbinden

Da die Meta-Navigation auf allen Seiten an derselben Stelle erscheinen soll, wird das Modul genau wie die Haupt- und Unternavigation im Seitenlayout eingebunden.

ToDo: Das Modul für die Meta-Navigation einbinden

1. Öffnen Sie das Backend-Modul THEMES • SEITENLAYOUTS.
2. Öffnen Sie das Seitenlayout STANDARDLAYOUT zur Bearbeitung.
3. Ändern Sie letzte Zeile so, dass das Modul NAV – META in der FUSSZEILE erscheint.
4. Klicken Sie auf SPEICHERN UND SCHLIESSEN.

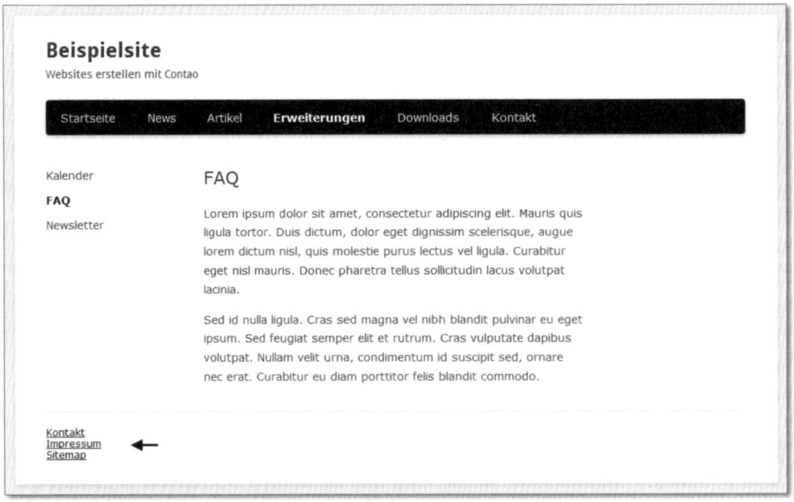
Beispielsite
Websites erstellen mit Contao
Startseite
News
Artikel
Erweiterungen
Downloads
Kontakt
Kalender
FAQ
Newsletter
FAQ
Lorem ipsum dolor sit amet, consectetur adipiscing elit. Mauris quis ligula tortor. Duis dictum, dolor eget dignissim scelerisque, augue lorem dictum nisl, quis molestie purus lectus vel ligula. Curabitur eget nisl mauris. Donec pharetra tellus sollicitudin lacus volutpat lacinia.
Sed id nulla ligula. Cras sed magna vel nibh blandit pulvinar eu eget ipsum. Sed feugiat semper elit et rutrum. Cras vulputate dapibus volutpat. Nullam velit urna, condimentum id suscipit sed, ornare nec erat. Curabitur eu diam porttitor felis blandit commodo.
Kontakt
Impressum
Sitemap

Abbildung 9.16 Das Modul »Nav – Meta«, ungestaltet im Footer

Mit wenigen Klicks haben Sie das Modul NAV – META erstellt und im Seitenlayout der Fußzeile zugewiesen. Im Browser sieht der Footer jetzt so aus wie in Abbildung 9.16. Das Modul ist drin. Der Rest ist CSS, wie man so schön sagt.

Schritt 3: Die Meta-Navigation im Quelltext

Bevor Sie im nächsten Schritt die Meta-Navigation positionieren und gestalten, werfen Sie einen kurzen Blick auf das vom Modul NAV – META erzeugte HTML. Das zuständige Template ist *nav_default.html5*. Die URLs wurden aus Gründen der Übersichtlichkeit durch ein # ersetzt (siehe Listing 9.3).

```
<!-- indexer::stop -->
<nav class="mod_customnav block">
<a href="#skipNavigation9"
   class="invisible">Navigation überspringen</a>
<ul class="level_1">
  <li class="first">
    <a class="first">Kontakt</a>
  </li>
  <li>
    <a href="#" title="Impressum">Impressum</a>
  </li>
  <li class="last">
    <a href="#" title="Sitemap" class="last">Sitemap</a>
  </li>
</ul>
<a name="skipNavigation9" id="skipNavigation9"
   class="invisible"> </a>
</nav>
<!-- indexer::continue -->
```

Listing 9.3 Das vom Modul »Nav – Meta« erzeugte HTML

Der Kommentar `<!-- indexer::stop -->` verhindert, dass die interne Contao-Suchmaschine die Navigation indiziert. Umschlossen wird die ungeordnete Liste wieder von einem `nav`-Element, das dieses Mal die Klassen `mod_customnav` und `block` hat. Der Rest ist ganz normal: Nach dem Skiplink folgt eine ungeordnete Linkliste mit Klassen, die Sie zur Gestaltung nutzen können.

Schritt 4: Die Meta-Navigation gestalten

Jetzt fehlt nur noch die Gestaltung der Meta-Navigation. Die Links sollen nebeneinander erscheinen, und zwar unten links im Fußbereich.

ToDo: Die Meta-Navigation positionieren und gestalten

1. Öffnen Sie das Stylesheet zur Gestaltung der Navigation im Editor.
2. Fügen Sie am Ende des Stylesheets den folgenden Style ein, um die Listenelemente in der Meta-Navigation zu floaten (Kategorie: »Metanavigation«):

```
#footer .mod_customnav li {
  float: left;
  list-style-type: none;
  padding: 0;
  margin: 0 ;
}
```

3. Jetzt werden die Links und das span-Element gestaltet:

```
#footer .mod_customnav a,
#footer .mod_customnav span {
  display: block;
  text-decoration: none;
  font-size: 12px;
  color: #666;
  line-height: 1.7;
  margin-right: 12px;
}
#footer .mod_customnav a:hover,
#footer .mod_customnav a:focus {
  text-decoration: underline;
}
#footer .mod_customnav span.active {
  text-decoration: underline;
}
```

4. Speichern Sie das Stylesheet, und betrachten Sie die Seite im Browser.

Im Browser sehen die Webseiten nach diesem ToDo so aus wie in Abbildung 9.17.

Mit diesem Schritt ist das Navigationsgerüst für die Beispielsite fertig. Sie haben ohne Programmierung eine horizontale Hauptnavigation mit Dropdown, eine vertikale Unternavigation und eine individuelle Meta-Navigation erstellt, die allesamt per CSS positioniert und gestaltet werden.

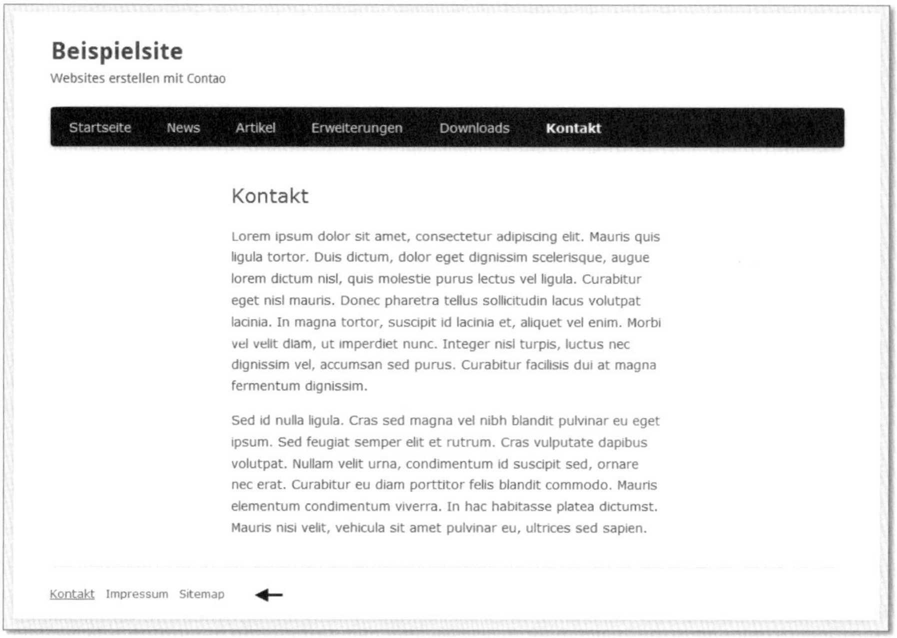
Beispielsite
Websites erstellen mit Contao
Startseite
News
Artikel
Erweiterungen
Downloads
Kontakt
Kontakt
Lorem ipsum dolor sit amet, consectetur adipiscing elit. Mauris quis ligula tortor. Duis dictum, dolor eget dignissim scelerisque, augue lorem dictum nisl, quis molestie purus lectus vel ligula. Curabitur eget nisl mauris. Donec pharetra tellus sollicitudin lacus volutpat lacinia. In magna tortor, suscipit id lacinia et, aliquet vel enim. Morbi vel velit diam, ut imperdiet nunc. Integer nisl turpis, luctus nec dignissim vel, accumsan sed purus. Curabitur facilisis dui at magna fermentum dignissim.
Sed id nulla ligula. Cras sed magna vel nibh blandit pulvinar eu eget ipsum. Sed feugiat semper elit et rutrum. Cras vulputate dapibus volutpat. Nullam velit urna, condimentum id suscipit sed, ornare nec erat. Curabitur eu diam porttitor felis blandit commodo. Mauris elementum condimentum viverra. In hac habitasse platea dictumst. Mauris nisi velit, vehicula sit amet pulvinar eu, ultrices sed sapien.
Kontakt
Impressum
Sitemap

Abbildung 9.17 Die fertige Meta-Navigation

9.8 Sitemap: das Inhaltsverzeichnis der Website

Eine Sitemap ist eine Navigationshilfe, die einem Besucher alle für ihn verfügbaren Seiten der Site auflistet. Gerade für Erstbesucher oder wenn man etwas Bestimmtes sucht ist eine solche Sitemap oft eine große Hilfe. Bei Contao gibt es natürlich ein entsprechendes Modul, das eine Sitemap automatisch generiert. Das Prozedere ist dabei schon fast wie gewohnt: Zuerst erstellen Sie ein Modul, dann binden Sie es ein, und zum Schluss wird es gestaltet.

Schritt 1: »Nav – Sitemap« – ein Modul zur Erstellung einer Sitemap

Das Modul zur Erstellung einer Sitemap gehört zu den Navigationsmodulen, und das Eingabeformular sieht so aus wie in Abbildung 9.18.

Dieses Eingabeformular ist inzwischen wahrscheinlich bereits fast selbsterklärend. Sie können wählen, ob geschützte oder versteckte Seiten angezeigt werden sollen.

- *Geschützte Seiten* sind nur für angemeldete Besucher sichtbar und sollten in einer normalen Sitemap wohl nicht angezeigt werden.
- *Versteckte Seiten* tauchen in einem normalen Menü nicht auf, wie z.B. die Seiten IMPRESSUM und SITEMAP. Es kann manchmal durchaus sinnvoll sein, diese Seiten in einer Sitemap anzeigen zu lassen.

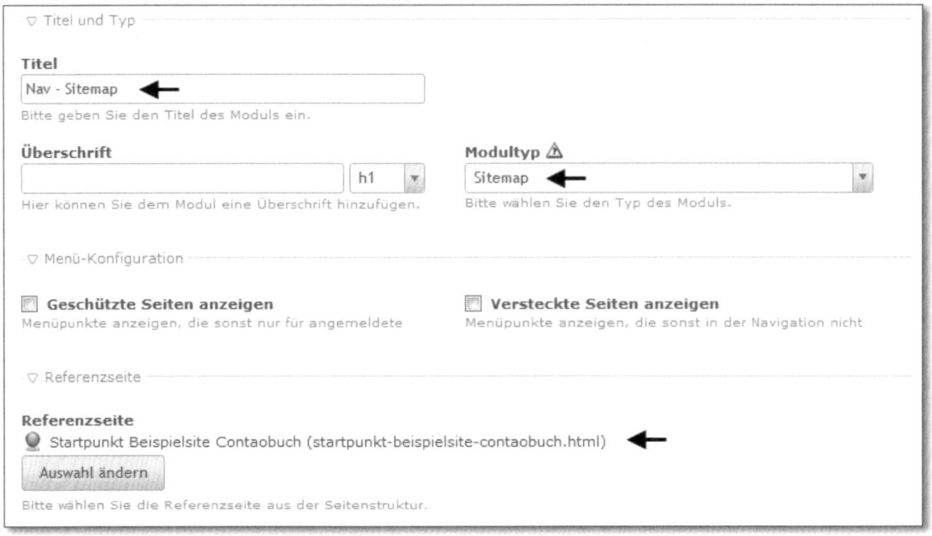
Titel und Typ
Titel
Nav - Sitemap
Bitte geben Sie den Titel des Moduls ein.
Überschrift
h1
Hier können Sie dem Modul eine Überschrift hinzufügen.
Modultyp
Sitemap
Bitte wählen Sie den Typ des Moduls.
Menü-Konfiguration
Geschützte Seiten anzeigen
Menüpunkte anzeigen, die sonst nur für angemeldete
Versteckte Seiten anzeigen
Menüpunkte anzeigen, die sonst in der Navigation nicht
Referenzseite
Referenzseite
Startpunkt Beispielsite Contaobuch (startpunkt-beispielsite-contaobuch.html)
Auswahl ändern
Bitte wählen Sie die Referenzseite aus der Seitenstruktur.

Abbildung 9.18 Das Eingabeformular zur Erstellung einer Sitemap

Wirklich wichtig ist hier die Definition der REFERENZSEITE, mit der Sie den Anfangspunkt für die Sitemap definieren. Unterseiten werden automatisch dargestellt, übergeordnete Seiten hingegen nicht. Für eine komplette Sitemap bietet sich der STARTPUNKT EINER WEBSEITE als Referenzseite an, und genau das machen Sie im folgenden ToDo.

ToDo: Das Modul »Nav – Sitemap« erstellen

1. Öffnen Sie das Backend-Modul LAYOUT • THEMES.
2. Öffnen Sie die FRONTEND-MODULE zur Bearbeitung.
3. Klicken Sie oben im Arbeitsbereich auf NEUES MODUL.
4. Geben Sie als TITEL »Nav – Sitemap« ein.
5. Wählen Sie aus der Liste MODULTYP den Eintrag SITEMAP.
6. Wählen Sie als REFERENZSEITE den STARTPUNKT DER WEBSEITE.
7. Lassen Sie alle anderen Optionen unverändert.
8. Klicken Sie auf SPEICHERN UND SCHLIESSEN.

Das Modul existiert und wird im nächsten Schritt in einen Artikel eingebunden.

Schritt 2: Das Modul »Nav – Sitemap« in einen Artikel einbinden

Bis jetzt haben Sie alle Navigationsmodule über das Seitenlayout mit den Webseiten verbunden, sodass die Module auf allen Seiten erscheinen, die auf diesem Seitenlayout basieren. Um ein Modul nur auf einer Seite anzuzeigen, binden Sie es stattdessen direkt in einen Artikel ein.

Dazu erstellen Sie auf der gewünschten Seite im gewünschten Artikel ein Inhaltselement vom Typ MODUL und wählen dort das zuvor erstellte Navigationsmodul aus. Genau das machen Sie im folgenden ToDo.

ToDo: Das Modul »Nav – Sitemap« in einem Artikel einbinden

1. Öffnen Sie das Backend-Modul INHALTE • ARTIKEL.
2. Öffnen Sie den Artikel SITEMAP [HAUPTSPALTE] zur Bearbeitung.
3. Fügen Sie unterhalb der h1-Überschrift gegebenenfalls etwas beschreibenden Text ein (siehe Abbildung 9.19).
4. Erstellen Sie darunter ein neues Element, z.B. mit einem Klick auf das weiße Kreuz im grünen Kreis ganz rechts außen.
5. Wählen Sie aus der Liste ELEMENTTYP den Eintrag MODUL aus der Gruppe der INCLUDE-ELEMENTE relativ weit unten.
6. Wählen Sie den EINTRAG NAV – SITEMAP (ID xx) aus der Liste MODUL.
7. Klicken Sie auf SPEICHERN UND SCHLIESSEN.

Im Browser gibt es nach diesem ToDo eine bereits funktionierende, aber noch ungestaltete Sitemap (siehe Abbildung 9.19).

Abbildung 9.19 Eine funktionierende, aber noch ungestaltete Sitemap

Schritt 3: Das HTML für das Modul »Nav – Sitemap«

Bevor Sie die Sitemap mit einigen wenigen Styles gestalten, werfen Sie wie immer einen Blick auf das vom Modul erzeugte HTML. Listing 9.6 zeigt einen Ausschnitt daraus.

```
<!-- indexer::stop -->
<div class="mod_sitemap block">
<ul class="level_1">
  <li class="sibling first">
    <a class="sibling first" href="#" title="Startseite">
  Startseite</a>
  </li>
  <li class="sibling">
    <a class="sibling" href="#" title="News">News</a>
  </li>
  <li class="submenu sibling">
  <a class="submenu sibling" href="#" title="Artikel">Artikel</a>
  <ul class="level_2">
    <li class="first">
     <a href="#" title="..." class="first">Texte und Bilder</a>
    </li>
    <li><a href="#" title="...">Weitere Elemente</a></li>
    <li class="last">
      <a href="#" title="..." class="last">Multimedia</a>
    </li>
  </ul>
  </li>
  <!-- Andere Menüpunkte -->
  <li class="last"><a href="#" title="..." class="last">
  Downloads</a></li>
</ul>
</div>
<!-- indexer::continue -->
```

Listing 9.4 Ein Ausschnitt aus dem HTML für eine Sitemap

Umgeben von `<!-- indexer::stop -->`, einem `div` mit der Klasse `mod_sitemap` und `<!-- indexer::continue -->`, werden die Links in einer verschachtelten `ul` präsentiert. Die Klassennamen für Listenelemente und Links lauten `level_1`, `level_2` und `submenu`, genau wie bei den anderen Navigationsmodulen, die auf dem Template *nav_default.html5* basieren.

Schritt 4: Das CSS zur Gestaltung der Sitemap

Im folgenden ToDo machen Sie die Sitemap mit wenigen Styles etwas übersichtlicher.

ToDo: Die Sitemap gestalten

1. Öffnen Sie das Stylesheet zur Gestaltung der Navigation im Editor.
2. Fügen Sie am Ende des Stylesheets nach der Gestaltung der Meta-Navigation folgenden Style ein, der den unteren Abstand von den inneren Listen entfernt (KATEGORIE: »Sitemap«):

```
.mod_sitemap ul ul { margin-bottom: 0; }
```

3. Die nächsten beiden Styles gestalten die Listenelemente:

```
.mod_sitemap li {
  list-style-type: none;
  margin-left: 0;
}
.mod_sitemap li li { margin-left: 1.5em; }
```

4. Die Links nicht unterstreichen und fett hervorheben:

```
.mod_sitemap a {
  text-decoration: none;
  font-weight: bold;
}
```

5. Die Links der zweiten Ebene sollen nicht fett sein:

```
.mod_sitemap .level_2 a { font-weight: normal; }
```

6. Speichern Sie das Stylesheet.

Im Browser sieht die Sitemap jetzt so aus wie in Abbildung 9.20.

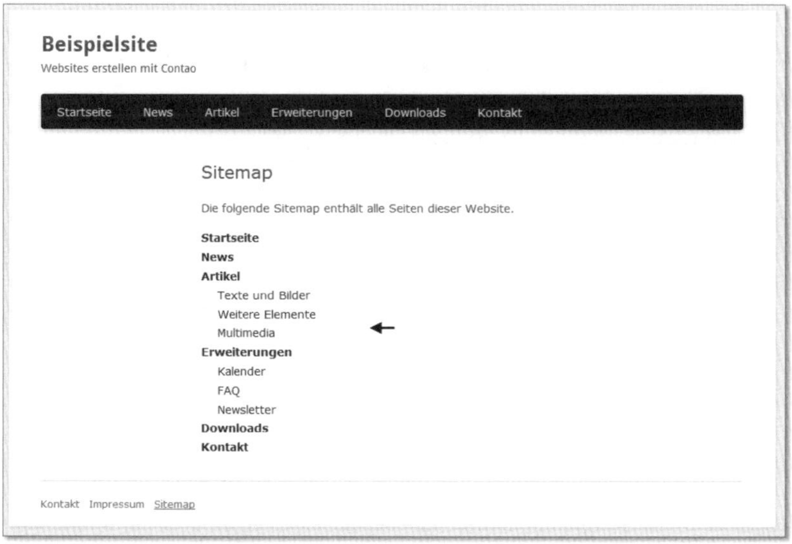

Abbildung 9.20 Die fertige Sitemap

Schick wie »Slick« – eine optisch aufgepeppte Sitemap

SlickMap CSS ist ein Stylesheet von Matt Everson (*astuteo.com/slickmap*) zur Visualisierung der Seitenstruktur. Mit der Contao-Erweiterung [SlickMap] von Mario Müller (lingo4you) lässt sich dieses Stylesheet jetzt in Contao ganz einfach als Inhaltselement einbinden:

- *contao.org/de/extension-list/view/slickmap.html*

Auf den beiden in diesem Hinweiskasten gelisteten Seiten finden Sie auch einen Screenshot, wie so eine SlickMap aussieht. Schick.

9.9 Weitere Navigationsmodule im Überblick

Zum Abschluss dieses Kapitels über Navigation möchte ich Ihnen die übrigen Navigationsmodule von Contao quasi im Schnelldurchgang vorstellen.

9.9.1 Quicknavigation und Quicklink

Die Modultypen QUICKNAVIGATION und QUICKLINK erstellen beide ein Dropdown-Menü, mit dem man direkt zu einer bestimmten Seite springen kann.

Während eine Quicknavigation die komplette Seitenstruktur oder einen Ausschnitt daraus abbildet, kann ein Quicklink-Menü beliebige Seiten aus dem Seitenbaum enthalten. Quicknavigation und Quicklink sind also quasi die Dropdown-Entsprechungen zu den weiter oben vorgestellten Modultypen NAVIGATIONSMENÜ bzw. INDIVIDUELLE NAVIGATION.

In Kapitel 17, »Das erste Theme erstellen«, erstellen Sie bei der Gestaltung der Startseite in der Sidebar ein Quicklink-Menü mit ein paar Lesetipps (ab Seite 474). Eine solche Quicklink-Navigation erzeugt in etwa folgendes HTML:

```
<!-- indexer::stop -->
<div class="mod_quicklink block">
<h2>Lesetipps</h2>
<form action="#" method="post">
<div class="formbody">
<input type="hidden" name="FORM_SUBMIT" value="tl_quicklink">
<input type="hidden" name="REQUEST_TOKEN" value="d5eb0...">
<select name="target"  class="select">
  <option value="#"> ... </option>
  <option value="#"> ... </option>
  <option value="#"> ... </option>
```

```
</select>
<input type="submit" class="submit" value="Los">
</div>
</form>
</div>
<!-- indexer::continue -->
```

Listing 9.5 Das HTML für eine Quicklink-Navigation

Das sind ein `div` mit der Klasse `mod_quicklink` drum herum, eine Überschrift und ein Formular, das ein `div` mit der Klasse `formbody` enthält, in dem zwei versteckte Formularfelder und als Hauptdarsteller eine Auswahlliste und ein SUBMIT-Button aufbewahrt werden. Erzeugt wird dieses HTML vom Modultemplate *mod_quicklink.html5*.

Der Modultyp QUICKNAVIGATION funktioniert genauso, bekommt aber im umgebenden `div` die Klasse `mod_quicknav` und basiert auf dem Modultemplate *mod_quicknav.html5*.

9.9.2 Navigationspfad: die Breadcrumb-Navigation »Sie sind hier«

Sich zu verirren und die Orientierung zu verlieren gehört zu den Urängsten des Menschen. So hatte sich Hänsel auf dem Weg in den tiefen Wald eine scheinbar geniale Navigationsmethode ausgedacht, um sich nicht zu verirren:

> *»Wart nur, Gretel, bis der Mond aufgeht, dann werden wir die Brotbröcklein sehen, die ich ausgestreut habe, die zeigen uns den Weg nach Haus.«*

Hänsels Brotkrümel-Methode hatte ihre Nachteile, dient aber heute noch als Namensgeber für eine Navigationshilfe, die ausgehend von der aktuellen Seite alle übergeordneten Seiten bis hin zur Startseite nebeneinander darstellt und dem Besucher ein »Sie sind hier« signalisiert. Neudeutsch nennt man Hänsels Methode »Breadcrumb-Navigation«.

Ein solcher *Navigationspfad* lohnt sich erst ab einer gewissen Verschachtelungstiefe und ist bei der Beispielsite in ihrem jetzigen Zustand nicht nötig. Abbildung 9.21 zeigt ein Beispiel für eine Breadcrumb-Navigation von der Website zu den »Little-Boxes«-Büchern, die mit Contao erstellt wurde.

Das Eingabeformular, das zur Erstellung eines Moduls vom Typ NAVIGATIONSPFAD im Backend angezeigt wird, ist sehr übersichtlich und bietet, abgesehen von einer optionalen Überschrift, keine Konfigurationsmöglichkeiten.

Im Quelltext erzeugt das Modul ein `div` mit der Klasse `mod_breadcrumb` und darin ein paar durch »Größer-als«-Zeichen getrennte Hyperlinks. Die aktuelle Seite am Ende wird von einem `span` mit der Klasse `active` umgeben. Die HTML-Ausgabe kann über das Modultemplate *mod_breadcrumb.html5* kontrolliert werden.

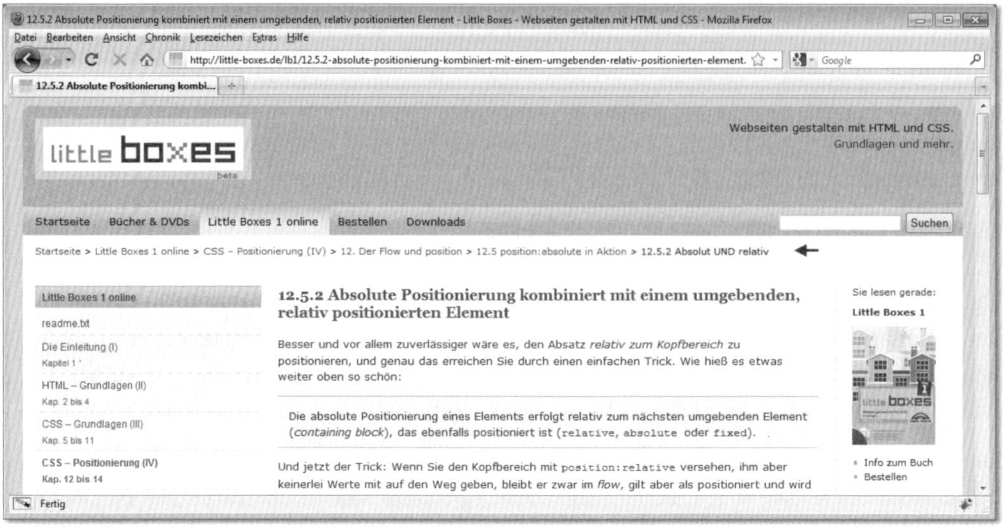

Abbildung 9.21 »Sie sind hier« – ein Navigationspfad auf »little-boxes.de«

9.9.3 Buchnavigation: von einer Seite zur nächsten und zurück

Das Modul BUCHNAVIGATION ist nicht nur für Bücher zu gebrauchen, sondern immer dann nützlich, wenn Sie auf den Webseiten eine Navigation einbauen möchten, die es dem Besucher ermöglicht, innerhalb der Seitenstruktur vorwärts-, rückwärts- oder auch eine Seite nach oben zu navigieren. Abbildung 9.22 zeigt auch für die Buchnavigation ein Beispiel von *little-boxes.de*.

Der vom Template *mod_booknav.html5* erzeugte Quelltext sieht so aus:

```
<!-- indexer::stop -->
<div class="mod_booknav block">
<ul>
  <li class="prev"><a href="#" title="">&lt; Themen</a></li>
  <li class="up"><a href="#" title="">Nach oben</a></li>
  <li class="next"><a href="#" title="">Weitere Elemente
  &gt;</a></li>
</ul>
</div>
<!-- indexer::continue -->
```

Listing 9.6 Das HTML für eine Buchnavigation

Ein div mit der Klasse mod_booknav enthält eine ungeordnete Liste mit drei Listenelementen, die einen Link zur vorangegangenen (prev) und zur nächsten (next) Seite enthalten. Dazwischen gibt es eigentlich noch einen Link, um in der Hierarchie der

Seitenstruktur eine Stufe nach oben zu gelangen. Dieser Link hat standardmäßig die Beschriftung »Nach oben«, die meiner Ansicht nach bei Besuchern eher Verwirrung stiftet. Für einen Top-Link, der per Klick an den Anfang der Seite führt, ist »Nach oben« eine adäquate Beschriftung, denn er bringt den Besucher buchstäblich auf derselben Seite *Nach oben* (siehe ab Seite 296).

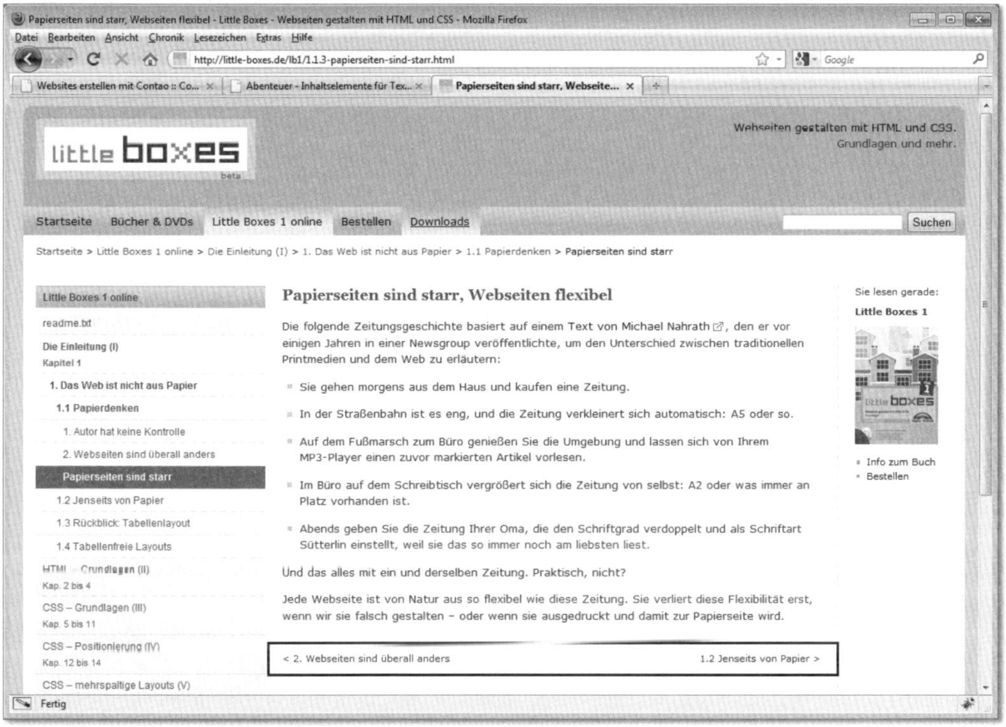

Abbildung 9.22 Eine Buchnavigation auf »little-boxes.de«

In der Buchnavigation bedeutet *Nach oben* aber »Gehe in der Seitenstruktur eine Ebene höher«. Das wäre vielleicht auch kein schlechter Linktext, ist aber erstens zu lang und zweitens auch nicht wirklich hilfreich. Und so ist dieser Link in Abbildung 9.22 denn auch gar nicht vorhanden, weil er im Modultemplate chirurgisch entfernt wurde.

Die Artikelnavigation ist ein bisschen anders als die Buchnavigation

In der Gruppe Navigation gibt es noch einen Modultyp, der in diesem Kapitel nicht erwähnt wurde: Artikelnavigation. Die Artikelnavigation funktioniert im Prinzip ähnlich wie die Buchnavigation, nur nicht mit Seiten, sondern mit Artikeln.

Eine Artikelnavigation hat die Klasse `mod_articlenav` und ist z.B. dann sinnvoll, wenn auf einer Seite mehrere Artikel vorhanden sind, von denen jeweils nur der Teasertext gezeigt wird.

Klickt ein Besucher auf den WEITERLESEN-Link, um den ganzen Artikel zu lesen, könnte man auf dieser Seite unter dem Artikel eine Artikelnavigation anzeigen, die direkt zum nächsten bzw. vorangegangenen Artikel führt, sodass der Leser nicht erst wieder zurück zur Übersichtseite mit den Teasern muss.

Kapitel 10
Inhaltselemente für Texte und Bilder

In diesem Kapitel lernen Sie Inhaltselemente zur Arbeit mit Texten und Bildern kennen. Außerdem werden Top-Links und Symbole zum Teilen von Inhalten vorgestellt.

Die Themen im Überblick:

In Kapitel 2, »Schnelldurchlauf: So funktioniert Contao«, haben Sie bereits erfahren, dass ein Artikel in Contao nur ein *Container* ist, ein *Inhaltsbereich*, der ein oder mehrere Inhalts*elemente* enthält.

In diesem Kapitel lernen Sie die wichtigsten Inhaltselemente zum Einfügen von Text und Bildern kennen:

- ÜBERSCHRIFT und TEXT
- BILD und BILDERGALERIE
- Zum Abschluss wird noch das Inhaltselement TOP-LINK vorgestellt.

Viel zu tun, aber zunächst gibt es noch ein klein wenig Theorie vorweg. Sie werden sehen, dass die praktische Arbeit mit den Inhaltselementen danach umso leichter fällt.

10.1 Artikel und Inhaltselemente im HTML-Quelltext

Inhaltselemente unterteilen einen Artikel bildlich gesprochen in Scheibchen oder Blöcke, und diese Blöcke können Sie dann einzeln bearbeiten. Dieses Prinzip der Aufteilung in Blöcke findet sich auch in der HTML-Struktur von Artikeln und Inhaltselementen wieder.

Auf der Startseite der Beispielsite gibt es bereits einen Artikel und ein Inhaltselement mit Überschrift und ein bisschen Fließtext, der in diesem Abschnitt als Beispiel dient.

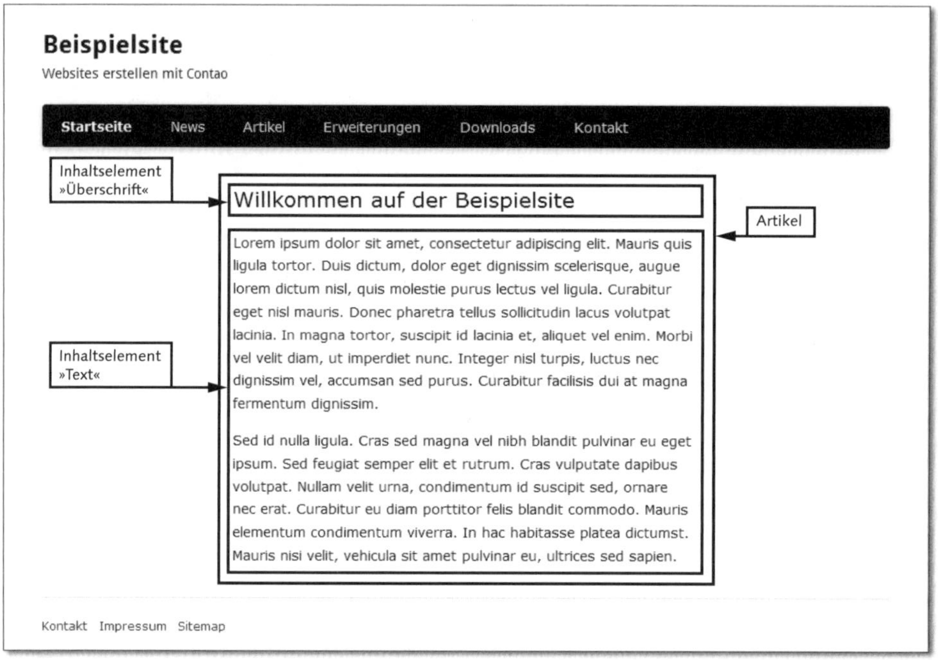
Beispielsite
Websites erstellen mit Contao
Startseite
News
Artikel
Erweiterungen
Downloads
Kontakt
Inhaltselement »Überschrift«
Inhaltselement »Text«
Artikel
Willkommen auf der Beispielsite
Lorem ipsum dolor sit amet, consectetur adipiscing elit. Mauris quis ligula tortor. Duis dictum, dolor eget dignissim scelerisque, augue lorem dictum nisl, quis molestie purus lectus vel ligula. Curabitur eget nisl mauris. Donec pharetra tellus sollicitudin lacus volutpat lacinia. In magna tortor, suscipit id lacinia et, aliquet vel enim. Morbi vel velit diam, ut imperdiet nunc. Integer nisl turpis, luctus nec dignissim vel, accumsan sed purus. Curabitur facilisis dui at magna fermentum dignissim.
Sed id nulla ligula. Cras sed magna vel nibh blandit pulvinar eu eget ipsum. Sed feugiat semper elit et rutrum. Cras vulputate dapibus volutpat. Nullam velit urna, condimentum id suscipit sed, ornare nec erat. Curabitur eu diam porttitor felis blandit commodo. Mauris elementum condimentum viverra. In hac habitasse platea dictumst. Mauris nisi velit, vehicula sit amet pulvinar eu, ultrices sed sapien.
Kontakt
Impressum
Sitemap

Abbildung 10.1 Artikel und Inhaltselemente auf der Startseite

Im Quelltext ist der Artikel ein `div` mit einer ID (der ARTIKELALIAS aus den Einstellungen des Artikels) und den Klassen `mod_article` und `block`:

```
<div id="startseite" class="mod_article block"> ... </div>
```

Listing 10.1 Ein Artikel ist von einem »div« umgeben.

Innerhalb des `div`-Elements für den Artikel werden die Inhaltselemente aufbewahrt, viele davon ebenfalls mit einem umgebenden `div`. Auf der Startseite wurde das Inhaltselement TEXT benutzt, um eine Überschrift und zwei Absätze zu erstellen. Der HTML-Quelltext für den gesamten Artikel, inklusive Inhaltselement, sieht so aus:

```
<div id="startseite" class="mod_article block">
<h1 class="ce_headline">Willkommen auf der Beispielsite</h1>
<div class="ce_text block">
<p>...</p>
<p>...</p>
</div>
</div>
```

Listing 10.2 Viele Inhaltselemente sind von einem »div« umgeben.

Das HTML für das Inhaltselement zeigt folgende Besonderheiten:

- Das umgebende HTML-Element (`h1` bzw. `div`) bekommt eine für das Inhaltselement definierte Klasse.
- Die Klassen bestehen aus dem Kürzel `ce_` (abgeleitet vom englischen *Content Element*) und dem englischen Namen des Inhaltselements, also z.B. `ce_text` für das Inhaltselement TEXT.
- Das `div` für das Inhaltselement bekommt die Klasse `block`. So werden darin gefloatete Elemente automatisch umschlossen.

Viele Inhaltselemente sitzen also in einem eigenen `div` innerhalb des `div` des Artikels. Wer es gewohnt ist, bei jedem HTML-Element zu überlegen, ob es wirklich nötig ist, findet die vielen `div`-Elemente wahrscheinlich übertrieben, aber ein CMSystem muss den Quelltext für viele Situationen optimieren und nicht nur für eine einzige. Die Idee der Inhaltselemente ist im Alltag eines Content-Managers einfach nur gut und ganz bestimmt ein paar zusätzliche `div`-Elemente wert.

Das HTML der Inhaltselemente wird von einem Template erzeugt

Welches HTML die Inhaltselemente erzeugen, wird über Templates geregelt. Die Templatenamen entsprechen beim Ausgabeformat HTML denen der CSS-Klassen plus der Endung *.html5*, z.B. *ce_text.html5* für das Inhaltselement TEXT. Für das Ausgabeformat XHTML lautet die Endung der Templates *.xhtml*.

Bei Bedarf können Sie im Backend-Modul LAYOUT • TEMPLATES die HTML-Ausgabe der Inhaltselemente an Ihre Bedürfnisse anpassen.

10.2 Das Inhaltselement »Überschrift«: »ce_headline«

Das Inhaltselement ÜBERSCHRIFT dient zur Eingabe von Überschriften. Andere Inhaltselemente wie z.B. TEXT bieten die Möglichkeit, eine integrierte Überschrift zu vergeben. Daraus ergibt sich die Frage, wann man besser das Inhaltselement ÜBERSCHRIFT und wann die integrierte Überschrift benutzen sollte.

Nicht jede Überschrift benötigt ein eigenes Inhaltselement. In vielen Situationen reicht eine Überschrift als Teil eines anderen Inhaltselements völlig aus. Ein *eigenes* Inhaltselement für eine Überschrift ist z.B. in folgenden Situationen sinnvoll:

- Sie möchten in der Lage sein, die Überschrift zu kopieren oder zu verschieben – innerhalb der aktuellen Seite oder auch auf eine andere.
- Die Überschrift soll eine eigene ID oder Klasse bekommen, um sie besser gestalten zu können.
- Sie möchten schnell einen fest definierten Abstand über oder unter der Überschrift vergeben.
- Die Überschrift soll mit einem »Augen-Klick« einzeln ausgeblendet werden können.

Kurz: Immer dann, wenn die Überschrift als *eigenständige Einheit* existieren soll, ist es sinnvoll, das Inhaltselement ÜBERSCHRIFT einzusetzen. Ich habe es mir zum Beispiel im Laufe der Zeit angewöhnt, die erste Überschrift in einem Artikel immer als eigenständiges Inhaltselement vom Typ ÜBERSCHRIFT einzufügen.

10.2.1 Die Überschrift ändern: »Die Abenteuer des Lorem Ipsum«

Im folgenden ToDo ändern Sie am Anfang der Seite TEXTE UND BILDER die Überschrift der Ebene `h1`.

ToDo: Ein Inhaltselement »Überschrift« ändern

1. Öffnen Sie das Backend-Modul INHALTE • ARTIKEL.
2. Klicken Sie neben dem weißen Rechteck mit dem roten Strich auf den fett gedruckten Seitennamen TEXTE UND BILDER, um den Artikelbaum zu verkürzen und so übersichtlicher zu machen.
3. Contao merkt sich diese Einstellung. Mit der Breadcrumb-Navigation in dem hellgelb unterlegten Kasten direkt darüber können Sie den ganzen Artikelbaum wieder aufrufen.
4. Öffnen Sie den Artikel TEXTE UND BILDER [HAUPTSPALTE] zur Bearbeitung (gelber Bleistift).
5. Öffnen Sie das vorhandene Inhaltselement ÜBERSCHRIFT ganz am Anfang des Artikels. Falls es keine Überschrift geben sollte, erstellen Sie bitte eine.
6. Ändern Sie den Text im Feld ÜBERSCHRIFT in »Die Abenteuer des Lorem Ipsum«.

7. Prüfen Sie, ob rechts daneben die Gliederungsebene h1 ausgewählt ist.
8. Klicken Sie auf SPEICHERN UND SCHLIESSEN.

Abbildung 10.2 zeigt die Eingabemaske für das Inhaltselement ÜBERSCHRIFT.

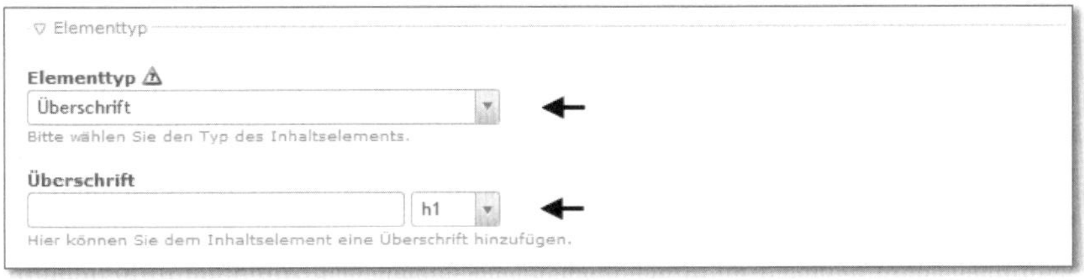
Elementtyp
Elementtyp
Überschrift
Bitte wählen Sie den Typ des Inhaltselements.
Überschrift
h1
Hier können Sie dem Inhaltselement eine Überschrift hinzufügen.

Abbildung 10.2 Das Dialogfeld für das Inhaltselement »Überschrift«

Auf der Webseite erscheint jetzt oben in der Hauptspalte die neue Überschrift. Im Quelltext hat die neue Überschrift folgendes HTML:

```
<h1 class="ce_headline ">Die Abenteuer des Lorem Ipsum</h1>
```

Wie Sie sehen, wird beim Inhaltselement ÜBERSCHRIFT die Klasse ce_headline direkt an das Element h1 vergeben. Es gibt also kein zusätzliches div-Element drum herum.

10.2.2 Die Überschrift gestalten

Im folgenden ToDo ändern Sie die Schriftgestaltung der Überschrift und weisen ihr die in Abschnitt 7.4.1 eingebundene Schriftart Droid Sans zu.

ToDo: Die Gestaltung des Inhaltselements »Überschrift« ändern

1. Öffnen Sie das Stylesheet zur Gestaltung der Inhalte namens *inhalte* bzw. *inhalte.css*.
2. Ergänzen Sie den in Abschnitt 7.4.4 erstellten Style mit dem Selektor #main h1 um die beiden fett hervorgehobenen Anweisungen zur Schriftformatierung:

```
#main h1 {
  margin-top: 0;
  margin-bottom: 1em;
  line-height: 1;
  font-family: "Droid Sans", sans-serif;
  font-weight: bold;
}
```

3. Speichern Sie das Stylesheet.

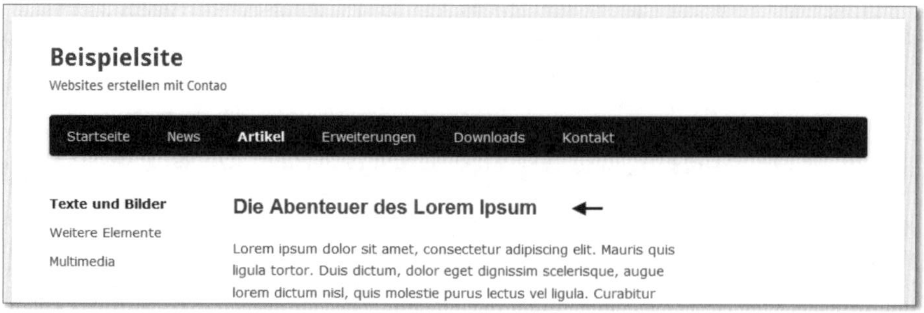
Beispielsite
Websites erstellen mit Contao
Startseite
News
Artikel
Erweiterungen
Downloads
Kontakt
Texte und Bilder
Weitere Elemente
Multimedia
Die Abenteuer des Lorem Ipsum
Lorem ipsum dolor sit amet, consectetur adipiscing elit. Mauris quis ligula tortor. Duis dictum, dolor eget dignissim scelerisque, augue lorem dictum nisl, quis molestie purus lectus vel ligula. Curabitur

Abbildung 10.3 Die gestaltete Überschrift

10.3 Das Inhaltselement »Text«: »ce_text«

Sie setzen die Reise durch die wichtigsten Inhaltselemente von Contao mit dem Inhaltselement TEXT fort. Es dient zur Eingabe von ganz normalem Text, optional mit Überschrift und Bild.

10.3.1 Die Eingabemaske des Inhaltselements »Text«

Das Inhaltselement TEXT werden Sie wahrscheinlich am häufigsten einsetzen, und Sie kennen es bereits von Seite 146, als Sie auf der Startseite den ersten Text eingefügt haben. Abbildung 10.4 zeigt den Artikel auf der Startseite der Beispielsite in der Bearbeitungsansicht.

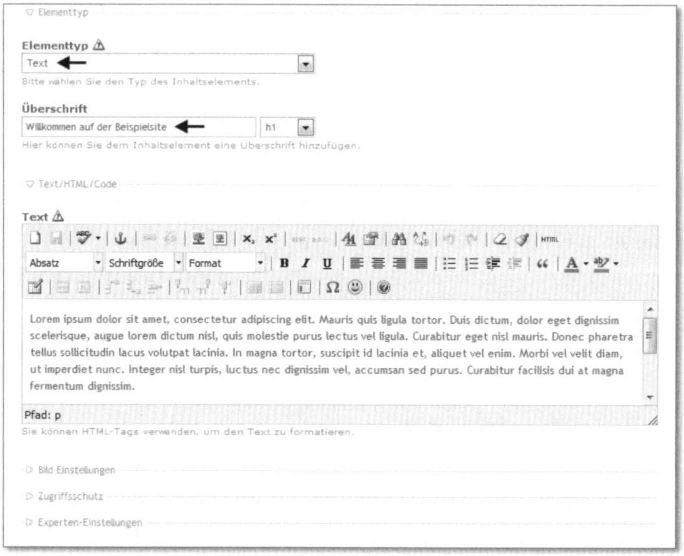
Elementtyp
Elementtyp
Text
Bitte wählen Sie den Typ des Inhaltselements.
Überschrift
Willkommen auf der Beispielsite
h1
Hier können Sie dem Inhaltselement eine Überschrift hinzufügen.
Text/HTML/Code
Text
Absatz
Schriftgröße
Format
Lorem ipsum dolor sit amet, consectetur adipiscing elit. Mauris quis ligula tortor. Duis dictum, dolor eget dignissim scelerisque, augue lorem dictum nisl, quis molestie purus lectus vel ligula. Curabitur eget nisl mauris. Donec pharetra tellus sollicitudin lacus volutpat lacinia. In magna tortor, suscipit id lacinia et, aliquet vel enim. Morbi vel velit diam, ut imperdiet nunc. Integer nisl turpis, luctus nec dignissim vel, accumsan sed purus. Curabitur facilisis dui at magna fermentum dignissim.
Pfad: p
Sie können HTML-Tags verwenden, um den Text zu formatieren.
Bild-Einstellungen
Zugriffsschutz
Experten-Einstellungen

Abbildung 10.4 Der Artikel von der Startseite in der Bearbeitungsansicht

Ganz oben sehen Sie, dass der Elementtyp TEXT ausgewählt ist. Direkt darunter steht das Feld ÜBERSCHRIFT, in dem der Text der Überschrift und die Gliederungsebene stehen können. Falls Sie keine Überschrift wünschen, lassen Sie das Feld einfach leer.

10.3.2 Der Editor TinyMCE im Überblick

Das Herzstück des Inhaltselements TEXT ist der Editor zur Formatierung des Textes (siehe Abbildung 10.5).

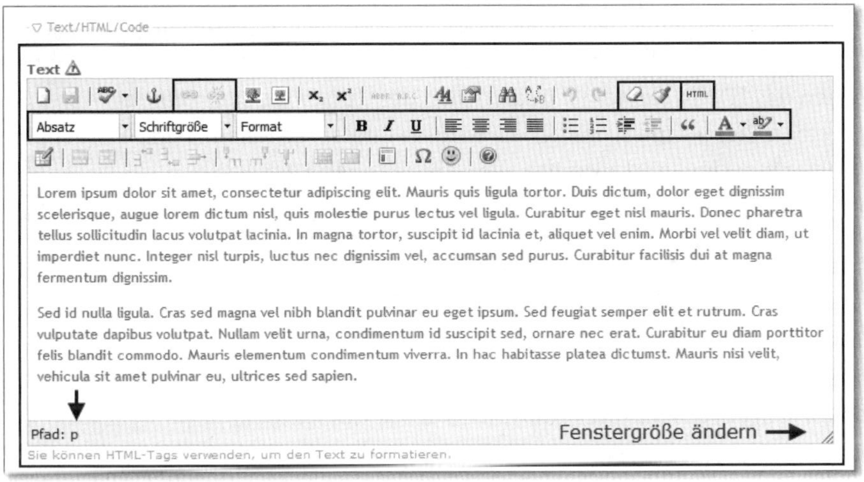
Text/HTML/Code
Text
Absatz
Schriftgröße
Format
HTML
Lorem ipsum dolor sit amet, consectetur adipiscing elit. Mauris quis ligula tortor. Duis dictum, dolor eget dignissim scelerisque, augue lorem dictum nisl, quis molestie purus lectus vel ligula. Curabitur eget nisl mauris. Donec pharetra tellus sollicitudin lacus volutpat lacinia. In magna tortor, suscipit id lacinia et, aliquet vel enim. Morbi vel velit diam, ut imperdiet nunc. Integer nisl turpis, luctus nec dignissim vel, accumsan sed purus. Curabitur facilisis dui at magna fermentum dignissim.
Sed id nulla ligula. Cras sed magna vel nibh blandit pulvinar eu eget ipsum. Sed feugiat semper elit et rutrum. Cras vulputate dapibus volutpat. Nullam velit urna, condimentum id suscipit sed, ornare nec erat. Curabitur eu diam porttitor felis blandit commodo. Mauris elementum condimentum viverra. In hac habitasse platea dictumst. Mauris nisi velit, vehicula sit amet pulvinar eu, ultrices sed sapien.
Pfad: p
Fenstergröße ändern
Sie können HTML-Tags verwenden, um den Text zu formatieren.

Abbildung 10.5 TinyMCE – der Editor zur Bearbeitung von Texten

Der Editor heißt mit richtigem Namen *TinyMCE* und wird auch als WYSIWYG-Editor (von *What You See Is What You Get*) oder Rich-Text-Editor (abgekürzt RTE) bezeichnet. *Rich Text* bedeutet übrigens so viel wie »mit Formatierungen angereicherter Text« und nicht »Text mit viel Geld«.

Der *Tiny-Editor* ermöglicht die Eingabe und Formatierung von Text. Überschriften, Absätze, Listen und Zeichenformatierungen wie fett und kursiv sind damit problemlos möglich, und die Bedienung funktioniert ähnlich wie bei einer normalen Textverarbeitung: Text markieren und dann das gewünschte Symbol anklicken.

Während Sie den Text schreiben und formatieren, erzeugt der Editor im Hintergrund automatisch das entsprechende HTML. Das können Sie sich mit einem Klick auf das Symbol HTML rechts oben auch anschauen und von Hand nachbessern.

Im Alltag besonders hilfreich sind die beiden Symbole links neben dem HTML-Symbol, die in Tabelle 10.1 kurz erläutert werden.

Symbol	Funktion
	Der Radiergummi entfernt alle Formatierungen vom markierten Text.
	Der Pinsel räumt den Quelltext auf und versucht, gültiges HTML daraus zu formen.

Tabelle 10.1 Pinsel und Radiergummi im TinyMCE

In Abbildung 10.5 sehen Sie übrigens ganz unten links in der Statuszeile des Editors den Namen des HTML-Elements, in dem sich der Cursor gerade befindet. Wenn Sie dort auf einen Elementnamen klicken, wird das entsprechende HTML-Element im Editorfenster markiert, und zwar mit allen enthaltenen Elementen.

Auch zum Einfügen von Bildern und Tabellen gibt es entsprechende Symbole, bei denen Sie sogar genaue Formatierungsanweisungen und CSS-Klassen hinterlegen können. In der Praxis werden Sie aber in den meisten Fällen zum Einfügen von Bildern und Tabellen *nicht* diese Optionen im Editor benutzen:

- Ein Bild pro Inhaltselement TEXT können Sie mit dem Bereich BILD-EINSTELLUNGEN hinzufügen, das Sie direkt unterhalb des Editors finden.
- Ein hier eingefügtes Bild können Sie sehr bequem um Meta-Informationen erweitern und per Mausklick gestalten.
- Für Bilder und Tabellen gibt es auch eigene Inhaltselemente.

Beide Möglichkeiten lernen Sie im weiteren Verlauf des Buches kennen.

10.3.3 Hyperlinks erstellen im Editor TinyMCE

Um im Editor einen *Hyperlink* zu erstellen, markieren Sie den gewünschten Text und klicken auf die Kette LINK EINFÜGEN/BEARBEITEN in der obersten Symbolleiste des Editors. Abbildung 10.6 zeigt das daraufhin erscheinende Dialogfeld.

Beim Einfügen oder Bearbeiten eines Hyperlinks haben Sie sieben Optionen zur Auswahl. Die obersten drei stellen verschiedene Linkziele zur Auswahl:

- CONTAO-SEITEN zeigt eine Auswahlliste mit den in der Seitenstruktur erstellten Webseiten. Contao fügt im Feld ADRESSE daraufhin ein sogenanntes *Inserttag* wie z.B. `{{link_url::34}}` ein. Inserttags sind eine sehr praktische Sache und werden später noch genauer erklärt.
- CONTAO-DATEIEN bietet Ihnen die in der Dateiverwaltung vorhandenen Dateien zur Auswahl an und schreibt die URL ins Feld ADRESSE.

- Um auf eine externe Webseite zu verlinken, geben Sie im Feld ADRESSE selbst die komplette URL ein, inklusive `http://` am Anfang.

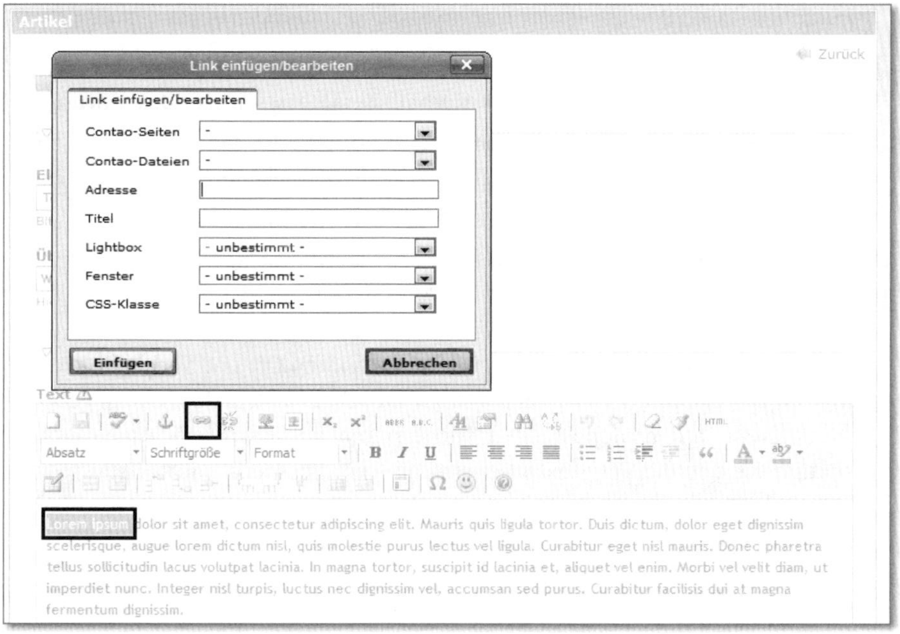

Abbildung 10.6 So fügen Sie einen Hyperlink im Editor ein.

Die vier unteren Optionen beeinflussen das Aussehen und Verhalten des Links:

- TITEL fügt dem Hyperlink das Attribut `title` hinzu, das in vielen Browsern als kleine gelbe QuickInfo erscheint, wenn der Mauszeiger über dem Link verweilt.
- LIGHTBOX öffnet das Linkziel in einem per JavaScript erzeugten Overlay-Fenster, das über der Seite zu schweben scheint. Lightboxen lernen Sie beim Einfügen von Bildern weiter unten noch genauer kennen.
- FENSTER öffnet den Link in einem neuen Tab oder Fenster, je nachdem, was der Anwender in seinem Browser eingestellt hat.
- CSS-KLASSE bietet eine Auswahl von CSS-Klassen, die dem Link hinzugefügt werden können. Mit der Option (VALUE) können Sie hier im Editor an Ort und Stelle eigene Klassen definieren. Die in der Auswahlliste erscheinenden Klassen werden übrigens in *files/tinymce.css* vordefiniert (Details dazu finden Sie in Abschnitt 25.2 über den TinyMCE).

Zur Übung erstellen Sie im folgenden ToDo ein Inhaltselement mit einer `h2`-Überschrift und verlinken dann die Worte »Lorem Ipsum« zum entsprechenden Artikel bei der deutschen Wikipedia.

ToDo: Inhaltselement »Text« erstellen und Hyperlink einbauen

1. Öffnen Sie das Backend-Modul INHALTE • ARTIKEL.
2. Öffnen Sie auf der Seite TEXTE UND BILDER den Artikel TEXTE UND BILDER [HAUPTSPALTE] zur Bearbeitung (gelber Bleistift).
3. Öffnen Sie das Inhaltselement TEXT unterhalb der Überschrift zur Bearbeitung.
4. Löschen Sie den vorhandenen Blindtext, und fügen Sie folgenden Text ein. Wenn Sie nicht gerne tippen, finden Sie den Text auf der Buch-CD im Ordner *beispieldateien*:

   »Weit hinten, hinter den Wortbergen, fern der Länder Vokalien und Konsonantien, leben die Blindtexte. Abgeschieden wohnen sie in Buchstabhausen an der Küste des Semantik, eines großen Sprachozeans.

   Ein kleines Bächlein namens Duden fließt durch ihren Ort und versorgt sie mit den nötigen Regelialien. Es ist ein paradiesmatisches Land, in dem einem gebratene Satzteile in den Mund fliegen. Nicht einmal von der allmächtigen Interpunktion werden die Blindtexte beherrscht – ein geradezu unorthografisches Leben.«
5. Klicken Sie auf SPEICHERN UND SCHLIESSEN.
6. Erstellen Sie darunter ein neues Inhaltselement TEXT mit einer h2-Überschrift »Die Reise beginnt«.
7. Geben Sie darunter im Editorfenster folgenden Text ein:

   »Eines Tages aber beschloss eine kleine Zeile Blindtext, ihr Name war Lorem Ipsum, hinauszugehen in die weite Grammatik. Der große Oxmox riet ihr davon ab, da es dort wimmele von bösen Kommata, wilden Fragezeichen und hinterhältigen Semikola, doch das Blindtextchen ließ sich nicht beirren.«
8. Markieren Sie im ersten Satz die Worte »Lorem Ipsum«.
9. Klicken Sie auf das Symbol LINK EINFÜGEN/BEARBEITEN, und geben Sie im Feld ADRESSE die folgende URL ein: »http://de.wikipedia.org/wiki/Lorem_ipsum«.
10. Ergänzen Sie den TITEL »Link zum Artikel bei der Wikipedia«.
11. Klicken Sie auf die Schaltfläche EINFÜGEN.
12. SPEICHERN UND SCHLIESSEN Sie das Inhaltselement.

Im Frontend erscheinen die Inhaltselemente wie in Abbildung 10.7 untereinander, und der Link ruft den Wikipedia-Artikel auf.

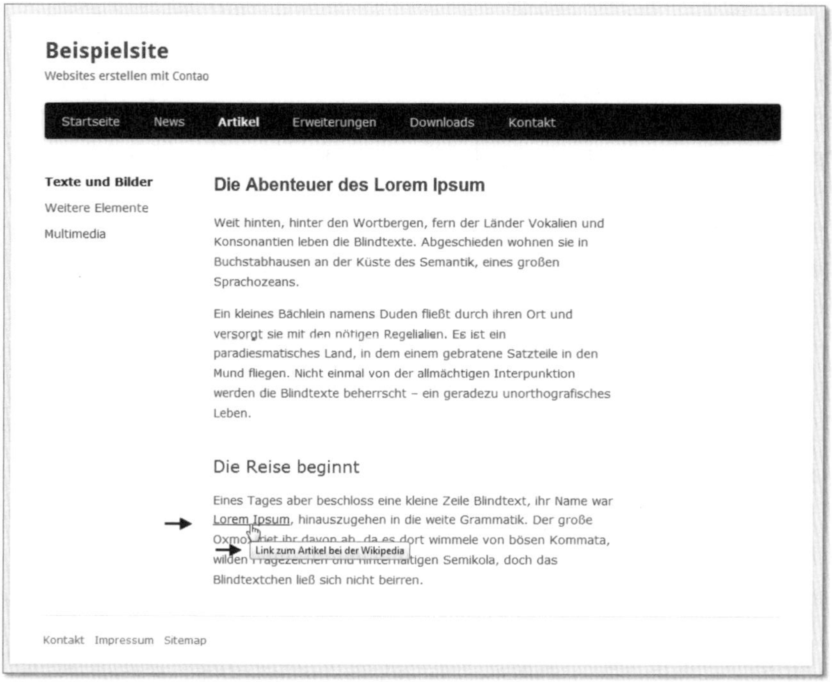
Beispielsite
Websites erstellen mit Contao
Startseite News Artikel Erweiterungen Downloads Kontakt
Texte und Bilder
Weitere Elemente
Multimedia
Die Abenteuer des Lorem Ipsum
Weit hinten, hinter den Wortbergen, fern der Länder Vokalien und Konsonantien leben die Blindtexte. Abgeschieden wohnen sie in Buchstabhausen an der Küste des Semantik, eines großen Sprachozeans.
Ein kleines Bächlein namens Duden fließt durch ihren Ort und versorgt sie mit den nötigen Regelialien. Es ist ein paradiesmatisches Land, in dem einem gebratene Satzteile in den Mund fliegen. Nicht einmal von der allmächtigen Interpunktion werden die Blindtexte beherrscht – ein geradezu unorthografisches Leben.
Die Reise beginnt
Eines Tages aber beschloss eine kleine Zeile Blindtext, ihr Name war Lorem Ipsum, hinauszugehen in die weite Grammatik. Der große
Link zum Artikel bei der Wikipedia
Blindtextchen ließ sich nicht beirren.
Kontakt Impressum Sitemap

Abbildung 10.7 Die Beispielsite mit Text und Hyperlink

10.4 Das Inhaltselement »Text« mit einem Bild erweitern

Bevor Sie in diesem Abschnitt dem ersten Fließtextabsatz ein Bild hinzufügen, müssen Sie noch ein paar Vorbereitungen treffen:

- mit der Dateiverwaltung die Fotos hochladen
- die Mediabox für die Großansicht der Bilder aktivieren

Los geht es mit dem Hochladen der Bilder.

10.4.1 Fotos auf den Webspace hochladen

Das Hochladen der Fotos mit der DATEIVERWALTUNG auf den Webspace ist recht simpel und erfordert im folgenden ToDo nur wenige Schritte.

ToDo: Fotos auf den Webspace hochladen

1. Öffnen Sie das Backend-Modul SYSTEM • DATEIVERWALTUNG.
2. Klicken Sie oben im Arbeitsbereich auf DATEI-UPLOAD.
3. Wählen Sie den Ordner *files/beispielsite/content/fotos/*.

4. Klicken Sie auf DURCHSUCHEN, und wechseln Sie zur Buch-CD in den Ordner *beispieldateien/grafiken/content_fotos*.
5. Wählen Sie alle sechs Fotos aus.
6. Klicken Sie auf DATEIEN HOCHLADEN UND ZURÜCK, und prüfen Sie, ob die Fotos im richtigen Ordner liegen.

Die Dateiverwaltung sollte nach diesem ToDo etwa so aussehen wie in Abbildung 10.8.

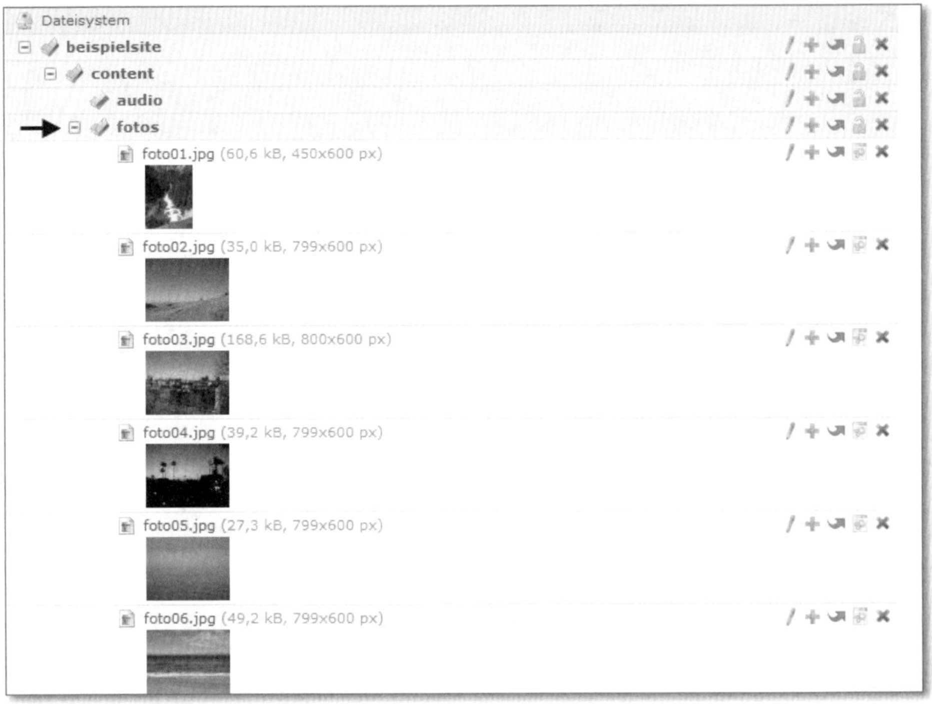

Abbildung 10.8 Die hochgeladenen Fotos in der Dateiverwaltung

Falls die Fotos in der Dateiverwaltung nicht zu sehen sind ...

Wenn Sie die Fotos mit der Dateiverwaltung im Backend von Contao hochgeladen haben, dann sollte alles in Ordnung sein. Haben Sie die Fotos hingegen mit einem Dateimanager oder per FTP hochgeladen, dann weiß die Dateiverwaltung davon nichts und sollte synchronisiert werden.

Details dazu finden Sie in Abschnitt 5.3.3 ab Seite 124.

10.4.2 Im Seitenlayout: »MooTools« laden und »Mediabox« aktivieren

Damit das im folgenden Abschnitt eingefügte Bild auf Klick in einer schikken Großansicht erscheint, müssen Sie im Seitenlayout STANDARDLAYOUT bei den MOOTOOLS das Template MOO_MEDIABOX aktivieren. Das erledigen Sie im nächsten ToDo.

ToDo: MooTools laden und Mediabox aktivieren

1. Öffnen Sie das Backend-Modul THEMES • SEITENLAYOUT.
2. Öffnen Sie das STANDARDLAYOUT zur Bearbeitung.
3. Blenden Sie den Bereich MOOTOOLS ein, und aktivieren Sie die Option MOOTOOLS LADEN.
4. Prüfen Sie, ob bei MOOTOOLS-QUELLE die Option MOOTOOLS – LOKALE DATEI ausgewählt ist.
5. Aktivieren Sie das MOOTOOLS-TEMPLATE mit dem Namen MOO_MEDIABOX.
6. Klicken Sie auf SPEICHERN UND SCHLIESSEN.

Nach einem Neuladen der Webseite hat sich im Browser nichts verändert, aber Contao lädt jetzt im Quelltext das für die Mediabox benötigte JavaScript.

Alternativ zu dem MooTools-Skript können Sie auch versuchsweise die jQuery-Variante ausprobieren. Dazu deaktivieren Sie das Template MOO_MEDIABOX, aktivieren die Option JQUERY LADEN und kreuzen dann das Template J_COLORBOX an.

Sie können problemlos jQuery und die MooTools laden, aber sollten nicht unbedingt Templates mit denselben Funktionen aktivieren. Dem Template *moo_mediabox* entspricht die *j_colorbox*, dem *moo_accordion* das *j_accordion* und dem *moo_mediaelement* das *j_mediaelement*.

Die »Mediabox« gehört zur Gattung »Lightbox«

Lightbox ist ein Sammelbegriff für Effekte, bei denen ein JavaScript-Programm ein Objekt in einem eigenen Overlay-Fenster über der Webseite präsentiert. Die Webseite selbst wird dabei meist abgedunkelt. Traditionell dient dieser Effekt zur Darstellung von einzelnen Bildern oder Bildergalerien, aber im Prinzip kann in dem Overlay-Fenster auch ein Video, ein Anmeldeformular oder eine ganze Webseite präsentiert werden.

Contao benutzt für Lightbox-Effekte wahlweise die *Mediabox* aus dem JavaScript-Framework MooTools oder die *Colorbox* von jQuery.

Falls JavaScript im Browser deaktiviert oder gar nicht vorhanden ist, wird das Linkziel in einem neuen Tab oder Browserfenster geöffnet, sodass die Zugänglichkeit gewahrt bleibt.

10.4.3 Ein Bild zum Inhaltselement »Text« hinzufügen

Wenn das der Fall ist, kann es losgehen. In diesem Abschnitt fügen Sie dem ersten Inhaltselement TEXT ein Foto hinzu, das mit einer Breite von 100 Pixeln links oben in dem Absatz stehen soll.

Die Datei *foto01.jpg* hat eine Größe von 450 × 600 Pixeln, was für die Einbindung im Text zu groß ist. Beim Einfügen des Bildes erstellt Contao auf Wunsch automatisch ein kleines Vorschaubild, das auf Klick die Großansicht in der Mediabox zeigt. Los geht's.

ToDo: Ein Bild zum Inhaltselement »Text« hinzufügen

1. Öffnen Sie im Artikel TEXTE UND BILDER [HAUPTSPALTE] das erste Inhaltselement TEXT unterhalb der h1-Überschrift zur Bearbeitung (gelber Bleistift). Der Text beginnt mit »Weit hinten …«.
2. Aktivieren Sie im Bereich BILD-EINSTELLUNGEN unterhalb des Editors die Option EIN BILD HINZUFÜGEN.
3. Klicken Sie auf die Schaltfläche AUSWAHL ÄNDERN.
4. Wählen Sie im Ordner *beispielsite/content/fotos/* die Datei *foto01.jpg*, und bestätigen Sie die Auswahl mit der Schaltfläche ANWENDEN.
5. Geben Sie in den Feldern ALTERNATIVER TEXT und TITEL den Text »Das Bächlein Duden« ein, aber ohne die Anführungsstriche.
6. Geben Sie im Feld BILDBREITE den Wert »100« ein. Gemessen wird hier immer in Pixeln. Die BILDHÖHE lassen Sie leer, und in der Auswahlliste sollte EXAKTES FORMAT – LINKS | OBEN STEHEN.
7. Geben Sie einen BILDABSTAND von »20« nach rechts ein, und wählen Sie die Einheit PX aus der Auswahlliste ganz rechts.
8. Lassen Sie das Feld BILDLINK-ADRESSE frei.
9. Aktivieren Sie die Option GROSSANSICHT/NEUES FENSTER. Die Großansicht des Fotos wird dann in einer Lightbox dargestellt.
10. Lassen Sie das Feld BILDUNTERSCHRIFT leer.
11. Wählen Sie bei BILDAUSRICHTUNG die zweite Option von links: Das Bild steht links oben und wird vom Text umflossen.
12. Klicken Sie auf SPEICHERN UND SCHLIESSEN.

Die Webseite sollte nach diesem ToDo etwa so aussehen wie in Abbildung 10.9.

Beispielsite
Websites erstellen mit Contao
Startseite
News
Artikel
Erweiterungen
Downloads
Kontakt
Texte und Bilder
Weitere Elemente
Multimedia
Die Abenteuer des Lorem Ipsum
Weit hinten, hinter den Wortbergen, fern der Länder Vokalien und Konsonantien leben die Blindtexte. Abgeschieden wohnen sie in Buchstabhausen an der Küste des Semantik, eines großen Sprachozeans.
Ein kleines Bächlein namens Duden fließt durch ihren Ort und versorgt sie mit den nötigen Regelialien. Es ist ein paradiesmatisches Land, in dem einem gebratene Satzteile in den Mund fliegen. Nicht einmal von der allmächtigen Interpunktion werden die Blindtexte beherrscht – ein geradezu unorthografisches Leben.

Abbildung 10.9 Das Vorschaubild wird vom Text umflossen.

Was schon reibungslos funktioniert, ist die Mediabox: Wenn Sie auf das Foto klicken, wird die Seite abgedunkelt und die Großansicht in einer Lightbox gezeigt. Links unten steht der im ToDo eingegebene TITEL und rechts unten ein sprachneutraler Button zum Schliessen der Lightbox (siehe Abbildung 10.10).

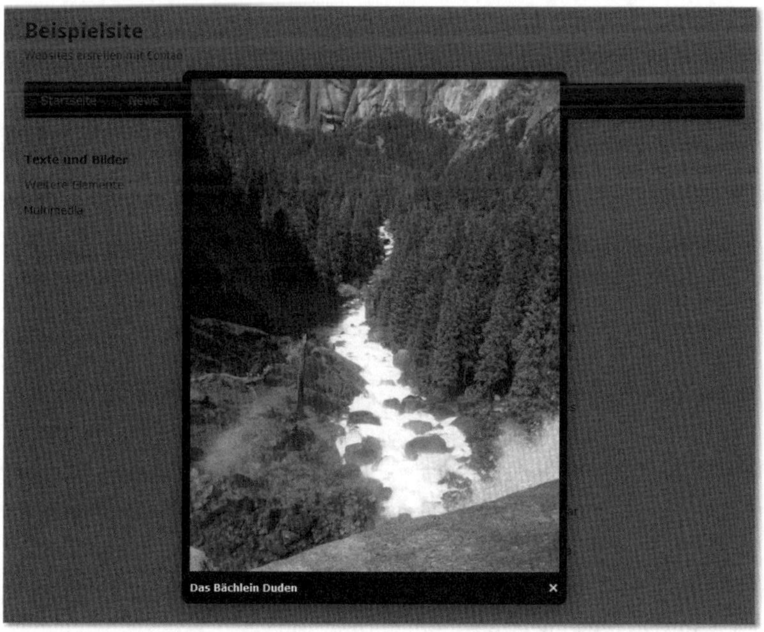
Beispielsite
Texte und Bilder
Das Bächlein Duden
×

Abbildung 10.10 Die Großansicht wird in der Mediabox geladen.

»Das Bächlein Duden« ist in Wirklichkeit übrigens der *Merced River* im Yosemite National Park in Kalifornien, aus Sicht der Vernal Falls.

10.4.4 Das HTML für das eingefügte Bild

Bilder, die im Inhaltselement TEXT eingefügt werden, werden im Quelltext von einem Element figure mit der Klasse image_container umgeben. Das eben eingefügte Foto sieht im Quelltext so aus:

```
<div class="ce_text block">
<figure class="image_container float_left"
     style="padding-right:20px; float:left;">
<a href="files/beispielsite/content/fotos/foto01.jpg"
   data-lightbox="083ca"
   title="Das Bächlein Duden">
<img src="assets/images/foto01-38647a4e.jpg"
     width="100"
     height="133"
     alt="Das Bächlein Duden"
     title="Das Bächlein Duden">
</a>
</figure>
<p>Weit hinten ...</p>
<p>Ein kleines ...</p>
</div>
```

Listing 10.3 Quelltext für ein im Inhaltselement »Text« eingefügtes Bild

In diesem Quelltext sind einige erwähnenswerte Dinge zu sehen:

- Umgeben wird das Bild von einem Element figure, das die Klassen image_container und float_left bekommt. Dass das Bild nach links floatet, wird im style-Attribut definiert, nicht durch die Klasse float_left.
- Die Klasse float_left ist nirgendwo definiert. Sie dient dazu, Bilder entsprechend der im Inhaltselement definierten BILDAUSRICHTUNG zu selektieren. Ein Bild oberhalb des Textes hat die Klasse float_above, ein Bild rechts daneben bekommt float_right und ein Bild unter dem Text float_below.
- Der im Backend eingegebene Abstand nach rechts von 10 px wird ebenso wie die Ausrichtung nach links in einem style-Attribut umgesetzt.
- Der Hyperlink bekommt das Attribut data-lightbox, damit das JavaScript erkennt, dass dieses Bild in einer Lightbox dargestellt werden soll.

- Automatisch erzeugte Vorschaubilder werden zusammen mit anderen temporären Dateien im Ordner *assets/images* gespeichert und bekommen einen vom Dateinamen abgeleiteten Zufallsnamen.
- Im Backend-Modul SYSTEM • SYSTEMWARTUNG im Abschnitt DATEN BEREINIGEN können Sie bei Bedarf den BILDERCACHE LEEREN *(assets/images)*.

Diese HTML-Struktur können Sie im CSS zur Gestaltung verwenden.

10.4.5 Eingefügte Bilder per CSS gestalten

Im folgenden ToDo gestalten Sie die HTML-Struktur, die beim Einfügen von Bildern verwendet wird, mit einigen wenigen, aber effektiven Styles. Wenn Sie interne Stylesheets verwenden, geben Sie beiden Styles die KATEGORIE BILDER.

ToDo: Eingefügte Bilder gestalten

1. Öffnen Sie das Stylesheet zum Gestalten der Inhalte im Editor.
2. Fügen Sie am Ende des Stylesheets einen Style zur Gestaltung der Bilder ein. Im CSS-Editor von Contao entspricht das einer SCHATTENFARBE von 444 und einer DECKKRAFT von 30:

```
.image_container img {
  -webkit-box-shadow: 0 2px 6px rgba(68, 68, 68, 0.3);
  box-shadow: 0 2px 6px rgba(68, 68, 68, 0.3);
  border-radius: 4px;
}
```

3. Speichern Sie das Stylesheet.

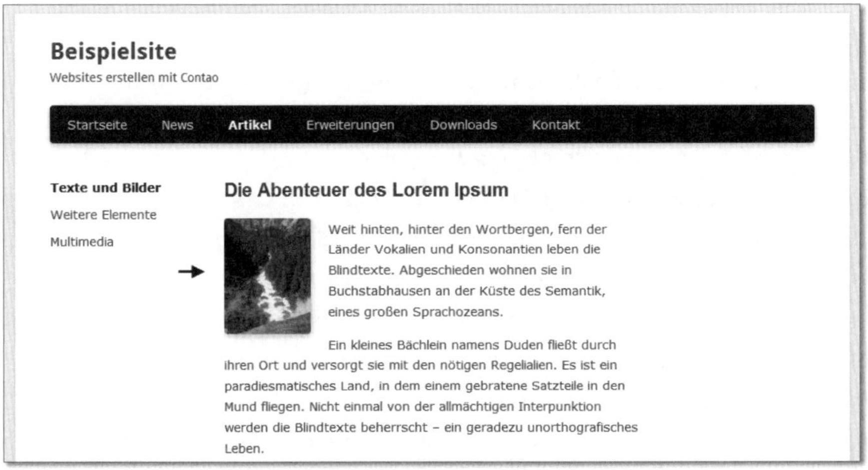
Beispielsite
Websites erstellen mit Contao
Startseite
News
Artikel
Erweiterungen
Downloads
Kontakt
Texte und Bilder
Weitere Elemente
Multimedia
Die Abenteuer des Lorem Ipsum
Weit hinten, hinter den Wortbergen, fern der Länder Vokalien und Konsonantien leben die Blindtexte. Abgeschieden wohnen sie in Buchstabhausen an der Küste des Semantik, eines großen Sprachozeans.
Ein kleines Bächlein namens Duden fließt durch ihren Ort und versorgt sie mit den nötigen Regelialien. Es ist ein paradiesmatisches Land, in dem einem gebratene Satzteile in den Mund fliegen. Nicht einmal von der allmächtigen Interpunktion werden die Blindtexte beherrscht – ein geradezu unorthografisches Leben.

Abbildung 10.11 Das Bild mit leichtem Schatten und runden Ecken

10.5 Das Inhaltselement »Bild«: »ce_image«

Im vorangegangenen Abschnitt haben Sie ein Bild zum Inhaltselement TEXT hinzugefügt und positioniert. In diesem Abschnitt stelle ich Ihnen nun das Inhaltselement BILD vor, das immer nur ein einziges Bild enthält.

10.5.1 Das Inhaltselement »Bild« im Einsatz

Das Inhaltselement BILD benutzen Sie, wenn das Bild innerhalb eines Artikels eine eigene inhaltliche Einheit ist und nicht vom Text umflossen werden soll. Die Vorteile bei einem Bild im eigenen Inhaltselement sind unter anderem:

- einfaches Verschieben, sowohl per Drag & Drop innerhalb des Artikels als auch mit dem blauen Verschiebe-Pfeil in einen völlig anderen Artikel
- einfaches Kopieren des Inhaltselements
- einfaches Ein- und Ausblenden per »Augen-Klick«

Das Inhaltselement BILD hat ein eigenes `div` mit der Klasse `ce_image`. Außerdem kann es im Backend eine eigene ID bekommen und so individuell per CSS gestaltet werden.

Im folgenden ToDo fügen Sie am Ende des Artikels ein neues Inhaltselement vom Typ BILD ein. Als Beispiel dient das Bild *foto02.jpg* aus dem Ordner *files/beispielsite/content/fotos*, das ca. 800 × 600 Pixel groß ist.

Das Bild bekommt im folgenden ToDo eine Breite von 500 Pixeln, damit es fast die gesamte Breite der Hauptspalte ausfüllt. Unterhalb des Bildes fügen Sie noch ein neues Inhaltselement vom Typ TEXT hinzu.

ToDo: Inhaltselemente »Bild« und »Text« in den Artikel einfügen

1. Öffnen Sie den Artikel TEXTE UND BILDER [HAUPTSPALTE] zur Bearbeitung.
2. Fügen Sie am Ende ein Inhaltselement mit dem ELEMENTTYP BILD hinzu.
3. Klicken Sie auf die Schaltfläche AUSWAHL ÄNDERN, um als QUELLDATEI das Foto *beispielsite/content/fotos/foto02.jpg* zu wählen.
4. Blenden Sie gegebenenfalls den Bereich BILD-EINSTELLUNGEN ein:
5. ALTERNATIVER TEXT: »Los Padres National Forest bei Santa Ynez«
6. TITEL: »Los Padres National Forest bei Santa Ynez«
7. BILDBREITE UND BILDHÖHE: 500 × 200, MITTE | MITTE
8. Aktivieren Sie die Option GROSSANSICHT/NEUES FENSTER.
9. BILDUNTERSCHRIFT: »In die weite Welt hinaus«
10. Klicken Sie auf SPEICHERN UND NEU, um direkt unter dem Bild ein neues Inhaltselement TEXT einzufügen.

11. Geben Sie im Editor den folgenden Text ein:

    »Es packte seine sieben Versalien, schob sich sein Initial in den Gürtel und machte sich auf den Weg.«

12. Klicken Sie auf SPEICHERN UND SCHLIESSEN.

Im Browser erscheint das Bild jetzt mit einer links ausgerichteten Bildunterschrift, die vom Fließtext kaum zu unterscheiden ist.

Die Bildunterschrift liegt im Element `figcaption` mit der Klasse `caption`, das sich innerhalb des `div.ce_image` vom Inhaltselement befindet:

```
<div class="ce_image block">
<figure class="image_container">
<a href="..."><img ...></a>
<figcaption class="caption">In die weite Welt hinaus</figcaption>
</figure>
</div>
```

Listing 10.4 Die HTML-Struktur für das Inhaltselement »Bild«

Mit einer CSS-Regel wie der folgenden können Sie die Bildunterschrift gestalten.

ToDo: Bildunterschrift gestalten

1. Öffnen Sie das Stylesheet zur Gestaltung der Inhalte.
2. Fügen Sie am Ende die folgende CSS-Regel ein (KATEGORIE: »Bilder«):

```
figcaption, .caption {
  font-size: 12px;
  color: #666;
  line-height: 1.2;
  text-align: center;
  margin-bottom: 1em;
}
```

3. Speichern Sie das Stylesheet.

Im Browser sieht die Webseite mit diesem Style so aus wie in Abbildung 10.12.

Das Inhaltselement »Bild« kann auch ein Link sein

Wenn das Bild ein Hyperlink sein soll, deaktivieren Sie die Großansicht und geben im Feld LINK-ADRESSE die gewünschte URL ein. Bei internen Seiten klicken Sie dazu bequem auf den blauen Ball rechts neben dem Feld, externe URLs geben Sie manuell ein, inklusive *http://*.

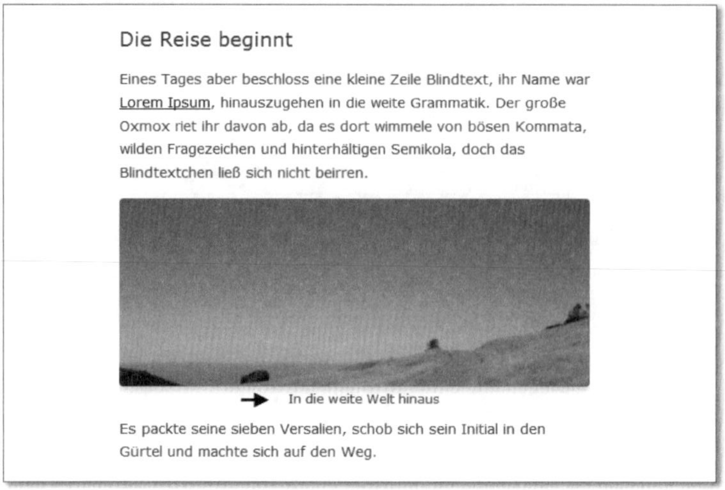

Die Reise beginnt
Eines Tages aber beschloss eine kleine Zeile Blindtext, ihr Name war Lorem Ipsum, hinauszugehen in die weite Grammatik. Der große Oxmox riet ihr davon ab, da es dort wimmele von bösen Kommata, wilden Fragezeichen und hinterhältigen Semikola, doch das Blindtextchen ließ sich nicht beirren.
In die weite Welt hinaus
Es packte seine sieben Versalien, schob sich sein Initial in den Gürtel und machte sich auf den Weg.

Abbildung 10.12 Das Inhaltselement »Bild« mit einer Bildunterschrift

10.5.2 »Bild-Einstellungen«: die Möglichkeiten der Bildanpassung

Bei den BILD-EINSTELLUNGEN können Sie im Feld BILDBREITE UND BILDHÖHE zwischen relativen und exakten Formaten wählen:

- zwei relative Formate (PROPORTIONAL und AN RAHMEN ANPASSEN)
- neun exakte Formate mit Bildausschnitten

Beim Einfügen eines Bildes definieren Sie durch die Eingabe von Bildbreite und Bildhöhe einen unsichtbaren Kasten, eine Box, die auch als *Rahmen* bezeichnet wird. Contao fügt das Bild in diese gedachte *Rahmenbox* ein.

Tabelle 10.2 zeigt zunächst die beiden relativen Formate.

Relatives Format	
Proportional	Die längere Seite des Bildes wird an die vorgegebenen Abmessungen angepasst und das Bild proportional verkleinert.
An Rahmen anpassen	Die kürzere Seite des Bildes wird an die vorgegebenen Abmessungen angepasst und das Bild proportional verkleinert.

Tabelle 10.2 Die beiden relativen Formate zur Bildanpassung

Die erste relative Variante heißt PROPORTIONAL. Sie orientiert sich bei der Erstellung des Rahmens am größeren der beiden eingegebenen Werte und passt den anderen

Wert proportional an. Der zweite eingegebene Wert wird also ignoriert. Im Beispiel ist das Ergebnis so, als ob Sie nur eine Bildbreite von 500 px angegeben hätten. Abbildung 10.13 zeigt die Einstellung PROPORTIONAL für das Beispielfoto.

Die Reise beginnt
Eines Tages aber beschloss eine kleine Zeile Blindtext, ihr Name war Lorem Ipsum, hinauszugehen in die weite Grammatik. Der große Oxmox riet ihr davon ab, da es dort wimmele von bösen Kommata, wilden Fragezeichen und hinterhältigen Semikola, doch das Blindtextchen ließ sich nicht beirren.
In die weite Welt hinaus
Es packte seine sieben Versalien, schob sich sein Initial in den Gürtel und machte sich auf den Weg.

Abbildung 10.13 Das Foto mit der Einstellung »Proportional«

Die zweite relative Variante AN RAHMEN ANPASSEN verhält sich genau entgegengesetzt. Sie nimmt den kleineren der beiden eingegebenen Werte und ignoriert den größeren. Abbildung 10.14 zeigt das Ergebnis dieser Einstellung.

Die Reise beginnt
Eines Tages aber beschloss eine kleine Zeile Blindtext, ihr Name war Lorem Ipsum, hinauszugehen in die weite Grammatik. Der große Oxmox riet ihr davon ab, da es dort wimmele von bösen Kommata, wilden Fragezeichen und hinterhältigen Semikola, doch das Blindtextchen ließ sich nicht beirren.
In die weite Welt hinaus
Es packte seine sieben Versalien, schob sich sein Initial in den Gürtel und machte sich auf den Weg.

Abbildung 10.14 Das Foto mit der Einstellung »An Rahmen anpassen«

Bei den exakten Formaten schneidet Contao von einem Punkt des Bildes ausgehend ein Rechteck in exakt der angegebenen Größe (*exaktes Format*) aus und fügt diesen Bildausschnitt in den unsichtbaren Rahmen ein.

Tabelle 10.3 listet die neun exakten Formate auf, die sich durch den jeweiligen Ausgangspunkt unterscheiden. Die Begriffe *Hochformat* und *Querformat* beziehen sich dabei nicht auf das Originalbild, sondern auf den Bildausschnitt, den Sie im Eingabefeld BILDBREITE UND BILDHÖHE definiert haben.

<table>
<tr><th>Exaktes Format</th><th>Erhält bei Bildausschnitt im Hochformat den ...</th><th>Erhält bei Bildausschnitt im Querformat den ...</th></tr>
<tr><td>LINKS | OBEN</td><td>... linken Teil des Bildes.</td><td>... oberen Teil des Bildes.</td></tr>
<tr><td>MITTE | OBEN</td><td>... mittleren Teil des Bildes.</td><td>... oberen Teil des Bildes.</td></tr>
<tr><td>RECHTS | OBEN</td><td>... rechten Teil des Bildes.</td><td>... oberen Teil des Bildes.</td></tr>
<tr><td>LINKS | MITTE</td><td>... linken Teil des Bildes.</td><td>... mittleren Teil des Bildes.</td></tr>
<tr><td>MITTE | MITTE</td><td>... mittleren Teil des Bildes.</td><td>... mittleren Teil des Bildes</td></tr>
<tr><td>RECHTS | MITTE</td><td>... rechten Teil des Bildes.</td><td>... mittleren Teil des Bildes.</td></tr>
<tr><td>LINKS | UNTEN</td><td>... linken Teil des Bildes.</td><td>... unteren Teil des Bildes.</td></tr>
<tr><td>MITTE | UNTEN</td><td>... mittleren Teil des Bildes.</td><td>... unteren Teil des Bildes.</td></tr>
<tr><td>RECHTS | UNTEN</td><td>... rechten Teil des Bildes.</td><td>... unteren Teil des Bildes.</td></tr>
</table>

Tabelle 10.3 Die neun exakten Formate – Übersicht

Das klingt verwirrender, als es ist, denn es sind einige Dopplungen dabei:

- So ergeben die Optionen LINKS | OBEN, MITTE | OBEN und RECHTS | OBEN bei einem Bildausschnitt im Querformat dasselbe Ergebnis, nämlich OBEN. Bei einem querformatigen Bildausschnitt gibt es also eigentlich nur drei Optionen: OBEN, MITTE und UNTEN.
- Bei einem Bildausschnitt im Hochformat ergeben die Optionen LINKS | OBEN, LINKS | MITTE und LINKS | UNTEN alle das Ergebnis LINKS. Auch bei hochformatigen Ausschnitten gibt es in der Praxis also drei verschiedene Optionen: LINKS, MITTE und RECHTS.

Langer Rede, kurzer Sinn: Am besten wählen Sie einfach eine Option aus, klicken auf SPEICHERN und schauen im Frontend, wie es aussieht.

Systemeinstellungen – maximale Frontend-Breite für Bilder

Wenn beim Einfügen eines Bildes im Feld Bildbreite und Bildhöhe gar nichts eingegeben wird, fügt Contao das Bild in der Originalgröße ein. Solange das umgebende `div` die Klasse `block` hat, bleibt das Layout auch bei übergroßen Bildern intakt, weil die Klasse `block` im CSS-Framework die Anweisung `overflow:hidden` enthält und das Bild bei Übergröße somit einfach abgeschnitten wird.

Aber da Vorsicht bekanntlich die Mutter der Porzellankiste ist, können Sie zusätzlich eine Maximale Frontend-Breite definieren, damit ein großes Foto auch unter ungünstigsten Umständen nicht versehentlich trotzdem das Layout zerschießt:

- Backend-Modul System • Einstellungen
- Bereich Dateien und Bilder
- Option Maximale Frontend-Breite

Ein Wert von z.B. »500« sorgt dafür, dass ein eingefügtes Bild im Frontend niemals breiter wird als 500 Pixel. Sicher ist sicher.

10.6 Das Inhaltselement »Galerie«: »ce_gallery«

Neben den Inhaltselementen Text und Bild gibt es zum Einfügen von Bildern in Contao noch das Inhaltselement Galerie, das ich Ihnen im Folgenden kurz vorstellen möchte. Aber zunächst fügen Sie dem Abenteuer des Lorem Ipsum noch ein bisschen Text hinzu.

ToDo: Das Lorem Ipsum zieht in die Welt hinaus

1. Öffnen Sie den Artikel Texte und Bilder [Hauptspalte] zur Bearbeitung.
2. Erstellen Sie am Ende des Artikels ein Inhaltselement vom Typ Text.
3. Fügen Sie eine h2-Überschrift »Unterwegs« und den folgenden Text ein (tippen Sie ihn ab, oder kopieren Sie ihn von der Buch-CD):

   »Als das Blindtextchen die ersten Hügel des Kursivgebirges erklommen hatte, warf es einen letzten Blick zurück auf die Skyline seiner Heimatstadt Buchstabhausen, die Headline von Alphabetdorf und die Subline seiner eigenen Straße, der Zeilengasse. Wehmütig lief ihm eine rhetorische Frage über die Wange, dann setzte es seinen Weg fort. Unterwegs traf es eine Copy.«
4. Klicken Sie auf Speichern und schliessen.

10.6.1 Eine Bildergalerie erstellen

Das Inhaltselement GALERIE ermöglicht Ihnen die bequeme Auswahl der darzustellenden Bilder, erstellt die Vorschaubilder automatisch und stellt die Galerie auf Wunsch in einer Mediabox dar. Alles per Klick. In diesem Abschnitt erstellen Sie eine kleine Bildergalerie mit vier Bildern, die etwa so aussieht wie in Abbildung 10.15.

Unterwegs
Als das Blindtextchen die ersten Hügel des Kursivgebirges erklommen hatte, warf es einen letzten Blick zurück auf die Skyline seiner Heimatstadt Buchstabhausen, die Headline von Alphabetdorf und die Subline seiner eigenen Straße, der Zeilengasse. Wehmütig lief ihm eine rhetorische Frage über die Wange, dann setzte es seinen Weg fort. Unterwegs traf es eine Copy.
Am Strand
Buchstabhausen
Im Nebel
Skyline
Die Copy warnte das Blindtextchen, da, wo sie herkäme, wäre sie zigmal umgeschrieben worden, und alles, was von ihrem Ursprung noch übrig wäre, sei das Wort »und«, und das Blindtextchen solle umkehren und wieder in sein eigenes, sicheres Land zurückkehren.

Abbildung 10.15 Inhaltselement »Galerie« mit vier Bildern

Die vier Vorschaubilder haben eine Breite von etwa 105 px und einen Abstand nach rechts von 10 px, damit sie auf die Breite der Seite passen. Die weiter oben definierte Gestaltung für Bilder mit leichtem Schatten und abgerundeten Ecken gilt übrigens automatisch für die Fotos in der Galerie.

ToDo: Eine Bildergalerie mit dem Inhaltselement »Galerie« erstellen

1. Öffnen Sie den Artikel TEXTE UND BILDER [HAUPTSPALTE] zur Bearbeitung.
2. Erstellen Sie am Ende des Artikels ein Inhaltselement GALERIE.
3. Klicken Sie bei QUELLDATEIEN auf die Schaltfläche AUSWAHL ÄNDERN.
4. Kreuzen Sie im Ordner *beispielsite/content/fotos/* die vier Dateien *foto03.jpg*, *foto04.jpg*, *foto05.jpg* und *foto06.jpg* an.
5. Wählen Sie aus der Liste SORTIEREN NACH die Option ZUFÄLLIGE REIHENFOLGE
6. Definieren Sie eine BILDBREITE von 105 Pixeln (PROPORTIONAL) und einen BILDABSTAND nach rechts von 10 Pixeln.
7. Es sollen 4 VORSCHAUBILDER PRO REIHE angezeigt werden.
8. Aktivieren Sie die GROẞANSICHT/NEUES FENSTER, um die großen Bilder in einer Mediabox darzustellen.
9. Klicken Sie auf SPEICHERN UND SCHLIESSEN.

Mit wenigen Klicks haben Sie eine Galerie erstellt. Wenn Sie übrigens anstelle der vier Fotos einen Ordner auswählen, werden immer alle Bilder aus diesem Ordner in der Galerie angezeigt. Sie müssen also nur in der Dateiverwaltung Bilder in diesen Ordner kopieren (oder löschen), und die Galerie zeigt immer automatisch den aktuellen Stand.

Wenn ein Besucher auf eines der im Frontend angezeigten Bilder klickt, erkennt Contao automatisch, dass das Bild Teil einer Galerie ist, und zeigt in der Mediabox rechts unten zwei Pfeile an, um innerhalb der Galerie vorwärts- und rückwärtsgehen zu können.

Abbildung 10.16 Die Galerie in einer Mediabox mit Bedienelementen

Suboptimal ist noch die Beschriftung »foto06« links unten. Momentan nimmt Contao einfach den Vornamen der Datei. Der schnellste Weg zu einer besseren Bildunterschrift wäre also ein anderer Dateiname. Vielseitiger ist aber die Beschriftung der Bilder mithilfe von *Meta-Informationen* in der Dateiverwaltung, die Sie gleich kennenlernen.

Vorher beenden Sie aber noch schnell das Abenteuer des Lorem Ipsum mit zwei letzten Fließtextabsätzen.

ToDo: Das Lorem Ipsum zieht in die Welt hinaus

1. Öffnen Sie den Artikel TEXTE UND BILDER [HAUPTSPALTE] zur Bearbeitung.
2. Erstellen Sie unterhalb der Galerie ein Inhaltselement TEXT, in das Sie den folgenden Text tippen (oder von der Buch-CD kopieren):

   »Die Copy warnte das Blindtextchen, da, wo sie herkäme, wäre sie zigmal umgeschrieben worden, und alles, was von ihrem Ursprung noch übrig wäre, sei das Wort »und«, und das Blindtextchen solle umkehren und wieder in sein eigenes, sicheres Land zurückkehren.
   Doch alles gute Zureden konnte es nicht überzeugen, und so dauerte es nicht lange, bis ihm ein paar heimtückische Werbetexter auflauerten, es mit Longe und Parole betrunken machten und es dann in ihre Agentur schleppten, wo sie es für ihre Projekte wieder und wieder missbrauchten. Und wenn es nicht umgeschrieben wurde, benutzen sie's noch heute.«
3. Klicken Sie auf SPEICHERN UND SCHLIESSEN.

10.6.2 Praktisch: die Reihenfolge der Bilder per Drag & Drop festlegen

Die Reihenfolge, in der die Bilder innerhalb der Galerie im Frontend angezeigt werden, definieren Sie direkt im Inhaltselement. Die Auswahlliste SORTIEREN NACH bietet dazu folgende Optionen an:

- INDIVIDUELLE REIHENFOLGE
- DATEINAME (aufsteigend oder absteigend)
- DATUM (aufsteigend oder absteigend)
- ZUFÄLLIGE REIHENFOLGE

Die Sortierungen nach DATEINAME, DATUM oder ZUFÄLLIGE REIHENFOLGE sind selbsterklärend, aber hinter der Option INDIVIDUELLE REIHENFOLGE verbirgt sich eine sehr praktisch Sache:

- INDIVIDUELLE REIHENFOLGE bedeutet, dass Contao die Reihenfolge der Bilder in der kleinen Vorschau direkt darüber übernimmt.
- Die Reihenfolge dieser Vorschaubilder können Sie ganz einfach mit der Maus per Drag & Drop verändern.

Einfacher geht's nicht. Abbildung 10.17 zeigt die Maus in Aktion beim Verändern der Reihenfolge.

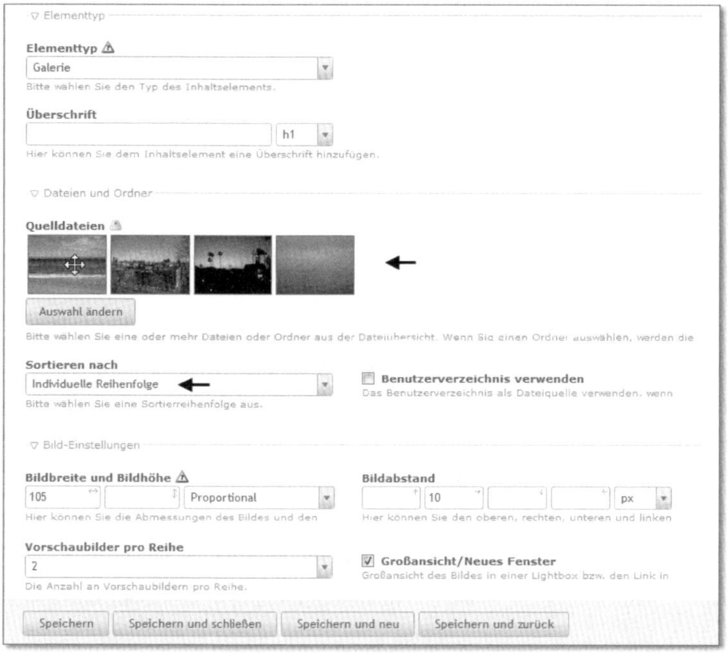

Abbildung 10.17 Reihenfolge der Bilder per Drag & Drop festlegen

10.6.3 Das HTML für die Bildergalerie

In diesem Abschnitt werfen Sie einen kurzen Blick auf den HTML-Quelltext für das Inhaltselement GALERIE, der übrigens von den Templates *ce_gallery.html5* und *gallery_default.html5* erzeugt wird (siehe Listing 10.5).

```
<div class="ce_gallery block">
<ul>
  <li class="col_0 col_first">
  <figure class="image_container" style="padding-right:10px;">
    <a href="..." data-lightbox="lb37" title="...">
    <img src="..." width="105" height="87" alt="foto03">
    </a>
  </figure>
  <figcaption class="caption" style="width:105px;">Am
  Strand</figcaption>
  </li>
  <li class="col_1">
  ...
</ul>
</div>
```

Listing 10.5 Ausschnitt aus dem HTML einer Galerie

Eine Klammer um alles bildet das inzwischen bekannte `div` für das Inhaltselement, das dieses Mal die Klassen `ce_gallery` und `block` bekommt. Die Vorschaubilder werden in Contao 3 nicht mehr in einer Tabelle, sondern in einer ungeordneten Liste aufbewahrt, die folgende Charakteristika aufweist:

- Alle Bilder liegen in `li`-Elementen, die beginnend mit `col_0` durchnummeriert werden.
- In mehrzeiligen Galerien hat das erste Listenelement in jeder Zeile zusätzlich die Klasse `col_first`.
- Innerhalb der Listenelemente liegen die Bilder mit Link in einem Element `figure` mit der Klasse `image_container`. Der im Inhaltselement definierte Abstand nach rechts wird mit einem `padding-right` für das `figure` festgelegt.
- Die Bildbeschriftung steht im Element `figcaption`, dass die Klasse `caption` hat und per CSS auf die Breite des Bildes beschränkt wird, sodass eine zentrierte Beschriftung immer mittig unter dem Bild steht.
- Die Links zur Großansicht haben das Attribut `"data-lightbox"`, bei dem der Wert `"lb37"` zufällig von Contao vergeben wird. Alle Bilder einer Galerie bekommen denselben Wert.

Bei der Erstellung des Inhaltselements können Sie dem Element im Bereich EXPERTEN-EINSTELLUNGEN wie immer auch noch eine besondere CSS-ID oder CSS-Klasse mit auf den Weg geben.

Achten Sie im CSS darauf, dass die Galerie im Englischen mit Doppel-»l« geschrieben wird: `ce_gallery`. Im Deutschen hat eine Galerie nur ein »l«.

10.6.4 »Meta-Informationen«: die Beschriftung für die Fotos eingeben

In Contao können für alle Dateien unterhalb des Ordners *files* Meta-Informationen hinterlegt werden, also Informationen über diese Dateien. Diese zusätzlichen Informationen werden nicht mehr wie in früheren Contao-Versionen in einer Datei namens *meta.txt* gespeichert, sondern in der Datenbank.

Der Aufbau der *Meta-Informationen* ist recht einfach. Sie können neben dem Dateinamen drei Dinge enthalten:

- einen *Titel*
- einen *Link*
- eine *Bildunterschrift*, auch *Caption* genannt

Abbildung 10.18 zeigt das Dialogfeld, das erscheint, wenn Sie in der Dateiverwaltung rechts neben einem Dateinamen auf den gelben Bleistift klicken.

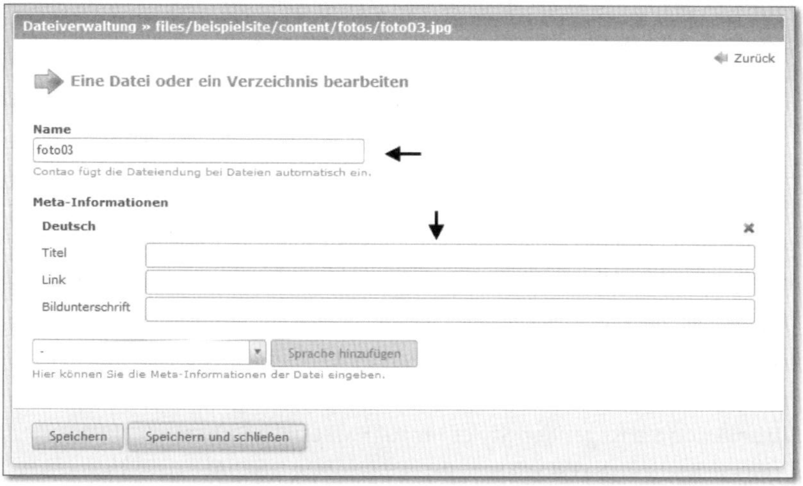

Abbildung 10.18 Dialogfeld zur Eingabe von Meta-Informationen

Auf mehrsprachigen Websites können Sie für jede Sprache eigene Meta-Informationen hinterlegen, indem Sie auf die Schaltfläche SPRACHE HINZUFÜGEN klicken.

Der bei den Meta-Informationen eingegebene TITEL wird in einer Mediabox übrigens links unten als Bildbeschreibung verwendet. Die BILDUNTERSCHRIFT erscheint im Frontend unterhalb des Bildes.

Dateiname	Titel	Link	Bildunterschrift
foto03.jpg	NYC (Harlem)		Buchstabhausen
foto04.jpg	Hotel California in Fresno		Skyline
foto05.jpg	No Line on the Horizon. Highway One.		Im Nebel
foto06.jpg	Montery Beach. Erholung pur.		Am Strand

Tabelle 10.4 Meta-Informationen für die Bildergalerie

Das folgende ToDo erstellt die Meta-Informationen für die Bildergalerie auf der Seite TEXTE UND BILDER.

ToDo: Meta-Informationen für die Bildergalerie erstellen

1. Öffnen Sie das Backend-Modul SYSTEM • DATEIVERWALTUNG.
2. Wechseln Sie in den Ordner *beispielsite/content/fotos/*.
3. Suchen Sie die Datei *foto03.jpg*, und klicken Sie auf den gelben Bleitstift rechts daneben.
4. Geben Sie den TITEL und die BILDUNTERSCHRIFT aus Tabelle 10.4 ein.
5. Wiederholen Sie diese Schritte für die Dateien *foto04.jpg*, *foto05.jpg* und *foto06.jpg*.
6. Um den Abstand unterhalb der Galerie etwas zu erhöhen, öffnen Sie das Stylesheet *inhalte* zur Bearbeitung.
7. Fügen Sie am Ende die folgenden Styles hinzu (KATEGORIE: BILDER):
```
.ce_gallery { margin-bottom: 1em; }
.ce_gallery li { margin: 0; }
```
8. Speichern Sie das Stylesheet.

Im Frontend erscheint die BILDUNTERSCHRIFT unterhalb der Bilder (siehe Abbildung 10.19). In der Großansicht per Mediabox erscheint links unten nicht mehr der Dateiname, sondern der TITEL aus den Meta-Informationen.

Unterwegs
Als das Blindtextchen die ersten Hügel des Kursivgebirges erklommen hatte, warf es einen letzten Blick zurück auf die Skyline seiner Heimatstadt Buchstabhausen, die Headline von Alphabetdorf und die Subline seiner eigenen Straße, der Zeilengasse. Wehmütig lief ihm eine rhetorische Frage über die Wange, dann setzte es seinen Weg fort. Unterwegs traf es eine Copy.
Am Strand
Buchstabhausen
Im Nebel
Skyline
Die Copy warnte das Blindtextchen, da, wo sie herkäme, wäre sie zigmal umgeschrieben worden, und alles, was von ihrem Ursprung noch übrig wäre, sei das Wort »und«, und das Blindtextchen solle umkehren und wieder in sein eigenes, sicheres Land zurückkehren.

Abbildung 10.19 Galerie mit Bildunterschriften

10.6.5 Zauberhaft: Dateien in der Dateiverwaltung nachträglich umbenennen

Seit Version 3 hat Contao eine *datenbankgestützte Dateiverwaltung*. Das klingt vielleicht nicht besonders verlockend, ist in der Praxis aber einfach nur gut, denn es ermöglicht die nachträgliche Umbenennung von Dateien und Ordnern, ohne dass im Frontend irgendetwas kaputtgeht.

Das datenbankgestützte Dateisystem macht es also möglich, dass Sie die gesamte Ordnerstruktur in der Dateistruktur neu organisieren können und die Pfadangaben im Frontend wie durch Zauberhand angepasst werden.

Hier ein Beispiel:

- Die Fotos im Ordner *beispielsite/content/fotos/* heißen momentan *foto01.jpg*, *foto02.jpg* etc., was nicht besonders aussagekräftig ist.
- Sie können die Fotos in der Dateiverwaltung nachträglich umbenennen, und auf der Seite TEXTE UND BILDER bleibt alles so, wie es ist.

Und das funktioniert natürlich nicht nur mit Dateien, sondern auch mit Ordnern. Das klingt zu gut, um wahr zu sein? Einfach ausprobieren.

Tabelle 10.5 zeigt eine Liste mit den aktuellen und möglichen neuen Dateinamen.

Aktueller Dateiname	Neuer Dateiname
foto01.jpg	*mercedriver.jpg*
foto02.jpg	*lospadres.jpg*
foto03.jpg	*harlem.jpg*
foto04.jpg	*fresno.jpg*
foto05.jpg	*highwayone.jpg*
foto06.jpg	*monterey.jpg*

Tabelle 10.5 Alte und neue Dateinamen für die Fotos

Diese Liste setzen Sie im folgenden ToDo um.

ToDo: Dateien in der Dateiverwaltung nachträglich umbenennen

1. Öffnen Sie das Backend-Modul SYSTEM • DATEIVERWALTUNG.
2. Wechseln Sie in den Ordner *beispielsite/content/fotos/*.
3. Suchen Sie die Datei *foto01.jpg*, und klicken Sie auf den gelben Bleitstift rechts daneben.
4. Ändern Sie den Wert »foto01« im Feld NAME in »mercedriver«. Die Dateiendung *.jpg* vergibt Contao automatisch.
5. Wiederholen Sie diese Schritte für die Dateien *foto02.jpg* bis *foto06.jpg* mit den neuen Dateinamen aus Tabelle 10.5.

Rufen Sie nach diesem ToDo die Seite TEXTE UND BILDER im Frontend auf. Die Bilder sollten noch zu sehen sein, aber im Quelltext stehen jetzt die neuen Dateinamen, wie die über das Kontextmenü in Firefox aufgerufenen SEITENINFORMATIONEN deutlich zeigen. Magic.

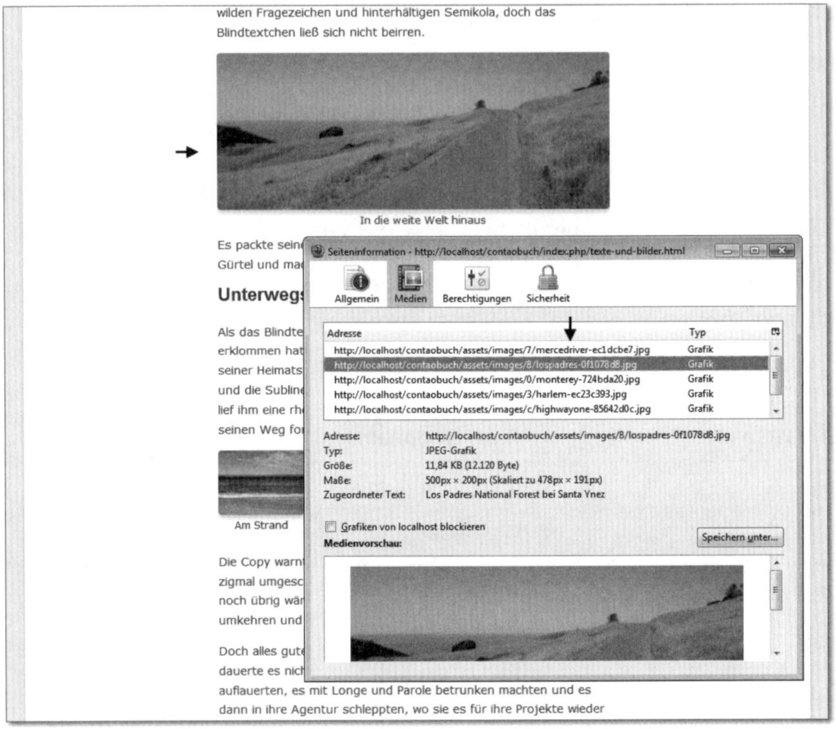

Abbildung 10.20 Die Fotos mit den neuen Dateinamen

> **Details zum datenbankgestützten Dateisystem**
> Mehr zum datenbankgestützten Dateisystem erfahren Sie in Abschnitt 5.3.3 ab Seite 124. Dort steht auch, warum »Synchronisieren« hilft, wenn Sie in der Dateiverwaltung Dateien nicht sehen, die auf dem Webspace im Ordner */files/* aber definitiv vorhanden sind.

10.7 Das Inhaltselement »Top-Link«: »ce_toplink«

Das Inhaltselement TOP-LINK fügt einem Artikel einen NACH-OBEN-Link hinzu, mit dem der Besucher auf einer langen Seite per Mausklick wieder nach oben an den Anfang der Seite springen kann.

10.7.1 Das Inhaltselement »Top-Link« einfügen

Das Eingabeformular ist sehr übersichtlich und möchte nur einen Text zur Beschriftung des Links haben (siehe Abbildung 10.21).

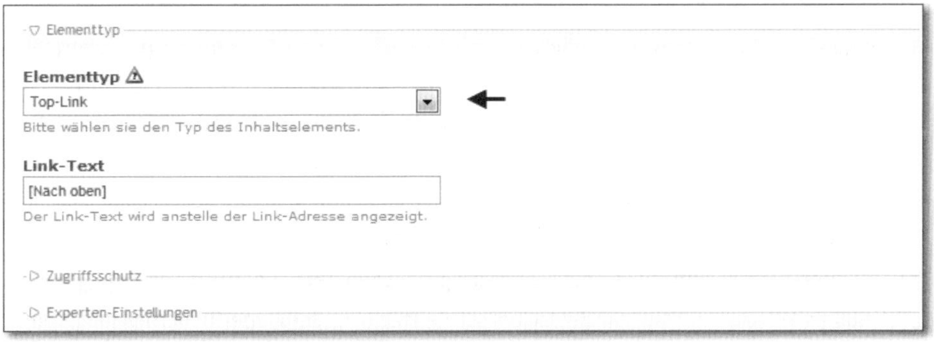

Abbildung 10.21 Das Eingabeformular für das Inhaltselement »Top-Link«

Mit diesem Formular fügen Sie im folgenden ToDo unten auf der Seite TEXTE UND BILDER nach dem Abenteuer des Lorem Ipsum einen Top-Link ein.

ToDo: Top-Link einfügen

1. Öffnen Sie den Artikel TEXTE UND BILDER zur Bearbeitung.
2. Erstellen Sie am Ende des Artikels ein neues Inhaltselement vom Typ TOP-LINK.
3. Fügen Sie als LINK-TEXT den Text »[Nach oben]« ein. Die eckigen Klammern davor und dahinter dienen nur zur Dekoration.
4. Klicken Sie auf SPEICHERN UND SCHLIESSEN.

Nach diesem ToDo steht im Quelltext der Webseite folgendes HTML:

```
<!-- indexer::stop -->
<div class="ce_toplink block">
<a href="index.php/text-und-bild.html#top"
   title="[Nach oben]">[Nach oben]</a>
</div>
<!-- indexer::continue -->
```

Listing 10.6 Das Inhaltselement »Top-Link« im HTML

Der Kommentar `<!-- indexer::stop -->` sorgt wie immer dafür, dass der Link nicht von Contaos interner Suchmaschine indiziert wird. Ansonsten ist es das gewohnte Bild: Ein `div`-Element als Klammer um alles und darin ein Hyperlink, der zur Sprungmarke `<body id="top">` weiterleitet.

10.7.2 Das Inhaltselement »Top-Link« gestalten

Zur Gestaltung eines Top-Links würde es sich anbieten, die Unterstreichung zu entfernen und den Link durch Abstände und eine dezente Textfarbe etwas vom Inhalt abzusetzen.

Im folgenden ToDo werden zunächst für alle Links die Unterstreichungen entfernt und beim Hovern wieder eingeblendet. Danach werden die Top-Links gestaltet. Das ist aber nur ein Vorschlag. Sie können natürlich gerne andere Varianten ausprobieren.

ToDo: Das Inhaltselement »Top-Link« gestalten

1. Öffnen Sie das Stylesheet zur Gestaltung der Inhalte in einem Editor.
2. Fügen Sie am Ende folgende Styles zur Gestaltung der Hyperlinks im Inhaltsbereich ein (KATEGORIE: »Links«):

```
#container a { text-decoration: none; }
#container a:hover, #container a:focus {
  text-decoration: underline;
}
```

3. Gestalten Sie jetzt mit den beiden folgenden Styles die Top-Links (KATEGORIE ebenfalls LINKS):

```
.ce_toplink {
  clear:both;
  font-size: 12px;
  vertical-align: middle;
  padding: 3px;
  margin: 2em 0 0 0;
}
.ce_toplink a {
  color: #aaa;
  text-decoration: none;
}
```

4. Speichern Sie das Stylesheet.

Abbildung 10.22 zeigt diesen Link unten auf der Seite TEXTE UND BILDER.

Auf einer langen Webseite können Sie natürlich auch mehrere Top-Links setzen. Am einfachsten geht das, indem Sie das Inhaltselement mit einem Klick auf das grüne Kreuz kopieren und mit dem braunen blinkenden Pfeilsymbol an der gewünschten Stelle wieder einfügen.

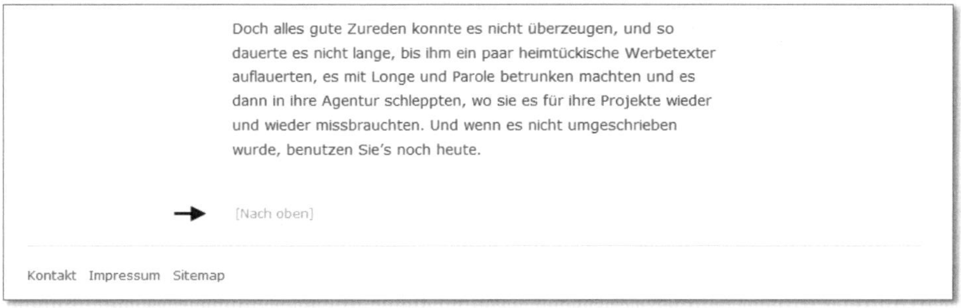

Doch alles gute Zureden konnte es nicht überzeugen, und so dauerte es nicht lange, bis ihm ein paar heimtückische Werbetexter auflauerten, es mit Longe und Parole betrunken machten und es dann in ihre Agentur schleppten, wo sie es für ihre Projekte wieder und wieder missbrauchten. Und wenn es nicht umgeschrieben wurde, benutzen Sie's noch heute.
[Nach oben]
Kontakt
Impressum
Sitemap

Abbildung 10.22 Das Inhaltselement »Top-Link« auf einer Webseite

10.7.3 Optional: »Top-Link« als Modul im Seitenlayout einbinden

Ein Tipp noch zum Abschluss: Falls Sie auf *jeder* Seite unten einen Top-Link haben möchten, müssen Sie diesen nicht auf jeder Seite manuell als Inhaltselement einfügen. Stattdessen erstellen Sie ein Frontend-Modul vom Typ EIGENER HTML-CODE und binden dieses Modul in der Hauptspalte im Seitenlayout ein, und zwar *unterhalb* der Artikel.

Das Modul könnte NAVIGATION – TOPLINK heißen und in etwa folgenden Inhalt haben:

```
<!-- indexer::stop -->
<div class="ce_toplink block">
<a href="{{env::request}}#top">[Nach oben]</a>
</div>
<!-- indexer::continue -->
```

Listing 10.7 Das Modul »Navigation – Toplink«

Das Inserttag `{{env::request}}` wird auf jeder Seite durch den aktuellen *Request String* ersetzt. Das ist der Teil der URL nach dem ersten einfachen Schrägstrich, also z.B. *texte-und-bilder.html.*

Das Inhaltselement »Hyperlink«: »ce_hyperlink«

Das Inhaltselement HYPERLINK benutzen Sie, wenn Sie einen Hyperlink als eigenes Inhaltselement erstellen möchten. Im HTML sieht das Inhaltselement HYPERLINK so aus:

```
<div class="ce_hyperlink block">
<a href="..." class="hyperlink_txt" title="...">Linktext</a>
</div>
```

Sie können damit einen Textlink oder einen Bildlink erstellen und das Linkziel auf Wunsch in einer eigenen Lightbox öffnen. Alles das geht aber auch im Editorfenster in einem ganz normalen Inhaltselement TEXT.

10.8 Syndikation: Drucken, PDF, Facebook, Twitter und G+

In den Artikel-Einstellungen verbirgt sich im Bereich EXPERTEN-EINSTELLUNGEN eine Option namens SYNDIKATION, mit der Sie einen Artikel ausdrucken, als PDF speichern oder bei Twitter und Facebook empfehlen können. Laut Wikipedia bezeichnet der Begriff *Syndikation* übrigens »die Weitervergabe von lizenzierten Inhalten an Kunden, die sie entsprechend der Lizenz weiterverwerten dürfen«.

10.8.1 Die Links zur Syndikation aktivieren

Das Erstellen der Links zur Syndikation ist sehr einfach und erfordert lediglich ein paar Klicks in den Artikel-Einstellungen.

Abbildung 10.23 Die Syndikation in den Artikel-Einstellungen

Um Artikel bei Twitter, Facebook oder Google+ teilen zu können, benötigen Sie natürlich ein Benutzerkonto bei diesen Diensten.

ToDo: Die Links zur Syndikation erzeugen

1. Öffnen Sie das Backend-Modul INHALTE • ARTIKEL.
2. Öffnen Sie die Artikel-Einstellungen für den Artikel TEXTE UND BILDER [HAUPTSPALTE], z.B. über einen Rechtsklick auf den gelben Bleistift.
3. Aktivieren Sie im Bereich EXPERTEN-EINSTELLUNGEN die gewünschten Optionen zur SYNDIKATION.
4. Klicken Sie auf SPEICHERN UND SCHLIESSEN.

Jetzt erscheinen links über der Artikelüberschrift fünf Symbole zum Ausdrucken, Speichern als PDF und zum Empfehlen bei Facebook, Twitter oder Google+.

10.8.2 Die Links zur Syndikation per CSS gestalten

Im Quelltext stehen die fünf Links in einem `div` mit der Klasse `pdf_link`, das Sie mit dem CSS aus dem folgenden ToDo rechts neben die Überschrift zaubern können.

ToDo: Die Links zur Syndikation gestalten

1. Öffnen Sie das Stylesheet zur Gestaltung der Inhalte.
2. Fügen Sie am Ende den folgenden Style hinzu (KATEGORIE: »Links«):

```
.pdf_link {
  float:right;
  margin-left: 1em;
}
```

3. Speichern Sie das Stylesheet.

Im Frontend stehen die Symbole jetzt am rechten oberen Rand des Artikels – neben der Überschrift. Durch den linken Margin ist sichergestellt, dass auch eine lange Überschrift immer ein bisschen Abstand hält.

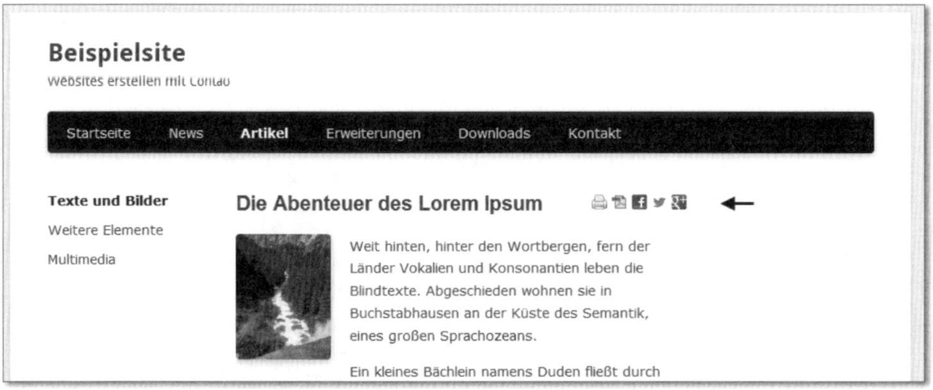
Beispielsite
Startseite
News
Artikel
Erweiterungen
Downloads
Kontakt
Texte und Bilder
Weitere Elemente
Multimedia
Die Abenteuer des Lorem Ipsum
Weit hinten, hinter den Wortbergen, fern der Länder Vokalien und Konsonantien leben die Blindtexte. Abgeschieden wohnen sie in Buchstabhausen an der Küste des Semantik, eines großen Sprachozeans.
Ein kleines Bächlein namens Duden fließt durch

Abbildung 10.24 Die Links zur Syndikation rechts oben im Artikel

IE7 und IE8 benötigen für das `div` mit der Klasse `pdf_link` übrigens eine feste Breite, da die Symbole zum Teilen sonst untereinanderstehen. Zur Umsetzung gibt es mehrere Möglichkeiten. Am einfachsten geben Sie dem Style in obigem ToDo eine feste Breite, zum Beispiel `width:100px`. Das ist wie eine Schrotflinte, denn es trifft alle Browser. Aufwendiger, aber präziser ist folgende Vorgehensweise:

- Sie erstellen ein Stylesheet *patches-ie8*, das Sie mit einem Conditional Comment `if lt IE 9` ausliefern.
- Darin erstellen Sie den Style `.pdf_link {width:100px;}`.
- Anschließend aktivieren Sie das Stylesheet im Seitenlayout.

Sie können natürlich auch gar nichts machen und die Symbole einfach untereinander stehenlassen. IE8-Benutzer wissen ja nicht, dass sie eigentlich nebeneinander stehen sollten ...

Kapitel 11
Weitere nützliche Inhaltselemente

In diesem Kapitel lernen Sie weitere nützliche Inhaltselemente wie »Tabelle« und »Akkordeon« kennen. Außerdem erstellen Sie verschiedene Inhaltselemente zur Einbettung von Multimedia-Dateien. Zum Abschluss werden noch weitere Inhaltselemente kurz vorgestellt.

Die Themen im Überblick:

11.1 Das Inhaltselement »Tabelle«: »ce_table«

Das Inhaltselement TABELLE ist für einfache, regelmäßige Tabellen gedacht, die überwiegend unformatierten Text enthalten. Die Vorteile dieses Inhaltselements sind unter anderem:

- Das Erstellen der Tabelle ist dank Eingabe-Assistent sehr einfach.
- Die Tabelle ist auf Wunsch im Frontend per Klick sortierbar.
- Die Daten können aus Textdateien (CSV) importiert werden.
- Die Gestaltung der Tabellen kann durch Vergabe von Klassen per Fernsteuerung geregelt werden. So können z. B. Designvorgaben auch von Redakteuren ohne CSS-Kenntnisse eingehalten werden.

Komplexere Tabellen mit unregelmäßigen Zeilen- und Spaltenstrukturen können im Inhaltselement TEXT mit dem Editor TinyMCE angelegt werden.

11.1.1 Der Eingabeassistent für das Inhaltselement »Tabelle«

Wenn Sie in einem Artikel ein Inhaltselement vom Typ TABELLE einfügen, erscheint das Eingabeformular aus Abbildung 11.1, in dem ein komfortabler Eingabeassistent die Eingabe der Tabellendaten erleichtert.

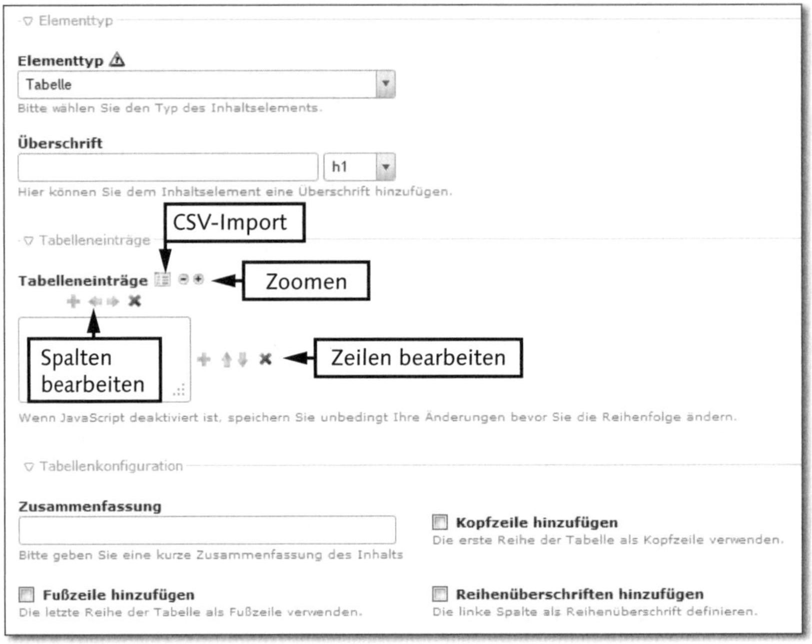

Abbildung 11.1 Eingabeformular für das Inhaltselement »Tabelle«

Im Bereich TABELLENEINTRÄGE unterhalb der optionalen Überschrift gibt es rechts neben dem Wort TABELLENEINTRÄGE ein Symbol zum Importieren von CSV-Daten sowie ein Minus- bzw. Plussymbol zum Zoomen der Tabelle im Backend während der Bearbeitung.

Darunter sehen Sie eine einzelne Tabellenzelle mit den Bedienelementen zur Bearbeitung von Spalten (darüber) und Zeilen (daneben). Diese Bedienelemente bilden den Eingabeassistenten für die Tabelle.

Tabelle 11.1 zeigt einen Überblick über die Symbole zur Tabellenbearbeitung.

Symbol	Funktion
	CSV-Daten importieren

Tabelle 11.1 Die Symbole zur Bearbeitung von Tabellen

Symbol	Funktion
	Zoomen der Tabelle während der Bearbeitung
	Spalten oder Zeilen hinzufügen
	Spaltenreihenfolge ändern
	Zeilenreihenfolge ändern
	Zeile oder Spalte löschen. Ohne Sicherheitsabfrage. Weg ist weg.

Tabelle 11.1 Die Symbole zur Bearbeitung von Tabellen (Forts.)

Um Text zu schreiben, klicken Sie einfach in eine Zelle und schreiben los. Navigieren innerhalb der Tabelle geht vorwärts mit der [Tab]-Taste und rückwärts mit [⇧] + [Tab].

Im Bereich TABELLENKONFIGURATION konnen Sie in das Feld ZUSAMMENFASSUNG eine kurze Zusammenfassung des Inhalts eingeben. Diese erscheint im Quelltext beim `table`-Element im Attribut `summary` und ist für barrierefreie Tabellen in XHTML vorgeschrieben, in HTML5 hingegen erscheint das Attribut nicht im Quelltext.

Darunter gibt es noch drei weitere Optionen:

- KOPFZEILE HINZUFÜGEN macht aus der ersten Zeile der Tabelle eine Kopfzeile (`thead` mit `th`-Zellen).
- FUSSZEILE HINZUFÜGEN verwandelt die letzte Zeile in eine Fußzeile (`tfoot`).
- REIHENÜBERSCHRIFTEN HINZUFÜGEN erzeugt in der ersten Spalte eine Überschrift für die jeweilige Zeile (`th`).

Tabellen können auf Wunsch im Frontend per Klick sortiert werden

Eine Besonderheit gibt es im Bereich SORTIEROPTIONEN. Das Aktivieren des Kontrollkästchens SORTIERBARE TABELLE sorgt dafür, dass Besucher der Webseiten die Tabelle in ihrem Browser mit einem Klick auf die Spaltenüberschriften sortieren können. Die Sortierung basiert auf JavaScript.

11.1.2 Importieren der Daten mit einer CSV-Datei

Normalerweise geben Sie den Inhalt für die Tabellenzellen mithilfe des Eingabeassistenten ein, aber Sie können die Daten für die Tabelle auch aus einer sogenannten *CSV-Datei* importieren.

CSV ist die Abkürzung für *Comma Separated Values* und steht für eine Textdatei, in der jeder Datensatz in einer Zeile steht und Werte (»Values«) in den einzelnen Feldern durch ein Komma getrennt werden (daher »Comma Separated«). Das Wort »Komma« sollten Sie hierbei nicht zu wörtlich nehmen, denn als Trennzeichen kann auch ein Semikolon (»Strichpunkt«) oder ein Tabstopp dienen.

In fast allen gängigen Tabellenkalkulationen kann man Tabellen als CSV-Datei abspeichern, was den Import in das Inhaltselement TABELLE vereinfacht, da man viel weniger tippen muss. Das hat nicht nur mit Bequemlichkeit zu tun, sondern auch mit Fehlervermeidung, denn alles, was man selbst tippt, ist ein potenzieller Tippfehler.

Die Beispieldatei *ce_tabelle.csv* von der Buch-CD sieht so aus:

```
Nr.;Künstler;Titel;Album
01;Giorgio Conte;Cannelloni;Italian Café
02;Maria de Barros;Mi Nada Um Ca Tem;Women of Africa
03;Beethova Obas;Rasanblé;Music from the Chocolate Lands
04;Anna de Hollanda;Samba Triste;Acoustic Brazil
05;Samite;Wasuze Otya?;Music from the Coffee Lands
06;Zulya;Saginou;Music from the Tea Lands
07;Gare Du Nord;How Was It For You?;Euro Lounge
08;Marta Gómez;La Ronda;Women of Latin America
09;Baguette Quartette;En Douce;French Café
10;Topsy Chapman and the Pros;Baby Won't You Please Come Home;New Orleans
```

Listing 11.1 Die Beispieldatei »ce_tabelle.csv«

Im folgenden ToDo importieren Sie diese Datei.

ToDo: Importieren der Tabellendaten aus einer CSV-Datei

1. Öffnen Sie im Backend-Modul INHALTE • ARTIKEL den Artikel WEITERE ELEMENTE [HAUPTSPALTE] zur Bearbeitung.
2. Fügen Sie gegebenenfalls eine h1-Überschrift »Weitere Elemente« ein.
3. Unterhalb der Überschrift soll ein Inhaltselement TEXT mit dem Inhalt »Auf dieser Seite werden die Inhaltselemente TABELLE und AKKORDEON vorgestellt.« stehen.
4. Erstellen Sie unter dem Text ein weiteres Inhaltselement TEXT mit der h2-Überschrift »Das Inhaltselement Tabelle« und dem Text »Die folgende Tabelle zeigt Titel und Interpreten des Putumayo Café Samplers.«.

5. Klicken Sie auf SPEICHERN UND NEU.
6. Wählen Sie den ELEMENTTYP TABELLE.
7. Klicken Sie auf das Symbol zum Importieren von CSV-Dateien.
8. Wählen Sie ganz oben aus der Liste TRENNZEICHEN den Strichpunkt.
9. Klicken Sie auf die Schaltfläche DURCHSUCHEN, und öffnen Sie die Datei *ce_tabelle.csv* von der Buch-CD.
10. Klicken Sie auf die Schaltfläche CSV-IMPORT. Wenn die fertige Tabelle in einer einzigen Spalte erscheint, haben Sie das falsche Trennzeichen gewählt. Versuchen Sie es gleich noch einmal.
11. Aktivieren Sie die Option KOPFZEILE HINZUFÜGEN.
12. Klicken Sie auf SPEICHERN UND SCHLIESSE

Im Frontend sieht die unformatierte Tabelle so aus wie in Abbildung 11.2.

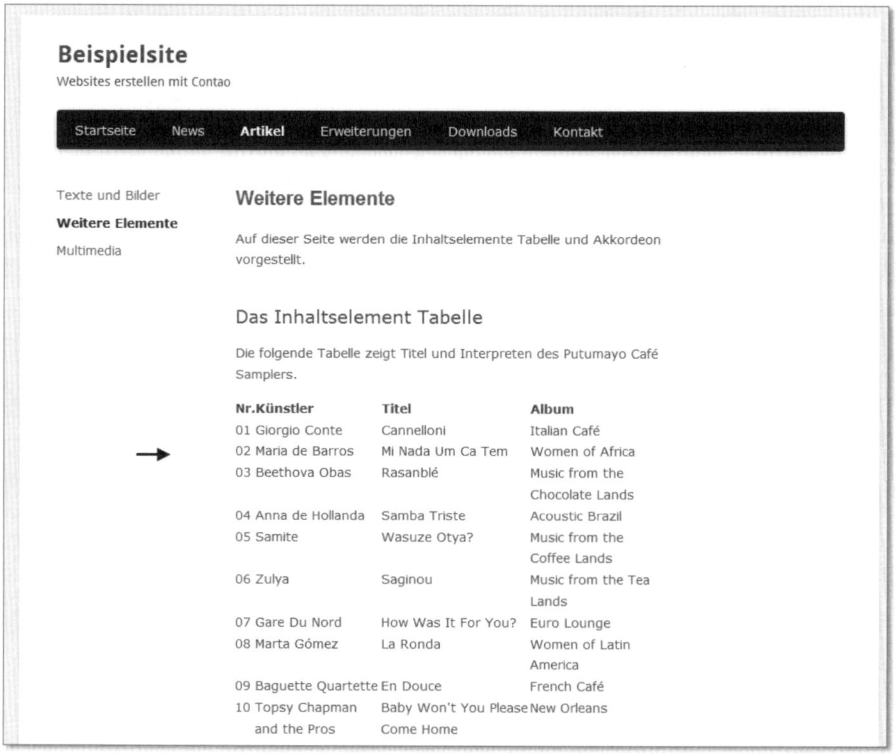

Abbildung 11.2 Die importierte Tabelle, noch unformatiert

Tabellenzellen bearbeiten: HTML und Inserttags sind erlaubt

Zur Gestaltung des Textes im Eingabeassistenten können Sie auch HTML-Elemente wie `strong` benutzen, müssen diese allerdings manuell eingeben. Sogar Inserttags zum Einfügen von Hyperlinks oder Bildern sind erlaubt. Hier ein Beispiel:

{{image::files/beispielsite/content/fotos/foto01.jpg}}

Es gibt auch eine Erweiterung, die das Formatieren erleichtert:

- *contao.org/de/extension-list/view/table4ward.html*

Schauen Sie mal vorbei, ob es bereits eine Version für Contao 3 gibt.

11.1.3 Das HTML für das Inhaltselement »Tabelle«

Bevor Sie die Tabelle mit ein paar CSS-Regeln gestalten, werfen Sie einen kurzen Blick auf den HTML-Quelltext:

```
<div class="ce_table block">
<table id="table_22">
<thead>
<tr>
  <th class="head_0 col_first">Nr.</th>
  <th class="head_1">Künstler</th>
  <th class="head_2">Titel</th>
  <th class="head_3 col_last">Album</th>
</tr>
</thead>
<tbody>
<tr class="row_0 row_first even">
  <td class="col_0 col_first">01</td>
  <td class="col_1">Giorgio Conte</td>
  <td class="col_2">Cannelloni</td>
  <td class="col_3 col_last">Italian Café</td>
</tr>
<tr class="row_1 odd">
  <td class="col_0 col_first">02</td>
  <td class="col_1">Maria de Barros</td>
  <td class="col_2">Mi Nada Um Ca Tem</td>
  <td class="col_3 col_last">Women of Africa</td>
</tr>
...
</table>
</div>
```

Listing 11.2 Ausschnitt aus dem HTML für das Inhaltselement »Tabelle«

Verschiedene Tabellen durch verschiedene Klassen

Im Eingabeformular für das Inhaltselement TABELLE können Sie bei Bedarf in den EXPERTEN-EINSTELLUNGEN noch spezielle IDs und Klassen für das umgebende `div`-Element vergeben, mit denen die Tabellen gestaltet werden können. Damit wäre es möglich, im CSS Formatierungen für verschiedene Arten von Tabellen zu hinterlegen, die ein Redakteur durch Eingabe einer Klasse wie `umsatztabelle` ganz einfach anwenden kann.

11.1.4 Das Inhaltselement »Tabelle« per CSS gestalten

Sinnvoll gesetzte IDs und Klassen erleichtern die Gestaltung der Tabelle per CSS. Hier ein Beispiel zur Gestaltung der Tabelle:

```
.ce_table table {
  font-size: 13px;
  background-color: #ececec;
  border-collapse: collapse;
  border-top: 1px solid #d9d9d9;
  border-bottom: 1px solid #d9d9d9;
  margin-bottom: 1em;
}
.ce_table thead {
  background-color: #555150;
  color: #fff;
}
.ce_table tr.even {
  background-color: #fff;
  color: #444;
}
.ce_table td, .ce_table th {
  padding: 0.5em 1em;
}
```

Listing 11.3 CSS-Regeln zur Gestaltung des Inhaltselements »Tabelle«

In Listing 11.3 sind folgende Details erwähnenswert:

- Mit der Klasse `ce_table` am Anfang der Selektoren beschränken Sie die Gestaltung auf Tabellen, die mit dem Inhaltselement TABELLE erstellt wurden.
- Die CSS-Regel `.ce_table tr.even` gestaltet gerade Tabellenzeilen und ermöglicht so übersichtliche Zebrastreifen mit einem Style. Der Selektor für ungerade Zeilen heißt entsprechend `tr.odd`.

Im folgenden ToDo gestalten Sie die Tabelle ein bisschen hübscher.

ToDo: Die Tabelle gestalten

1. Öffnen Sie das Stylesheet zur Gestaltung der Inhalte. In internen Stylesheets bekommen alle vier Styles die KATEGORIE »Tabellen«.
2. Fügen Sie am Ende des Stylesheets die Styles aus Listing 11.3 ein.
3. Speichern Sie das Stylesheet.

Abbildung 11.3 zeigt die gestaltete Tabelle im Browser.

Das Inhaltselement Tabelle

Die folgende Tabelle zeigt Titel und Interpreten des Putumayo Café Samplers.

Nr.	Künstler	Titel	Album
01	Giorgio Conte	Cannelloni	Italian Café
02	Maria de Barros	Mi Nada Um Ca Tem	Women of Africa
03	Beethova Obas	Rasanblé	Music from the Chocolate Lands
04	Anna de Hollanda	Samba Triste	Acoustic Brazil
05	Samite	Wasuze Otya?	Music from the Coffee Lands
06	Zulya	Saginou	Music from the Tea Lands
07	Gare Du Nord	How Was It For You?	Euro Lounge
08	Marta Gómez	La Ronda	Women of Latin America
09	Baguette Quartette	En Douce	French Café
10	Topsy Chapman and the Pros	Baby Won't You Please Come Home	New Orleans

Abbildung 11.3 Die importierte Tabelle, formatiert

Die Ausrichtung von Text innerhalb der Tabellenzellen ist übrigens links und oben, und zwar aufgrund eines Styles aus dem CSS-Reset.

```
/* Style aus assets/contao/css/reset.css */
caption, th, td {
  text-align: left;
  text-align:start;
  vertical-align: top;
}
```

Listing 11.4 Ausrichtung der Tabellenzellen aus dem CSS-Reset

Tabelle im Frontend sortierbar machen

Um die Tabelle im Frontend sortierbar zu machen, öffnen Sie das Inhaltselement und aktivieren die Option SORTIERBARE TABELLE. Der SORTIERINDEX 0 sortiert die Tabelle nach der ersten Spalte.

Im Frontend können Sie die Tabelle mit einem Klick auf eine Spaltenüberschrift sortieren, und in der Überschriftzeile erscheinen kleine Grafikpfeile, die die aktuelle Sortierung anzeigen.

11.2 Das Inhaltselement »Akkordeon«: »ce_accordion«

Das Wort »Akkordeon« löste bei mir in jungen Jahren eine eher unangenehme Assoziationskette aus: Akkordeon. Zeltlager. Mundorgel. Ein kleines rotes Büchlein mit volkstümlichem Liedgut, das zu einer leichten Akkordeonallergie führte. Die ist im Laufe der Jahre aber verflogen, und ich habe gelernt, dass ein Akkordeon, richtig eingesetzt, sehr angenehm sein kann. Das gilt auch für das Inhaltselement in diesem Abschnitt.

Akkordeon ist ein typischer Web 2.0-Effekt, bei dem auf einer Webseite ein Detailbereich per Mausklick auf eine Überschrift ein- und ausgeblendet wird. Wenn mehrere solcher Elemente untereinanderstehen, wirkt das Auf- und Zuklappen mit ein bisschen Fantasie wie ein – ja genau, Sie haben es erraten.

Auf der Beispielsite werden im Folgenden mithilfe des Inhaltselements AKKORDEON drei CDs kurz vorgestellt. Diese erscheinen neben der Tabelle in der rechten Spalte (siehe Abbildung 11.4).

Der große Vorteil eines Akkordeons ist, dass man Informationen damit sehr platzsparend darstellen kann. Ein potenzieller Nachteil ist, dass Besucher die ausgeblendeten Elemente gar nicht sehen, wenn sie nicht auf die Überschriften klicken, und eventuell einfach so wieder von dannen ziehen.

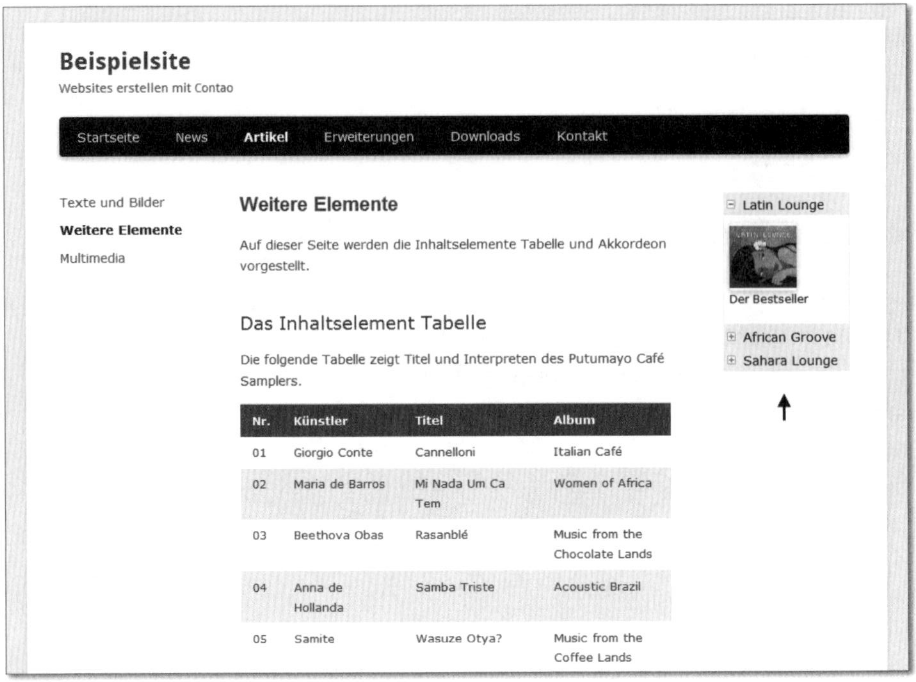

Abbildung 11.4 Ein Akkordeon in der rechten Spalte

11.2.1 Seitenlayout vorbereiten und Artikel erstellen

Zunächst einmal treffen Sie ein paar Vorbereitungen im Backend-Modul THEMES • SEITENLAYOUT: Zuerst sorgen Sie dort im Bereich FRONTEND-MODULE dafür, dass im Frontend in der rechten Spalte Artikel dargestellt werden. Danach muss im Bereich SKRIPT-EINSTELLUNGEN das MooTools-Template *moo_accordion* aktiviert werden, damit das für ein Akkordeon benötigte JavaScript zur Verfügung gestellt wird. Falls Sie lieber mit jQuery arbeiten, aktivieren Sie stattdessen das Template *j_accordion*. Falls Sie sich nicht sicher sind, bleiben Sie erst einmal bei den MooTools.

Nach diesen Vorbereitungen legen Sie im folgenden ToDo noch einen neuen Artikel an, der erstmals in der *rechten* Spalte erscheinen wird.

ToDo: Seitenlayout vorbereiten und Artikel erstellen

1. Öffnen Sie im Backend-Modul THEMES • SEITENLAYOUT das STANDARDLAYOUT zur Bearbeitung.
2. Erstellen Sie im Bereich FRONTEND-MODULE eine neue Zeile, und wählen Sie das Modul ARTIKEL in der Spalte RECHTE SPALTE. Es ist egal, wo Sie die Zeile einfügen, denn Contao sortiert die Zeilen nach dem Speichern.

3. Aktivieren Sie weiter unten im Bereich MooTools das MooTools-Template moo_accordion.
4. Klicken Sie auf Speichern und schliessen.
5. Wechseln Sie in das Backend-Modul Inhalte • Artikel, und klicken Sie auf die Seite Weitere Elemente, um den Artikelbaum zu verkürzen.
6. Klicken Sie oben im Arbeitsbereich auf Neuer Artikel, und fügen Sie ihn mit einem Klick auf den braunen Pfeil nach unten unterhalb des Artikels Weitere Elemente [Hauptspalte] ein.
7. Geben Sie bei den Artikel-Einstellungen folgenden Titel ein: »CDs im Akkordeon« (ohne Anführungsstriche).
8. Blenden Sie gegebenenfalls den Bereich Layoutbereich und Suchbegriffe ein, und wählen Sie in der Auswahlliste Anzeigen in den Eintrag Rechte Spalte.
9. Aktivieren Sie die Option Artikel veröffentlichen.
10. Klicken Sie auf Speichern und schliessen.

Im Browser ist nach diesem ToDo nichts zu sehen, da der Artikel noch keine Inhaltselemente hat, aber es ist alles vorbereitet.

11.2.2 Das Eingabeformular für das Inhaltselement »Akkordeon«

Wenn Sie beim Einfügen eines neuen Inhaltselements den Elementtyp Akkordeon auswählen, erscheint das in Abbildung 11.5 dargestellte Eingabeformular.

Ganz oben sehen Sie den gewählten Elementtyp Akkordeon. Die Optionen darunter sind wie folgt:

- Betriebsart: Mit der Option Einzelnes Element ähnelt das Akkordeon einem normalen Textelement. Es kann eine Bereichsüberschrift genannte Überschrift, ein bisschen Text und optional ein Bild enthalten. Durch einen Klick auf die Überschrift werden Text und Bild im Browser ein- und ausgeblendet.

  Ein Akkordeon kann auch bereits bestehende Inhaltselemente enthalten. Dazu fügen Sie einfach vor den entsprechenden Inhaltselementen ein Akkordeon-Element mit der Betriebsart Umschlag Anfang und danach eines mit der Betriebsart Umschlag Ende hinzu.
- Bereichsüberschrift: Durch einen Klick auf die Bereichsüberschrift wird der Inhalt des Akkordeons ein- und ausgeblendet. HTML-Elemente sind erlaubt, und die Überschrift könnte im Feld CSS-Format auch gleich gestaltet werden.
- Klassennamen müssen nur vergeben werden, wenn Sie mehr als ein Akkordeon pro Webseite benutzen möchten. Allerdings muss dann auch das MooTools-JavaScript entsprechend angepasst werden, was nicht ganz so trivial ist.

- TEXT und EIN BILD HINZUFÜGEN funktionieren genau wie bei einem normalen Inhaltselement TEXT.

Genug der Theorie. Es wird Zeit, ein Akkordeon zu bauen.

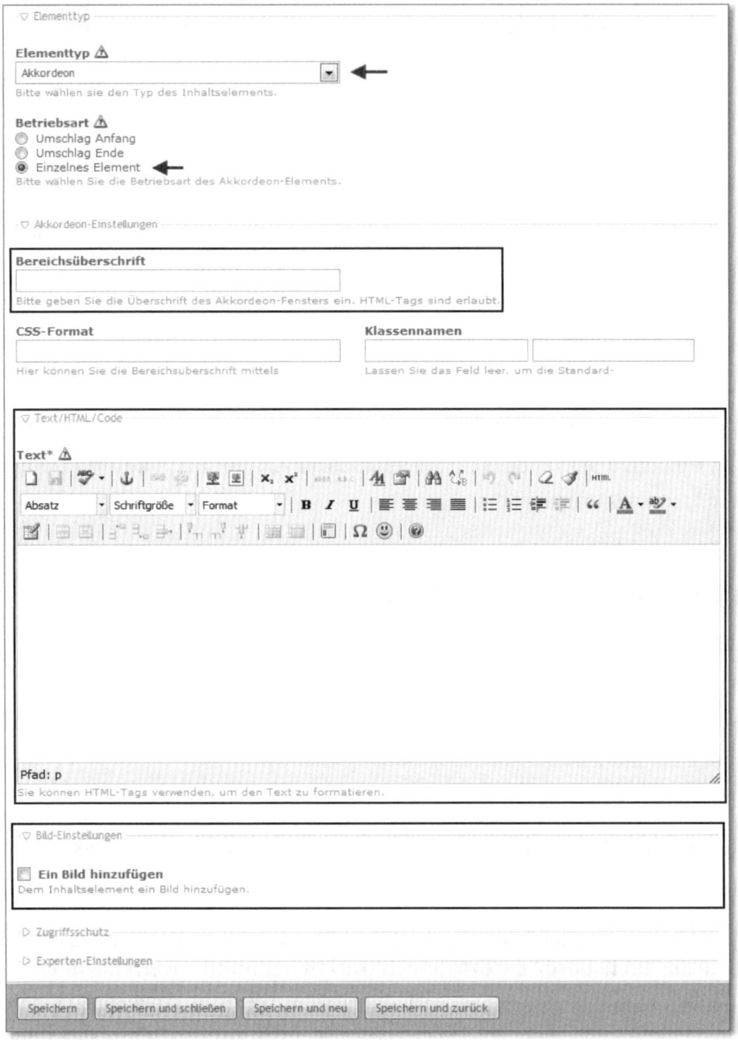

Abbildung 11.5 Das Eingabeformular für das Inhaltselement »Akkordeon«

11.2.3 Zugeschaut und mitgebaut: drei Akkordeons erstellen

In diesem Abschnitt legen Sie nach der gründlichen Vorbereitung nun Ihre Prüfung zum zertifizierten Instrumentenbauer ab und erstellen drei Akkordeons, in denen die CDs *Latin Lounge*, *African Groove* und *Sahara Lounge* vorgestellt werden, jeweils mit einem Bild und einer Zeile Text.

ToDo: Drei Inhaltselemente »Akkordeon« erstellen

1. Wechseln Sie in die DATEIVERWALTUNG, und laden Sie die drei JPG-Grafiken mit den CD-Covers von der Buch-CD in den Ordner *beispielsite/grafiken/content_grafiken* hoch.
2. Öffnen Sie im Backend-Modul INHALTE • ARTIKEL auf der Seite WEITERE ELEMENTE den Artikel CDs IM AKKORDEON zur Bearbeitung.
3. Fügen Sie ein neues Inhaltselement AKKORDEON hinzu.
4. Wählen Sie als Betriebsart EINZELNES ELEMENT.
5. Geben Sie als BEREICHSÜBERSCHRIFT »Latin Lounge« ein.
6. In das Feld TEXT schreiben Sie einfach nur »Der Bestseller«.
7. Aktivieren Sie die Option EIN BILD HINZUFÜGEN.
8. Wählen Sie im Ordner *beispielsite/content/grafiken/* die Grafik *cover_latin_lounge.jpg*.
9. Geben Sie in die Felder ALTERNATIVER TEXT und TITEL jeweils »Cover der CD Latin Lounge« ein.
10. Das Feld BILDLINK-ADRESSE bleibt leer, aber hier könnten Sie z.B. einen direkten Link zu einer Bestellmöglichkeit hinterlegen.
11. Wählen Sie als BILDAUSRICHTUNG die erste Option, OBERHALB.
12. Klicken Sie auf SPEICHERN UND NEU.
13. Wiederholen Sie die Schritte 3 bis 11 für die CDs *African Groove* und *Sahara Lounge*. Als Text geben Sie eine kurze Beschreibung wie »Musik zum Tanzen« bzw. »Die Wüste lebt« ein.
14. Beenden Sie die Eingabe mit SPEICHERN UND SCHLIESSEN.

Im Browser erscheint der Artikel (wie in Abbildung 11.6 zu sehen ist) in der rechten Spalte, und er enthält die drei Akkordeons. Die sind noch nicht sonderlich hübsch, aber bereits bespielbar.

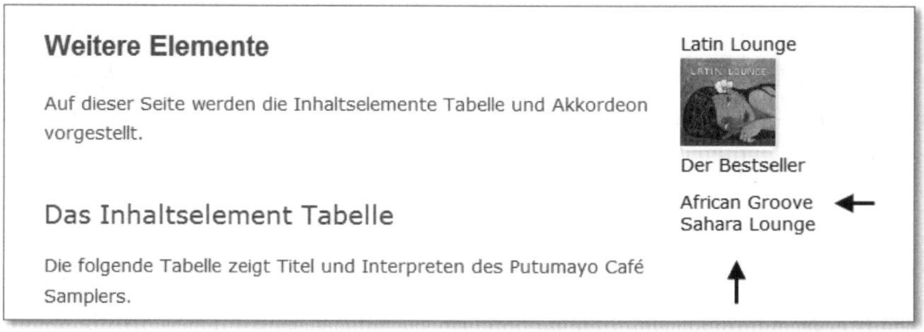

Weitere Elemente
Auf dieser Seite werden die Inhaltselemente Tabelle und Akkordeon vorgestellt.
Das Inhaltselement Tabelle
Die folgende Tabelle zeigt Titel und Interpreten des Putumayo Café Samplers.
Latin Lounge
Der Bestseller
African Groove
Sahara Lounge

Abbildung 11.6 Drei Akkordeons – bereits bespielbar, aber noch nicht hübsch

Das erste Element ist standardmäßig sichtbar, und ein Klick auf die Überschriften blendet das entsprechende Cover und die kurze Beschreibung ein. Das Akkordeon funktioniert also bereits, aber da es weder benutzerfreundlich ist noch gut aussieht, wäre es wahrscheinlich ein echter Ladenhüter. Deshalb wird es in den nächsten Abschnitten noch ein bisschen verbessert.

11.2.4 Das HTML für ein Akkordeon

Das HTML für ein Akkordeon ist unspektakulär. Listing 11.5 zeigt einen Ausschnitt aus dem Quelltext für das Inhaltselement AKKORDEON:

```
<section class="ce_accordion block">
<div tabindex="0" role="tab" expanded="true" class="toggler">
Latin Lounge
</div>
<div role="tabpanel" aria-hidden="false"
     style="..." class="accordion">
  <div>
  <figure class="image_container float_above">
  <img ...>
  </figure>
  <p>Der Bestseller</p>
  </div>
 </div>
</section>
```

Listing 11.5 Das HTML für ein Akkordeon

Das Inhaltselement selbst bekommt das HTML-Element `section` mit den Klassen `ce_accordion` und `block`. Akkordeon schreibt sich im Englischen *accordion*, mit Doppel-»c« und einem »i«. Denken Sie daran. In diesem `section` liegen die Bereichsüberschrift und der Inhalt, jeweils in einem eigenen `div`.

Die Bereichsüberschrift hat die Klasse `toggler` (*to toggle* bedeutet ein- und ausschalten) und der Inhalt die Klasse `accordion`. Die Attribute `role` und `aria` gehören zu den *ARIA Landmark Roles*. Sie bleiben im Browserfenster unsichtbar, bereichern den Quelltext aber um semantisch relevante Informationen (z.B. `role="tab"`) und erhöhen so ganz nebenbei die Barrierefreiheit.

11.2.5 Das CSS zur Gestaltung eines Akkordeons

So viel zum HTML. Das CSS zur Gestaltung der HTML-Elemente aus Listing 11.5 ist erstaunlich kurz und besteht aus nur drei CSS-Regeln:

ToDo: Akkordeon per CSS gestalten

1. Öffnen Sie das Stylesheet zur Gestaltung der Inhalte.
2. Fügen Sie ganz am Ende die folgenden Styles ein (Kategorie: »Akkordeon«):

```
#right .ce_accordion {
  width: 140px;
  float: right;
  border: 1px solid #eee;
}
.ce_accordion .toggler {
  cursor: pointer;
  background: #eee;
  padding: 0.25em 0.5em;
  outline: none;
}
.ce_accordion .accordion div {
  font-size: 12px;
  padding: 0.75em 0.5em;
}
```

3. Speichern Sie das Stylesheet.

Nach diesem ToDo sehen die Akkordeons schon etwas besser aus (siehe Abbildung 11.7).

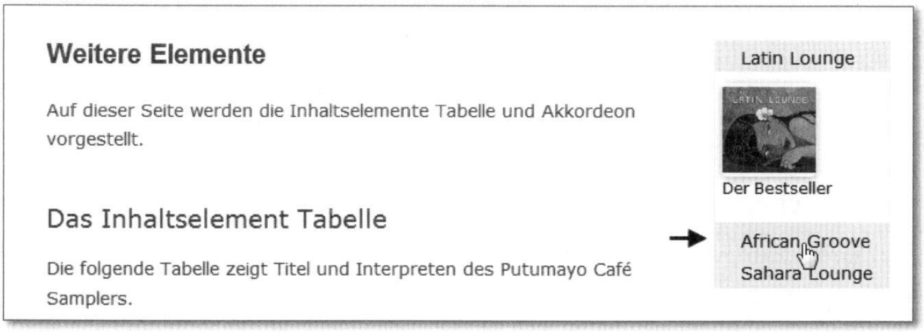
Weitere Elemente
Auf dieser Seite werden die Inhaltselemente Tabelle und Akkordeon vorgestellt.
Das Inhaltselement Tabelle
Die folgende Tabelle zeigt Titel und Interpreten des Putumayo Café Samplers.
Latin Lounge
Der Bestseller
African Groove
Sahara Lounge

Abbildung 11.7 Formatierte Akkordeons

Und hier die Styles im Überblick:

- Im ersten Style bekommen die Akkordeons eine feste Breite von 140 px und werden nach rechts gefloatet. Die ID `#right` beschränkt den Style auf die rechte Spalte, damit z.B. in der Hauptspalte platzierte Akkordeons nicht auch versehentlich auf `140px` geschrumpft und nach rechts gefloatet werden.

- Die Bereichsüberschrift wird hellgrau hinterlegt, und damit Besucher verstehen, dass sie anklickbar ist, wird der Mauszeiger mit `cursor:pointer` zu einer Klickhand umgeformt wie bei einem Hyperlink.
- Last, but not least wird der Text innerhalb des Akkordeons auf 12 Pixel verkleinert.

Anklickbar. Platzsparend. Fertig.

11.2.6 Akkordeons mit Grafiken zur Statusanzeige

Eine Gefahr beim Einsatz von Akkordeons ist, dass ein Besucher nicht merkt, dass sich hinter den Überschriften noch versteckte Inhalte verbergen. Um dem entgegenzuwirken, können Sie in der Bereichsüberschrift für ein- und ausgeklappte Akkordeons jeweils unterschiedliche Grafiken anzeigen. Das Modultemplate *moo_accordion.html5* vergibt zu diesem Zweck die Klasse `active`, wenn ein Akkordeon ausgeklappt ist:

```
<section class="ce_accordion block">
<div class="toggler active" ...>Latin Lounge</div>
...
</section>
```

Listing 11.6 Quelltext für ein ausgeklapptes Akkordeon

Ein nicht ausgeklapptes Akkordeon bekommt nur die Klasse `toggler`, sodass Sie mit der zusätzlichen Klasse `active` im CSS den Bereichsüberschriften je nach Status unterschiedliche Hintergrundgrafiken zuweisen können.

Geeignete Grafiken wären z.B. ein Pluszeichen für ein zugeklapptes Akkordeon und ein Minuszeichen für ein ausgeklapptes. Laden Sie in der DATEIVERWALTUNG die Grafiken *minus.gif* und *plus.gif* von der Buch-CD aus den Beispieldateien für dieses Kapitel in den Theme-Ordner *themes/theme_one/*.

Das CSS zur Einbindung der Grafiken könnte so aussehen wie in Listing 11.7. Ein zugeklapptes Akkordeon (`.toggler`) bekommt ein Pluszeichen, ein ausgeklapptes (`.toggler.active`, ohne Leerstelle zwischen den beiden Klassennamen) ein Minuszeichen. Bei externen Stylesheets müssen Sie in Listing 11.7 die Pfadangaben für die beiden Grafiken gegebenenfalls anpassen, der CSS-Editor von Contao macht das automatisch.

```
.ce_accordion .toggler {
  background: #eee url("plus.gif") no-repeat left center;
  padding: 0.25em 0.5em 0.25em 1.5em;
}
```

```
.ce_accordion .toggler.active {
  background: #eee url("minus.gif") no-repeat left center;
}
```

Listing 11.7 Das CSS zur Einbindung der Grafiken

Abbildung 11.8 zeigt die fertigen Akkordeons mit den Grafiken.

Abbildung 11.8 Akkordeons mit Grafiken zur Statusanzeige

11.2.7 Wie man Akkordeons sonst noch einsetzen kann

Akkordeons können natürlich nicht nur in der rechten Seitenspalte eingesetzt werden. Sie eignen sich immer dann, wenn vergleichsweise viel Inhalt übersichtlich auf wenig Platz dargestellt werden muss. Abbildung 11.9 zeigt zum Beispiel ein paar Akkordeons auf der Startseite von *little-boxes.de*.

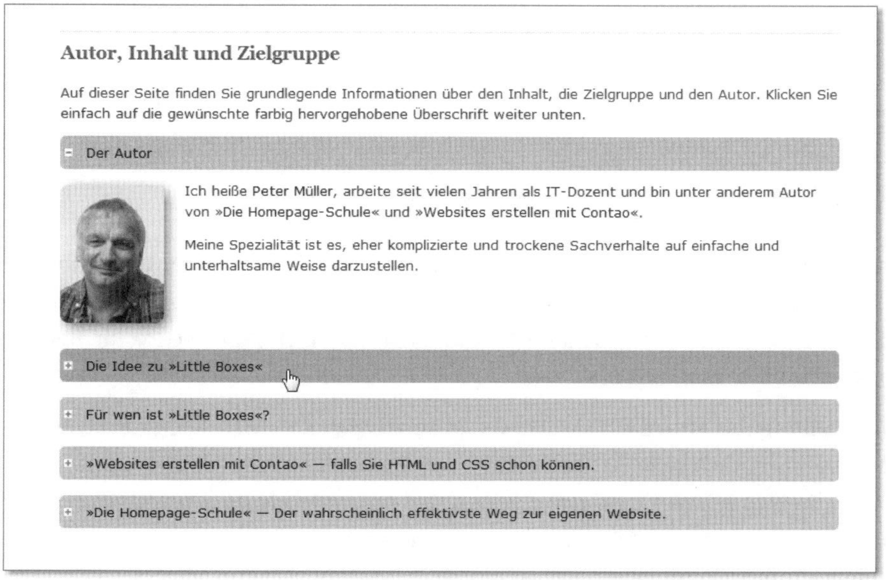

Abbildung 11.9 Akkordeons auf der Startseite von »little-boxes.de«

11.3 Externe Videos auf Webseiten einbinden

In diesem Abschnitt möchte ich Ihnen zeigen, wie man in Contao mit Bordmitteln externe Videos einbinden kann.

11.3.1 Video einbinden mit dem Inhaltselement »HTML«: »ce_html«

Mit dem Inhaltselement HTML können Sie einem Artikel (fast) beliebigen HTML-Code, und auch den Einbettungscode von YouTube oder anderen Videoportalen hinzufügen. Das Eingabeformular ist sehr übersichtlich und besteht, wie Abbildung 11.10 zeigt, nur aus einer Textarea.

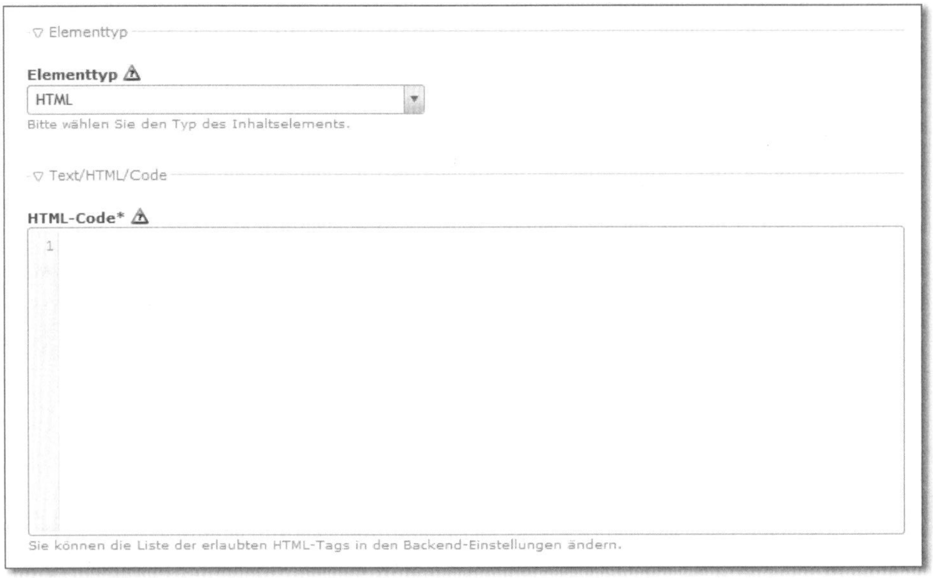
Elementtyp
Elementtyp
HTML
Bitte wählen Sie den Typ des Inhaltselements.
Text/HTML/Code
HTML-Code*
1
Sie können die Liste der erlaubten HTML-Tags in den Backend-Einstellungen ändern.

Abbildung 11.10 Die Eingabemaske für das Inhaltselement »HTML«

Im Inhaltselement HTML sind standardmäßig nicht alle HTML-Elemente erlaubt. Die im Erklärungstext unterhalb der Textarea angesprochene Liste der erlaubten HTML-Tags finden Sie im Backend-Modul System • Einstellungen im Bereich Sicherheitseinstellungen.

Die Aufzählung Erlaubter HTML-Tags ist relativ lang, enthält aber z.B. nicht das Element `iframe`, das viele Video-Portale zur Einbettung von Videos verwenden. Wenn Sie im Feld HTML-Code also z.B. den Einbettungscode für ein YouTube-Video einfügen möchten, müssen Sie hier vorher `<iframe>` erlauben.

Im folgenden ToDo fügen Sie auf der Seite VIDEOS einen Link zu dem Video »La Ronda« von Marta Goméz ein. Sie können aber natürlich auch gerne ein anderes Video nehmen.

Bevor Sie mit dem ToDo beginnen, sollten Sie aber den Einbettungscode des Videoportals bereithalten, am besten in der Zwischenablage:

- Rufen Sie in einem neuen Tab oder Fenster das gewünschte YouTube-Video auf (z.B. *youtube.com/watch?v=y45W4bHWerU*).
- Klicken Sie bei YouTube unter dem Video zuerst auf die Schaltfläche TEILEN und dann auf EINBETTEN.
- Konfigurieren Sie das Verhalten des Videos wie gewünscht. Eine gute Größe ist 480 × 360 Pixel.
- Kopieren Sie den Einbettungscode in die Zwischenablage.

Listing 11.8 zeigt den Code zur Einbindung des Videos etwas übersichtlicher gestaltet als das Original.

```
<iframe width="480"
        height="360"
        src="http://www.youtube.com/embed/y45W4bHWerU"
        frameborder="0"
        allowfullscreen></iframe>
```

Listing 11.8 Der YouTube-Code zum Einbetten des Videos

Natürlich funktioniert das Einbetten von Videos nicht nur mit YouTube, sondern auch mit anderen Videoportalen wie Vimeo, Sevenload & Co. Sie benötigen nur einen Einbettungscode, den Sie im Inhaltselement HTML einfügen können. Wenn Sie den Einbettungscode für das Video haben, kann es mit dem folgenden ToDo losgehen.

ToDo: Videos mit dem Inhaltselement »HTML« einbetten

1. Öffnen Sie das Backend-Modul SYSTEM • EINSTELLUNGEN.
2. Blenden Sie den Bereich SICHERHEITSEINSTELLUNGEN ein.
3. Fügen Sie im Feld ERLAUBTE HTML-TAGS den Wert »<iframe>« hinzu (ohne Anführungsstriche), am besten gleich ganz am Anfang.
4. Klicken Sie auf SPEICHERN UND SCHLIESSEN.
5. Klicken Sie im Backend-Modul INHALTE • ARTIKEL auf die fett gedruckte Seite MULTIMEDIA, um den Artikelbaum zu verkürzen.
6. Öffnen Sie den Artikel MULTIMEDIA [HAUPTSPALTE].

7. Fügen Sie gegebenenfalls eine h1-Überschrift »Multimedia« ein.
8. Fügen darunter ein Inhaltselement TEXT ein oder, falls bereits eines vorhanden ist, ändern Sie den Text: »Auf dieser Seite sehen Sie, wie Sie Videos und MP3 auf Ihren Webseiten einbinden können.«
9. Klicken Sie auf SPEICHERN UND NEU.
10. Erstellen Sie ein TEXT-Element mit der h2-Überschrift »Videos einbetten: das Inhaltselement HTML« und dem Text »Das folgende Video wurde mit einem iFrame im Inhaltselement HTML eingebettet.«
11. Erstellen Sie darunter ein neues Inhaltselement vom Typ HTML.
12. Fügen Sie den Einbettungscode für das Video aus der Zwischenablage in das Feld HTML-CODE ein.
13. Klicken Sie auf SPEICHERN UND SCHLIESSEN.

Im Browser wird jetzt das Video »La Ronda« angezeigt, mit einem Pfeil zum Starten des Videos in der Mitte des Bildes (siehe Abbildung 11.11).

Videos einbetten: Das Inhaltselement HTML
Das folgende Video wurde mit einem iFrame im Inhaltselement HTML eingebettet.
La Ronda - Marta Gómez
Teilen
Info
Marta Gómez
Vollbild
0:22 / 3:47

Abbildung 11.11 Das eingebettete Video von YouTube auf der Beispielseite

Im Quelltext der Webseite steht übrigens nur der in der Textarea eingegebene Code aus Listing 11.8. Pur. Falls Sie z.B. ein umgebendes `div`-Element in der Art von `<div class="ce_html">` wünschen, schreiben Sie dieses in der Textarea einfach selbst davor und ein `</div>` dahinter.

Das Inhaltselement »YouTube«

Neu in Contao 3 ist das Inhaltselement YOUTUBE, mit dem man, wie der Name bereits andeutet, auf YouTube.com veröffentlichte Videos einbinden kann. In diesem Inhaltselement gibt es zwei Pflichtfelder:

- YOUTUBE-ID ist die Kennung des Videos, also z. B. y45W4bHWerU.
- PLAYER-GRÖSSE ist die Größe des Videoplayers im Frontend.

Um die richtigen Maße für den Videoplayer zu finden, surfen Sie zum gewünschten YouTube-Video und klicken mit rechts auf das Video. Im Kontextmenü wählen Sie dann die Option VIDEOINFORMATIONEN ANZEIGEN.

11.3.2 Video einbinden mit einem Link im Inhaltselement »Text«

In diesem Abschnitt folgt noch eine einfache, aber nicht ganz so offensichtliche Möglichkeit, Videos auf einer Webseite anzuzeigen: Im Inhaltselement TEXT wird ein ganz normaler Hyperlink eingefügt, der das Video in einer Mediabox anzeigt, die Sie bereits von der Großansicht eingefügter Bilder her kennen.

Im folgenden ToDo erstellen Sie den Link, der zu dem Video aus Abbildung 11.12 führt.

ToDo: Ein Video in einer Mediabox anzeigen

1. Öffnen Sie im Backend-Modul INHALTE • ARTIKEL den Artikel MULTIMEDIA [HAUPTSPALTE].
2. Erstellen Sie die `h2`-Überschrift »Ein Video in einer Mediabox«.
3. Geben Sie im TinyMCE den folgenden Text ein:

```
Der folgende Link zeigt ein Video in einer Mediabox:
• Waylon - Wicked Ways (YouTube, 04:21)
Live at Radio 538.
```

4. Markieren Sie Bandnamen und Titel (»Waylon – Wicked Ways«), und klicken Sie in der Symbolleiste auf das Kettensymbol zum Einfügen eines Hyperlinks.
5. Geben Sie im Dialogfeld im Feld ADRESSE die URL zum Video ein: *http://youtube.com/watch?v=GuH4EqxNAWk*.
6. Wählen Sie im Feld LIGHTBOX den Wert `(Wert)`, und fügen Sie dann den Wert `lightbox[video 420 315]` ein. Vor der eckigen Klammer steht keine Leerstelle, nach `video` und `420` hingegen schon.
7. Klicken Sie auf die Schaltfläche EINFÜGEN.
8. Klicken Sie auf SPEICHERN UND SCHLIESSEN.

Abbildung 11.12 zeigt, wie das in etwa im Browser aussehen könnte.

Abbildung 11.12 Ein Klick auf einen Link zeigt ein Video in der Mediabox.

Der Trick ist der Wert im Feld LIGHTBOX:

```
lightbox[video 420 315]
```

Dieser Wert bewirkt, dass der Browser das Linkziel in einer Mediabox der Größe 420 × 315 Pixel, anzeigt. Sie können je nach Video natürlich auch eine andere Größe eingeben.

Das Wort »video« in den eckigen Klammern dient übrigens zur Gruppierung von Lightboxen auf einer Seite. Wenn Sie also mehrere Videos auf einer Seite einbinden und alle mit dem Wort »video« kennzeichnen, wird die Mediabox zur Videogalerie. Neben dem X zum Schließen rechts unten erscheinen dann Pfeile nach rechts oder links, mit denen der Besucher zum nächsten oder zum vorherigen Video springen kann.

Anstelle von »video« könnten Sie ohne Weiteres auch einen anderen Begriff wie »videoswaylon«, »buxtehude« oder irgendetwas ganz anderes nehmen.

11.4 Das Inhaltselement »Video/Audio«

Mit dem Inhaltselement VIDEO/AUDIO können Sie Sound- und Videodateien abspielen, die auf Ihrem eigenen Webspace gespeichert werden.

In diesem Abschnitt zeige ich Ihnen, wie man eine MP3-Datei einbindet. Falls Sie gerade keine geeignete MP3-Datei zur Hand haben, nehmen Sie einfach von der Buch-CD den Song *TheDruids.mp3* von Carsten Suter.

Bevor die Datei im Frontend erscheint, müssen Sie in drei verschiedenen Backend-Modulen ein paar Vorbereitungen treffen. Sie müssen ...

- im SYSTEM • DATEIVERWALTUNG die gewünschte Datei hochladen. Oder einfach reinkopieren und dann synchronisieren. Siehe unten.
- in THEMES • SEITENLAYOUT ein JavaScript-Template für Media-Elemente aktivieren.
- in INHALTE • ARTIKEL ein INHALTSELEMENT VIDEO/AUDIO einbinden.

Nach den folgenden Schritten sieht das Ergebnis im Frontend etwa so aus wie in Abbildung 11.13.

Eine MP3-Datei einbinden
Mit dem Inhaltselement Video/Audio können Multimedia-Dateien vom eigenen Webspace eingebunden und abgespielt werden.
00:00
00:00
The Druids - Carsten Suter

Abbildung 11.13 MP3-Player im Frontend (Template »j_mediaelement«)

Schritt 1: Hochladen der Datei

Beim Hochladen einer Datei müssen Sie zunächst die Einstellungen für die maximale Dateigröße beachten, und zwar mit ein bisschen Pech gleich an zwei Stellen:

- In Contao steht in SYSTEM • EINSTELLUNGEN im Bereich DATEI-UPLOADS der Wert im Feld MAXIMALE UPLOAD-DATEIGRÖSSE standardmäßig auf 2048000 (2 MB), was Sie aber leicht ändern können.
- Bei XAMPP wird die maximale Dateigröße für Uploads außerdem in den PHP-Einstellungen mit dem Wert `upload_max_filesize` ebenfalls auf 2 MB begrenzt.

Lokal ist es also einfacher, die MP3-Datei mit einem Dateimanager wie dem Explorer (PC) oder dem Finder (Mac) in den Ordner *beispielsite/content/audio* zu kopieren und anschließend Dateiverwaltung und Datenbank mit einem Klick zu synchronisieren.

Schritt 2: JavaScript-Template aktivieren

Das JavaScript-Template erzeugt im Frontend den MP3-Player zum Abspielen des Songs. Im Seitenlayout haben Sie dabei die Qual der Wahl zwischen den beiden JavaScript-Frameworks *MooTools* und *jQuery*. Zur Einbindung von Media-Elementen finden Sie im Seitenlayout zwei Möglichkeiten:

- das MooTools-Template *moo_mediaelement*
- das jQuery-Template *j_mediaelement*

Sie können durchaus beide Frameworks gleichzeitig aktivieren und sowohl MOOTOOLS LADEN als auch JQUERY LADEN ankreuzen. jQuery-Skripte für das Frontend laufen automatisch im sogenannten *No-Conflict-Modus*, und somit ist der einzige Nachteil eine verlängerte Ladezeit der Seite, weil beide Frameworks geladen werden müssen.

Beim gleichzeitigen Betrieb der beiden Frameworks sollten Sie aber darauf achten, jeweils unterschiedliche Templates zu aktivieren. Sie können problemlos *j_mediaelement* zusammen mit *moo_mediabox* und *moo_accordion* benutzen, denn die drei kümmern sich um unterschiedliche Dinge und kommen sich nicht in die Quere. Aber Sie sollten zum Beispiel nicht gleichzeitig *j_mediaelement* und *moo_mediaelement* aktivieren, da beide Templates dasselbe machen.

Probieren Sie einfach aus, welches Template Ihnen besser gefällt. Dazu müssen Sie nur im Seitenlayout ein paar Kontrollkästchen aktivieren und deaktivieren und zwischendurch jeweils auf SPEICHERN klicken.

Schritt 3: MP3-Datei im Artikel einbinden

Zum Üben binden Sie die MP3-Datei am besten auf der Seite MULTIMEDIA im Artikel MULTIMEDIA [HAUPTSPALTE] ein. Einfach ein neues Inhaltselement vom Typ VIDEO/AUDIO einfügen, eine MP3-Datei aus der Dateiverwaltung auswählen und speichern. Eine gute Größe für den Player ist etwa 400 x 15 Pixel.

Die Beschriftung erfolgt in einem eigenen Textelement ober- oder unterhalb der MP3-Datei. Das Ergebnis sieht dann etwa so aus wie in Abbildung 11.13.

Videos vom eigenen Webspace

Sie können das Inhaltselement VIDEO/AUDIO natürlich auch benutzen, um Videos zu zeigen, die auf Ihrem eigenen Webspace gespeichert werden.

11.5 Weitere Inhaltselemente im Überblick

Es gibt noch zahlreiche andere Inhaltselemente in Contao, und in Form von Erweiterungen kommen ständig neue hinzu. Im Folgenden möchte ich zum Abschluss noch einige Inhaltselemente kurz vorstellen.

11.5.1 Das Inhaltselement »Code«: »ce_code«

Das Inhaltselement CODE dient dazu, in einem Artikel Quelltext oder Programmcode darzustellen, der jedoch nicht ausgeführt wird. Der Code wird durch eine Syntaxhervorhebung eingefärbt und dadurch leichter lesbar. Abbildung 11.14 zeigt das Eingabeformular für das Inhaltselement CODE im Überblick.

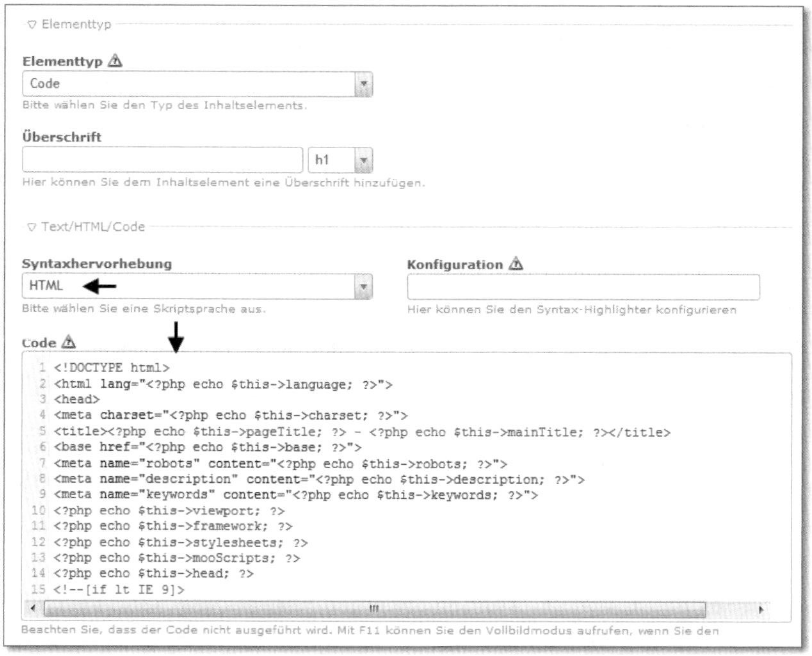

Abbildung 11.14 Das Eingabeformular für das Inhaltselement »Code«

Wichtig sind das Feld zur Auswahl der SYNTAXHERVORHEBUNG und das Feld CODE zur Eingabe des darzustellenden Programmcodes. Abbildung 11.15 zeigt das Listing aus Abbildung 11.14 im Frontend.

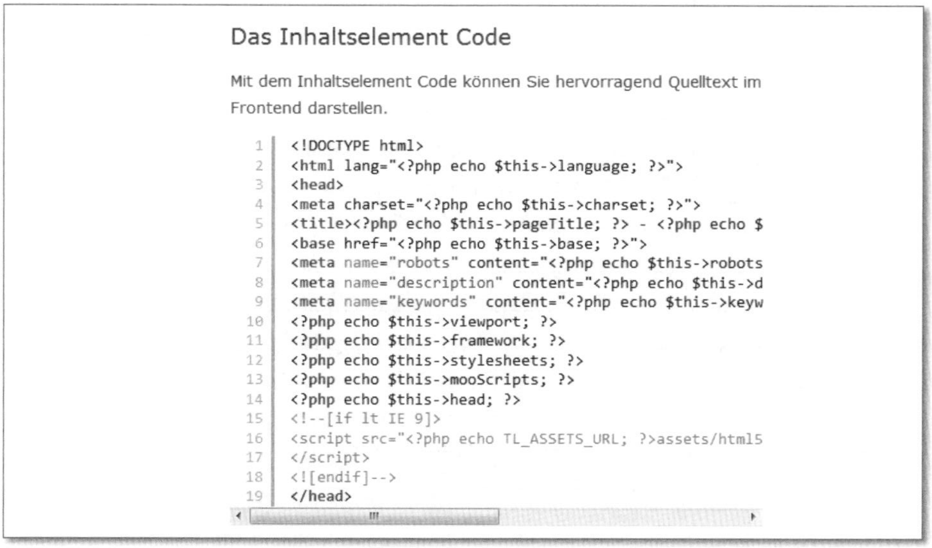

Abbildung 11.15 Das Inhaltselement »Code« im Frontend

Mit dem Feld KONFIGURATION kann das zur Syntaxhervorhebung benutzte Plug-in *SyntaxHighlighter* von Alex Gorbatchev konfiguriert werden. Nähere Infos dazu gibt es bei Bedarf beim Programmierer (english only):

- *alexgorbatchev.com*

11.5.2 Die »Include«-Elemente im Kurzüberblick

Ganz am Ende der Auswahlliste ELEMENTTYP gibt es noch eine Gruppe von Inhaltselementen mit dem schönen Namen INCLUDE-ELEMENTE. Diese Gruppe enthält die Elemente KOMMENTAR, ARTIKEL, INHALTSELEMENT und ARTIKEL-TEASER.

Diese möchte ich Ihnen der Reihe nach kurz vorstellen:

- Mit dem Inhaltselement KOMMENTAR können Sie jedem Artikel ein Kommentarformular zuweisen. Die Sache mit den Kommentaren in einem Artikel funktioniert im Prinzip genauso, wie es in Abschnitt 14.7 bei den Newsbeiträgen beschrieben wird.
- Mit dem Inhaltselement ARTIKEL können Sie einen Verweis oder eine Verknüpfung auf einen Artikel erstellen und ihn so auf anderen Seiten einbinden, ohne ihn zu kopieren. Wenn sich das Original ändert, ändert sich automatisch auch die Verknüpfung. Es werden übrigens nur die Inhaltselemente des Artikels übernommen, nicht die Artikel-Einstellungen, aber die Verknüpfung verwendet dieselben CSS-Klassen wie das Original.
- Das Inhaltselement INHALTSELEMENT (kein Druckfehler) macht dasselbe, nur nicht für einen ganzen Artikel, sondern für ein einzelnes Inhaltselement. So können Sie ein Inhaltselement auf mehreren Seiten darstellen, und Änderungen am Original werden auf allen Seiten nachvollzogen. Sehr praktisch. Auch hier werden in der Verknüpfung dieselben CSS-Klassen wie beim Original benutzt.
- Das Inhaltselement MODUL haben Sie bei der Erstellung der Sitemap in Abschnitt 9.8 bereits kennengelernt. Mit dem Inhaltselement können Sie ein Frontend-Modul in einen Artikel einbinden.
- Das Inhaltselement ARTIKEL-TEASER fügt dem Artikel den Teasertext eines anderen Artikels hinzu. Der Teaser enthält wie immer einen Link zum »Weiterlesen ...«. Dieser Link führt dann direkt zum Original-Artikel. Ein Beispiel finden Sie in Abschnitt 24.4.

Das Inhaltselement FORMULAR lernen Sie gleich in Kapitel 12, »Kontakt: der Formulargenerator von Contao«, näher kennen.

Die Inhaltselemente »Download« und »Downloads«

Es gibt noch zwei Inhaltselemente namens DOWNLOAD und DOWNLOADS, mit denen man einem Artikel Download-Links hinzufügen kann. Im Gegensatz zu einem normalen Hyperlink ermöglichen diese Inhaltselemente auch den Download von ansonsten geschützten Dateien, auf die man vom Browser aus nicht direkt zugreifen kann. Mehr dazu erfahren Sie bei der Erstellung eines geschützten Downloadbereichs in Abschnitt 21.6.

TEIL III

Formulare, Erweiterungen und mobile Version

Kapitel 12
Kontakt: der Formulargenerator von Contao

In diesem Kapitel lernen Sie den praktischen Formulargenerator von Contao kennen, mit dem Sie ein Kontaktformular erstellen können. Zum Abschluss gibt es noch eine Übersicht der Formularfeldtypen, die Contao anbietet.

Die Themen im Überblick:

Ein Kontaktformular, das es einem Besucher ermöglicht, Ihnen eine Nachricht zu schicken, ist ein Standardfeature einer modernen Website. In diesem Kapitel erstellen Sie ein solches Kontaktformular und lernen dabei die wichtigsten Dinge zum Erstellen von Formularen mit Contao.

12.1 Ein Kontaktformular für die Beispielsite erstellen

Gleich vorweg das Wichtigste: Contao hat einen Formulargenerator, mit dem es sehr einfach ist, interaktive Formulare zu erstellen. Die vom Besucher eingegebenen Daten werden nach dem Abschicken per E-Mail verschickt oder auf Wunsch auch in der Datenbank gespeichert.

Die Arbeit mit Formularen wird durch den Formulargenerator enorm beschleunigt und fast zum Vergnügen, denn Contao erzeugt aus Ihren Einstellungen fertige Formularfelder mit `label` und allem Drum und Dran und übernimmt darüber hinaus den lästigen und arbeitsintensiven Teil der Formularüberprüfung und der Verarbeitung der Formulardaten.

In diesem Abschnitt erstellen Sie zum Kennenlernen des Formulargenerators ein einfaches, funktionsfähiges Kontaktformular für die Beispielsite, das am Ende dieses Abschnitts ungefähr so aussehen wird wie in Abbildung 12.1.

Zur Erstellung dieses Formulars benötigen Sie die folgenden Zutaten:

- ein *Kontaktformular*, das Sie mit dem Formulargenerator erstellen
- eine *Seite*, auf der das Formular erscheint – das ist die Seite *kontakt.html*
- einen *Artikel*, mit dem Sie das Formular auf *kontakt.html* einbinden
- eine *zweite Seite*, eine Weiterleitungsseite namens *vielen-dank.html*, die nach dem Abschicken des Formulars aufgerufen wird und auf der eine Mitteilung für den Besucher erscheint

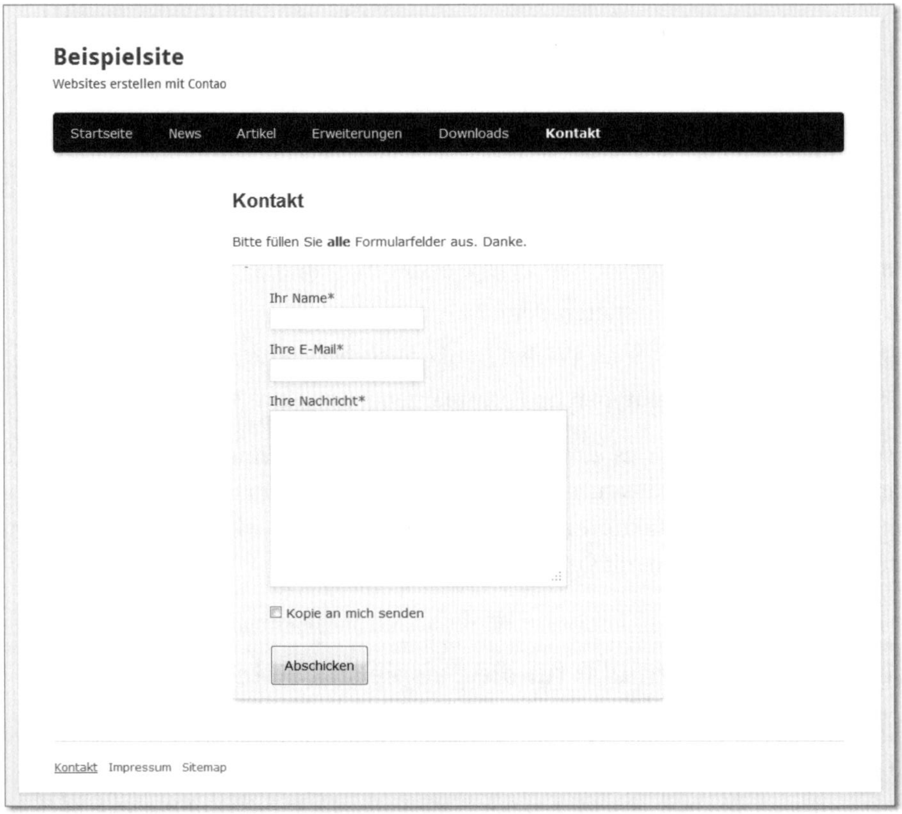

Abbildung 12.1 Das fertige Kontaktformular

Außerdem werfen Sie nach der Erstellung des Formulars wie immer einen Blick in den Quelltext und gestalten das Formular mit einer Prise CSS.

Schritt 1: »Vielen Dank« – eine Weiterleitungsseite erstellen

Bevor Sie sich an die Erstellung des Kontaktformulars machen, erstellen Sie in diesem Abschnitt zunächst eine Weiterleitungsseite, die nach dem Abschicken des Formulars aufgerufen wird. Auf dieser Seite sagt man einfach nur »Vielen Dank« und teilt dem Besucher kurz und bündig mit, dass beim Abschicken der Daten alles glattgegangen ist und man sich so schnell wie möglich um die Beantwortung kümmern wird. Eine Adresse und eventuell sogar eine Telefonnummer sowie Links auf andere interessante Seiten der eigenen Site sind auch erlaubt.

Im folgenden ToDo erstellen Sie eine solche VIELEN-DANK-Seite als reguläre Seite, die im Menü versteckt und veröffentlicht ist (siehe Abbildung 12.2).

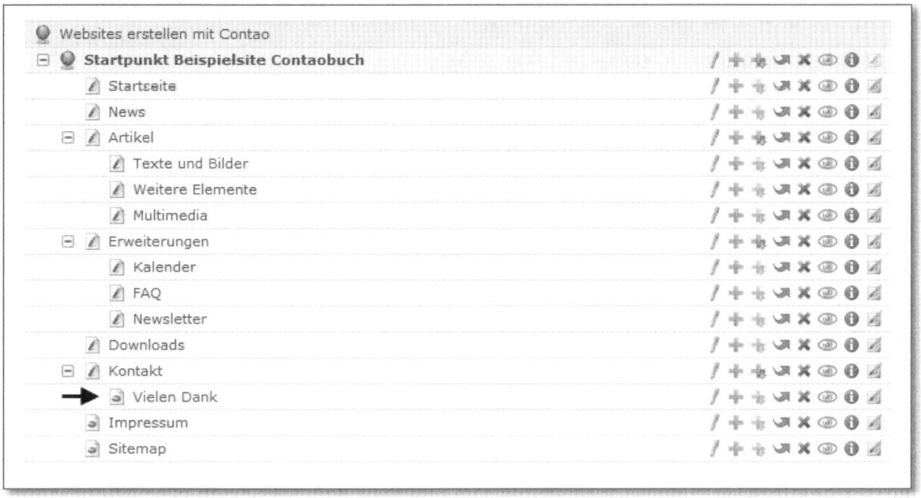

Abbildung 12.2 Der Seitenbaum mit der neuen »Vielen-Dank«-Seite

ToDo: Die Weiterleitungsseite »Vielen Dank« erstellen

1. Öffnen Sie das Backend-Modul LAYOUT • SEITENSTRUKTUR.
2. Erstellen Sie eine Unterseite zur Seite KONTAKT, und geben Sie ihr die folgenden Eigenschaften:
   SEITENNAME: »Vielen Dank«
   SEITENTYP: REGULÄRE SEITE
   ROBOTS-TAG: NOINDEX, NOFOLLOW
   SUCHEINSTELLUNGEN: NICHT DURCHSUCHEN ankreuzen
   EXPERTEN-EINSTELLUNGEN: NIE IN DER SITEMAP ZEIGEN
   EXPERTEN-EINSTELLUNGEN: IM MENÜ VERSTECKEN
   SEITE VERÖFFENTLICHEN
3. Klicken Sie auf SPEICHERN UND SCHLIESSEN.
4. Klicken Sie im Seitenbaum bei der Seite VIELEN DANK auf das Symbol DIE ARTIKEL DER SEITE BEARBEITEN ganz rechts außen, um direkt in den Artikelbaum zu springen.

5. Öffnen Sie im Artikelbaum den Artikel VIELEN DANK [HAUPTSPALTE] zur Bearbeitung (gelber Bleistift).
6. Erstellen Sie ein neues Inhaltselement ÜBERSCHRIFT mit der Gliederungsebene h1 und dem Text »Vielen Dank«.
7. Klicken Sie auf SPEICHERN UND NEU.
8. Erstellen Sie darunter ein Inhaltselement TEXT: »Wir haben Ihre Nachricht erhalten und werden uns sobald wie möglich bei Ihnen melden.«
9. Klicken Sie auf SPEICHERN UND SCHLIESSEN.

Der Seitenbaum sieht nach diesem ToDo so aus wie in Abbildung 12.2.

Schritt 2: Die Eigenschaften für das Kontaktformular definieren

Ein Formular ist in Contao ähnlich wie ein Artikel zunächst einmal nur ein Bereich auf einer Webseite mit bestimmten Eigenschaften. Ein Artikel besteht aus Inhaltselementen, ein Formular aus Formularfeldern. In diesem Abschnitt erstellen Sie deshalb zuerst das Formular selbst und definieren dessen Eigenschaften. Im nächsten Schritt bevölkern Sie das Formular dann mit einigen Formularfeldern.

Im Backend-Modul INHALTE • FORMULARGENERATOR erscheint nach einem Klick auf NEUES FORMULAR ein Eingabeformular zur Erstellung eines neuen Formulars. Abbildung 12.3 zeigt den oberen Teil dieses Formulars.

Abbildung 12.3 Formular zur Erstellung eines Formulars, Teil 1

Der TITEL wird nur zur Verwaltung des Formulars im Backend benutzt. Der FORMALIAS ist eine eindeutige Referenz, die Sie erst einmal frei lassen können. Die WEI-

TERLEITUNGSSEITE ist eine Seite aus dem Seitenbaum, zu der der Besucher nach dem Abschicken des Formulars weitergeleitet wird. Für das zu erstellende Kontaktformular wird das die eben erstellte Seite VIELEN DANK.

Im Bereich FORMULAR-KONFIGURATION können Sie auswählen, ob das Formular mit oder ohne HTML-Tabelle ausgegeben werden soll. Contao generiert auf Wunsch ein TABELLENLOSES LAYOUT. Einfach ankreuzen.

In der unteren Hälfte des Eingabeformulars geht es in erster Linie um die Optionen zur Verarbeitung der Formulardaten (siehe Abbildung 12.4).

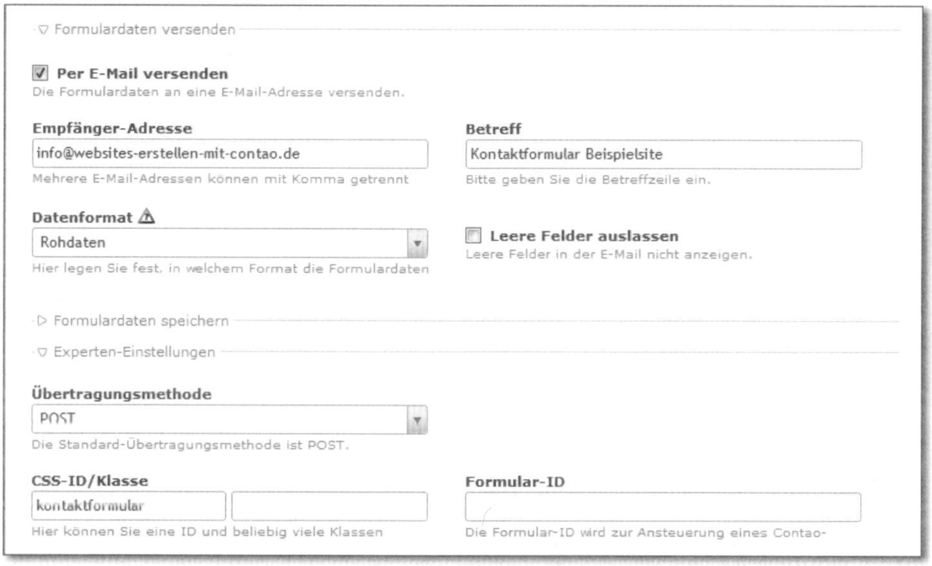

Abbildung 12.4 Formular zur Erstellung eines Formulars, Teil 2

Nach der Aktivierung der Option PER E-MAIL VERSENDEN können Sie die E-Mail-Adresse(n) des Empfängers, einen BETREFF und das gewünschte DATENFORMAT eingeben. Die Standardeinstellung ist ROHDATEN, mit der die im Formular eingegebenen Daten allesamt im Textbereich der Mail versendet werden. Bei Bedarf können die Formulardaten auch als CSV- oder XML-Datei formatiert werden. Oder Sie probieren einmal das Format E-MAIL (siehe Hinweiskasten nach dem ToDo).

FORMULARDATEN SPEICHERN ermöglicht die Speicherung der eingegebenen Daten in einer Tabelle der Contao-Datenbank. Dazu muss in der Zieltabelle für jedes Formularfeld ein gleichnamiges Datenbankfeld vorhanden sein. Ja, die Datenbankfelder müssen Sie selbst erstellen.

Die standardmäßige ÜBERTRAGUNGSMETHODE für ein Kontaktformular ist POST. Im folgenden ToDo erstellen Sie aus diesen Angaben das Kontaktformular.

ToDo: Mit dem Formulargenerator ein Kontaktformular erstellen

1. Öffnen Sie das Backend-Modul INHALTE • FORMULARGENERATOR.
2. Klicken Sie oben im Arbeitsbereich auf NEUES FORMULAR.
3. Vergeben Sie den TITEL »Kontaktformular« (ohne Anführungsstriche).
4. Wählen Sie als WEITERLEITUNGSSEITE die im vorangegangenen Abschnitt erstellte Seite VIELEN DANK.
5. Aktivieren Sie TABELLENLOSES LAYOUT.
6. Aktivieren Sie die Option PER E-MAIL VERSENDEN.
7. Tragen Sie als EMPFÄNGER-ADRESSE Ihre Mailadresse ein.
8. Geben Sie einen BETREFF ein, z.B. »Kontaktformular Beispielsite«.
9. Wählen Sie aus der Liste DATENFORMAT die Option ROHDATEN.
10. Vergeben Sie die CSS-ID »kontaktformular«, kleingeschrieben und ohne Anführungsstriche.
11. Klicken Sie auf SPEICHERN UND SCHLIESSEN.

Nach diesem ToDo ist das Formular definiert, und es geht gleich weiter mit der Erstellung der Formularfelder.

Ein Formular mit dem Datenformat »E-Mail«

Eine kleine Besonderheit bei der Konfiguration eines Formulars bietet das DATENFORMAT E-MAIL, denn dabei wird die zu verschickende Nachricht so erstellt, als ob sie mit einem E-Mail-Programm geschrieben worden wäre. Contao verarbeitet bei diesem Datenformat *nur* die Formularfelder mit den festgelegten Namen NAME, EMAIL, SUBJECT, MESSAGE und CC sowie Dateianhänge. Alle anderen eventuell im Formular vorhandenen Felder werden beim Versenden schlicht und einfach ignoriert.

In der erhaltenen Mail erscheint nur die Nachricht des Besuchers im Textbereich der Mail (MESSAGE). Die anderen drei Felder werden zur Erstellung des Mailheaders verwendet.

Für allgemeine Formulare ist das Datenformat ROHDATEN wahrscheinlich die bessere Wahl, weil Sie damit beliebige Formularfelder verwenden können, aber für ein einfaches Kontaktformular ist das Datenformat E-MAIL unter Umständen keine schlechte Option.

Schritt 3: Die Formularfelder für das Kontaktformular einfügen

Das Formular ist erstellt, und die Formulareigenschaften sind definiert. Ähnlich wie bei den Inhaltselementen enthält Contao für die verschiedenen Formularfelder

(Textfelder, Auswahlmenüs, Datei-Uploads, versteckte Felder etc.) jeweils ein eigenes Formularelement, das Sie im Formulargenerator wie gewohnt einzeln erstellen, löschen, verschieben oder ausblenden können.

Die generelle Vorgehensweise zum Einfügen eines Formularfeldes ist bis auf feldspezifische Einstellungen immer gleich und wird im Folgenden für ein ganz normales, einzeiliges Eingabefeld gezeigt (siehe Abbildung 12.5).

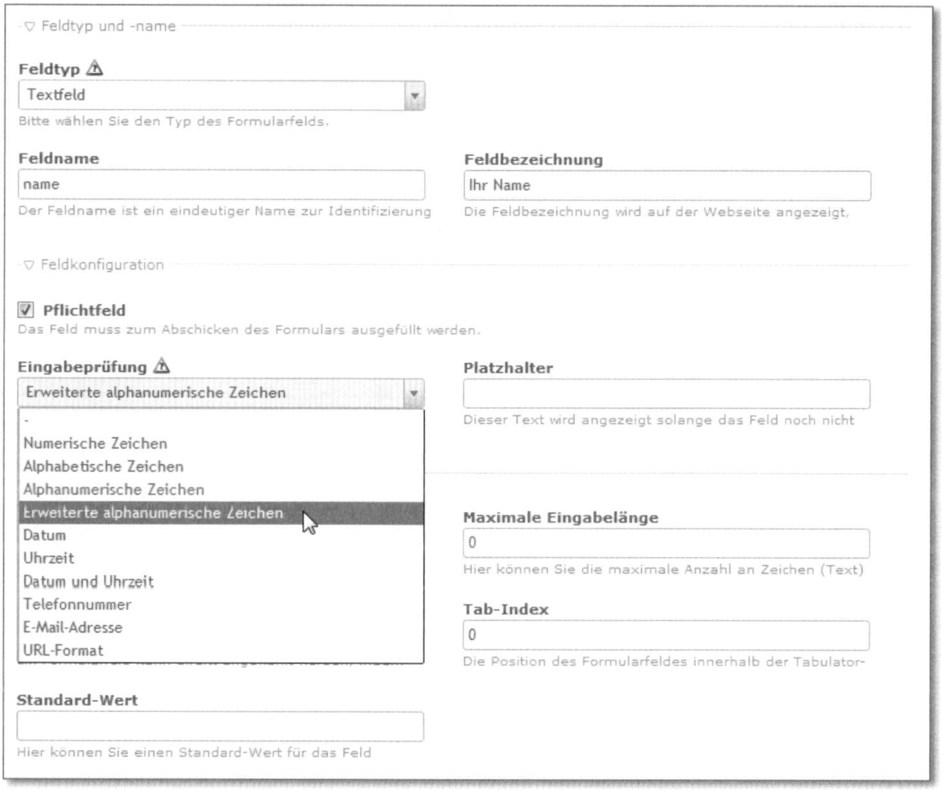

Abbildung 12.5 Das Eingabeformular zur Erstellung eines Textfeldes

Hier die Erläuterung der wichtigsten Optionen:

- Wählen Sie den FELDTYP TEXTFELD.
- Der FELDNAME wird intern zur Verarbeitung der Formulardaten benötigt.
- Die FELDBEZEICHNUNG erscheint für den Besucher sichtbar auf der Webseite.
- Ein Häkchen bei PFLICHTFELD bewirkt, dass das Feld vor dem Abschikken des Formulars ausgefüllt werden muss.
- Mit der Auswahlliste EINGABEPRÜFUNG können Sie wählen, nach welchen Kriterien das Formularfeld überprüft werden soll. Das kleine Schild mit dem roten Rand

und dem Fragezeichen bietet auf Mausklick eine kurze Erklärung der möglichen Optionen.

Im folgenden ToDo erstellen Sie ein Textfeld für den *Besuchernamen*, ein Textfeld für die *E-Mail-Adresse*, eine Textarea für die *Nachricht* und natürlich eine *Submit*-Schaltfläche zum Abschicken des Formulars.

Als kleine Besonderheit wird mit dem Formularelementtyp CHECKBOX-MENÜ ein Kontrollkästchen eingefügt, das dem Besucher auf Wunsch eine Kopie der Formulardaten an die von ihm eingegebene Mailadresse schickt. Die Beschriftung für die Checkbox wird ausnahmsweise nicht im Feld FELDBEZEICHNUNG eingetragen, sondern im Assistenten darunter im Feld BEZEICHNUNG. Tabelle 12.1 enthält eine Übersicht der Formularfelder für das Kontaktformular.

	Name	Mail	Nachricht	Kopie	Submit
Feldtyp	Textfeld	Textfeld	Textarea	Checkbox-Menü	Absendefeld
Feldname	NAME	EMAIL	MESSAGE	CC	–
Feldbezeichnung	Ihr Name	Ihre E-Mail	Ihre Nachricht	–	Abschicken
Pflichtfeld	ja	ja	ja	–	–
Eingabeprüfung	Erw. alphanumerisch	E-Mail-Adresse	Erw. alphanumerisch	–	–
Sonstiges	–	–	10 REIHEN 40 SPALTEN	WERT: »CC« BEZEICHNUNG: »Kopie an mich senden«	–

Tabelle 12.1 Die Formularfelder für das Kontaktformular – Übersicht

Im folgenden ToDo erstellen Sie die Formularfelder aus Tabelle 12.1.

ToDo: Formularfelder zum Kontaktformular hinzufügen

1. Öffnen Sie das Backend-Modul INHALTE • FORMULARGENERATOR.
2. Öffnen Sie das Formular KONTAKTFORMULAR zur Bearbeitung.
3. Klicken Sie oben im Arbeitsbereich auf NEUES FELD, und fügen Sie es am Anfang des Formulars ein.

4. Der zur Formularverarbeitung verwendete FELDNAME soll »name« sein.
5. Prüfen Sie, ob als FELDTYP der Eintrag TEXTFELD gewählt ist.
6. Die auf der Website sichtbare FELDBEZEICHNUNG ist »Ihr Name«.
7. Aktivieren Sie das Kontrollkästchen PFLICHTFELD.
8. Wählen Sie aus der Liste EINGABEPRÜFUNG den Eintrag ERWEITERTE ALPHANUMERISCHE ZEICHEN. Diese Prüfung erlaubt alle Zeichen bis auf z.B. # / ( ) < = >.
9. Klicken Sie auf SPEICHERN UND SCHLIESSEN.
10. Erstellen Sie die anderen in Tabelle 12.1 beschriebenen Formularfelder. Füllen Sie dabei zuerst das Feld FELDNAME aus, und wählen Sie erst danach den gewünschten FELDTYP.

Nach diesem ToDo sieht das Kontaktformular im Backend so aus wie in Abbildung 12.6.

Abbildung 12.6 Das Formular mit Formularfeldern im Backend

Im Browser ist das Formular noch nicht zu sehen, da es noch nicht eingebunden wurde.

Die speziellen Feldnamen »email« und »cc«

Die Feldnamen EMAIL und CC sind nicht zufällig gewählt worden:

- Der Feldname EMAIL bewirkt, dass die Mailadresse des Besuchers in der empfangenen Mail als REPLY-TO eingetragen wird. Im Klartext: Zur Beantwortung der Anfrage klicken Sie einfach auf ANTWORTEN, und schon steht die Mailadresse des Besuchers im AN-Feld.
- Der Feldname CC bei der Checkbox veranlasst Contao automatisch, eine Kopie dieser Mail an die Mailadresse des Besuchers zu versenden. Sie müssen nichts weiter unternehmen.

Schritt 4: Das Kontaktformular auf der Seite »kontakt.html« einbinden

Das Formular ist fertig, aber im Frontend noch nicht zu sehen. Es fehlt noch die Einbindung des Formulars in die Site. Da das Formular nur auf der Seite *kontakt.html* erscheinen soll, binden Sie das Formular in einen Artikel auf eben dieser Seite ein.

ToDo: Das Kontaktformular einbinden

1. Öffnen Sie das Backend-Modul INHALTE • ARTIKEL.
2. Klicken Sie gegebenenfalls auf die fett gedruckten Seitennamen KONTAKT, um den Artikelbaum zu verkürzen.
3. Öffnen Sie den Artikel KONTAKT [HAUPTSPALTE].
4. Falls noch keine `h1`-Überschrift vorhanden sein sollte, fügen Sie ein Inhaltselement ÜBERSCHRIFT mit dem Text »Kontakt« ein.
5. Unterhalb der Überschrift soll ein Inhaltselement TEXT mit dem Inhalt »Bitte füllen Sie **alle** Formularfelder aus. Danke.« stehen.
6. Klicken Sie auf SPEICHERN UND NEU, und wählen Sie als ELEMENTTYP den Eintrag FORMULAR. Daraufhin erscheint eine Liste mit zur Verfügung stehenden Formularen.
7. Wählen Sie den Eintrag KONTAKTFORMULAR (ID xx)
8. Klicken Sie auf SPEICHERN UND SCHLIESSEN.

Im Browser erscheint daraufhin das allerdings noch ungestaltete Kontaktformular, das bei Ihnen in etwa so aussehen sollte wie in Abbildung 12.7.

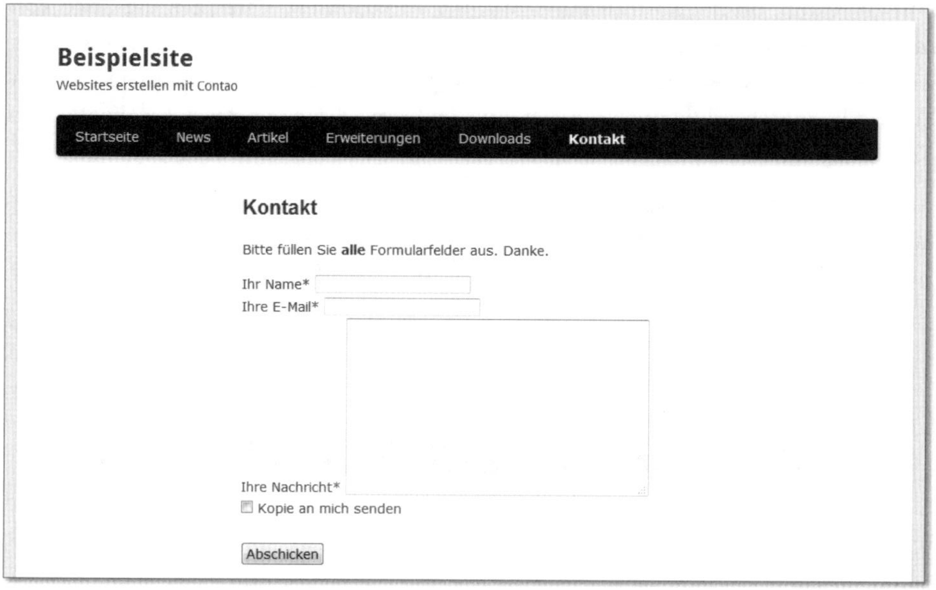

Abbildung 12.7 Das noch ungestaltete Kontaktformular im Browser

Schritt 5: Die Formularüberprüfung testen

Das Kontaktformular ist von der Gestaltung her noch nicht fertig, aber es funktioniert bereits, inklusive Formularüberprüfung und Ausgabe der Fehlermeldungen.

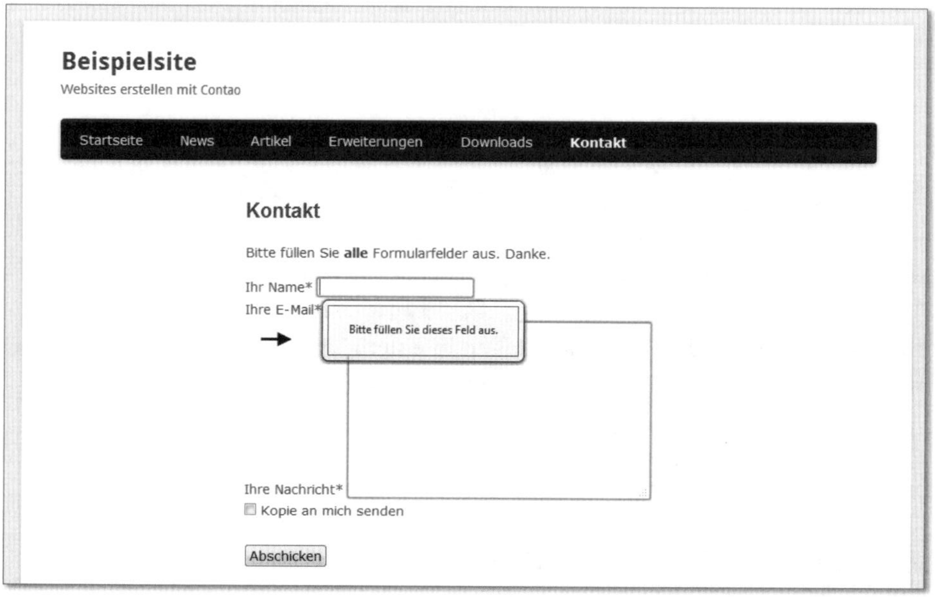

Abbildung 12.8 Moderne Browser generieren automatisch eine Fehlermeldung.

Um zu testen, ob die Formularüberprüfung funktioniert, rufen Sie die Seite *kontakt.html* im Browser auf und klicken auf die Schaltfläche ABSCHICKEN, ohne das Formular vorher auszufüllen. Abbildung 12.8 zeigt, dass ein moderner Browser für nicht ausgefüllte Pflichtfelder automatisch eine Fehlermeldung generiert. Das liegt daran, dass Contao im Quelltext für Pflichtfelder das Attribut `required` eingefügt hat.

Ältere Browser kennen das Attribut `required` nicht und versuchen, das nicht komplett ausgefüllte Formular abzuschicken. In diesem Fall generiert Contao für alle nicht oder nicht korrekt ausgefüllten Pflichtfelder eine Fehlermeldung (siehe Abbildung 12.9).

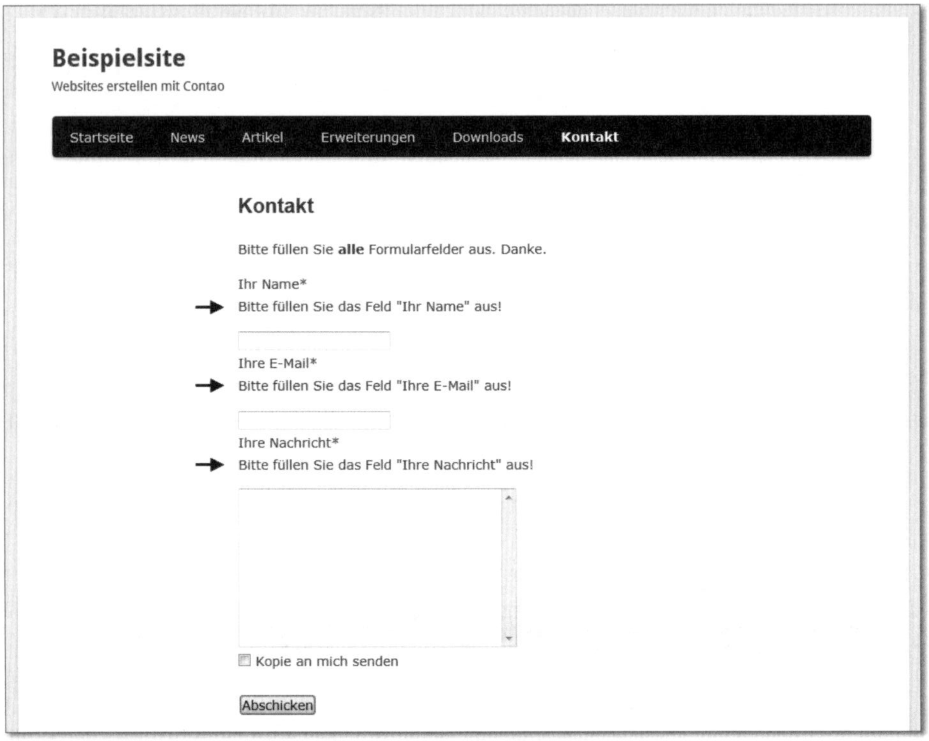

Abbildung 12.9 Die Formularüberprüfung von Contao in Aktion

Im Quelltext stehen die Fehlermeldungen in einem eigenen Absatz zwischen `label` und Eingabefeld, sodass sie später ganz einfach gestaltet werden können:

```
<p class="error">Bitte füllen Sie das Feld "Ihr Name" aus!</p>
```

Listing 12.1 Formularüberprüfung – die Fehlermeldung im Quelltext

Schritt 6: Das Kontaktformular abschicken

Auf einem Online-Webspace werden die Daten bereits an die eingetragene E-Mail-Adresse verschickt, denn der ABSCHICKEN-Button sagt dem PHP-Interpreter Bescheid, und der wiederum kennt über die Funktion `mail()` einen Mailserver zum Verschicken der Nachricht.

Die für den Formularversand per *mail()*-Funktion im Backend-Modul SYSTEMEINSTELLUNGEN bzw. im STARTPUNKT EINER WEBSEITE hinterlegten E-Mail-Adressen sollten idealerweise einem Mail-Account am Mailserver zugeordnet sein, also denselben Domainnamen haben. Andernfalls könnte es nämlich passieren, dass der Versand aus sicherheitstechnischen Gründen (Spam usw.) serverseitig geblockt wird.

Auf einem Offline-Webspace mit XAMPP oder MAMP gibt es auf dem *localhost* in der Regel keinen funktionierenden Mailserver, und deshalb kann der PHP-Interpreter die Mail nicht verschicken.

Falls etwas nicht funktioniert: Fehlermeldungen ausgeben lassen

Falls es mit dem Mailverschicken nicht klappt, können Sie Contao bitten, sämtliche Fehlermeldungen auf dem Bildschirm auszugeben:

- Rufen Sie das Backend-Modul SYSTEM • EINSTELLUNGEN auf.
- Rufen Sie dann den Bereich SICHERHEITSEINSTELLUNGEN auf.
- Aktivieren Sie dort FEHLERMELDUNGEN ANZEIGEN.

Auch wenn die Meldungen für Nicht-PHPler wie Hieroglyphen aussehen, können die darin enthaltenen Informationen bei der Fehlersuche für die Experten im Forum durchaus hilfreich sein. Auf einer realen Website sollte diese Option selbstverständlich nicht dauerhaft aktiviert sein.

12.2 Das Kontaktformular gestalten

Das Kontaktformular funktioniert bereits, wird in diesem Abschnitt aber noch ein bisschen gestylt.

12.2.1 Das HTML für das Kontaktformular

Vor der Gestaltung des Formulars werfen Sie in diesem Abschnitt wie immer erst einmal einen Blick auf das HTML.

```
<!-- indexer::stop -->
<div class="ce_form tableless block">
<form action="#" id="kontaktformular" method="post"
      enctype="application/x-www-form-urlencoded">
<div class="formbody">
<input type="hidden" name="FORM_SUBMIT" value="auto_form_1">
```

```
<input type="hidden" name="REQUEST_TOKEN" value="777dc...">
<label for="ctrl_1" class="mandatory">
<span class="invisible">Pflichtfeld</span>
Ihr Name<span class="mandatory">*</span></label>
<input type="text" name="name" id="ctrl_1"
       class="text mandatory" value="" required>
<br>
<label for="ctrl_2" class="mandatory">
<span class="invisible">Pflichtfeld</span>
Ihre E-Mail-Adresse<span class="mandatory">*</span></label>
<input type="text" name="email" id="ctrl_2"
       class="text mandatory" value="" required>
<br>
<label for="ctrl_3" class="mandatory">
<span class="invisible">Pflichtfeld</span>
Ihre Nachricht<span class="mandatory">*</span></label>
<textarea name="message" id="ctrl_3" class="textarea mandatory"
          rows="10" cols="40" required></textarea>
<br>
<fieldset id="ctrl_5" class="checkbox_container">
<input type="hidden" name="cc" value="">
<span><input type="checkbox" name="cc" id="opt_5_0"
class="checkbox" value="cc">
<label id="lbl_5_0" for="opt_5_0">Kopie an mich senden</label>
</span>
</fieldset>
<br>
<div class="submit_container">
<input type="submit" id="ctrl_6" class="submit"
       value="Abschicken">
</div>
</div> <!-- Ende .formbody -->
</form>
</div> <!-- Ende .ce_form -->
<!-- indexer::continue -->
```

Listing 12.2 Das HTML für das tabellenlose Kontaktformular

Umgeben von einem div.ce_form enthält das form-Element ein div mit der Klasse formbody. Für jedes Formularfeld gibt es darin eine Kombination von label und input bzw. textarea, die jeweils durch einen Zeilenumbruch <br> getrennt werden. Das Checkbox-Menü sitzt in einem fieldset und der SUBMIT-Button in einem div, jeweils mit einer entsprechenden Klasse. Pflichtfelder haben das Attribut required.

Contao erzeugt für die Beschriftung automatisch ein `label`. Die IDs für die Formularfelder wie z.B. `ctrl_3` werden von Contao vergeben und dienen zur Verbindung mit dem `label`, damit die Beschriftung anklickbar wird. Sie können beim Erstellen des Formulars aber natürlich für jedes Formularelement eine eigene ID vergeben, die dann anstelle der automatischen verwendet wird.

Im Namen der Barrierefreiheit steht bei Pflichtfeldern zusätzlich zum üblichen Sternchen in einem unsichtbaren `span` noch der Begriff »Pflichtfeld«, der von einem Screenreader vorgelesen wird. Außerdem bekommen Pflichtfelder die Klasse `mandatory`.

Last, but not least hat das Kontrollkästchen mit dem Namen `cc` noch ein verstecktes Formularfeld, dessen Anwesenheit auf wunderbare Art und Weise dafür sorgt, dass Contao dem Besucher eine Kopie seiner Nachricht als E-Mail zuschickt.

12.2.2 Das CSS für das Kontaktformular

Dieses HTML kann auf verschiedenste Weisen gestaltet werden. Im folgenden Beispiel werden die Beschriftungen in `label` mit einem simplen `display:block` oberhalb der Formularelemente platziert. Da das bei dem Kontrollkästchen nicht erwünscht ist, wird das entsprechende Label explizit wieder auf `display:inline` gesetzt. Das folgende ToDo setzt diese Gestaltung um, aber Sie können (und sollten) gern mit anderen Formatierungen experimentieren.

Bevor Sie das Kontaktformular gestalten, erstellen Sie der Übersichtlichkeit halber ein neues Stylesheet namens *interaktionen*:

- Wenn Sie mit internen Stylesheets arbeiten, gehen Sie ins Backend-Modul THEMES • STYLESHEETS, klicken oben im Arbeitsbereich auf NEUES STYLESHEET und geben den Namen »interaktionen« ein. Medientyp ist SCREEN.
- Bei externen Stylesheets erstellen Sie im Ordner *files/themes/theme_one* eine neue Datei namens *interaktionen.css*. Den Medientyp definieren Sie innerhalb des Stylesheets mit `@media { ... }`.

In diesem Stylesheet speichern Sie alle CSS-Regeln zur Gestaltung von Elementen, die bei Interaktionen mit dem Benutzer eine Rolle spielen. Im weiteren Verlauf des Buches sind dies zum Beispiel Suchformulare, Suchergebnisse, Kommentarfunkionen und eine Anmeldung für registrierte Benutzer.

ToDo: Das Kontaktformular gestalten

1. Erstellen Sie wie beschrieben ein neues Stylesheet *interaktionen* bzw. *interaktionen.css*, und öffnen Sie es zur Bearbeitung.
2. Gestalten Sie das Formularelement mit folgenden Styles (KATEGORIE: »Kontaktformular«, SCHATTENFARBE: 444, DECKKRAFT: 30):

```
form#kontaktformular {
  line-height: 1;
  background-color: #f5f4e9;
  box-shadow: 0 2px 6px rgba(68, 68, 68, 0.3);
  border-top: 1px solid #dfddb7;
  border-bottom: 1px solid #dfddb7;
  padding: 1em 1em 1em 3em;
  margin: 0 0 2em 0;
}
```

3. Gestalten Sie die Beschriftungen (`label`) wie folgt. Bei internen Stylesheets speichern Sie die Anweisung `cursor:pointer` im Feld EIGENER CODE:

```
#kontaktformular label {
  display: block;
  cursor: pointer;
  margin: 1em 0 0.25em 0;
}
#kontaktformular .checkbox_container label {
  display: inline;
}
```

4. Erhöhen Sie den Abstand vor und nach der *Checkbox*:

```
#kontaktformular .checkbox_container {
  margin-top: 1.5em;
  margin-bottom: 1em;
}
```

5. Mit dem folgenden Style gestalten Sie die Eingabefelder. Bei internen Stylesheets ist die SCHATTENFARBE AAA und die DECKKRAFT 30:

```
#kontaktformular input[type="text"],
#kontaktformular textarea {
  box-shadow: 0 2px 6px rgba(170, 170, 170, 0.3);
  padding: 0.25em;
  border: 1px solid #ddd;
}
```

6. Gestalten Sie zum Schluss noch die Fehlermeldungen. Bei internen Stylesheets bekommt dieser Style die KATEGORIE »Fehlermeldungen«:

```
#main p.error {
  background: #ffc0cb;
  color: #000;
  padding: 1em;
  border: 1px solid #f00;
  margin-bottom: 0.25em;
}
```

7. Speichern Sie das Stylesheet.

Im Browser sieht das Kontaktformular mit diesem CSS etwa so aus wie in Abbildung 12.10.

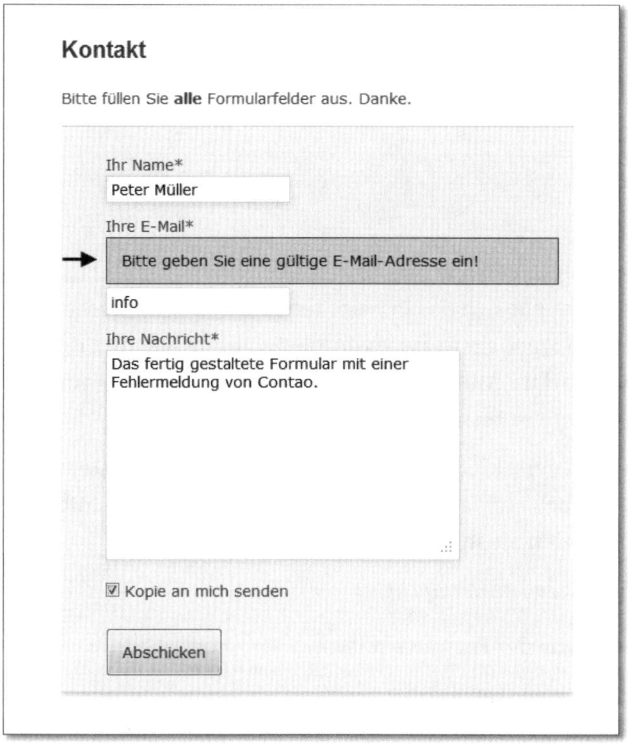

Abbildung 12.10 Das gestaltete Kontaktformular mit Fehlermeldung

mailto: als Ergänzung zum Kontaktformular

Für Besucher, die Ihnen lieber mit ihrem eigenen Mailprogramm schreiben, können Sie unterhalb des Kontaktformulars ein Inhaltselement TEXT mit z.B. folgendem Inhalt einfügen:

```
Sie können uns auch mit Ihrem E-Mail-Programm schreiben:
info@ihre-domain.de
Ein Klick auf den Link startet das Mailprogramm auf Ihrem Gerät.
```

Als Linkziel tragen Sie »mailto:info@ihre-domain.de« ein. Contao stellt die Mailadresse im Quelltext als Unicode-Sonderzeichen dar, sodass Spambots sie nicht so leicht finden können.

12.3 Formulardaten auf der Seite »Vielen Dank« ausgeben

Für Ihre Besucher ist es angenehm, auf der Seite VIELEN DANK die Formulardaten, die sie im Kontaktformular eingegeben hatten, noch einmal im Überblick zu sehen. Dazu gibt es in Contao zwei Erweiterungen, die entsprechende Inserttags zur Verfügung stellen:

- die Erweiterung [moretags]
- die Erweiterung [efg]
- die Erweiterung [inputvar]

Während ich diese Zeilen schreibe, liegen alle drei Erweiterungen noch nicht in einer Version für Contao 3 vor. Vielleicht hat sich das inzwischen ja schon geändert. Im Folgenden möchte ich Ihnen die Vorgehensweise exemplarisch am Beispiel der der Erweiterung [moretags] von Markus Milkereit kurz vorstellen. Bei den anderen Erweiterungen ist die Vorgehensweise recht ähnlich.

[moretags] bereichert Contao um verschiedene Inserttags, mit denen Sie unter anderem die Formulardaten ganz einfach auf der Danke-Seite ausgeben können. Informationen zur Erweiterung selbst finden Sie in der Erweiterungsliste:

- *contao.org/erweiterungsliste/view/moretags.html*

Hier die Kurzanleitung zur Ausgabe der Formulardaten:

1. Installieren Sie die Erweiterung [moretags].
2. Öffnen Sie den Artikel auf der Seite VIELEN DANK.
3. Fügen Sie ein Inhaltselement zur Ausgabe der Formulardaten ein.

   Das Inhaltselement TABELLE ist ideal, weil es eine übersichtliche Darstellung ermöglicht. Eine Zeile pro Formularfeld, in der ersten Spalte den Feldnamen, in der zweiten das Inserttag.
4. Speichern Sie das Inhaltselement, und testen Sie das Formular.

Für das in diesem Kapitel erstellte Kontaktformular könnte die Ausgabetabelle auf der Bestätigungsseite z. B. so aussehen:

Ihr Name	`{{form::name}}`
Ihre E-Mail	`{{form::email}}`
Ihre Nachricht	`{{form::message}}`

Tabelle 12.2 Tabelle zur Ausgabe der Formulardaten

Auf der Bestätigungsseite der Beispielsite werden die Formulardaten aus dem Kontaktformular dann so dargestellt wie in Abbildung 12.11.

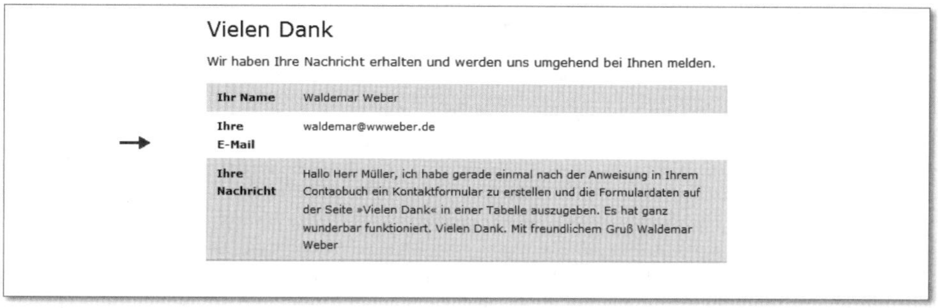

Abbildung 12.11 Ausgabe der Formulardaten auf der Seite »Vielen Dank«

Die Formatierung der Tabelle erfolgt übrigens automatisch durch das CSS für das in Abschnitt 11.1 vorgestellte Inhaltselement TABELLE.

Komplexere Formulare? Der »Extended Form Generator« [efg]

Falls Sie komplexere Formulare erstellen möchten oder müssen, ist die Erweiterung [efg] (Extended Form Generator) wahrscheinlich die erste Wahl.

12.4 Formularfelder: die Feldtypen im Formulargenerator

Das Kontaktformular ist fertig, aber Contao bietet bei Formularen noch jede Menge andere Möglichkeiten. In diesem Abschnitt möchte ich Ihnen die im Formulargenerator von Contao zur Verfügung stehenden Formularfeldtypen kurz vorstellen.

12.4.1 Formularfelder einfügen: die Feldtypen im Überblick

Neben den im Kontaktformular enthaltenen Formularfeldern gibt es noch jede Menge andere, die Tabelle 12.3 im Überblick zeigt.

Feldtyp	CSS-Klasse	Kurzbeschreibung
Überschrift	`headline`	Zum Einfügen einer Bereichsüberschrift. Im HTML ein `div.headline` mit den Elementen, die im TinyMCE eingegeben wurden.
Erklärung	`explanation`	Erklärender Text vor oder nach einem Formularfeld: `div.explanation` plus die Elemente aus dem Editor
HTML	–	Dient zum Einfügen von HTML-Code.

Tabelle 12.3 Formularfelder in Contao – Übersicht

Feldtyp	CSS-Klasse	Kurzbeschreibung
Fieldset	–	Formularfelder gruppieren mit <fieldset> und beschriften mit <legend>. Steht nur bei tabellenlosen Formularen zur Verfügung.
Textfeld	text	Einzeiliges Eingabefeld für Text. <input type="text" ...>
Passwortfeld	password	Einzeiliges Eingabefeld mit verdeckter Eingabe. Ein zweites Feld zur Passwortbestätigung wird automatisch eingefügt. <input type="password" ...>
Textarea	textarea	Mehrzeiliges Eingabefeld für einen mittellangen oder langen Text: <textarea ...></textarea>
Select-Menü	select bzw. multiselect	Dropdown-Menü. Beim Erstellen gibt es einen sehr komfortablen Assistenten, der z.B. die Gruppierung von Optionen stark vereinfacht: <select>, <option> und <optiongroup>
Radio-Button-Menü	radio	Runde Optionsfelder, von denen immer nur eines ausgewählt werden kann. Ein fieldset mit der Klasse radio_container, darin <input type="radio" ...>.
Checkbox-Menü	checkbox	Eckige Kontrollkästchen, von denen beliebig viele ausgewählt werden können. Ein fieldset mit der Klasse checkbox_container mit <input type="checkbox" ...> darin.
Datei-Upload	upload	Einzeiliges Eingabefeld mit der Schaltfläche DURCHSUCHEN... zur Übertragung lokaler Dateien auf den Server: <input type="file" ...>
Verstecktes Feld	–	Nicht sichtbares Formularfeld: <input type="hidden" ... >
Sicherheitsfrage	captcha	Einfache Rechenaufgabe zum Schutz gegen Spam (»Captcha«). Der Text steht zwischen <span class="captcha_text"> und </span>.
Absendefeld	submit	Schaltfläche zum Abschicken: <input type="submit" ... > in einem div mit der Klasse submit_container. Einfache Erstellung einer »Bildschaltfläche«: <input type="image" ... >

Tabelle 12.3 Formularfelder in Contao – Übersicht (Forts.)

TEXTFELD, TEXTAREA, ABSENDEFELD sowie eine CHECKBOX haben Sie bei der Erstellung des Kontaktformulars bereits in Aktion gesehen. Neben sinnvollen Feldtypen wie ÜBERSCHRIFT und ERKLÄRUNG, die die klassischen HTML-Formularelemente hervorragend ergänzen, sind besonders die JavaScript-Assistenten zur Erstellung von Select-, Radio-Button und Checkbox-Menüs eine wahre Wonne.

12.4.2 Überschrift und Erklärung für zusätzliche Informationen

Die beiden Formularfeldtypen ÜBERSCHRIFT und ERKLÄRUNG sind fast identisch und fügen dem Formular eine Art Überschrift bzw. einen erklärenden Text hinzu. Innerhalb des umgebenden `div`-Elements stehen die Elemente, die Sie im TinyMCE ausgewählt haben. Im Beispiel ist das eine `h2`-Überschrift.

```
<div class="headline">
<h2>Eine "Überschrift" innerhalb eines Formulars</h2>
</div>
```

Listing 12.3 Der Feldtyp »Überschrift« im HTML

Der Feldtyp ERKLÄRUNG sieht im HTML genauso aus, bekommt aber die Klasse `explanation`.

12.4.3 Formularfelder gruppieren: »fieldset« und »legend«

Bei längeren Formularen gibt es zur Gruppierung von Formularfeldern die HTML-Elemente `fieldset` und `legend`. Bei Contao können Sie das ganz bequem mit dem Feldtyp FIELDSET erledigen.

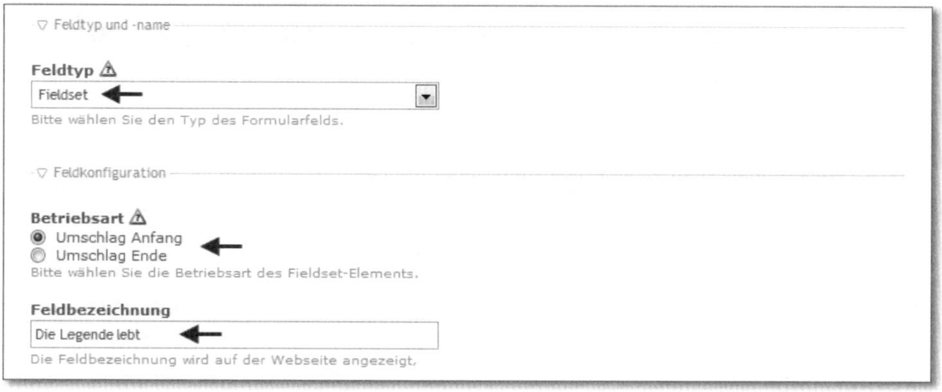

Abbildung 12.12 Der Feldtyp »Fieldset«

Ein Fieldset legt sich wie ein Umschlag um die zu gruppierenden Formularelemente, und dementsprechend fügen Sie am Anfang ein Fieldset in der BETRIEBSART

Umschlag Anfang und am Ende eines mit Umschlag Ende ein. Die Feldbezeichnung wird automatisch als legend zur Beschriftung des Fieldsets verwendet:

```
<fieldset>
  <legend>Die Legende lebt</legend>
  <!-- Formularelemente, die gruppiert werden sollen -->
</fieldset>
```

Listing 12.4 Ein Fieldset im Quelltext

12.4.4 Das Passwortfeld: automatisch mit Bestätigungsfeld

Das Formularfeld Passwortfeld fügt einem Formular zwei einzeilige Eingabefelder hinzu: eines für das Passwort selbst und eines zur Bestätigung.

```
<label for="ctrl_13" class="mandatory">
<span class="invisible">Pflichtfeld</span> Passwort
<span class="mandatory">*</span></label>
<input type="password" name="pw" id="ctrl_13"
       class="text password mandatory" value="">
<br>
<label for="ctrl_13_confirm" class="confirm mandatory">
<span class="invisible">Pflichtfeld</span> Bestätigung
<span class="mandatory">*</span></label>
<input type="password" name="pw_confirm" id="ctrl_13_confirm"
       class="text password confirm mandatory" value="">
<br>
```

Listing 12.5 Das HTML für ein Passwortfeld und sein Bestätigungsfeld

Passwortfelder verwenden die Klassen text und password, Bestätigungsfelder bekommen zusätzlich die Klasse confirm.

12.4.5 Das Select-Menü: Auswahllisten per Klick

Ein Select-Menü erstellt eine ganz normale Auswahlliste mit den HTML-Elementen select, option und zur Gruppierung der Option optgroup.

In einer Auswahlliste kann in der Regel wie bei einem Radio-Button-Menü nur eine Option ausgewählt werden. Für den Benutzer hat eine Auswahlliste gegenüber einem Radio-Button-Menü Nachteile, denn die Optionen sind erst nach einem Klick zu sehen. Für bis zu ungefähr vier oder fünf Einträge ist deshalb das Radio-Button-Menü oft die bessere Alternative.

Der Formulargenerator unterstützt Sie beim Erstellen einer Auswahlliste mit einem Assistenten, den Sie im Bereich OPTIONEN finden. Abbildung 12.13 zeigt ein Beispiel. Die Symbole zum Kopieren, Verschieben und Löschen erklären sich von selbst, der Rest folgt gleich.

Der FELDNAME taucht im Quelltext als Attribut `name` im `select`-Element wieder auf, die FELDBEZEICHNUNG als `label` sichtbar auf der Webseite. Der WERT wird im Element `option` als Attribut `value` eingetragen, und die BEZEICHNUNG ist der für den Besucher sichtbare Text in der Auswahlliste.

Die Option STANDARD bewirkt bei einer Auswahlliste, dass der aktivierte Eintrag bei einer nicht ausgeklappten Liste angezeigt wird, und erscheint im HTML als Attribut `selected` zum Element `option`. Sinnvollerweise sollte nur ein Eintrag aktiviert sein.

Die Option GRUPPE macht die Gruppierung von Listeneinträgen zum Kinderspiel. Die Einträge OHNE VERSANDKOSTEN und MIT VERSANDKOSTEN werden im Quelltext zum HTML-Element `optgroup` und damit zu einer nicht anklickbaren Überschrift. Je länger die Liste ist, desto wichtiger ist die Gruppierung.

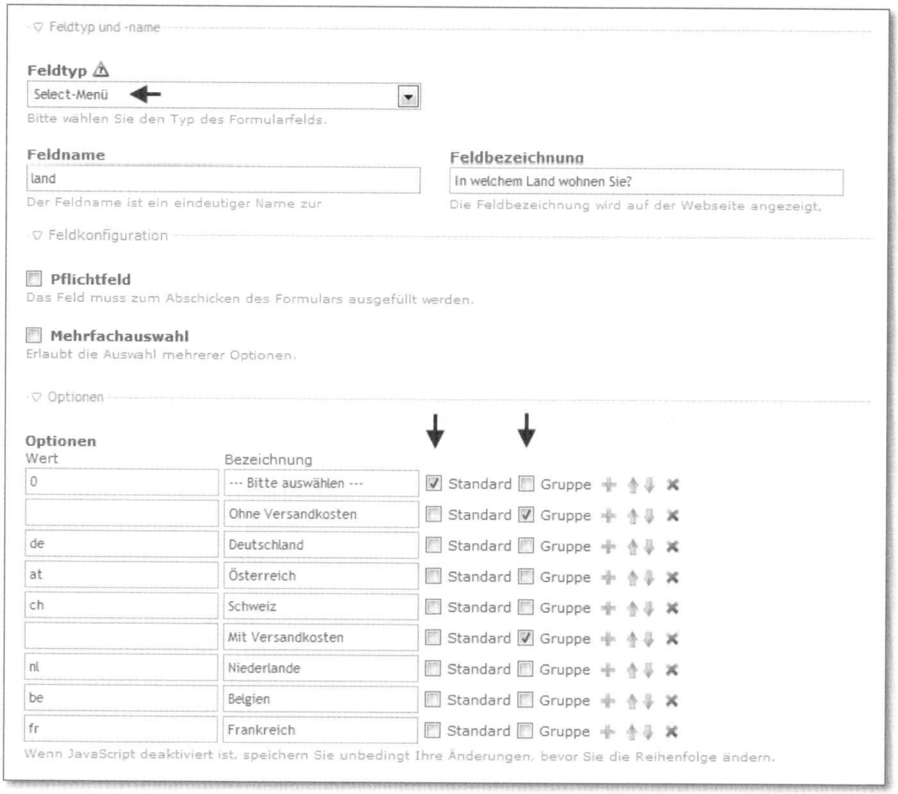

Abbildung 12.13 Das Eingabeformular für den Feldtyp »Select-Menü«

Listing 12.6 zeigt den Quelltext des Select-Menüs aus Abbildung 12.13.

```
<label for="ctrl_14">In welchem Land wohnen Sie?</label>
<select name="land" id="ctrl_14" class="select">
<option value="0" selected="selected">
--- Bitte auswählen ---</option>
<optgroup label="Ohne Versandkosten">
  <option value="de">Deutschland</option>
  <option value="at">Österreich</option>
  <option value="ch">Schweiz</option>
</optgroup>
<optgroup label="Mit Versandkosten">
  <option value="nl">Niederlande</option>
  <option value="be">Belgien</option>
  <option value="fr">Frankreich</option>
</optgroup>
</select>
<br>
```

Listing 12.6 Ein Select-Menü im Quelltext

Im Frontend sieht die Auswahlliste so aus wie in Abbildung 12.14.

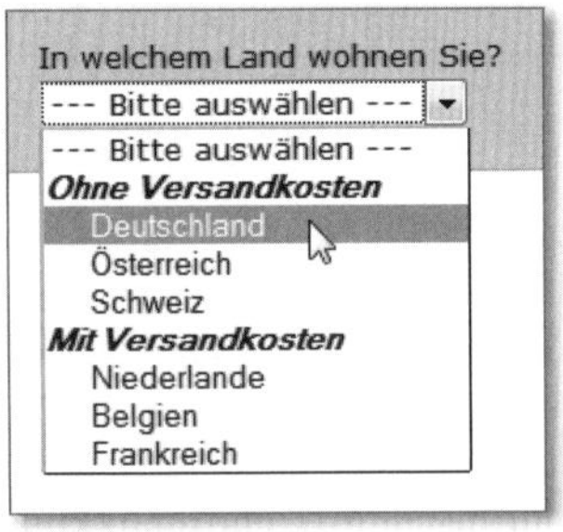

Abbildung 12.14 Das Select-Menü im Frontend

Checkbox-Menü statt Select-Menü mit Mehrfachauswahl

Ein Select-Menü bietet auch die Option der Mehrfachauswahl, bei der die Liste offen daliegt und als Fläche dargestellt wird. Um mehrere Einträge auszuwählen, muss ein Besucher eine je nach Betriebssystem und Browser unterschiedliche Maus-Tastatur-Kombination verwenden, die die Bedienung der Mehrfachauswahl eher umständlich macht. Ein ganz normales Checkbox-Menü ist fast immer die bessere Alternative.

12.4.6 Das Radio-Button-Menü: Optionsfelder deluxe

Ein Radio-Button-Menü erzeugt runde anklickbare Formularelemente und ähnelt einer Auswahlliste, denn in beiden kann man jeweils nur eine Option auswählen.

Radio-Buttons heißen die Dinger übrigens, weil sie mit ein bisschen Fantasie wie die Druckknöpfe zur Senderwahl an alten Dampfradios aussehen. Wurde ein Knopf gedrückt, sprang der vorher ausgewählte automatisch raus. Auch bei den Radio-Buttons kann immer nur einer ausgewählt sein. Die deutsche Übersetzung *Optionsfeld* ist da etwas nüchterner. Optionsfelder sind echte Herdentiere und erscheinen immer nur in Gruppen, von denen wie gesagt immer nur eine Option aktiv ist.

Der FELDNAME wird im HTML bei allen Optionsfeldern dieses Menüs als Wert für das Attribut `name` verwendet. Dadurch wissen die Optionsfelder, dass sie als Gruppe zusammengehören. Die BEZEICHNUNG aus dem Eingabeformular steht übrigens ganz am Anfang in einem `legend` für den `fieldset` mit der Klasse `radio_container`, der die Optionsfelder umgibt und somit für die ganze Gruppe gilt.

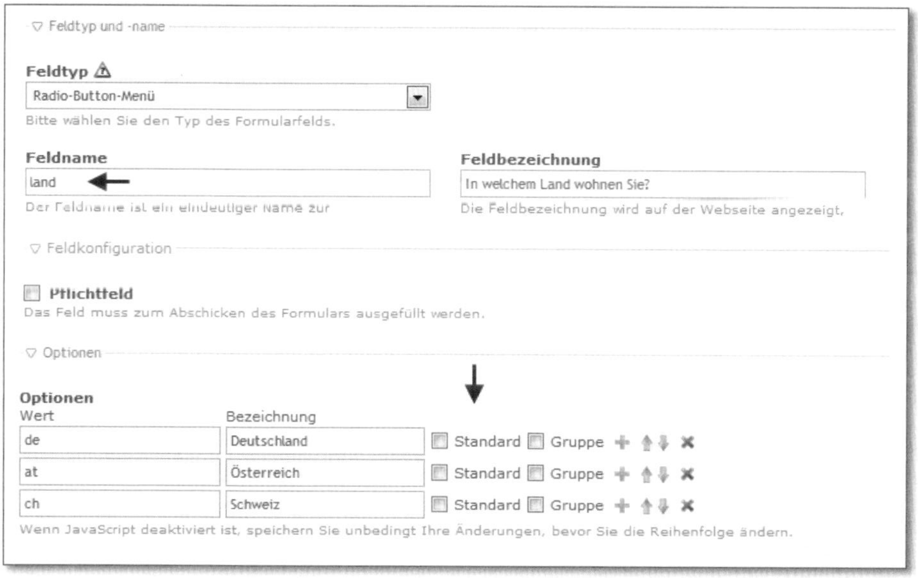

Abbildung 12.15 Das Eingabeformular für ein Radio-Button-Menü

Die Option STANDARD bewirkt bei einem Radio-Button-Menü, dass das entsprechende Optionsfeld bereits angekreuzt ist. Wenn Sie hier kein Feld aktivieren, ist im Frontend auch kein Optionsfeld vorgegeben. Sollte das Radio-Button-Menü ein PFLICHTFELD sein, muss der Besucher vor dem Abschicken eine Option auswählen. Ansonsten gibt es eine Fehlermeldung.

Die Option GRUPPE hat bei einem Radio-Button-Menü keinerlei Auswirkungen auf den Quelltext. Die Zusammengehörigkeit der Optionsfelder erfolgt wie gesagt bereits dadurch, dass alle Optionsfelder eines Menüs den Wert aus FELDNAME bekommen.

Listing 12.7 zeigt das komplette HTML zum Radio-Button-Menü aus Abbildung 12.15.

```
<fieldset id="ctrl_15" class="radio_container">
<legend>In welchem Land wohnen Sie?</legend>
<input type="hidden" name="land" value="">
<span>
  <input type="radio" name="land" id="opt_15_0" class="radio"
         value="de">
  <label id="lbl_15_0" for="opt_15_0">Deutschland</label>
</span>
<span>
  <input type="radio" name="land" id="opt_15_1" class="radio"
         value="at">
  <label id="lbl_15_1" for="opt_15_1">Österreich</label>
</span>
<span>
  <input type="radio" name="land" id="opt_15_2" class="radio"
         value="ch">
  <label id="lbl_15_2" for="opt_15_2">Schweiz</label>
</span>
</fieldset>
<br>
```

Listing 12.7 Ein Radio-Button-Menü im Quelltext

Die Kombinationen aus Optionsfeld und Beschriftung werden jeweils von einem span umgeben, was sich beim Gestalten als äußerst praktisch erweist. Das Radio-Button-Menü aus Listing 12.7 sieht im Frontend so aus wie in Abbildung 12.16.

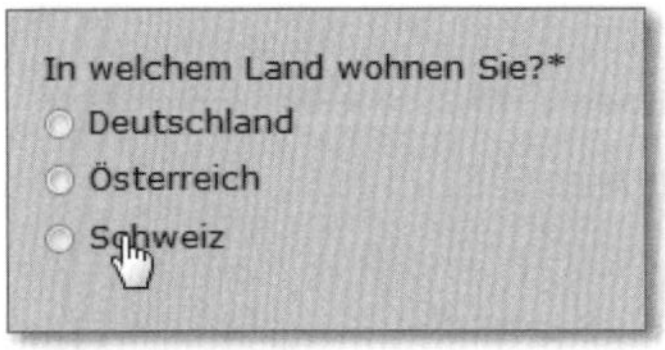

Abbildung 12.16 Ein Radio-Button-Menü im Frontend

Dieses Menü wurde mit nur zwei Styles formatiert, was nebenbei gesagt zeigt, wie wohlüberlegt das vom Formulargenerator erzeugte HTML ist:

```
.radio_container label {
  display: inline; /* label neben dem input-Feld */
  cursor: pointer; /* Mauszeiger wird zur Hand */
}
.radio_container span {
  display: block;
  margin-top: 8px;
}
```

Listing 12.8 Das CSS für das Radio-Button-Menü

Die `label`-Elemente *innerhalb* von `fieldset.radio_container` werden inline dargestellt, damit sie *hinter* den runden Optionsfeldern stehen und nicht darunter. Um deutlich zu machen, dass sie tatsächlich anklickbar sind, wird der Mauszeiger zur Klickhand, sobald er über dem Element schwebt.

Um die Kombinationen aus Optionsfeld und dazugehöriger Beschriftung untereinanderzustellen, wird das `span` drum herum als Block dargestellt und mit einem kleinen Außenabstand nach oben versehen.

12.4.7 Das Checkbox-Menü: Kontrollkästchen deluxe

Im Gegensatz zu Optionsfeldern sind Checkboxen erstens eckig und zweitens notorische Einzelgänger. Auch wenn sie optisch meist als Gruppe auftreten, bleibt im Grunde jedes Kontrollkästchen für sich, weshalb man immer keines, eines, mehrere oder auch alle ankreuzen kann. Abgesehen davon, sind sich Radio-Button-Menüs und Checkbox-Menüs recht ähnlich.

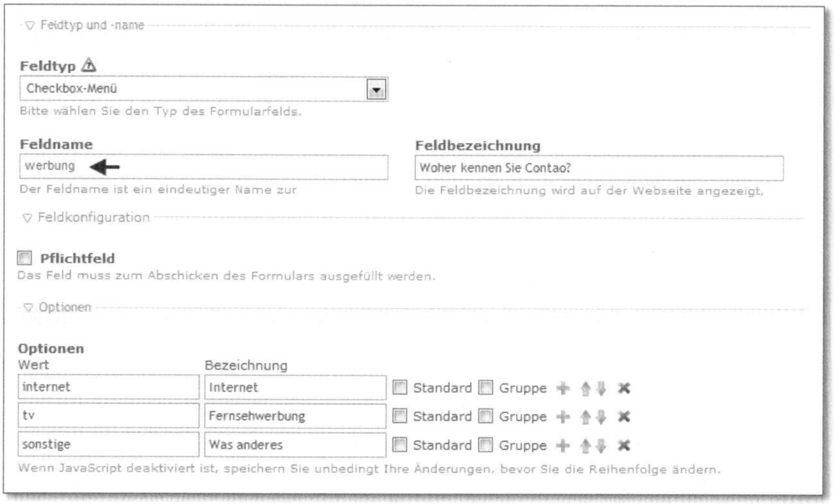

Abbildung 12.17 Das Eingabeformular für ein Checkbox-Menü

Das Eingabeformular funktioniert im Prinzip genau wie bei einem Radio-Button-Menü. Der FELDNAME dient als Wert für das Attribut `name="werbung[]"`. Falls Sie sich über die beiden eckigen Klammern dahinter wundern: Sie erleichtern die Auswertung der Formulardaten in einem Programm, weil damit automatisch ein sogenanntes *Array* erzeugt wird. Falls Ihnen das nichts sagt, ist das nicht schlimm. Es funktioniert trotzdem.

Die FELDBEZEICHNUNG ist eine `legend` für das das gesamte Checkbox-Menü umgebende `fieldset`, die BEZEICHNUNG im Assistenten steht hingegen direkt neben den einzelnen Kontrollkästchen. Genau wie bei den Optionsfeldern bewirkt ein Kreuz bei STANDARD, dass die entsprechende Checkbox angekreuzt im Frontend erscheint. GRUPPE hat auch hier keinerlei Auswirkungen.

Listing 12.9 zeigt das HTML für das Checkbox-Menü aus Abbildung 12.17.

```
<fieldset id="ctrl_16" class="checkbox_container">
<legend>Woher kennen Sie Contao?</legend>
<div id="ctrl_16" class="checkbox_container">
<input type="hidden" name="werbung" value="">
<span>
  <input type="checkbox" name="werbung[]" id="opt_16_0"
       class="checkbox" value="internet">
  <label id="lbl_16_0" for="opt_16_0">Internet</label>
</span>
<span>
  <input type="checkbox" name="werbung[]" id="opt_16_1"
         class="checkbox" value="tv">
  <label id="lbl_16_1" for="opt_16_1">Fersehwerbung</label>
</span>
<span>
  <input type="checkbox" name="werbung[]" id="opt_16_2"
         class="checkbox" value="sonstiges">
  <label id="lbl_16_2" for="opt_16_2">Was anderes</label>
</span>
</fieldset>
<br>
```

Listing 12.9 Das HTML für ein Checkbox-Menü

Der Aufbau entspricht ziemlich genau dem eines Radio-Button-Menüs, und auch beim CSS für Abbildung 12.18 wurde gegenüber dem Radio-Button-Menü nur die Klasse `radio_container` durch die Klasse `checkbox_container` ersetzt:

```
.checkbox_container label {
  display: inline; /* label neben dem input-Feld */
  cursor: pointer; /* Mauszeiger wird zur Hand */
}
.checkbox_container span {
  display: block;
  margin-top: 8px;
}
```

Listing 12.10 Das CSS für das Checkbox-Button-Menü

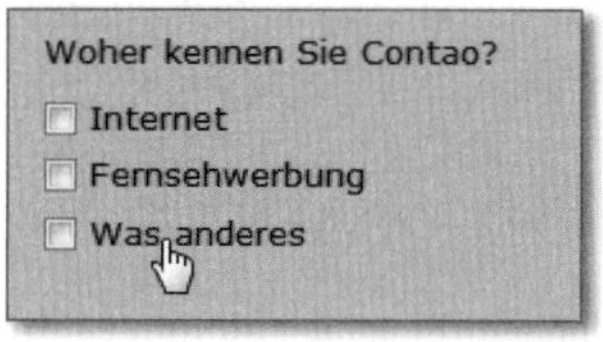

Abbildung 12.18 Ein Checkbox-Menü im Frontend

12.4.8 »Datei-Upload«: Besucher können Dateien hochladen

Das Formularfeld DATEI-UPLOAD fügt dem Formular ein Feld hinzu, mit dem ein Besucher eine Datei von seinem Rechner auf den Webspace hochladen kann. Dabei können Sie für jedes Upload-Feld einzeln festlegen, welche Dateitypen erlaubt sind und in welchem Ordner die Dateien gespeichert werden sollen.

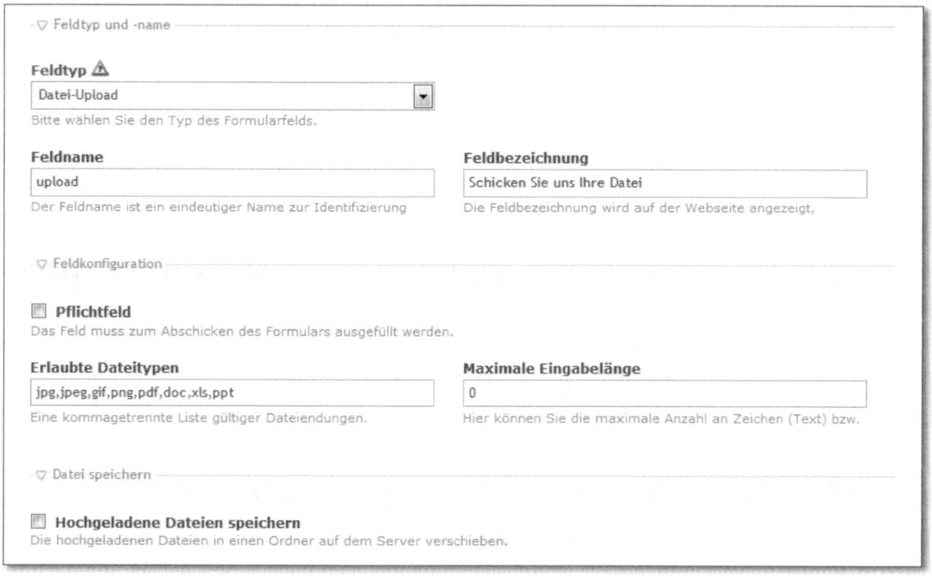

Abbildung 12.19 Das Eingabeformular für den Feldtyp »Datei-Upload«

Die maximale Dateigröße können Sie im Feld MAXIMALE EINGABELÄNGE eingeben, und zwar in Byte und innerhalb des Limits, das im Backend-Modul SYSTEM • EINSTELLUNGEN im Bereich DATEI-UPLOADS festgelegt wird. Das HTML dafür ist sehr einfach:

```
<label for="ctrl_17">Schicken Sie uns Ihre Datei:</label>
<input type="file" name="upload" id="ctrl_17" class="upload">
<br>
```

Listing 12.11 Das HTML für das Formularfeld »Datei-Upload«

Wenn die Beschriftung wie in Abbildung 12.20 in einer eigenen Zeile stehen soll, erreichen Sie das mit einem einfachen `label {display:block}`.

Abbildung 12.20 Das Formularfeld »Datei-Upload« im Frontend

Die maximale Uploadgröße in den PHP-Einstellungen

Die maximal zulässige Uploadgröße hängt übrigens auch von den PHP-Einstellungen `upload_max_filesize` und `post_max_size` vom Webhoster ab, ganz unabhängig davon, was in den Contao-Systemeinstellungen festgelegt wurde.

12.4.9 Die Sicherheitsfrage zur Spamvermeidung

Genau wie in der richtigen Welt gibt es auch im Internet nicht nur nette Menschen, und einige dieser üblen Zeitgenossen betreiben den automatisierten Missbrauch von Formularen aller Art mithilfe sogenannter Spam-Bots.

Ein Mittel gegen diesen Missbrauch ist ein sogenanntes *Captcha*, was eine Verballhornung des englischen *capture* (»Gefangennahme«) ist. Captcha ist aber auch die Abkürzung von *Completely Automated Public Turing test to tell Computers and Humans Apart*, frei übersetzt »voll automatisierter Mensch-Maschine-Test in der Tradition des englischen Informatikers Alan Turing«.

Oft ist ein Captcha eine Grafik mit mehr oder weniger schlecht lesbaren Zeichen, die für Menschen erkennbar sein sollen, für Maschinen aber nicht. Allerdings habe ich bei diesem Mensch-Maschine-Test schon des Öfteren die Buchstaben falsch geraten und bin daraufhin als Maschine eingestuft worden.

Contao implementiert einen solchen Mensch-Maschine-Test beim Formulartyp SICHERHEITSFRAGE als einfache Rechenaufgabe. Maschinen können zwar rechnen, verstehen aber die Rechenaufgabe nicht. Wird sie nicht richtig gelöst, wird das Formular nicht abgeschickt.

Die Sicherheitsfrage kann im Backend nur mit einer Beschriftung wie z.B. »Spamschutz« versehen werden und ist automatisch ein Pflichtfeld.

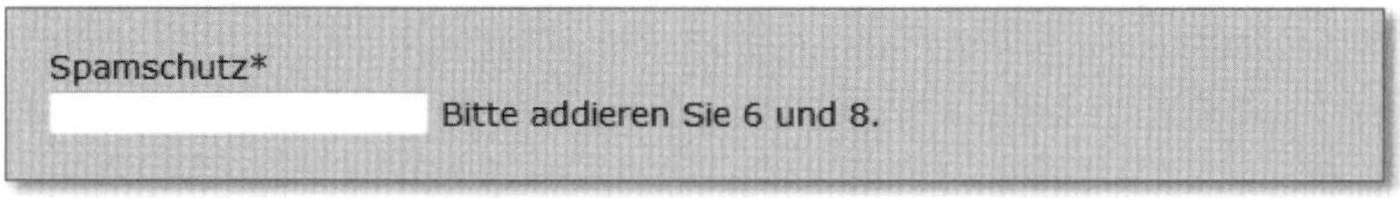
Spamschutz*
Bitte addieren Sie 6 und 8.

Abbildung 12.21 Die Sicherheitsfrage im Frontend

Im HTML sieht eine Sicherheitsfrage so aus:

```
<label for="ctrl_18" class="mandatory">
  <span class="invisible">Pflichtfeld</span> Spamschutz
  <span class="mandatory">*</span>
  <span class="invisible">
  &#66;&#105;&#116;&#116;&#101;&#32;&#97;&#100;&#100;&#105;&#101;
  &#114;&#101;&#110;&#32;&#83;&#105;&#101;&#32;&#54;&#32;&#117;
  &#110;&#100;&#32;&#56;&#46;</span>
</label>
<input type="text" name="c400f24642038998bbac218d4b46c71c7"
id="ctrl_18" class="captcha mandatory" value="" maxlength="2">
<span class="captcha_text">&#66;&#105;&#116;&#116;&#101;&#32;&#97;
&#100;&#100;&#105;&#101;  &#114;&#101;&#110;&#32;&#83;&#105;&#101;
&#32;&#54;&#32;&#117;&#110;&#100;&#32;&#56;&#46;</span>
<br>
```

Listing 12.12 Das Formularfeld »Sicherheitsfrage« im Quelltext

Der Feldtyp SICHERHEITSFRAGE benutzt die Klassen `captcha` für das Eingabefeld und `captcha_text` für die Rechenaufgabe. Sowohl die Rechenaufgabe als auch die Beschriftung sind im Quelltext übrigens als Sonderzeichen in dezimaler oder hexadezimaler Unicode-Notation codiert, um es den Spam-Bots nicht allzu leicht zu machen.

Kontaktformular auch mit Spamschutz?

Um das im letzten Abschnitt erstellte Kontaktformular mit einem Spamschutz zu versehen, müssen Sie im Formulargenerator lediglich ein Formularfeld vom Typ SICHERHEITSFRAGE hinzufügen.

Kapitel 13
Suchfunktion: die Beispielsite durchsuchen

In diesem Kapitel erstellen Sie eine interne Suchmaschine, mit der Besucher die Beispielsite durchsuchen können.

Die Themen im Überblick:

13.1 Die Suchfunktion im Überblick

Genau wie ein Kontaktformular gehört eine Suchfunktion zur Standardausstattung einer modernen, benutzerfreundlichen Website, denn eine Website ist kein Selbstzweck und wird in erster Linie für die Besucher gebaut.

In dem Wort *Besucher* steckt das Wort *suchen* schon drin, und genau wie im Baumarkt gibt es auf Websites zwei Arten von Besuchern: Die einen laufen umher, lesen die Hinweisschilder und versuchen, die Holzschrauben selbst zu finden, die anderen fragen den nächstbesten Mitarbeiter nach dem kürzesten Weg. Eine Suchfunktion ist dieser nächstbeste Mitarbeiter.

Für eine funktionierende Suchfunktion sind die verschiedensten Zutaten nötig, die wie immer auf die richtige Art und Weise zubereitet werden müssen. Hier ist das Rezept im Überblick:

- Zunächst erstellen Sie die *Suchseite*, auf der ein Modul eingebunden wird, das auf dem treffend benannten Modultyp SUCHMASCHINE basiert. Diese Seite kann nach der Erstellung bereits zur Suche benutzt werden.

- Danach erstellen Sie ein *Suchformular*, das auf allen Seiten rechts außen in der horizontalen Navigation angezeigt wird. Eine mit diesem Formular ausgeführte Suche ruft dann die Suchseite automatisch auf.

Das Ergebnis sieht am Ende des Kapitels so aus wie in Abbildung 13.1.

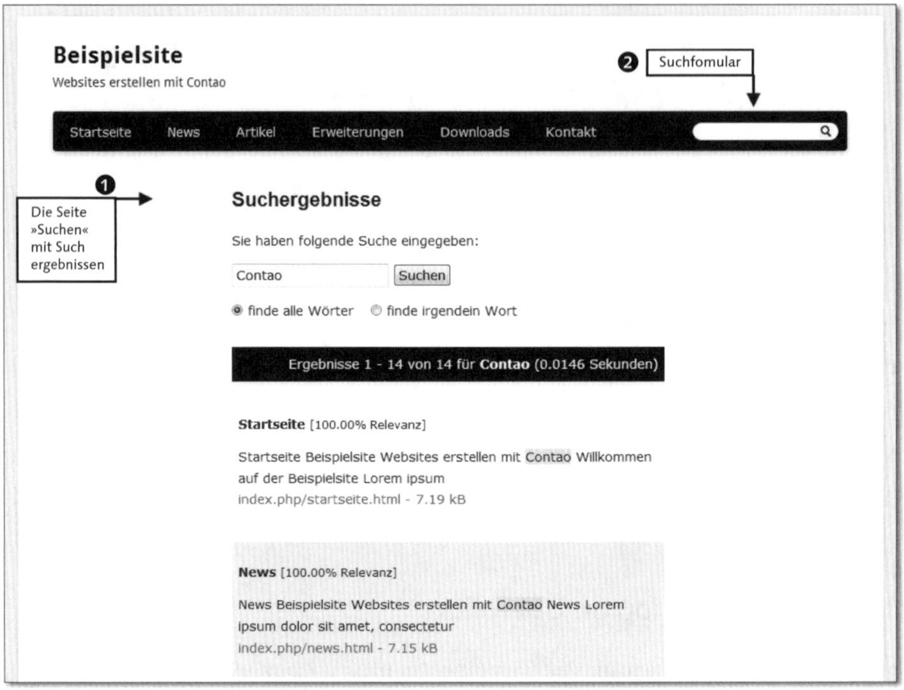

Abbildung 13.1 Die Suchseite ❶ und das Suchformular ❷

13.2 Teil 1 – die Seite »Suchen« erstellen

Im Folgenden beginnen Sie mit der Erstellung der Suchseite, für die Sie die folgenden Zutaten benötigen:

- eine neue, im Menü zunächst sichtbare Seite, die später versteckt wird
- ein Modul vom Typ SUCHMASCHINE
- die Einbindung des Moduls auf dieser Seite über Artikel

Danach wird die Suchseite noch gestaltet, damit sie übersichtlicher wird.

Schritt 1: Die Suchseite im Seitenbaum erstellen

Der erste Schritt ist ganz simpel die Erstellung einer neuen Seite im Seitenbaum. Diese Seite wird später im Menü versteckt und durch das Suchformular im Kopfbereich automatisch aufgerufen. Sie bleibt vorerst zum Testen aber sichtbar. Nach dem folgenden ToDo sieht der Seitenbaum für die Beispielsite so aus wie in Abbildung 13.2.

ToDo: Die Suchseite im Seitenbaum erstellen

1. Öffnen Sie das Backend-Modul LAYOUT • SEITENSTRUKTUR.
2. Klicken Sie oben im Arbeitsbereich auf NEUE SEITE.
3. Fügen Sie die neue Seite ganz unten im Seitenbaum ein.
4. Im Beispiel ist der Seitenname der Seite »Suchen«, aber Optimisten können sie auch gerne »Finden« nennen. Der Name der Seite ist nicht wirklich wichtig. Geben Sie ihr die folgenden Eigenschaften:
   SEITENTYP: REGULÄRE SEITE
   SUCHEINSTELLUNGEN: NICHT DURCHSUCHEN ankreuzen
   EXPERTEN-EINSTELLUNGEN: NIE IN DER SITEMAP ZEIGEN
   SEITE VERÖFFENTLICHEN
5. Aktivieren Sie die Option SEITE VERÖFFENTLICHEN.
6. Klicken Sie auf SPEICHERN UND SCHLIESSEN.

Momentan ist es eine ganz normale Seite, die auch in der horizontalen Navigation auftaucht, damit man sie einfach aufrufen kann. Weiter hinten in diesem Kapitel erstellen Sie dann ein Suchformular, platzieren es im Kopfbereich rechts außen in der Navigationsleiste und verstecken dann die Suchseite, sodass sie nicht mehr im Menu erscheint.

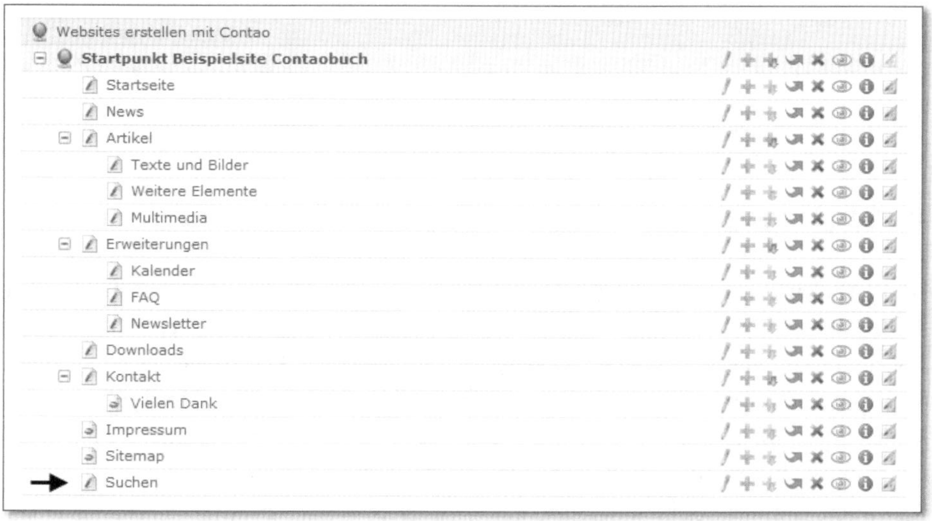

Abbildung 13.2 Die Suchseite im Seitenbaum

Schritt 2: Das Modul »Anwendung – Suchfunktion« erstellen

Nach der Erstellung der Suchseite machen Sie in diesem Schritt Bekanntschaft mit einem neuen Modultyp, der den treffenden Namen SUCHMASCHINE trägt.

Dieser Modultyp hat es in sich und macht zwei Dinge auf einmal: Er erzeugt auf der Suchseite ein Suchformular und präsentiert direkt darunter das Suchergebnis. In diesem Abschnitt erstellen Sie damit ein Modul namens ANWENDUNG – SUCHFUNKTION. Abbildung 13.3 zeigt den oberen Teil der Eingabemaske im Überblick.

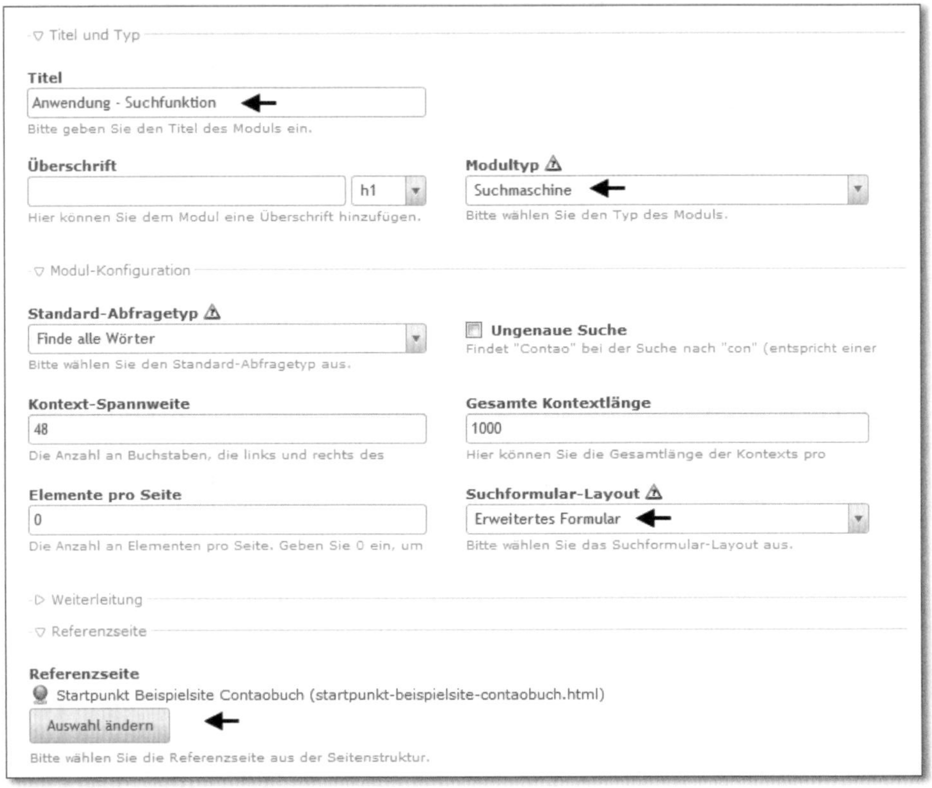

Abbildung 13.3 Eingabeformular für den Modultyp »Suchmaschine«

Der TITEL wird nur zur internen Verwaltung benötigt. Interessanter ist der Bereich MODUL-KONFIGURATION. Der Modultyp SUCHMASCHINE unterscheidet die beiden Abfragetypen FINDE ALLE WÖRTER (UND-Suche) und FINDE IRGENDEIN WORT (ODER-Suche). Sofern es keinen guten Grund dagegen gibt, sollten Sie als STANDARD-ABFRAGETYP die Option FINDE ALLE WÖRTER verwenden. Die UNGENAUE SUCHE findet auch Wortteile und erhöht dadurch die Trefferzahl.

Die KONTEXT-SPANNWEITE bestimmt, wie viele Zeichen links und rechts von einem gefundenen Suchbegriff angezeigt werden, und die GESAMTE KONTEXT-

LÄNGE beschränkt genau diese. Die Voreinstellungen sind beide sinnvoll und sollten nur bei einem konkreten Anlass geändert werden.

ELEMENTE PRO SEITE beschränkt die Anzeige der Suchergebnisse pro Seite. Sind mehr Treffer vorhanden, erzeugt Contao unten auf der Seite automatisch eine Paginierung. Die Voreinstellung 0 zeigt alle Treffer auf einer Seite.

SUCHFORMULAR-LAYOUT: Das einfache Formular besteht nur aus einem Textfeld und einer Absende-Schaltfläche, das erweiterte Formular bietet dem Suchenden darunter noch zwei Radio-Buttons zur Änderung des Abfragetyps (FINDE ALLE WÖRTER oder FINDE IRGENDEIN WORT).

Im unteren Teil der Eingabemaske können Sie dem Modultyp SUCHMASCHINE gleich zwei Seiten zuweisen, eine WEITERLEITUNGSSEITE und eine REFERENZSEITE.

- Die Definition einer WEITERLEITUNGSSEITE ist nicht nötig, wenn das Modul wie in diesem Abschnitt in einen Artikel eingebunden wird.
- Die REFERENZSEITE bestimmt den Anfangspunkt der Suche. Wenn die ganze Site durchsucht werden soll, wählen Sie entweder gar keine Referenzseite oder den STARTPUNKT EINER WEBSEITE. Auf großen Sites können Sie die REFERENZSEITE benutzen, um nur einen Teil der Site zu durchsuchen.

Im folgenden ToDo erstellen Sie ein Modul für die Beispielsite.

ToDo: Das Modul »Anwendung – Suchfunktion« erstellen

1. Öffnen Sie im Backend-Modul LAYOUT • THEMES die Frontend-Module zur Bearbeitung.
2. Klicken Sie im Arbeitsbereich oben auf NEUES MODUL.
3. Titel: »Anwendung – Suchfunktion«.
4. Wählen Sie als MODULTYP den Eintrag SUCHMASCHINE.
5. Ändern Sie in der Modul-Konfiguration das SUCHFORMULAR-LAYOUT in ERWEITERTES FORMULAR. Lassen Sie die anderen Einstellungen unverändert (wie in Abbildung 13.3).
6. Wählen Sie als Referenzseite den STARTPUNKT EINER WEBSEITE namens STARTPUNKT BEISPIELSITE CONTAOBUCH.
7. Das Ergebnistemplate sollte *search_default* heißen.
8. Klicken Sie auf SPEICHERN UND SCHLIESSEN.

Schritt 3: Das Modul »Anwendung – Suchfunktion« in einen Artikel einbinden

Nach der Erstellung muss das Modul wie immer eingebunden werden, damit Contao weiß, wo das Ergebnis im Frontend ausgegeben werden soll. Da das Modul ANWEN-

DUNG – SUCHFUNKTION nur auf der Suchseite erscheinen soll, bietet sich die Einbindung in einen Artikel auf der Suchseite an. Das wird im folgenden ToDo erledigt, und danach wird die Suchfunktion bereits funktionieren.

ToDo: Das Modul »Anwendung – Suchfunktion« einbinden

1. Öffnen Sie das Backend-Modul INHALTE • ARTIKEL.
2. Klicken Sie auf die fett hervorgehobene Seite SUCHEN, um den Artikelbaum zu verkürzen.
3. Öffnen Sie den Artikel SUCHEN [HAUPTSPALTE] zur Bearbeitung.
4. Erstellen Sie ein Inhaltselement ÜBERSCHRIFT mit der h1-Überschrift »Suchergebnisse«.
5. Klicken Sie auf SPEICHERN UND NEU, und fügen Sie darunter ein Inhaltselement TEXT mit dem Satz »Sie haben folgende Suche eingegeben:« ein.
6. Klicken Sie auf SPEICHERN UND NEU, und fügen Sie unterhalb des Textes ein neues Inhaltselement vom Typ MODUL ein.
7. Wählen Sie aus der Liste MODUL den Eintrag ANWENDUNG – SUCHFUNKTION (ID xx).
8. Klicken Sie auf SPEICHERN UND SCHLIESSEN.

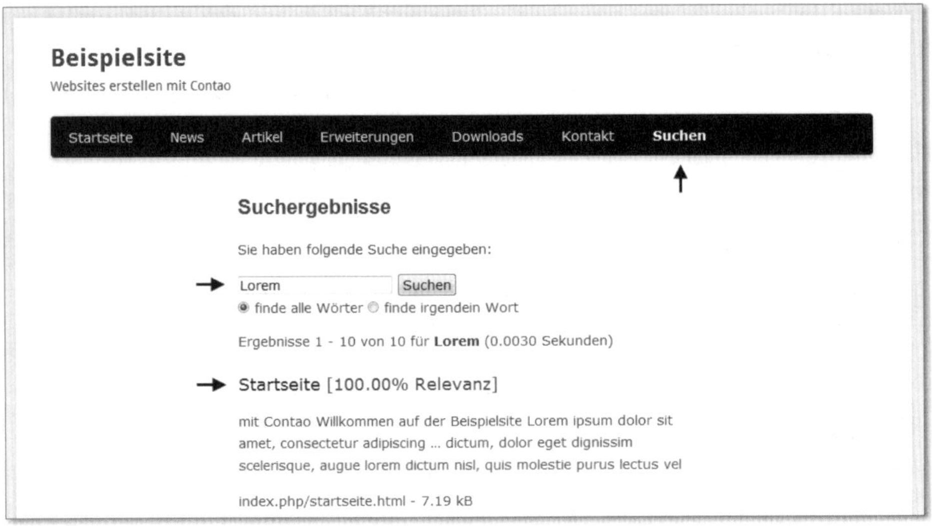

Abbildung 13.4 Die Site-Suchmaschine – ungestaltet, aber sie funktioniert.

Auf der Seite SUCHEN wartet jetzt ein Suchformular auf Sie, und die Suchfunktion funktioniert im Prinzip auch bereits. Contao indiziert jede Seite automatisch, sobald sie von einem Besucher im Browser aufgerufen wird, und speichert die auf der Seite enthaltenen Wörter in der Datenbank. Das Suchmodul durchsucht also nicht die Webseiten, sondern die Datenbank, und liefert die URLs der Seiten zurück, die als Treffer gefunden wurden.

In Abbildung 13.4 wurde im Suchformular der Suchbegriff »Lorem« eingegeben, für den die Suchmaschine einige Treffer findet. Falls bei Ihnen gar nichts oder nicht alles gefunden wird, lesen Sie bitte den folgenden Hinweiskasten.

Falls etwas nicht gefunden wird: den Suchindex neu aufbauen

Wenn Sie Ihre Suchmaschine ausprobieren und Begriffe nicht oder zu selten gefunden werden, schauen Sie mal im Backend-Modul SYSTEM • SYSTEMWARTUNG vorbei. Dort gibt es eine Funktion, mit der Sie den Inhalt der für die Suche relevanten Datenbanktabellen neu erstellen können: SUCHINDEX NEU AUFBAUEN

Nach diesem Schritt sollte die Suchfunktion reibungslos funktionieren.

Um den Suchindex komplett neu aufzubereiten, können Sie mit der Funktion DATEN BEREINIGEN • SUCHINDEX LÖSCHEN vorher auch noch den aktuellen Suchindex löschen.

13

Schritt 4: Das HTML des Moduls »Anwendung – Suchfunktion«

Auf der Suchseite wird vom Modul ANWENDUNG – SUCHFUNKTION in der Hauptspalte das in Listing 13.1 dargestellte HTML erzeugt.

```
<!-- indexer::stop -->
<div class="mod_search block">
<form action="index.php/suchen.html?keywords=Lorem"
     method="get">
<div class="formbody">
<label for="ctrl_keywords" class="invisible">Suchbegriffe</label>
<input type="text" name="keywords" id="ctrl_keywords"
       class="text" value="Lorem">
<input type="submit" id="ctrl_submit" class="submit"
       value="Suchen">
<fieldset class="radio_container">
<legend class="invisible">Optionen</legend>
<span>
  <input type="radio" name="query_type" id="matchAll"
         class="radio" value="and" checked="checked">
  <label for="matchAll">finde alle Wörter</label>
</span>
```

```
<span>
  <input type="radio" name="query_type" id="matchAny"
         class="radio" value="or">
  <label for="matchAny">finde irgendein Wort</label>
</span>
</fieldset>
</div>
</form>
<p class="header">Ergebnisse 1 - 10 von 10 für
 <strong>Lorem</strong> (0.0030 Sekunden)</p>
<div class="first last even">
<h3><a href="#" title="Startseite">Startseite</a>
 <span class="relevance">[100.00  %]</span></h3>
<p class="context">...</p>
<p class="url">index.php/startseite.html
<span class="filesize"> - 7.19 kB</span></p>
</div>
</div>
<!-- indexer::continue -->
```

Listing 13.1 Das HTML von Suchformular und Suchergebnis

Beim Suchformular ist bemerkenswert, dass, wie bei Suchmaschinen üblich, die Methode GET verwendet wird, was im Klartext bedeutet, dass die Suchbegriffe Teil der URL und in der Adresszeile des Browsers zu sehen sind. Das Eingabefeld für die Suchbegriffe hat den Namen `keywords` (der wichtig ist und weiter unten wieder auftaucht) und zeigt nach einer Suche die verwendeten Suchbegriffe an.

In der Ergebnisliste unterhalb des Formulars steht die Anzahl der Ergebnisse in einem Absatz `p` mit der Klasse `header`. Darunter werden die Suchtreffer aufgelistet. Die URL am Anfang ist von einem `h3` umgeben, der Textauszug ist `p` mit der Klasse `context`, der Suchbegriff ist mit einem `span.highlight` ausgezeichnet, und die URL am Ende wird wiederum in `p` mit der Klasse `url` aufbewahrt. Dieses HTML wird im nächsten Schritt gestaltet.

Schritt 5: Das CSS zur Gestaltung der Suchseite

Die Gestaltung der Suchseite ist nicht schwierig, aber doch etwas aufwendiger, da eine Menge verschiedener HTML-Elemente beteiligt ist. Das folgende ToDo macht einen Vorschlag zur Formatierung, den Sie natürlich gerne verändern können.

ToDo: Die Suchseite gestalten

1. Öffnen Sie das Stylesheet *interaktionen* zur Bearbeitung.
2. Gestalten Sie das Suchformular auf der Seite mit folgenden Styles (KATEGORIE: »Suchformular – Seite«):

```
#main .mod_search input.text { padding: 0.25em; }
.mod_search .radio_container { margin: 1em 0; }
.mod_search .radio_container label {
  margin-right: 0.5em;
}
```

3. Die Anzahl der Suchtreffer können Sie mit folgender Regel formatieren (KATEGORIE: »Suchergebnisse«, SCHATTENFARBE: #aaa, DECKKRAFT: 30):

```
#main .mod_search p.header {
  text-align: right;
  background-color: #555450;
  color: #fff;
  box-shadow: 0 2px 6px rgba(170, 170, 170, 0.3);
  padding: 0.5em;
  margin-top: 2em;
}
```

4. Alle folgenden Styles gestalten die Suchergebnisse unterhalb des Formulars und bekommen die KATEGORIE »Suchergebnisse«. Die anklickbare h3-Überschrift könnte wie folgt aussehen:

```
#main .mod_search h3 {
  font-size: 1em;
  font-weight: bold;
}
.mod_search h3 .relevance {
  font-size: 0.75em;
  font-weight: normal;
}
```

5. Der Textauszug, die Suchbegriffe und die URL darunter werden mit den folgenden Styles gestaltet:

```
.mod_search p.context { margin: 0; }
.mod_search .highlight { background-color: #ff0; }
.mod_search p.url { color: #008000; }
```

6. Zum Schluss werden die Suchergebnisse ein bisschen gepolstert und abwechselnd eingefärbt:

```
.mod_search .even, .mod_search .odd { padding: 0.5em; }
.mod_search .odd {
  background-color: #ececec;
  margin: 1em 0;
}
```

7. Speichern Sie das Stylesheet.

Mit diesem CSS sieht die Suchseite im Browser ungefähr so aus wie in Abbildung 13.5.

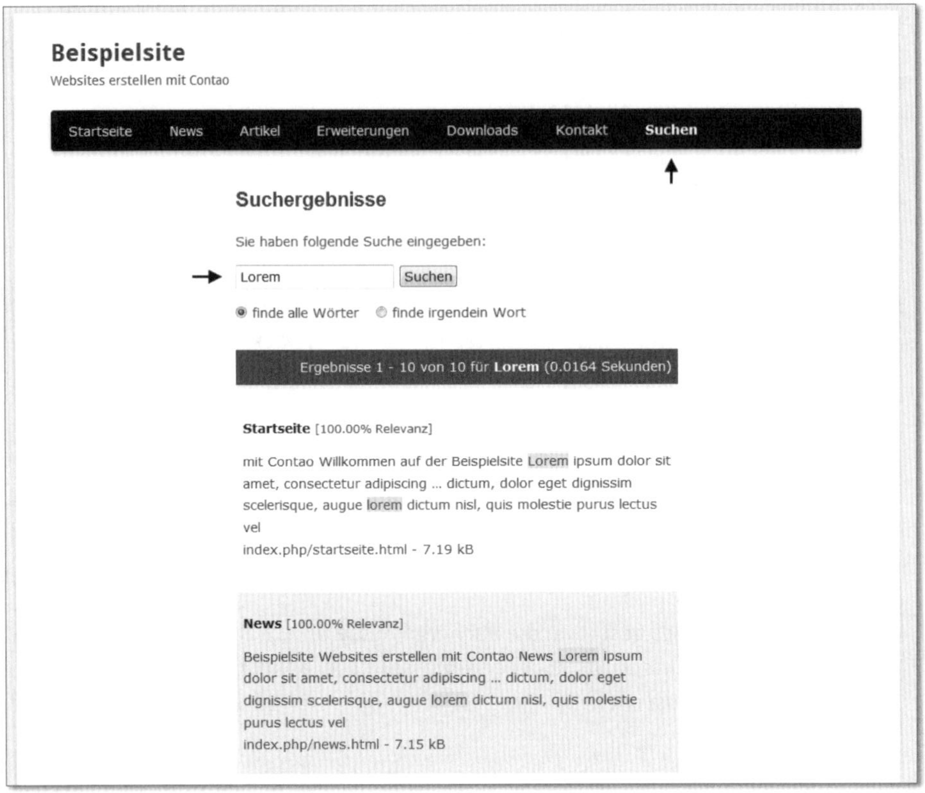

Abbildung 13.5 Die fertig gestaltete Suchseite

13.3 Teil 2 – ein einfaches Suchformular im Kopfbereich

Die interne Suchmaschine funktioniert bereits, aber was noch fehlt, ist ein Suchformular, z.B. im Kopfbereich, mit dem man die Site von jeder Seite aus durchsuchen kann.

In diesem Abschnitt erstellen Sie ein solches Suchformular, platzieren es im Kopfbereich rechts außen in der Navigationsleiste und verstecken dann die Suchseite, sodass sie nicht mehr im Menü erscheint.

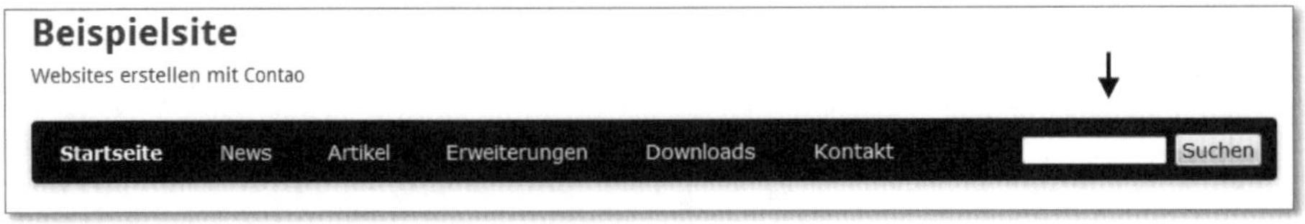

Abbildung 13.6 Das einfache Suchformular im Kopfbereich

Im Prinzip gibt es drei Möglichkeiten zur Erstellung eines solchen Suchformulars:

1. Sie erstellen ein zweites Modul SUCHMASCHINE und verweisen mit einer Weiterleitungsseite auf die Seite SUCHEN, auf der die Suchergebnisse dann dargestellt werden. Diese Variante wird in diesem Abschnitt erklärt.
2. Sie erstellen ein Suchformular mit dem Formulargenerator. Wie das geht, erfahren Sie etwas weiter hinten in diesem Kapitel in Abschnitt 13.4 ab Seite 379.
3. Sie erstellen ein Suchformular mit dem Modul EIGENER HTML-CODE. Dabei bauen Sie das Suchformular von Hand.

Egal, wie Sie das Formular erstellen, es wird danach auf jeden Fall im Seitenlayout eingebunden, sodass es auf jeder Seite im Kopfbereich erscheint.

Schritt 1: Das Modul »Anwendung – Suchformular« erstellen

Zunächst erstellen Sie ein zweites Modul SUCHMASCHINE und wählen im folgenden ToDo die Option EINFACHES FORMULAR.

ToDo: Das Modul »Anwendung – Suchformular« erstellen

1. Öffnen Sie im Backend-Modul LAYOUT • THEMES die Frontend-Module zur Bearbeitung.
2. Klicken Sie im Arbeitsbereich oben auf NEUES MODUL.
3. Titel: »Anwendung – Suchformular (einfach)«.
4. Wählen Sie als Modultyp den Eintrag SUCHMASCHINE.
5. Prüfen Sie in der Modul-Konfiguration, ob in der Liste SUCHFORMULAR-LAYOUT die Option EINFACHES FORMULAR gewählt ist. Lassen Sie die anderen Einstellungen unverändert.
6. Wählen Sie als Weiterleitungsseite die am Anfang des Kapitels erstellte Seite SUCHEN, damit die Suchergebnisse auf dieser Seite dargestellt werden.
7. Wählen Sie als Referenzseite den STARTPUNKT EINER WEBSEITE namens STARTPUNKT BEISPIELSITE CONTAOBUCH.
8. Das Template sollte *search_default* heißen.
9. Klicken Sie auf SPEICHERN UND SCHLIESSEN.

Das Modul existiert und ist konfiguriert. Im nächsten Schritt wird es im Seitenlayout eingebunden.

Schritt 2: Das Modul »Anwendung – Suchformular« im Seitenlayout einbinden

Nach der Integration des Suchformulars in ein Frontend-Modul binden Sie das neu erstellte Modul in diesem Schritt in das Seitenlayout ein. Abbildung 13.7 zeigt, wie der Bereich FRONTEND-MODULE im Seitenlayout danach aussieht.

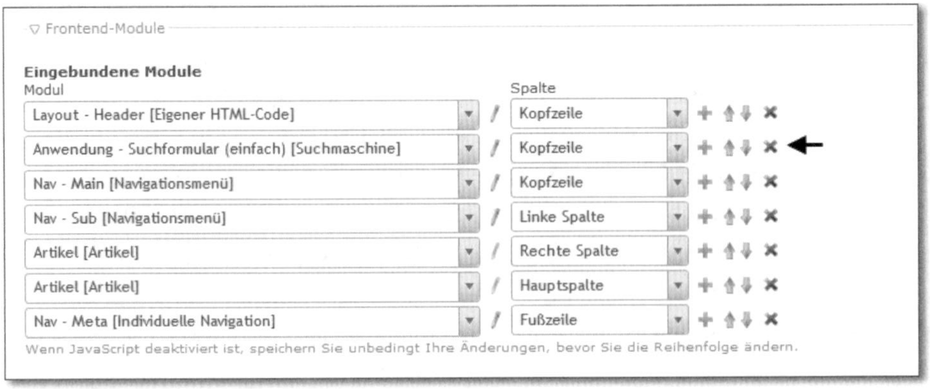

Abbildung 13.7 Das Seitenlayout mit dem eingebundenen Suchformular

Im folgenden ToDo binden Sie das Modul ANWENDUNG – SUCHFORMULAR ein und verstecken dann die Suchseite im Menü, da das Suchformular im Kopfbereich die Seite automatisch aufruft.

ToDo: Das Modul »Suchformular« im Seitenlayout einbinden

1. Öffnen Sie im Backend-Modul LAYOUT • THEMES die Seitenlayouts zur Bearbeitung.
2. Öffnen Sie das STANDARDLAYOUT zur Bearbeitung.
3. Duplizieren Sie im Bereich FRONTEND-MODULE – EINGEBUNDENE MODULE die Zeile NAV – MAIN [NAVIGATIONSMENÜ] in der Spalte KOPFZEILE.
4. Ändern Sie die obere der beiden Zeilen so, dass das Modul ANWENDUNG – SUCHFORMULAR (EINFACH) in die KOPFZEILE eingebunden wird.
5. Klicken Sie auf SPEICHERN UND SCHLIESSEN.
6. Öffnen Sie das Backend-Modul LAYOUT • SEITENSTRUKTUR.
7. Öffnen Sie die Seite SUCHEN zur Bearbeitung.
8. Aktivieren Sie das Kontrollkästchen IM MENÜ VERSTECKEN.
9. Klicken Sie auf SPEICHERN UND SCHLIESSEN.

Nach diesem ToDo sollte wie in Abbildung 13.8 das Suchformular im Kopfbereich erscheinen und auch bereits funktionieren. An der Gestaltung feilen Sie in den nächsten beiden Schritten noch ein bisschen.

Beispielsite
Websites erstellen mit Contao
Suchen
Startseite
News
Artikel
Erweiterungen
Downloads
Kontakt
Willkommen auf der Beispielsite
Lorem ipsum dolor sit amet, consectetur adipiscing elit. Mauris quis
ligula tortor. Duis dictum, dolor eget dignissim scelerisque, augue

Abbildung 13.8 Das Suchformular im Kopfbereich – ungestaltet

Schritt 3: Das HTML für das Suchformular

Das HTML für das Suchformular ist ziemlich »straightforward«, wie man auf Neudeutsch so schön sagt, und hat keinerlei Besonderheiten, die nicht schon an anderer Stelle erwähnt worden wären:

```
<!-- indexer::stop -->
<div class="mod_search block">
<form action="index.php/suchen.html" method="get">
<div class="formbody">
<label class="invisible" for="ctrl_keywords">Suchbegriffe</label>
<input type="text" value="" class="text" id="ctrl_keywords"
       name="keywords">
<input type="submit" id="ctrl_submit" class="submit"
       value="Suchen">
</div>
</form>
</div>
<!-- indexer::continue -->
```

Listing 13.2 Das HTML für das Suchformular

Schritt 4: Das Suchformular im Kopfbereich positionieren

Zur Positionierung des Suchformulars könnte man die horizontale Navigation nach links und das Suchformular nach rechts floaten, aber stabiler ist es, das Formular mit absoluter Positionierung rechts unten in den Kopfbereich zu platzieren.

Jeder Layoutbereich von Contao hat ein `div` mit der Klasse `inside`, das im CSS-Reset die Anweisung `position:relative;` erhält. Dadurch wird `div.inside` im Kopfbereich im folgenden ToDo automatisch zum Bezugspunkt für die absolute Positionierung des Formulars.

ToDo: Das Suchformular im Kopfbereich positionieren

1. Öffnen Sie das Stylesheet *interaktionen* im Editor.
2. Gestalten Sie das Suchformular mit den folgenden Styles (KATEGORIE: »Suchformular – Kopfbereich«):

```
#header .mod_search form { margin: 0; }
#header .mod_search .text { width: 100px; }
```

3. Positionieren Sie das div-Element mit dem Suchformular rechts unten im Kopfbereich:

```
#header .mod_search {
  position: absolute;
  right: 0;
  bottom: 0;
  line-height: 44px;
}
```

4. Speichern Sie das Stylesheet.

Mit diesen wenigen Styles sitzt das Suchformular an der richtigen Stelle (siehe Abbildung 13.9).

Beispielsite
Websites erstellen mit Contao
Startseite
News
Artikel
Erweiterungen
Downloads
Kontakt
Suchen
Willkommen auf der Beispielsite
Lorem ipsum dolor sit amet, consectetur adipiscing elit. Mauris quis ligula tortor. Duis dictum, dolor eget dignissim scelerisque, augue lorem dictum nisl, quis molestie purus lectus vel ligula. Curabitur eget nisl mauris. Donec pharetra tellus sollicitudin lacus volutpat

Abbildung 13.9 Das fertig gestaltete Suchformular

Schritt 5: Den Platz für das absolut positionierte Suchformular schützen

Wenn ein Objekt absolut positioniert wird, ist der CSS-Autor dafür verantwortlich, dass sich Elemente nicht versehentlich überlappen. Sollten in der ersten Menüebene noch neue Seiten hinzukommen, wird die horizontale Navigation sich irgendwann mit dem absolut positionierten Suchformular überschneiden. Was immer dann im Detail passieren mag, es ist ziemlich sicher nicht wünschenswert.

Um eine Überschneidung zu verhindern, können Sie im Stylesheet zur Gestaltung der Navigation den Style für das die Navigation umgebende nav-Element mit der Klasse `mod_navigation` um ein `padding-right` von etwa 200 px ergänzen.

ToDo: Den Platz für das absolut positionierte Suchformular schützen

1. Öffnen Sie das Stylesheet *navigation* zur Bearbeitung.
2. Ergänzen Sie den Style zur Gestaltung des `nav`-Elements um ein `padding-right` von ca. 200 px:

```
#header .mod_navigation {
...
  padding: 0 200px 0 0;
...
}
```

3. Speichern Sie das Stylesheet.

Im Browser ändert sich nach diesem ToDo optisch gar nichts, aber falls die Hauptnavigation zu breit wird, erfolgt jetzt ein Umbruch vor dem Suchformular, und die Navigation wird zweizeilig. Das ist vielleicht nicht hübsch, aber besser als nicht bedienbar, weil die Menüpunkte und das Suchformular sich in die Quere kommen. Mit diesem Schritt ist die Suchfunktion funktionsfähig und einsatzbereit.

13.4 Alternative zu Teil 2 – ein flexibleres Suchformular

Die Suchfunktion ist im Prinzip fertig, aber in diesem Abschnitt möchte ich Ihnen noch eine Alternative zeigen, bei der Sie das Suchformular mit dem Formulargenerator selbst erstellen. Die Einbindung in das Seitenlayout ist dadurch etwas aufwendiger, aber dafür haben Sie bei der Gestaltung des Suchformulars viel mehr Möglichkeiten.

Schritt 1: Ein Suchformular mit dem Formulargenerator erstellen

Zunächst erstellen Sie mit dem Formulargenerator ein einfaches Suchformular. Als WEITERLEITUNGSSEITE wählen Sie die Seite SUCHEN, und als Übertragungsmethode wird, wie bei Suchformularen üblich, GET verwendet.

ToDo: Das Suchformular mit dem Formulargenerator erstellen

1. Öffnen Sie das Backend-Modul INHALTE • FORMULARGENERATOR.
2. Klicken Sie oben im Arbeitsbereich auf NEUES FORMULAR.
3. Der Titel ist »Suchformular (Lupe)«.
4. Wählen Sie als WEITERLEITUNGSSEITE die Seite SUCHEN.
5. Aktivieren Sie die Option TABELLENLOSES LAYOUT.
6. Die Übertragungsmethode ist GET.
7. Geben Sie dem Formular eine CSS-ID namens »suchformular«.
8. Klicken Sie auf SPEICHERN UND SCHLIESSEN.

Das Formular existiert. Jetzt fehlen ihm nur noch ein Eingabefeld und eine Schaltfläche zum Abschicken der Suche.

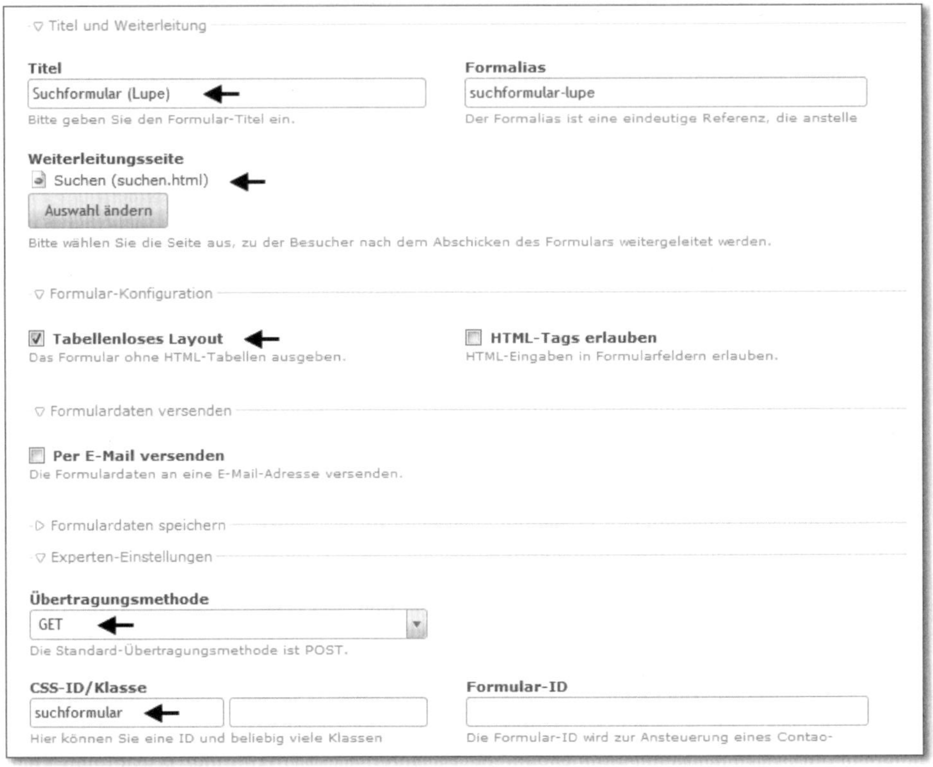

Abbildung 13.10 Das Eingabeformular zur Erstellung des Suchformulars

Suchformular per POST in Contao

Die Ansteuerung der Contao-Suchmaschine könnte auch mittels der Übertragungsmethode POST ausgeführt werden, wenn man in den Formulareinstellungen rechts unten als FORMULAR-ID »tl_search« eingibt.

Schritt 2: Ein Textfeld zum Suchformular hinzufügen

In diesem Schritt fügen Sie dem Formular ein einfaches Textfeld hinzu, das den besonderen Feldnamen KEYWORDS trägt.

ToDo: Ein Textfeld zum Suchformular hinzufügen

1. Öffnen Sie das Backend-Modul INHALTE • FORMULARGENERATOR.
2. Öffnen Sie das eben erstellte SUCHFORMULAR (LUPE) zur Bearbeitung.
3. Klicken Sie oben im Arbeitsbereich auf NEUES FELD und anschließend auf den braunen Pfeil nach unten.
4. Wählen Sie als Feldtyp TEXTFELD.
5. Der Feldname muss »keywords« lauten (ohne Anführungsstriche). Durch diesen Feldnamen weiß Contao, dass es sich um eine Suche handelt.
6. Die Feldbezeichnung sollten Sie frei lassen. Das ist eine Beschriftung für das Formular, und das ist beim Suchformular nicht nötig.
7. Wählen Sie im Bereich FELDKONFIGURATION als Eingabeprüfung die Option ERWEITERTE ALPHANUMERISCHE ZEICHEN.
8. Geben Sie im Bereich EXPERTEN-EINSTELLUNGEN die CSS-KLASSE »suchfeld« ein.
9. Klicken Sie auf SPEICHERN UND SCHLIESSEN.

Schritt 3: Bildschaltfläche – eine Grafik zum Abschicken des Formulars

In diesem Schritt nutzen Sie die Freiheit bei der Gestaltung des Suchformulars und geben dem Formular anstelle der bekannten, aber doch eher etwas schnöden Schaltfläche SUCHEN eine hübsche Grafik mit auf den Weg.

ToDo: Eine Bildschaltfläche zum Abschicken des Formulars erstellen

1. Laden Sie im Backend-Modul SYSTEM • DATEIVERWALTUNG die Grafik *lupe.png* von der Buch-CD aus dem Ordner für die Beispieldateien in den Ordner *themes/theme_one* hoch.
2. Öffnen Sie in INHALTE • FORMULARGENERATOR das eben erstellte SUCHFORMULAR (LUPE) zur Bearbeitung.
3. Fügen Sie unterhalb des Textfeldes ein neues Formularfeld ein.
4. Wählen Sie als Feldtyp ABSENDEFELD.
5. Geben Sie als BEZEICHNUNG DER ABSENDE-SCHALTFLÄCHE das Wort »Suchen« ein (ohne die Anführungsstriche).
6. Blenden Sie darunter den Bereich BILDSCHALTFLÄCHE ERSTELLEN ein, und wählen Sie als Quelldatei die Grafik *lupe.png* aus dem Ordner *themes/theme_one*.
7. Geben Sie in den EXPERTEN-EINSTELLUNGEN die CSS-KLASSE »lupe«.
8. Klicken Sie auf SPEICHERN UND SCHLIESSEN.

Alternative: Suchformular mit dem Modul »Eigener HTML-Code«

Falls Ihnen der Formulargenerator nicht zusagt oder Sie ganz besondere Vorstellungen vom Suchformular haben, die sich damit nicht umsetzen lassen, können Sie das HTML für das Formular auch selbst schreiben.

Erstellen Sie dazu einfach ein neues Frontend-Modul vom Typ EIGENER HTML-CODE. Achten Sie bei der Formularerstellung darauf, dass der Name des Eingabefeldes KEYWORDS lauten muss.

Schritt 4: Ein Frontend-Modul mit dem Suchformular erstellen

Das Suchformular soll auf allen Seiten rechts neben der horizontalen Navigation erscheinen, und der ideale Weg dahin wäre eine Einbindung ins Seitenlayout.

Dabei gibt es aber ein Problem: In einem Seitenlayout können nur Artikel und Frontend-Module eingebunden werden, und das Suchformular ist momentan weder ein Artikel noch ein Modul. Genau für solche Situationen gibt es den Modultyp FORMULAR, der ein Formular ganz einfach in ein Modul integriert, das dann anschließend in das Seitenlayout eingebunden wird. Im folgenden ToDo erstellen Sie das Modul mit dem Suchformular.

ToDo: Ein Frontend-Modul mit dem Suchformular erstellen

1. Öffnen Sie das Backend-Modul THEMES • FRONTEND-MODULE.
2. Klicken Sie oben im Arbeitsbereich auf NEUES MODUL.
3. Der Titel des Moduls soll »Anwendung – Suchformular (Lupe)« sein.
4. Wählen Sie als Modultyp FORMULAR.
5. Wählen Sie im Bereich INCLUDE-EINSTELLUNGEN in der Liste FORMULAR den Eintrag SUCHFORMULAR (LUPE).
6. Klicken Sie auf SPEICHERN UND SCHLIESSEN.

Das war's schon: kurz, aber wichtig.

Schritt 5: Das Modul im Seitenlayout einbinden

Nachdem Sie im letzten Schritt das Modul erstellt haben, wird es jetzt im Seitenlayout eingebunden. Da ein Suchformular pro Webseite in der Regel völlig ausreichend ist, ersetzen Sie das bereits vorhandene, in Abschnitt 13.3 erstellte Suchformular.

ToDo: Das Frontend-Modul im Seitenlayout einbinden

1. Öffnen Sie das Backend-Modul THEMES • SEITENLAYOUTS.
2. Öffnen Sie das STANDARDLAYOUT zur Bearbeitung.
3. Blenden Sie gegebenenfalls den Bereich FRONTEND-MODULE ein.
4. Suchen Sie die Zeile, in der das Modul ANWENDUNG – SUCHFORMULAR (EINFACH) in die KOPFZEILE eingebunden wird, und wählen Sie aus der Liste stattdessen das Modul ANWENDUNG – SUCHFORMULAR (LUPE) [FORMULAR]. Falls noch kein Suchformular eingebunden ist, fügen Sie eine Zeile hinzu und binden das eben erstellte Modul dann ein.
5. Klicken Sie auf SPEICHERN UND SCHLIESSEN.

Nach diesem Schritt ist das Suchformular mit der Lupe endlich im Frontend zu sehen, auch wenn es, wie Abbildung 13.11 zeigt, noch nicht ganz optimal aussieht.

Abbildung 13.11 Suchformular mit Lupe – noch ungestaltet

Schritt 6: Das Suchformular gestalten und positionieren

Das folgende Listing zeigt, wie Sie das Suchformular mit wenigen Styles gestalten und positionieren können.

```
#header div.mod_form {
  position: absolute;
  right: 10px;
  bottom: 0;
  line-height: 44px;
  z-index: 100;
}
#header #suchformular { margin: 0; }
#header #suchformular .suchfeld {
  width: 125px;
  padding: 1px 25px 1px 10px;
  border-radius: 10px;
  border: none;
  margin: 0;
```

```
}
#header #suchformular .lupe {
  position: absolute;
  right: 7px;
  top: 12px;
  padding: 0;
  margin: 0;
}
```

Listing 13.3 Das CSS zur Gestaltung des Suchformulars mit Lupe

Dieses CSS positioniert zunächst das Formular. Bezugspunkt ist `div.inside`, das in *contao.css* ein `position:relative` bekommen hat. Danach wird das Suchfeld mit abgerundeten Ecken und einem großen rechten Padding versehen. In dieses Padding wird im letzten Style die Lupe zum Abschicken des Suchfeldes positioniert. Bezugspunkt für die Positionierung der Lupe ist übrigens nicht `div.inside`, sondern das absolut positionierte Element `div.mod_form` aus dem ersten Style.

Im folgenden ToDo weisen Sie das CSS dem Suchformular zu.

ToDo: Das Suchformular mit Lupe gestalten und positionieren

1. Öffnen Sie das Stylesheet *interaktionen* im Editor.
2. Fügen Sie am Ende des Stylesheets die Styles aus Listing 13.3 ein (KATEGORIE: »Suchformular – Lupe«).
3. Die Anweisung »z-index: 100;« (ohne Anführungsstriche, aber mit Semikolon am Ende) geben Sie ganz unten im Feld EIGENER CODE ein.
4. Speichern Sie das Stylesheet.

Nach diesem ToDo sieht der Kopfbereich der Beispielseiten so aus wie in Abbildung 13.12.

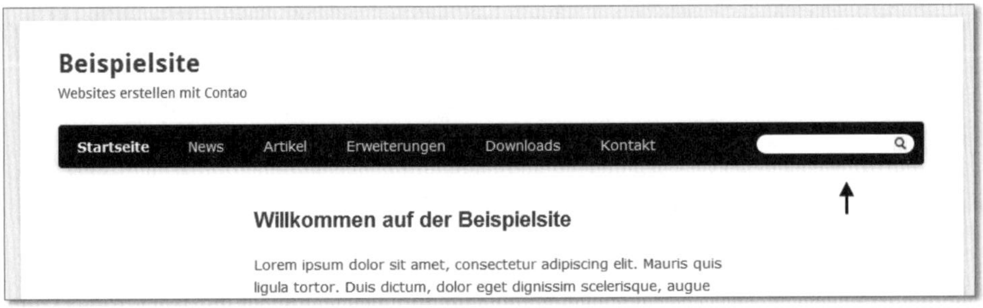

Beispielsite
Websites erstellen mit Contao
Startseite
News
Artikel
Erweiterungen
Downloads
Kontakt
Willkommen auf der Beispielsite
Lorem ipsum dolor sit amet, consectetur adipiscing elit. Mauris quis
ligula tortor. Duis dictum, dolor eget dignissim scelerisque, augue

Abbildung 13.12 Das Suchformular mit Lupe und runden Ecken

Denken Sie daran, den Platz für das absolut positionierte Suchformular zu schützen, damit ihm nicht die horizontale Navigation in die Quere kommt, falls diese mehr Navigationspunkte bekommen sollte. Das geht, wie im Abschnitt »Schritt 5: Den Platz für das absolut positionierte Suchformular schützen« ab Seite 378 beschrieben, mit einem großen rechten `padding` für `div.mod_navigation` im Kopfbereich.

Im Quelltext des Suchformulars werden Sie übrigens nach dem Eingabefeld ein `<br>` finden. Falls das unerwünschte Abstände verursacht oder sonst irgendwie stören sollte, können Sie es mit der CSS-Regel `#suchformular br {display:none;}` ausblenden. Das ist einfacher, als es im Template zu entfernen.

Zwischen den beiden Suchformularen hin- und herwechseln

Sie haben in diesem Kapitel auf sehr unterschiedliche Art und Weise zwei Frontend-Module mit jeweils einem Suchformular erstellt:

- ANWENDUNG – SUCHFORMULAR (EINFACH)
- ANWENDUNG – SUCHFORMULAR (LUPE)

Sie können im Backend ganz einfach zwischen den beiden Suchformularen hin- und herwechseln, indem Sie im Seitenlayout das entsprechende Frontend-Modul einbinden. Das ist z.B. ideal, um einem Kunden zwei Alternativen zu zeigen.

Das CSS für beide Module liegt im Stylesheet *interaktionen*, und da die beiden Formulare verschiedene Klassen und IDs haben (`mod_search` bzw. `mod_form` und `#suchformular`), gibt es dabei keinerlei Probleme, und das CSS für das jeweils gerade nicht benutzte Modul richtet keinen Schaden an.

13.5 Die Syntax der Suchfunktion im Überblick

Die Syntax der internen Suchmaschine orientiert sich an Suchmaschinen wie Google, sodass Ihre Besucher bei der Bedienung kaum Schwierigkeiten haben werden. Hier eine Zusammenfassung der wichtigsten Punkte:

- **UND- bzw. ODER-Suche**
  Eine Suche nach `lorem ipsum` listet standardmäßig nur Seiten als Treffer auf, auf denen beide Begriffe vorkommen. Gesucht wird also nach `lorem AND ipsum`. Diese UND-Suche heißt in Contao FINDE ALLE WÖRTER. Wem das zu wenig ist, der kann die Leiden der jungen Wörter erhöhen und die Option FINDE IRGENDEIN WORT aktivieren. Das bewirkt die Suche `lorem OR ipsum` und listet alle Seiten als Treffer auf, auf denen einer der beiden Suchbegriffe vorkommt.

- **Phrasensuche »mit Anführungszeichen«**
  Eine Suche nach `"lorem ipsum"` geht einen Schritt weiter als die UND-Suche. Contao listet nur Seiten als Treffer auf, auf denen die beiden Begriffe direkt hintereinanderstehen.
- **Platzhalter-Suche mit Sternchen** *
  Um auch Teile von Wörtern zu finden, können Sie ein Sternchen als Platzhalter verwenden. Eine Suche nach `web*` findet alle Begriffe, die mit diesen Buchstaben beginnen. Herr oder Frau *Weber* werden dabei genauso gefunden wie eine *Webanwendung*.
- **Suchbegriff erzwingen mit einem Pluszeichen +**
  Das Erzwingen von Suchbegriffen ermöglicht die Verfeinerung von ODER-Suchen, indem Sie sagen können, dass ein Begriff unbedingt vorkommen muss, der andere aber nur eventuell.
- **Suchbegriff ausschließen mit einem Minuszeichen –**
  Eine Suche nach `-web consulting design` findet alle Seiten, auf denen die Begriffe *consulting* und/oder *design* stehen, aber nicht das Wort *web*.

Viel Spaß beim Suchen mit der internen Suchmaschine von Contao.

Kapitel 14

Bloggen: die Erweiterung »Nachrichten«

In diesem Kapitel erfahren Sie, wie Sie ein News-System erstellen, das die Beiträge chronologisch sortiert auf der Webseite ausgibt. Außerdem fügen Sie Bilder in Teaser und Beiträge ein, erstellen einen RSS-Feed, aktivieren die Kommentarfunktion und bauen eine Navigation, mit der man Beiträge monatsweise auswählen kann.

Die Themen im Überblick:

Die Erweiterung NACHRICHTEN gehört zum Core von Contao und besteht aus einem Backend-Modul, einigen Frontend-Modulen und diversen Modul- und Subtemplates. Nachrichten werden im Frontend umgekehrt chronologisch ausgegeben und können, falls gewünscht, von den Besuchern kommentiert werden.

Typischerweise gibt es dabei eine Übersichtsseite mit kurzen Anlesetexten (*Teasern*) und einem Link WEITERLESEN ..., der zur Einzeldarstellung der Nachricht führt. Abbildung 14.1 zeigt eine Teaserübersicht im Browser.

Chronologisch umgekehrte Sortierung, Teaser, Kommentarfunktion. Die Aufzählung erinnert an ein Blog, und wer will, kann mit der NACHRICHTEN-Erweiterung ein Blog betreiben.

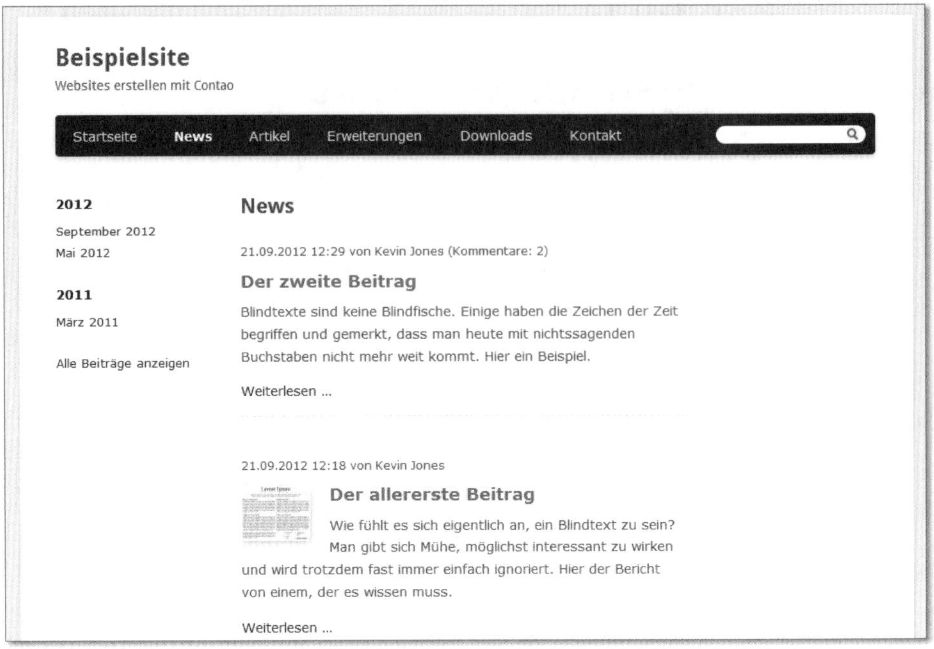

Beispielsite
Websites erstellen mit Contao
Startseite
News
Artikel
Erweiterungen
Downloads
Kontakt
2012
September 2012
Mai 2012
2011
März 2011
Alle Beiträge anzeigen
News
21.09.2012 12:29 von Kevin Jones (Kommentare: 2)
Der zweite Beitrag
Blindtexte sind keine Blindfische. Einige haben die Zeichen der Zeit begriffen und gemerkt, dass man heute mit nichtssagenden Buchstaben nicht mehr weit kommt. Hier ein Beispiel.
Weiterlesen ...
21.09.2012 12:18 von Kevin Jones
Der allererste Beitrag
Wie fühlt es sich eigentlich an, ein Blindtext zu sein? Man gibt sich Mühe, möglichst interessant zu wirken und wird trotzdem fast immer einfach ignoriert. Hier der Bericht von einem, der es wissen muss.
Weiterlesen ...

Abbildung 14.1 Die Seite »Nachrichten« mit Teasern und Monatsauswahl

14.1 Übersicht: die Zutaten für das Nachrichtensystem

In älteren Contao-Versionen bestanden Nachrichtenbeiträge nicht aus Inhaltselementen, sondern nur aus einem Teasertext und Beitragstext, eventuell garniert mit einer Grafik. Seit Contao 3 können Nachrichtenbeiträge genau wie Artikel aus beliebigen Inhaltselementen bestehen. Beiträge werden im Gegensatz zu Artikeln aber nicht innerhalb der Seitenstruktur aufbewahrt, sondern in einem speziell erstellten Nachrichtenarchiv.

Um auf der Beispielsite ein News-System mit Teasern und Kommentarfunktion auf die Beine zu stellen, benötigen Sie folgende Zutaten:

- *Ein Nachrichtenarchiv.* Das Archiv wird im Backend-Modul INHALTE • NACHRICHTEN erstellt. Hier werden die Nachrichtenbeiträge erstellt.
- *Eine Seite.* Eine Seite für die Teaser-Übersicht und zur Darstellung der ganzen Beiträge nach einem Klick auf WEITERLESEN ... Beides wird auf der bereits vorhandenen Seite NEWS ausgegeben.
- *Zwei Frontend-Module.* Ein Modul vom Typ NACHRICHTENARCHIV erzeugt die Übersicht mit den Teasertexten, ein zweites Modul vom Typ NACHRICHTENLESER stellt den vollständigen Beitrag dar.

- *Ein Artikel.* Um die Module auf der Seite NEWS auszugeben, reicht ein Artikel, in dem die Frontend-Module mit dem Inhaltselement MODUL eingebunden werden.

Früher waren in Contao übrigens zur Darstellung von Teaser und Beitrag immer zwingend zwei Seiten notwendig. Auf einer Seite wurde die Teaserübersicht ausgegeben, auf einer zweiten Weiterleitungsseite die ganzen Beiträge. Diese »Zwei-Seiten-Methode« wurde in den ersten beiden Auflagen dieses Buches geschildert.

Seit Contao 2.11 ist die Weiterleitungsseite nicht mehr zwingend nötig, was die Erstellung vereinfacht. In diesem Kapitel beschreibe ich, wie Sie ein Contao-News-System mit nur einer Seite erstellen. Falls Sie die alte Methode mit zwei Seiten bereits kennen – sie funktioniert nach wie vor.

Los geht es in jedem Fall mit der Erstellung des Nachrichtenarchivs.

14.2 Das »Newsarchiv«: Beiträge erstellen

Bevor Sie auf der Seite NEWS Beiträge anzeigen können, muss es erst einmal welche geben. Zur Erstellung und Verwaltung von Nachrichten dient das Backend-Modul INHALTE • NACHRICHTEN. Hier erstellen Sie zunächst eine Lagerhalle für die Nachrichtenbeiträge, ein sogenanntes *Nachrichtenarchiv*.

14.2.1 Das »Newsarchiv«: ein Nachrichtenarchiv erstellen

Ein Archiv dient zur Erstellung und Aufbewahrung von Nachrichten. Wenn Sie im Backend-Modul NACHRICHTEN oben im Arbeitsbereich auf NEUES ARCHIV klicken, sehen Sie das Eingabeformular aus Abbildung 14.2.

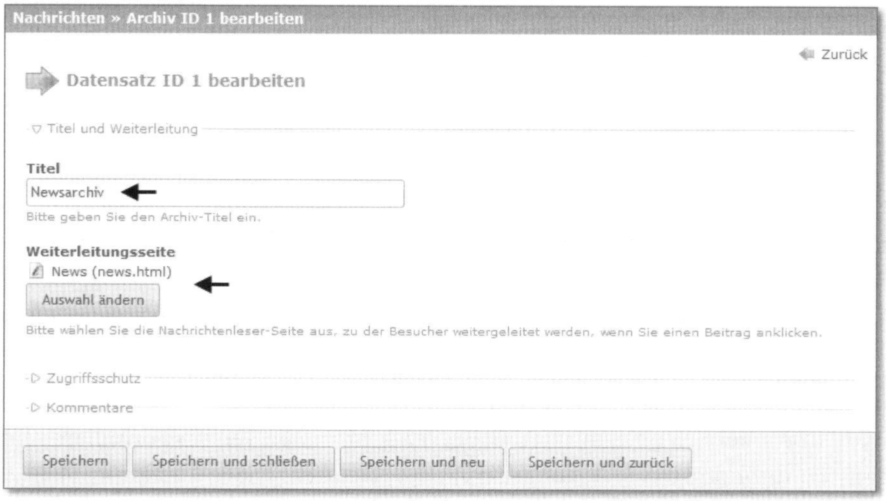

Abbildung 14.2 Das Eingabeformular zur Erstellung eines Nachrichtenarchivs

Der TITEL ist der Name, unter dem das Archiv geführt wird, und die WEITERLEITUNGSSEITE ist die Seite, die nach einem Klick auf WEITERLESEN ... aufgerufen wird. Auf dieser Seite muss ein Modul vom Typ NACHRICHTENLESER zur Anzeige eines Beitrags eingebunden sein. Sie benutzen dazu im folgenden ToDo die bereits vorhandene Seite NEWS.

Im Bereich KOMMENTARE können Sie die Kommentarfunktion für jedes Archiv einzeln aktivieren. Der ZUGRIFFSSCHUTZ kann ein Archiv schützen, sodass es nur für bestimmte Mitgliedergruppen zu sehen ist.

Im folgenden ToDo erstellen Sie ein Nachrichtenarchiv mit dem selbsterklärenden Namen NEWSARCHIV.

ToDo: Ein Nachrichtenarchiv erstellen

1. Öffnen Sie das Backend-Modul INHALTE • NACHRICHTEN.
2. Klicken Sie oben im Arbeitsbereich auf NEUES ARCHIV.
3. Vergeben Sie den Titel »Newsarchiv«.
4. Klicken Sie im Bereich WEITERLEITUNGSSEITE auf die Schaltfläche AUSWAHL ÄNDERN.
5. Wählen Sie die Seite NEWS aus, und bestätigen Sie die Auswahl mit einem Klick auf ANWENDEN.
6. Lassen Sie die Optionen ZUGRIFFSSCHUTZ und KOMMENTARE vorerst unverändert.
7. Klicken Sie auf SPEICHERN UND SCHLIESSEN.

Jetzt haben Sie eine Lagerhalle zur Aufbewahrung der Beiträge. Sie können beliebig viele solcher Archive erstellen und sie alle unterschiedlich konfigurieren, z.B. ein Archiv für öffentliche Nachrichten auf der Webseite und ein weiteres mit Zugriffsschutz in einem internen Bereich nur für Mitarbeiter. Aber für den Anfang reicht dieses eine.

14.2.2 Nachrichtenbeiträge und Teaser erstellen

Nach der Erstellung des Archivs benötigen Sie auf der Beispielsite ein paar Nachrichtenbeiträge, die später auf der Webseite ausgegeben werden. Das Eingabeformular zur Erstellung neuer Nachrichten ist ziemlich lang, weshalb ich es im Folgenden in zwei Schritten vorstelle.

Öffnen Sie zunächst das Archiv zur Bearbeitung (gelber Bleistift), und klicken Sie dann im Arbeitsbereich oben auf NEUER BEITRAG. Im ersten Teil des Formulars geht es um Titel, Autor und das Erstellungsdatum der Nachricht (siehe Abbildung 14.3).

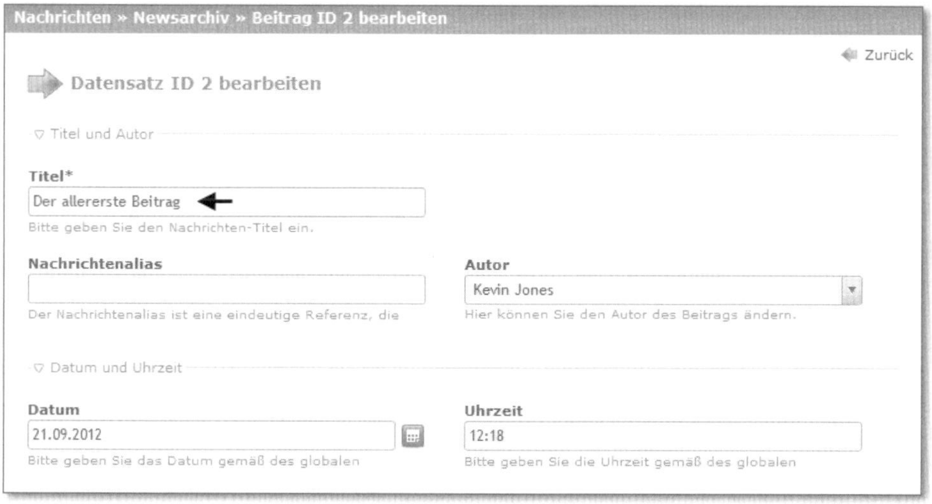

Abbildung 14.3 Teil 1 – Titel, Autor und Datum der Nachricht eingeben

Der TITEL ist die Überschrift der Nachricht. Die Überschriftsebene wird von Contao automatisch vergeben: In der Nachrichtenübersicht mit der Auflistung der Teaser wird die Überschrift h2, in der Einzelansicht h1. Der NACHRICHTENALIAS wird in der Regel frei gelassen und von Contao automatisch erzeugt. Aus dem Alias wird die URL erstellt, unter der ein einzelner Beitrag permanent abrufbar ist (auch *Permalink* genannt). Der AUTOR ist standardmäßig der im Backend angemeldete Benutzer.

Das DATUM ist das Erstellungsdatum des Beitrags. Contao gibt das aktuelle Datum vor, aber Sie können es manuell oder mit einem Klick auf den Datumswähler ändern.

In welchem Datumsformat das Datum hier ein- und auf der Webseite ausgegeben werden soll, legen Sie in SYSTEM • EINSTELLUNGEN oder in der SEITENSTRUKTUR im STARTPUNKT EINER WEBSEITE fest. Falls die Uhrzeit nicht stimmen sollte, überprüfen Sie ebenfalls im STARTPUNKT oder in SYSTEM • EINSTELLUNGEN im Bereich DATUM UND ZEIT die eingestellte Zeitzone. EUROPE/BERLIN sollte da stehen. Oder AMSTERDAM.

Unterhalb dieser allgemeinen Daten beginnt, wie in Abbildung 14.4 dargestellt, der zweite Teil des Eingabeformulars, die Erstellung des Teasertextes.

Die UNTERÜBERSCHRIFT wird in der Einzelansicht unterhalb von Titel und Meta-Daten angezeigt und meist einfach frei gelassen. Wichtiger ist das Eingabefeld TEASERTEXT darunter, das zur Eingabe eines kurzen Anlesetextes dient, der auf der Übersichtsseite angezeigt wird. Der Teasertext ist ein Köder, mit dem der Leser zum Lesen des Beitrags animiert werden soll. Auf der Webseite steht oberhalb des Teasertextes der Titel, und unterhalb folgt der Link WEITERLESEN ...

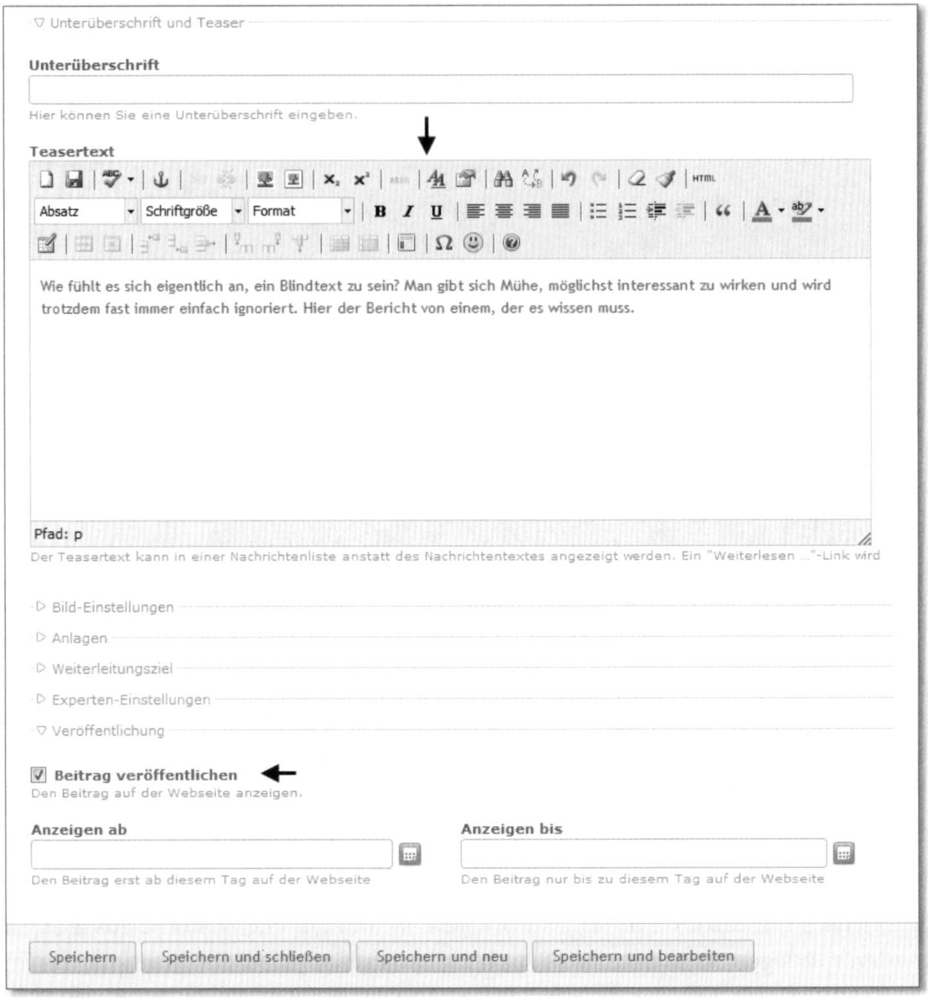
Unterüberschrift und Teaser
Unterüberschrift
Hier können Sie eine Unterüberschrift eingeben.
Teasertext
Absatz
Schriftgröße
Format
Wie fühlt es sich eigentlich an, ein Blindtext zu sein? Man gibt sich Mühe, möglichst interessant zu wirken und wird trotzdem fast immer einfach ignoriert. Hier der Bericht von einem, der es wissen muss.
Pfad: p
Der Teasertext kann in einer Nachrichtenliste anstatt des Nachrichtentextes angezeigt werden. Ein "Weiterlesen ..."-Link wird
Bild-Einstellungen
Anlagen
Weiterleitungsziel
Experten-Einstellungen
Veröffentlichung
Beitrag veröffentlichen
Den Beitrag auf der Webseite anzeigen.
Anzeigen ab
Den Beitrag erst ab diesem Tag auf der Webseite
Anzeigen bis
Den Beitrag nur bis zu diesem Tag auf der Webseite
Speichern
Speichern und schließen
Speichern und neu
Speichern und bearbeiten

Abbildung 14.4 Teil 2 – Teasertext für den Beitrag

Unterhalb des Teasers gibt es noch Optionen zum Hinzufügen eines Bildes und diverser anderer Dinge, aber wirklich wichtig sind die Einstellungen im Bereich VERÖFFENTLICHUNG. Erst wenn das Kontrollkästchen vor BEITRAG VERÖFFENTLICHEN angekreuzt ist, wird der Beitrag auch wirklich auf der Webseite ausgegeben, jedenfalls sofern alle anderen in diesem Kapitel beschriebenen Voraussetzungen erfüllt sind.

Im folgenden ToDo erstellen Sie die zwei Nachrichtenbeiträge und geben jeweils einen kurzen Teasertext ein.

ToDo: Zwei Nachrichtenbeiträge mit Teaser erstellen

1. Öffnen Sie das Backend-Modul INHALTE • NACHRICHTEN.
2. Öffnen Sie das NEWSARCHIV mit einem Klick auf den gelben Bleistift.
3. Klicken Sie oben im Arbeitsbereich auf NEUER BEITRAG, um den ersten Beitrag zu erstellen.
4. Geben Sie den Titel »Der allererste Beitrag« ein.
5. Geben Sie im Feld TEASERTEXT den folgenden Text ein: »Wie fühlt es sich eigentlich an, ein Blindtext zu sein? Man gibt sich Mühe, möglichst interessant zu wirken, und wird trotzdem fast immer einfach ignoriert. Hier der Bericht von einem, der es wissen muss.«
6. Aktivieren Sie das Kontrollkästchen vor BEITRAG VERÖFFENTLICHEN.
7. Klicken Sie auf SPEICHERN UND NEU.
8. Erstellen Sie einen zweiten Beitrag mit dem vielsagenden Titel »Der zweite Beitrag«.
9. TEASERTEXT: »Blindtexte sind keine Blindfische. Einige haben die Zeichen der Zeit begriffen und gemerkt, dass man heute mit nichtssagenden Buchstaben nicht mehr weit kommt. Hier ein Beispiel.«
10. Aktivieren Sie das Kontrollkästchen BEITRAG VERÖFFENTLICHEN.
11. Klicken Sie auf SPEICHERN UND SCHLIESSEN.

Im Backend enthält das NEWSARCHIV jetzt zwei Beiträge (siehe Abbildung 14.5). Unterhalb der Archiv-Einstellungen sehen Sie den Titel des Beitrags und rechts am Rand die üblichen Symbole zur Bearbeitung. Der Teasertext erscheint in dieser Übersicht nicht.

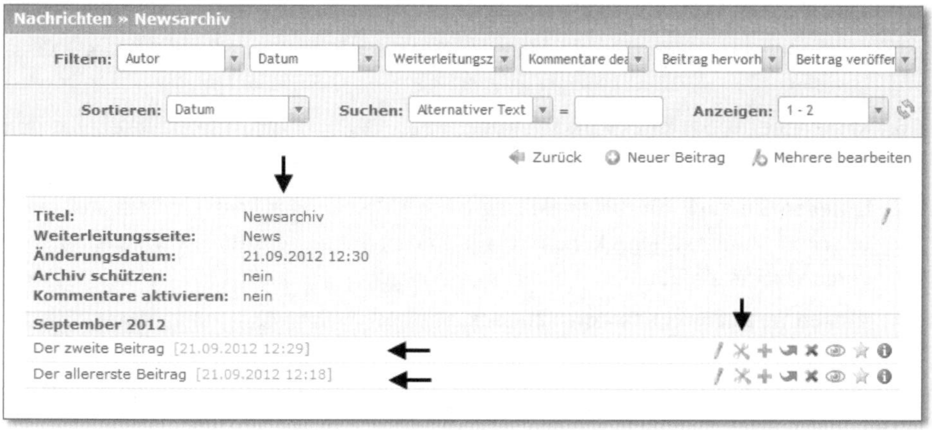

Abbildung 14.5 Das Archiv »Newsarchiv« mit zwei Beiträgen

Um den Teaser nachträglich zu bearbeiten, klicken Sie in der in Abbildung 14.5 dargestellten Beitragsübersicht auf das Symbol BEITRAGSEINSTELLUNGEN BEARBEITEN rechts neben dem bekannten gelben Bleistift.

14.2.3 Inhaltselemente für die Newsbeiträge erstellen

In Contao 3 können Sie für einen Nachrichtenbeitrag beliebig viele Inhaltselemente erstellen. Damit ist es jetzt problemlos möglich, längere Newsbeiträge mit Bildern und Galerien und anderen Inhaltselementen zu erstellen.

Die Möglichkeit, in Newsbeiträgen beliebige Inhaltselemente benutzen zu können, wertet das Backend-Modul NACHRICHTEN enorm auf, denn in früheren Contao-Versionen waren längere Newsbeiträge mit Inhaltselementen nur über Umwege möglich, wie z.B. die Weiterleitung auf einen ansonsten versteckten Artikel (siehe zweite Auflage dieses Buches ab Seite 587).

Wenn ein Beitrag nur einen Teaser und keinerlei Inhaltselemente enthält, fügt Contao in der Einzelansicht eines Beitrags übrigens automatisch den Teasertext ein.

In diesem Abschnitt erstellen Sie für jeden der beiden Beiträge zunächst ein einfaches Inhaltselement vom Typ TEXT.

ToDo: Inhaltselemente für die beiden Nachrichtenbeiträge erstellen

1. Öffnen Sie das Backend-Modul INHALTE • NACHRICHTEN.
2. Öffnen Sie das NEWSARCHIV mit einem Klick auf den gelben Bleistift.
3. Öffnen Sie den Beitrag DER ALLERERSTE BEITRAG zur Bearbeitung (gelber Bleistift).
4. Fügen Sie ein NEUES ELEMENT ein, und und prüfen Sie, ob der Elementtyp TEXT ausgewählt ist.
5. Geben Sie im Feld TEXT etwas Blindtext ein (siehe Abbildung 14.6. Auf der Buch-CD finden Sie in den Beispieldateien Textvorschläge zum Kopieren als TXT-Dateien).
6. Klicken Sie auf SPEICHERN UND ZURÜCK.
7. Öffnen Sie den zweiten Beitrag mit dem Titel »Der zweite Beitrag«.
8. Erstellen Sie auch für diesen Beitrag ein Inhaltselement vom Typ TEXT mit ein bisschen Blindtext. Eine Kopiervorlage finden Sie auf der Buch-CD, falls Ihnen gerade nichts einfällt.
9. Klicken Sie auf SPEICHERN UND ZURÜCK.

Nach diesem ToDo haben die beiden Newsbeiträge jeweils ein Inhaltselement vom Typ TEXT.

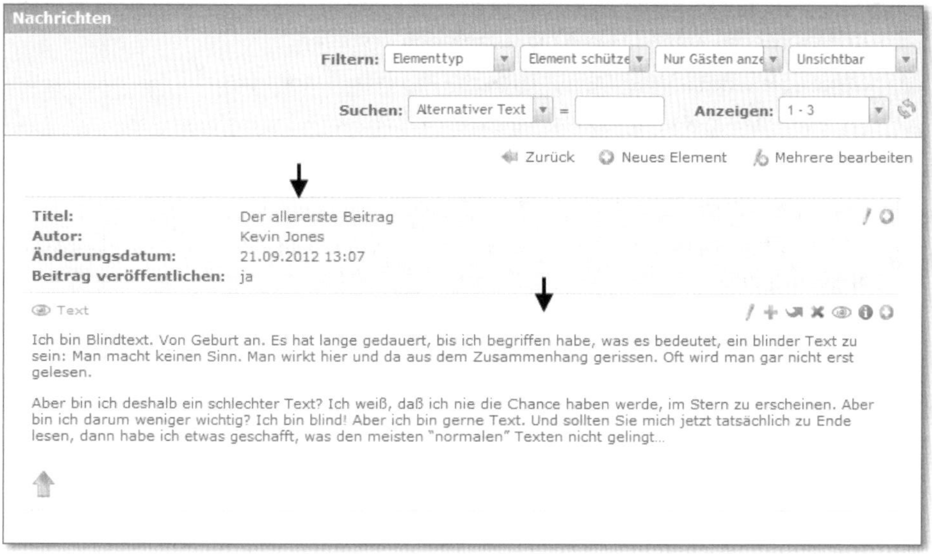

Abbildung 14.6 »Der allererste Beitrag« mit einem Inhaltselement

Das Hinzufügen weiterer Inhaltselemente funktioniert genau wie bei den in Kapitel 10, »Inhaltselemente für Texte und Bilder«, und 11, »Weitere nützliche Inhaltselemente«, beschriebenen Artikeln. Alles, was Sie dort gesehen haben, können Sie jetzt auch in Nachrichtenbeiträgen einsetzen. Ein Nachrichtenbeitrag kann also beliebig viele Bilder, Galerien, Tabellen, Akkordeons, Codebeispiele und alles Mögliche andere enthalten.

14.3 Teaser und Beiträge im Frontend ausgeben

In diesem Abschnitt erstellen Sie eine Ausgabe für das Newsarchiv. Sie sorgen dafür, dass auf der Übersichtsseite NEWS die Teaser der beiden Beiträge ausgegeben werden und dass der Besucher nach einem Klick auf die Überschrift oder auf den Link WEITERLESEN ... jeweils den ganzen Beitrag lesen kann.

14.3.1 Das Frontend-Modul »News – Beitrag anzeigen [Nachrichtenleser]« erstellen

Zunächst erstellen Sie ein Frontend-Modul zur Darstellung des Beitragstextes, und dazu gibt es in Contao den Modultyp NACHRICHTENLESER. Dieses Modul wird im nächsten Abschnitt im Modul NEWS – TEASER ANZEIGEN als NACHRICHTENLESER eingebunden.

ToDo: Das Modul »News – Beitrag anzeigen« erstellen

1. Öffnen Sie das Backend-Modul THEMES • FRONTEND-MODULE.
2. Erstellen Sie ein NEUES MODUL mit dem Titel »News – Beitrag anzeigen«.
3. Wählen Sie als MODULTYP den Eintrag NACHRICHTENLESER.
4. Aktivieren Sie bei NACHRICHTENARCHIVE das Kontrollkästchen vor NEWSARCHIV.
5. Im Bereich TEMPLATE-EINSTELLUNGEN sollen die Meta-Felder DATUM und AUTOR aktiviert sein.
6. Als NACHRICHTENTEMPLATE wählen Sie *news_full*.
7. Klicken Sie auf SPEICHERN UND SCHLIESSEN.

Das ausgefüllte Eingabeformular sieht kurz vor dem Speichern etwa so aus wie in Abbildung 14.7.

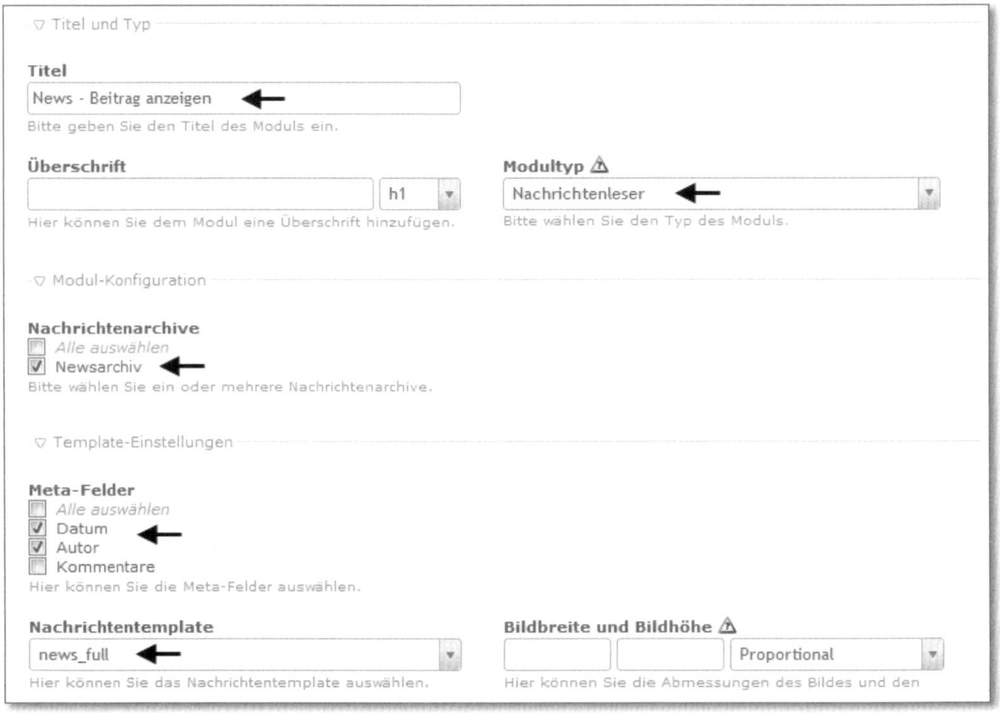
Titel und Typ
Titel
News - Beitrag anzeigen
Bitte geben Sie den Titel des Moduls ein.
Überschrift
h1
Hier können Sie dem Modul eine Überschrift hinzufügen.
Modultyp
Nachrichtenleser
Bitte wählen Sie den Typ des Moduls.
Modul-Konfiguration
Nachrichtenarchive
Alle auswählen
Newsarchiv
Bitte wählen Sie ein oder mehrere Nachrichtenarchive.
Template-Einstellungen
Meta-Felder
Alle auswählen
Datum
Autor
Kommentare
Hier können Sie die Meta-Felder auswählen.
Nachrichtentemplate
news_full
Hier können Sie das Nachrichtentemplate auswählen.
Bildbreite und Bildhöhe
Proportional
Hier können Sie die Abmessungen des Bildes und den

Abbildung 14.7 Die Eingabemaske für das Modul »News – Beitrag anzeigen«

14.3.2 Das Frontend-Modul »News – Teaser anzeigen [Nachrichtenarchiv]« erstellen

Jetzt fehlt nur noch das Frontend-Modul zur Ausgabe der Teaser-Übersicht auf der Seite NEWS. Dieses Modul basiert auf dem Modultyp NACHRICHTENARCHIV.

Der Begriff *Nachrichtenarchiv* steht in Contao je nach Kontext übrigens für zwei völlig verschiedene Dinge: *Nachrichtenarchiv* meint entweder die Lagerhalle im Backend-Modul NACHRICHTEN oder ein Frontend-Modul zur Ausgabe von Beiträgen für einen bestimmten Zeitraum.

Das im folgenden ToDo erstellte Modul vom Typ NACHRICHTENARCHIV zeigt die Teaser der Beiträge aus dem Nachrichtenarchiv NEWSARCHIV im Frontend an. In Schritt 6 wählen Sie übrigens das im vorangegangenen Abschnitt erstellte Modul NEWS – BEITRAG ANZEIGEN als Nachrichtenleser aus. Das ist die Verbindung zwischen den beiden Frontend-Modulen zum Anzeigen der Teaser und der ganzen Beiträge. Durch diese Verbindung weiß Contao, was bei einem Klick auf den Link WEITERLESEN ... passieren soll.

ToDo: Das Modul »News – Teaser anzeigen« erstellen

1. Öffnen Sie das Backend-Modul THEMES • FRONTEND-MODULE.
2. Erstellen Sie ein NEUES MODUL mit dem Titel »News – Teaser anzeigen« und der h1-Überschrift »News«.
3. Wählen Sie als MODULTYP aus der Liste NACHRICHTENARCHIV.
4. Aktivieren Sie im Bereich NACHRICHTENARCHIVE das Kontrollkästchen vor NEWSARCHIV.
5. Wählen Sie in der Liste KEIN ZEITRAUM AUSGEWÄHLT die Option ALLE BEITRÄGE ANZEIGEN.
6. Wählen Sie in der Liste NACHRICHTENLESER das eben erstellte Frontend-Modul NEWS – BEITRAG ANZEIGEN aus.
7. Im Eingabefeld ELEMENTE PRO SEITE steht eine 0, um alle Beiträge aus dem Archiv anzuzeigen. Das ARCHIVFORMAT soll MONAT sein.
8. Im Bereich TEMPLATE-EINSTELLUNGEN aktivieren Sie die Meta-Felder DATUM und AUTOR, und NACHRICHTENTEMPLATE ist das Template *news_latest*.
9. Klicken Sie auf SPEICHERN UND SCHLIESSEN.

Das ausgefüllte Eingabeformular sieht kurz vor dem Speichern so aus wie in Abbildung 14.8.

Die beiden Frontend-Module sind erstellt und müssen jetzt nur noch wissen, wo die Teaser und Beiträge ausgegeben werden sollen.

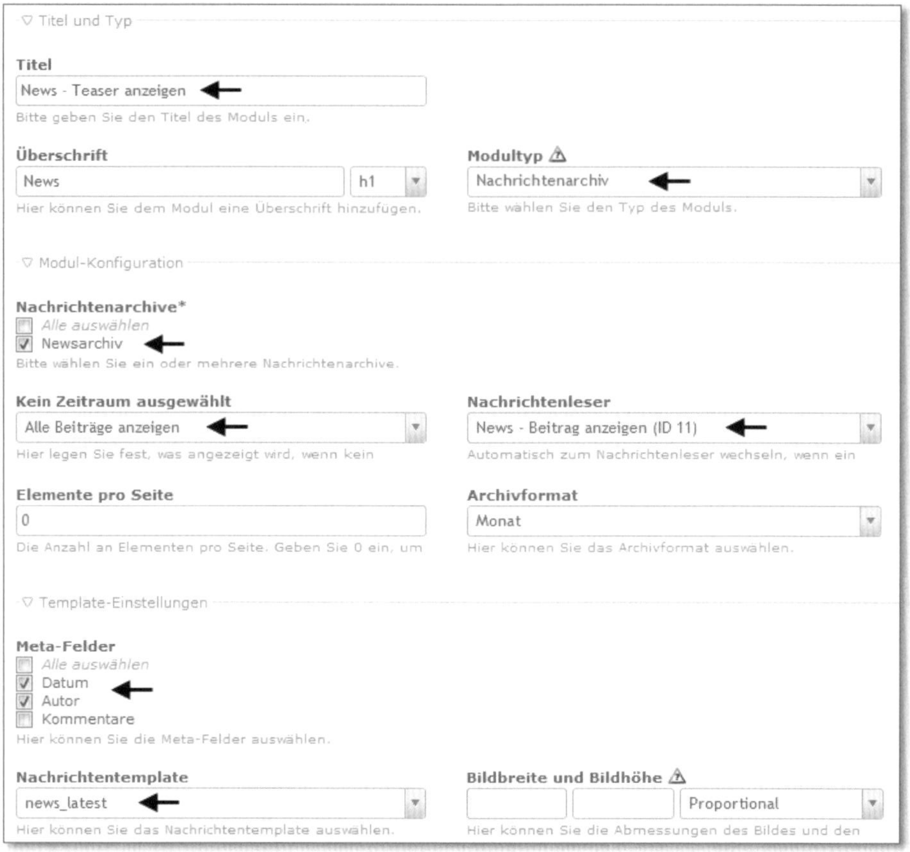
Titel und Typ
Titel
News - Teaser anzeigen
Bitte geben Sie den Titel des Moduls ein.
Überschrift
News
h1
Hier können Sie dem Modul eine Überschrift hinzufügen.
Modultyp
Nachrichtenarchiv
Bitte wählen Sie den Typ des Moduls.
Modul-Konfiguration
Nachrichtenarchive*
Alle auswählen
Newsarchiv
Bitte wählen Sie ein oder mehrere Nachrichtenarchive.
Kein Zeitraum ausgewählt
Alle Beiträge anzeigen
Hier legen Sie fest, was angezeigt wird, wenn kein
Nachrichtenleser
News - Beitrag anzeigen (ID 11)
Automatisch zum Nachrichtenleser wechseln, wenn ein
Elemente pro Seite
0
Die Anzahl an Elementen pro Seite. Geben Sie 0 ein, um
Archivformat
Monat
Hier können Sie das Archivformat auswählen.
Template-Einstellungen
Meta-Felder
Alle auswählen
Datum
Autor
Kommentare
Hier können Sie die Meta-Felder auswählen.
Nachrichtentemplate
news_latest
Hier können Sie das Nachrichtentemplate auswählen.
Bildbreite und Bildhöhe
Proportional
Hier können Sie die Abmessungen des Bildes und den

Abbildung 14.8 Das Eingabeformular für das Modul »News – Teaser anzeigen«

Anzahl der Beiträge pro Seite begrenzen

Wenn Sie sehr viele Beiträge haben, können Sie die Anzahl der Elemente pro Seite begrenzen. Contao erstellt dann automatisch eine *Paginierung*: Unten auf der Seite wird ein `div` mit der Klasse `pagination` eingefügt, das einen Absatz mit dem Text »Seite x von y« enthält. Darunter werden in einer ungeordneten Liste anklickbare Hyperlinks bereitgestellt, um zu einer bestimmten Seite zu springen.

14.3.3 Das Frontend-Modul »News – Teaser anzeigen« einbinden

Das Modul NEWS – TEASER ANZEIGEN [NACHRICHTENARCHIV] soll nur auf der Seite NEWS dargestellt werden, und deshalb binden Sie es im folgenden ToDo in einen Artikel auf dieser Seite ein.

ToDo: Artikel für das Modul »News – Teaser anzeigen«

1. Öffnen Sie das Backend-Modul INHALTE • ARTIKEL.
2. Verkürzen Sie den Artikelbaum mit einem Klick auf den fett hervorgehobenen Namen der Seite NEWS.
3. Öffnen Sie den Artikel NEWS [HAUPTSPALTE] zur Bearbeitung.
4. Löschen Sie bereits vorhandene Inhaltselemente (auch die Überschrift), am einfachsten mit der Funktion MEHRERE BEARBEITEN.
5. Erstellen Sie ein NEUES ELEMENT am Anfang der Seite.
6. Wählen Sie als ELEMENTTYP den Eintrag MODUL. Daraufhin erscheint darunter eine Liste der vorhandenen Frontend-Module.
7. Wählen Sie aus dieser Liste das Modul NEWS – TEASER ANZEIGEN (ID xx). Beachten Sie, dass danach rechts daneben ein gelber Bleistift erscheint, mit dem Sie bei Bedarf das Modul direkt von hier aus konfigurieren können.
8. Klicken Sie auf SPEICHERN UND SCHLIESSEN.

Nach diesem ToDo gibt es endlich etwas im Browser zu sehen, auch wenn die Darstellung noch nicht perfekt ist (siehe Abbildung 14.9).

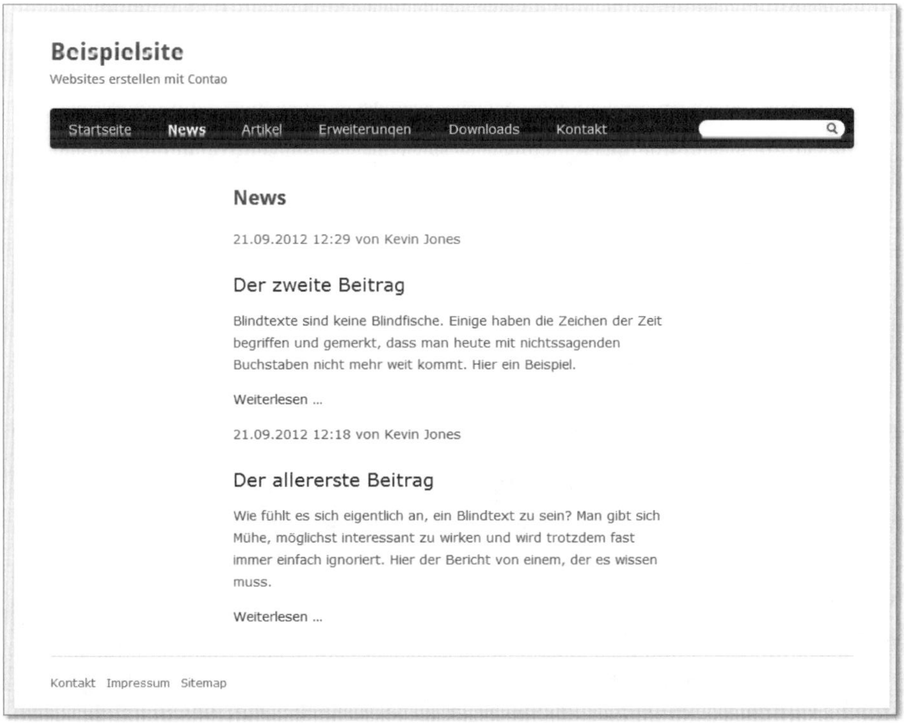
Beispielsite
Websites erstellen mit Contao
Startseite
News
Artikel
Erweiterungen
Downloads
Kontakt
News
21.09.2012 12:29 von Kevin Jones
Der zweite Beitrag
Blindtexte sind keine Blindfische. Einige haben die Zeichen der Zeit begriffen und gemerkt, dass man heute mit nichtssagenden Buchstaben nicht mehr weit kommt. Hier ein Beispiel.
Weiterlesen ...
21.09.2012 12:18 von Kevin Jones
Der allererste Beitrag
Wie fühlt es sich eigentlich an, ein Blindtext zu sein? Man gibt sich Mühe, möglichst interessant zu wirken und wird trotzdem fast immer einfach ignoriert. Hier der Bericht von einem, der es wissen muss.
Weiterlesen ...
Kontakt
Impressum
Sitemap

Abbildung 14.9 Die Newsübersicht im Frontend – noch ungestaltet

Die `h1`-Überschrift »News« ist bereits im Modul definiert worden. Sie sehen die beiden Nachrichtenbeiträge in umgekehrter chronologischer Reihenfolge. Das hat funktioniert. Datum und Autor sind noch viel zu weit weg von den Überschriften, aber zu sehen ist bereits, dass sowohl die Überschrift als auch WEITERLESEN ... anklickbar sind und auch bereits funktionieren. Wie Sie den Text für den Link WEITERLESEN ... ändern können, erfahren Sie übrigens weiter hinten im Buch auf Seite 633, in Abschnitt 25.1.2.

Soweit ist bereits alles funktionsfähig: Die Seite NEWS zeigt eine Übersicht aller Nachrichtenbeiträge, und ein Klick auf eine Überschrift oder den Link WEITERLESEN ... bringt den Besucher zur Einzelansicht eines Beitrags (siehe Abbildung 14.10). In der Einzelansicht gelangt man über den Link ZURÜCK wieder zurück zur Übersicht.

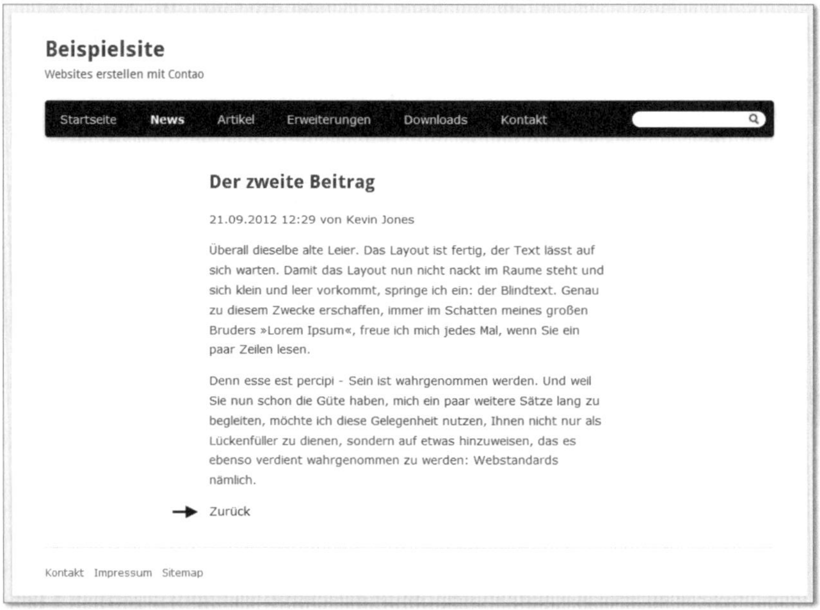

Abbildung 14.10 Ein Beitrag in der Einzelansicht

Der schnelle Newsbeitrag: nur ein Teaser

Falls Sie einfach nur ganz schnell einen kurzen Nachrichtenbeitrag erstellen möchten, schreiben Sie einfach nur einen Teaser (mit oder ohne Bild), fügen aber keinerlei weitere Inhaltselemente hinzu.

Im Teaser erscheint unterhalb des Textes kein WEITERLESEN-Link. Damit der kurze Beitrag trotzdem von anderen Seiten einzeln verlinkt werden kann (*Deep Linking*), ist die Überschrift anklickbar. Contao zeigt in der Einzelansicht des Beitrags automatisch den Teasertext an.

Unterhalb des Teasertextes können Sie im Bereich WEITERLEITUNGSZIEL übrigens auch einstellen, dass ein Klick auf WEITERLESEN ... zu einer Seite, einem Artikel oder zu einer externen URL führt.

14.3.4 Die URL eines Nachrichtenbeitrags

Das Ende der URL des in Abbildung 14.10 dargestellten Beitrags sieht übrigens wie folgt aus:

- *index.php/news/items/der-zweite-beitrag.html*

Diese URL setzt sich der Reihe nach wie folgt zusammen:

- *index.php* ist der eigentliche Name der Seite und nur vorübergehend dabei.
- *news* ist der Seitenalias der Seite BEITRAG ANZEIGEN und kann dort ganz einfach geändert werden.
- *items* teilt dem Modul NACHRICHTENLESER mit, dass er eine bestimmte Nachricht ausgeben soll, und kann nicht so einfach geändert werden.
- *der-zweite-beitrag* ist der Alias des Beitrags DER ZWEITE BEITRAG.
- *.html* ist das im Backend-Modul SYSTEM • EINSTELLUNGEN definierte URL-SUFFIX.

In Kapitel 20, »SEO: die Optimierung für Suchmaschinen«, optimieren Sie die von Contao erzeugten URLs, sodass sie für Besucher und Suchmaschinen etwas aussagekräftiger werden. Im Zuge dieser Maßnahmen werden der Dateiname *index.php* und das Schlüsselwort *items* nicht mehr ausgegeben. Das Ende der URL für obigen Beitrag lautet dann:

- */news/der-zweite-beitrag.html*

Falls der aufzurufende Beitrag nicht existiert oder nicht veröffentlicht wurde, erzeugt das Modul NACHRICHTENLESER übrigens eine Fehlermeldung mit der Nummer 404, die Sie mit einer entsprechenden Seite abfangen können (siehe Abschnitt 20.4).

Die Frontend-Vorschau zeigt auf Wunsch nicht veröffentlichte Beiträge

Um einen noch nicht veröffentlichten Beitrag im Frontend sehen zu können, nutzen Sie die FRONTEND-VORSCHAU ganz oben im Infobereich (Alt + F).

Die Frontend-Vorschau zeigt das Frontend als Teil eines Framesets. Im oberen Frame gibt es hellgelb hinterlegt einige Bedienelemente. Wenn Sie in der Liste UNVERÖFFENTLICHTE ELEMENTE den Eintrag ANZEIGEN auswählen und dann auf die Schaltfläche ANWENDEN klicken, sehen Sie im unteren Frame auch unveröffentlichte Beiträge im Frontend.

14.3.5 Optional: Template anpassen – den Link» Zurück« optimieren

Was genau genommen noch fehlt, ist eine wirklich zuverlässige Möglichkeit, von einem einzelnen Beitrag zurück zur Übersicht mit der Auflistung der Teasertexte zu kommen, denn der Menüpunkt NEWS in der Navigationsleiste ist nicht anklickbar, da Sie technisch gesehen immer noch auf dieser Seite sind.

Es gibt zwar unterhalb eines Beitrags den in Abbildung 14.10 dargestellten Link ZURÜCK, aber der funktioniert nur, wenn man von der Teaserübersicht kommt. Im Quelltext der Seite sieht dieser Link etwas verkürzt so aus:

```
<!-- indexer::stop -->
<p class="back">
<a href="javascript:history.go(-1)">Zurück</a>
</p>
<!-- indexer::continue -->
```

Listing 14.1 Der Link »Zurück« im Quelltext

Die JavaScript-Anweisung `history.go(-1)` geht zurück zur vorher im Browser angezeigten Webseite. Wird der einzelne Newsbeitrag später von einer anderen Webseite direkt verlinkt, würde der Link also dorthin zurückkehren und nicht zur Newsübersicht mit den Teasern auf der Seite NEWS.

Um das zu optimieren, genügt eine kleine Änderung des Templates *mod_newsreader.html5*. Und das geht so:

- Öffnen Sie das Backend-Modul TEMPLATES, und klicken Sie oben auf NEUES TEMPLATE.
- Wählen Sie unter ORIGINALTEMPLATE die Datei *mod_newsreader.html5* und als ZIELVERZEICHNIS den Ordner *theme_one*.
- Bestätigen Sie die Auswahl mit einem Klick auf TEMPLATE ERSTELLEN. Jetzt haben Sie eine Kopie des Originaltemplates erstellt.
- Öffnen Sie die eben erstellte Templatekopie *mod_newsreader.html5* durch einen Klick auf das zweite Symbol von rechts (weiß-blau) zur Bearbeitung im Editor.
- Geben Sie gleich in der allerersten Zeile einen PHP-Kommentar ein, damit Sie auch demnächst noch wissen, was Sie jetzt geändert haben:

```
<?php // "Zurück" ersetzt durch "Zur Newsübersicht" ?>
```

Listing 14.2 Ein PHP-Kommentar im Template

- Suchen Sie im Editorfenster den folgenden Quelltext (ca. ab Zeile 10):

```
<!-- indexer::stop -->
<p class="back">
```

```
<a href="<?php echo $this->referer; ?>"
   title="<?php echo $this->back; ?>">
<?php echo $this->back; ?>
</a>
</p>
<!-- indexer::continue -->
```

Listing 14.3 Quelltext zur Erstellung des Links »Zurück« im Template

- Ersetzen Sie den fett hervorgehobenen Hyperlink durch zwei Inserttags und den Text ZUR NEWSÜBERSICHT:

```
<!-- indexer::stop -->
<p class="back">
{{link_open::news}}Zur Newsübersicht{{link_close}}
</p>
<!-- indexer::continue -->
```

Listing 14.4 Ein Link zurück zur Seite »News«

Das Inserttag `{{link_open::news}}` ruft einfach nur die Seite NEWS auf, und der Browser zeigt dann die Seite mit der Teaserübersicht. Anstelle des Alias `news` könnten Sie auch die ID der Seite verwenden, also zum Beispiel `{{link_open::8}}` (für eine Seite mit der ID »8«). Die ID einer Seite finden Sie heraus, indem Sie im Seitenbaum mit der Maus zum Beispiel auf das weiße »i« im blauen Kreis zeigen. Ein Klick zeigt Ihnen sämtliche Informationen zu der Seite, auch die ID.

Einen kompletten Überblick über *Inserttags* finden Sie in Abschnitt 25.5 ab Seite 646.

14.4 HTML und CSS: Teaser und Beiträge gestalten

Um die Ausgabe der Nachrichtenbeiträge zu formatieren, werfen Sie zunächst einen Blick auf das HTML und erstellen dann die entsprechenden Styles.

14.4.1 Das HTML des Moduls »News – Teaser anzeigen«

Das HTML für die News-Übersicht wird vom Modul NEWS – TEASER ANZEIGEN [NACHRICHTENARCHIV] erzeugt, das dazu zwei Templates benutzt: das Modultemplate *mod_newsarchive.html5* und das Subtemplate *news_latest.html5*.

Listing 14.5 zeigt die wichtigsten Passagen aus dem Quelltext.

```
<div class="mod_newsarchive block">
<h1>News</h1>
<div class="layout_latest block first even">
<p class="info">
<time datetime="...">20.09.2012 09:28</time>
von Kevin Jones</p>
<h2><a href="#" title="Den Artikel lesen: der zweite
      Beitrag">Der zweite Beitrag</a></h2>
<div class="teaser"><p>Blindtexte [...]</p></div>
<p class="more"><a href="..." title="Den Artikel lesen: der zweite
Beitrag">Weiterlesen … <span class="invisible">Der zweite Beitrag
</span></a></p>
</div>
[ weitere Beiträge ]
</div>
```

Listing 14.5 HTML des Moduls »News – Teaser anzeigen« (Auszug)

Umgeben ist die gesamte News-Übersicht von einem `div`-Element mit der Klasse `mod_newsarchive`. Der Klassenname für das `div` der einzelnen Beiträge leitet sich vom Subtemplate *news_latest.html5* ab und lautet `layout_latest`. Außerdem bekommt ein Beitrag einige zusätzliche Klassen wie `block`, `first` und `even`.

Die Meta-Informationen zu Datum und Autor stehen in einem eigenen Absatz mit der Klasse `info`, gefolgt von einer `h2`-Überschrift mit einem Link, in dem das `title`-Attribut die Beitragsüberschrift wieder aufgreift, genau wie das unsichtbare `span`-Element im WEITERLESEN …-Link. Hintergrund dieser Maßnahme ist, dass die Links für Screenreader so aussagekräftiger sind. Stünde in den Links nur das Wort »Weiterlesen« ohne die Beitragsüberschrift dahinter, wäre nicht klar, *was* eigentlich weitergelesen werden kann.

Der Teasertext steht in einem `div`-Element mit der Klasse `teaser`. Der Link WEITERLESEN … hat einen eigenen Absatz mit der Klasse `more`.

Übersicht der Templates und CSS-Klassen

Eine Übersicht über alle Modultypen, Templates und deren CSS-Klassen finden Sie am Ende dieses Kapitels ab Seite 427.

14.4.2 Das CSS zur Gestaltung der Teaserübersicht

Dieses HTML kann mit dem CSS aus dem folgenden ToDo einfach, aber wirksam gestaltet werden. Alle Styles werden am Ende des Stylesheets zur Gestaltung der Inhalte eingefügt und bekommen, wenn Sie mit internen Stylesheets arbeiten, die KATEGORIE NEWS.

ToDo: Die Teaser auf der Seite »Nachrichten« per CSS gestalten

1. Öffnen Sie das Stylesheet *inhalte* im Editor.
2. Gestalten Sie die einzelnen Beiträge mit folgendem Style:

```
.mod_newsarchive .layout_latest {
  border-bottom: 1px dotted #d9d9d9;
  margin: 2em 0 3em 0
}
```

3. Formatieren Sie die Zeile mit den Meta-Informationen:

```
#main .mod_newsarchive .info {
  font-size: 12px;
  margin-bottom: 1em;
}
```

4. Gestalten Sie die Beitragsüberschriften und die Links darin mit den folgenden CSS-Regeln:

```
.mod_newsarchive h2 {
  font-size: 18px;
  line-height: 1;
}
.mod_newsarchive h2 a {
  color: #666;
  text-decoration: underline;
  font-weight: bold;
}
```

5. Gestalten Sie, falls gewünscht, die Unterstreichung der Links:

```
.mod_newsarchive a:hover,
.mod_newsarchive a:focus {
  text-decoration: underline;
}
```

6. Speichern Sie das Stylesheet, und betrachten Sie die Seite im Browser.

Nach diesem ToDo wirkt die ÜBERSICHT auf der Seite NEWS etwas *übersicht*licher (siehe Abbildung 14.11) und wird so ihrem Namen etwas gerechter.

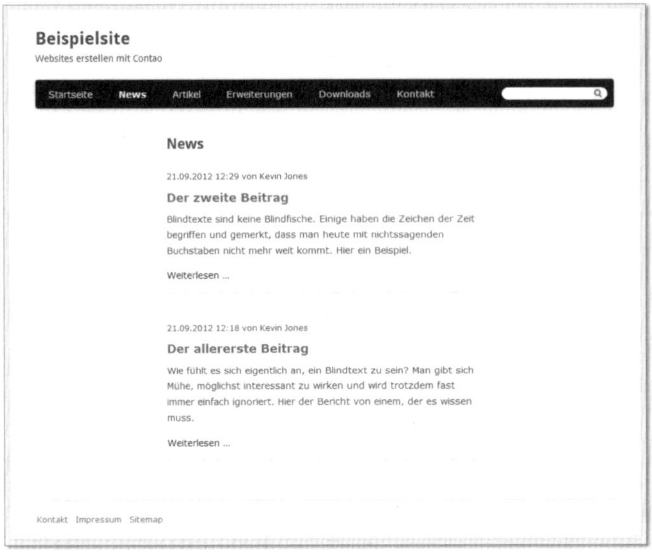
Beispielsite
Websites erstellen mit Contao
Startseite
News
Artikel
Erweiterungen
Downloads
Kontakt
News
21.09.2012 12:29 von Kevin Jones
Der zweite Beitrag
Blindtexte sind keine Blindfische. Einige haben die Zeichen der Zeit begriffen und gemerkt, dass man heute mit nichtssagenden Buchstaben nicht mehr weit kommt. Hier ein Beispiel.
Weiterlesen ...
21.09.2012 12:18 von Kevin Jones
Der allererste Beitrag
Wie fühlt es sich eigentlich an, ein Blindtext zu sein? Man gibt sich Mühe, möglichst interessant zu wirken und wird trotzdem fast immer einfach ignoriert. Hier der Bericht von einem, der es wissen muss.
Weiterlesen ...
Kontakt Impressum Sitemap

Abbildung 14.11 Die formatierten Teaser auf der Seite »Nachrichten«

14.4.3 Das HTML des Moduls »News – Beitrag anzeigen«

Nach der Formatierung der Teaser kommt jetzt die Einzelansicht an die Reihe, die vom Modul NEWS – BEITRAG ANZEIGEN [NACHRICHTENLESER] erzeugt wird, und zwar genau genommen vom Modultemplate *mod_newsreader.html5* und dem Subtemplate *news_full.html5*.

Der Quelltext sieht so aus wie der Auszug in Listing 14.6.

```
<div class="mod_newsreader block">
<div class="layout_full block first last even">
<h1>Der zweite Beitrag</h1>
<p class="info">
<time datetime="...">20.09.2012 09:28</time>
von Kevin Jones</p>
<div class="ce_text">
<p>Überall dieselbe alte Leier. [...]</p>
<p>Denn esse est percipi […]</p>
</div>
</div>
<!-- indexer::stop -->
<p class="back">
<a href="...">Zur Newsübersicht</a>
</p>
<!-- indexer::continue -->
```

Listing 14.6 Das HTML des Moduls »News – Beitrag anzeigen«

Umgeben ist der Beitrag von einem `div` mit der Klasse `mod_newsreader`. Darin befindet sich ein zweites `div`, dessen Klassenname sich wieder vom Subtemplate ableitet (`layout_full`) und das außerdem diverse andere nützliche Klassen bekommt, die man bei der Gestaltung auswerten kann.

Erwähnenswert ist, dass der Titel des Beitrags in der Einzelausgabe von `h2` zu `h1` befördert wird. Der Rest des Quelltextes birgt keinerlei Überraschungen.

14.4.4 Das CSS zur Gestaltung der einzelnen Beiträge

Dieses HTML benötigt im folgenden ToDo nur einen Style.

ToDo: Einen kompletten Beitrag per CSS gestalten

1. Öffnen Sie das Stylesheet *inhalte* zur Bearbeitung.
2. Fügen Sie nach den CSS-Regeln für die News-Übersicht den folgenden Style zur Gestaltung der Einzelansicht ein (KATEGORIE: »News«):

```
#main .mod_newsreader .info {
  font-size: 12px;
}
```

3. Speichern Sie das Stylesheet, und betrachten Sie die Seite im Browser.

Mit diesem einfachen Style sieht ein einzelner Beitrag im Browser jetzt so aus wie in Abbildung 14.12.

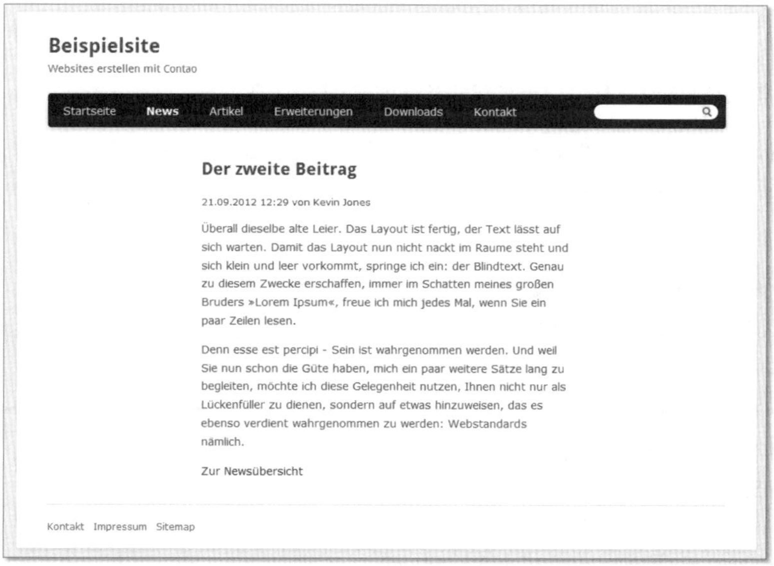

Abbildung 14.12 Ein formatierter News-Beitrag in der Einzelansicht

Damit ist das Nachrichtensystem funktionstüchtig, und es geht weiter mit dem Hinzufügen von Bildern.

Datum und Autor lieber unterhalb des Beitrags?

Um die Meta-Informationen wie Datum und Autor unterhalb des Teasers oder Beitrags anzuzeigen, müssen Sie die Subtemplates *news_latest* bzw. *news_full* ändern. Dazu erstellen Sie im Backend-Modul LAYOUT • TEMPLATES eine Kopie des gewünschten Templates und speichern diese im Template-Ordner *theme_one*.

Um die Meta-Informationen zu verschieben, öffnen Sie die Template-Kopie im Editor und markieren ziemlich am Anfang die folgenden Zeilen:

```
<?php if ($this->hasMetaFields): ?>
<p class="info"> [diverse PHP-Anweisungen ] </p>
<?php endif; ?>
```

Schneiden Sie diese Zeilen aus, und fügen Sie sie vor dem `</div>` am Ende des Templates wieder ein. Klicken Sie auf SPEICHERN, und testen Sie den Code im Browser.

Falls die vorgenommenen Änderungen nicht unmittelbar im Frontend sichtbar sind, sollten Sie nach dem Anlegen neuer Template-Kopien gegebenenfalls den Contao File-Cache leeren: im Backend-Modul SYSTEMWARTUNG • DATEN BEREINIGEN • Option TEMP-ORDNER LEEREN (*system/tmp*).

Falls etwas schiefgeht, löschen Sie einfach das angepasste Template aus dem Template-Ordner *theme_one*. Contao benutzt dann automatisch wieder das Original aus dem Systemordner.

14.5 Bilder zu Teasern und Beiträgen hinzufügen

Bilder in Nachrichtenbeiträgen funktionieren im Prinzip genauso wie in Artikeln und können sowohl zum Teaser als auch zu den Beiträgen hinzugefügt werden.

14.5.1 Bilder zum Teaser hinzufügen

Im folgenden ToDo fügen Sie ein Bild zu einem Teaser für den Beitrag »Der allererste Beitrag« hinzu.

ToDo: Ein Bild zu einem Beitrag hinzufügen

1. Wechseln Sie in das Backend-Modul DATEIVERWALTUNG.
2. Laden Sie mit dem DATEI-UPLOAD die Datei *lorem_ipsum.jpg* von der Buch-CD in den Ordner *beispielsite/content/grafiken* hoch.

3. Öffnen Sie im Backend-Modul NACHRICHTEN das NEWSARCHIV mit einem Klick auf den gelben Bleistift.
4. Öffnen Sie die Beitragseinstellungen des Beitrags »Der allererste Beitrag« zur Bearbeitung. Dazu klicken Sie einfach auf das Symbol BEITRAGEINSTELLUNGEN BEARBEITEN rechts neben dem gelben Bleistift.
5. Aktivieren Sie das Kontrollkästchen EIN BILD HINZUFÜGEN unterhalb des Editorfensters für den Teasertext.
6. Wählen Sie die Datei *lorem_ipsum.jpg* als Quelldatei:
   ALTERNATIVER TEXT: »Lorem Ipsum«
   BILDBREITE: 75
   BILDABSTAND nach rechts: 20 px
   GROSSANSICHT/NEUES FENSTER: aktivieren
   BILDAUSRICHTUNG: linksbündig
7. Klicken Sie auf SPEICHERN UND SCHLIESSEN.

Im Browser erscheint das Bild im Teaser (siehe Abbildung 14.13).

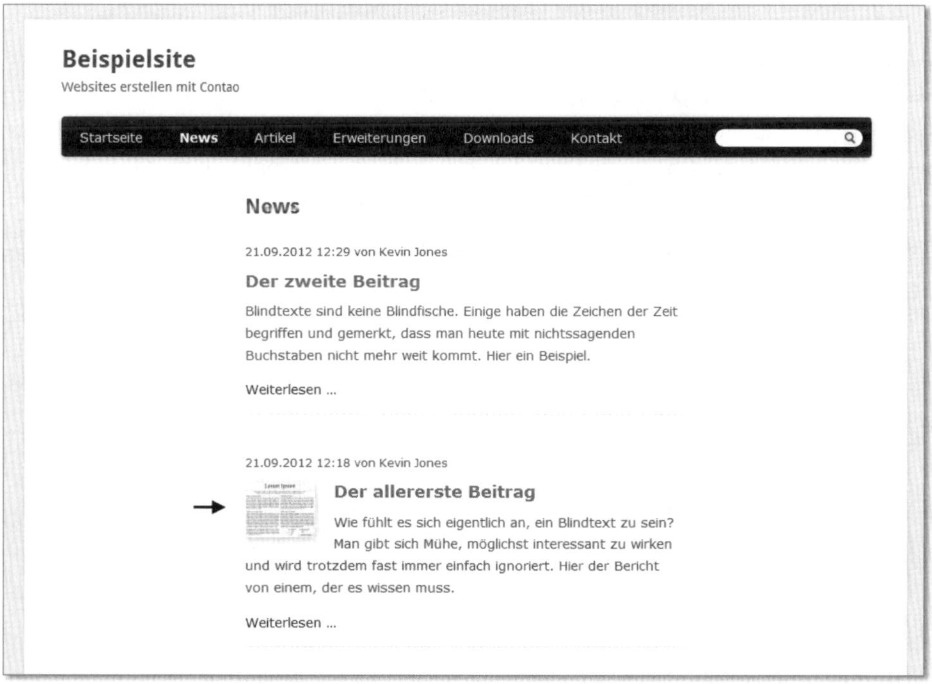

Beispielsite
Websites erstellen mit Contao
Startseite
News
Artikel
Erweiterungen
Downloads
Kontakt
News
21.09.2012 12:29 von Kevin Jones
Der zweite Beitrag
Blindtexte sind keine Blindfische. Einige haben die Zeichen der Zeit begriffen und gemerkt, dass man heute mit nichtssagenden Buchstaben nicht mehr weit kommt. Hier ein Beispiel.
Weiterlesen ...
21.09.2012 12:18 von Kevin Jones
Der allererste Beitrag
Wie fühlt es sich eigentlich an, ein Blindtext zu sein? Man gibt sich Mühe, möglichst interessant zu wirken und wird trotzdem fast immer einfach ignoriert. Hier der Bericht von einem, der es wissen muss.
Weiterlesen ...

Abbildung 14.13 Nachricht mit Bild in der Einzelansicht

Im Teaser erscheinen die im Beitrag hinzugefügten Bilder, sofern im Frontend-Modul zur Darstellung der Teaser das Subtemplate *news_latest* ausgewählt wurde. Die anderen für eine Listendarstellung geeigneten Templates, *news_short* und *news_simple*, stellen in den Teasern standardmäßig keine Bilder dar.

Wenn die Bilder für alle Teaser gleich groß sein sollen

Wenn die Bilder für alle Teaser gleich groß sein sollen, dann können Sie die Bildbreite und Bildhöhe auch direkt im Frontend-Modul einstellen:

- Öffnen Sie das Frontend-Modul NEWS – TEASER ANZEIGEN [NACHRICHTENARCHIV].
- Tragen Sie im Feld BILDBREITE UND BILDHÖHE die gewünschten Werte ein, und wählen Sie eine Einstellung aus der Auswahlliste.

Die Einstellungen aus dem Frontend-Modul gelten für alle Teaser, die mit diesem Modul dargestellt werden, und haben Vorrang gegenüber den Bildeinstellungen aus den Beitragseinstellungen im Nachrichtenarchiv.

14.5.2 Bilder zum Beitrag in der Einzelansicht hinzufügen

Anders als bei früheren Contao-Versionen erscheint das Teaserbild nicht automatisch auch in der Einzelansicht des Beitrags, da dieser ja aus Inhaltselementen besteht. Um auch in der Einzelansicht des Beitrags ein Bild anzuzeigen, fügen Sie es, wie von den Artikeln her gewohnt, im ersten Inhaltselement hinzu. Das ist zwar etwas mehr Arbeit, aber dadurch erhalten Sie mehr Gestaltungsfreiraum.

Abbildung 14.14 zeigt den Beitrag in der Einzelansicht mit Bild, wobei die folgenden Einstellungen gewählt wurden:

- ALTERNATIVER TEXT und TITEL: »Lorem Ipsum«
- BILDBREITE: 150 und PROPORTIONAL
- BILDABSTAND: 20 px nach rechts
- GROSSANSICHT aktiviert
- BILDAUSRICHTUNG: LINKSBÜNDIG

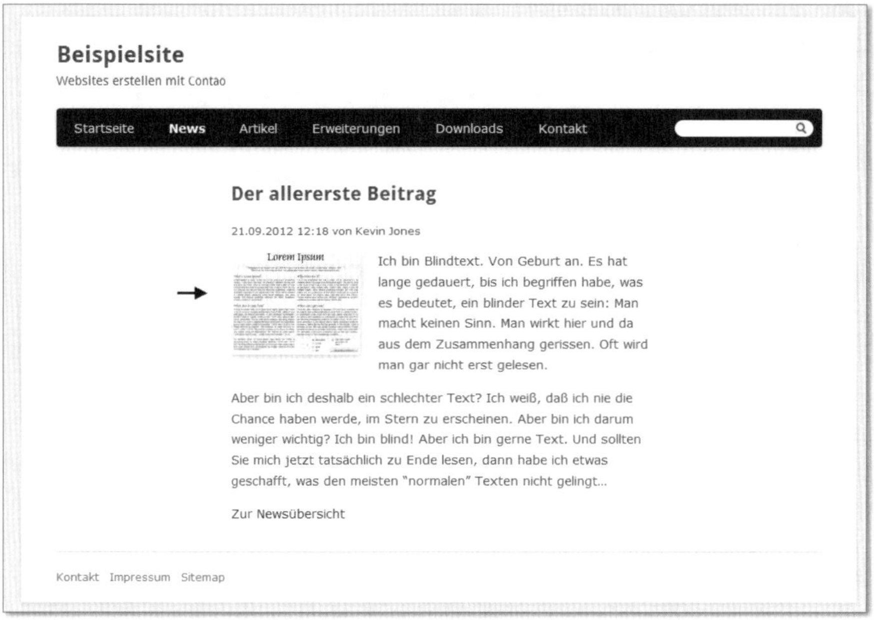

Abbildung 14.14 Der Beitrag in der Einzelansicht mit einem Bild

14.6 RSS-Feeds zum Abonnieren der Beiträge erstellen

Falls Sie möchten, dass Ihre Besucher die Nachrichtenbeiträge in einem Feedreader abonnieren oder sogar auf einer anderen Webseite einbinden können, geht auch das in Contao recht einfach.

In älteren Contao-Versionen war ein Feed immer an ein Nachrichtenarchiv gebunden. In Contao 3 kann ein RSS-Feed aus mehreren Nachrichtenarchiven bestehen. Die Erstellung eines RSS-Feeds erfolgt daher auch nicht mehr in den Einstellungen eines Archivs, sondern auf der Hauptseite des Backend-Moduls NACHRICHTEN.

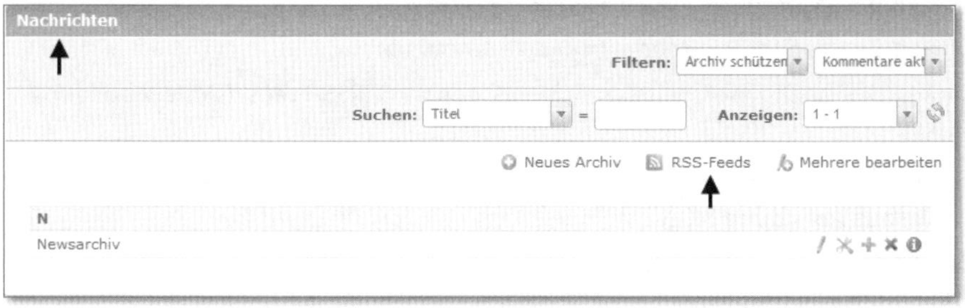

Abbildung 14.15 Der Link zum Erstellen von RSS-Feeds

Abbildung 14.16 zeigt das ausgefüllte Dialogfeld zum Erstellen eines RSS-Feeds nach dem Abarbeiten des darauffolgenden ToDos.

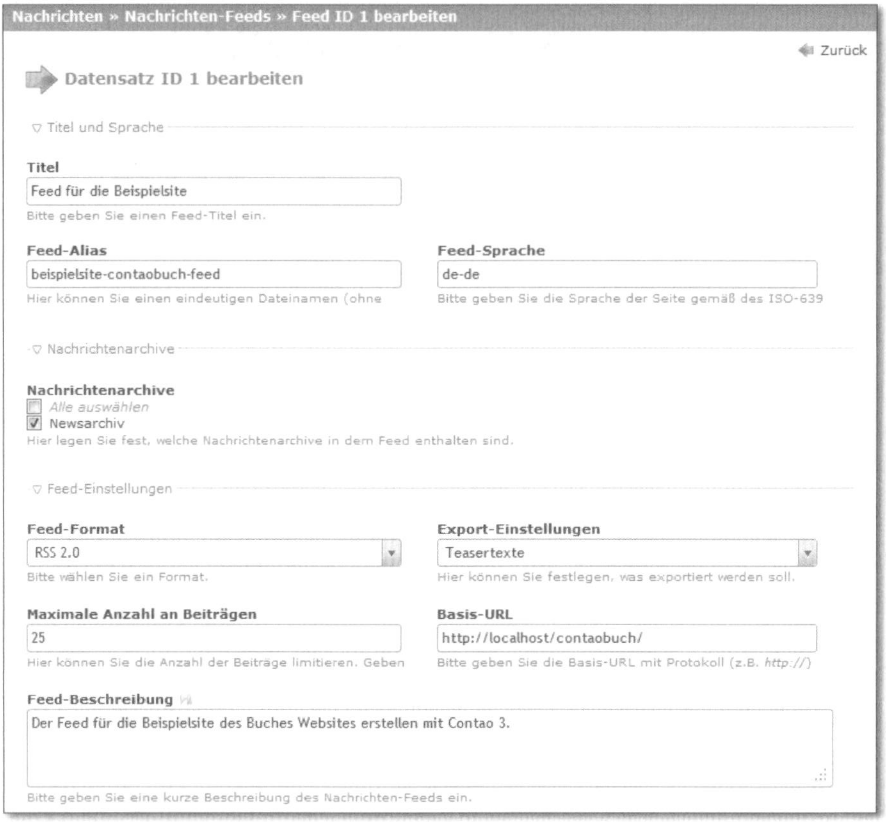
Nachrichten » Nachrichten-Feeds » Feed ID 1 bearbeiten
Zurück
Datensatz ID 1 bearbeiten
Titel und Sprache
Titel
Feed für die Beispielsite
Bitte geben Sie einen Feed-Titel ein.
Feed-Alias
beispielsite-contaobuch-feed
Hier können Sie einen eindeutigen Dateinamen (ohne
Feed-Sprache
de-de
Bitte geben Sie die Sprache der Seite gemäß des ISO-639
Nachrichtenarchive
Nachrichtenarchive
Alle auswählen
Newsarchiv
Hier legen Sie fest, welche Nachrichtenarchive in dem Feed enthalten sind.
Feed-Einstellungen
Feed-Format
RSS 2.0
Bitte wählen Sie ein Format.
Export-Einstellungen
Teasertexte
Hier können Sie festlegen, was exportiert werden soll.
Maximale Anzahl an Beiträgen
25
Hier können Sie die Anzahl der Beiträge limitieren. Geben
Basis-URL
http://localhost/contaobuch/
Bitte geben Sie die Basis-URL mit Protokoll (z.B. http://)
Feed-Beschreibung
Der Feed für die Beispielsite des Buches Websites erstellen mit Contao 3.
Bitte geben Sie eine kurze Beschreibung des Nachrichten-Feeds ein.

Abbildung 14.16 Eingabemaske zum Erstellen eines RSS-Feeds

Diese Einstellungen setzen Sie im folgenden ToDo um.

ToDo: Einen RSS-Feed für die Beispielsite erstellen

1. Öffnen Sie das Backend-Modul INHALTE • NACHRICHTEN.
2. Klicken Sie oben im Arbeitsbereich auf den Link RSS-FEEDS (siehe Abbildung 14.15).
3. Klicken Sie oben auf den Link NEUER FEED. Daraufhin erscheint die Eingabemaske aus Abbildung 14.16.
4. Der TITEL wird in erster Linie zur Verwaltung des Feeds im Backend benutzt: »Feed für die Beispielsite«.

5. Feed-Alias ist der gewünschte Dateiname für die XML-Datei, die Contao erzeugt. Bitte geben Sie nur den ersten Teil des Dateinamens ein, z.B. »beispielsite-contaobuch-feed«. Die Endung *.xml* wird automatisch hinzugefügt.
6. Tragen Sie als Feed-Sprache »de« oder »de-de« für Deutsch ein. Wenn Sie Ihre Beiträge in einer anderen Sprache verfassen, finden Sie z.B. bei SelfHTML eine Übersicht über die Länderkürzel:

   de.selfhtml.org/diverses/sprachenlaenderkuerzel.htm.
7. Kreuzen Sie die gewünschten Nachrichtenarchive an. Für die Beispielsite aktivieren Sie das Newsarchiv.
8. Wenn Ihnen bei Feed-Format die Optionen RSS 2.0 und Atom nicht so viel sagen, lassen Sie die Einstellung RSS 2.0 unverändert.
9. Wählen Sie bei den Export-Einstellungen, ob der Feed nur Teasertexte oder Komplette Beiträge enthalten soll.
10. Ändern Sie, falls gewünscht, die Maximale Anzahl an Beiträgen, die im Feed dargestellt werden.
11. Die Basis-URL ist in der Regel die URL zum Contao-Hauptordner.
12. Last, but not least können Sie eine kurze Feedbeschreibung eingeben.
13. Klicken Sie auf Speichern und schliessen.

Contao erzeugt nach diesem ToDo eine XML-Datei namens *beispielsite-contaobuch-feed.xml* im Ordner */share*, in der je nach Einstellung die Teasertexte oder die kompletten Beiträge enthalten sind.

Damit der Feed von anderen Browsern und Programmen automatisch erkannt wird, muss im unsichtbaren <head>-Bereich des Quelltextes ein entsprechendes HTML-Element erzeugt werden. Das erledigt Contao automatisch, wenn der Feed im Seitenlayout eingebunden wird.

ToDo: Einen RSS-Feed im Seitenlayout einbinden

1. Öffnen Sie in Themes • Seitenlayouts das Standardlayout zur Bearbeitung.
2. Aktivieren Sie im Bereich RSS/Atom-Feeds das Kontrollkästchen Feed für die Beispielsite.
3. Klicken Sie auf Speichern und schliessen.

Contao erzeugt im <head>-Bereich des Quelltextes jetzt ein `link`-Element, mit dem Besucher den Feed abonnieren können:

```
<link type="application/rss+xml" rel="alternate"
 href="http://localhost/contaobuch/share/beispielsite-contaobuch-feed.xml"
title="Feed für die Beispielsite">
```

Listing 14.7 Das »link«-Element zum Abonnieren des Feeds

In Firefox können Sie diesen Feed im Menü LESEZEICHEN abonnieren, indem Sie auf DIESE SEITE ABONNIEREN... klicken. Danach sieht dieser Feed in Firefox so aus wie in Abbildung 14.17. In der Abbildung sehen Sie auch den Titel und die Feed-Beschreibung, die Sie weiter oben eingegeben haben.

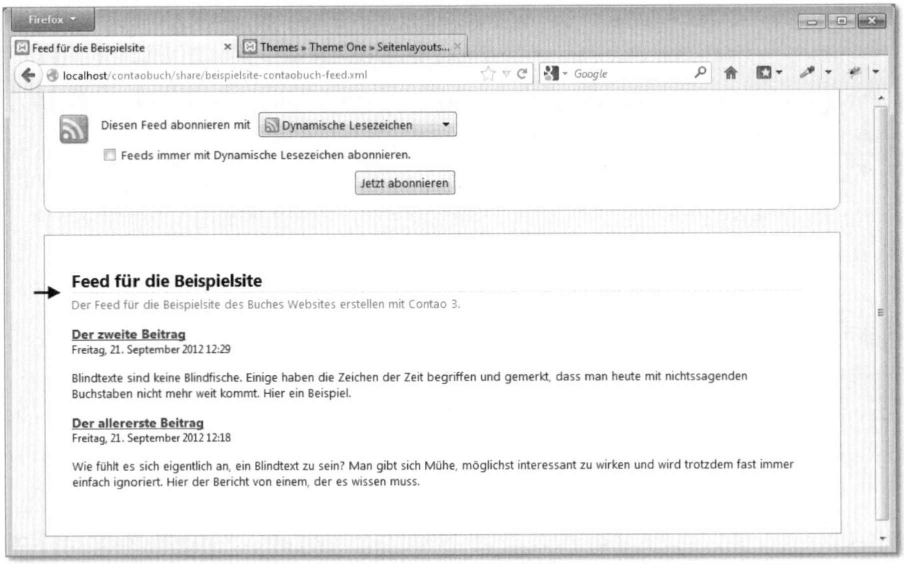
Firefox
Feed für die Beispielsite
Themes » Theme One » Seitenlayouts...
localhost/contaobuch/share/beispielsite-contaobuch-feed.xml
Google
Diesen Feed abonnieren mit
Dynamische Lesezeichen
Feeds immer mit Dynamische Lesezeichen abonnieren.
Jetzt abonnieren
Feed für die Beispielsite
Der Feed für die Beispielsite des Buches Websites erstellen mit Contao 3.
Der zweite Beitrag
Freitag, 21. September 2012 12:29
Blindtexte sind keine Blindfische. Einige haben die Zeichen der Zeit begriffen und gemerkt, dass man heute mit nichtssagenden Buchstaben nicht mehr weit kommt. Hier ein Beispiel.
Der allererste Beitrag
Freitag, 21. September 2012 12:18
Wie fühlt es sich eigentlich an, ein Blindtext zu sein? Man gibt sich Mühe, möglichst interessant zu wirken und wird trotzdem fast immer einfach ignoriert. Hier der Bericht von einem, der es wissen muss.

Abbildung 14.17 Der RSS-Feed in Firefox

14.7 Interaktion mit Besuchern: die Kommentarfunktion

Das Web ist ein interaktives Medium, und so gibt es im NACHRICHTEN-Modul von Contao auch eine sehr einfach zu bedienende Kommentarfunktion.

14.7.1 Die Kommentarfunktion aktivieren

Ihren Besuchern eine Kommentierung der Beiträge zu ermöglichen ist einfacher, als Sie vielleicht denken: Sie müssen lediglich im Backend-Modul NACHRICHTEN in den Einstellungen für das NEWSARCHIV die Kommentare aktivieren (siehe Abbildung 14.18).

Abbildung 14.18 Kommentare in den Archiv-Einstellungen aktivieren

Die Optionen zur Konfiguration der Kommentarfunktion sind selbsterklärend, und wenn Sie sich im Browser einen Beitrag in der Einzelansicht anschauen, ist das Kommentarformular bereits eingebaut und einsatzbereit (siehe Abbildung 14.19).

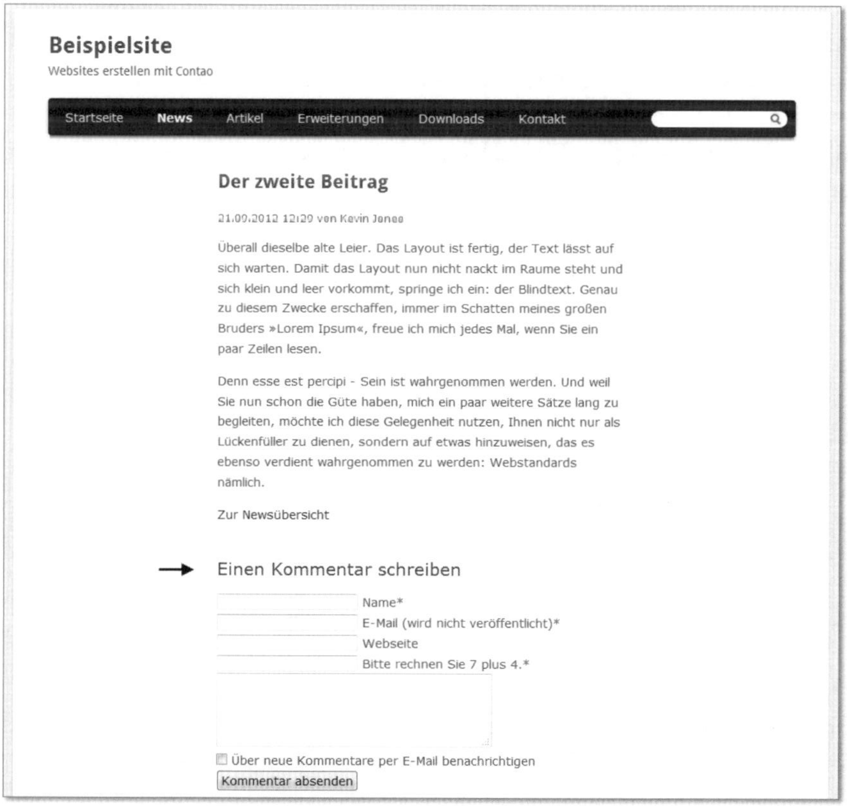

Abbildung 14.19 Das Kommentarformular unterhalb des Beitrags

ToDo: Kommentarfunktion aktivieren

1. Öffnen Sie das Backend-Modul INHALTE • NACHRICHTEN.
2. Klicken Sie auf das Symbol rechts neben dem gelben Bleistift, um die Einstellungen für das Archiv NEWSARCHIV zu bearbeiten.
3. Aktivieren Sie das Kontrollkästchen KOMMENTARE AKTIVIEREN.
4. Klicken Sie auf SPEICHERN UND SCHLIESSEN.

Und schon erscheint im Browser unterhalb des Beitrags in der Einzelansicht ein Kommentarformular (Abbildung 14.19). Die Gestaltung des Formulars basiert übrigens auf einigen Styles aus dem CSS-Reset.

14.7.2 Kommentare schreiben und überprüfen

Das Kommentarformular ist, wie gesagt, bereits betriebsbereit: Pflichtfelder sind mit einem Sternchen gekennzeichnet, und eine Sicherheitsfrage mit einer Rechenaufgabe für Spammer ist auch mit an Bord.

Es gibt auch schon eine Formularüberprüfung. Wenn ein Besucher nicht alle Pflichtfelder ausfüllt, bekommt er entsprechende Meldungen entweder direkt vom Browser oder von Contao (Abbildung 14.20). Die Formatierung der Fehlermeldung stammt übrigens von der Gestaltung des Kontaktformulars aus Kapitel 12, »Kontakt: der Formulargenerator von Contao«.

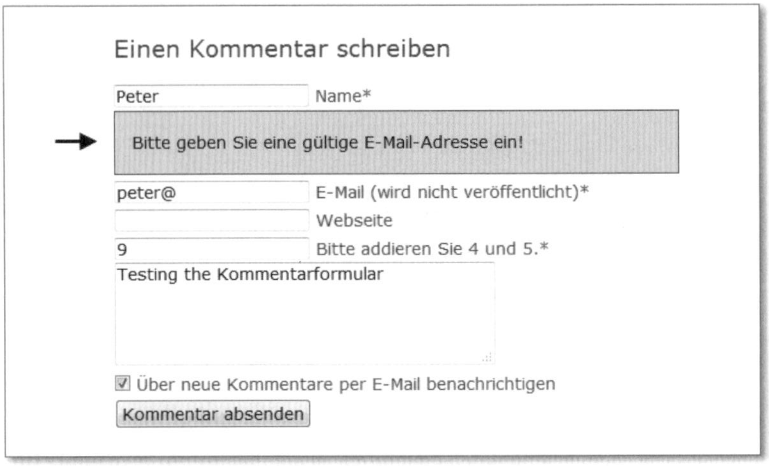

Abbildung 14.20 Das Formular wird bereits überprüft.

Wenn die Besucher das Formular korrekt ausfüllen, werden die Kommentare zwischen der Überschrift »Einen Kommentar schreiben« und dem Formular angezeigt (siehe Abbildung 14.21). Falls Sie in den Archiv-Einstellungen die Option KOMMENTARE MODERIEREN aktiviert haben, müssen Sie die Kommentare vorher noch freischalten.

Einen Kommentar schreiben
Kommentar von Peter | 21.09.2012
Ich finde es toll, dass dieser Blindtext nicht nur Lückenfüller sein will und dabei auch auf die Webstandards hinweist. Das verdient Unterstützung, die ich hiermit zum Ausdruck bringen möchte.
Kommentar von Hans Moser | 21.09.2012
Ach immer diese Webstandards. Das interessiert doch wirklich niemanden da draußen.
Name*
E-Mail (wird nicht veröffentlicht)*
Webseite
Was ist die Summe aus 8 und 1?*
Über neue Kommentare per E-Mail benachrichtigen
Kommentar absenden

Abbildung 14.21 Kommentare werden unter dem Beitrag gelistet.

14.7.3 Die Kommentare gestalten

Das Formular ist von der Gestaltung her okay, und so fehlen nur noch ein paar Styles für die Kommentare. Zunächst werfen Sie dazu wie immer einen kurzen Blick auf das HTML. Die Darstellung der Kommentare basiert auf dem in Listing 14.8 gezeigten HTML.

```
<div class="comment_default first even" id="c3">
<p class="info">Kommentar von Peter<span class="date"> |
              21.09.2012</span></p>
<div class="comment">
<p>Ich finde es toll, dass dieser Blindtext nicht nur Lückenfüller
sein will und auf die Webstandards hinweist. Das verdient
Unterstützung, die ich hiermit zum Ausdruck bringen möchte.</p>
</div></div>
```

Listing 14.8 Das HTML zur Auflistung von Kommentaren

Im folgenden ToDo geben Sie diesem HTML eine dezente Formatierung.

ToDo: Aufgelistete Kommentare und Fehlermeldungen gestalten

1. Öffnen Sie das Stylesheet *interaktionen* im Editor. Die Styles sollen die KATEGORIE »Kommentare« bekommen.
2. Fügen Sie folgende Styles zur Formatierung von Meta-Informationen und Kommentaren ein:

```
.ce_comments { margin-bottom: 2em; }
.ce_comments .info {
  font-size: 12px;
  padding: 0.25em 0 0;
  border-top: 1px dotted #d9d9d9;
}
div.comment {
  border-bottom: 1px dotted #d9d9d9;
  margin-bottom:  3em;
}
```

3. Speichern Sie das Stylesheet.

Nach diesem ToDo sieht der Kommentarbereich unterhalb eines Nachrichtenbeitrags ungefähr so aus wie in Abbildung 14.22.

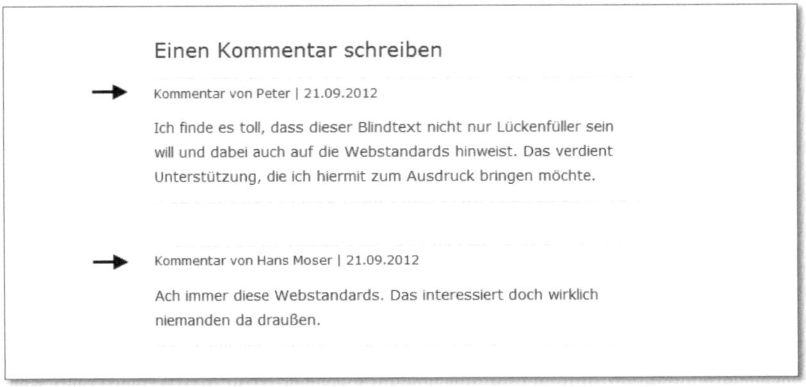
Einen Kommentar schreiben
Kommentar von Peter | 21.09.2012
Ich finde es toll, dass dieser Blindtext nicht nur Lückenfüller sein will und dabei auch auf die Webstandards hinweist. Das verdient Unterstützung, die ich hiermit zum Ausdruck bringen möchte.
Kommentar von Hans Moser | 21.09.2012
Ach immer diese Webstandards. Das interessiert doch wirklich niemanden da draußen.

Abbildung 14.22 Der gestaltete Kommentarbereich

14.7.4 Kommentare im Backend verwalten

Die Verwaltung der Kommentare erfolgt im Modul INHALTE • KOMMENTARE. Hier werden alle Kommentare zentral gesammelt (siehe Abbildung 14.23) und können mit den üblichen Symbolen bearbeitet, gelöscht oder deaktiviert werden.

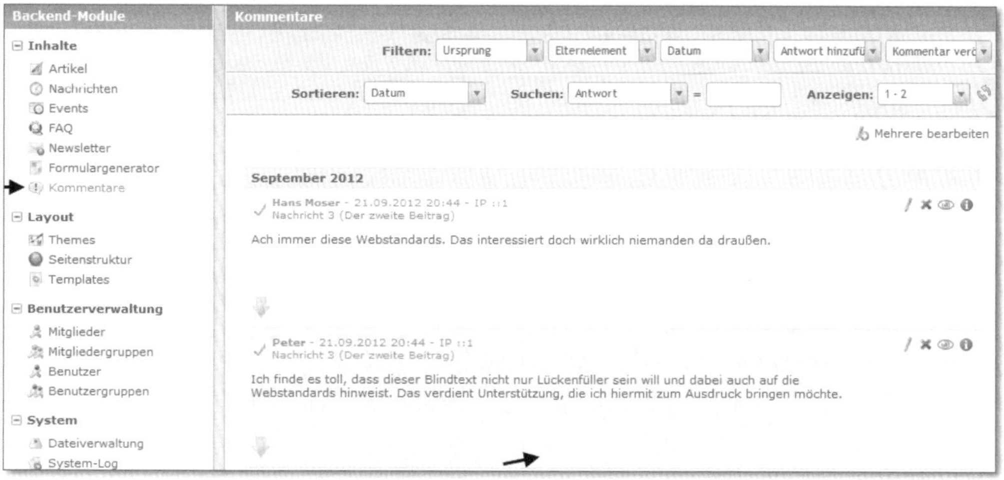

Abbildung 14.23 Kommentarverwaltung im Backend

Anzahl der Kommentare in der Übersicht anzeigen

Auf der Seite NEWS werden in jedem Teaser DATUM und AUTOR angezeigt. Falls Sie die Kommentarfunktion aktiviert haben und es bereits den einen oder anderen Kommentar gibt, können Sie dort auch die Anzahl der Kommentare anzeigen:

- Öffnen Sie das Backend-Modul THEMES • FRONTEND-MODULE.
- Öffnen Sie das Modul NEWS – TEASER ANZEIGEN [NACHRICHTENARCHIV] zur Bearbeitung.
- Aktivieren Sie im Bereich META-FELDER das Kontrollkästchen vor der Option KOMMENTARE.

Das war's. Jetzt wird neben dem Autor die Anzahl der Kommentare pro Beitrag angezeigt. Damit nicht bei jedem Beitrag ohne Kommentare die Anzeige (KOMMENTARE: 0) erscheint, genügt eine kleine Änderung im benutzten Template. In *news_latest* werden die Kommentare zum Beispiel mit folgendem PHP-Schnippsel ausgegeben:

```
<?php echo $this->commentCount; ?>
```

Mit der Variablen `$this->numberofComments` kann man abfragen, ob überhaupt Kommentare vorhanden sind. Zusammen mit der Bedingung "nur wenn welche da sind" sieht der PHP-Schnippsel dann so aus:

```
<?php
if ($this->numberOfComments > 0 ) echo $this->commentCount;
?>
```

Vergessen Sie nicht, die Änderung am Anfang des Templates in einem PHP-Kommentar zu dokumentieren. Damit Sie auch morgen noch wissen, was Sie heute getan haben.

14.8 Navigation: Beiträge monatsweise auswählen

Die Nachrichtenfunktion auf der Beispielsite ist komplett und einsetzbar. Wenn Sie allerdings regelmäßig Beiträge schreiben, wird die Sache irgendwann unübersichtlich, und ältere Beiträge sind für die Besucher schwierig zu finden.

In diesem Abschnitt erweitern Sie das bestehende Nachrichtensystem deshalb um die in Abbildung 14.24 in der linken Spalte gezeigte Monatsauswahl. Dieses Menü listet automatisch alle Monate auf, in denen Beiträge geschrieben wurden. Ein Klick auf einen bestimmten Monat zeigt dann in der Hauptspalte eine Übersicht der Beiträge aus diesem Monat.

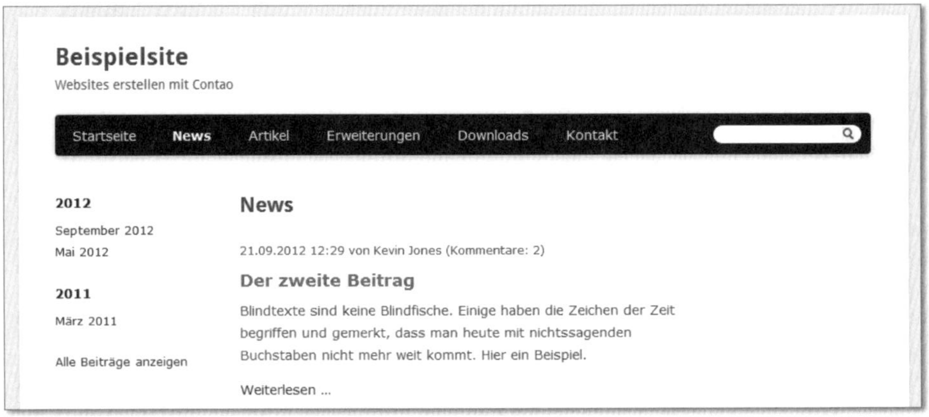
Beispielsite
Websites erstellen mit Contao
Startseite
News
Artikel
Erweiterungen
Downloads
Kontakt
2012
September 2012
Mai 2012
2011
März 2011
Alle Beiträge anzeigen
News
21.09.2012 12:29 von Kevin Jones (Kommentare: 2)
Der zweite Beitrag
Blindtexte sind keine Blindfische. Einige haben die Zeichen der Zeit begriffen und gemerkt, dass man heute mit nichtssagenden Buchstaben nicht mehr weit kommt. Hier ein Beispiel.
Weiterlesen ...

Abbildung 14.24 Das Menü zur Auswahl eines Monats

Für dieses Monatsmenü benötigen Sie ein zusätzliches Frontend-Modul vom Typ NACHRICHTENARCHIV-MENÜ. Damit das Monatsmenü in der linken Spalte aber überhaupt ein paar Monate anzeigen kann, erstellen Sie im folgenden ToDo zunächst noch ein paar Beiträge mit einem Datum aus der Vergangenheit.

ToDo: Ein paar ältere Beiträge erstellen

1. Öffnen Sie im Backend-Modul NACHRICHTEN das NEWSARCHIV.
2. Erstellen Sie zwei oder drei kurze Beiträge. Nur Teasereinträge reichen völlig aus.

3. Wichtig ist, dass Sie im Feld DATUM zurückliegende Monate eingeben, denn das Monatsmenü zeigt nur Monate, in denen es auch Beiträge gibt. Der Inhalt der Beiträge spielt keine Rolle.
4. Rufen Sie die Seite NEWS im Browser auf, und prüfen Sie, ob die neu erstellten alten Beiträge dort angezeigt werden.

14.8.1 Das Frontend-Modul »Monat auswählen [Nachrichtenarchiv-Menü]« erstellen

Auf der Basis des Modultyps NACHRICHTENARCHIV-MENÜ erstellen Sie ein Modul namens NEWS • MONAT AUSWÄHLEN, das in der linken Spalte erscheint und alle Monate auflistet, in denen Beiträge geschrieben wurden.

Ein Klick in dieser Monatsauswahl übergibt den ausgewählten Monat an die Seite NEWS, die bereits ein Modul vom Typ NACHRICHTENARCHIV enthält, das die Teaser für den ausgewählten Monat auf der Seite darstellt. Dieses Modul ist sehr flexibel: Ist ein Monat ausgewählt, zeigt es die Beiträge aus diesem Monat; ist hingegen kein Monat ausgewählt, listet es alle Beiträge auf.

ToDo: Das Modul »News – Monat auswählen« erstellen

1. Öffnen Sie im Backend-Modul THEMES die FRONTEND-MODULE.
2. Klicken Sie oben im Arbeitsbereich auf NEUES MODUL.
3. Geben Sie als TITEL »News – Monat auswählen« ein.
4. Wählen Sie als MODULTYP den Eintrag NACHRICHTENARCHIV-MENÜ.
5. Aktivieren Sie unter NACHRICHTENARCHIVE das NEWSARCHIV.
6. Als ARCHIVFORMAT soll der Eintrag MONAT ausgewählt sein.
7. Die SORTIERREIHENFOLGE soll ABSTEIGEND sein, damit die neuesten Monate oben stehen.
8. WEITERLEITUNGSSEITE ist die Seite NEWS.
9. Klicken Sie auf SPEICHERN UND SCHLIESSEN.

14.8.2 Das Frontend-Modul »News – Monat auswählen« einbinden

Das Modul NEWS • MONAT AUSWÄHLEN soll auf der Seite NEWS in der linken Spalte erscheinen. Im folgenden ToDo erstellen Sie dazu auf der Seite NEWS einen neuen Artikel, der in der linken Spalte erscheinen soll und in dem das Frontend-Modul NEWS • MONAT AUSWÄHLEN eingebunden wird.

ToDo: Einen Artikel für die Seite »News« erstellen

1. Öffnen Sie das Backend-Modul INHALTE • ARTIKEL.
2. Verkürzen Sie den Artikelbaum, indem Sie auf den fett hervorgehobenen Seitennamen NEWS klicken.
3. Klicken Sie oben im Arbeitsbereich auf NEUER ARTIKEL.
4. TITEL: »Monat auswählen«
5. ANZEIGEN IN: LINKE SPALTE
6. Kreuen Sie ARTIKEL VERÖFFENTLICHEN an.
7. Klicken Sie auf SPEICHERN UND SCHLIESSEN.
8. Fügen Sie in dem neuen Artikel ein NEUES ELEMENT ein.
9. ELEMENTTYP: MODUL
10. MODUL: NEWS • MONAT AUSWÄHLEN (ID xx)
11. Klicken Sie auf SPEICHERN UND SCHLIESSEN.

So weit, so gut. Wenn Sie im Frontend nachschauen, werden Sie sehen, dass Sie noch nichts sehen, denn es fehlt noch eine Klitzekleinigkeit: Im Seitenlayout muss noch definiert werden, dass in der linken Spalte auch Artikel angezeigt werden sollen. Genau das erledigen Sie im folgenden ToDo.

ToDo: Den Artikel im Seitenlayout einbinden

1. Öffnen Sie das Backend-Modul THEMES • SEITENLAYOUT.
2. Öffnen Sie das STANDARDLAYOUT.
3. Öffnen Sie den grünen Bereich FRONTEND-MODULE.
4. Duplizieren Sie die Zeile für die LINKE SPALTE mit einem Klick auf das grüne Kreuz rechts daneben.
5. Ändern Sie die untere der beiden Zeilen so, dass das Modul ARTIKEL [ARTIKEL] in LINKE SPALTE angezeigt wird.
6. Klicken Sie auf SPEICHERN UND SCHLIESSEN.

Nach diesem Schritt ist auf beiden Seiten alles paletti. Es ist (noch) nicht hübsch anzusehen, aber die Monatsauswahl ist vorhanden, und es funktioniert alles.

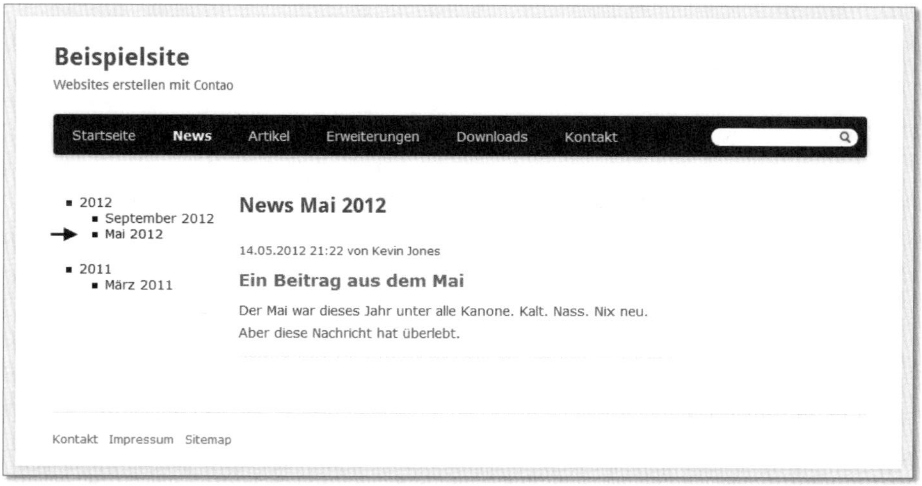

Abbildung 14.25 Links das Menü und rechts die Beiträge – unformatiert

14.8.3 Das HTML des Frontend-Moduls »News – Monat auswählen«

Um mit der Gestaltung der Monatsauswahl in der linken Spalte zu beginnen, werfen Sie wie immer zunächst einen Blick auf das HTML. Dort steht eine verschachtelte, ungeordnete Liste, umgeben von einem `div` mit der Klasse `mod_newsmenu` (siehe Listing 14.9).

```
<!-- indexer::stop -->
<div class="mod_newsmenu block">
<ul class="level_1">
  <li class="year submenu">2012
  <ul class="level_2">
    <li class="active first">
    <li class="first"><a href="#"
    title="September 2012 (2 Einträge)">September 2012</a></li>
    <li class="active last">
    <span class="active">Mai 2012</span></li>
  </ul>
  </li>
  <li class="year submenu">2011
  <ul class="level_2">
    <li class="first last"><a href="#"
    title="März 2011 (1 Eintrag)">März 2011</a></li>
  </ul>
  </li>
```

```
</ul>
</div>
<!-- indexer::continue -->
```

Listing 14.9 Das HTML für das Monatsmenü in der linken Spalte

Erwähnenswert ist, dass die Jahreszahl zwar in einem Listenelement mit der Klasse `year` aufbewahrt wird, aber keine Überschrift ist. Die Links in der Hauptspalte sitzen in Listenelementen unterhalb der Liste mit der Klasse `level_2`.

14.8.4 Das CSS für das Modul »News – Monat auswählen«

Dieses HTML können Sie z.B. mit dem CSS aus dem folgenden ToDo gestalten. Da das Monatsmenü in gewisser Weise mit zur Navigation zählt, werden die Styles im folgenden ToDo im Navigationsstylesheet gespeichert. Die Gestaltung orientiert sich am vertikalen Untermenü auf den anderen Seiten.

ToDo: Das Monatsmenü gestalten

1. Öffnen Sie das Stylesheet *navigation* zur Bearbeitung.
2. Die Styles sollen die KATEGORIE »News – Monat auswählen« bekommen.
3. Das umgebende `div`-Element wird nach links gefloatet, und die Listenpunkte sollen keine Aufzählungszeichen haben:

```
div.mod_newsmenu {
  float: left;
  margin: 0;
}
.mod_newsmenu li {
  list-style-type: none;
  margin: 0;
}
```

4. Die Jahreszahl soll etwas größer und fett sein. Diese Angaben müssen wegen der Vererbung für die innere Liste zurückgesetzt werden, die außerdem auch noch ein `margin-top` für den Abstand zur Jahreszahl bekommt:

```
.mod_newsmenu li.year {
  font-size: 14px;
  font-weight: bold;
  margin: 0 0 2em 0;
}
.mod_newsmenu .level_2 {
  font-size: 13px;
```

```
    font-weight: normal;
    margin: 1em 0 0 0;
  }
```

5. Speichern Sie das Stylesheet.

Mit diesem Styling sieht das Monatsmenü etwas ansprechender aus, wie Abbildung 14.26 zeigt.

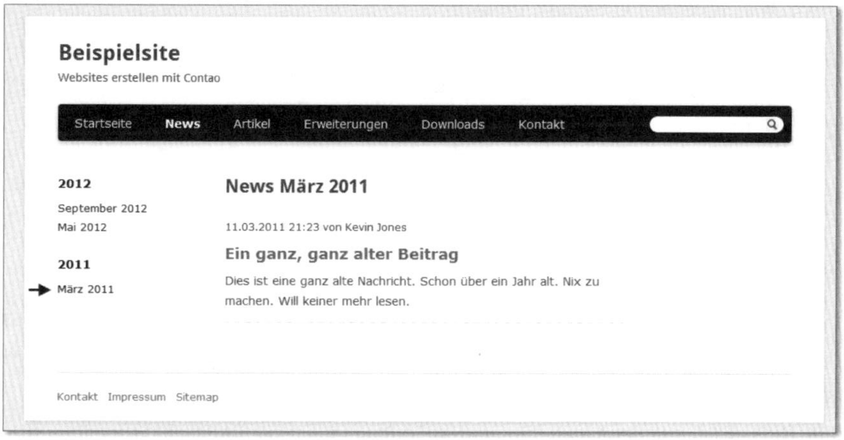

Abbildung 14.26 Die fertig gestaltete Nachrichtenabteilung

Die Nachrichtenabteilung ist voll funktionsfähig: Es gibt eine Übersicht aktueller Nachrichten mit Überschrift und Teaser, eine Einzelansicht für die kompletten Beiträge und ein Menü zur Auswahl bestimmter Monate.

14.8.5 Benutzerfreundlich: ein Link, um alle Beiträge anzuzeigen

Was bei dem Menü zur Monatsauswahl bis jetzt noch fehlt, ist die Möglichkeit, die Monatsauswahl wieder aufzuheben und sich wieder die vollständige Auflistung aller Newsbeiträge anzeigen zu lassen.

Momentan gäbe es dazu nur zwei Möglichkeiten:

- Besucher können über die Browser-History zu den letzten Seiten zurückkehren. Das ist allerdings nicht wirklich komfortabel, insbesondere, wenn man vorher etliche Monate angeklickt hätte und sich dann durch alle diese Monate wieder zurückhangeln müsste.
- Sie müssen oben in der Hauptnavigation zuerst einen beliebigen anderen Menüpunkt aufrufen, um dann wieder zur Seite NEWS zurückzukehren, was auch nicht wirklich zufriedenstellend ist.

Möglich wäre es zwar auch noch, in der Adresszeile des Browsers den URL-Parameter für die Monatsauswahl zu entfernen, aber das werden vermutlich wohl die wenigsten Benutzer machen.

Um die Benutzerfreundlichkeit der Nachrichtenseite zu verbessern, könnten Sie z.B. in der linken Spalte einen Link einbauen, der alle Nachrichten aufruft:

- Erstellen Sie ein Frontend-Modul vom Typ EIGENER HTML-CODE.
- Nennen Sie das Modul beispielsweise »News – Alle Beiträge anzeigen«.
- Fügen Sie z.B. folgenden HTML-Code ein:

```
<--indexer::stop-->
<div style="clear:both; font-size: 13px;">
<a href="{{link_url::news}}">Alle Beiträge anzeigen</a>
</div>
<--indexer::continue-->
```

Listing 14.10 Ein Link zum Anzeigen aller Nachrichten

Das Clearen des `div`-Elements ist nötig, weil die Monatsauswahl gefloatet wird und der Link darunter erscheinen soll. Das Wort `news` im Inserttag ist der Seitenalias der Nachrichtenseite. Stattdessen können Sie natürlich auch die ID einsetzen.

- Fügen Sie dieses Frontend-Modul im Artikel MONAT AUSWÄHLEN [LINKE SPALTE] als Inhaltselement unterhalb der Monatsauswahl ein.

Anstelle des in Listing 14.10 gezeigten Inline-Styles können Sie natürlich auch eine Klasse vergeben, zum Beispiel `<div class="alle-beitraege-anzeigen">` und diese dann im Stylesheet *inhalte* gestalten.

Das Ergebnis könnte dann so aussehen wie in Abbildung 14.27.

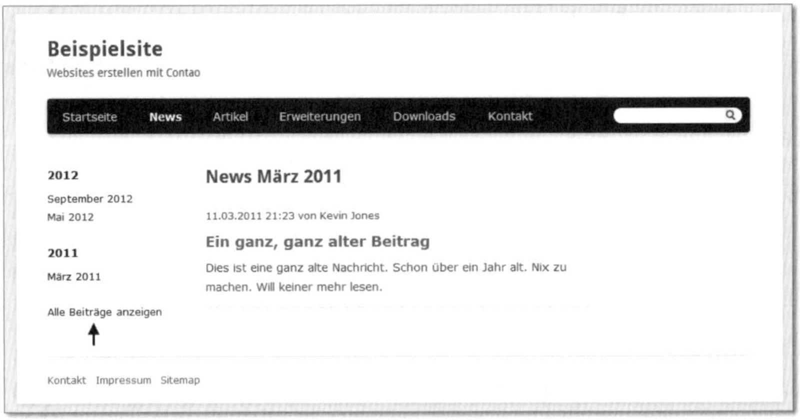

Abbildung 14.27 Ein Link zum Anzeigen aller Nachrichtenbeiträge

14.9 Know-how: Nachrichten, Modultypen und Templates

In diesem Kapitel haben Sie für die Erweiterung NACHRICHTEN bereits einige Modultypen und Templates kennengelernt, aber es gibt noch mehr. Contao stellt insgesamt vier Modultypen, sieben Modultemplates, vier Subtemplates und jede Menge CSS-Klassen zur Verfügung. Sie haben also die Qual der Wahl, weswegen die folgende Übersicht Ihnen die Auswahl ein bisschen erleichtern soll.

14.9.1 Die Modultypen und die Modultemplates »mod_news*«

Zur Darstellung von Teasern und Beiträgen gibt es vier verschiedene Modultypen, deren Darstellung auf bestimmten Templates beruht. Diese *Modultemplates* werden im Contao-Handbuch auch *Views* genannt und haben Namen, die mit dem Kürzel *mod_news* beginnen und mit *.html5* bzw. *.xhtml* enden.

Contao weist den Modulen automatisch das richtige Modultemplate zu. Tabelle 14.1 zeigt eine Übersicht von Modultypen, zugehörigen Modultemplates und den entsprechenden CSS-Klassen:

Modultyp	Modultemplates	CSS-Klasse
Nachrichtenarchiv	*mod_newsarchive* *mod_newsarchive_empty*	`mod_newsarchive`
Nachrichtenleser	*mod_newsreader*	`mod_newsreader`

Nachrichtenarchiv-Menü	*mod_newsmenu*
	mod_newsmenu_year
	mod_newsmenu_day
		`mod_newsmenu`
		`mod_newsmenu`
		`table.minicalendar`

Nachrichtenliste	*mod_newslist*	`mod_newslist`

Tabelle 14.1 Übersicht über Modultypen, Modultemplates und CSS-Klassen

Der Modultyp NACHRICHTENARCHIV wird benutzt, um eine Liste von Teasern mit weiterführenden Links auszugeben. Ein Klick auf einen weiterführenden Link übergibt den ausgewählten Beitrag an ein Modul vom Typ NACHRICHTENLESER. Dieses Modul stellt immer nur die Inhaltselemente dar. Oder, falls es keine geben sollte, den Teasertext.

Der Modultyp NACHRICHTENARCHIV-MENÜ stellt ein Menü bereit, mit dem die Beiträge für einen Tag, einen Monat oder ein Jahr aufgerufen werden können. Bei einem Klick auf einen Menüpunkt wird der ausgewählte Zeitraum an eine Weiterleitungsseite übergeben, die ein Modul vom Typ NACHRICHTENARCHIV enthalten sollte.

Eine kleine Besonderheit ist übrigens das Nachrichtenarchiv-Menü für einen Tag, denn im Gegensatz zu Monats- und Jahresarchiven wird dabei zur Darstellung des Menüs keine verschachtelte Liste benutzt, sondern ein Minikalender.

14.9.2 Die vier Subtemplates »news_*«

Außer den sieben Modultemplates gibt es noch vier *Subtemplates*, die für die Gestaltung der einzelnen Beiträge zuständig sind.

Im Gegensatz zu den Modultemplates, die Contao automatisch zuweist, können die Subtemplates bei der Erstellung der Frontend-Module vom Benutzer ausgewählt werden. Die vier Subtemplates werden im Contao-Handbuch als *Partials* bezeichnet und heißen *news_*.html5* bzw. *news_*.xhtml*.

Tabelle 14.2 gibt einen Überblick über die Eigenschaften der Subtemplates:

	news_full	**news_latest**	**news_short**	**news_simple**
Meta-Infos	ja	ja	ja	nur Datum
Titel ...	als Text	als Link	als Link	als Link
Unterüberschrift	ja	–	–	–
Teasertext	jein	ja	ja	–
»Weiterlesen...«	–	ja	ja	ja
Nachrichtentext	ja	–	–	–
Bild	ja	ja	–	–
Modultyp	NACHRICHTENLESER	NACHRICHTENARCHIV und -LISTE		
CSS-Klasse	`layout_full`	`layout_latest`	`layout_short`	`layout_simple`

Tabelle 14.2 Die Eigenschaften der vier Subtemplates in der Übersicht

Für das Subtemplate *news_full* steht im Feld TEASERTEXT ein »Jein«, da *news_full* den Teasertext anzeigt, sofern im Nachrichtenbeitrag kein Inhaltselement vorhanden ist. Sie können das Subtemplate *news_full* auch für die Ausgabe der Modultypen NACHRICHTENLISTE und NACHRICHTENARCHIV einsetzen, aber dann werden die Beitragstexte ausgegeben und nicht die Teaser.

Contao als Blog

Die Erweiterung Nachrichten von Contao kann durchaus als Blog eingesetzt werden, aber zu einem vollwertigen Blog fehlen noch Funktionen wie zum Beispiel die einfache Kategorisierung und Verschlagwortung von Beiträgen, Pingbacks etc.

Zum Teil können diese Funktionen mit Erweiterungen nachgerüstet werden, und es wird in Zukunft bestimmt noch mehr Blog-Erweiterungen für Contao geben. Probieren Sie es einfach aus.

Kapitel 15

Die Erweiterungen »Events« und »FAQ«

In diesem Kapitel erstellen Sie für die Beispielsite eine Terminverwaltung und eine Liste häufig gestellter Fragen nebst deren Antworten.

Die Themen im Überblick:

Die bisher gezeigten Themen wie Navigation, Artikel und Inhaltselemente, Formulare und Suchfunktion benötigt so ziemlich jede Website. Auch ein Blog oder eine News-Seite mit chronologisch umgekehrt sortierter Ausgabe der Beiträge sind weit verbreitet.

Die Erweiterungen EVENTS und FAQ hingegen sind zwar ebenfalls sehr nützliche Funktionen, werden aber wohl nicht auf jeder Site benötigt. Trotzdem möchte ich diese Erweiterungen im Folgenden kurz vorstellen, denn auch sie gehören ebenso zum Core von Contao wie die in Kapitel 16, »Die Erweiterung ›Newsletter‹«, beschriebene Newsletterverwaltung.

Eine schöne Sache an Contao ist, dass die Bedienkonzepte durchgehend konsistent aufgebaut sind. Wenn Sie wissen, wie die Erweiterung NACHRICHTEN aus Kapitel 14, »Bloggen: die Erweiterung »Nachrichten««, funktioniert, sollte Ihnen der Umgang mit den Erweiterungen EVENTS und FAQ keine großen Schwierigkeiten bereiten. Daher sind die Beschreibungen in diesem Kapitel etwas straffer als bisher und es gibt nicht für jeden Teilschritt ein ToDo.

Nicht benötigte Backend-Module können Sie deaktivieren

Wenn Sie für Ihre Site den Kalender oder andere Backend-Module nicht benötigen, können Sie sie über SYSTEM • EINSTELLUNGEN im Bereich INAKTIVE ERWEITERUNGEN deaktivieren.

Inaktive Module werden von Contao nicht geladen und im Navigationsbereich auch nicht mehr angezeigt. Dadurch schlagen Sie gleich zwei Fliegen mit einer Klappe: Der Navigationsbereich wirkt aufgeräumter, und Contao wird noch ein bisschen schneller.

15.1 Terminverwaltung: die Erweiterung »Events«

Die Erweiterung EVENTS wird oft auch als KALENDER bezeichnet und gehört, wie gesagt, zum Core von Contao. Technisch gesehen, besteht sie aus dem Backend-Modul EVENTS, vier Frontend-Modulen und diversen Modul- und Subtemplates.

Ein *Event* ist wörtlich genommen ein »Ereignis« oder eine »Veranstaltung«, wird aber auch als *Termin* bezeichnet. Die Erweiterung bietet also eine Terminverwaltung und dient dazu, für Benutzer der Website relevante Termine im Backend an einer Stelle zu sammeln und dann in verschiedenster Form im Frontend wieder auszugeben. Das kann ein großer Kalender sein, ein Mini-Kalender, eine Terminliste oder auch die Detailansicht eines einzigen Termins. In diesem Kapitel lernen Sie zunächst den großen Kalender und die Detailansicht kennen.

Das Ziel dieses Abschnitts ist es, auf der Seite KALENDER einen einfachen Seminarkalender auszugeben, der die im Backend-Modul EVENTS eingegebenen Termine darstellt. Die Termine im Kalender sind anklickbar, und ein Klick auf einen Termin zeigt die Detailansicht (siehe Abbildung 15.1).

Um auf der Beispielsite eine einfache Terminverwaltung zu erstellen, benötigen Sie folgende Zutaten:

- *Einen Kalender.* Der Kalender wird im Backend-Modul INHALTE • EVENTS erstellt. Hier werden die Termine eingegeben.
- *Zwei Seiten.* Eine Seite für den Kalender und eine zur Darstellung der Termine.
- *Zwei Frontend-Module.* Ein Modul vom Typ KALENDER erzeugt den großen Kalender, ein zweites Modul vom Typ EVENTLESER stellt den vollständigen Termin dar.
- *Zwei Artikel.* Auf jeder der beiden Seiten benötigen Sie einen Artikel, in dem die Frontend-Module eingebunden werden.

In Contao 3 können Sie ähnlich wie in den Nachrichtenbeiträgen auch in den Events nicht nur einen Teaser und ein bisschen Text, sondern alle Inhaltselemente einsetzen.

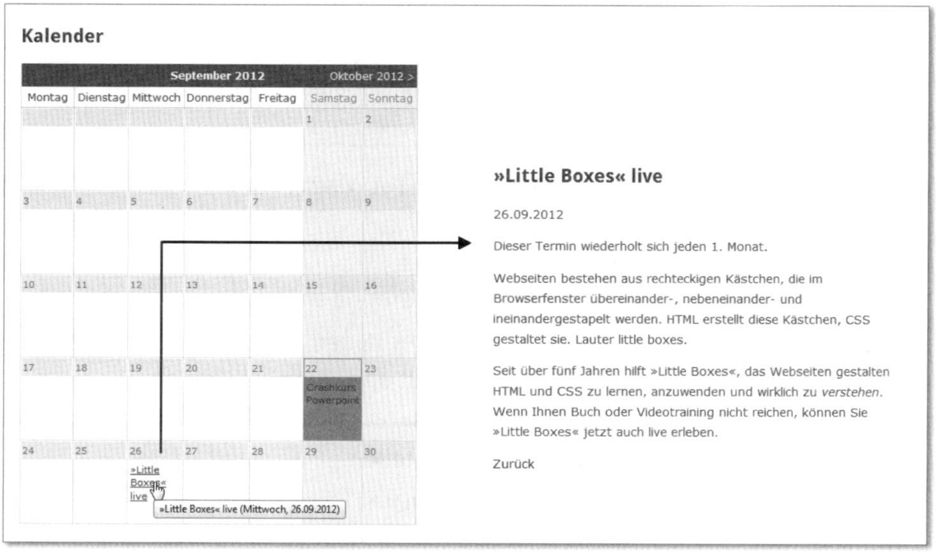

Abbildung 15.1 Ein Kalender und die Einzelansicht eines Termins

15.2 Einen Veranstaltungskalender erstellen

Als Beispiel für eine Terminverwaltung erstellen Sie in diesem Kapitel einen einfachen Seminarkalender, der aber natürlich auch für beliebige Veranstaltungen oder andere Termine verwendet werden kann.

Um auf Ihrer Website eine Terminverwaltung mit Kalender und Detailansicht anzulegen, müssen Sie ein paar Backend-Module in der richtigen Reihenfolge besuchen, dort jeweils ein, zwei Dinge erledigen, und schon sind Sie fertig.

Schritt 1: Die Seite »Termine« erstellen

Im Backend-Modul LAYOUT • SEITENSTRUKTUR benötigen Sie für einen Kalender zwei Seiten. Auf der bereits vorhandenen Seite KALENDER wird der Übersichtskalender dargestellt. Auf der im Menü versteckten Unterseite TERMINE, die im folgenden ToDo erstellt wird, erscheinen die einzelnen Termine in der Detailansicht.

ToDo: Die Seite »Termine« erstellen

1. Öffnen Sie das Backend-Modul LAYOUT • SEITENSTRUKTUR.
2. Klicken Sie oben im Arbeitsbereich auf NEUE SEITE.

3. Fügen Sie die neue Seite als Unterseite zur Seite KALENDER ein, indem Sie am Ende der Zeile auf den braunen, blinkenden Pfeil nach rechts klicken.
4. Der SEITENNAME ist »Termine«.
5. Aktivieren Sie IM MENÜ VERSTECKEN und SEITE VERÖFFENTLICHEN.
6. Klicken Sie auf SPEICHERN UND SCHLIESSEN.

Die benötigten Seiten existieren nach diesem ToDo. Jetzt wird im nächsten Schritt ein Kalender mit ein paar Events erstellt.

Schritt 2: Einen Kalender zur Verwaltung der Termine erstellen

Im Backend-Modul EVENTS erstellen Sie einen neuen Kalender mit dem Namen SEMINARKALENDER, in dem die Termine erstellt und verwaltet werden.

ToDo: Den Kalender »Seminarkalender« erstellen

1. Öffnen Sie das Backend-Modul INHALTE • EVENTS.
2. Klicken Sie oben im Arbeitsbereich auf NEUER KALENDER.
3. Als TITEL geben Sie »Seminarkalender« ein.
4. Als WEITERLEITUNGSSEITE tragen Sie die in Schritt 1 erstellte und im Menü versteckte Unterseite TERMINE ein.
5. Klicken Sie auf SPEICHERN UND SCHLIESSEN.

Schritt 3: »Neues Event« – Termine erstellen im »Seminarkalender«

Im Feld TITEL geben Sie den gewünschten Titel des Events ein. Dieser erscheint im Frontend in den Kalendern und auch in der Einzeldarstellung als Überschrift. Der EVENT-ALIAS wird meist leer gelassen und von Contao automatisch erstellt. Als AUTOR wird der angemeldete Benutzer vorgegeben.

Ein Event ist im Gegensatz zu einem Nachrichtenbeitrag nicht immer an eine bestimmte Uhrzeit gebunden. Wer möchte, kann auch eine ZEIT HINZUFÜGEN, aber ein Event hat auf jeden Fall ein STARTDATUM. Bei mehrtägigen Events kann man auch noch ein ENDDATUM angeben.

Das Eingabefeld TEASER enthält den Teasertext. Unterhalb des Teasers können Sie auch EIN BILD HINZUFÜGEN, genau wie bei Artikeln und Nachrichtenbeiträgen. Falls es für ein Event keinerlei Inhaltselemente geben sollte, wird ähnlich wie bei den Nachrichtenbeiträgen der Teasertext auch in der Einzelansicht dargestellt.

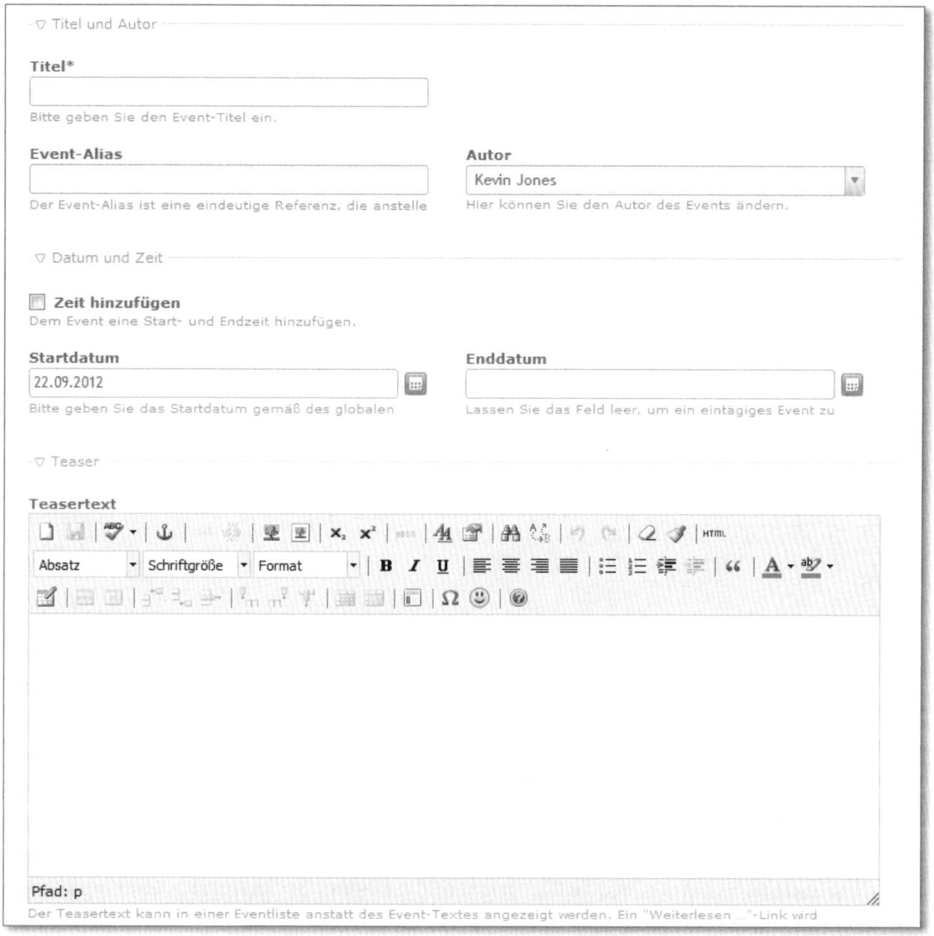

Abbildung 15.2 Das Eingabeformular zur Erstellung von Events, Teil 1

So viel zum ersten Teil des Eingabeformulars. Abbildung 15.3 zeigt den unteren Teil. Anders als beim Fernsehprogramm sind WIEDERHOLUNGEN bei Events eher angenehm. Mit der Option EVENT WIEDERHOLEN können Sie ein wiederkehrendes Event erstellen und die Wiederholung auch gleich fest einplanen. Im Feld INTERVALL legen Sie fest, in welchen Abständen der Termin wiederholt wird; bei WIEDERHOLUNGEN tragen Sie deren Anzahl ein.

ANLAGEN zu einem Event sind Dateien, die in der Detailansicht des Termins (Modultyp EVENTLESER) zum Download angeboten und in einem RSS-Feed als *Enclosures* (engl. für »Anlagen«) verlinkt werden.

Abbildung 15.3 Das Eingabeformular zur Erstellung von Events, Teil 2

Sehr nützlich kann bei Events auch eine Änderung des Weiterleitungsziels sein. Hier legen Sie fest, welche Seite bei einem Klick auf den Termin im Kalender aufgerufen werden soll. Standardmäßig ist das die in den Kalender-Einstellungen in Schritt 2 festgelegte Weiterleitungsseite, aber Sie können hier auch eine Seite, einen Artikel oder eine externe URL als Weiterleitungsziel festlegen. So kann ein Klick auf einen Kalendereintrag z.B. direkt auf den Artikel oder die Seite zu einem bestimmten Produkt oder zu einer bestimmten Veranstaltung führen.

ToDo: Ein paar Events erstellen

1. Öffnen Sie das Backend-Modul INHALTE • EVENTS.
2. Öffnen Sie den Seminarkalender zur Bearbeitung, und erstellen Sie ein Event nach folgendem Muster:
   TITEL: »Das erste Event« (oder ein anderer Titel)
   STARTDATUM: ... (am besten mit dem Datumspicker)
   EVENT-TEXT: ein bisschen Blindtext Ihrer Wahl
3. Vergessen Sie nicht, das Event zu veröffentlichen.

Sie sollten ruhig ein bisschen experimentieren und einen Zeitraum angeben, mehrere Events pro Tag speichern, mehrtägige Events erstellen und auch mal eine Weiterleitung zu einer anderen Seite oder einer externen URL eingeben.

Inhaltselemente für einen Event erstellen

Wenn Sie wie in diesem Kapitel für ein Event keine Inhaltselemente erstellen, benutzt Contao den Teasertext auch in der Einzeldarstellung des Events.

Um einem Event eine ausführliche Beschreibung mit auf den Weg zu geben, öffnen Sie das gewünschte Event zur Bearbeitung und erstellen, wie von Artikeln oder Nachrichtenbeiträgen gewohnt, beliebig viele Inhaltselemente. Jedes Event kann also auch Bilder, Galerien oder sonst was enthalten.

Schritt 4: Frontend-Module erstellen in »Themes • Frontend-Module«

In diesem Schritt erstellen Sie die beiden Frontend-Module, die das HTML für den Kalender und einen einzelnen Termin erzeugen. Das Modul für den Kalender heißt EVENTS – KALENDER ANZEIGEN [KALENDER], für die Einzelansicht erstellen Sie das Modul EVENTS – TERMIN ANZEIGEN [EVENTLESER].

ToDo: Zwei Module zur Ausgabe der Events erstellen

1. Öffnen Sie das Backend-Modul THEMES • FRONTEND-MODULE.
2. Klicken Sie oben im Arbeitsbereich auf NEUES MODUL.
3. Der TITEL ist »Events – Kalender anzeigen«.
4. Wählen Sie aus der Liste MODULTYP den Eintrag KALENDER.
5. Aktivieren Sie den Kalender SEMINARKALENDER.
6. ERSTER WOCHENTAG ist bei uns in der Regel MONTAG.
7. Eine WEITERLEITUNGSSEITE ist nicht nötig, da Sie die Seite TERMINE bereits im Seminarkalender als Weiterleitungsseite eingetragen haben.
8. Klicken Sie auf SPEICHERN UND NEU.
9. Der TITEL des zweiten Moduls ist »Events – Termin anzeigen«.
10. Wählen Sie aus der Liste MODULTYP den Eintrag EVENTLESER.
11. Aktivieren Sie den Kalender SEMINARKALENDER.
12. Das EVENT-TEMPLATE ist *event_full* zur Darstellung des ganzen Events.
13. Klicken Sie auf SPEICHERN UND SCHLIESSEN.

Jetzt fehlt nur noch wie immer die Einbindung dieser Frontend-Module.

Schritt 5: Frontend-Module einbinden in »Inhalte • Artikel«

Auf der Seite KALENDER binden Sie in dem gleichnamigen Artikel das Modul EVENTS – KALENDER ANZEIGEN (ID XX) ein. Im Artikel auf der Unterseite TERMINE binden Sie das Modul EVENTS – TERMIN ANZEIGEN (ID XX) ein.

ToDo: Frontend-Module in Artikeln einbinden

1. Öffnen Sie das Backend-Modul INHALTE • ARTIKEL.
2. Verkürzen Sie den Artikelbaum mit einem Klick auf den fett hervorgehobenen Seitennamen für die Seite KALENDER, und blenden Sie gegebenenfalls die Unterseite TERMINE ein.
3. Öffen Sie den Artikel KALENDER [HAUPTSPALTE] zur Bearbeitung.
4. Falls noch keine `h1`-Überschrift »Kalender« vorhanden ist, erstellen Sie bitte eine. Löschen Sie eventuelle weitere Inhaltselemente.
5. Erstellen Sie unterhalb der Überschrift ein Inhaltselement vom Typ MODUL.
6. Wählen Sie aus der Liste MODUL den Eintrag EVENTS – KALENDER ANZEIGEN (ID xx).
7. Klicken Sie auf SPEICHERN UND ZURÜCK, um zum Artikelbaum zurückzukehren.
8. Öffnen Sie im Artikelbaum auf der Seite TERMINE den Artikel TERMINE [HAUPTSPALTE]. Sie benötigen in diesem Artikel kein Inhaltselement ÜBERSCHRIFT, da Contao den Titel des Events als Überschrift benutzt.
9. Fügen Sie ein Inhaltselement vom Typ MODUL ein.
10. Wählen Sie aus der Liste MODUL den Eintrag EVENTS – TERMIN ANZEIGEN (ID xx).
11. Klicken Sie auf SPEICHERN UND SCHLIESSEN.

Fertig.

15.3 Der noch ungestaltete Kalender im Überblick

Wie Abbildung 15.4 zeigt, haben Sie bereits eine funktionierende Terminverwaltung. Sie ist zwar noch ein Rohbau und sieht noch nicht genauso aus wie in Abbildung 15.1, aber technisch gesehen ist bereits alles bestens.

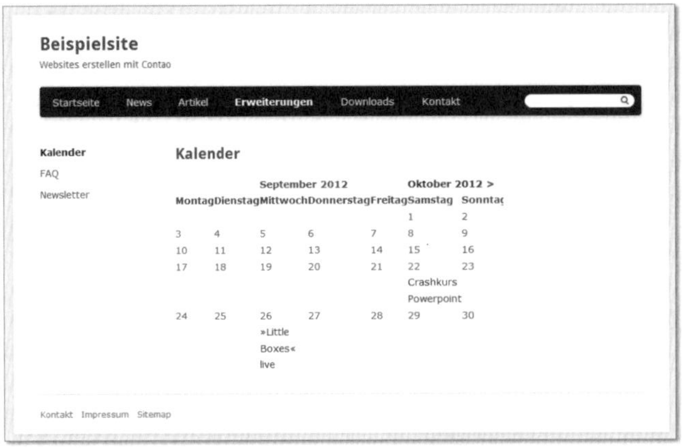

Abbildung 15.4 Der ungestaltete, aber funktionierende Kalender

Wenn Sie im Kalender auf ein Event klicken, erscheint dieses in der Einzelansicht (Abbildung 15.5).

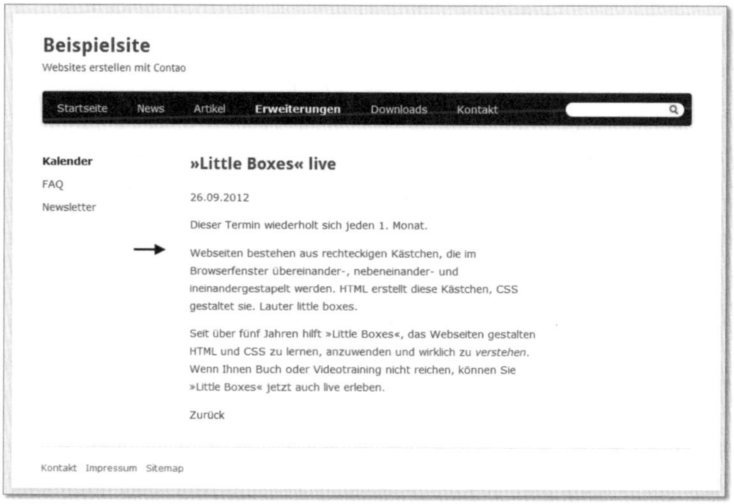

Abbildung 15.5 Ein Beitrag in der Einzelansicht

Das Ende der URL des in Abbildung 15.5 dargestellten Beitrags ist übrigens ähnlich aufgebaut wie bei den Nachrichtenbeiträgen in Kapitel 14, »Blogen: die Erweiterung ›Nachrichten‹«:

- *index.php/termine/events/little-boxes-live.html*

Diese URL setzt sich wie folgt zusammen:

- *index.php* ist der eigentliche Name der Seite und nur zu sehen, bis in Kapitel 20, »SEO: die Optimierung für Suchmaschinen«, die URL-Umschreibung aktiviert wird.
- *termine* ist der Seitenalias der Seite TERMINE und kann dort ganz einfach geändert werden.
- *events* teilt dem Modul EVENTLESER mit, dass es eine bestimmte Nachricht ausgeben soll. Dieses Schlüsselwort kann zwar nicht geändert, wohl aber unterdrückt werden, sodass es nicht mehr erscheint (siehe Kapitel 20).
- *little-boxes-live* ist der Alias des Events mit dem Namen *Little Boxes live*.
- *.html* ist das im Backend-Modul SYSTEM • EINSTELLUNGEN definierte URL-SUFFIX.

In Kapitel 20 optimieren Sie, wie gesagt, die von Contao erzeugten URLs. Danach wird das Ende der URL für obigen Beitrag so aussehen:

- */termine/little-boxes-live.html*

Und das ist doch eine richtig gute Adresse für dieses Event.

15.4 HTML und CSS: den Kalender gestalten

Der Kalender funktioniert bereits, wird aber jetzt noch ein wenig gestaltet. Dazu werfen Sie wie immer zunächst einen Blick auf das HTML.

15.4.1 Das HTML vom Frontend-Modul »Kalender«

Das HTML für einen Kalender wird vom Modultemplate *mod_calendar* und dem Subtemplate *cal_default* erzeugt und kann dort bei Bedarf auch angepasst werden. Umgeben von einem div mit der Klasse mod_calendar, ist der eigentliche Kalender eine HTML-Tabelle mit einem Kopfbereich (thead) und einem Textbereich (tbody).

Listing 15.1 zeigt zunächst den Kopfbereich des Kalenders.

```
<!-- indexer::stop -->
<div class="mod_calendar block">
<table class="calendar">
<thead>
  <tr>
    <th colspan="2" class="head previous"><a href="#"
        title=August 2012">&lt; August 2012</a></th>
    <th colspan="3" class="head current">September 2012</th>
    <th colspan="2" class="head next"><a href="#"
        title="Oktober 2012">Oktober 2012 &gt;</a></th>
  </tr>
  <tr>
    <th class="label">Montag</th>
    <th class="label">Dienstag</th>
    <th class="label">Mittwoch</th>
    <th class="label">Donnerstag</th>
    <th class="label">Freitag</th>
    <th class="label weekend">Samstag</th>
    <th class="label weekend">Sonntag</th>
  </tr>
</thead>
<!-- geht im Schritt 5: Den Platz für das absolut positionierte Suchformular
schützen weiter -->
```

Listing 15.1 Der Kopfbereich des Kalenders

In der ersten Zeile des Kopfbereichs stehen drei Monatsnamen (th.head). Der aktuelle Monat steht in der Mitte (current), der vorangegangene als Link ganz links (previous) und der folgende Monat rechts außen (next). In der zweiten Zeile werden die

Wochentage aufgelistet (`th.label`). Das Wochenende ist besonders gekennzeichnet (`weekend`), um bei der Gestaltung per CSS genügend Ansatzpunkte zu haben.

Abbildung 13.9 zeigt den Textbereich der Tabelle in `<tbody>` mit einem Beispieltermin an einem Fantasiedatum.

```
<!-- Fortsetzung von Listing 15.1 -->
<tbody>
  <tr class="week_0 first">
    <td class="days empty col_first">
      <div class="header"> </div>
    </td>
    <td class="days">
      <div class="header">1</div>
    </td>
    <td class="days active">
      <div class="header">2</div>
    </td>
    <td class="days">
      <div class="header">3</div>
    </td>
    <td class="days active">
      <div class="header">4</div>
      <div class="event cal_1"><a title="Beispielevent
      (Sonntag, 30.09.2012)" href="#">Beispielevent</a></div>
    </td>
    <td class="days weekend">
      <div class="header">5</div>
    </td>
    <td class="days weekend col_last">
      <div class="header">6</div>
    </td>
  </tr>
<!-- weitere Wochen als Tabellenzeile -->
</tbody>
</table>
</div>
<!-- indexer::continue -->
```

Listing 15.2 Das HTML für einen Kalender (Ausschnitt)

Im Textbereich wird pro Zeile eine Woche dargestellt (`tr.week`), und innerhalb der Zeilen ist eine Tabellenzeile ein Tag (`td.day`). Tage mit Terminen erhalten zusätzlich die Klasse `active`, und die Termine selbst sind von einem `div` mit der Klasse `event` umgeben. Die Klasse `cal_1` deutet an, dass der Termin im ersten Kalender steht. So können Sie die Termine bei mehreren Kalendern unterschiedlich gestalten.

15.4.2 Das CSS zum Gestalten eines Kalenders

Die Gestaltung eines Kalenders ist nicht wirklich schwierig, aber doch relativ aufwendig, da eine Menge Elemente berücksichtigt werden müssen. Damit Sie bei der Kalendergestaltung nicht im luftleeren Raum beginnen müssen, folgen ein paar Gestaltungsideen, mit denen der Kalender so aussieht wie in Abbildung 15.6.

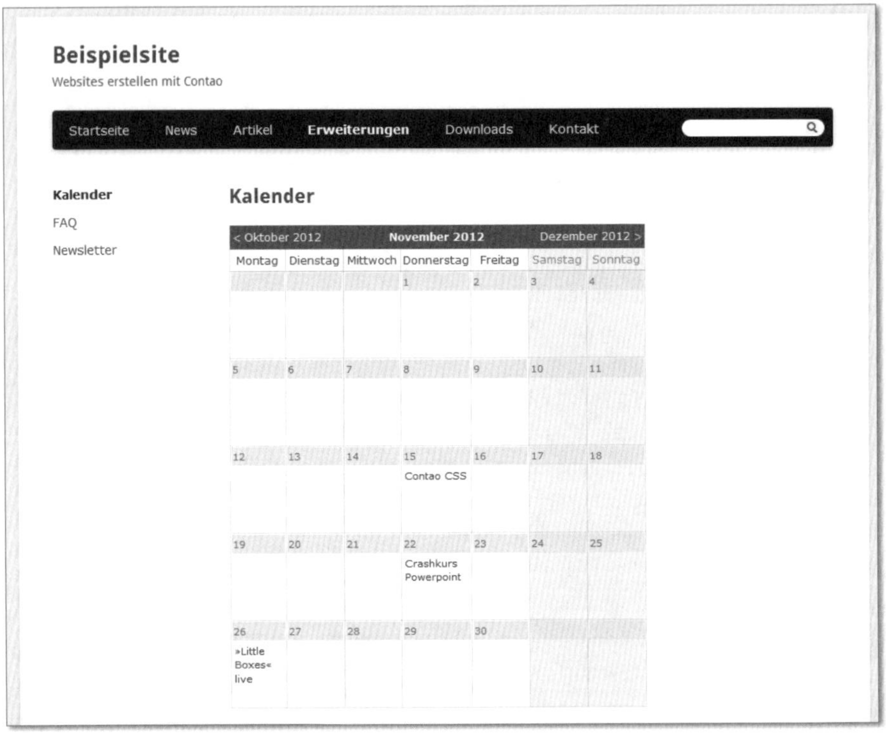

Abbildung 15.6 Ein Kalender auf der Beispielsite

Im ersten Style bekommt der Kalender ein Weiß als Hintergrund und eine Breite von 98 %, damit er immer bequem in den zur Verfügung stehenden Platz passt.

```
table.calendar{
  width: 98%;
  border-collapse: separate;
  background-color: #fff;
}
```

Listing 15.3 Das CSS für die Kalendertabelle

Die erste Zeile im Kopfbereich des Kalenders zeigt den vorangegangenen (`th.previous`) und den folgenden Monat (`th.next`). Der aktuelle Monat in der Mitte übernimmt die Gestaltung vom Style für `.head`.

```
table.calendar .head {
  font-size: 12px;
  text-align:center;
  background-color: #555450;
  color: #fff;
  padding: 0.25em 0;
}
table.calendar th.previous {
  text-align: left;
  padding-left: 3px;
  border-left: 1px solid #d9d9d9;
}
table.calendar th.next {
  text-align: right;
  padding-right: 3px;
  border-right: 1px solid #d9d9d9;
}
table.calendar th a {
  font-weight: normal;
  text-decoration: none;
  color:#fff;
}
table.calendar th a:hover {
  text-decoration:underline;
}
```

Listing 15.4 Das CSS für den Kopfbereich des Kalenders

Die Wochentage in der zweiten Zeile des Kopfbereichs werden etwas abgesetzt, und das Wochenende wird hellgrau hinterlegt.

```
table.calendar .label {
  font-size: 12px;
  font-weight: normal;
  text-align: center;
  background-color:#fff;
  color:#444;
  border-right: 1px solid #d9d9d9;
  border-bottom: 1px solid #bbb;
  padding: 2px;
}
```

```
table.calendar .weekend {
  background-color:#f1f1f1;
  color: #8e8e8e;
}
```

Listing 15.5 Das CSS zur Gestaltung der Wochentage

Die einzelnen Tage im Kalender bekommen eine fest definierte Breite und Höhe. Interessant ist die Konstruktion der Gitternetzlinien: Jede Tabellenzelle bekommt rechts und unten eine Linie. Die Linie in der ersten Spalte links wird mit der Klasse `col_first` erstellt. Die erste obere Rahmenlinie kommt von `.label`. Der aktuelle Tag kann mit der Klasse `today` deutlich hervorgehoben werden.

```
table.calendar td {
  width: 14  %;
  height: 7em;
  border-right: 1px solid #d9d9d9;
  border-bottom: 1px solid #d9d9d9;
}
table.calendar .col_first {
  border-left: 1px solid #d9d9d9;
}
table.calendar .header {
  font-size: 11px;
  background-color: #e6e6e6;
  color: #666;
  padding: 1px;
  margin: 1px;
}
table.calendar .today {
  background-color:#d87702;
  color: #fff;
}
```

Listing 15.6 Das CSS zur Gestaltung der Kalendertage

Zum Abschluss fehlen nur noch die Events selbst:

```
table.calendar .event {
  line-height: 1.1;
  margin: 3px;
}
table.calendar .event a {
  font-size: 11px;
```

```
  text-decoration: none;
  color: #333;
}
table.calendar .event a:hover{
  text-decoration:underline;
}
```

Listing 15.7 Das CSS zur Gestaltung der Events

Die Styles für den Kalender werden im Stylesheet zur Gestaltung der Inhalte gespeichert, also in *inhalte* bzw. *inhalte.css*. Wenn Sie mit internen Stylesheets arbeiten, sollen alle Styles die KATEGORIE KALENDER bekommen.

Die manuelle Eingabe der Styles ist eine gute Übung, und man lernt am meisten, wenn man nach jedem Style kurz schaut, was sich geändert hat. Falls es aber einmal schnell gehen soll, finden Sie auf der Buch-CD in den Beispieldateien zu diesem Kapitel das Stylesheet *kalender.css*. Dieses Stylesheet können Sie mit in THEMES • STYLESHEET mit der Funktion CSS-IMPORT importieren und die Styles dann mit der Funktion MEHRERE BEARBEITEN in das Stylesheet *inhalte* verschieben.

ToDo: Kalender gestalten per CSS

1. Öffnen Sie das Stylesheet *inhalte* zur Bearbeitung.
2. Fügen Sie am Ende des Stylesheets die Styles zur Gestaltung des Kalenders ein.
3. Speichern Sie das Stylesheet.

15.4.3 Das HTML der Einzelansicht eines Events (Eventleser)

Ein einzelner Termin wird vom Modultyp EVENTLESER mithilfe des Modultemplates *mod_event* und des Subtemplates *event_full* dargestellt.

```
<div class="mod_eventreader block">
<div class="event block">
<h1>Contaobuch 3. Auflage</h1>
<p class="info">28.11.2012</p>
<div class="ce_text">
<p>Heute erscheint das Buch, das Sie jetzt gerade lesen.</p>
</div></div></div>
```

Listing 15.8 Das HTML für einen einzelnen Termin

Umgeben von einem doppelten `div`-Element mit den Klassen `mod_eventreader` bzw. `event`, wird der Titel des Termins zur `h1`-Überschrift, und das Datum steht in einem

Absatz mit der Klasse `info`. Der Event-Text erscheint in einem `div` mit der Klasse `ce_text` wie ein normales Inhaltselement TEXT.

»Minikalender« und »Nächste Termine« kommen auf die Startseite

In Kapitel 17, »Startseite und Sidebar gestalten«, lernen Sie noch zwei andere Möglichkeiten kennen, Termine auf Webseiten darzustellen: den Minikalender und eine Liste der nächsten Termine.

15.5 Die FAQ-Erweiterung: häufig gestellte Fragen

FAQ steht für »Frequently Asked Questions« und wird im Deutschen entweder als ein Wort ausgesprochen (»fak«) oder alle Buchstaben einzeln (»eff-ah-kuh«). Im Englischen wird es »eff-ei-kju« gesprochen.

In einer FAQ gibt es meist verschiedene Kategorien mit mehr oder weniger Fragen. Ein Klick auf eine Frage ruft eine neue Seite mit der entsprechenden Antwort auf.

Häufig gestellte Fragen
Alltagsprobleme
Ich habe das Passwort für das Install-Tool vergessen
Ich habe mein Admin-Passwort vergessen
Fragen zur Installation
Was sind die Voraussetzungen für den Webspace?
Was ist der "Safe Mode Hack"?
Ich habe mein Admin-Passwort vergessen
In diesem Fall öffnen Sie Ihr Datenbank-Administrationstool (z.B. phpMyAdmin), wechseln zur Tabelle tl_user und bearbeiten dort den Datensatz zu Ihrem Benutzerkonto. Vergeben Sie ein neues Passwort und wählen Sie aus dem Drop-Down-Menü links neben dem Eingabefeld die Funktion SHA1 zur Verschlüsselung aus.
Falls das nicht funktioniert, geben Sie folgenden Code ein:
8e0107bf1c7fbeef6538dff7173aa458e7dd585e:8c37627a0e2c606189e7765
Der Code entspricht dem verschlüsselten Passwort reset123, mit dem Sie sich anschließend im Backend anmelden können.
Zuletzt aktualisiert am 22.09.2012 von Kevin Jones.
Zurück

Abbildung 15.7 Die FAQ-Liste und eine Antwort in der Detailansicht

15.5.1 Die Kurzanleitung für die FAQ-Erweiterung

Die FAQ-Erweiterung funktioniert ähnlich wie die KALENDER-Erweiterung, ist aber etwas simpler. Sie besteht aus dem Backend-Modul FAQ, zwei Frontend-Modulen und zwei Modultemplates. Die Lagerhalle heißt dieses Mal KATEGORIE und die Einträge darin einfach nur FRAGEN.

Ansonsten sind es drei Schritte bis zur FAQ-Beispielseite:

- **Schritt 1: »Inhalte • FAQ«**
  Im Backend-Modul FAQ erstellen Sie eine NEUE KATEGORIE mit dem TITEL und

der ÜBERSCHRIFT »Fragen zur Installation«. Als WEITERLEITUNGSSEITE tragen Sie die bestehende Seite FAQ ein. Am besten erstellen Sie auch gleich ein paar Fragen und Antworten, damit im Frontend auch etwas ausgegeben werden kann.

- **Schritt 2: »Themes • Frontend-Module«**
  Sie benötigen zwei Module: FAQ – ANTWORT ANZEIGEN [FAQ-LESER] für die Einzelansicht und FAQ – FRAGEN ANZEIGEN [FAQ-LISTE] für die Listenansicht mit einer `h1`-Überschrift »Häufig gestellte Fragen« und als FAQ-LESER das eben erstellte Modul FAQ – ANTWORT ANZEIGEN (ID XX). Bei beiden Modulen aktivieren Sie im Bereich MODUL-KONFIGURATION die KATEGORIE FRAGEN ZUR INSTALLATION.
- **Schritt 3: »Inhalte • Artikel«**
  Auf der Seite FAQ fügen Sie dem gleichnamigen Artikel ein Inhaltselement vom Typ MODUL hinzu und wählen das Modul FAQ – FRAGEN ANZEIGEN (ID XX) aus. Die Überschrift »Häufig gestellte Fragen« wurde im Frontend-Modul definiert.

Erstellen Sie zu Testzwecken noch eine zweite Kategorie, ALLTAGSPROBLEME, mit ein paar Fragen und Antworten dazu. Vergessen Sie nicht, bei der Erstellung der Kategorie die Weiterleitungsseite einzutragen und die neue Kategorie in den beiden Frontend-Modulen anzukreuzen, damit sie auf der Seite FAQ auch angezeigt wird.

Um die Reihenfolge festzulegen, in der die Kategorien auf der Fragen-Seite angezeigt werden, öffnen Sie das Modul FAQ – FRAGEN ANZEIGEN [FAQ-LISTE]. Ändern Sie dort im Bereich MODUL-KONFIGURATION mit den grünen Pfeilen nach oben bzw. unten die Reihenfolge der Kategorien.

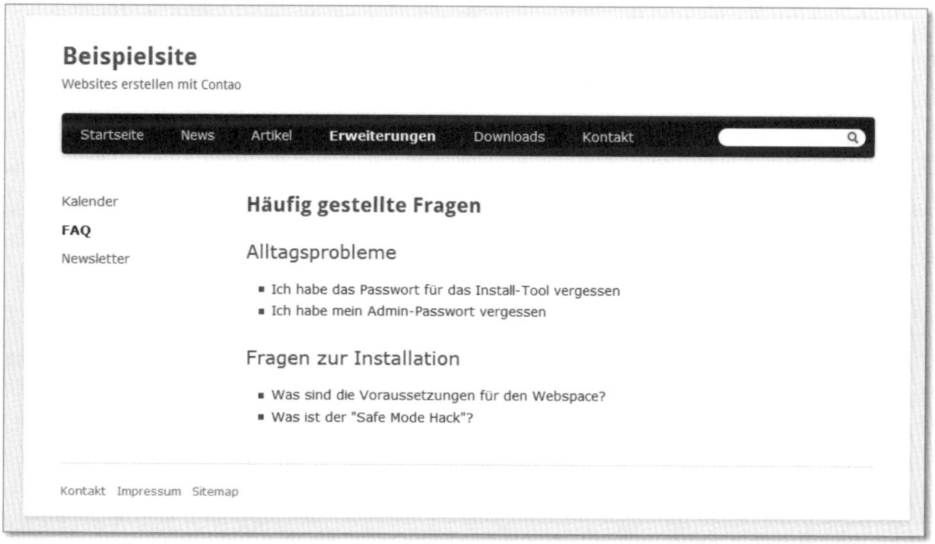

Abbildung 15.8 Die FAQ-Liste mit zwei Kategorien

Ich habe mein Admin-Passwort vergessen

In Abbildung 15.7 sehen Sie das Alltagsproblem Ich habe mein Admin-Passwort vergessen. Damit Sie nicht erst die FAQ-Seite aufrufen müssen, um die Lösung dafür zu erfahren, hier der Link zur Lösung:

- Ich habe mein Administrator-Passwort vergessen
  bit.ly/bsz1zb (in der Mitte ist die Zahl 1 und kein kleines »el«)

Sie benötigen dazu einen Zugang zur Datenbank, z.B. mit phpMyAdmin.

15.5.2 Die FAQ-Erweiterung gestalten

Die Gestaltung einer FAQ-Seite ist im Gegensatz zum Kalender sehr einfach, denn eine FAQ besteht nur aus Überschriften, Listen und Absätzen:

- Fragen und Kategorien sind von einem `div` mit der Klasse `mod_faqlist` umgeben. Die Kategorien sind `h2`-Überschriften, und die Fragen sind eine ungeordnete Liste mit Links darin.
- Auf der Antwortseite stehen Frage und Antwort in einem `div` mit der Klasse `mod_faqreader`. Die Frage wird zu einer `h1`-Überschrift, und die Antwort ist ein `div` mit der Klasse `ce_text`. Das Aktualisierungsdatum unterhalb der Antwort steht in einem `p` mit der Klasse `info`.

Um die Fragenliste aus Abbildung 15.8 zu gestalten, reichen wenige Styles.

```
.mod_faqlist li {
  list-style-type: none;
  padding: 0;
  margin: 0.5em 0;
}
.mod_faqlist a { text-decoration: none; }
.mod_faqlist a:hover { text-decoration: underline; }
```

Listing 15.9 Die Gestaltung der FAQ-Liste

Die Seite mit der Antwort auf die Frage braucht eigentlich nur einen zusätzlichen Style für den Info-Absatz unter der Antwort:

```
.mod_faqreader .info {
  font-size: 11px;
  padding: 3px 0 0;
  border-top: 1px dotted #d9d9d9;
}
```

Listing 15.10 Die Gestaltung der FAQ-Antwort

Kein FAQ benötigt? Backend-Modul FAQ deaktivieren

Wenn Sie auf Ihrer Site keine FAQ-Liste einsetzen möchten, können Sie das Backend-Modul INHALTE • FAQ auch ausblenden:

- Öffnen Sie das Backend-Modul SYSTEM • EINSTELLUNGEN.
- Blenden Sie den Bereich INAKTIVE ERWEITERUNGEN ein.
- Setzen Sie das Kreuz an die richtige Stelle.
- Speichern Sie die Einstellungen.

Dann wirkt der Navigationsbereich aufgeräumter, und Contao ist noch ein klitzekleines Stückchen schneller.

Kapitel 16
Die Erweiterung »Newsletter«

In diesem Kapitel erfahren Sie, wie Sie mit Contao ein komplettes Newsletter-System auf die Beine stellen – inklusive Darstellung der Newsletter auf der Website und automatischer An- und Abmeldung.

Die Themen im Überblick:

Die NEWSLETTER-Erweiterung besteht aus dem Backend-Modul NEWSLETTER, vier Frontend-Modulen sowie diversen Modul- und Subtemplates. Sie dient dazu, einen Newsletter per E-Mail an diverse Empfänger zu versenden.

Mit dem Backend-Modul NEWSLETTER können Sie einen Newsletter betreiben, ohne dass dieser auf den Webseiten im Frontend überhaupt auftaucht. Die vier Frontend-Module bieten zusätzlich die Möglichkeit zur Darstellung bereits verschickter Newsletter auf der Website und zum automatisierten Abonnieren und Kündigen des Newsletters.

Aus technischer Sicht sollte es nach der Lektüre dieses Kapitels kein Problem mehr sein, einen Newsletter zu betreiben. Bevor Sie aber auf Ihrer Website wirklich einen Newsletter anbieten, sollten Sie auch die inhaltliche Seite bedenken: Gibt es genügend interessante Informationen, um regelmäßig einen lesenswerten Newsletter zusammenzustellen? Ist genügend Zeit vorhanden, um die Inhalte redaktionell aufzubereiten?

Die Abonnenten sollen den Newsletter als Bereicherung empfinden und nicht als Belästigung. Kein Newsletter ist also besser als ein schlechter Newsletter.

Über das Anbieten eines Newsletters

Zur Impressumspflicht und anderen rechtlichen Grundlagen des Newsletter-Versands finden Sie Informationen und Links in Tristan Lins Foliensatz zu seinem hervorragenden Vortrag zu *Avisota* auf der Contao-Konferenz:

- *contao-konferenz.de/tl_files/folien/avisota-extended.pdf*

Avisota ist ein von Tristan Lins programmiertes, umfangreiches Newsletter- und Mailingsystem für Contao, das weit über die Möglichkeiten der in diesem Kapitel vorgestellten Erweiterung NEWSLETTER hinausgeht.

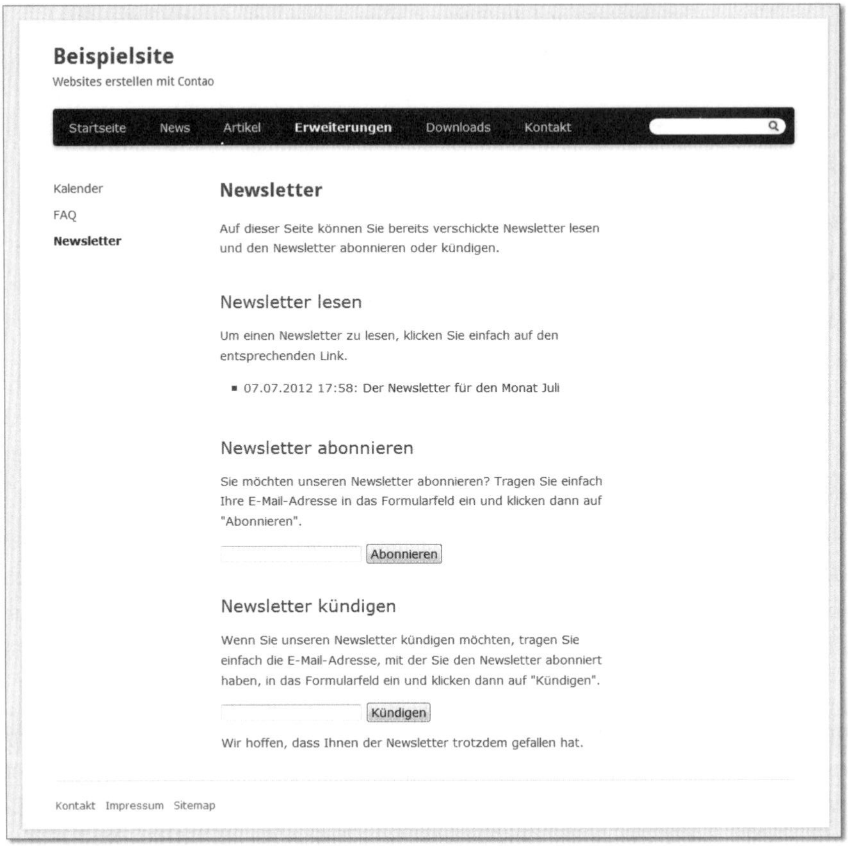
Beispielsite
Websites erstellen mit Contao
Startseite
News
Artikel
Erweiterungen
Downloads
Kontakt
Kalender
FAQ
Newsletter
Newsletter
Auf dieser Seite können Sie bereits verschickte Newsletter lesen und den Newsletter abonnieren oder kündigen.
Newsletter lesen
Um einen Newsletter zu lesen, klicken Sie einfach auf den entsprechenden Link.
07.07.2012 17:58: Der Newsletter für den Monat Juli
Newsletter abonnieren
Sie möchten unseren Newsletter abonnieren? Tragen Sie einfach Ihre E-Mail-Adresse in das Formularfeld ein und klicken dann auf "Abonnieren".
Abonnieren
Newsletter kündigen
Wenn Sie unseren Newsletter kündigen möchten, tragen Sie einfach die E-Mail-Adresse, mit der Sie den Newsletter abonniert haben, in das Formularfeld ein und klicken dann auf "Kündigen".
Kündigen
Wir hoffen, dass Ihnen der Newsletter trotzdem gefallen hat.
Kontakt Impressum Sitemap

Abbildung 16.1 Die Seite »Newsletter« – lesen, abonnieren und kündigen

16.1 Das Backend-Modul »Newsletter«

Die Verwaltungszentrale der NEWSLETTER-Erweiterung ist das Backend-Modul NEWSLETTER. Dort richten Sie sogenannte *Verteiler* ein, die aus zwei Teilen bestehen: den eigentlichen *Newslettern* und einer Liste der als *Abonnenten* bezeichneten Empfänger.

In einer Firma könnte z.B. jede Abteilung einen Verteiler einrichten, mit dem sie dann Newsletter an ihre Abonnenten verschicken kann. Mit *Newsletter* meint Contao in diesem Zusammenhang den zu verschickenden Text in den Formaten HTML oder Nur-Text. Ein Newsletter wird im Backend erstellt und als E-Mail verschickt.

16.1.1 Einen Verteiler erstellen

Bei der Erstellung eines neuen Verteilers im folgenden ToDo gibt es nur drei Einstellungsmöglichkeiten, von denen zwei auch noch unverändert bleiben.

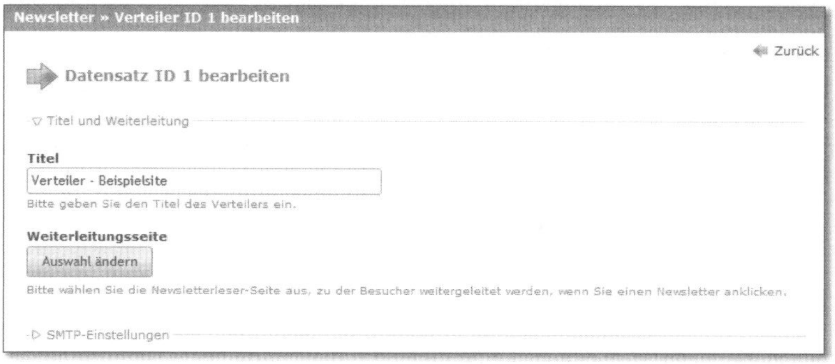

Abbildung 16.2 Eingabeformular zur Erstellung eines Verteilers

Der TITEL wird nur in der Backend-Übersicht verwendet. Die WEITERLEITUNGSSEITE legt fest, zu welcher Seite ein Benutzer beim Anklicken eines Links im Frontend-Modul NEWSLETTERLISTE weitergeleitet wird. Solange Sie das Modul nicht nutzen, benötigen Sie keine Weiterleitungsseite. Und wenn Sie nicht speziell für den Newsletter einen eigenen SMTP-Server angeben möchten, können Sie auch diese Option unverändert lassen.

ToDo: Einen neuen Newsletter-Verteiler erstellen

1. Öffnen Sie das Backend-Modul INHALTE • NEWSLETTER.
2. Klicken Sie rechts oben im Arbeitsbereich auf NEUER VERTEILER.
3. Geben Sie als TITEL »Verteiler – Beispielsite« ein.
4. Lassen Sie die Bereiche WEITERLEITUNGSSEITE und SMTP-SERVER unverändert.
5. Klicken Sie auf SPEICHERN UND SCHLIESSEN.

Nach diesem ToDo erscheint im Backend-Modul NEWSLETTER ein Verteiler (Abbildung 16.3).

Abbildung 16.3 Das Backend-Modul »Newsletter«

Die Symbole sind weitgehend bekannt. Neu ist nur ganz rechts außen das Symbol zum Bearbeiten der Abonnenten.

16.1.2 Abonnenten verwalten: die Empfänger des Newsletters

Um einen Newsletter verschicken zu können, benötigen Sie mindestens einen Abonnenten, den Sie im folgenden ToDo hinzufügen.

ToDo: Abonnenten zum Verteiler hinzufügen

1. Öffnen Sie das Backend-Modul INHALTE • NEWSLETTER.
2. Klicken Sie in der Zeile VERTEILER – BEISPIELSITE ganz rechts auf das Symbol ABONNENTEN BEARBEITEN (mit den zwei grünen Köpfen).
3. Klicken Sie oben im Arbeitsbereich auf ABONNENTEN HINZUFÜGEN.
4. Geben Sie eine E-Mail-Adresse ein, die Sie selbst abrufen können.
5. Kreuzen Sie das Kontrollkästchen ABONNENTEN AKTIVIEREN an.
6. Falls Sie noch mehr Mailadressen abrufen können, können Sie gerne noch ein paar mehr eingeben. Das macht die Sache realistischer.
7. Klicken Sie auf SPEICHERN UND SCHLIESSEN.

Eine im Verteiler von Ihnen eingegebene E-Mail-Adresse bekommt den Zusatz (MANUELL HINZUGEFÜGT). Bei Abonnenten, die den Newsletter mit dem weiter unten vorgestellten Frontend-Modul selbst abonniert haben, erscheint hier die Zeit der Registrierung.

Empfänger per CSV-Import hinzufügen

Falls Sie schon einen Newsletter mit einem E-Mail-Programm verschicken und die Empfänger in dessen Adressbuch gespeichert haben, können Sie die Adressen als CSV-Datei speichern und importieren. Bei z.B. tausend Empfängern ist das sehr viel bequemer, als alle abzutippen.

16.1.3 Einen Newsletter erstellen

Nachdem Sie mindestens einen Empfänger eingetragen haben, können Sie jetzt einen Newsletter erstellen. Dabei geben Sie den Inhalt des Newsletters einmal als HTML und einmal als Text ein. Welchen Inhalt ein Abonnent zu sehen bekommt, hängt von den Einstellungen in seinem E-Mail-Programm ab.

ToDo: Einen Newsletter erstellen

1. Öffnen Sie das Backend-Modul INHALTE • NEWSLETTER.
2. Klicken Sie rechts neben VERTEILER – BEISPIELSITE auf den gelben Bleistift, um den Verteiler zu bearbeiten.
3. Klicken Sie oben im Arbeitsbereich auf den Link NEUER NEWSLETTER.
4. Geben Sie einen Betreff ein, z.B. »Der Newsletter für den Monat Juli«.
5. Geben Sie in den Feldern HTML-INHALT und TEXT-INHALT ein bisschen Blindtext ein. Den HTML-Inhalt können Sie noch etwas formatieren.
6. Verschicken Sie keine DATEIANHÄNGE.
7. Bei den TEMPLATE-EINSTELLUNGEN soll das Template *mail_default* ausgewählt sein.
8. Geben Sie bei Bedarf ABSENDERNAME und ABSENDERADRESSE ein. Wenn Sie das Feld leer lassen, wird die Mailadresse des Administrators verwendet.
9. Klicken Sie auf SPEICHERN UND SCHLIESSEN.

Nach dem Speichern erscheint der Newsletter in der Übersichtsliste mit einem roten Betreff und mit dem Zusatz NOCH NICHT GESENDET. Ganz rechts sehen Sie einen Briefumschlag mit einer Weltkugel, das Symbol zum Versenden des Newsletters.

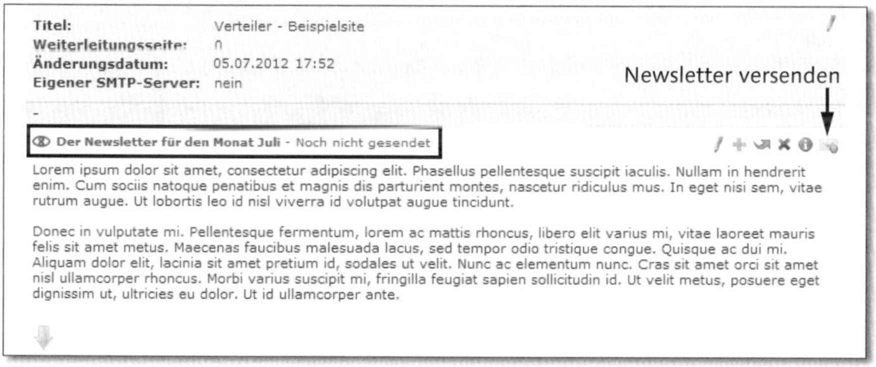

Abbildung 16.4 Der noch nicht gesendete Newsletter

Beim Layouten von HTML-Newslettern sollten Sie berücksichtigen, dass Mailprogramme CSS-basierte Layouts oft mehr schlecht als recht darstellen. Einige Outlook-Versionen benutzen z.B. zur Darstellung von HTML-Mails keinen Browser, sondern MS Word. Und Word beherrscht CSS nicht besonders gut.

Am besten beschränken Sie sich zunächst auf einfache Zeichenformatierungen und geben in der HTML-Version immer einen Link auf eine Online-Version des Newsletters an. Dann kann der Empfänger den Newsletter notfalls online lesen, falls er im Mailprogramm unleserlich sein sollte.

Newsletter nur als Textversion verschicken

Falls Sie nur die Textversion verschicken möchten, aktivieren Sie für den Newsletter im Bereich EXPERTEN-EINSTELLUNGEN die Option ALS TEXT VERSENDEN.

16.1.4 Einen Newsletter versenden

Wenn Sie mindestens einen Empfänger und ein bisschen Blindtext als HTML und Text haben, wird es Zeit zum Testen. Sollten Sie die Beispielsite auf einem Offline-Webspace entwickeln, gelten die gleichen Anmerkungen wie beim Testen des Kontaktformulars, da auf dem *localhost* in der Regel kein SMTP-Server zum Verschicken von Mails zur Verfügung steht.

Nach einem Klick auf das Symbol für NEWSLETTER VERSENDEN (siehe Abbildung 16.4) wird der Newsletter noch nicht sofort versendet. Zunächst sehen Sie eine Vorschau auf den Newsletter mit einigen Einstellungsmöglichkeiten darunter (siehe Abbildung 16.5).

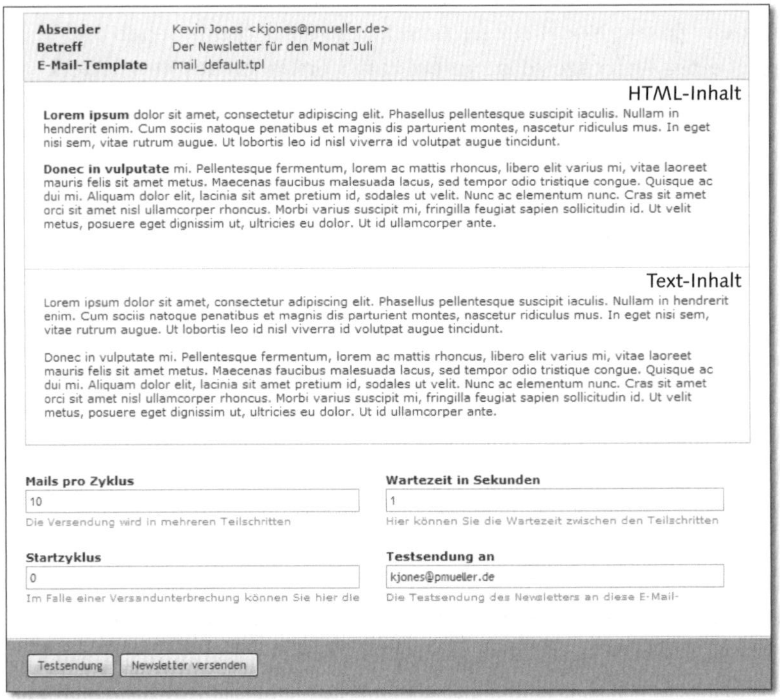

Abbildung 16.5 Der Newsletter – fertig zum Verschicken

Ganz oben sehen Sie den Newsletter in der HTML-Version, direkt darunter die Textversion. Unterhalb des Newsletters finden Sie einige Optionen, die beim Verschicken eines Newsletters an eine große Anzahl Abonnenten sehr nützlich sein können, um den Mailserver nicht zu überfordern. In MAILS PRO ZYKLUS legen Sie fest, wie viele Mails in einem Rutsch verschickt werden, und zwischen den Zyklen können Sie eine WARTEZEIT IN SEKUNDEN festlegen.

Bevor Sie den Newsletter versenden, sollten Sie die Möglichkeit einer TESTSENDUNG nutzen. Tragen Sie im Feld TESTSENDUNG AN eine beliebige Mailadresse ein, auf die Sie Zugriff haben, und klicken Sie links unten auf die Schaltfläche TESTSENDUNG. Dadurch wird der Newsletter nur an diese eine Testadresse geschickt.

Nach dem Verschicken erscheint oberhalb des Newsletters eine Meldung, und Sie können das E-Mail-Postfach überprüfen, ob alles gut angekommen ist. Falls dem so ist, können Sie mit einem Klick den NEWSLETTER VERSENDEN.

In der Übersicht der Newsletter erscheint der Betreff nach dem Versenden in Grün, und der Hinweis NOCH NICHT GESENDET wurde durch GESENDET AM … ersetzt (siehe Abbildung 16.6).

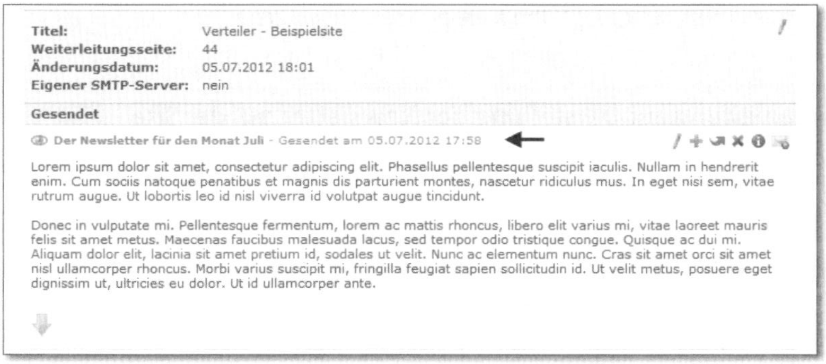

Abbildung 16.6 Der Newsletter in der Übersicht nach dem Versenden

»System • System-Log«: Fehlermeldungen prüfen

Falls beim Versenden des Newsletters Fehler auftauchen, können Sie diese in aller Ruhe im Backend-Modul SYSTEM • SYSTEM-LOG begutachten. Fehler werden dort in Rot dargestellt.

16.2 Newsletter im Frontend anzeigen

Mit dem Backend-Modul NEWSLETTER können Sie, wie Sie oben gesehen haben, einen Newsletter betreiben, der auf der Website selbst nicht auftaucht. Zur Newsletter-Erweiterung gehören aber auch noch ein paar Frontend-Module, um z.B. bereits verschickte Newsletter auf der Website anzuzeigen.

Newsletter
Auf dieser Seite können Sie bereits verschickte Newsletter lesen und den Newsletter abonnieren oder kündigen.
Newsletter lesen
Um einen Newsletter zu lesen, klicken Sie einfach auf den entsprechenden Link.
07.07.2012 17:58: Der Newsletter für den Monat Juli
Der Newsletter für den Monat Juli
Lorem ipsum dolor sit amet, consectetur adipiscing elit. Mauris quis ligula tortor. Duis dictum, dolor eget dignissim scelerisque, augue lorem dictum nisl, quis molestie purus lectus vel ligula. Curabitur eget nisl mauris. Donec pharetra tellus sollicitudin lacus volutpat lacinia. In magna tortor, suscipit id lacinia et, aliquet vel enim. Morbi vel velit diam, ut imperdiet nunc. Integer nisl turpis, luctus nec dignissim vel, accumsan sed purus. Curabitur facilisis dui at magna fermentum dignissim.
Sed id nulla ligula. Cras sed magna vel nibh blandit pulvinar eu eget ipsum. Sed feugiat semper elit et rutrum. Cras vulputate dapibus volutpat. Nullam velit urna, condimentum id suscipit sed, ornare nec erat. Curabitur eu diam porttitor felis blandit commodo. Mauris elementum condimentum viverra. In hac habitasse platea dictumst. Mauris nisi velit, vehicula sit amet pulvinar eu, ultrices sed sapien.
Zurück

Abbildung 16.7 Newsletter als Liste und als Einzelansicht

Auf der Seite NEWSLETTER erscheint dann eine Liste mit bereits verschickten Newslettern. Ein Klick auf einen Link zeigt den kompletten Newsletter.

16.2.1 Die Kurzanleitung zur Darstellung der Newsletter auf der Site

Die folgenden vier Schritte sind notwendig, um die Newsletter auf der Website auszugeben:

- **Schritt 1: »Layout • Seitenstruktur«**
  Auf der bereits vorhandenen Seite NEWSLETTER wird eine Liste der verschickten Newsletter angezeigt. Es fehlen noch eine Überschrift und ein bisschen Text, wie z.B. in Abbildung 16.1.

  Auf der Unterseite NEWSLETTER ANZEIGEN erscheint die Einzelansicht eines Newsletters. Diese Unterseite muss noch erstellt werden. Nicht in der Sitemap anzeigen, im Menü versteckt, aber veröffentlicht.
- **Schritt 2: »Inhalte • Newsletter«**
  Im Backend-Modul NEWSLETTER tragen Sie im VERTEILER – BEISPIELSITE die in Schritt 1 erstellte Unterseite NEWSLETTER ANZEIGEN als WEITERLEITUNGSSEITE ein.
- **Schritt 3: »Themes • Frontend-Module«**
  Erstellen Sie die Module NEWSLETTERLISTE ANZEIGEN [NEWSLETTERLISTE] für die Listenansicht und NEWSLETTER ANZEIGEN [NEWSLETTERLESER] für die Einzelansicht. In beiden Modulen aktivieren Sie im Bereich MODUL-KONFIGURATION den VERTEILER – BEISPIELSITE.

- **Schritt 4: »Inhalte • Artikel«**
  Im Artikelbaum binden Sie im Artikel NEWSLETTER [HAUPTSPALTE] das Modul NEWSLETTERLISTE ANZEIGEN (ID XX) ein und im Artikel auf der Unterseite NEWSLETTER ANZEIGEN das Modul NEWSLETTER ANZEIGEN (ID XX).

Fertig. Auf der Seite NEWSLETTER erscheint eine Liste der verschickten Newsletter. Falls nicht, denken Sie daran, dass nur verschickte Newsletter hier aufgelistet werden. Eine Testsendung reicht dazu nicht aus. Ein Klick auf einen Link in der Newsletter-Liste zeigt den betreffenden Newsletter in der Einzelansicht.

16.2.2 Das HTML der Frontend-Module zur Newsletter-Darstellung

Die Liste der Newsletter wird vom Modultyp NEWSLETTERLISTE erzeugt und ist im Quelltext eine einfache Linkliste, umgeben von einem `div` mit der Klasse `mod_nl_list` (Listing 16.2). Das HTML wird vom Modultemplate *mod_newsletter_list* erzeugt.

```
<div class="mod_nl_list block">
<ul>
  <li>07.07.2012 17:58<a href="#">Der Newsletter ...</a></li>
</ul>
</div>
```

Listing 16.1 Das HTML des Modultyps »Newsletterliste«

Der Quelltext für die Einzelansicht eines Newsletters ist nicht sehr viel komplizierter und wird vom Modultemplate *mod_newsletter_reader* generiert (siehe Listing 16.2).

```
<div class="mod_nl_reader block">
<h1>Der Newsletter für den Monat Juli</h1>
<div class="newsletter">
<p>Lorem ipsum ... </p>
</div>
<!-- indexer::stop -->
<p class="back">
<a href="javascript:history.go(-1)"
   title="Zurück">Zurück</a>
</p>
<!-- indexer::continue -->
</div>
```

Listing 16.2 Das HTML des Modultyps »Newsletterleser«

Umgeben von einem `div` mit der Klasse `mod_nl_reader`, erscheint der Titel des Newsletters als `h1`-Überschrift und der Text in `div.newsletter`.

Um die Links ähnlich zu gestalten wie bei der FAQ-Liste, fügen Sie am Ende des Stylesheets *inhalt* folgendes CSS ein (KATEGORIE: NEWSLETTER):

```
.mod_nl_list a { text-decoration: none; }
.mod_nl_list a:hover { text-decoration: underline; }
```

Listing 16.3 Links für die Newsletter-Liste gestalten

16.3 Newsletter im Frontend abonnieren und kündigen

Wenn Sie einen Newsletter mit einem geschlossenen Benutzerkreis betreiben und die Abonnenten im Backend manuell eintragen und aktivieren, sind die Frontend-Module ABONNIEREN und KÜNDIGEN nicht nötig.

Newsletter
Auf dieser Seite können Sie bereits verschickte Newsletter lesen und den Newsletter abonnieren oder kündigen.
Newsletter lesen
Um einen Newsletter zu lesen, klicken Sie einfach auf den entsprechenden Link.
07.07.2012 17:58: Der Newsletter für den Monat Juli
Newsletter abonnieren
Sie möchten unseren Newsletter abonnieren? Tragen Sie einfach Ihre E-Mail-Adresse in das Formularfeld ein und klicken dann auf "Abonnieren".
Abonnieren
Newsletter kündigen
Wenn Sie unseren Newsletter kündigen möchten, tragen Sie einfach die E-Mail-Adresse, mit der Sie den Newsletter abonniert haben, in das Formularfeld ein und klicken dann auf "Kündigen".
Kündigen
Wir hoffen, dass Ihnen der Newsletter trotzdem gefallen hat.

Abbildung 16.8 Abonnieren und Kündigen des Newsletters im Frontend

Für einen öffentlichen, auf der Website angebotenen Newsletter ermöglichen die beiden Module eine automatische Verwaltung der Newsletter-Abonnements, sodass Sie als Administrator im Idealfall gar nicht mehr eingreifen müssen. Das Ziel dieses Abschnitts ist es, dass auf der NEWSLETTER-Seite zwei kleine Formulare zum Abonnieren und zum Kündigen des Newsletters erscheinen.

»Double Opt-In« für die Anmeldung zum Newsletter

Contao verwendet für das automatische Newsletter-Abonnement das sogenannte *Double-Opt-In*-Verfahren, was man etwa mit »zweifache Bestätigung« übersetzen könnte.

Zuerst gibt der Abonnent seine Mailadresse ein und klickt auf ABONNIEREN. Das ist das erste Opt-In. Contao trägt die Mailadresse daraufhin im entsprechenden Verteiler ein und schickt dem Abonnenten eine E-Mail mit einem Bestätigungslink. Der Klick auf den Bestätigungslink ist das zweite Opt-In. Erst jetzt aktiviert Contao die Mailadresse im Verteiler.

16.3.1 Die Kurzanleitung zum Abonnieren und Kündigen

Um auch den Besuchern der Website die Möglichkeit zum Abonnieren und Kündigen des Newsletters zu geben, müssen Sie nur die folgenden Schritte abarbeiten:

- **Schritt 1: »Layout • Seitenstruktur«**
  Sie benötigen zwei neue, nicht in der Sitemap angezeigte, im Menü versteckte, veröffentlichte Unterseiten zur Seite NEWSLETTER mit den Namen NEWSLETTER ABONNIERT und NEWSLETTER GEKÜNDIGT, auf denen in Schritt 4 eine kurze Mitteilung an den Besucher erstellt wird.
- **Schritt 2: »Themes • Frontend-Module«**
  Erstellen Sie die zwei Module NEWSLETTER ABONNIEREN [ABONNIEREN] und NEWSLETTER KÜNDIGEN [KÜNDIGEN].

  Bei beiden Modulen aktivieren Sie im Bereich MODUL-KONFIGURATION den VERTEILER – BEISPIELSITE und blenden das VERTEILER-Menü aus, da es nur einen Verteiler gibt. Als WEITERLEITUNGSSEITE tragen Sie die in Schritt 1 erstellten Unterseiten NEWSLETTER ABONNIERT bzw. NEWSLETTER GEKÜNDIGT ein. Den Bestätigungstext für das Abonnement bzw. die Kündigung im Bereich E-MAIL-EINSTELLUNGEN können Sie unverändert übernehmen. NEWSLETTERTEMPLATE ist *nl_default*.
- **Schritt 3: »Inhalte • Artikel« – Seite »Newsletter«**
  Binden Sie auf der Seite NEWSLETTER im Artikel in der Hauptspalte unterhalb der Newsletterliste die beiden Frontend-Module NEWSLETTER ABONNIEREN (ID XX) und NEWSLETTER KÜNDIGEN (ID XX) ein. Beispiele für begleitende Überschriften und Texte finden Sie in Abbildung 16.1.
- **Schritt 4: »Inhalte • Artikel« – im Menü versteckte Unterseiten**
  Auf der Unterseite NEWSLETTER ABONNIERT bedanken Sie sich für das Abonnement und weisen darauf hin, wie das Abo im Bedarfsfall wieder gekündigt werden

kann. Auf der Unterseite NEWSLETTER GEKÜNDIGT bestätigen Sie die erfolgreiche Kündigung und drücken Ihr Bedauern aus.

Fertig. Schon haben Sie eine funktionierende Abonnement-Verwaltung für Ihren Newsletter. Probieren Sie es auf jeden Fall einmal aus.

Im Newsletter einen Link auf die Kündigungsseite setzen

Es gehört zum guten Ton eines seriösen Newsletters, am Ende des Newsletters einen Link zum Kündigen anzubieten. Das können Sie mithilfe von Inserttags tun. Für die HTML-Version geht das so:

- Schreiben Sie »Newsletter kündigen« hin, und markieren Sie diesen Eintrag.
- Erstellen Sie einen Hyperlink, indem Sie auf das Kettensymbol klicken.
- Tragen Sie im Feld ADRESSE »{{link_url::22}}« ein.
- Anstelle der 22 nehmen Sie die ID (oder auch den Alias) der Seite, auf der bei Ihnen das Modul KÜNDIGEN eingebunden ist.

Für die Textversion ist die Vorgehensweise etwas anders:

- Newsletter kündigen: `{{env::path}}{{link_url::22}}`

Eine vollständige Übersicht der Inserttags finden Sie ab Seite 646.

16.3.2 Das HTML der Frontend-Module »Abonnieren« und »Kündigen«

Das HTML-Formular zum Abonnieren des Newsletters hat die ID `tl_subscribe` und ist umgeben von einem `div` mit der Klasse `mod_subscribe`. Außer einem versteckten Formularfeld und einem unsichtbaren Label, die beide nicht gestaltet werden müssen, gibt es keinerlei Besonderheiten zu vermelden (siehe Listing 16.4).

```
<!-- indexer::stop -->
<div class="mod_subscribe block">
<form action="#"
      id="tl_subscribe" method="post">
<div class="formbody">
<input type="hidden" name="FORM_SUBMIT"
       value="tl_subscribe">
<input type="hidden" value="56a..." name="REQUEST_TOKEN">
<input type="hidden" name="channels[]" value="2" />
<label for="ctrl_email_44"
       class="invisible">E-Mail-Adresse</label>
<input type="text" name="email"
       id="ctrl_email_44" class="text" value="">
<input type="submit" name="submit"
```

```
        class="submit" value="Abonnieren">
</div></form></div>
<!-- indexer::continue -->
```

Listing 16.4 Das HTML zum Abonnieren eines Newsletters

Das HTML-Formular zum Kündigen des Newsletters ist recht ähnlich. Das umgebende `div` hat die Klasse `mod_unsubscribe` (siehe Listing 16.5) und das Formular die ID `tl_unsubscribe`.

```
<!-- indexer::stop -->
<div class="mod_unsubscribe block">
<form action="index.php/newsletter.html"
       id="tl_unsubscribe" method="post">
<div class="formbody">
<input type="hidden" name="FORM_SUBMIT"
        value="tl_unsubscribe">
<input type="hidden" value="56a..." name="REQUEST_TOKEN">
<input type="hidden" name="channels[]" value="2">
<label for="ctrl_email_45"
        class="invisible">E-Mail-Adresse</label>
<input type="text" name="email"
        id="ctrl_email_45" class="text" value="">
<input type="submit" name="submit"
        class="submit" value="Kündigen">
</div>
</form>
</div>
<!-- indexer::continue -->
```

Listing 16.5 Das HTML zum Kündigen eines Newsletters

Falls jemand einen Newsletter kündigen möchte, den er gar nicht abonniert hat, gibt es eine Fehlermeldung, die bereits durch den im Kapitel über das Kontaktformular erstellten Style für `.error` gestaltet wird.

Kapitel 17
Startseite und Sidebar gestalten

In diesem Kapitel geben Sie der Startseite ein eigenes Seitenlayout und füllen sie mit Inhalten, die alle aus bereits vorhandenen Modulen stammen.

Die Themen im Überblick:

In den letzten Kapiteln haben Sie nach und nach die Erweiterungen aus dem Backend-Bereich INHALTE kennen- und anwenden gelernt. Anhand der Gestaltung der Startseite setzen Sie in diesem Kapitel das bisher Erlernte sinnvoll ein. Abbildung 17.1 zeigt die Startseite am Ende dieses Kapitels.

Eine wichtige Aufgabe der Startseite ist es, Besuchern einen Überblick über die auf der Site vorhandenen Inhalte zu geben. Dazu bekommt die Startseite zunächst ein eigenes, zweispaltiges Seitenlayout. Danach füllen Sie die Startseite und besonders die Sidebar durch »kreatives Anzapfen« der bereits erstellten Inhalte, sodass ein Besucher auf den ersten Blick sieht, was auf der Site so alles neu ist:

- In der Hauptspalte erscheinen die letzten Beiträge aus NACHRICHTEN und die nächsten Termine aus dem KALENDER.
- In der rechten Spalte ist Platz für ein zufällig gewähltes Bild (ZUFALLSBILD), einen Minikalender, ein paar Lesetipps (QUICKLINK) und das Abonnieren des Newsletters.

Dieses Kapitel soll als Anregung dienen und zeigen, wie man die Startseite gestalten und dabei bereits gespeicherte Informationen mit wenig Aufwand wiederverwenden könnte. Viel Spaß dabei.

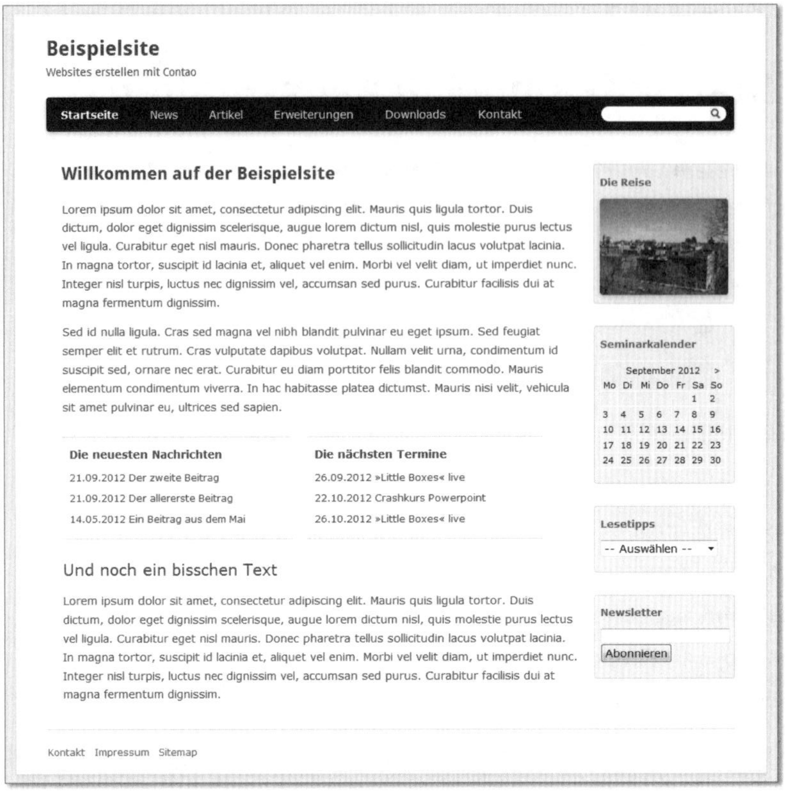
Beispielsite
Websites erstellen mit Contao
Startseite
News
Artikel
Erweiterungen
Downloads
Kontakt
Willkommen auf der Beispielsite
Lorem ipsum dolor sit amet, consectetur adipiscing elit. Mauris quis ligula tortor. Duis dictum, dolor eget dignissim scelerisque, augue lorem dictum nisl, quis molestie purus lectus vel ligula. Curabitur eget nisl mauris. Donec pharetra tellus sollicitudin lacus volutpat lacinia. In magna tortor, suscipit id lacinia et, aliquet vel enim. Morbi vel velit diam, ut imperdiet nunc. Integer nisl turpis, luctus nec dignissim vel, accumsan sed purus. Curabitur facilisis dui at magna fermentum dignissim.
Sed id nulla ligula. Cras sed magna vel nibh blandit pulvinar eu eget ipsum. Sed feugiat semper elit et rutrum. Cras vulputate dapibus volutpat. Nullam velit urna, condimentum id suscipit sed, ornare nec erat. Curabitur eu diam porttitor felis blandit commodo. Mauris elementum condimentum viverra. In hac habitasse platea dictumst. Mauris nisi velit, vehicula sit amet pulvinar eu, ultrices sed sapien.
Die neuesten Nachrichten
21.09.2012 Der zweite Beitrag
21.09.2012 Der allererste Beitrag
14.05.2012 Ein Beitrag aus dem Mai
Die nächsten Termine
26.09.2012 »Little Boxes« live
22.10.2012 Crashkurs Powerpoint
26.10.2012 »Little Boxes« live
Und noch ein bisschen Text
Lorem ipsum dolor sit amet, consectetur adipiscing elit. Mauris quis ligula tortor. Duis dictum, dolor eget dignissim scelerisque, augue lorem dictum nisl, quis molestie purus lectus vel ligula. Curabitur eget nisl mauris. Donec pharetra tellus sollicitudin lacus volutpat lacinia. In magna tortor, suscipit id lacinia et, aliquet vel enim. Morbi vel velit diam, ut imperdiet nunc. Integer nisl turpis, luctus nec dignissim vel, accumsan sed purus. Curabitur facilisis dui at magna fermentum dignissim.
Die Reise
Seminarkalender
September 2012
Mo Di Mi Do Fr Sa So
1 2
3 4 5 6 7 8 9
10 11 12 13 14 15 16
17 18 19 20 21 22 23
24 25 26 27 28 29 30
Lesetipps
-- Auswählen --
Newsletter
Abonnieren
Kontakt Impressum Sitemap

Abbildung 17.1 Die Startseite am Ende dieses Kapitels

17.1 Ein neues Seitenlayout für die Startseite

Bis jetzt beruhen alle Seiten der Beispielsite auf dem dreispaltigen Seitenlayout mit dem schönen Namen STANDARDLAYOUT. In diesem Abschnitt erstellen Sie ein zweispaltiges Seitenlayout namens STARTSEITE, das Sie anschließend nur der Startseite zuweisen.

Zunächst kopieren Sie im folgenden ToDo das vorhandene Seitenlayout und passen die Kopie an die Bedürfnisse der Startseite an.

ToDo: Ein Seitenlayout für die Startseite erstellen

1. Öffnen Sie das Backend-Modul THEMES • SEITENLAYOUTS.
2. Erstellen Sie eine Kopie des Standardlayouts, indem Sie rechts daneben auf das grüne Kreuz klicken (zweites Symbol von links).
3. Fügen Sie die Kopie mit einem Klick auf das braune, blinkende Symbol mit dem Pfeil etwas weiter oben ein.

4. Ändern Sie den Titel in »Startseite«.
5. Aktivieren Sie im Bereich SPALTEN das dritte Symbol von links: HAUPTSPALTE UND RECHTE SPALTE. Die Breite der rechten Spalte soll bei 180 px bleiben.
6. Da auf der Startseite in diesem Kapitel kein JavaScript eingesetzt wird, können Sie die Option MOO_TOOLS LADEN deaktivieren. Sollten Sie später z.B. eine Mediabox oder ein Akkordeon einbauen, denken Sie daran, die Option wieder zu aktivieren.
7. Klicken Sie auf SPEICHERN UND SCHLIESSEN.

Damit ist das Seitenlayout erstellt. Jetzt müssen Sie Contao mitteilen, dass dieses Seitenlayout zur Gestaltung der Startseite verwendet werden soll, und das geschieht im Backend-Modul SEITENSTRUKTUR.

ToDo: Der Startseite das Seitenlayout und eine CSS-Klasse zuweisen

1. Öffnen Sie das Backend-Modul LAYOUT • SEITENSTRUKTUR.
2. Öffnen Sie die STARTSEITE zur Bearbeitung (gelber Bleistift).
3. Aktivieren Sie im Bereich LAYOUT-EINSTELLUNGEN das Kontrollkästchen vor EIN LAYOUT ZUWEISEN.
4. Wählen Sie aus der Liste SEITENLAYOUT den Eintrag THEME ONE – STARTSEITE.
5. Geben Sie im Bereich EXPERTEN-EINSTELLUNGEN noch die CSS-KLASSE »startseite« ein.
6. Klicken Sie auf SPEICHERN UND SCHLIESSEN.

Im Browser hat sich die Startseite bis jetzt nur wenig geändert, aber im Quelltext sind die `div`-Elemente für die linke Spalte spurlos verschwunden.

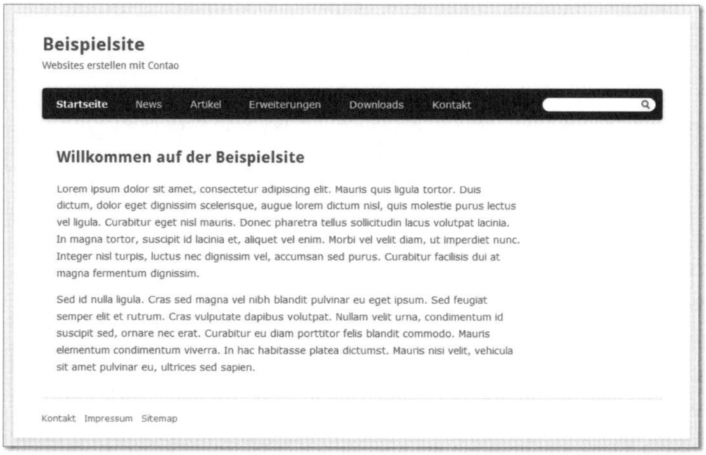
Beispielsite
Websites erstellen mit Contao
Startseite
News
Artikel
Erweiterungen
Downloads
Kontakt
Willkommen auf der Beispielsite
Lorem ipsum dolor sit amet, consectetur adipiscing elit. Mauris quis ligula tortor. Duis dictum, dolor eget dignissim scelerisque, augue lorem dictum nisl, quis molestie purus lectus vel ligula. Curabitur eget nisl mauris. Donec pharetra tellus sollicitudin lacus volutpat lacinia. In magna tortor, suscipit id lacinia et, aliquet vel enim. Morbi vel velit diam, ut imperdiet nunc. Integer nisl turpis, luctus nec dignissim vel, accumsan sed purus. Curabitur facilisis dui at magna fermentum dignissim.
Sed id nulla ligula. Cras sed magna vel nibh blandit pulvinar eu eget ipsum. Sed feugiat semper elit et rutrum. Cras vulputate dapibus volutpat. Nullam velit urna, condimentum id suscipit sed, ornare nec erat. Curabitur eu diam porttitor felis blandit commodo. Mauris elementum condimentum viverra. In hac habitasse platea dictumst. Mauris nisi velit, vehicula sit amet pulvinar eu, ultrices sed sapien.
Kontakt Impressum Sitemap

Abbildung 17.2 Die Startseite mit einem zweispaltigen Seitenlayout

Die im ToDo vergebene CSS-Klasse `startseite` erscheint im Quelltext im Anfangs-Tag von `body`:

```
<body id="top" class="startseite ...">
```

Dadurch wird es sehr einfach, Elemente per CSS nur auf der Startseite zu gestalten. Sie beginnen die Styles einfach mit dem Selektor `.startseite`.

Auch in der Hauptnavigation bekommen die Elemente `li`, `a` bzw. `span` für den Navigationspunkt STARTSEITE die Klasse `startseite`.

17.2 Newsbeiträge und Termine auf der Startseite

Unterhalb der Überschrift »Willkommen auf der Beispielsite« und den zwei Absätzen Blindtext sollen die letzten Newsbeiträge, die nächsten Termine und noch ein bisschen Fließtext erscheinen. Für die Newsbeiträge und die Termine benötigen Sie jeweils ein Frontend-Modul, das mit dem Inhaltselement vom Typ MODUL im Artikel eingebunden wird.

17.2.1 Die Frontend-Module für Newsbeiträge und Termine erstellen

Zunächst erstellen Sie die beiden Frontend-Module zur Darstellung der letzten drei Newsbeiträge und der nächsten drei Termine.

Bevor Sie die Module erstellen, schauen Sie kurz nach, ob im Newsarchiv mindestens drei Beiträge und im Terminkalender mindestens drei in der Zukunft liegende Termine vorhanden sind. Wenn nicht, erstellen Sie schnell ein paar, denn sonst wird nach dem ToDo nur eine entsprechende Meldung zu sehen sein.

ToDo: Frontend-Module für Newsbeiträge und Termine erstellen

1. Öffnen Sie das Backend-Modul THEMES • FRONTEND-MODULE.
2. Klicken Sie rechts oben im Arbeitsbereich auf NEUES MODUL.
3. Vergeben Sie den TITEL »Startseite – News anzeigen« und die folgenden Einstellungen:
   ÜBERSCHRIFT (h2): »Die neuesten Nachrichten«
   MODULTYP: NACHRICHTENLISTE
   ARCHIV: NEWSARCHIV
   GESAMTZAHL DER BEITRÄGE: 3
   HERVORGEHOBENE BEITRÄGE: ALLE BEITRÄGE ANZEIGEN
   META-FELDER: nur DATUM
   NACHRICHTENTEMPLATE: *news_simple*

4. Klicken Sie auf SPEICHERN UND NEU.
5. Das zweite Modul heißt STARTSEITE – TERMINE ANZEIGEN.
   ÜBERSCHRIFT (h2): »Die nächsten Termine«
   MODULTYP: EVENTLISTE
   KALENDER: SEMINARKALENDER
   VERKÜRZTE DARSTELLUNG: ankreuzen
   ANZEIGEFORMAT: ALLE ZUKÜNFTIGEN EVENTS
   ANZAHL AN EVENTS: 3
   EVENT-TEMPLATE: *event_upcoming*
6. Klicken Sie auf SPEICHERN UND SCHLIESSEN.

Im Modul STARTSEITE – TERMINE ANZEIGEN müssen Sie als ANZEIGEFORMAT nicht unbedingt ALLE ZUKÜNFTIGEN EVENTS auswählen. Unter Umständen reicht auch + 1 MONAT oder + 2 JAHRE oder etwas in der Art.

17.2.2 Die Frontend-Module auf der Startseite in den Artikel einbinden

Die Frontend-Module existieren und werden in diesem Abschnitt in den Artikel auf der Startseite eingebunden. Unterhalb der beiden Module fügen Sie noch ein Inhaltselement TEXT mit ein bisschen Blindtext ein.

ToDo: Frontend-Module im Artikel einbinden

1. Öffnen Sie das Backend-Modul INHALTE • ARTIKEL.
2. Verkürzen Sie den Artikelbaum durch einen Klick auf den fett hervorgehobenen Seitennamen STARTSEITE.
3. Öffnen Sie den Artikel STARTSEITE [HAUPTSPALTE] zur Bearbeitung (gelber Bleistift).
4. Fügen Sie unter den vorhandenen Inhaltselementen ein Inhaltselement vom Typ MODUL hinzu, und wählen Sie als Modul STARTSEITE – NEWS ANZEIGEN (ID xx).
5. Klicken Sie auf SPEICHERN UND NEU.
6. Das zweite Inhaltselement ist auch vom Typ MODUL. Wählen Sie als Modul STARTSEITE – TERMINE ANZEIGEN (ID xx).
7. Klicken Sie auf SPEICHERN UND NEU.
8. Das dritte Inhaltselement ist vom Typ TEXT.
9. ÜBERSCHRIFT (h2): »Und noch ein bisschen Text«
10. TEXT: zwei Absätze Blindtext von der Sorte *Lorem ipsum*
11. Klicken Sie auf SPEICHERN UND SCHLIESSEN.

Die Startseite sieht danach im Browser so aus wie in Abbildung 17.3 und hat akuten Gestaltungsbedarf.

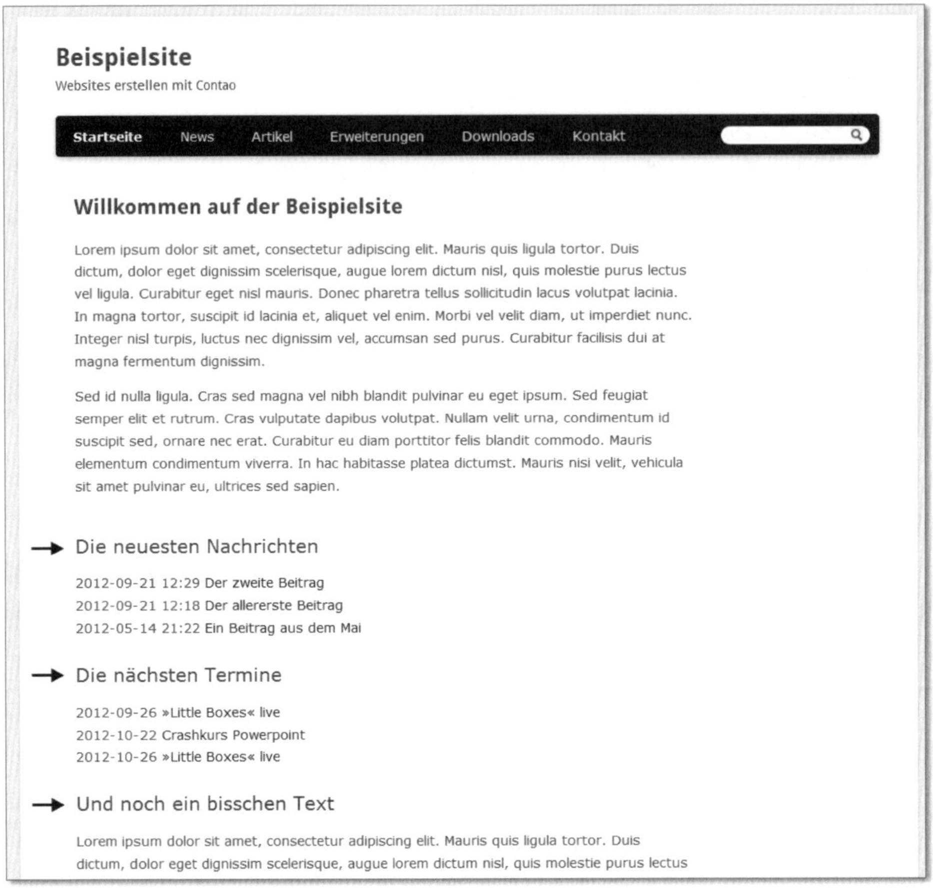
Beispielsite
Websites erstellen mit Contao
Startseite
News
Artikel
Erweiterungen
Downloads
Kontakt
Willkommen auf der Beispielsite
Lorem ipsum dolor sit amet, consectetur adipiscing elit. Mauris quis ligula tortor. Duis dictum, dolor eget dignissim scelerisque, augue lorem dictum nisl, quis molestie purus lectus vel ligula. Curabitur eget nisl mauris. Donec pharetra tellus sollicitudin lacus volutpat lacinia. In magna tortor, suscipit id lacinia et, aliquet vel enim. Morbi vel velit diam, ut imperdiet nunc. Integer nisl turpis, luctus nec dignissim vel, accumsan sed purus. Curabitur facilisis dui at magna fermentum dignissim.
Sed id nulla ligula. Cras sed magna vel nibh blandit pulvinar eu eget ipsum. Sed feugiat semper elit et rutrum. Cras vulputate dapibus volutpat. Nullam velit urna, condimentum id suscipit sed, ornare nec erat. Curabitur eu diam porttitor felis blandit commodo. Mauris elementum condimentum viverra. In hac habitasse platea dictumst. Mauris nisi velit, vehicula sit amet pulvinar eu, ultrices sed sapien.
Die neuesten Nachrichten
2012-09-21 12:29 Der zweite Beitrag
2012-09-21 12:18 Der allererste Beitrag
2012-05-14 21:22 Ein Beitrag aus dem Mai
Die nächsten Termine
2012-09-26 »Little Boxes« live
2012-10-22 Crashkurs Powerpoint
2012-10-26 »Little Boxes« live
Und noch ein bisschen Text
Lorem ipsum dolor sit amet, consectetur adipiscing elit. Mauris quis ligula tortor. Duis dictum, dolor eget dignissim scelerisque, augue lorem dictum nisl, quis molestie purus lectus

Abbildung 17.3 Die Startseite mit frischem Inhalt, aber noch ungestaltet

17.2.3 Newsbeiträge und Termine auf der Startseite gestalten

Die beiden Module zur Gestaltung von Newsbeiträgen und Terminen sollen auf der Startseite nebeneinanderstehen, und dazu werden sie am einfachsten gefloatet.

Da das Inhaltselement TEXT unterhalb der beiden Module auch nach dem Floaten unterhalb der beiden Module stehen soll, muss es gecleart werden. Das geht zum Beispiel mit einem zusätzlichen Inhaltselement HTML, in dem nur eine Zeile steht:

```
<br class="clear">
```

Damit wird ein Zeilenumbruch mit der Klasse `clear` eingefügt, die im Stylesheet *layout.css* definiert wird (siehe Abschnitt 8.4).

ToDo: Newsbeiträge und Termine floaten und clearen

1. Öffnen Sie das Backend-Modul INHALTE • ARTIKEL.
2. Öffnen Sie den Artikel STARTSEITE [HAUPTSPALTE] zur Bearbeitung (gelber Bleistift).
3. Öffnen Sie das Inhaltselement mit dem Modul zum Einfügen der Nachrichtenbeiträge, und fügen Sie die CSS-Klasse `float_news` hinzu, die noch nicht definiert wurde. SPEICHERN UND SCHLIESSEN Sie.
4. Öffnen Sie das Inhaltselement mit dem Modul zum Einfügen der Termine, und fügen Sie die noch nicht existierende CSS-Klasse `float_termine` hinzu. SPEICHERN UND SCHLIESSEN Sie erneut.
5. Erstellen Sie zwischen den Inhaltselementen DIE NÄCHSTEN TERMINE und UND NOCH EIN BISSCHEN TEXT ein neues Inhaltselement vom Typ HTML.
6. Geben Sie die Zeile »<br class="clear">« ein.
7. SPEICHERN UND SCHLIESSEN Sie das Inhaltselement.

Damit sind die Inhaltselemente soweit vorbereitet, und es wird Zeit für das Styling. Im folgenden ToDo floaten Sie die NEWS- und EVENT-Elemente und gestalten sie ein wenig.

ToDo: Die Newsbeiträge und Termine gestalten

1. Öffnen Sie das Stylesheet *inhalte* zur Bearbeitung. Alle Styles sollen die KATEGORIE »Startseite« bekommen.
2. Mit dem folgenden Style floaten und gestalten Sie die NEWS- und EVENTS-Elemente auf der Startseite:

```
.startseite .float_news,
.startseite .float_termine {
  float: left;
  width: 280px;
  font-size: 12px;
  padding: 0.25em 0.75em 0.75em 0.75em;
  border-top: 1px solid #DFDDB7;

  border-bottom: 1px solid #DFDDB7;
  margin-top: 1em;
  margin-right: 1.5em;
}
```

3. Die folgende CSS-Regel gestaltet die Überschriften in den Elementen:

```
.startseite .float_news h2,
.startseite .float_termine h2 {
  font-size: 14px;
```

```
    font-weight: bold;
    padding: 0;
    margin: 0.5em 0;
}
```

4. Speichern Sie das Stylesheet.

Nach diesen ToDos stehen die beiden Module nebeneinander, haben einen grauen Hintergrund und sehen in etwa so aus wie in Abbildung 17.4.

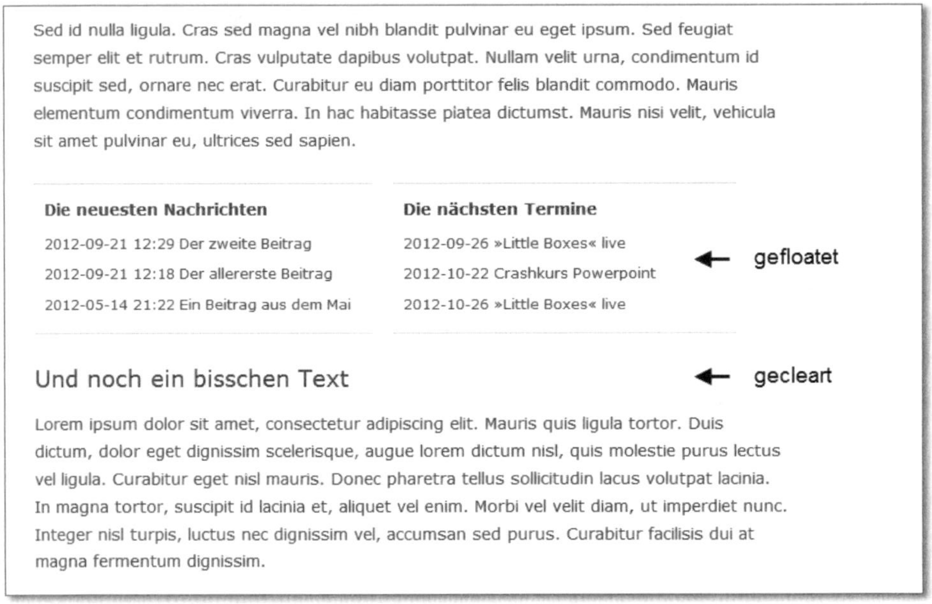
Sed id nulla ligula. Cras sed magna vel nibh blandit pulvinar eu eget ipsum. Sed feugiat semper elit et rutrum. Cras vulputate dapibus volutpat. Nullam velit urna, condimentum id suscipit sed, ornare nec erat. Curabitur eu diam porttitor felis blandit commodo. Mauris elementum condimentum viverra. In hac habitasse platea dictumst. Mauris nisi velit, vehicula sit amet pulvinar eu, ultrices sed sapien.
Die neuesten Nachrichten
2012-09-21 12:29 Der zweite Beitrag
2012-09-21 12:18 Der allererste Beitrag
2012-05-14 21:22 Ein Beitrag aus dem Mai
Die nächsten Termine
2012-09-26 »Little Boxes« live
2012-10-22 Crashkurs Powerpoint
2012-10-26 »Little Boxes« live
gefloatet
Und noch ein bisschen Text
gecleart
Lorem ipsum dolor sit amet, consectetur adipiscing elit. Mauris quis ligula tortor. Duis dictum, dolor eget dignissim scelerisque, augue lorem dictum nisl, quis molestie purus lectus vel ligula. Curabitur eget nisl mauris. Donec pharetra tellus sollicitudin lacus volutpat lacinia. In magna tortor, suscipit id lacinia et, aliquet vel enim. Morbi vel velit diam, ut imperdiet nunc. Integer nisl turpis, luctus nec dignissim vel, accumsan sed purus. Curabitur facilisis dui at magna fermentum dignissim.

Abbildung 17.4 Zwei gefloatete Inhaltselemente und ein gecleartes

Um auszuprobieren, wie die Seite ohne das Clear aussieht, können Sie das Inhaltselement HTML mit dem geclearten Zeilenumbruch per Klick auf das grüne Auge vorübergehend ausblenden. Das Auge ist dann grau und das Layout nach einem Neuladen der Seite kaputt.

17.2.4 Datum der Nachrichten ohne Uhrzeit darstellen

Falls Sie das Datum der Nachrichten ohne die Uhrzeit darstellen möchten, gibt es dazu zwei Möglichkeiten.

Die erste Möglichkeit ist einfach, hat aber zur Folge, dass die Uhrzeit systemweit auf allen Seiten und in allen Modulen weggelassen wird: Sie geben im Feld DATUMS-

UND ZEITFORMAT den Wert »d.m.Y« ein und lassen das übliche »H:i« für die Uhrzeit einfach weg.

Datumsdefinitionen dieser Art finden Sie im Backend an zwei Stellen:

- Im Backend-Modul SYSTEM • EINSTELLUNGEN gemachte Angaben gelten für die gesamte Contao-Installation.
- Im Backend-Modul LAYOUT • SEITENSTRUKTUR können diese Einstellungen im STARTPUNKT EINER WEBSEITE überschrieben werden.

Die zweite Möglichkeit erfordert grundlegende PHP-Kenntnisse, ist aber zielgenauer: Sie ändern die Datumsdarstellung nur im Template *news_simple*. Dabei gehen Sie wie folgt vor:

- Öffnen Sie das Backend-Modul LAYOUT • TEMPLATES.
- Erstellen Sie ein NEUES TEMPLATE.
- Wählen Sie aus der Liste ORIGINALTEMPLATE die Datei *news_simple.html5*.
- Wählen Sie als ZIELVERZEICHNIS den Template-Ordner für das aktuelle Theme – */templates/theme_one*.
- Klicken Sie auf den Button TEMPLATE ERSTELLEN.

Jetzt haben Sie eine Kopie des Templates erstellt. In dieser Datei müssen Sie eine kleine Änderung im PHP-Code vornehmen. Das geht so:

- Öffnen Sie die Template-Kopie *news_simple.html5* mit einem Klick auf das Symbol DATEI BEARBEITEN (das zweite von rechts) im Editor.
- Schreiben Sie am Anfang der Datei einen PHP-Kommentar, damit Sie auch morgen noch wissen, was Sie heute geändert haben, z. B.:

  ```
  <?php // Datum ohne Uhrzeit ausgeben ?>
  ```
- Suchen Sie die Zeichenfolge `<?php echo $this->date; ?>`, und ersetzen Sie sie durch die folgende:

  ```
  <?php echo $this->parseDate("d.m.Y", $this->timestamp); ?>
  ```
  `"d.m.Y"` gibt das deutsche Datumsformat aus: *28.11.2012*.
- SPEICHERN UND SCHLIESSEN Sie das Template.

Falls nach einer Template-Änderung nichts passiert, können Sie im Backend-Bereich SYSTEM • SYSTEMWARTUNG im Bereich DATEN BEREINIGEN den SCRIPTCACHE, den SEITENCACHE, den INTERNEN CACHE und den TEMP-ORDNER leeren, damit die Änderungen auch im Frontend ankommen.

Wenn alles geklappt hat, werden die Nachrichten auf der Startseite jetzt ohne Uhrzeit dargestellt. Falls es nicht geklappt hat oder gar Fehlermeldungen erscheinen, löschen Sie einfach die Template-Kopie. Contao nimmt dann wieder das unveränderte Original aus dem Systemordner.

Datumsformate in PHP

Statt `"d.m.Y"` können Sie auch ein anderes Datumsformat verwenden. Hier zwei Beispiele:

- `"d. F Y"` ergibt *28. November 2012*, mit Monatsnamen.
- `"j. F Y"` ergibt *1. Dezember 2012*, keine führenden Nullen beim Tag.

Eine komplette Übersicht finden Sie auf der folgenden Seite:

- *php.net/manual/de/function.date.php*

17.3 Sidebar: ein zufällig ausgewähltes Bild

Die Hauptspalte der Startseite ist soweit fertig. In diesem Abschnitt erstellen Sie in der rechten Spalte eine *Sidebar*, in der Sie zunächst ein zufällig ausgewähltes Bild darstellen.

Später kommt dann mehr hinzu: ein Minikalender mit einer Übersicht über die Termine des aktuellen Monats, ein paar Lesetipps, eine Möglichkeit, den Newsletter zu abonnieren. In der Sidebar binden Sie alle Frontend-Module im Seitenlayout STARTSEITE ein.

17.3.1 Das Modul »Sidebar – Zufallsbild« erstellen

Als Erstes fügen Sie in der Sidebar mit dem bisher noch nicht erwähnten Modul ZUFALLSBILD ein zufällig ausgewähltes Bild an. Als Grundlage für das Modul nehmen Sie die Fotos vom Artikel »Die Abenteuer des Lorem Ipsum« aus Kapitel 10, »Startseite und Sidebar gestalten«.

ToDo: Ein Modul vom Typ »Zufallsbild« erstellen

1. Öffnen Sie das Backend-Modul THEMES • FRONTEND-MODULE.
2. Klicken Sie oben im Arbeitsbereich auf NEUES MODUL.
3. Geben Sie dem Modul die folgenden Einstellungen:
4. TITEL: »Sidebar – Zufallsbild«
5. ÜBERSCHRIFT (`h2`): »Die Reise«
6. MODULTYP: ZUFALLSBILD
7. BILDBREITE: 170 und EXAKTES FORMAT
8. QUELLDATEIEN: */beispielsite/content/fotos*

9. Klicken Sie auf SPEICHERN UND SCHLIESSEN.
10. Öffnen Sie im Backend-Modul THEMES • SEITENLAYOUTS das Seitenlayout STARTSEITE zur Bearbeitung.
11. Blenden Sie gegebenenfalls den Bereich FRONTEND-MODULE ein.
12. Erstellen Sie im Bereich FRONTEND-MODULE eine Zeile mit dem Modul SIDEBAR – ZUFALLSBILD [ZUFALLSBILD] in RECHTE SPALTE.
13. Klicken Sie auf SPEICHERN UND SCHLIESSEN.

Oben in der Sidebar erscheint ein Bild aus dem Ordner *fotos*. Wenn Sie die Seite neu laden, wählt Contao ein anderes Bild aus demselben Ordner.

17.3.2 Das Modul »Sidebar – Zufallsbild« gestalten

In diesem Abschnitt gestalten Sie das Zufallsbild in der Sidebar mit zwei gezielten CSS-Regeln. Die beiden Styles gelten auch gleich für die noch kommenden Blöcke mit dem Minikalender, den Lesetipps und dem Newsletter-Abo.

Im ToDo etwas weiter unten erstellen Sie zunächst ein neues Stylesheet namens *sidebar* und binden es im Seitenlayout STARTSEITE ein.

Die einzelnen Elemente in der Sidebar sind alle von einem `div`-Element mit der Klasse `block` umgeben.

```
#right .inside > div.block {
  background-color: #f5f4e9;
  border: 1px solid #dffdb7;
  border-radius: 4p;
  padding: 0.5em;
  margin-bottom: 2em;
}
```

Listing 17.1 Die Gestaltung der einzelnen Blöcke in der Sidebar

Der Selektor `#right .inside > div.block` ist ein Kind-Selektor und selektiert nur `div`-Elemente mit der Klasse `block`, die ein Kind von `.inside` innerhalb von `#right` sind. Kind-Selektoren können Sie problemlos einsetzen, denn die versteht sogar der IE7.

Innerhalb dieser `div`-Blöcke gibt es immer eine `h2`-Überschrift.

```
#right div.block h2 {
  font-size: 13px;
  font-weight: bold;
  color: #666;
```

```
  padding: 0;
  margin: 0.5em 0 1em 0;
}
```

Listing 17.2 Die Gestaltung der h2-Überschrift in den Blöcken

Im folgenden ToDo erstellen Sie das neue Stylesheet *sidebar*, binden es im Seitenlayout STARTSEITE ein und fügen dann die Styles hinzu.

ToDo: Das Modul Zufallsbild in der Sidebar gestalten

1. Öffnen Sie das Backend-Modul THEMES • STYLESHEETS.
2. Erstellen Sie ein neues Stylesheet namens *sidebar* mit dem Medientyp SCREEN.
3. Wechseln Sie in das Backend-Modul THEMES • SEITENLAYOUT, und aktivieren Sie im Seitenlayout STARTSEITE das Stylesheet *sidebar*.
4. Wechseln Sie zurück in das Backend-Modul THEMES • STYLESHEETS, und öffnen Sie das Stylesheet *sidebar* zur Bearbeitung.
5. Fügen Sie die Styles aus Listing 17.1 und Listing 17.2 ein. KATEGORIE: »Blöcke«.
6. Klicken Sie auf SPEICHERN UND SCHLIESSEN.

Nach diesem ToDo sieht die Startseite etwa so aus wie in Abbildung 17.5.

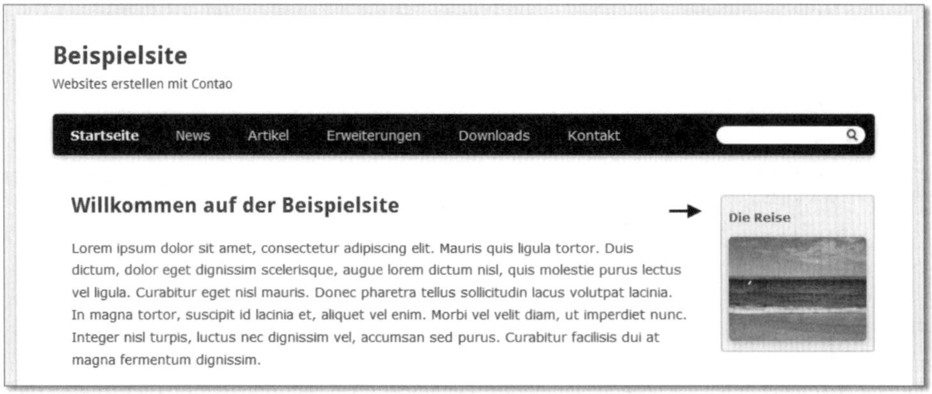

Beispielsite
Websites erstellen mit Contao
Startseite
News
Artikel
Erweiterungen
Downloads
Kontakt
Willkommen auf der Beispielsite
Lorem ipsum dolor sit amet, consectetur adipiscing elit. Mauris quis ligula tortor. Duis dictum, dolor eget dignissim scelerisque, augue lorem dictum nisl, quis molestie purus lectus vel ligula. Curabitur eget nisl mauris. Donec pharetra tellus sollicitudin lacus volutpat lacinia. In magna tortor, suscipit id lacinia et, aliquet vel enim. Morbi vel velit diam, ut imperdiet nunc. Integer nisl turpis, luctus nec dignissim vel, accumsan sed purus. Curabitur facilisis dui at magna fermentum dignissim.
Die Reise

Abbildung 17.5 Die Startseite mit einem Zufallsbild in der Sidebar

17.4 Sidebar: der Minikalender

Wie gemacht für eine Sidebar ist ein Minikalender, der monatsweise einen Überblick über die im Backend-Modul EVENTS gespeicherten Termine gibt.

17.4.1 Das Modul »Eventliste« erstellen und einbinden

Wenn der Seminarkalender für einen Tag ein Event anzeigt, wird das Datum anklickbar und leitet den Besucher auf eine Seite mit dem Modul EVENTLISTE. Von dieser Eventliste gelangt der Besucher per Klick in die Einzelansicht des Termins. Die Zwischenstufe mit der Eventliste ist notwendig, weil es ja möglich ist, für einen Tag mehrere Events zu speichern, und man deshalb nicht direkt auf den Eventleser verlinken kann.

Im folgenden ToDo erstellen Sie ein Modul vom Typ EVENTLISTE und binden es auf der bereits vorhandenen Seite TERMINE ein.

ToDo: Ein neues Modul »Eventliste« erstellen und einbinden

1. Öffnen Sie das Backend-Modul THEMES • FRONTEND-MODULE.
2. Erstellen Sie ein neues Modul mit den folgenden Einstellungen:
3. TITEL: »Events – Terminliste anzeigen«
4. MODULTYP: EVENTLISTE
5. KALENDER: SEMINARKALENDER
6. ANZEIGEFORMAT: TAG
7. EVENTLESER: EVENTS – TERMIN ANZEIGEN (ID xx)
8. EVENT-TEMPLATE: *event_upcoming*
9. Klicken Sie auf SPEICHERN UND SCHLIESSEN.
10. Öffnen Sie im Backend-Modul INHALTE • ARTIKEL auf der Seite TERMINE den Artikel TERMINE [HAUPTSPALTE] zur Bearbeitung.
11. Ändern Sie das vorhandene Inhaltselement vom Typ MODUL so, dass das eben erstellte Modul EVENTS – TERMINLISTE ANZEIGEN (ID xx) eingebunden wird.
12. Klicken Sie auf SPEICHERN UND SCHLIESSEN.

Nach diesem ToDo gibt es auf der Seite TERMINE ein Modul namens EVENTS – TERMINLISTE ANZEIGEN vom Typ EVENTLISTE. Dieses Modul weiß, dass es für die Darstellung einzelner Termine als EVENTLESER das Modul EVENTS – TERMIN ANZEIGEN benutzen soll. Die Vorbereitungen für den Einsatz des Minikalenders sind damit abgeschlossen.

17.4.2 Ein Modul für den Minikalender erstellen und einbinden

Im nächsten Schritt erstellen Sie ein Frontend-Modul zur Darstellung eines Minikalenders.

ToDo: Ein Modul für den Minikalender erstellen

1. Öffnen Sie das Backend-Modul THEMES • FRONTEND-MODULE.
2. Klicken Sie oben im Arbeitsbereich auf NEUES MODUL.
3. Geben Sie dem Modul die folgenden Einstellungen:
   TITEL: »Sidebar – Minikalender«
   ÜBERSCHRIFT (h2): »Der Monat im Überblick«
   MODULTYP: KALENDER
   KALENDER: SEMINARKALENDER
   VERKÜRZTE DARSTELLUNG: ankreuzen
   ERSTER WOCHENTAG: MONTAG
   WEITERLEITUNGSSEITE: TERMINE
   EVENT-TEMPLATE: *cal_mini*
4. Klicken Sie auf SPEICHERN UND SCHLIESSEN.
5. Öffnen Sie im Backend-Modul THEMES • SEITENLAYOUTS das Seitenlayout STARTSEITE zur Bearbeitung.
6. Blenden Sie gegebenenfalls den Bereich FRONTEND-MODULE ein.
7. Duplizieren Sie im Bereich FRONTEND-MODULE die Zeile SIDEBAR – ZUFALLSBILD in RECHTE SPALTE (per Klick auf das grüne Kreuz).
8. Binden Sie in der unteren der beiden Zeilen das Modul SIDEBAR – MINIKALENDER in RECHTE SPALTE ein.
9. Klicken Sie auf SPEICHERN UND SCHLIESSEN.

Der Kalender ist drin und funktioniert, bekommt aber im folgenden Abschnitt noch eine kleine optische Retusche, bevor er hier abgebildet wird.

17.4.3 Den Minikalender gestalten

Das HTML für den Minikalender ist im Prinzip genauso aufgebaut wie das HTML für einen großen Kalender, das in Kapitel 15, »Die Erweiterungen ›Events‹ und ›FAQ‹«, ausführlich vorgestellt wurde. Deshalb verzichten Sie hier auf das Kennenlernen der HTML-Struktur und fügen im folgenden ToDo gleich ein paar Styles zur Gestaltung hinzu.

ToDo: Die Gestaltung des Minikalenders

1. Öffnen Sie das Stylesheet *sidebar* zur Bearbeitung. Die folgenden Styles sollen die KATEGORIE »Minikalender« bekommen.
2. Fügen Sie am Ende die folgenden CSS-Regeln zur Gestaltung des Kopfbereichs im Minikalender ein:

```
#right table.minicalendar {
  width:98  %;
  border-collapse: collapse;
}
#right .minicalendar thead {
  border: 1px solid #fff;
  font-size: 11px;
}
#right .minicalendar th { font-weight: normal; }
#right .minicalendar th.head { padding: 0.5em 0; }
#right .minicalendar th.previous {
  text-align:left;
  padding-left:0.5em;
}
#right .minicalendar th.current { text-align:center; }
#right .minicalendar th.next {
  text-align:right;
  padding-right:0.5em;
}
#right table.minicalendar .label {
  font-size: 11px;
  text-align:center;
  font-weight:normal;
  padding-bottom:1px;
}
```

3. Direkt darunter folgt die Gestaltung der Tabellenzellen:

```
#right .minicalendar td {
  text-align:center;
  width:14  %;
  padding: 0.25em 0;
  border-right:1px solid #fff;
  border-bottom:1px solid #fff;
}
#right .minicalendar td.col_first {
  border-left: 1px solid #fff
}
```

4. Speichern Sie das Stylesheet.

Nach diesem ToDo kann der kleine Kalender in der Sidebar sich schon eher in einem Screenshot sehen lassen (siehe Abbildung 17.6).

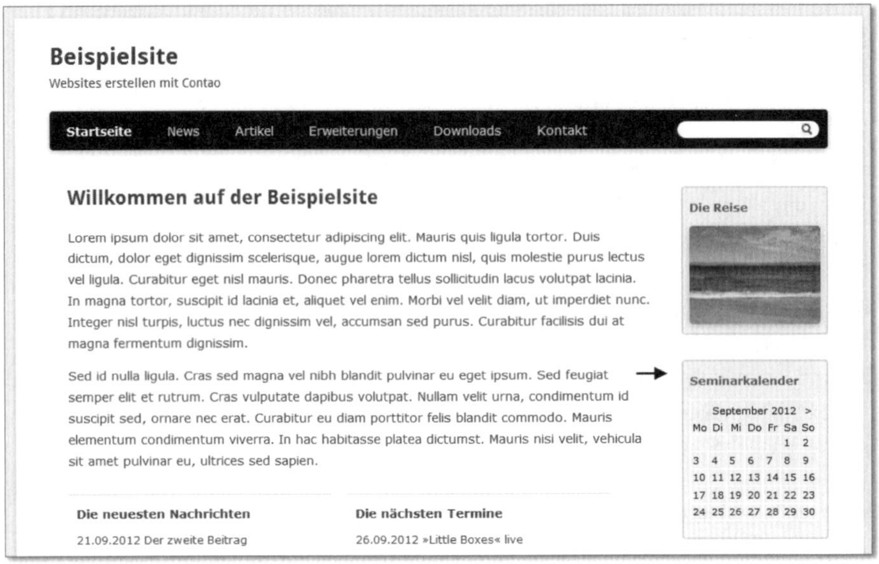
Beispielsite
Websites erstellen mit Contao
Startseite
News
Artikel
Erweiterungen
Downloads
Kontakt
Willkommen auf der Beispielsite
Lorem ipsum dolor sit amet, consectetur adipiscing elit. Mauris quis ligula tortor. Duis dictum, dolor eget dignissim scelerisque, augue lorem dictum nisl, quis molestie purus lectus vel ligula. Curabitur eget nisl mauris. Donec pharetra tellus sollicitudin lacus volutpat lacinia. In magna tortor, suscipit id lacinia et, aliquet vel enim. Morbi vel velit diam, ut imperdiet nunc. Integer nisl turpis, luctus nec dignissim vel, accumsan sed purus. Curabitur facilisis dui at magna fermentum dignissim.
Sed id nulla ligula. Cras sed magna vel nibh blandit pulvinar eu eget ipsum. Sed feugiat semper elit et rutrum. Cras vulputate dapibus volutpat. Nullam velit urna, condimentum id suscipit sed, ornare nec erat. Curabitur eu diam porttitor felis blandit commodo. Mauris elementum condimentum viverra. In hac habitasse platea dictumst. Mauris nisi velit, vehicula sit amet pulvinar eu, ultrices sed sapien.
Die neuesten Nachrichten
21.09.2012 Der zweite Beitrag
Die nächsten Termine
26.09.2012 »Little Boxes« live
Die Reise
Seminarkalender
September 2012 >
Mo Di Mi Do Fr Sa So
1 2
3 4 5 6 7 8 9
10 11 12 13 14 15 16
17 18 19 20 21 22 23
24 25 26 27 28 29 30

Abbildung 17.6 Der gestaltete Minikalender in der Sidebar

17.5 Sidebar: Lesetipps als Dropdown-Menü

In Kapitel 9, »Die Erweiterungen »Events« und »FAQ««, haben Sie die Navigationsmodule bereits kennengelernt und dabei auch Bekanntschaft mit dem Modultyp QUICKLINK gemacht. Den Modultyp QUICKLINK nutzen Sie im folgenden ToDo, um eine Liste lesenswerter Artikel als Dropdown-Menü anzubieten.

17.5.1 Lesetipps erstellen

ToDo: Lesetipps mit einem Quicklink-Modul

1. Öffnen Sie das Backend-Modul THEMES • FRONTEND-MODULE.
2. Klicken Sie oben im Arbeitsbereich auf NEUES MODUL.
3. Geben Sie dem Modul die folgenden Einstellungen:
   TITEL: »Sidebar – Lesetipps«
   ÜBERSCHRIFT (h2): »Lesetipps«
   MODULTYP: QUICKLINK
   INDIVIDUELLE BEZEICHNUNG: » -- Auswählen -- «
   SEITEN: Wählen Sie ein paar Seiten mit interessantem Inhalt aus.
4. Klicken Sie auf SPEICHERN UND SCHLIESSEN.
5. Öffnen Sie im Backend-Modul THEMES • SEITENLAYOUTS das Seitenlayout STARTSEITE zur Bearbeitung.

6. Erstellen Sie im Bereich FRONTEND-MODULE eine Zeile mit dem Modul SIDEBAR – LESETIPPS in RECHTE SPALTE.
7. Klicken Sie auf SPEICHERN UND SCHLIESSEN.

Auf der Startseite erscheint jetzt die Sidebar mit einem Dropdown-Menü unterhalb der Überschrift »Lesetipps«. Nach einem Klick auf -- AUSWÄHLEN -- kann der Besucher einen Lesetipp aus der Liste auswählen und dann mit einem Klick auf die Schaltfläche LOS aufrufen. Und genau um diese Schaltfläche geht es im nächsten Abschnitt.

17.5.2 Lesetipps auswählen ohne Klick auf »Los«-Button

Damit eine Auswahl bei den Lesetipps sofort ausgeführt wird und nicht mehr mit einem Klick auf die Schaltfläche LOS bestätigt werden muss, können Sie im Template *mod_quicklink.html5* eine JavaScript-Anweisung ergänzen. Das geht so:

- Erstellen Sie im Backend-Modul TEMPLATES ein NEUES TEMPLATE.
- Wählen Sie aus der Liste das Template *mod_quicklink.html5*.
- Speichern Sie das neue Template im Zielverzeichnis *theme_one*.
- Öffnen Sie das Template zur Bearbeitung im Editor (zweites Symbol von rechts).
- Ergänzen Sie am Anfang des Templates einen PHP-Kommentar, indem Sie die Änderungen kurz dokumentieren:

```
<?php // onchange() und <noscript> hinzugefügt ?>
```

- Suchen Sie die Zeile mit dem HTML-Element `select`, und ergänzen Sie sie wie folgt um das Attribut `onchange` (alles in einer Zeile):

```
<select name="target" class="select"
        onchange='this.form.submit()'>
```

- Speichern Sie das Template.

Wenn man jetzt in einer Quicklink-Navigation eine Seite aus der Auswahlliste anklickt, springt man nach dem Anklicken direkt dorthin.

Falls gewünscht, können Sie die Schaltfläche LOS auch komplett ausblenden, sodass diese nur erscheint, wenn im Browser JavaScript ausgeschaltet ist:

- Öffnen Sie das Template *mod_quicklink.html5* zur Bearbeitung.
- Unterhalb von `</select>` steht die Zeile mit der Schaltfläche LOS:

```
<input type="submit" value="...">
```

- Schreiben Sie `<noscript>` davor und `</noscript>` dahinter.
- Speichern Sie das Template.

Abbildung 17.7 zeigt die Sidebar auf der Startseite nach diesen Schritten. Die Gestaltung des Blocks mit dem Lesetipps wird von den bisherigen Styles wie `#right div.block` übernommen.

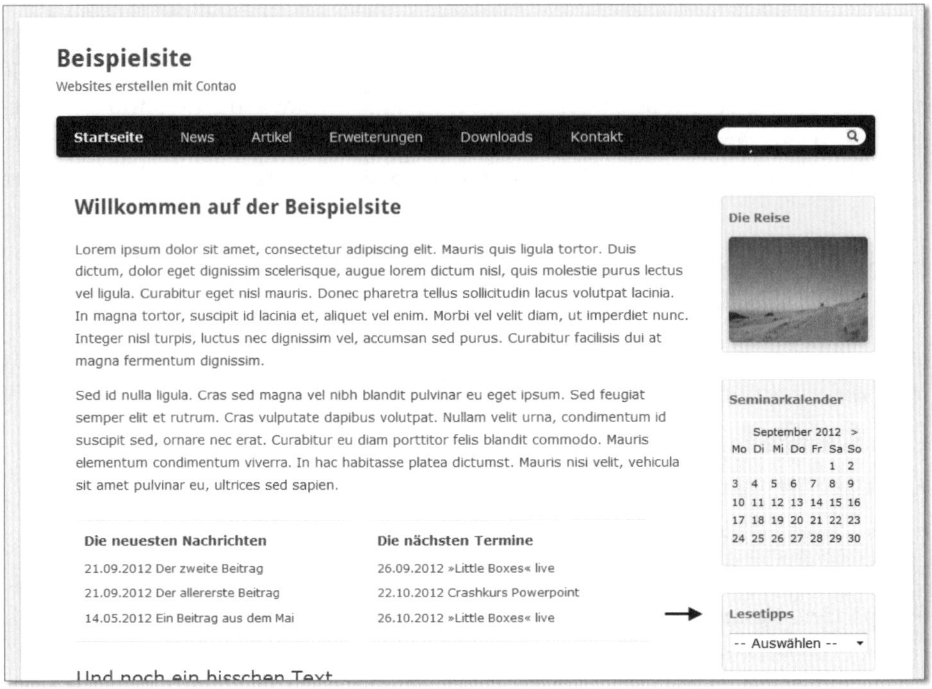

Beispielsite
Websites erstellen mit Contao
Startseite
News
Artikel
Erweiterungen
Downloads
Kontakt
Willkommen auf der Beispielsite
Lorem ipsum dolor sit amet, consectetur adipiscing elit. Mauris quis ligula tortor. Duis dictum, dolor eget dignissim scelerisque, augue lorem dictum nisl, quis molestie purus lectus vel ligula. Curabitur eget nisl mauris. Donec pharetra tellus sollicitudin lacus volutpat lacinia. In magna tortor, suscipit id lacinia et, aliquet vel enim. Morbi vel velit diam, ut imperdiet nunc. Integer nisl turpis, luctus nec dignissim vel, accumsan sed purus. Curabitur facilisis dui at magna fermentum dignissim.
Sed id nulla ligula. Cras sed magna vel nibh blandit pulvinar eu eget ipsum. Sed feugiat semper elit et rutrum. Cras vulputate dapibus volutpat. Nullam velit urna, condimentum id suscipit sed, ornare nec erat. Curabitur eu diam porttitor felis blandit commodo. Mauris elementum condimentum viverra. In hac habitasse platea dictumst. Mauris nisi velit, vehicula sit amet pulvinar eu, ultrices sed sapien.
Die neuesten Nachrichten
21.09.2012 Der zweite Beitrag
21.09.2012 Der allererste Beitrag
14.05.2012 Ein Beitrag aus dem Mai
Die nächsten Termine
26.09.2012 »Little Boxes« live
22.10.2012 Crashkurs Powerpoint
26.10.2012 »Little Boxes« live
Die Reise
Seminarkalender
September 2012 >
Mo Di Mi Do Fr Sa So
1 2
3 4 5 6 7 8 9
10 11 12 13 14 15 16
17 18 19 20 21 22 23
24 25 26 27 28 29 30
Lesetipps
-- Auswählen --

Abbildung 17.7 Die Sidebar mit Zufallsbild, Minikalender und Lesetipps

Template-Änderung funktioniert nicht? Cache leeren.

Falls die Änderungen an einem Template im Frontend nicht ankommen, können Sie in SYSTEM • SYSTEMWARTUNG die DATEN BEREINIGEN, und zwar den SCRIPTCACHE, SEITENCACHE, INTERNEN CACHE und den TEMP-ORDNER.

Falls das auch nichts hilft, versuchen Sie, in SYSTEM • EINSTELLUNGEN im Bereich FRONTEND-EINSTELLUNGEN den CACHE-MODUS komplett auszuschalten: CACHE DEAKTIVIEREN.

17.6 Sidebar: Newsletter abonnieren

Die Sidebar ist fast fertig. Jetzt fehlt nur noch die Möglichkeit, einen Newsletter zu abonnieren. Um auf der Startseite ein Newsletter-Abo anzubieten, erstellen Sie zunächst eine Kopie des bereits vorhandenen Moduls, geben diesem eine h2-Überschrift und binden die Kopie wie die anderen Module im Seitenlayout STARTSEITE ein.

ToDo: Das Modul »Newsletter abonnieren« in der Sidebar einbinden

1. Öffnen Sie das Backend-Modul THEMES • FRONTEND-MODULE.
2. Kopieren Sie das Modul NEWSLETTER ABONNIEREN mit einem Klick auf das grüne Kreuz rechts daneben.
3. Oben neben dem Titel des Themes erscheint daraufhin ein brauner Pfeil nach unten. Fügen Sie das kopierte Modul mit einem Klick auf diesen Pfeil in die Liste ein.
4. Ändern Sie den TITEL in »Sidebar – Newsletter abonnieren«.
5. Geben Sie die h2-Überschrift »Newsletter« ein.
6. Lassen Sie alle anderen Einstellungen unverändert.
7. Klicken Sie auf SPEICHERN UND SCHLIESSEN.
8. Öffnen Sie im Backend-Modul THEMES • SEITENLAYOUTS das Seitenlayout STARTSEITE zur Bearbeitung.
9. Duplizieren Sie im Bereich FRONTEND-MODULE die Zeile SIDEBAR – LESETIPPS in RECHTE SPALTE (mit einem Klick auf das grüne Kreuz).
10. Binden Sie in der unteren der beiden Zeilen das Modul SIDEBAR – NEWSLETTER ABONNIEREN in RECHTE SPALTE ein.
11. Klicken Sie auf SPEICHERN UND SCHLIESSEN.

Das Modul funktioniert, und falls jemand seine E-Mail-Adresse einträgt und auf ABONNIEREN klickt, wird er auf die Bestätigungsseite weitergeleitet. Fertig ist die neue Startseite mit eigenem Seitenlayout (siehe Abbildung 17.8).

Die Sidebar auf den anderen Seiten

Um die Sidebar auf den anderen Seiten mit Inhalten zu füllen, gibt es zwei Möglichkeiten:

- Inhalte, die nur auf einer Seite erscheinen sollen, fügen Sie in einen Artikel in der rechten Spalte ein. Im Seitenlayout muss dann ARTIKEL [ARTIKEL] in RECHTE SPALTE eingebunden sein.
- Inhalte, die auf allen Seiten erscheinen sollen, die auf einem bestimmten Seitenlayout basieren, werden im Seitenlayout als Frontend-Modul in RECHTE SPALTE eingebunden.

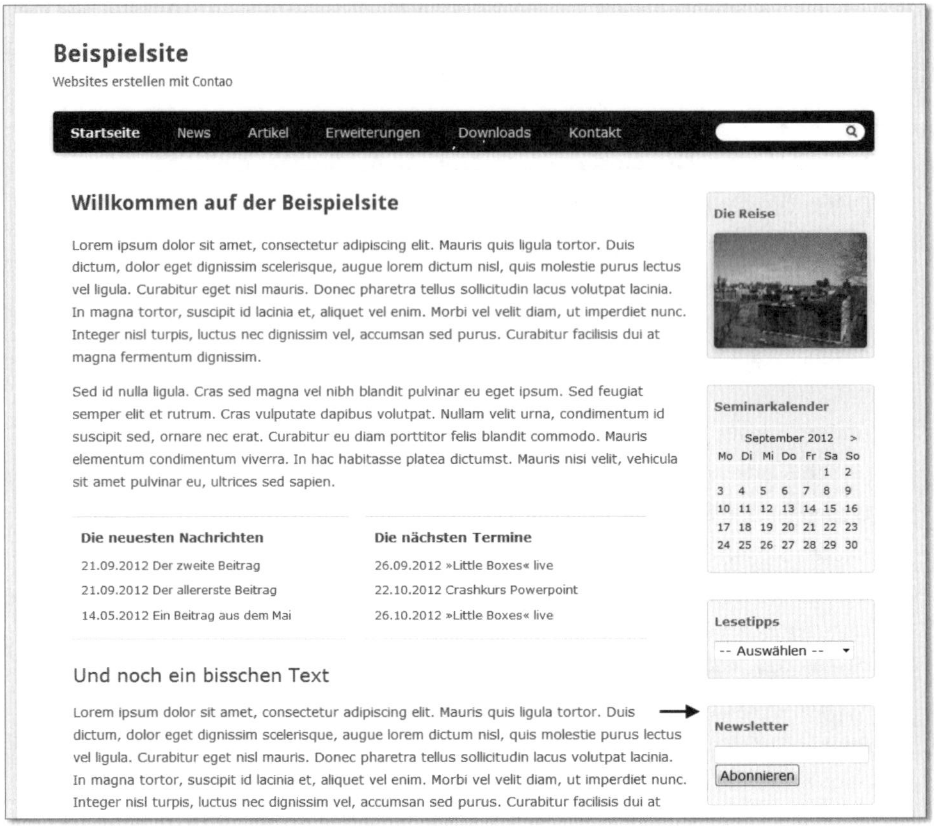
Beispielsite
Websites erstellen mit Contao
Startseite
News
Artikel
Erweiterungen
Downloads
Kontakt
Willkommen auf der Beispielsite
Lorem ipsum dolor sit amet, consectetur adipiscing elit. Mauris quis ligula tortor. Duis dictum, dolor eget dignissim scelerisque, augue lorem dictum nisl, quis molestie purus lectus vel ligula. Curabitur eget nisl mauris. Donec pharetra tellus sollicitudin lacus volutpat lacinia. In magna tortor, suscipit id lacinia et, aliquet vel enim. Morbi vel velit diam, ut imperdiet nunc. Integer nisl turpis, luctus nec dignissim vel, accumsan sed purus. Curabitur facilisis dui at magna fermentum dignissim.
Sed id nulla ligula. Cras sed magna vel nibh blandit pulvinar eu eget ipsum. Sed feugiat semper elit et rutrum. Cras vulputate dapibus volutpat. Nullam velit urna, condimentum id suscipit sed, ornare nec erat. Curabitur eu diam porttitor felis blandit commodo. Mauris elementum condimentum viverra. In hac habitasse platea dictumst. Mauris nisi velit, vehicula sit amet pulvinar eu, ultrices sed sapien.
Die neuesten Nachrichten
21.09.2012 Der zweite Beitrag
21.09.2012 Der allererste Beitrag
14.05.2012 Ein Beitrag aus dem Mai
Die nächsten Termine
26.09.2012 »Little Boxes« live
22.10.2012 Crashkurs Powerpoint
26.10.2012 »Little Boxes« live
Und noch ein bisschen Text
Lorem ipsum dolor sit amet, consectetur adipiscing elit. Mauris quis ligula tortor. Duis dictum, dolor eget dignissim scelerisque, augue lorem dictum nisl, quis molestie purus lectus vel ligula. Curabitur eget nisl mauris. Donec pharetra tellus sollicitudin lacus volutpat lacinia. In magna tortor, suscipit id lacinia et, aliquet vel enim. Morbi vel velit diam, ut imperdiet nunc. Integer nisl turpis, luctus nec dignissim vel, accumsan sed purus. Curabitur facilisis dui at
Die Reise
Seminarkalender
September 2012 >
Mo Di Mi Do Fr Sa So
1 2
3 4 5 6 7 8 9
10 11 12 13 14 15 16
17 18 19 20 21 22 23
24 25 26 27 28 29 30
Lesetipps
-- Auswählen --
Newsletter
Abonnieren

Abbildung 17.8 Die fertige Startseite im Überblick

Kapitel 18
Mobile Webseiten

In diesem Kapitel erstellen Sie eine mobile Version der Beispielsite mit optimierter Navigation und Gestaltung.

Die Themen im Überblick:

In diesem Kapitel wird die Beispielsite für die Ausgabe auf mobilen Geräten optimiert. Contao 3 bietet dabei eine Menge Möglichkeiten.

18.1 Die Besonderheiten von mobilen Webseiten

Bis zur Vorstellung des iPhones im Jahre 2007 waren mobile Endgeräte zum Surfen im Web eher eine Ausnahme. Inzwischen gehören Smartphones und Tablets aller Art zum normalen Alltag und haben die Regeln des Webdesigns in den letzten Jahren gründlich verändert.

18.1.1 960 Pixel? Das Web ist nicht aus Papier

Bis vor kurzer Zeit galten 960 Pixel als empfohlener Kompromiss für die Breite eines Layouts. Für Desktop-Umgebungen war dieser Kompromiss durchaus tragbar, aber letztlich ist ein Layout mit einer festen Pixelbreite oft nur Ausdruck dessen, was ich in »Little Boxes« als *Papierdenken* bezeichnet habe. Dieses Papierdenken erwartet zwei Dinge:

- Der Autor hat die Kontrolle über das Aussehen der Seite.
- Nach der Fertigstellung verändert sich die Seite nicht mehr.

Die meisten Webdesigner haben in den letzten Jahren langsam, aber sicher begriffen, dass sie das Aussehen von Webseiten nur sehr bedingt kontrollieren können und dass es völlig okay ist, wenn sie bei jedem Betrachter etwas anders aussehen. Aber die Erwartungshaltung vieler Kunden wird immer noch durch Papierdenken bestimmt.

Das ändert sich vielleicht langsam durch das Aufkommen mobiler Endgeräte. Jeder, der einmal versucht hat, eine für den Desktop optimierte 960 px breite Webseite auf einem Smartphone zu benutzen, versteht mit einem Schlag, dass das Web wirklich nicht aus Papier ist. Irgendwas ist da anders ...

Ein grundlegender Unterschied zwischen Print und Web ist, dass Printdesigner dem Leser das Ausgabemedium in Form von Papier mitliefern. Entsprechend definiert ein Printdesigner am Anfang des Schaffensprozesses die für sein Werk zur Verfügung stehende Fläche und füllt diese dann kreativ aus. Visitenkarte, A4, Poster. Der Autor bestimmt. In Absprache mit dem Kunden.

Im Web weiß der Autor einer Seite nicht, welche Fläche er zur Verfügung haben wird, denn er liefert das Ausgabemedium nicht mit. Der Benutzer bestimmt, mit welchem Gerät oder Programm er die Webseiten aufruft. Smartphone, Tablet oder Desktop.

Die Zeiten von Buttons mit Aufschriften wie »Optimiert für ...« gehören endgültig der Vergangenheit an. Eigenschaften wie Flexibilität und Anpassungsfähigkeit sind angesagt, und die werden im Web derzeit mit den Adjektiven *responsive* und *adaptive* am besten umschrieben.

18.1.2 Contao und mobile Webseiten

Leo Feyer hat in seiner Keynote auf der Contao-Konferenz 2012 beschrieben, wie Contao die Erstellung mobiler Webseiten unterstützen kann. Die Anforderungen an mobile Webseiten hat er mit drei Punkten umschrieben:

- Mobile Seiten haben in der Regel ein anderes (grafisches) Layout.
- Mobile Seiten haben in der Regel andere oder weniger Frontend-Module.
- Mobile Seiten benötigen Bilder und Videos in anderen Größen.

Contao unterstützt diese Anforderungen durch folgende Features:

- **Media Queries im Stylesheet-Editor**
  Im Stylesheet-Editor kann man mit Media Queries definieren, für welche Bildschirmauflösungen ein Stylesheet gelten soll.
- **Media Queries im CSS-Framework**
  In Contao 3 unterscheiden Layout Builder und Responsive Grid automatisch zwischen verschiedenen Auflösungen (siehe Seite 215 und Seite 226).

- **Seitenlayout für mobile Endgeräte im selben Startpunkt**
  In Contao 3 gibt es in der Seitenstruktur die Möglichkeit, für jede Seite neben dem normalen Seitenlayout ein *Layout für mobile Seiten* festzulegen. Diese Möglichkeit lernen Sie in diesem Kapitel kennen.
- **Meta-Viewport-Tag**
  Bei mobilen Seitenlayouts wird der *Meta-Viewport-Tag* automatisch gesetzt, um das Zoom-Verhalten auf iOS-Geräten zu kontrollieren.

Contao 3 bietet also eine Menge Möglichkeiten zur Optimierung von mobilen Webseiten, und die möchte ich Ihnen in diesem Kapitel vorstellen. Noch nicht implementiert sind übrigens adaptive Bilder bzw. getrennte Größenvorgaben für Grafiken auf mobilen Seiten und die Möglichkeit, bestimmte Inhaltselemente nur auf bestimmten Geräten auszugeben.

Meta-Viewport-Tag: »Liebling, ich habe die Seite geschrumpft«

Der *Meta-Viewport-Tag* ist eine Anweisung im `<head>`-Bereich der Seite, die mobile Browser davon abhält, die darzustellende Seite von der Breite her so zu schrumpfen, dass sie komplett auf den Bildschirm passt. Dann sehen Sie zwar die ganze Seite, können aber nichts mehr erkennen. Contao fügt dazu bei mobilen Seitenlayouts die folgende Zeile ein:

```
<meta name="viewport"
      content="width=device-width,initial-scale=1.0">
```

Falls Ihnen das überhaupt nichts sagt, können Sie sich im folgenden Beitrag einen schnellen Überblick verschaffen:

- *bit.ly/tutsplus-viewport-meta* (auf *tutsplus.com*)

18.2 Die Beispielsite auf kleinen Bildschirmen

Bevor Sie sich an die Optimierung der Beispielsite machen, empfiehlt sich erst einmal eine kurze Bestandsaufnahme. Wie verhält sich die Beispielsite so, wie sie jetzt ist, auf kleineren Bildschirmen?

18.2.1 Die Beispielseiten bei diversen Auflösungen

In Kapitel 8, »Die Erweiterungen »Events« und »FAQ««, haben Sie gesehen, dass es im Layout-Builder gegenüber älteren Contao-Versionen zwei wesentliche Neuerungen gibt – und beide haben mit mobilen Webseiten zu tun:

- Holy Grail. Im Quelltext der Webseiten steht der Inhalt aus `#main` vor den Seitenspalten `#left` und `#right`.
- Media Query. Bei einer Bildschirmbreite von weniger als 768 px werden die Spalten nicht gefloatet, sondern stehen einfach untereinander.

Dieses Verhalten können Sie auch ohne Smartphone oder Tablet in einem ganz normalen Desktop-Browser nachvollziehen, indem Sie einfach das Browserfenster verkleinern.

Abbildung 18.1 zeigt die Beispielsite in einem 1024 Pixel breiten Viewport. *Viewport* ist der innere Bereich des Browserfensters, in dem die eigentliche Webseite dargestellt wird.

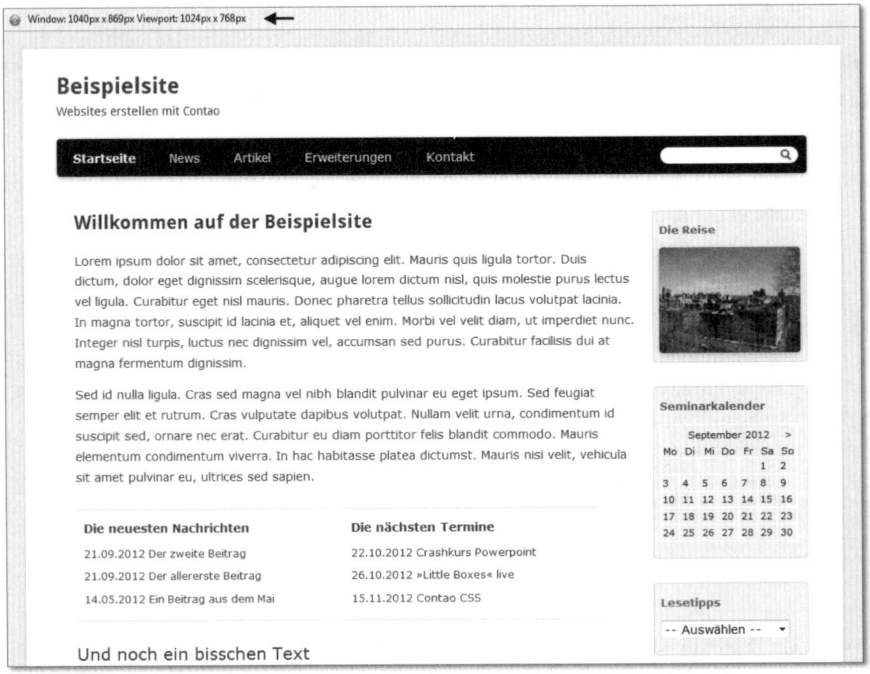
Window: 1040px x 869px Viewport: 1024px x 768px
Beispielsite
Websites erstellen mit Contao
Startseite
News
Artikel
Erweiterungen
Kontakt
Willkommen auf der Beispielsite
Lorem ipsum dolor sit amet, consectetur adipiscing elit. Mauris quis ligula tortor. Duis dictum, dolor eget dignissim scelerisque, augue lorem dictum nisl, quis molestie purus lectus vel ligula. Curabitur eget nisl mauris. Donec pharetra tellus sollicitudin lacus volutpat lacinia. In magna tortor, suscipit id lacinia et, aliquet vel enim. Morbi vel velit diam, ut imperdiet nunc. Integer nisl turpis, luctus nec dignissim vel, accumsan sed purus. Curabitur facilisis dui at magna fermentum dignissim.
Sed id nulla ligula. Cras sed magna vel nibh blandit pulvinar eu eget ipsum. Sed feugiat semper elit et rutrum. Cras vulputate dapibus volutpat. Nullam velit urna, condimentum id suscipit sed, ornare nec erat. Curabitur eu diam porttitor felis blandit commodo. Mauris elementum condimentum viverra. In hac habitasse platea dictumst. Mauris nisi velit, vehicula sit amet pulvinar eu, ultrices sed sapien.
Die neuesten Nachrichten
21.09.2012 Der zweite Beitrag
21.09.2012 Der allererste Beitrag
14.05.2012 Ein Beitrag aus dem Mai
Die nächsten Termine
22.10.2012 Crashkurs Powerpoint
26.10.2012 »Little Boxes« live
15.11.2012 Contao CSS
Und noch ein bisschen Text
Die Reise
Seminarkalender
September 2012 >
Mo Di Mi Do Fr Sa So
1 2
3 4 5 6 7 8 9
10 11 12 13 14 15 16
17 18 19 20 21 22 23
24 25 26 27 28 29 30
Lesetipps
-- Auswählen --

Abbildung 18.1 Die Startseite bei 1024 px

Wegen der Media Query im Layout-Builder ändert sich das Layout, sobald der Viewport kleiner als 768 px wird (siehe Abbildung 18.2).

Im Inhaltsbereich stehen die Spalten untereinander, und der Inhalt ist auch bei kleineren Auflösungen noch gut lesbar. Die Navigation hingegen hat etwas von ihrem Charme eingebüßt. Sie ist zwar noch bedienbar, aber der Umbruch sieht nicht wirklich hübsch aus. Je kleiner der Viewport, desto höher wird die Navigation. Abbildung 18.3 zeigt die Startseite bei einer Breite von 480 px.

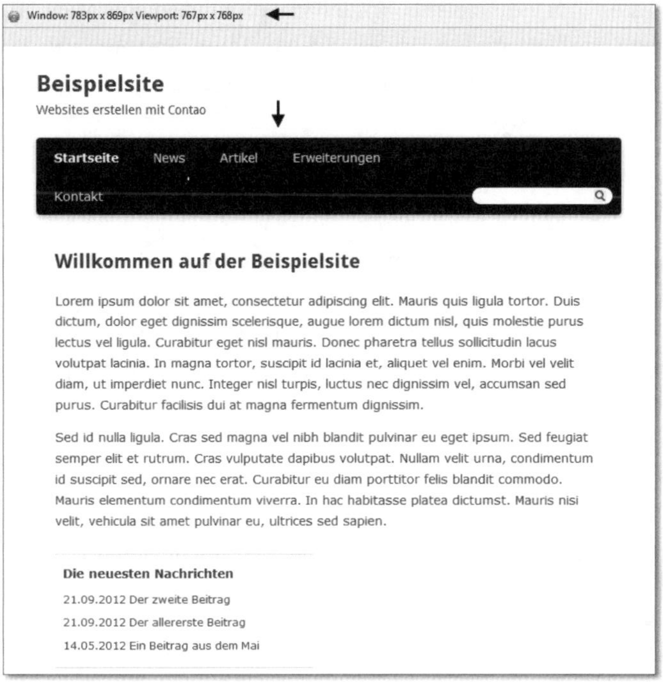
Window: 783px x 869px Viewport: 767px x 768px
Beispielsite
Websites erstellen mit Contao
Startseite
News
Artikel
Erweiterungen
Kontakt
Willkommen auf der Beispielsite
Lorem ipsum dolor sit amet, consectetur adipiscing elit. Mauris quis ligula tortor. Duis dictum, dolor eget dignissim scelerisque, augue lorem dictum nisl, quis molestie purus lectus vel ligula. Curabitur eget nisl mauris. Donec pharetra tellus sollicitudin lacus volutpat lacinia. In magna tortor, suscipit id lacinia et, aliquet vel enim. Morbi vel velit diam, ut imperdiet nunc. Integer nisl turpis, luctus nec dignissim vel, accumsan sed purus. Curabitur facilisis dui at magna fermentum dignissim.
Sed id nulla ligula. Cras sed magna vel nibh blandit pulvinar eu eget ipsum. Sed feugiat semper elit et rutrum. Cras vulputate dapibus volutpat. Nullam velit urna, condimentum id suscipit sed, ornare nec erat. Curabitur eu diam porttitor felis blandit commodo. Mauris elementum condimentum viverra. In hac habitasse platea dictumst. Mauris nisi velit, vehicula sit amet pulvinar eu, ultrices sed sapien.
Die neuesten Nachrichten
21.09.2012 Der zweite Beitrag
21.09.2012 Der allererste Beitrag
14.05.2012 Ein Beitrag aus dem Mai

Abbildung 18.2 Die Startseite bei einer Breite von 767 px

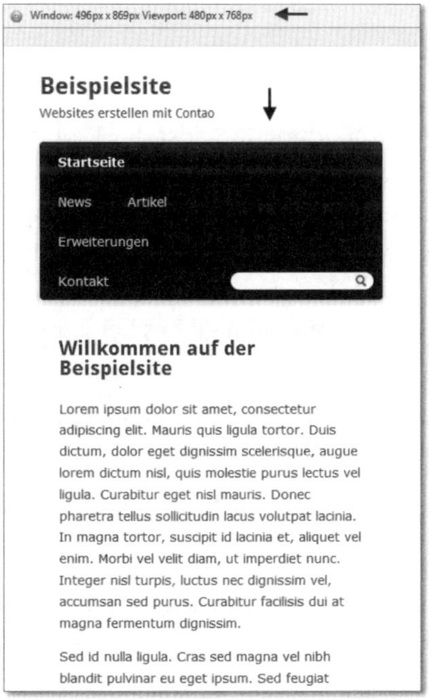
Window: 496px x 869px Viewport: 480px x 768px
Beispielsite
Websites erstellen mit Contao
Startseite
News
Artikel
Erweiterungen
Kontakt
Willkommen auf der Beispielsite
Lorem ipsum dolor sit amet, consectetur adipiscing elit. Mauris quis ligula tortor. Duis dictum, dolor eget dignissim scelerisque, augue lorem dictum nisl, quis molestie purus lectus vel ligula. Curabitur eget nisl mauris. Donec pharetra tellus sollicitudin lacus volutpat lacinia. In magna tortor, suscipit id lacinia et, aliquet vel enim. Morbi vel velit diam, ut imperdiet nunc. Integer nisl turpis, luctus nec dignissim vel, accumsan sed purus. Curabitur facilisis dui at magna fermentum dignissim.
Sed id nulla ligula. Cras sed magna vel nibh blandit pulvinar eu eget ipsum. Sed feugiat

Abbildung 18.3 Die Startseite bei 480 px

Wenn Sie die anderen Seiten der Beispielsite untersuchen, werden Sie auch im Inhaltsbereich noch weitere Problemstellen finden. So wird zum Beispiel auf der Seite KALENDER der große Kalender ebenso einfach rechts abgeschnitten wie das Kontaktformular auf der Seite KONTAKT.

18.2.2 Eine nur auf den ersten Blick gute Lösung

Eine naheliegende Lösung wäre es, das Problem mit der Navigation durch CSS zu lösen. Zum Beispiel so, dass man in einem Stylesheet für kleine Bildschirme mit einer Media Query `screen and (max-width: 767px)`die Listenelemente nicht mehr floatet. Mit einigen optischen Nachbesserungen könnte die Navigation dann zum Beispiel so aussehen wie in Abbildung 18.4.

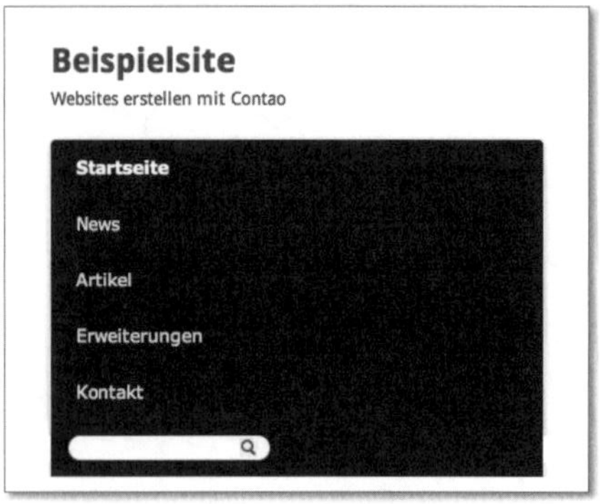

Abbildung 18.4 Mögliche Lösung – Navigationspunkte untereinander

Das ist nicht mehr ganz so kuddelmuddelig wie in Abbildung 18.3, löst das Problem aber nicht wirklich, denn diese Navigationsvariante benötigt sehr viel Platz. Außerdem werden Navigationspunkte nicht nur betrachtet, sondern benutzt, und auf Smartphone und Tablets nicht mehr mit der Maus, sondern mit den Fingern. Man kann die einzelnen Navigationspunkte in Abbildung 18.4 zwar gut antippen und kommt dann auch auf die entsprechenden Seiten, aber trotzdem gibt es bei der Finger-Bedienung gravierende Nachteile:

- Wenn es überhaupt erscheint, ist das Dropdown-Menü mit dem Finger nicht wirklich bedienbar.
- Die Unterseiten sind nur über die Navigation in der linken Spalte erreichbar, und die steht ganz weit unten, unterhalb des Inhalts.

Viele Benutzer werden bei einem flüchtigen Besuch wahrscheinlich gar nicht merken, dass es überhaupt Unterseiten gibt. Besser als die optische Reparatur per CSS wäre also eine ganz andere Navigation. *Kein Problem*, sprach Zeus, *Layout für mobile Seiten*.

In einem Contao-Seitenlayout kommen alle Komponenten von Contao zusammen. Sie können nicht nur bestimmen, welche Layoutbreite die Seiten haben, sondern auch, welche Stylesheets und Frontend-Module ausgeliefert werden. Bei der Optimierung von mobilen Webseiten in diesem Kapitel gibt es also drei große Baustellen:

- In THEMES • FRONTEND-MODULE werden die für die Mobilversion benötigten Frontend-Module erstellt, zum Beispiel für die Navigation.
- In THEMES • SEITENLAYOUT erstellen Sie spezielle Seitenlayouts für mobile Seiten.
- In THEMES • STYLESHEET werden in einem speziellen Stylesheet für die Mobilversion die Inhalte so formatiert, dass sie erstens zugänglich und zweitens auch mit Fingern vernünftig benutzbar sind.

Sie beginnen im folgenden Abschnitt mit der Erstellung der Frontend-Module.

18.3 »Themes • Frontend-Module«: Navigation für mobile Seiten

Eine gebräuchliche Navigationsmöglichkeit auf mobilen Webseiten ist eine ganz normale Auswahlliste, wie sie die Modultypen QUICKNAVIGATION und QUICKLINK von Contao zur Verfügung stellen. Diese beiden Navigationsmodule wurden in Abschnitt 9.9 ab Seite 260 bereits kurz vorgestellt, und jetzt schlägt ihre große Stunde.

18.3.1 Ein Frontend-Modul für die Hauptnavigation erstellen

In diesem Abschnitt erstellen Sie zunächst ein neues Frontend-Modul für die Hauptnavigation, das auf dem Modultyp QUICKNAVIGATION basiert. Browser auf einem mobilen Gerät stellen diese Auswahlliste sehr unterschiedlich dar, aber bedienbar ist sie auf allen.

ToDo: Ein Frontend-Modul für die Hauptnavigation erstellen

1. Wechseln Sie in das Backend-Modul THEMES • FRONTEND-MODULE.
2. Erstellen Sie ein NEUES MODUL namens NAV – MAIN (MOBILE).
3. Wählen Sie als MODULTYP die QUICKNAVIGATION.
4. Geben Sie bei INDIVIDUELLE BEZEICHNUNG das Wort »Navigation« ein.
5. Wählen Sie als REFERENZSEITE den STARTPUNKT BEISPIELSITE CONTAOBUCH.
6. Geben Sie im Bereich EXPERTEN-EINSTELLUNGEN im Feld für die CSS-KLASSE den Wert »nav-main-mobile« ein.
7. Klicken Sie auf SPEICHERN UND SCHLIESSEN.

Damit ist das Modul erstellt. Eingebaut wird es etwas weiter unten in diesem Kapitel im Abschnitt über Layouts für mobile Seiten.

18.3.2 Ein Frontend-Modul für die Meta-Navigation erstellen

Auch für die Meta-Navigation wird noch ein Modul erstellt, das auf dem Modultyp QUICKLINK basiert. Es erzeugt ebenfalls eine Auswahlliste.

ToDo: Ein Frontend-Modul für die Meta-Navigation erstellen

1. Wechseln Sie in das Backend-Modul THEMES • FRONTEND-MODULE.
2. Erstellen Sie ein NEUES MODUL namens NAV – META (MOBILE).
3. Wählen Sie als MODULTYP den QUICKLINK.
4. Die INDIVIDUELLE BEZEICHNUNG soll »Kontakt, Impressum etc.« lauten.
5. Klicken Sie auf die Schaltfläche AUSWAHL ÄNDERN, und wählen Sie die Seiten KONTAKT, IMPRESSUM, SITEMAP und SUCHEN.
6. Geben Sie im Bereich EXPERTEN-EINSTELLUNGEN im Feld für die CSS-KLASSE den Wert »nav-meta-mobile« ein.
7. Klicken Sie auf SPEICHERN UND SCHLIESSEN.

18.3.3 Ein Frontend-Modul für die Navigation in der linken Spalte

Da die linke Spalte in mobilen Layouts unterhalb der Inhaltsspalte steht, wirkt die reine Aufzählung der Unterseiten etwas verloren, denn ohne die optische Nähe zur Hauptnavigation ist nicht ganz klar, was diese Links überhaupt bewirken sollen.

Eine einfache Lösung wäre, der Navigation eine Überschrift zu geben, und der einfachste Weg dorthin ist eine Kopie des vorhandenen Moduls, dem Sie die Überschrift mit auf den Weg geben. In dieser Überschrift wird mit einem Inserttag der Name der übergeordneten Hauptseite eingefügt, sodass dort zum Beispiel steht UNTERSEITEN ZUR SEITE »ARTIKEL«. Eine vollständige Auflistung der möglichen Inserttags finden Sie ab Seite 646.

ToDo: Ein Frontend-Modul für Navigation in der linken Spalte

1. Wechseln Sie in das Backend-Modul THEMES • FRONTEND-MODULE.
2. Kopieren Sie das Modul NAV – SUB.
3. Benennen Sie das neue Modul um in »Nav – Sub (mobile)«.
4. Fügen Sie im Feld Überschrift den Text »Unterseiten zur Seite »`{{page::mainTitle}}`«« ein (`h1`). Anstelle der Chevron-Klammern um das Inserttag können Sie gerne auch normale Anführungsstriche verwenden.
5. Geben Sie im Bereich EXPERTEN-EINSTELLUNGEN im Feld für die CSS-KLASSE den Wert »nav-sub-mobile« ein.
6. Klicken Sie auf SPEICHERN UND SCHLIESSEN.

Abbildung 18.5 zeigt die neuen Module im Backend-Modul FRONTEND-MODULE. Beachten Sie, dass in der Abbildung oben ein Filter gesetzt wurde, sodass nur Module mit dem Wort *mobile* im Titel angezeigt werden.

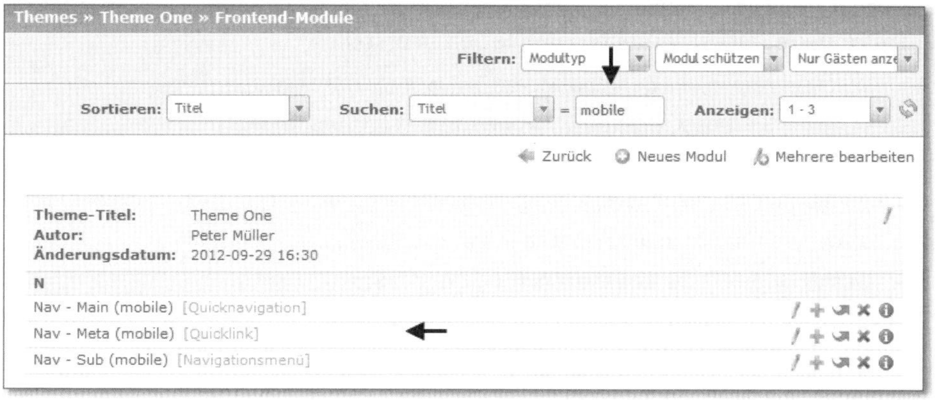

Abbildung 18.5 Die neuen Module für die mobile Navigation

Diese Module werden im nächsten Abschnitt in die Beispielsite integriert.

»Responsive Navigation Patterns« von Brad Frost

Es gibt natürlich auch noch andere Navigationsmöglichkeiten. Brad Frost hat einen lesenswerten Blog-Beitrag über die Navigation auf mobilen Geräten geschrieben:

- *bradfrostweb.com/blog/web/responsive-nav-patterns/*

Darin beschreibt er zum Beispiel das Pattern *The Footer Anchor*, das sich in Contao auch ohne Programmierung umsetzen lässt. Die Navigation wandert komplett in den Fußbereich, und oben im Kopfbereich ist ein Link mit der Beschriftung *Menü* oder *Navigation*, der zum Footer springt.

18.4 »Themes • Seitenlayout«: Layouts für mobile Seiten

Die Beispielsite hat bis jetzt zwei Seitenlayouts, eines speziell für die Startseite und das Standardlayout für alle anderen Seiten. In diesem Abschnitt erstellen Sie eine zusätzliche Version dieser Seitenlayouts, die speziell für mobile Webseiten optimiert wird.

18.4.1 Neue Seitenlayouts für mobile Seiten erstellen

Zunächst erstellen Sie die neuen Seitenlayouts für mobile Seiten, in denen Sie dann einige Einstellungen ändern. Die Stylesheets für IE7 und 8 können zum Beispiel raus, denn diese Browser-Dinosaurier gibt es auf mobilen Geräten nicht. Außerdem binden Sie die im vorangegangenen Abschnitt erstellten Navigationsmodule ein und deaktivieren die feste Layoutbreite von 880 px.

ToDo: Neue Seitenlayouts für mobile Seiten erstellen

1. Wechseln Sie in das Backend-Modul THEMES • SEITENLAYOUT.
2. Erstellen Sie eine Kopie von STANDARDLAYOUT (grünes Kreuz).
3. Ändern Sie den TITEL in »Standardlayout (mobile)«.
4. ZEILEN und SPALTEN bleiben unverändert. Die Seitenspalten sollen ja nicht verschwinden, sondern untereinander dargestellt werden.
5. Deaktivieren Sie die STYLESHEETS für IE7 und IE8.
6. Löschen Sie im Bereich FRONTEND-MODULE die Zeile ANWENDUNG – SUCHFORMULAR (LUPE) IN KOPFZEILE.
7. Verändern Sie in der KOPFZEILE das Modul NAV – MAIN in NAV – MAIN (MOBILE).
8. Ersetzen Sie in LINKE SPALTE das Modul NAV – SUB durch NAV – SUB (MOBILE).
9. Tauschen Sie in der FUSSZEILE NAV – META durch NAV – META (MOBILE).
10. Deaktivieren Sie das Kontrollkästchen vor STATISCHES LAYOUT.
11. Klicken Sie auf SPEICHERN UND SCHLIESSEN.
12. Erstellen Sie eine Kopie des Seitenlayouts STARTSEITE unter dem Namen STARTSEITE (MOBILE).
13. Wiederholen Sie die Schritte aus diesem ToDo für dieses Seitenlayout.

Weiter unten in diesem Kapitel wird im Bereich STYLESHEETS noch ein spezielles mobiles Stylesheet zur Gestaltung der mobilen Version eingebunden, und auch die Suchfunktion wird später wieder eingebaut.

18.4.2 Die Seitenlayouts für mobile Seiten zuweisen

Die Navigationsmodule und Seitenlayouts sind erstellt und verbunden. Was jetzt noch fehlt, ist die Zuweisung der neuen Seitenlayouts an die jeweiligen Seiten. Dies geschieht im folgenden ToDo im Backend-Modul SEITENSTRUKTUR.

ToDo: Die Seitenlayouts für mobile Seiten zuweisen

1. Wechseln Sie in das Backend-Modul LAYOUT • SEITENSTRUKTUR.
2. Klicken Sie rechts oben auf MEHRERE BEARBEITEN.
3. Wählen Sie die Seiten STARTPUNKT BEISPIELSITE CONTAOBUCH und STARTSEITE, und klicken Sie weiter unten auf BEARBEITEN.

4. Wählen Sie die Felder SEITENNAME, EIN LAYOUT ZUWEISEN, SEITENLAYOUT, LAYOUT FÜR MOBILE SEITEN aus, und klicken Sie auf WEITER.
5. Wählen Sie für den STARTPUNKT BEISPIELSITE CONTAOBUCH im Feld LAYOUT FÜR MOBILE SEITEN die Option STANDARDLAYOUT (MOBILE).
6. Wählen Sie für die STARTSEITE im Feld LAYOUT FÜR MOBILE SEITEN die Option STARTSEITE (MOBILE).
7. Klicken Sie auf SPEICHERN UND SCHLIESSEN.

Abbildung 18.6 zeigt die in diesem ToDo in der Seitenstruktur vorgenommenen Einstellungen.

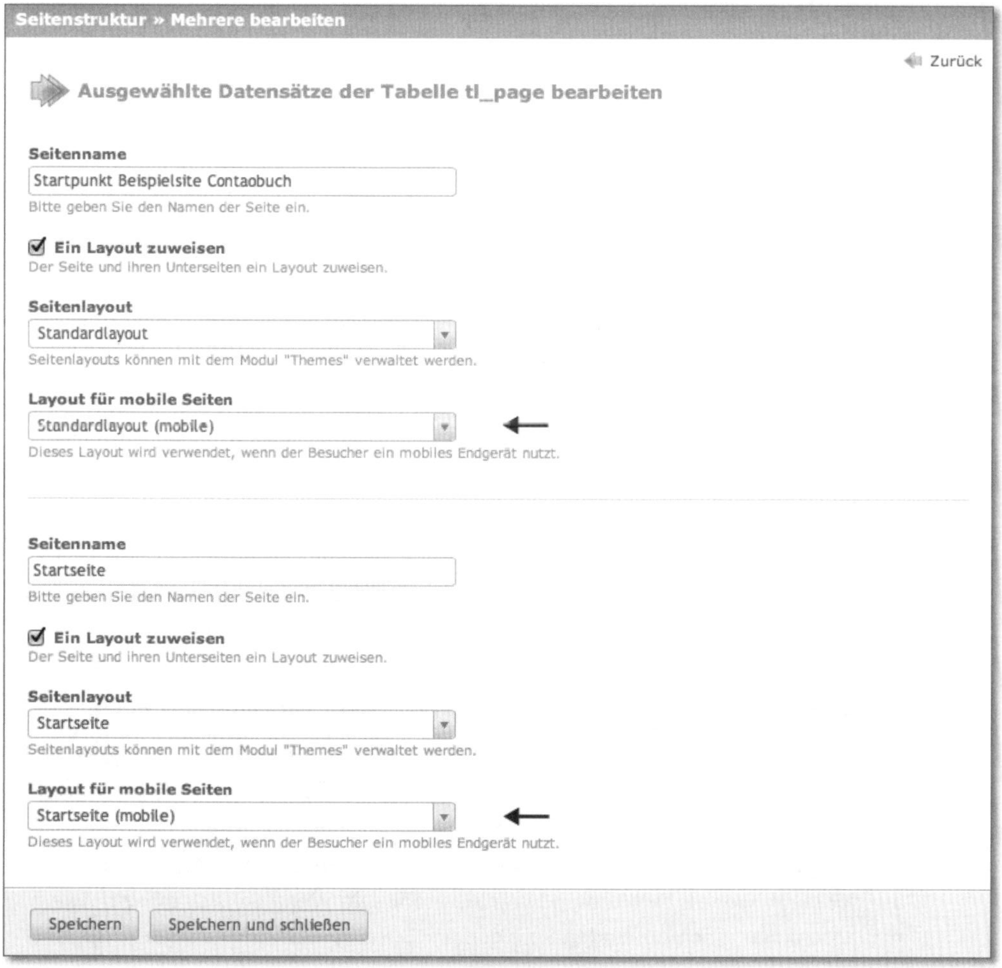

Abbildung 18.6 Die Layouts für mobile Seiten zuweisen

Wenn Sie jetzt auf Ihrem Rechner ins Frontend wechseln und die Seiten im Browser neu aufrufen, hat sich dort nichts geändert, denn die neuen Seitenlayouts werden nur an Mobilgeräte ausgeliefert.

Auf einem Mobilgerät hingegen können Sie die neue Navigation schon testen. Es sieht noch nicht hübsch aus, aber die Navigation ist drin und funktioniert (Abbildung 18.7).

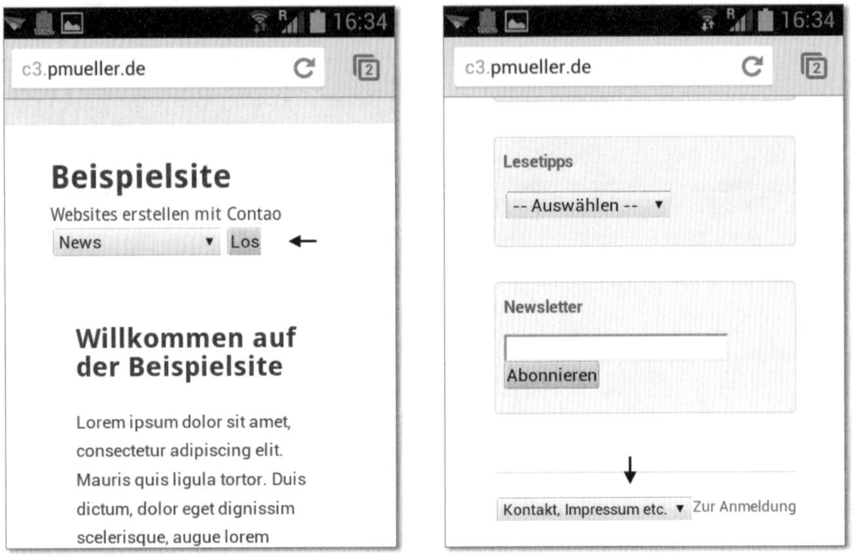

Abbildung 18.7 Die neuen Frontend-Module in der mobilen Version

Bevor Sie sich in der Abteilung STYLESHEETS austoben und die mobile Version optisch etwas attraktiver gestalten, erstellen Sie im folgenden Abschnitt noch eine Möglichkeit, im Browser zwischen der mobilen und der Desktop-Version zu wechseln, sodass Sie das mobile Layout auf einem Desktop-Rechner testen und untersuchen können.

Wie Contao zwischen Desktop-Version und mobiler Version entscheidet

Jeder Browser nennt, wie es sich gehört, bei der Begrüßung seinen Namen. Das Auslesen dieses Namens nennt sich im Fachjargon *UA Sniffing*. UA ist kurz für User Agent, womit der Browser gemeint ist.

Contao merkt sich also, wer da zu Besuch kommt, und vergleicht dies mit einer Liste, auf der steht, wer als Desktop und wer als mobil gilt. Wenn Sie sich diese Liste einmal anschauen möchten, finden Sie sie in der Datei *system/config/agent.php*. Aber nichts ändern, nur gucken.

18.4.3 »Toggle View« – zwischen mobiler Version und Desktop-Version wechseln

Eines der Probleme beim Entwickeln von mobilen Webseiten ist das Testen. Auf der einen Seite sind im Web vorhandene Simulatoren nicht wirklich zuverlässig, auf der anderen Seite würde die Anschaffung auch nur der wichtigsten Geräte das Budget der meisten Webdesigner sprengen.

Um die Sache etwas zu erleichtern, gibt es in Contao ein Inserttag namens `{{toggle_view}}`. Dieses Inserttag erstellt einen Hyperlink, mit dem man im Browser zwischen der mobilen und der Desktop-Version hin- und herschalten kann. Dieser Link ist nicht nur zum Testen und Analysieren gut geeignet, denn Sie geben damit auch dem Benutzer die Möglichkeit, in die jeweils andere Version zu wechseln.

ToDo: Umschalter zwischen mobiler und Desktop-Version erstellen

1. Wechseln Sie in das Backend-Modul THEMES • FRONTEND-MODULE.
2. Erstellen Sie ein neues Frontend-Modul mit dem Titel »Toggle Desktop – Mobile«.
3. Wählen Sie als MODULTYP EIGENER HTML-CODE.
4. Geben Sie folgendes HTML ein:
   ```
   <div class="toggle_view">{{toggle_view}}</div>
   ```
5. Klicken Sie auf SPEICHERN UND SCHLIESSEN.
6. Wechseln Sie in das Backend-Modul THEMES • SEITENLAYOUT.
7. Binden Sie das Modul in allen vier Seitenlayouts ein, und zwar als allerletzte Zeile TOGGLE DESKTOP – MOBILE in der Spalte FUSSZEILE.
8. Klicken Sie auf SPEICHERN UND SCHLIESSEN.
9. Öffnen Sie im Backend-Modul THEMES • STYLESHEET das Stylesheet *layout*, und geben Sie am Ende folgende Styles ein (KATEGORIE: »Mobile«):
   ```
   #footer .toggle_view {
     clear: both;
     margin: 3em 0 2em 0;
   }
   #footer .toggle_view a {
     color: #444;
     font-size: 14px;
     text-decoration none;
     background: #f5f4e9
     border-radius: 4px;
     padding: 1em;
   }
   ```
10. Speichern Sie das Stylesheet.

Abbildung 18.8 zeigt, dass es jetzt unten auf der Webseite einen großen, leicht zu bedienenden Button gibt, mit dem man zwischen den beiden Versionen hin- und herwechseln kann. Wenn der Browser die mobile Version anzeigt, steht dort DESKTOP-VERSION und umgekehrt.

Abbildung 18.8 »Toggle View« – der Button zum Wechseln der Ansicht

Diese Möglichkeit, auf einem Desktop-Rechner die mobile Version der Website zu betrachten, ersetzt zwar nicht das Testen auf den mobilen Geräten, ist aber zusammen mit dem Ändern der Viewport-Größe des Browsers besser als nichts. Vor allem aber können Sie die mobile Version ganz einfach am Desktop mit einem Tool wie Firebug oder einem anderen Elementinspektor im Browser untersuchen, was die Fehlersuche erheblich vereinfacht.

Web Developer: Größen für Browserfenster abspeichern

In der *Web Developer Extension* für Firefox und Chrome können Sie im Menü RESIZE mit der Option EDIT RESIZE DIMENSIONS... bestimmte Einstellungen für Viewport-Größen speichern, sodass Sie einfach zwischen verschiedenen Einstellungen wechseln können.

18.5 »Themes • Stylesheet«: mobile Seiten gestalten

Beim Gestalten der mobilen Version gibt es zwei mögliche Strategien:

- in den mobilen Seitenlayouts alle vorhandenen Stylesheets deaktivieren und mit der Gestaltung komplett von vorne anfangen
- bisherige Stylesheets ganz oder teilweise aktiviert lassen und ein oder mehrere zusätzliche neue Stylesheets erstellen.

Für welche Strategie Sie sich entscheiden, hängt von vielen Dingen ab, unter anderem von der zur Verfügung stehenden Zeit. In diesem Abschnitt lassen Sie die bisherigen Stylesheets aktiviert und erstellen ein zusätzliches Stylesheet namens *mobile*, das im Rahmen der Kaskade die vorhandenen Styles überschreibt. Es sollte also in den Seitenlayouts unter den anderen Stylesheets eingebunden werden.

Zunächst aber erhöhen Sie die Benutzbarkeit der mobilen Navigation und ersparen dem Benutzer einen extra Fingerdruck auf die Schaltfläche Los.

18.5.1 Navigieren ohne Klick auf »Los«

In Abschnitt 17.5.2 haben Sie ab Seite 481 bereits gesehen, wie man eine Quicklink-Navigation so bearbeitet, dass der Browser nach der Auswahl sofort die im Menü ausgewählte Seite aufruft. Falls Sie die dort gezeigten Änderungen eingebaut haben, funktioniert die mobile Meta-Navigation im Fußbereich bereits ohne die Schaltfläche Los. In diesem Abschnitt machen Sie das Gleiche für die Quicknavigation.

ToDo: Quicknavigation automatisieren

1. Wechseln Sie in das Backend-Modul Layout • Templates.
2. Erstellen Sie ein Neues Template.
3. Wählen Sie aus der Liste das Template *mod_quicknav.html5*.
4. Speichern Sie das neue Template im Zielverzeichnis *theme_one*.
5. Öffnen Sie das neue Template zur Bearbeitung im Editor (zweites Symbol von rechts).
6. Erstellen Sie am Anfang des Templates einen Kommentar, z. B.
   `<?php // onchange() und <noscript> hinzugefügt ?>`
7. Suchen Sie die Zeile mit dem HTML-Element `select`, und ergänzen Sie es wie folgt um das Attribut `onchange` (alles in einer Zeile):
   ```
   <select name="target" class="select"
           onchange="this.form.submit()">
   ```
8. Suchen Sie unterhalb von `</select>` das `input`-Element für die Schaltfläche Los, und ergänzen Sie `<noscript>` wie folgt:
   ```
   <noscript><input type="submit" value="..."></noscript>
   ```
9. Klicken Sie auf Speichern und schliessen.

Nach diesem ToDo gibt es zwei Änderungen: Erstens verschwindet, solange JavaScript im Browser aktiviert ist, die Schaltfläche Los, und zweitens ruft der Browser die in der Navigation ausgewählte Seite automatisch auf.

18.5.2 Ein neues Stylesheet erstellen und einbinden

In diesem Abschnitt erstellen Sie ein neues Stylesheet *mobile* und binden es in den beiden mobilen Seitenlayouts ein. Falls Sie mit externen Stylesheets arbeiten, erstellen Sie die Datei *mobile.css*.

ToDo: Das Stylesheet »mobile« erstellen und einbinden

1. Wechseln Sie in das Backend-Modul THEMES • STYLESHEETS, und erstellen Sie ein neues Stylesheet namens *mobile*.
2. Das Stylesheet soll nur für Bildschirme gelten (SCREEN).
3. Wechseln Sie in das Backend-Modul THEMES • SEITENLAYOUTS.
4. Klicken Sie oben rechts auf MEHRERE BEARBEITEN.
5. Wählen Sie die beiden mobilen Seitenlayouts, und klicken Sie auf BEARBEITEN.
6. Wählen Sie die Felder TITEL und STYLESHEETS (interne Stylesheets) bzw. ZUSÄTZLICHE STYLESHEETS (externe Stylesheets).
7. Binden Sie das eben erstellte Stylesheet *mobile* in den Seitenlayouts ein.

Im Browser hat sich noch nichts geändert, da das Stylesheet noch leer ist, aber soweit ist alles vorbereitet, und es kann gleich losgehen.

Bei der Gestaltung der mobilen Version arbeiten Sie am besten von außen nach innen und beginnen mit der Gestaltung der Layoutbereiche wie `body`, `#wrapper`, `#header`, `#main` etc. Danach kümmern Sie sich um die Elemente innerhalb dieser Layoutbereiche. Durch diese systematische Vorgehensweise vergisst man nicht so schnell etwas.

Aber vorher erledigen Sie noch eine wichtige Voreinstellung.

18.5.3 Boxen wie im richtigen Leben: »box-sizing: border-box«

Wenn Sie im richtigen Leben irgendwo lesen, dass eine Kiste eine Breite von 2 Metern hat, dann ist diese Kiste 2 Meter breit, und gemessen wird dabei vom einen Rand bis zum anderen. In CSS ist das nicht so. Das klassische Box-Modell fügt zur Breite (`width`) noch die Innenabstände (`padding`) und die Rahmenlinien (`border`) hinzu, was eine genaue Berechnung des Platzbedarfs oft unmöglich macht.

Als Allererstes machen Sie sich deshalb das CSS-Leben leichter und stellen das Box-Modell mit der Eigenschaft `box-sizing` auf `border-box` um. Dadurch wird die Breite einer Box so berechnet, dass `width:100%` inklusive `padding` und `border` ist. Wie bei einer richtigen Kiste im richtigen Leben sind Innenabstand und Rand in der angegebenen Breite enthalten, und es kommen nur noch die Außenabstände in Form von `margin` hinzu.

Auf *caniuse.com* können Sie herausfinden, welche Browser das verstehen:

- *caniuse.com/#search=box-sizing*

Und das sieht gar nicht so schlecht aus mit der Browserunterstützung, besonders bei mobilen Browsern. In älteren Android-Browsern und Safaris kann es Probleme geben, aber da muss man einfach Vor- und Nachteile abwägen. Im Webdesign geht es ja oft nur darum, für welchen Kompromiss man sich entscheidet.

ToDo: Das Stylesheet »mobile« erstellen und einbinden

1. Öffnen Sie das Stylesheet *mobile* zur Bearbeitung.
2. Erstellen Sie eine NEUE FORMATDEFINITION.
3. Selektor ist einfach nur das Sternchen »*«, der sogenannte *Universalselektor*. Damit wählen Sie alle Elemente auf der Webseite aus.
4. Scrollen Sie ganz nach unten, und schreiben Sie folgenden Style in das Feld EIGENER CODE:

```
* {
  -moz-box-sizing: border-box;
  -webkit-box-sizing: border-box;
  box-sizing: border-box;
}
```

5. Klicken Sie auf SPEICHERN UND SCHLIESSEN.

Jetzt berechnen die Browser das Box-Modell so, dass man damit vernünftig arbeiten kann.

Mehr zu »box-sizing: border-box«

Paul Irish hat einen sehr lesenswerten Artikel zum Einsatz von `box-sizing: border-box` geschrieben:

▸ *paulirish.com/2012/box-sizing-border-box-ftw/*

18.5.4 Die Abstände für die Layoutbereiche anpassen

Der Style in Listing 18.1 entfernt zunächst das obere `padding` vom `body`, sodass die Seite ganz oben im Viewport beginnt.

```
body {padding-top: 0; }
```

Listing 18.1 Kein oberes »padding« für den »body«

Der Wrapper soll flexibel sein und immer 100 % der Bildschirmbreite einnehmen, egal, wie viel das ist. Damit Text und Bilder nicht ganz am Rand sitzen, fügen Sie links und rechts ein `padding` von 2em hinzu. Weil Sie die Berechnung des Box-Modells eben auf `border-box` umgestellt haben, wird dieses `padding` von `width:100%` abgezogen, und nicht, wie sonst üblich, hinzugefügt. So ist die Seite immer so breit wie der zur Verfügung stehende Platz und der Inhalt gut gepolstert. Einfach nur praktisch. Der Style für `#main .inside` entfernt lediglich die für die Desktop-Version hinzugefügten Außenabstände, damit alle drei Inhaltsspalten bündig untereinanderstehen. Und los geht's:

```
#wrapper {
  width: 100%;
  max-width: 720px;
  padding: 0 2em;
  margin: 0 auto;
}
#container { margin: 0; padding: 0;}
#container .block { overflow: auto; }
#main .inside { margin: 0; }
#main, #left, #right {
  float: none;
  width: 100%;
  right: 0;
  padding: 0;
  margin: 0;
}
```

Listing 18.2 Abstände definieren für »#wrapper« und »#main .inside«

Diese Styles erstellen Sie im folgenden ToDo.

ToDo: Die Abstände für die Layoutbereiche anpassen

1. Öffnen Sie das Stylesheet *mobile* zur Bearbeitung.
2. Fügen Sie die Styles aus Listing 18.2 hinzu.
3. Klicken Sie auf SPEICHERN UND SCHLIESSEN.

Nach diesem ToDo passt die Seite immer gut in den Browser und wirkt trotzdem nicht gequetscht.

18.5.5 Die Navigation im Kopfbereich gestalten

Als Nächstes kommt die Navigationsliste im Kopfbereich an die Reihe. Die Styles gelten auch für die Liste im Fußbereich, aber die bekommt gleich noch eine kleine Extrabehandlung.

Zunächst einmal wird die Navigation in Listing 18.3 mit der dunklen Hintergrundfarbe der Desktop-Navigation und mit ein paar Abstandsdefinitionen versehen.

```
.nav-main-mobile, .nav-meta-mobile {
  font-size: 1.5em;
  max-width: 90%;
  background: #141414;
  padding: 0.5em;
  border-radius: 4px;
  margin-top: 1em;
}
.nav-meta-mobile {
  background: #f5f4e9;
}
```

Listing 18.3 Die Gestaltung der mobilen Navigation

Die folgenden Styles in Listing 18.4 entfernen die Abstände vom Formular und geben der Auswahlliste die Breite des Elternelements.

```
.nav-main-mobile form, .nav-meta-mobile form {
  padding: 0;
  margin 0;
}
.nav-main-mobile select, .nav-meta-mobile select {
  width: 100%;
}
```

Listing 18.4 Finetuning für die Navigation

Wie die Optionen innerhalb der Auswahlliste nach dem Aufrufen aussehen, bestimmen die Browser selbst, und das sieht je nach Betriebssystem sehr unterschiedlich aus.

ToDo: Die Navigation im Kopfbereich gestalten

1. Öffnen Sie das Stylesheet *mobile* zur Bearbeitung.
2. Fügen Sie die Styles aus Listing 18.3 und Listing 18.4 hinzu.
3. Klicken Sie auf SPEICHERN UND SCHLIESSEN.

Nach diesem ToDo sieht die Navigation im Kopfbereich okay aus und ist einfach zu bedienen (siehe Abbildung 18.9).

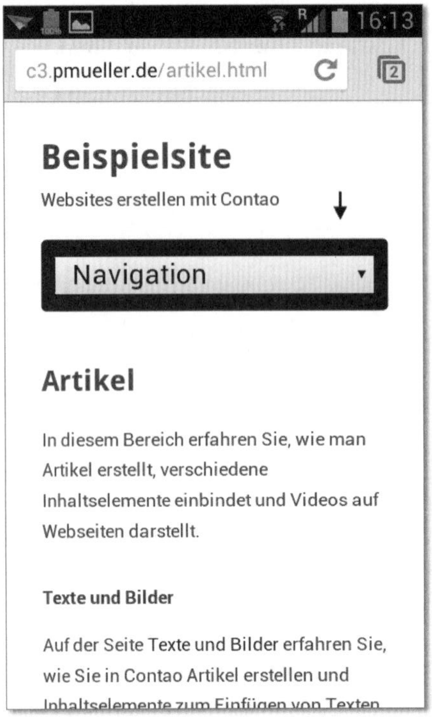

Abbildung 18.9 Die Navigation auf einem Galaxy S2 im Hochformat

18.5.6 Aufräumen im Fußbereich: den Anmeldelink gestalten

Wenn Sie im Browser nach unten scrollen, werden Sie sehen, dass die Navigation im Fußbereich zwar schon gestaltet ist, aber der Fußbereich selbst noch etwas unaufgeräumt wirkt. Abbildung 18.10 zeigt, dass der Link zur Anmeldung etwas unmotiviert neben der Navigation steht.

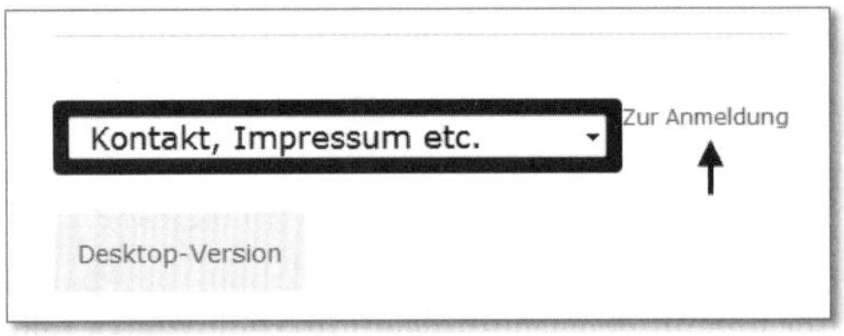

Abbildung 18.10 Der Anmeldelink steht neben sich und der Navigation.

Eine kurze Untersuchung des Quelltextes zeigt, dass der Link zur Anmeldung nach rechts gefloatet wird. Im folgenden ToDo entfernen Sie das Float und gestalten den Link.

ToDo: Den Anmeldelink im Fußbereich gestalten

1. Öffnen Sie das Stylesheet *mobile* zur Bearbeitung.
2. Fügen Sie am Ende die folgenden Styles zur Gestaltung des Anmeldelinks hinzu (KATEGORIE: LAYOUTBEREICHE):

```
#footer .anmeldung { float:none; margin-bottom: 2em; }
#footer .anmeldung a {
  color: #444;
  font-size: 14px;
  text-decoration none;
  background: #f5f4e9
  border-radius: 4px;
  padding: 1em;
}
```

3. Klicken Sie auf SPEICHERN UND SCHLIESSEN.

Jetzt sieht auch der Fußbereich schon deutlich aufgeräumter aus.

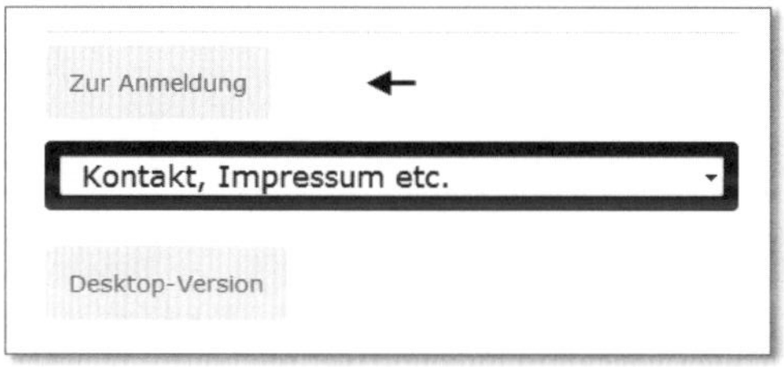

Abbildung 18.11 Der Fußbereich geordnet

Falls Sie den Anmeldelink lieber unter der Meta-Navigation hätten, verändern Sie in den mobilen Seitenlayouts einfach die Reihenfolge der eingebundenen Module.

18.5.7 Abgeschnittene Inhalte verhindern: »overflow« und »max-width«

Eine der größten Problemzonen auf kleinen Bildschirmen sind abgeschnittene, nicht erreichbare Inhalte. In der mobilen Version der Beispielsite gibt es von diesem Phänomen auch ein paar Kostproben, die sich besonders gut auf einem Smartphone im Hochformat beobachten lassen:

- Auf der Seite WEITERE ELEMENTE fehlt rechts ein Stück der Tabelle.
- Auf der Seite MULTIMEDIA werden das per `iframe` eingebundene Video und auch der MP3-Player rechts abgeschnitten.
- Auf der Seite KALENDER wird der Kalender rechts abgeschnitten.
- Im Kontaktformular bricht die Textarea rechts aus dem Bildschirmrand.

Als Beispiel sehen Sie in Abbildung 18.12 den Kalender auf einem Smartphone im Hochformat mit einem zu kurzen Sonntag.

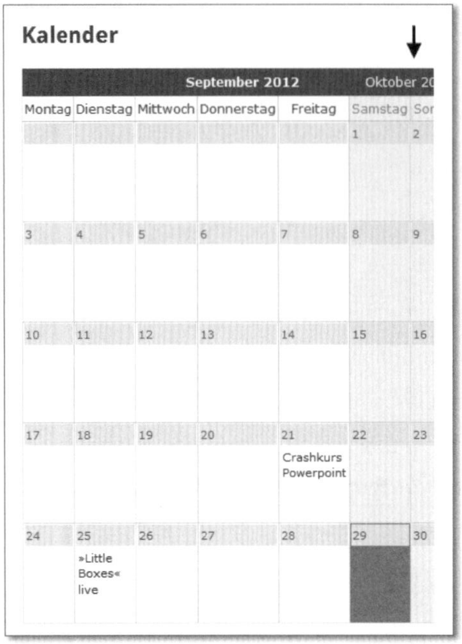

Abbildung 18.12 Der Sonntag kommt zu kurz.

Für diese Art von abgeschnittenen Inhalten gibt es zwei Hauptursachen:

- ein versehentlich gesetztes `overflow:hidden`;
- eine fehlende Größenbegrenzung von `max-width:100%`;

Wenn Sie diese beiden Punkte beim Testen von mobilen Seiten im Hinterkopf behalten, werden Sie die meisten Probleme lösen können.

Das `overflow:hidden` wird in vielen float-basierten Layouts als einfache Methode zum Umschließen von Floats eingesetzt. Im CSS-Framework von Contao gibt es zum Beispiel eine Klasse `block`, die vielen Elementen automatisch zugewiesen wird und die lediglich die Anweisung `overflow:hidden` enthält (siehe Abschnitt 8.4 ab Seite 217).

Was in einem Desktop-Layout sehr hilfreich ist, kann bei einer mobilen Version das Gegenteil bewirken. Aus diesem Grund setzen Sie im folgenden ToDo die Klasse `block` für den gesamten Inhaltsbereich auf `overflow:auto`.

Im CSS-Framework von Contao wird für die Elemente `img`, `embed`, `object` und `video` bereits eine Größenbegrenzung von `max-width:100%` definiert (siehe Abschnitt 8.4.4 ab Seite 216). Im folgenden ToDo erweitern Sie diese Liste um ein paar Elemente.

Das folgende ToDo geht diese Probleme für die Beispielsite an.

ToDo: »overflow« und »max-width« anpassen

1. Öffnen Sie das Stylesheet *mobile* zur Bearbeitung.
2. Fügen Sie den folgenden Style zur Vermeidung von abgeschnittenen Inhalten ein:
   `#container .block { overflow:auto; }`
3. Geben Sie darunter folgende CSS-Regel zur Größenbegrenzung von Elementen an:
   `div[class^="ce_"], textarea, iframe { max-width:100%; }`
4. Klicken Sie auf SPEICHERN UND SCHLIESSEN.

Jetzt sollten auf den Beispielseiten alle Inhalte erreichbar sein. Entweder werden sie gar nicht erst größer als das Elternelement, oder sie sind, wie der Kalender, durch Wischen mit dem Finger nach links verschiebbar.

Der Selektor `div[class^="ce_"]` wählt übrigens alle `div`-Elemente aus, bei denen der Wert für das Attribut `class` mit `ce_` beginnt. In Contao sind das alle Inhaltelemente.

18.5.8 Die Navigation in der linken Spalte gestalten

Last but not least soll noch die Unternavigation in der linken Spalte gestaltet werden. Folgende Styles heben die Navigation optisch ein bisschen vom Rest der Seite ab:

```
#left .nav-sub-mobile, #left #monat-auswaehlen {
  background: #f5f4e9;
  padding: 0;
  border-radius: 4px;
  margin: 2em 0;
}
#left .nav-sub-mobile h1 {
  font-size: 1.25em;
  padding: 0;
  margin: 0 0 1em 0;
}
#left .nav-sub-mobile li {
  list-style-type: square;
  margin-left: 2em;
}
```

Listing 18.5 Die Gestaltung der linken Navigation

In folgendem ToDo fügen Sie diese Styles in das Stylesheet *mobile* ein.

ToDo: Die Navigation in der linken Spalte gestalten

1. Öffnen Sie das Stylesheet *mobile* zur Bearbeitung.
2. Fügen Sie die Styles aus Listing 18.5 hinzu.
3. Klicken Sie auf SPEICHERN UND SCHLIESSEN.

Nach diesem ToDo sieht die Navigation ungefähr so aus wie in Abbildung 18.13.

Abbildung 18.13 Die formatierte Navigation in der linken Spalte

18.6 Suchfunktion und Kleinigkeiten

Es gäbe immer noch Kleinigkeiten zu reparieren:

- Der Link zur Syndikation (`.pdf_link`) auf der Seite TEXTE UND BILDER ist auf mobilen Seiten nicht wirklich nötig, da die Browser fast alle eingebaute Funktionen zum Teilen von Seiten haben.
- Die Bildunterschriften `.caption` wären linksbündig vielleicht besser, da einige mobile Browser die Zentrierung nicht auf das Bild, sondern auf die Breite der Seite beziehen.
- Die Akkordeons in der rechten Spalte (`#right .ce_accordion`) sollten nach links gefloatet werden.
- Den Minikalender auf der Startseite könnte man durch Entfernung des entsprechenden Frontend-Moduls entfernen, denn für die Bedienung mit Fingern sind die Tage ein bisschen zu klein.

Auch den Bonsai-Baum vom Buch-Cover könnte man noch als Background-Grafik in `#header` einbauen (`right top, no-repeat`, eventuell noch genauer positionieren), wobei dann die Breite für die `h2`-Überschrift auf etwa 50 % begrenzt werden müsste, damit sich auf kleinen Bildschirmen der Text und das Bäumchen nicht ins Gehege kommen.

Aber im Großen und Ganzen ist die Beispielsite soweit fertig. Bis auf die Suchfunktion in der mobilen Version. Die fehlt definitiv noch, ist aber schnell eingebaut:

- Binden Sie in den mobilen Seitenlayouts unterhalb von NAV – MAIN (MOBILE) das in Abschnitt 13.3 erstellte Frontend-Modul ANWENDUNG – SUCHFORMULAR (EINFACH) ein.
- Nach der Einbindung müssen Sie nur noch die absolute Positionierung aufheben und das Suchformular ein bisschen stylen:

```
#header .mod_search {
  background: #f5f4e9
  border-radius: 4px;
  position: static
  padding-left: 1em;
  margin-top: 0.25em;
}
#header .mod_search .text {
  width: auto;
}
```

Listing 18.6 Die Gestaltung der Suchfunktion

Nach diesen beiden Maßnahmen sieht der Kopfbereich der mobilen Version auf einem Smartphone etwa so aus wie in Abbildung 18.14.

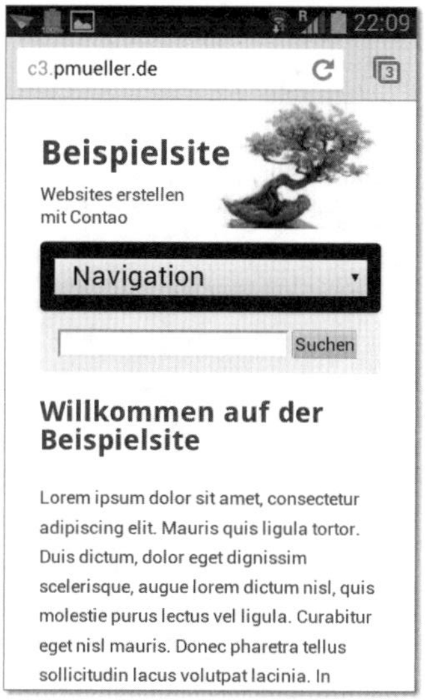
22:09
c3.pmueller.de
Beispielsite
Websites erstellen mit Contao
Navigation
Suchen
Willkommen auf der Beispielsite
Lorem ipsum dolor sit amet, consectetur adipiscing elit. Mauris quis ligula tortor. Duis dictum, dolor eget dignissim scelerisque, augue lorem dictum nisl, quis molestie purus lectus vel ligula. Curabitur eget nisl mauris. Donec pharetra tellus sollicitudin lacus volutpat lacinia. In

Abbildung 18.14 Beispielseite mit Suchformular und Bonsai

TEIL IV

Systemverwaltung

Kapitel 19
Der Theme-Manager

In diesem Kapitel lernen Sie den Theme-Manager kennen, der es ermöglicht, das Aussehen einer Site komplett zu verändern – mit wenigen Klicks und etwas Nachbearbeitung.

Die Themen im Überblick:

Der Theme-Manager verwaltet – wie Sie gleich sehen werden – bereits bekannte Komponenten auf innovative Art und Weise.

19.1 Ein Theme bestimmt das Aussehen der Website

Themes haben Sie in Abschnitt 6.2 ab Seite 136 bereits kurz kennengelernt, und mit dem Backend-Modul THEMES haben Sie seitdem in fast jedem Kapitel in irgendeiner Form gearbeitet.

Die Erweiterung »EasyThemes« ist auch bei nur einem Theme nützlich

Wenn Sie viel mit Themes arbeiten, schauen Sie sich einmal die Erweiterung [easy_themes] an, die Ihnen jede Menge Klicks erspart, auch wenn Sie nur mit einem Theme arbeiten:

- EasyThemes im Extension Repository
  contao.org/erweiterungsliste/view/easy_themes.html

Die Installation erfolgt wie immer im Backend mit dem ERWEITERUNGSKATALOG. Nach der Installation muss die Erweiterung in BENUTZERFUNKTIONEN • PERSÖNLICHE DATEN aktiviert und konfiguriert werden.

19.1.1 Der Theme-Manager verwaltet bekannte Komponenten

Das Aussehen einer Contao-Site wird durch das Zusammenwirken verschiedener Komponenten bestimmt. Drei davon werden im Backend-Modul LAYOUT • THEMES bearbeitet:

- INTERNE STYLESHEETS
- FRONTEND-MODULE
- SEITENLAYOUTS

Abbildung 19.1 zeigt das Backend-Modul THEMES im Überblick. Eine detaillierte Erklärung der Symbole finden Sie in Tabelle 6.1 auf Seite 138.

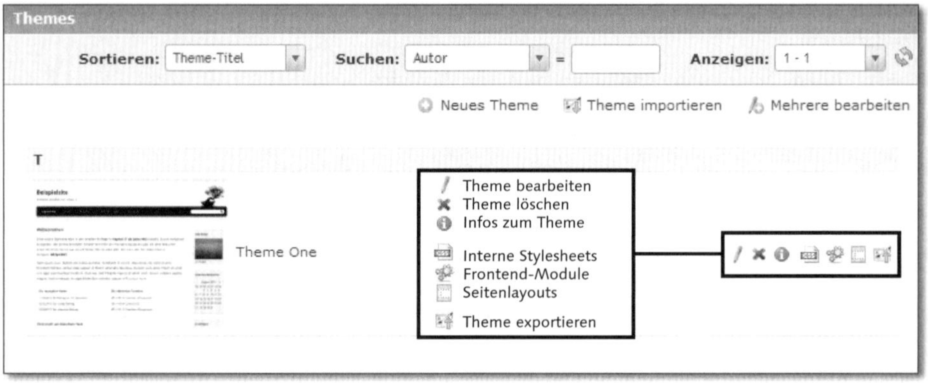

Abbildung 19.1 Die Symbole im Backend-Modul »Themes«

Zusätzlich zu diesen drei Komponenten gibt es in einem Theme noch zwei weitere wichtige Bestandteile:

- Layoutdateien wie Grafiken und externe Stylesheets, die in einem Ordner unterhalb von *files* gespeichert werden.
- Templates, die speziell für das Theme angepasst wurden und in einem Unterordner zum Ordner *templates* aufbewahrt werden.

Damit der Theme-Manager weiß, welche Templates und Layoutdateien zu welchem Theme gehören, haben Sie in den Einstellungen des Themes die Pfadangaben zum Layout- und zum Templates-Ordner eingegeben.

Der Theme-Manager bündelt alle diese Komponenten und fasst sie beim Exportieren in einer einzigen Datei mit der Endung *.cto* zusammen. Diese Datei ermöglicht das Importieren des Themes in eine andere Contao-Installation (mit der gleichen Versionsnummer).

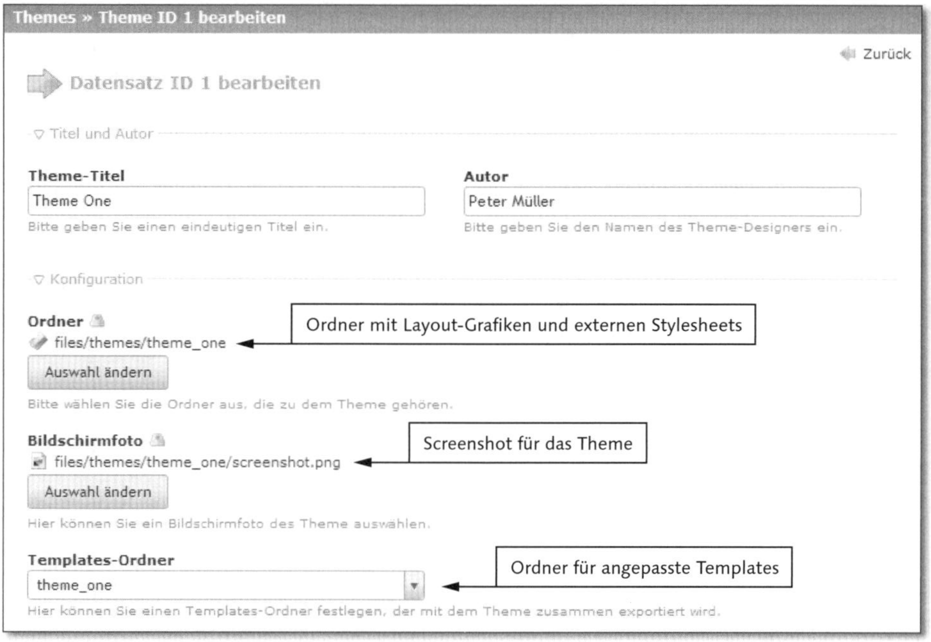

Abbildung 19.2 Die Ordner für das Theme

19.1.2 »Theme One« von der Beispielsite exportieren

Ein im Backend vorhandenes Theme zu exportieren ist denkbar einfach: Sie klicken dazu im Backend-Modul THEMES einfach auf das Symbol THEME EXPORTIEREN (siehe Abbildung 19.1).

Contao erzeugt beim Exportieren eine Datei mit der Endung *.cto*, die Sie in einem beliebigen Ordner auf Ihrem Computer speichern. Im Backend sieht dieser Prozess so aus wie in Abbildung 19.3. Die Datei *theme_one.cto* wird im folgenden Abschnitt genauer untersucht.

ToDo: »Theme One« exportieren

1. Öffnen Sie das Backend-Modul LAYOUT • THEMES.
2. Klicken Sie auf das Symbol THEME EXPORTIEREN ganz rechts außen.
3. Wählen Sie einen Ordner auf Ihrem Computer, um die Datei *theme_one.cto* zu speichern.

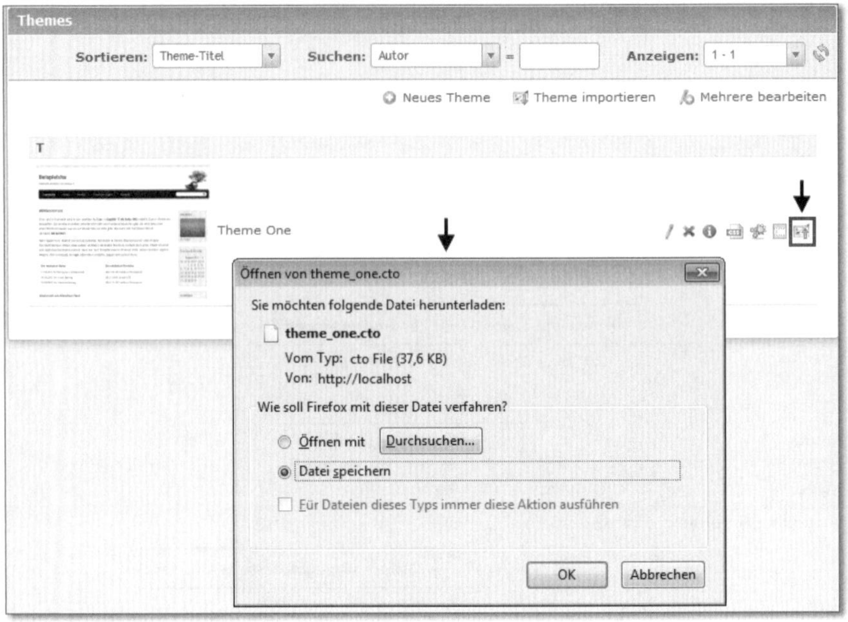

Abbildung 19.3 »Theme One« exportieren

19.1.3 All-in-one: das Innenleben einer CTO-Datei

Die Theme-Datei hat zwar die proprietäre Endung *.cto*, ist aber ein ganz normales ZIP-Archiv, das Sie mit jedem ZIP-Programm öffnen, untersuchen und entpacken können. Wenn Sie wollen, können Sie eine Theme-Datei also genau analysieren.

Die Theme-Datei *theme_one.cto* enthält die Datei *theme.xml* und die beiden Ordner */templates/* und */files* samt Unterordnern. In der Datei *theme.xml* sind alle in der Datenbank gespeicherten Inhalte enthalten: interne Stylesheets, Frontend-Module und Seitenlayouts. Der Inhalt der Datenbanktabellen wird in dieser Datei mithilfe einer entsprechenden XML-Struktur abgebildet.

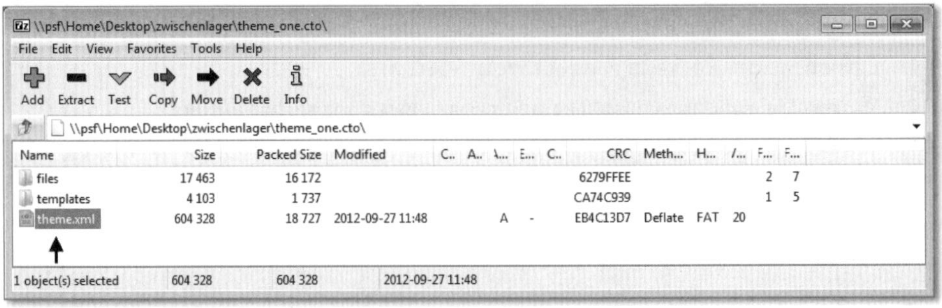

Abbildung 19.4 Ein Blick in die Datei »theme_one.cto«

Nicht in der Datenbank gespeicherte, externe Dateien wie Templates, Layoutgrafiken und externe Stylesheets liegen in den beiden in der ZIP-Datei enthaltenen Ordnern unterhalb von */templates* und */files*.

Der Theme-Manager speichert also alle für das Design der Site benötigten Stylesheets, Frontend-Module, Seitenlayouts, Templates und Grafiken in einer einzigen Datei.

19.1.4 Was nicht in einem Theme enthalten ist

Nachdem Sie erfahren haben, was alles zu einem Theme gehört, folgen jetzt die Dinge, die *nicht* in einem Theme enthalten sind:

- die Inhalte aus den Backend-Modulen der Gruppe INHALTE
- die Seitenstruktur aus LAYOUT • SEITENSTRUKTUR
- Mitglieder und Benutzer aus der BENUTZERVERWALTUNG
- Erweiterungen, die nicht zum Contao-Core gehören

Bei der *Seitenstruktur* sowie *Mitgliedern* und *Benutzern* ist die Sache eindeutig, denn sie haben mit dem Layout einer Website nichts zu tun, aber bei den *Inhalten* gibt es, wie Sie im Laufe des Kapitels noch sehen werden, Grenzfälle.

Erweiterungen, die in einem Theme gestaltet werden und nicht zum Contao-Core gehören, sollten *vor* dem Importieren des Themes installiert werden. Bevor Sie also z.B. ein Theme zur Gestaltung eines Online-Shops importieren, sollte die entsprechende Shop-Erweiterung installiert sein. Contao weist beim Importieren eines Themes mit roten Lettern auf eventuell fehlende Datenbankfelder hin.

19.2 Einige Quellen für Contao-Themes

Contao ist in erster Linie ein Werkzeug für Webworker, und Webworker bauen für ihre Kunden meist individuelle Projekte. Abgesehen von den Unterschieden im Verbreitungsgrad ist das wahrscheinlich ein Grund mit, warum es für Contao, anders als z.B. bei WordPress oder Joomla, nicht so viele kostenlose Themes gibt. Gute Contao-Themes kosten oft Geld, aber dieses Geld sparen Sie bei der Entwicklung einer Site meist doppelt und dreifach wieder ein.

»Frontend-Template«: »Theme« plus Seiten, Inhalte und Benutzer

Im Web sind viele »Themes« für Contao auch als »Template« erhältlich. Der Unterschied zwischen beiden ist wichtig:

Ein *Theme* enthält, wie gesagt, Stylesheets, Frontend-Module, Seitenlayouts, Templates und Layoutdateien.

> In einem *Frontend-Template* (auch *Contao-Template* oder *Website-Template* genannt) sind zusätzlich die Seitenstruktur, die Inhalte und die Benutzer mit drin.
>
> Das hat unterschiedliche Auswirkungen:
>
> Ein *Theme* wird im Backend importiert, und vorhandene Inhalte (Artikel, Nachrichten, Events, FAQ, Newsletter etc.) bleiben erhalten.
>
> Ein *Contao-Template* wird im Installtool importiert und überschreibt sämtliche vorhandenen Inhalte. Die alten Inhalte sind danach weg.
>
> Ein Theme können Sie also auch in einer existierenden Contao-Installation importieren, ohne dass Sie Inhalte verlieren. Ein Contao-Template hingegen ist eigentlich nur für eine neue Website geeignet, denn alle vorhandenen Inhalte werden überschrieben.

19.2.1 Einsatzgebiete: Wozu man Themes einsetzen kann

Ein Theme dient in erster Linie dazu, Zeit bei der Entwicklung einer Website zu sparen. Dabei gibt es mehrere Einsatzgebiete:

- **Kickstart für neue Sites**
  Ein passendes Theme ist ein echter Katalysator. Der ideale Zeitpunkt zum Importieren eines Themes ist dabei ganz am Anfang oder *nach* dem Aufbau einer grundlegenden Seitenstruktur, aber auf jeden Fall *vor* der Fertigstellung von Frontend-Modulen und Templates.
- **Neuer Look für alte Sites**
  Man kann Themes auch in fertige Sites importieren, aber bei einer bereits vollständig implementierten Website mit Inhalten und allem Drum und Dran muss, wie Sie in diesem Kapitel noch sehen werden, ein neues Theme nachbearbeitet werden. Das ist kein Ein-Klick-Job.
- **Multi-Site: Trennung bei mehreren Startpunkten**
  Der Theme-Manager ermöglicht die perfekte Trennung von Stylesheets, Modulen und Seitenlayouts pro STARTPUNKT EINER WEBSEITE, wenn Contao als Basis für mehrere Websites dient.

Egal, wofür Sie ein Theme einsetzen möchten. Wenn Sie eines gefunden haben, das Ihnen gefällt, denken Sie daran, dass es zur von Ihnen eingesetzten Contao-Version passen muss. Wenn nicht dransteht, für welche Version das Theme oder das Template geeignet ist, dann fragen Sie einfach freundlich nach. Und finden Sie heraus, ob es eine Dokumentation zur Benutzung des Themes gibt.

Andere Fragen betreffen zum Beispiel die Lizenzbedingungen, unter denen Sie das Theme bzw. das Template nutzen können:

- Gilt das Theme nur für eine Domain?
- Gibt es einen Backlink oder einen Hinweis zum Entwickler?
- Für wie viele Projekte darf man das Theme einsetzen?
- Sind zukünftige Updates für neue Contao-Versionen im Preis enthalten?

Und jetzt viel Spaß bei der Suche nach einem passenden Theme.

19.2.2 InetRobots – Themes vom Chef: www.Contao-Themes.com

Leo Feyer hat nicht nur Contao entwickelt, sondern ist auch Inhaber von Inet Robots, einer Firma unter anderem für Webhosting und Contao-Themes:

- *contao-themes.com*

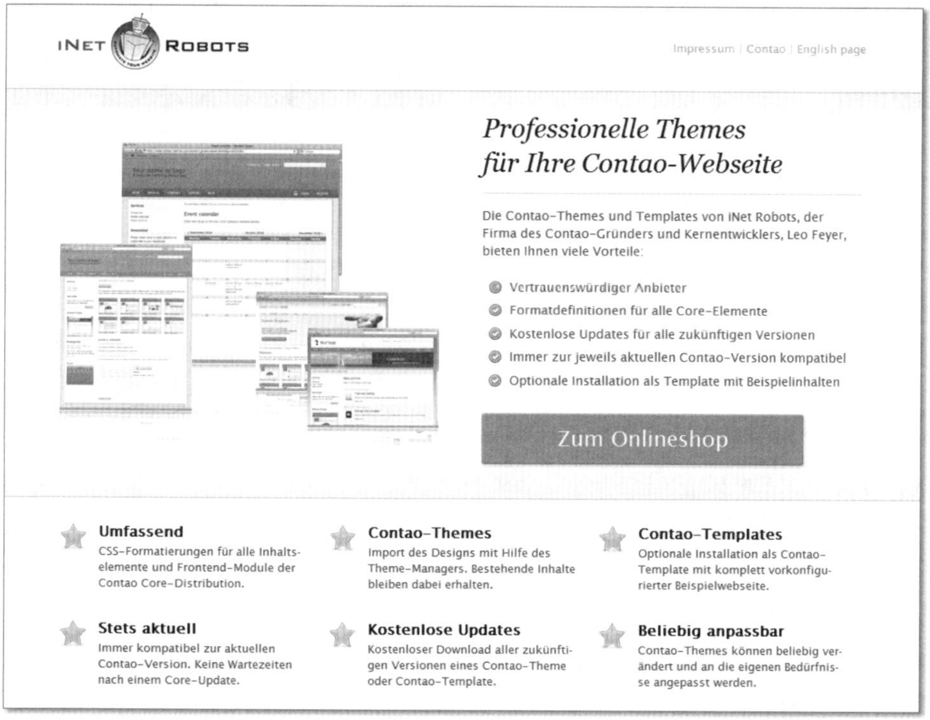

Abbildung 19.5 Die Startseite von contao-themes.com

19.2.3 RockSolid Themes: rocksolidthemes.com

Wie ein Fels in der Brandung stehen die RockSolid Themes von Alexander Wörndl und Martin Auswöger (aka »MADE/YOUR/DAY«):

- *rocksolidthemes.com*

Die Zielgruppe für die Themes dürften in erster Linie Entwickler, Profis und ambitionierte Laien sein. Neueste Webtechnologien wie HTML5 und CSS3 werden kompetent eingesetzt. Gearbeitet wird mit externen Stylesheets, und wer will, kann sein CSS auch mit Sass und Compass schreiben.

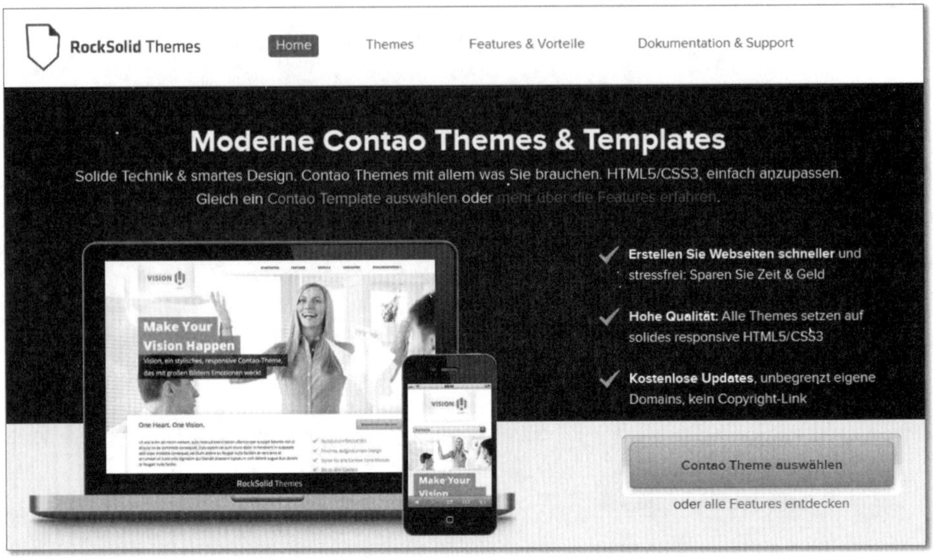

Abbildung 19.6 Die Startseite von RockSolid Themes für Contao

Die Preise von 100 bis 150 Euro wirken auf den ersten Blick recht hoch, aber dafür ist der Quelltext eine wahre Freude, und es ist wirklich alles dabei:

- kostenlose Updates
- unbegrenzt eigene Domains (beliebig viele Sites)
- kein Copyright-Link
- Icon-Font enhalten
- PSD- und SASS-Dateien enthalten

Schauen Sie sich die Live-Demo der Templates einmal in Ruhe an, und überlegen Sie, wie viel Zeit und Liebe zum Detail darin stecken.

Besonders interessant finde ich übrigens das 80/20, das dem Entwickler frei nach Pareto als Fundament für eigene Entwicklungen effektiv unter die Arme greift und von den Anbietern der RockSolid Themes als der »VW Golf unter den RockSolid Themes« bezeichnet wird.

19.2.4 Weitere Websites mit Contao-Themes

Hier noch ein paar weitere Quellen für Contao-Themes:

- Premium Contao Themes (Sandra Löschnigg)
  www.premium-contao-themes.com
- Contao Themes Shop (Thomas Kampmeier)
  www.contao-themes-shop.de
- jukemedia Webshop (Jutta Kemperle)
  www.jukemedia.de/shop
- Contao Themes-Shop (fruitMEDIA)
  www.contao-theme.de
- Contao Templates (Monique Hahnefeld)
  www.designs2.de (auch für die Shop-Erweiterung *Isotope*).

Es gibt bestimmt noch mehr gute Sites, und ich entschuldige mich schon mal im Voraus, falls ich eine vergessen haben sollte. Googlen Sie einfach nach »Contao Themes« oder etwas in der Art. Oder fragen Sie im Forum.

19.3 Die »Music Academy«: Beispielsite im neuen Look

In jedem guten Kochstudio kommt irgendwann einmal der Satz »Da haben wir schon mal was vorbereitet«, und jetzt ist es auch in diesem Buch so weit. Auf der Buch-CD finden Sie die Theme-Datei *music_academy.cto*, das Theme der Online-Demo *Music Academy*. Dieses Theme stülpen Sie über die Beispielsite.

Das Wechseln eines Themes besteht aus den folgenden Schritten:

- Schritt 1: Theme-Datei auf den Webspace hochladen
- Schritt 2: Theme-Datei importieren
- Schritt 3: Theme aktivieren
- Schritt 4: Theme nachbearbeiten

Die Nachbearbeitung in Schritt 4 kann ziemlich aufwendig sein, aber wie jede Reise beginnt auch diese im folgenden Abschnitt mit dem ersten Schritt.

Themes nur für die richtige Contao-Version importieren

Der Import eines Themes sollte grundsätzlich immer nur in jene Contao-Version erfolgen, für die es erstellt wurde. Andernfalls könnte es Probleme beim Import geben, wenn sich beispielsweise die DB-Struktur in neueren Contao-Versionen geändert hat.

Das gilt selbstverständlich auch für Frontend-Templates (aka Contao-Templates aka Website-Templates), die über das Contao-Installtool importiert werden.

Schritt 1: Theme im Backend importieren

Der Import findet im Backend von Contao statt, und dabei werden die im Theme enthaltenen Ressourcen in der Contao-Installation an die richtigen Stellen kopiert. Gleichzeitig überprüft Contao vorab, ob die für das Theme benötigten Datenbankfelder und Layoutbereiche vorhanden sind.

ToDo: Die Theme-Datei »music_academy.cto« importieren

1. Öffnen Sie das Backend-Modul LAYOUT • THEMES.
2. Klicken Sie oben im Arbeitsbereich auf THEME IMPORTIEREN.
3. Klicken Sie auf die Schaltfläche DURCHSUCHEN.
4. Öffnen Sie den Ordner, in dem die Datei *music_academy.cto* liegt.
5. Klicken Sie auf die Schaltfläche THEME IMPORTIEREN.
6. Jetzt werden die Theme-Daten überprüft und entsprechende Meldungen ausgegeben. Im Idealfall ist alles im grünen Bereich.
7. Klicken Sie auf die Schaltfläche WEITER.

Das importierte Theme hat diverse interne Stylesheets, zahlreiche Frontend-Module und Seitenlayouts und diverse Layoutdateien im Ordner *files/music_academy*, bringt aber keinerlei angepasste Templates mit.

Nach diesem ToDo haben Sie im Backend-Bereich THEMES zwar ein neues Theme mit dem Namen MUSIC ACADEMY (siehe Abbildung 19.7), das Frontend sieht aber genauso aus wie vorher, da das Theme noch nicht aktiviert ist.

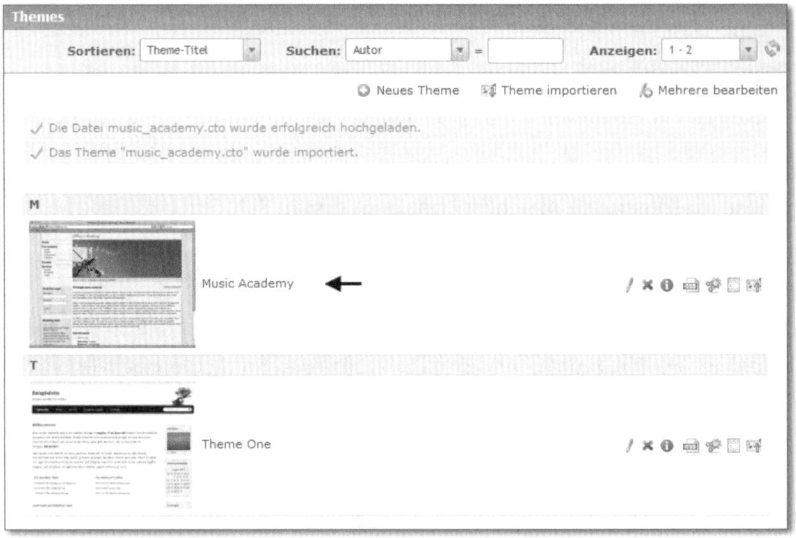

Abbildung 19.7 Das Theme »music_academy.cto« wurde importiert.

Schritt 3: »Music Academy« für die Beispielsite aktivieren

Es gibt keine Schaltfläche mit der Beschriftung »Theme aktivieren«, denn ein Theme wird durch das Zuweisen der Seitenlayouts in der SEITENSTRUKTUR aktiviert. Eine Schaltfläche zum einfachen Aktivieren von Themes kann es nicht geben, weil Contao ja wissen muss, welche Seite mit welchem Seitenlayout dargestellt werden soll. Da ein Theme mehrere Seitenlayouts enthalten und Contao nicht denken kann, müssen Sie die Verbindung zwischen den Seiten im Seitenbaum und den Seitenlayouts im Theme manuell herstellen.

Hat ein Theme nur ein einziges Seitenlayout, wird dieses in der Regel dem STARTPUNKT EINER WEBSEITE zugewiesen. Alle Unterseiten erben das Seitenlayout des Startpunktes, und die Sache ist mit wenigen Klicks erledigt.

Das importierte Theme enthält aber gleich drei Seitenlayouts in jeweils zwei Varianten:

- DEFAULT und DEFAULT MOBILE
- EVENTS und EVENTS MOBILE
- NEWS und NEWS MOBILE

Im folgenden ToDo definieren Sie zunächst das Standardlayout DEFAULT für den Startpunkt der Webseite und schauen sich dann erst einmal das Ergebnis an.

ToDo: Das Theme »Music Academy« aktivieren

1. Öffnen Sie das Backend-Modul LAYOUT • SEITENSTRUKTUR.
2. Klicken Sie rechts oben im Arbeitsbereich auf MEHRERE BEARBEITEN.
3. Aktivieren Sie die Kontrollkästchen neben dem STARTPUNKT DER WEBSITE BEISPIELSITE CONTAOBUCH und der STARTSEITE.
4. Klicken Sie auf die Schaltfläche BEARBEITEN.
5. Aktivieren Sie die Felder SEITENNAME, EIN LAYOUT ZUWEISEN und SEITENLAYOUT.
6. Klicken Sie auf die Schaltfläche WEITER. Auf der folgenden Seite werden die gewählten Felder für beide Seiten dargestellt.
7. Weisen Sie den beiden Seiten die Seitenlayouts zu:
   STARTPUNKT BEISPIELSITE CONTAO • DEFAULT
   STARTSEITE • EIN LAYOUT ZUWEISEN deaktivieren
8. Klicken Sie auf SPEICHERN UND SCHLIESSEN.

Und jetzt wird es spannend: Trommelwirbel, ins Frontend wechseln und Seite neu laden. Im Browser sollte es jetzt ungefähr so aussehen wie in Abbildung 19.8. Erkennen Sie es wieder?

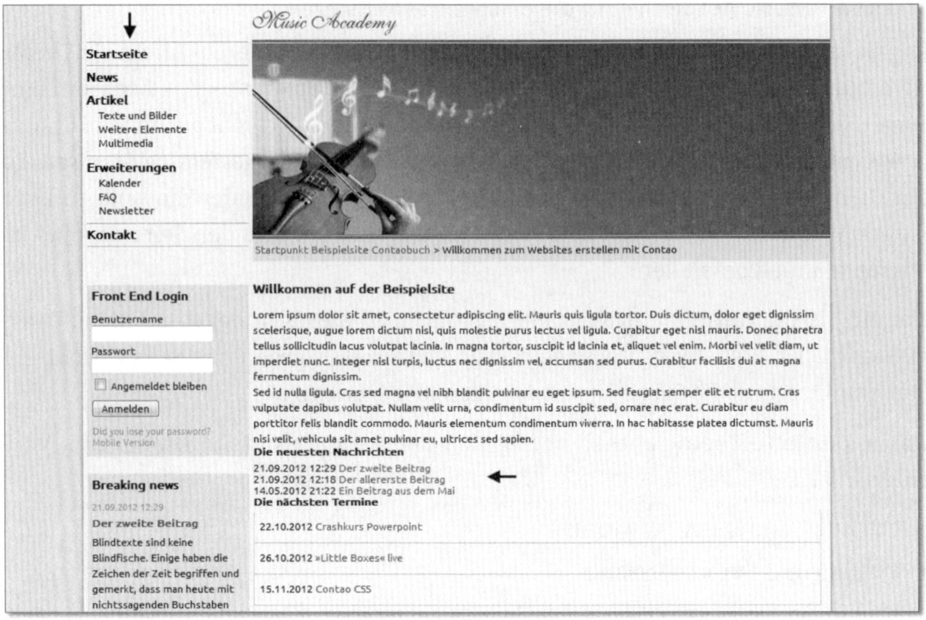

Abbildung 19.8 Das neue Theme – alte Inhalte in neuen Kleidern

Wenn das Frontend immer noch so aussieht wie vorher, sollten Sie erstens den Browsercache löschen und zweitens die Zuweisung der Seitenlayouts im Seitenbaum noch einmal überprüfen. Ansonsten sollte alles im neuen Look erscheinen.

Nach einem Theme-Wechsel: gründlich testen!

Wenn Sie ein neues Theme importieren, sollten Sie unbedingt die gesamte Site gründlich testen. Nicht nur einmal durchklicken und absegnen, sondern wirklich alle Seiten und Funktionen testen: Suche, Navigation, Kontaktformular, Newsletter, Kalender, Quicklinks und so weiter und so fort.

19.4 Über die Anpassung von Themes

Ein Theme ist wie ein Anzug von der Stange. Nach dem ersten Anziehen passt er mehr oder weniger; bis er aber wirklich perfekt sitzt, muss hier und da noch Hand angelegt werden.

Wie viel Arbeit die Theme-Anpassung bedeutet, hängt wie so oft von den Umständen ab. Der Teufel, sagt man, steckt im Detail, und je mehr Details eine Site hat, desto mehr dieser kleinen Kerlchen werden Ihnen beim Anpassen eines importierten Themes begegnen.

Im Folgenden beschreibe ich ein paar typische Fehlerquellen, die für Verwirrung sorgen und den perfekten Sitz verhindern können.

19.4.1 Was im neuen Theme fehlt

Wenn Sie sich das Frontend im Browser (oder in Abbildung 19.8) etwas genauer anschauen, dann werden Sie sehen, dass diverse Dinge fehlen:

- keine Fußzeile
- keine Meta-Navigation zu KONTAKT, IMPRESSUM und SITEMAP
- keine Suchfunktion
- keine rechte Spalte im Inhaltsbereich
- keine Sitemap

Und bei noch genauerem Hinsehen finden Sie bestimmt noch mehr.

19.4.2 In Artikeln eingebundene Frontend-Module sind Inhalt

Ein nachträglich importiertes Theme muss an vielen Stellen nachgebessert werden, und besonders heimtückisch sind dabei in Artikeln eingebundene Frontend-Module.

Gemeint sind Frontend-Module wie STARTSEITE – NEWS ANZEIGEN, die nicht im Seitenlayout, sondern in einem Artikel eingebunden wurden. Sie erfordern besondere Aufmerksamkeit, auch wenn sie das gemeinerweise nicht explizit kundtun.

Nehmen Sie zum Beispiel die beiden Module zur Darstellung der News und Termine auf der Startseite (siehe Abbildung 19.9).

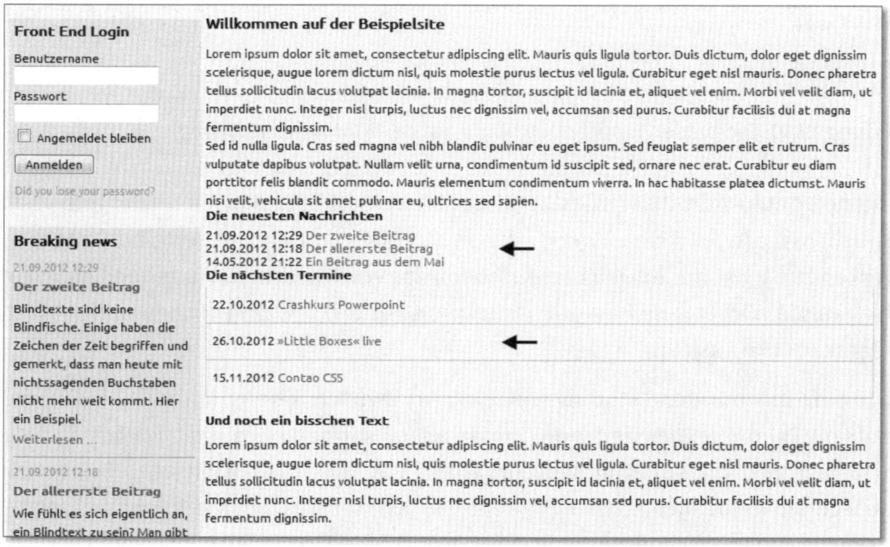
Front End Login
Benutzername
Passwort
Angemeldet bleiben
Anmelden
Did you lose your password?
Breaking news
21.09.2012 12:29
Der zweite Beitrag
Blindtexte sind keine Blindfische. Einige haben die Zeichen der Zeit begriffen und gemerkt, dass man heute mit nichtssagenden Buchstaben nicht mehr weit kommt. Hier ein Beispiel.
Weiterlesen ...
21.09.2012 12:18
Der allererste Beitrag
Wie fühlt es sich eigentlich an,
Willkommen auf der Beispielsite
Lorem ipsum dolor sit amet, consectetur adipiscing elit. Mauris quis ligula tortor. Duis dictum, dolor eget dignissim scelerisque, augue lorem dictum nisl, quis molestie purus lectus vel ligula. Curabitur eget nisl mauris. Donec pharetra tellus sollicitudin lacus volutpat lacinia. In magna tortor, suscipit id lacinia et, aliquet vel enim. Morbi vel velit diam, ut imperdiet nunc. Integer nisl turpis, luctus nec dignissim vel, accumsan sed purus. Curabitur facilisis dui at magna fermentum dignissim.
Sed id nulla ligula. Cras sed magna vel nibh blandit pulvinar eu eget ipsum. Sed feugiat semper elit et rutrum. Cras vulputate dapibus volutpat. Nullam velit urna, condimentum id suscipit sed, ornare nec erat. Curabitur eu diam porttitor felis blandit commodo. Mauris elementum condimentum viverra. In hac habitasse platea dictumst. Mauris nisi velit, vehicula sit amet pulvinar eu, ultrices sed sapien.
Die neuesten Nachrichten
21.09.2012 12:29 Der zweite Beitrag
21.09.2012 12:18 Der allererste Beitrag
14.05.2012 21:22 Ein Beitrag aus dem Mai
Die nächsten Termine
22.10.2012 Crashkurs Powerpoint
26.10.2012 »Little Boxes« live
15.11.2012 Contao CSS
Und noch ein bisschen Text
Lorem ipsum dolor sit amet, consectetur adipiscing elit. Mauris quis ligula tortor. Duis dictum, dolor eget dignissim scelerisque, augue lorem dictum nisl, quis molestie purus lectus vel ligula. Curabitur eget nisl mauris. Donec pharetra tellus sollicitudin lacus volutpat lacinia. In magna tortor, suscipit id lacinia et, aliquet vel enim. Morbi vel velit diam, ut imperdiet nunc. Integer nisl turpis, luctus nec dignissim vel, accumsan sed purus. Curabitur facilisis dui at magna fermentum dignissim.

Abbildung 19.9 Im Artikel eingebundenes Modul auf der Startseite

Die Module sind zwar noch nicht hübsch und gestaltet, aber immerhin werden sie angezeigt. Also wo genau liegt überhaupt das Problem? Der Teufel steckt, wie gesagt, im Detail.

In einem Artikel eingebundene Module gelten als Inhalt. Da ein Theme per Definition in einer Installation keine Inhalte verändert, sind sie beim Aktivieren des neuen Themes unverändert geblieben. Im Klartext: Die Frontend-Module auf der Startseite stammen nach wie vor aus dem Theme One. Sie werden zwar vom CSS der Music Academy gestaltet (naja, ein bisschen jedenfalls), aber das HTML wird von den im Theme One gespeicherten Frontend-Modulen erzeugt.

Nun stellen Sie sich vor, dass Sie einige Zeit nach dem Aktivieren des neuen Themes im Backend aufräumen und dabei das alte, nicht mehr eingesetzte *Theme One* löschen. Beim Routinecheck im Frontend ein paar Minuten später fällt Ihnen dann auf, dass die beiden Module auf der Startseite fehlen (siehe Abbildung 19.10). Auch andere Dinge wie die SITEMAP sind plötzlich weg. Und unterhalb der Seite ERWEITERUNGEN gibt es fast überhaupt keine Inhalte mehr. Spurlos verschwunden.

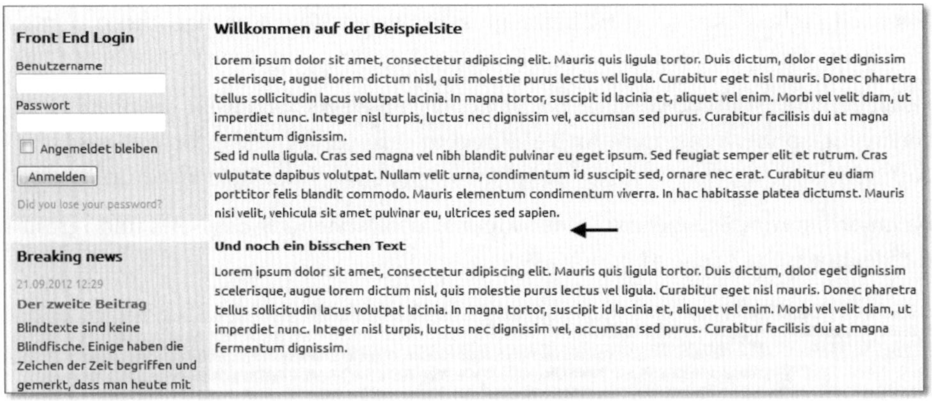

Front End Login
Benutzername
Passwort
Angemeldet bleiben
Anmelden
Did you lose your password?
Breaking news
21.09.2012 12:29
Der zweite Beitrag
Blindtexte sind keine Blindfische. Einige haben die Zeichen der Zeit begriffen und gemerkt, dass man heute mit
Willkommen auf der Beispielsite
Lorem ipsum dolor sit amet, consectetur adipiscing elit. Mauris quis ligula tortor. Duis dictum, dolor eget dignissim scelerisque, augue lorem dictum nisl, quis molestie purus lectus vel ligula. Curabitur eget nisl mauris. Donec pharetra tellus sollicitudin lacus volutpat lacinia. In magna tortor, suscipit id lacinia et, aliquet vel enim. Morbi vel velit diam, ut imperdiet nunc. Integer nisl turpis, luctus nec dignissim vel, accumsan sed purus. Curabitur facilisis dui at magna fermentum dignissim.
Sed id nulla ligula. Cras sed magna vel nibh blandit pulvinar eu eget ipsum. Sed feugiat semper elit et rutrum. Cras vulputate dapibus volutpat. Nullam velit urna, condimentum id suscipit sed, ornare nec erat. Curabitur eu diam porttitor felis blandit commodo. Mauris elementum condimentum viverra. In hac habitasse platea dictumst. Mauris nisi velit, vehicula sit amet pulvinar eu, ultrices sed sapien.
Und noch ein bisschen Text
Lorem ipsum dolor sit amet, consectetur adipiscing elit. Mauris quis ligula tortor. Duis dictum, dolor eget dignissim scelerisque, augue lorem dictum nisl, quis molestie purus lectus vel ligula. Curabitur eget nisl mauris. Donec pharetra tellus sollicitudin lacus volutpat lacinia. In magna tortor, suscipit id lacinia et, aliquet vel enim. Morbi vel velit diam, ut imperdiet nunc. Integer nisl turpis, luctus nec dignissim vel, accumsan sed purus. Curabitur facilisis dui at magna fermentum dignissim.

Abbildung 19.10 Die beiden Frontend-Module auf der Startseite sind weg.

Erfahrene Contao-Admins werden an dieser Stelle ganz cool bleiben und sagen: »Ach ja, natürlich: die in Artikeln eingebundenen Module.« Andere Sitebetreiber hingegen bemerken zunächst nur ein leichtes Kribbeln, das vom Steißbein ausgehend langsam nach oben die Wirbelsäule hinaufläuft und, am Hinterkopf angekommen, eine mittlere Panikattacke auslöst.

In Artikeln eingebundene Module sind eine Art Zwitter: Sie werden zwar als Teil des Layouts im Theme gespeichert, von Contao aber als Inhalt behandelt, weil sie in Artikeln stehen und quasi damit verschmelzen. Für die in Artikeln eingebundenen Module gelten denn auch nicht eventuelle CSS-Klassen aus den Moduleinstellungen, sondern die des Inhaltselements.

19.4.3 Reparatur: Anpassung von in Artikeln eingebundenen Modulen

Es gibt in Contao (noch) keine Möglichkeit, sich anzeigen zu lassen, welche Frontend-Module in Seitenlayouts und welche in Artikeln eingebunden werden. Um zu verhindern, dass in Artikeln unbemerkt Frontend-Module aus nicht aktiven Themes benutzt werden, müssen Sie einmal durch die Artikel gehen und in den Inhaltselementen vom Typ MODUL schauen, welche Frontend-Module eingebunden sind.

Zur Reparatur der Beispielsite atmen Sie am besten einmal tief durch, gehen in das Backend-Modul INHALTE • ARTIKEL und weisen in den Inhaltselementen vom Typ MODUL entsprechende Frontend-Module aus *Music Academy* zu.

Sind im neuen Theme entsprechende Module vorhanden, binden Sie diese einfach ein. Sind im neuen Theme hingegen keine entsprechenden Module vorhanden, sind noch ein paar Zwischenschritte nötig:

- Schreiben Sie sich die Namen der betroffenen Seiten, Artikel und eingebundenen Module auf. Von den Modulen notieren Sie am besten auch die IDs.
- Gehen Sie in das Backend-Modul LAYOUT • THEMES, und kopieren Sie anhand der Liste die benötigten Module aus dem inaktiven Theme in das aktive.
- Mit der Funktion MEHRERE BEARBEITEN geht das recht flott, und Sie können dabei im Titel des Moduls auch noch gleich vermerken, dass es aus einem anderen Theme importiert wurde.
- Gehen Sie nach dem Kopieren der Module wieder in den Artikelbaum zurück.
- Binden Sie in den betroffenen Artikeln die kopierten Module aus dem neuen Theme ein.

Falls das Theme schon gelöscht wurde und es davon auch keine Kopie mehr gibt, müssen Sie die fehlenden Frontend-Module wohl oder übel neu erstellen.

Wenn Ihnen die Reparatur zu aufwendig ist, können Sie natürlich auch alles so lassen, wie es ist. Solange Sie das alte Theme nicht löschen, wird alles funktionieren.

19.5 Sicherheitshinweise für Themes (nicht nur für Contao)

Bevor Sie ein Theme importieren (oder eine Erweiterung installieren), sollten Sie die folgenden Sicherheitshinweise mindestens einmal gründlich gelesen haben. Die offizielle Version finden Sie im Contao-Blog:

- Sicherheitshinweise zu Contao-Themes: *bit.ly/dk8Pdg*

Diese Sicherheitshinweise gelten im Übrigen nicht nur für Contao, sondern für alle CMSysteme wie WordPress oder Joomla. Immer wenn externe Dateien importiert werden, kann darin theoretisch auch Schadcode enthalten sein. Nicht nur bei einem

CMS, auch wenn Sie sich ein Programm aus dem Internet herunterladen oder in einer E-Mail einen E-Mail-Anhang öffnen.

19.5.1 Das potenzielle Problem

Ein Theme besteht, wie Sie gesehen haben, aus Datenbankeinträgen und Dateien in den Ordnern */files* und */templates*. Beim Import eines Themes werden also Dateien auf Ihren Webspace übertragen, und diese Dateien können theoretisch auch Schadcode enthalten. Insbesondere Modultemplates sind in Contao PHP-Dateien, in denen sämtliche PHP-Funktionen uneingeschränkt verwendet werden können.

19.5.2 Vertrauenswürdige Quellen

Zunächst einmal ist es natürlich immer eine gute Idee, nur Themes von Leuten zu installieren, denen man vertraut. Falls irgendwo plötzlich kostenlose Themes zum Download angeboten werden, sollten diese idealerweise von vertrauenswürdigen Vielschreibern im Forum oder einer sonstigen zuverlässigen Quelle geprüft worden sein.

19.5.3 Ein Theme prüfen

Wie zu Beginn dieses Kapitels beschrieben wurde, haben Themes die Endung *.cto*, sind aber ganz normale ZIP-Dateien, die Sie mit jedem ZIP-Programm entpacken und untersuchen können. Achten Sie besonders darauf, dass im Ordner */files* keine PHP-Dateien vorhanden sind, und prüfen Sie gegebenenfalls den Inhalt der mitgelieferten Template-Dateien im Ordner */templates*.

19.5.4 Backend-Benutzer: Angriff von innen

Wenn ein Backend-Benutzer Zugriff auf das THEMES-Modul hat, könnte er theoretisch probieren, beliebigen PHP-Code auszuführen und sich z. B. Administratorrechte zu verschaffen. Achten Sie daher darauf, wem Sie Zugriff auf das THEMES-Modul geben. Details zur Einrichtung von Benutzern erfahren Sie in Kapitel 22, »Benutzer: im Backend angemeldete Mitarbeiter«, ab Seite 577.

Bitte aktivieren Sie wieder das »Theme One«

Bevor Sie die folgenden Kapitel bearbeiten, sollten Sie in der Seitenstruktur wieder das Theme One aktivieren:

- STARTPUNKT BEISPIELSEITE CONTAOBUCH • THEME ONE – STANDARDLAYOUT
- STARTSEITE • THEME ONE – STARTSEITE

Danach sollte wieder alles so aussehen wie am Anfang dieses Kapitels.

Kapitel 20
SEO: die Optimierung für Suchmaschinen

In diesem Kapitel bereiten Sie die Seiten zur Aufnahme in die Suchmaschinen vor: Lesbare URLs, Optimierung der Seiteneinstellungen, Fehlerseiten und die Erstellung einer XML-Sitemap für Google werden vorgestellt.

Die Themen im Überblick:

Die Optimierung von Webseiten für Suchmaschinen ist in den letzten Jahren fast zum Selbstzweck geworden. Mit den Buchstaben *SE* beginnende Abkürzungen wie *SEO* und *SEF* sind im Weballtag fest verankert, wobei *SE* immer für *Search Engine* steht und die darauffolgenden Buchstaben für Dinge wie *Optimization* oder *Friendly*.

Die Optimierung für Suchmaschinen ist natürlich wichtig, aber wer tagelang im Web recherchiert, ob Google Begriffe in `h1`- oder `h2`-Überschriften besser bewertet, ist auf dem besten Weg zur *SEH*: Search Engine Hysteria.

Der Satz von Guido Pelzer (*p3consult.de*) »Was gut ist für Ihre Besucher, ist meistens auch gut für die Suchmaschinen« trifft den Kern der Sache ziemlich gut, denn Suchmaschinen und Besucher tragen das »Suchen« schon im Namen, und beide sind auf der Suche: nach relevantem Inhalt.

In diesem Kapitel geht es um die Möglichkeiten, die Contao zur »On-Site«-Optimierung bietet, also darum, wie man die eigene Site technisch und inhaltlich so gestalten kann, dass sie von Suchmaschinen und Besuchern gemocht wird.

20.1 Lesbare Adressen: URLs umschreiben

Alle im Web verfügbaren Informationen werden auf Webseiten präsentiert. Jede Webseite hat eine weltweit einmalige Adresse. Um auf eine im Web gespeicherte Information zuzugreifen, benötigen Sie also nur die URL der entsprechenden Seite. Im Web dreht sich buchstäblich fast alles um diese URLs, und darum beginnt dieses Kapitel mit der Gestaltung von möglichst gut lesbaren Adressen.

Favicon – die grafische Komplettierung der URL

Ein Favicon, kurz für *Favorites Icon*, hat zwar nicht direkt mit der URL zu tun, aber die kleinen netten Grafiken im Browser sind sehr beliebt. Jan Theofel hat ein Tutorial und eine Erweiterung dazu geschrieben:

- Tutorial: Ein Favicon in eine Contao-Website einbinden
  contao-anleitungen.de/post/favicon-typolight-einbinden.html
- Die Erweiterung [Favicon]
  contao.org/erweiterungsliste/view/Favicon.html

Eine Grafik namens *favicon.ico* für das im Buch verwendete Theme finden Sie auf der Buch-CD bei den Beispieldateien für dieses Kapitel.

20.1.1 Content-Management-Systeme und URLs

Eine URL besteht aus drei Teilen: dem Protokoll (*http* oder *https*), dem Domainnamen (*website.de*) und dem Namen der aufzurufenden Ressource (*news.html*). In diesem Abschnitt geht es in erster Linie um die Ausgestaltung des dritten Teils der URL.

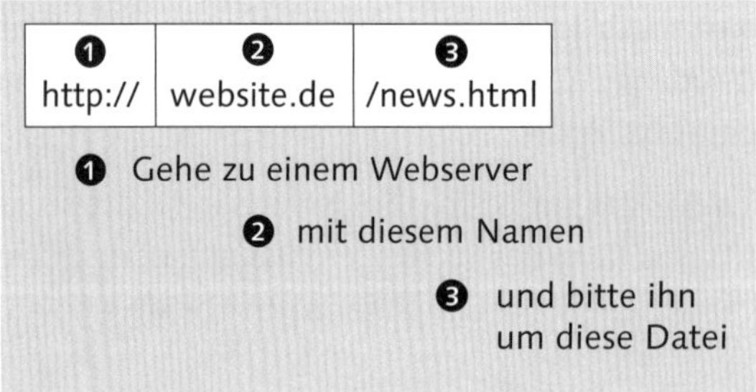

Abbildung 20.1 Der Aufbau einer einfachen URL

Früher war die Sache einfach: Bei statischen Webseiten entspricht der dritte Teil der URL dem Pfad auf dem Webspace und setzt sich aus Ordnernamen plus Dateinamen zusammen, z.B. */nachrichten/index.html*.

Bei CMSystemen gibt es keine Ordner mehr und nur noch eine Datei, in der Regel die *index.php*, die mit verschiedenen URL-Parametern aufgerufen wird. Eine typische, ungeschminkte CMS-generierte URL könnte z.B. so aussehen:

- *http://website.de/index.php?id=42*

Die *index.php* wird mit der ID der gewünschten Seite aufgerufen, und das CMS baut die Seite anhand dieser ID zusammen. Ein Haken an der Sache ist, dass im dritten Teil der URL für Suchmaschinen und Besucher keinerlei verwertbare Begriffe auftauchen, und darum bieten fast alle CMSysteme eine Möglichkeit, das zu ändern. Eine URL ohne Fragezeichen und Parameter bedeutet für das CMS aber in jedem Fall eine Menge Arbeit.

URL-Struktur geändert? Suchindex neu aufbauen

In diesem Kapitel erfahren Sie zahlreiche Details zur Optimierung der von Contao erzeugten URL-Struktur. Wenn Sie diese geändert haben und auf Ihrer Website eine Suchfunktion einsetzen, sollten Sie nicht vergessen, den Suchindex neu aufzubauen. Wie das geht, erfahren Sie in Abschnitt 23.2.1 ab Seite 595.

20.1.2 »System • Einstellungen«: drei wichtige URL-Einstellungen

Im Backend von Contao können Sie im Backend-Modul SYSTEM • EINSTELLUNGEN im Bereich FRONTEND-EINSTELLUNGEN festlegen, welche Art von URL Contao erzeugen soll (siehe Abbildung 20.2).

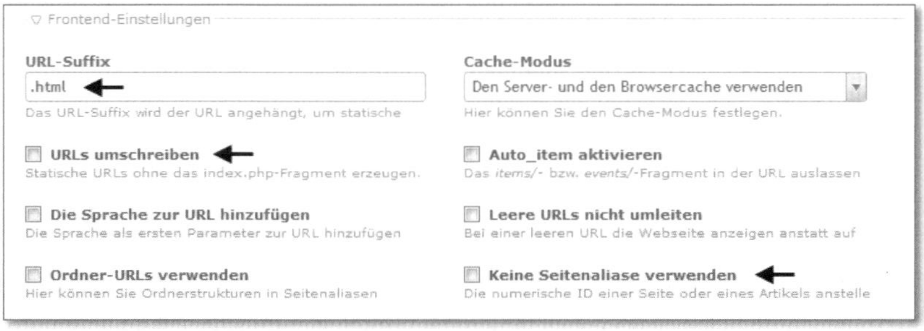

Abbildung 20.2 »System • Einstellungen • Frontend-Einstellungen«

Mit Contao können Sie drei verschiedene Arten von URLs erzeugen:

- *index.php?id=17*
  Die Urform einer CMS-generierten URL mit numerischer ID bekommen Sie in Contao mit der Option KEINE SEITENALIASE VERWENDEN. Diese Option hat den Vorteil, dass sie immer und überall funktioniert.

- *index.php/nachrichten.html*
  Die Standardeinstellung in Contao. Wenn Sie nichts unternehmen, beginnt der dritte Teil der URLs in Contao mit *index.php*, geht weiter mit dem durch einen Schrägstrich getrennten Seitenalias *nachrichten* und endet mit dem URL-Suffix *.html*.
- *nachrichten.html*
  Mit der Option URLs UMSCHREIBEN bitten Sie Contao, den Dateinamen *index.php* in der URL zu unterdrücken. Voraussetzungen sind das Apache-Modul *mod_rewrite* und die Datei *.htaccess*. Dazu gleich mehr.

Wahrscheinlich der einzige Grund dafür, URLs mit einer numerischen ID wie *index.php?id=17* einzusetzen, ist, dass die anderen Varianten nicht funktionieren.

Die Standardeinstellung von Contao – *index.php/nachrichten.html* – funktioniert fast immer reibungslos, aber das *index.php* mitten in der URL ist nichts für Ästheten. Die meisten Besucher achten nicht wirklich auf URLs, aber Sie als Betreiber sollen sich mit der URL natürlich auch wohlfühlen.

Als Königsweg gilt die perfekte Imitation einer statischen URL: Der Dateiname *index.php* wird unterdrückt und durch eine Kombination aus Seitenalias und URL-Suffix ersetzt. Wie das funktioniert, wird im folgenden Abschnitt beschrieben.

Google findet statische URLs vielleicht gar nicht so wahnsinnig wichtig

Nachdem jahrelang viele Webmaster versucht haben, ihre URLs möglichst statisch aussehen zu lassen, sorgte im September 2008 ein Blog-Beitrag von Google für einigermaßen Verwirrung:

- *Dynamic URLs vs. static URLs*
  bit.ly/dwUHtV

Fazit des Beitrags ist es, dass statische URLs auch Nachteile haben können.

20.1.3 Drei Voraussetzungen zum Umschreiben der URLs

In diesem Abschnitt geht es zunächst einmal um die Voraussetzungen, die zur Erzeugung statischer URLs mit Contao gegeben sein müssen. »URLs umschreiben« bedeutet, dass der dritte Teil der URL vom Webserver im Hintergrund neu geschrieben wird und dass das *index.php* verschwindet. Eben war es noch da, jetzt ist es weg. Reinste Zauberei. Die folgenden Voraussetzungen müssen dazu erfüllt sein:

- im Backend-Modul SYSTEM • EINSTELLUNGEN im Bereich FRONTEND-EINSTELLUNGEN die Option URLs UMSCHREIBEN
- Apache-Webserver mit aktiviertem Apache-Modul *mod_rewrite*

- *.htaccess*-Datei mit der Anweisung `RewriteEngine On`, Rewrite-Regeln und gegebenenfalls mit `RewriteBase`

Die Option URLs UMSCHREIBEN im Contao-Backend bittet den Webserver, genau das zu tun. Der Apache sagt daraufhin dem Modul *mod_rewrite* Bescheid, das wiederum die genauen Anweisungen zum Umschreiben der URL in der *.htaccess*-Datei findet.

Ohne das Apache-Modul *mod_rewrite* kann der Webserver keine URLs umschreiben. Auf einem durchschnittlichen Webspace ist es heutzutage aktiviert, aber wenn Sie sich nicht sicher sind, haben Sie zwei Möglichkeiten:

- Probieren Sie es einfach aus. Wenn es nicht klappt, stellen Sie URLs UMSCHREIBEN wieder aus. Dadurch geht nichts kaputt.
- Fragen Sie Ihren Webhoster. Der sollte das wissen.

Die nächste Voraussetzung ist die Existenz der Datei mit dem Namen *.htaccess*. Einfach nur *Punkthtaccess*, nichts davor und nichts dahinter.

Die *.htaccess* dient zur Konfiguration des Apache-Webservers, und Sie haben sie in Kapitel 4 bei der Installation von Contao bereits kennengelernt. In Expertenhand ist eine *.htaccess*-Datei eine wahre Wunderwaffe.

Bei Contao wird eine Datei namens *.htaccess.default* mitgeliefert. Das ist eine ganz normale, voll funktionsfähige *.htaccess*-Datei, die nur durch Entfernen der Endung *.default* aktiviert werden kann.

In den nächsten Abschnitten lernen Sie die beiden zum URL-Umschreiben relevanten Teile der *.htaccess* kennen: `RewriteRule` und `RewriteBase`.

20.1.4 Die Rewrite-Regel zum URL-Umschreiben in der ».htaccess«

Gegen Ende der *.htaccess* steht eine sogenannte *Rewrite-Regel*, die dem Modul *mod_rewrite* sagt, was es tun soll. Leicht verkürzt, sieht die ganze Stelle so aus (Zeilen mit # am Anfang sind Kommentare):

```
##
# By default, Contao adds ".html" to the generated URLs to
# simulate static HTML documents. If you change the URL
# suffix in the back end settings, make sure to change it
# here accordingly!
...
# If you are using mod_cache, it is recommended to use the
# RewriteRule below, which adds the query string to the
# internal URL:
#
# RewriteRule (.*\.html)$ index.php/$1 [L]
```

```
#
# Note that not all environments support mod_rewrite
# and mod_cache.
##
RewriteCond %{REQUEST_FILENAME} !-f
RewriteRule .*\.html$ index.php [L]
```

Listing 20.1 Die Zeile zum Umschreiben der URLs in der ».htaccess«

Die Hieroglyphen nach `RewriteRule` in der letzten Zeile sind ein *regulärer Ausdruck* (*Regular Expression*). Vereinfacht ausgedrückt, bedeutet die Zeile »Rufe bei einer Anforderung für eine HTML-Datei stattdessen die Datei *index.php* auf«. Contao lässt das *index.php*-Fragment weg, und das Apache-Modul *mod_rewrite* fügt es wieder hinzu, damit die Seite gefunden wird.

Sie müssen hier nichts ändern. Nur falls es mit dieser `RewriteRule` im folgenden ToDo nicht klappt, können Sie versuchen, die `RewriteRule` mit einem # davor auszukommentieren und die alternative `RewriteRule` ein paar Zeilen höher zu aktivieren, indem Sie das # davor entfernen.

URL-Suffix ».html« im Backend geändert? Dann auch in der »RewriteRule«!

Wenn Sie das URL-Suffix *.html* im Backend ändern, dann müssen Sie es in der Zeile `RewriteRule` auch entsprechend anpassen. In den Kommentaren in der *.htaccess* stehen oberhalb der `RewriteRule` ein paar Beispiele.

20.1.5 Contao im Unterordner: die »RewriteBase« in der ».htaccess«

Die `RewriteBase` ist der Ausgangspunkt zur Umschreibung der neuen URL, und eine falsche oder fehlende `RewriteBase` ist die wahrscheinlich häufigste Fehlerquelle, wenn mit umgeschriebenen URLs etwas nicht funktioniert. In der Originaldatei von Contao stehen zur `RewriteBase` die folgenden Zeilen:

```
##
# Change the RewriteBase if your Contao installation is in a
# subdirectoy and the rewrite rules are not working
# properly.
# Usage examples:
#
#   RewriteBase /contao-3.0.0
#   RewriteBase /path/to/contao
#
```

```
# Depending on your server, you might have to remove
# the line entirely.
##
RewriteBase /
```

Listing 20.2 Die Zeilen zur »RewriteBase« in der ».htaccess« von Contao

Falls Contao in einem Unterordner wie z.B. */contaobuch* installiert ist, müssen Sie in der *.htaccess* die RewriteBase entsprechend ändern. Sollten Sie sich bezüglich des Unterordners nicht sicher sein, schauen Sie einfach nach, was im Backend-Modul SYSTEM • EINSTELLUNGEN im Bereich GLOBALE EINSTELLUNGEN im Eingabefeld RELATIVER PFAD ZUM CONTAO-VERZEICHNIS steht (siehe Abbildung 20.3).

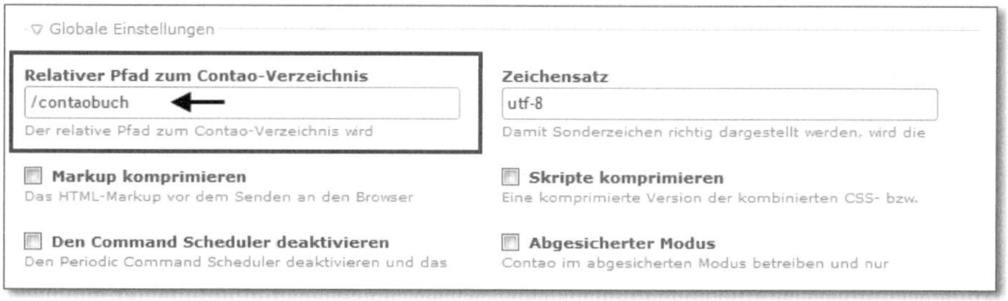

Abbildung 20.3 Der relative Pfad zum Contao-Verzeichnis

Wenn dort nichts steht, müssen Sie nichts ändern. Ist dort ein Ordner angegeben, dann sollten Sie diesen als RewriteBase in der *.htaccess* eintragen. In Abbildung 20.3 steht dort /CONTAOBUCH. In dem Fall müsste die RewriteBase so aussehen:

```
# ...
# Depending on your server, you might have to remove
# the line entirely.
##
RewriteBase /contaobuch
```

Listing 20.3 Die Zeile zum Setzen der »RewriteBase« in der ».htaccess«

Falls ein Kommentarzeichen # vor der Zeile RewriteBase / steht, entfernen Sie es. Schreiben Sie den Ordnernamen so hin, wie er in den Systemeinstellungen von Contao steht, und speichern Sie die Datei *.htaccess*.

20.1.6 So wird's gemacht: URLs umschreiben in der Praxis

Wenn alle Voraussetzungen erfüllt sind, geht es im folgenden ToDo endlich los mit dem URL-Umschreiben.

ToDo: URLs mit Contao umschreiben

1. Öffnen Sie die Datei *.htaccess.default* im Hauptordner von Contao in einem Editor.
2. Falls Contao in einem Unterordner installiert ist, ändern Sie wie beschrieben die `RewriteBase`. Falls nicht, machen Sie gar nichts.
3. Speichern Sie die Datei unter dem Namen *.htaccess* im Hauptordner der Contao-Installation. *Punkthtaccess*, nichts davor und nichts dahinter.
4. Öffnen Sie das Backend-Modul SYSTEM • EINSTELLUNGEN.
5. Aktivieren Sie im Bereich FRONTEND-EINSTELLUNGEN das Kontrollkästchen vor URLS UMSCHREIBEN.
6. Klicken Sie auf SPEICHERN UND SCHLIESSEN.

In der Adressleiste des Browsers steht jetzt, wie in Abbildung 20.4 dargestellt, eine statische URL, die sich aus dem Seitenalias und dem URL-Suffix zusammensetzt. Besucher und Suchmaschinen können anhand der URL nicht mehr erkennen, dass diese Seite von einem CMS dynamisch erstellt wurde.

Firefox
Startseite - Beispielsite Contaobuch
Einstellungen - Contao Open Source ...
localhost/contaobuch/startseite.html
Google
Beispielsite
Websites erstellen mit Contao
Startseite
News
Artikel
Erweiterungen
Downloads
Kontakt
Willkommen auf der Beispielsite
Lorem ipsum dolor sit amet, consectetur adipiscing elit. Mauris quis ligula tortor. Duis dictum, dolor eget dignissim scelerisque, augue lorem dictum nisl, quis molestie purus lectus vel ligula. Curabitur eget nisl mauris. Donec pharetra tellus sollicitudin lacus volutpat lacinia. In magna tortor, suscipit id lacinia et, aliquet vel enim. Morbi vel velit diam, ut imperdiet nunc. Integer nisl turpis, luctus nec dignissim vel, accumsan sed purus. Curabitur facilisis dui at magna fermentum dignissim.
Die Reise

Abbildung 20.4 Das Frontend mit einer statischen URL

Falls es nicht klappt, lesen Sie sich noch einmal sorgfältig die Voraussetzungen zum URL-Umschreiben durch und überprüfen, ob diese alle erfüllt sind.

20.1.7 Perfekt: URLs ohne »items« und »events«

In Contao erhalten viele Frontend-Module vom Typ LESER, wie z.B. der NACHRICHTENLESER oder der EVENTLESER, den gewünschten Eintrag als URL-Parameter. Damit die Module erkennen können, dass die URL für sie ist, wird dazu in der URL ein Schlüsselwort wie */items/* oder */events/* vorangestellt. Ein typischer Newsbeitrag hatte in Kapitel 14, »Bloggen: die Erweiterung »Nachrichten««, zum Beispiel noch folgende URL:

- *index.php/news/items/der-zweite-beitrag.html*

Und ein Termin aus dem Seminarkalender sah in Kapitel 15, »Die Erweiterungen ›Events‹ und ›FAQ‹«, so aus:

- *index.php/termine/events/little-boxes-live.html*

Das *index.php* haben Sie etwas weiter oben bereits entfernt. In Contao 3 können Sie die URL aber noch sauberer und kürzer machen, indem Sie im Backend-Modul SYSTEM • EINSTELLUNGEN im Bereich FRONTEND-EINSTELLUNGEN die Option AUTO-ITEM AKTIVIEREN ankreuzen.

ToDo: Saubere URLs ohne »items« und »events«

1. Öffnen Sie das Backend-Modul SYSTEM • EINSTELLUNGEN.
2. Blenden Sie den Bereich FRONTEND-EINSTELLUNGEN ein.
3. Aktivieren Sie die Option AUTO_ITEM AKTIVIEREN.
4. Klicken Sie auf SPEICHERN UND SCHLIESSEN.

Abbildung 20.5 zeigt den Bereich FRONTEND-EINSTELLUNGEN nach diesem ToDo.

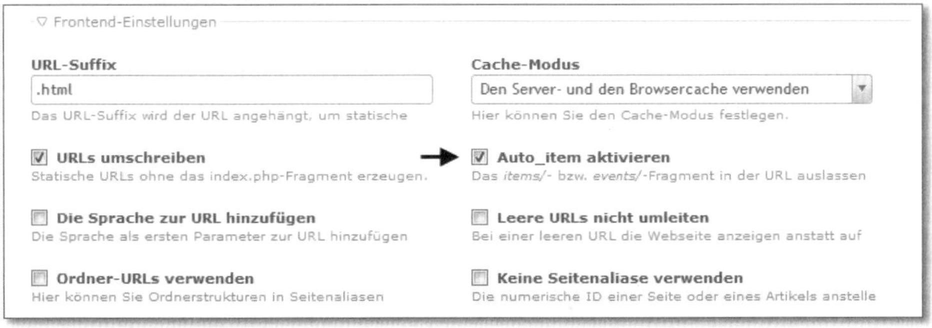

Abbildung 20.5 »Auto_item« unterdrückt Fragmente wie »items« und »events«

Jetzt sehen die URLs für Newsbeiträge und Termine echt perfekt aus:

- */news/der-zweite-beitrag.html*
- */termine/little-boxes-live.html*

Die Datei ».htaccess« hat noch andere Vorteile

Die Verwendung von *mod_rewrite* und der Rewrite-Regeln in der *.htaccess* ermöglicht wie gesehen die Ausgabe statischer URLs. Die bei Contao mitgelieferte Version macht aber auch noch viele andere nützliche Dinge.

Fazit: Wenn nichts dagegenspricht, sollten Sie unbedingt die bei Contao mitgelieferte Datei *.htaccess.default* aktivieren, indem Sie sie in *.htaccess* umbenennen. Das hat nur Vorteile.

20.2 Flache oder Ordner-URLs – Contao kann beides

Bei statischen Webseiten gibt es auf dem Webspace eine Ordnerstruktur, in der die Webseiten aufbewahrt werden, und diese Ordnerstruktur wird in der URL abgebildet. Wenn Sie also im Unterordner *nachrichten* eine Seite namens *texte.html* hatten, dann war die URL */nachrichten/texte.html.*

20.2.1 URLs bei statischen Webseiten und bei CMSystemen

Bei einem CMS wie Contao gibt es keine Ordner und Webseiten mehr, sondern nur noch die *index.php* mit diversen numerischen Parametern. Beim Umschreiben der URLs stellt sich darum die fundamentale Frage, ob man in einem CMS versuchen sollte, die Ordnerstruktur zu simulieren und inhaltliche Hierarchien in der URL abzubilden.

Klingt abstrakt? Ein Beispiel hilft:

- In der Hauptnavigation gibt es den Punkt ERWEITERUNGEN mit einer Unterseite namens KALENDER. Wie lautet die URL?

Es gibt mehrere Möglichkeiten:

- mit simulierter Ordnerstruktur, z.B. */erweiterungen/kalender.html*
- oder als flache URL im Hauptordner nur mit einem Dateinamen wie */kalender.html* oder auch *erweiterungen-kalender.html*

Beide Varianten haben Vor- und Nachteile.

20.2.2 Contao erzeugt von Haus aus flache URLs

Wer früher statische Webseiten gebaut hat, tendiert wahrscheinlich genau wie ich anfangs intuitiv zur Variante mit der simulierten Ordnerstruktur. Contao tut das nicht. Contao erzeugt URLs aus Alias plus Suffix und packt alles in den Hauptordner. Die Seite *texte-und-bilder.html* ist eine Unterseite zu *artikel.html*, aber das spiegelt sich in der flachen URL nicht wider:

- *http://localhost/contaobuch/texte-und-bilder.html*

Als ich das zum ersten Mal realisiert habe, dachte ich »Mmh. Wo kann ich das denn umstellen?«. Ich wollte unbedingt eine Ordner-URL haben, die die Hierarchie der Seitenstruktur enthält:

- *http://localhost/contaobuch/artikel/texte-und-bilder.html*

Ich war damals ziemlich enttäuscht, als ich feststellte, dass Contao von Haus aus nur flache URLs generiert.

Inzwischen finde ich flache URLs in vielen Fällen eher positiv. Den Suchmaschinen ist es anscheinend eher egal, ob die Suchbegriffe in einem simulierten Ordnernamen oder in einem simulierten Dateinamen stehen, und die meisten menschlichen Besucher achten nur selten auf die Adresszeile des Browsers.

Aber ein Argument gegen die gewohnten Ordner-URLs und somit für flache Standard-URLs kam für mich durch eine andere Entdeckung: Mit Standard-URLs können Sie die Seitenstruktur im Backend nachträglich komplett neu sortieren, ohne dass sich dadurch im Frontend auch nur eine einzige URL ändert!

Noch einmal, weil es so nützlich ist:

- Wenn Sie Ordner-URLs einsetzen und anschließend im Backend die Seitenstruktur neu organisieren, sind die URLs kaputt. 404.
- Bei flachen URLs können Sie die komplette Seitenstruktur reorganisieren, und die in den Suchmaschinen erfassten URLs bleiben intakt. Kein einziger Link geht kaputt. Kein 404.

Im Laufe der Zeit ist eine solche Neusortierung im Backend früher oder später manchmal wünschenswert, sei es durch inhaltliche (andere Themen) oder organisatorische Gründe (Benutzerrechte etc.). Und dann ist es einfach superpraktisch, wenn man sich um die URLs in den Suchmaschinen keinerlei Gedanken machen muss.

Für menschliche Besucher kann man die inhaltliche Hierarchie übrigens mit dem Modul NAVIGATIONSPFAD (»Breadcrumb«) auf der Webseite selbst anzeigen. Gut platziert, wird sie dort sogar wahrgenommen.

Das Thema »URLs mit oder ohne Hierarchie« im Contao-Forum

Auch im Contao-Forum wird dieses Thema immer mal wieder diskutiert. Ein besonders interessanter Beitrag ist der folgende:

- Diskussion über »Aliasse für Seiten ohne Hierarchie (per default)«
  bit.ly/bfoUWm

Da werden so ziemlich alle Argumente dafür oder dagegen genannt. Zum Teil auch mehrfach, wie das in Foren eben so ist.

20.2.3 Contao 3 kann auch Ordner-URLs

Falls Sie trotzdem lieber Ordner-URLs einsetzen möchten, ist auch das in Contao 3 kein Problem. Ordner-URLs sind jetzt Teil des Core, und für einfache hierarchische URLs benötigen Sie keine Erweiterung wie [folderurl] oder [realurl] mehr. Contao 3 kann Ordner-URLs jetzt »out of the box«, wie man so schön sagt:

- Zuerst sollten Sie sicherstellen, dass die normale URL-Umschreibung wie oben beschrieben reibungslos funktioniert.
- Checken Sie in SYSTEM • EINSTELLUNGEN im Bereich FRONTEND-EINSTELLUNGEN, ob die Option ORDNER-URLS VERWENDEN aktiviert ist.
- Wechseln Sie in das Backend-Modul SEITENSTRUKTUR.
- Klicken Sie oben rechts auf MEHRERE BEARBEITEN.
- Aktivieren Sie die Kontrollkästchen für die gewünschten Seiten.
- Klicken Sie unten rechts auf die Schaltfläche ALIASE GENERIEREN.

Nach diesen Schritten erzeugt Contao automatisch Ordner-URLs (siehe Abbildung 20.6).

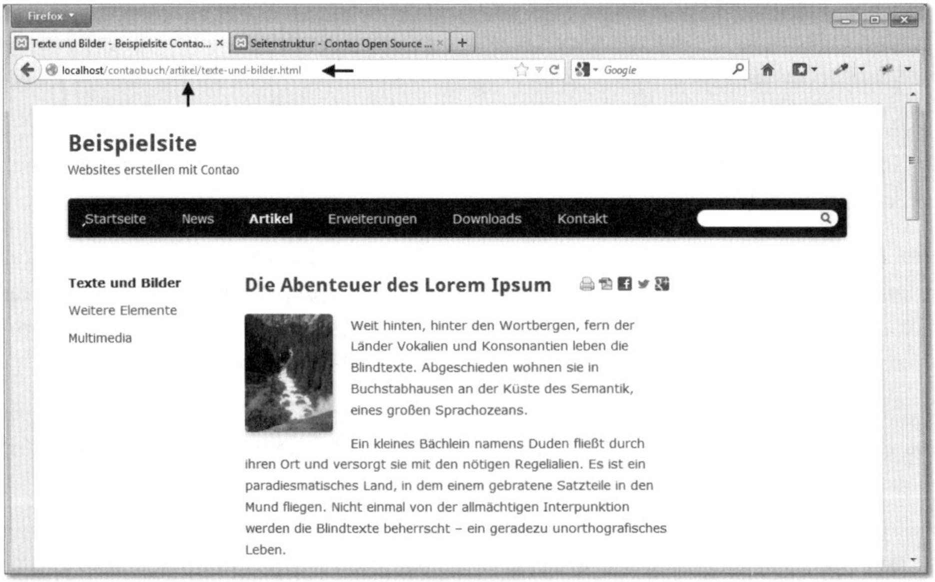
Firefox
Texte und Bilder - Beispielsite Contao...
Seitenstruktur - Contao Open Source ...
localhost/contaobuch/artikel/texte-und-bilder.html
Google
Beispielsite
Websites erstellen mit Contao
Startseite
News
Artikel
Erweiterungen
Downloads
Kontakt
Texte und Bilder
Weitere Elemente
Multimedia
Die Abenteuer des Lorem Ipsum
Weit hinten, hinter den Wortbergen, fern der Länder Vokalien und Konsonantien leben die Blindtexte. Abgeschieden wohnen sie in Buchstabhausen an der Küste des Semantik, eines großen Sprachozeans.
Ein kleines Bächlein namens Duden fließt durch ihren Ort und versorgt sie mit den nötigen Regelialien. Es ist ein paradiesmatisches Land, in dem einem gebratene Satzteile in den Mund fliegen. Nicht einmal von der allmächtigen Interpunktion werden die Blindtexte beherrscht – ein geradezu unorthografisches Leben.

Abbildung 20.6 Auf Wunsch erzeugt Contao Ordner-URLs.

Zurück geht es entweder manuell, indem Sie in der Seitenstruktur auf MEHRERE BEARBEITEN klicken und dann die Ordnernamen wieder von den Aliassen entfernen. Oder Sie deaktivieren über SYSTEM • EINSTELLUNGEN im Bereich FRONTEND-EINSTELLUNGEN die Option ORDNER-URLS VERWENDEN und lassen Contao dann wie oben beschrieben in der Seitenstruktur noch einmal die ALIASE GENERIEREN. Die Option ORDNER-URLS VERWENDEN hat eine Doppelfunktion:

- Wenn ORDNER-URLS VERWENDEN ausgestellt ist, erzeugt ALIASE GENERIEREN Standard-URLs.
- Wenn ORDNER-URLS VERWENDEN aktiviert ist, erzeugt ALIASE GENERIEREN Ordner-URLs.

Sie kriegen, was Sie wollen. Whichever way you want.

Seiten in den Suchmaschinen? Nicht mehr mit der URL spielen!
Wenn Ihre Seiten bereits in den Suchmaschinen erfasst sind, sollten Sie nicht einfach nur so zum Spaß mit den URLs rumspielen. Nach einer Änderung der URL sind Ihre Seiten aus den Suchmaschinen heraus erst einmal nicht mehr so ohne Weiteres erreichbar.

20.3 Seitenalias, Seitentitel und Seitenbeschreibung optimieren

Nachdem Sie jetzt erfahren haben, wie das mit dem URL-Umschreiben genau funktioniert, kommen jetzt die Seiten selbst an die Reihe. In diesem Abschnitt möchte ich kurz auf die für Suchmaschinen relevanten Seiteneinstellungen eingehen.

20.3.1 Seitenname und Seitenalias im Backend von Contao

Der dritte Teil der URL setzt sich, wie gesagt, aus dem Seitenalias und einem URL-Suffix zusammen. Beim Erstellen einer neuen Seite haben Sie immer das Feld SEITENNAME ausgefüllt und das Feld SEITENALIAS darunter meist leer gelassen. Contao hat diesen Eintrag automatisch generiert und den Seitennamen URL-gerecht umgewandelt: Großbuchstaben werden zu Kleinbuchstaben, Leerstellen zu Bindestrichen und Schwerter zu Pflugscharen.

Der Seitenname wird im Backend und in der Navigation verwendet, der Seitenalias bei der Erzeugung einer lesbaren URL. Im Normalfall ist es völlig in Ordnung, wenn die beiden Einträge deckungsgleich sind, und so heißt die Startseite momentan immer noch *startseite.html*.

Aber das muss nicht immer so sein. Wenn die Startseite in der Navigation STARTSEITE heißen, in der URL aber das gewohnte *index.html* stehen soll, dann ändern Sie einfach den Seitenalias entsprechend. Das in den Systemeinstellungen festgelegte URL-Suffix *.html* müssen Sie dabei in Gedanken ergänzen (siehe Abbildung 20.7).

Name und Typ
Seitenname
Startseite
in Backend und Navigation
Bitte geben Sie den Namen der Seite ein.
Seitenalias
index
in URL (plus URL-Suffix)
Der Seitenalias ist eine eindeutige Referenz, die anstelle
Seitentyp
Reguläre Seite
Bitte wählen Sie den Typ der Seite aus.

Abbildung 20.7 Startseite mit Seitenname und Seitenalias

Im folgenden ToDo probieren Sie das einmal aus.

ToDo: Die Startseite wird zu »index.html«

1. Öffnen Sie im Backend-Modul LAYOUT • SEITENSTRUKTUR die STARTSEITE zur Bearbeitung.
2. Ändern Sie den SEITENALIAS in »index« ab.
3. Klicken Sie auf SPEICHERN UND SCHLIESSEN.

Im Browser ergibt sich daraus die weiter oben beschriebene Situation. Contao nimmt den Seitenalias *index* und das URL-Suffix *.html* und bastelt daraus den Dateinamen *index.html* (siehe Abbildung 20.8). Oft wird der Dateiname *index.html* auch gar nicht angezeigt, sondern nur ein einzelner Schrägstrich nach dem Domainnamen.

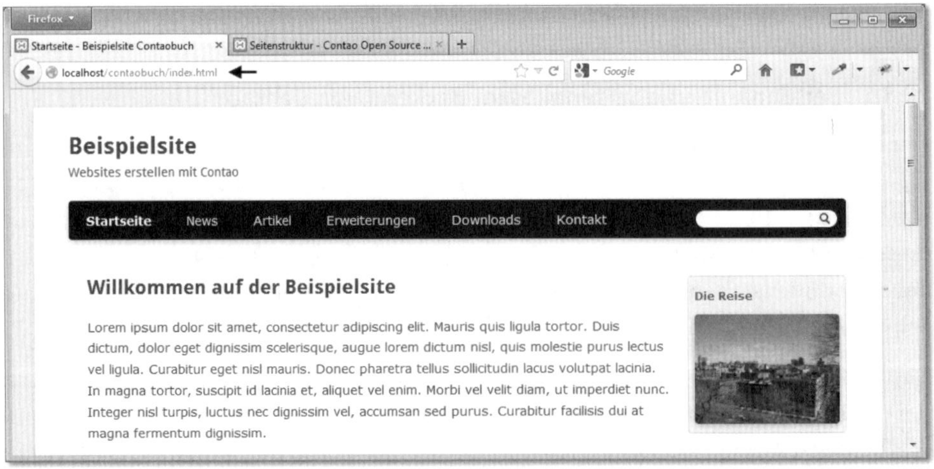
Firefox
Startseite - Beispielsite Contaobuch
Seitenstruktur - Contao Open Source ...
localhost/contaobuch/index.html
Google
Beispielsite
Websites erstellen mit Contao
Startseite
News
Artikel
Erweiterungen
Downloads
Kontakt
Willkommen auf der Beispielsite
Lorem ipsum dolor sit amet, consectetur adipiscing elit. Mauris quis ligula tortor. Duis dictum, dolor eget dignissim scelerisque, augue lorem dictum nisl, quis molestie purus lectus vel ligula. Curabitur eget nisl mauris. Donec pharetra tellus sollicitudin lacus volutpat lacinia. In magna tortor, suscipit id lacinia et, aliquet vel enim. Morbi vel velit diam, ut imperdiet nunc. Integer nisl turpis, luctus nec dignissim vel, accumsan sed purus. Curabitur facilisis dui at magna fermentum dignissim.
Die Reise

Abbildung 20.8 Seitenname, Seitenalias und URL-Suffix im Browser

Wenn Sie jetzt die Aliasse der anderen Seiten kontrollieren oder ändern möchten, machen Sie das am besten mit der Funktion MEHRERE BEARBEITEN, die Sie ja bereits kennen und die bei der Bearbeitung von Seitennamen und -aliassen einfach fantastisch ist:

- Öffnen Sie im Backend-Modul SEITENSTRUKTUR alle Seiten.
- Klicken Sie MEHRERE BEARBEITEN an, wählen Sie alle Seiten aus, und klicken Sie unten auf BEARBEITEN.
- Kreuzen Sie nur die Felder SEITENNAME und SEITENALIAS an, und klikken Sie auf WEITER.

Schon können Sie für alle Seiten den Seitennamen und Seitenalias auf einen Schlag kontrollieren und gegebenenfalls ändern. Klasse.

Was hier für Seitennamen und Seitenaliasse beschrieben wurde, gilt übrigens analog genauso für Artikel (*Titel* und *Artikelalias*) und die Erweiterungen NACHRICHTEN (*Titel* und *Nachrichtenalias*), EVENTS (*Titel* und *Event-Alias*), FAQ (*Frage* und *FAQ-Alias*) und NEWSLETTER (*Betreff* und *Newsletteralias*). Das erste Feld dient zur Verwaltung im Backend, der *Alias* zur Anzeige in der URL.

Den Alias nicht einfach so verändern, wenn der Robot schon da war

Nachdem der Suchmaschinenrobot zu Besuch war und die Inhalte indiziert hat, sollten Sie die Aliasse von Seiten nicht mehr ändern, denn damit ändern Sie auch die URLs.

Das gilt übrigens auch für Artikel, Beiträge, Events und FAQ-Antworten. Ändern Sie nicht einfach den Alias, denn »Good URLs don't change«. Gute URLs ändern sich nicht.

20.3.2 Der Titel der Seite: »<title> ... </title>«

In den Seiteneinstellungen können Sie im Bereich META-INFORMATIONEN den Seitentitel, die Sprache, ein Robots-Tag und die Beschreibung definieren (siehe Abbildung 20.9).

Abbildung 20.9 Die Meta-Informationen einer Seite

In diesem Abschnitt geht es zunächst um das Feld SEITENTITEL.

Der Titel einer Webseite spielt bei Suchmaschinen eine große Rolle und wird in den Suchergebnissen (SERP, *Search Engine Result Pages*) von allen großen Suchmaschinen als große, blaue, anklickbare Überschrift dargestellt (siehe Abbildung 20.10).

Auf der Startseite lautet der im Browser dargestellte Titel momentan »Startseite – Beispielsite Contaobuch«. Contao erzeugt diesen *title* im Seitentemplate *fe_page*. Dort steht relativ am Anfang folgender Quelltext, den ich auf mehrere Zeilen verteilt habe, damit er übersichtlicher wird:

```
<title>
  <?php echo $this->pageTitle; ?> - <?php echo $this->mainTitle; ?>
</title>
```

Listing 20.4 Der »title« der Webseite wird im Seitentemplate erzeugt.

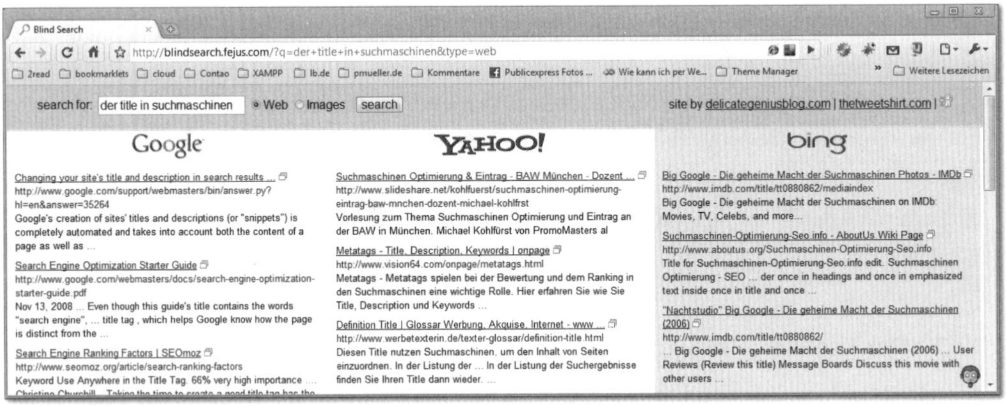

Abbildung 20.10 Die (blauen) Links sind die »title« der Webseiten.

Den *title* einer Seite setzt Contao aus zwei durch einen ganz normalen Bindestrich getrennten Variablen zusammen:

- `$this->pageTitle` ist das Feld SEITENTITEL aus den Einstellungen einer Seite. Wenn das Feld SEITENTITEL leer ist, nimmt Contao automatisch das Feld SEITENNAME.
- `$this->mainTitle` ist der Haupttitel von Contao. Dieser stammt vom STARTPUNKT EINER WEBSEITE aus den Feldern SEITENTITEL oder SEITENNAME. Falls kein Startpunkt vorhanden sein sollte, nimmt Contao den TITEL DER WEBSEITE aus den Systemeinstellungen.

Im folgenden ToDo ändern Sie den Seitentitel der Startseite. Danach stehen für die Startseite in den Feldern SEITENNAME, SEITENALIAS und SEITENTITEL drei verschiedene Werte.

ToDo: Den Seitentitel für die Startseite ändern

1. Öffnen Sie im Backend-Modul LAYOUT • SEITENSTRUKTUR die STARTSEITE zur Bearbeitung.
2. Geben Sie im Feld SEITENTITEL den folgenden Text ein:
   »Willkommen zum Websites erstellen mit Contao«
3. Klicken Sie auf SPEICHERN UND SCHLIESSEN.

Sie können natürlich gerne einen anderen Text eingeben. Stellen Sie sich dabei einfach vor, dass das, was Sie hier eingeben, der erste Teil der großen und blauen Überschrift ist. Im Frontend hat sich der Titel durch diese Maßnahme geändert. Den zweiten Teil des Titels (»Beispielsite Contaobuch«) aus dem STARTPUNKT EINER WEBSITE ersetzen Sie z.B. durch den Namen Ihrer Site (siehe Abbildung 20.11).

Abbildung 20.11 Die Startseite mit neuem Titel

Auf diese Art und Weise können Sie für jede Seite einen Titel festlegen, der für diese Seite relevante Suchbegriffe enthalten sollte. Mit der Funktion MEHRERE BEARBEITEN geht das blitzschnell.

Für Suchmaschinenrobots: »<meta name="robots">«

Die zwei nächsten Felder im Bereich META-INFORMATION geben die natürliche Sprache an, in der die Seite geschrieben wurde, und sagen den Robots der Suchmaschinen, wie sie mit der Seite umgehen sollen. Der Standardwert `index, follow` bedeutet »mitnehmen und allen Links folgen« und entspricht dem Standardverhalten der Robots. Im Quelltext erscheint dann die Zeile

```
<meta name="robots" content="index,follow" />
```

Wichtiger wird dieses Feld, wenn eine Seite *nicht* indiziert werden soll. Dazu gibt es zwei Optionen mit dem Wert `noindex`. Für die Sitemap z.B. wäre `noindex, follow` eine sinnvolle Option: die Seite selbst nicht indizieren, aber alle Links verfolgen.

20.3.3 Die Beschreibung der Seite: »<meta name="description">«

Unterhalb der großen blauen Überschrift gibt es auf den SERPages einen kurzen Textausschnitt, in dem der Suchende überprüfen kann, ob die Seite für ihn relevant ist. Viele Suchmaschinen schauen für diesen Textausschnitt, ob im Quelltext ein HTML-Element `<meta name="description">` vorhanden ist, und benutzen den darin enthaltenen Text für beschreibende Schnipsel.

In Contao geben Sie im Feld BESCHREIBUNG DER SEITE den Text ein, der im Quelltext als `<meta name="description">` erscheinen soll. Die genauen Empfehlungen für den beschreibenden Text variieren je nach Quelle, lassen sich aber wie folgt umschreiben: zwei bis drei ganze Sätze mit zwischen 80 und 150 Zeichen (keine Romane) und den für diese Seite relevanten Suchbegriffen. Machen Sie Werbung für die Seite, dazu ist das Feld da.

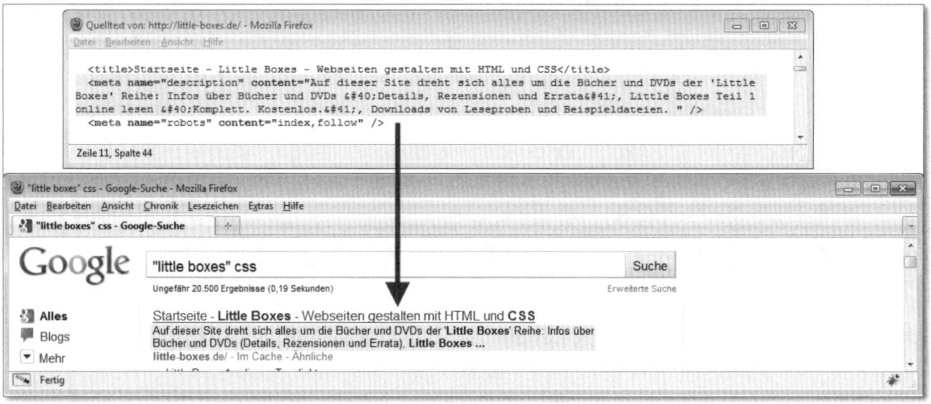

Abbildung 20.12 Der beschreibende Text auf einer SERPage

ToDo: Die Beschreibung der Startseite ändern

1. Öffnen Sie im Backend-Modul LAYOUT • SEITENSTRUKTUR die STARTSEITE zur Bearbeitung.
2. Geben Sie im Feld BESCHREIBUNG DER SEITE z.B. einen Text ein, der die Startseite gut beschreibt. Es sollten zwei bis drei ganze Sätze mit ungefähr 80 bis 150 Zeichen sein.
3. Klicken Sie auf SPEICHERN UND SCHLIESSEN.

Wenn Ihre Startseite in den Suchmaschinen erfasst wird, steigern Sie auf diese Art und Weise die Chance, dass die kurze Textbeschreibung auf den SERPages Ihren Wünschen entspricht.

Die Beschreibung der Seite sollte natürlich speziell für die jeweilige Seite geschrieben sein, aber mit der Funktion MEHRERE BEARBEITEN dürfte das überhaupt kein Problem sein.

Suchbegriffe in den Artikel-Einstellungen: »<meta name="keywords">«

In der Eingabemaske für Artikel-Einstellungen ist Ihnen vielleicht das Feld SUCHBEGRIFFE aufgefallen. Dort können Sie eine kommagetrennte Liste von Suchbegriffen eingeben. Diese Begriffe erscheinen in der Einzelansicht eines Artikels im Quelltext als `<meta name="keywords">`.

Sie richten mit diesen Suchbegriffen wahrscheinlich keinen Schaden an, aber alle momentan relevanten Suchmaschinen ignorieren die Keywords seit geraumer Zeit schlicht und einfach:

- *Google does not use the keywords meta tag in web ranking*
  bit.ly/c0Zolp (ce – Null – Zett – oh – el – peh)

Die Zeit für das Eintragen der Suchbegriffe in den Artikel-Einstellungen können Sie besser in den Artikeltext selbst investieren. Das gibt eine höhere Rendite.

20.4 Abfangjäger: 404 und 403

In diesem Abschnitt erstellen Sie zwei Seiten für die am häufigsten auftretenden Fehlernummern bei Webseiten und lernen, wie man eine dauerhafte Umleitung einrichtet.

20.4.1 Statusmeldungen: Der Webserver schickt eine Nummer mit

Browser und Webserver kommunizieren über das Protokoll HTTP miteinander. Der Browser stellt eine Anfrage (*HTTP-Request*), und der Webserver beantwortet diese nach bestem Wissen und Gewissen (*HTTP-Response*).

Die Antwort des Webservers enthält immer eine Nummer, die die Art der Antwort näher kennzeichnet. Berühmt und berüchtigt ist die Serverantwort mit der Nummer 404, die, wie gesagt, bedeutet, dass das angeforderte Dokument auf dem Servercomputer nicht gefunden werden konnte.

Wenn Sie z.B. die URL *http://localhost/rumpelstilzchen/* eingeben, dann kann der Webserver das gewünschte Objekt nicht finden und quittiert den Versuch mit der Nummer 404 (siehe Abbildung 20.13).

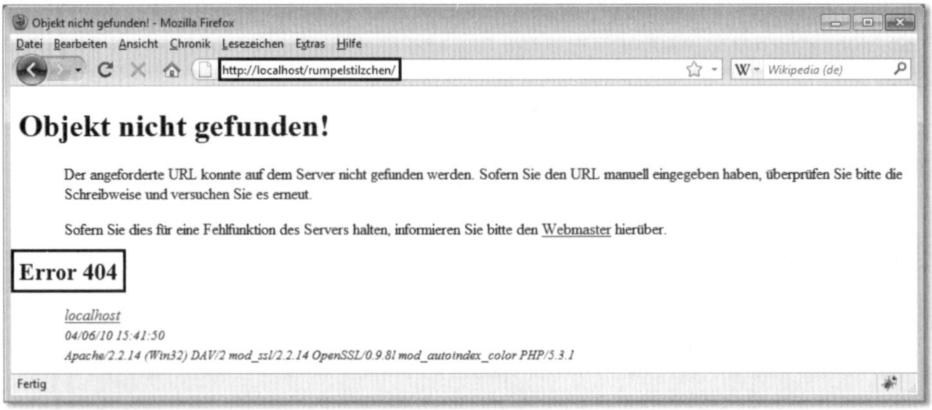

Abbildung 20.13 Das angeforderte Objekt konnte nicht gefunden werden.

Die Antwortnummern des Webservers werden *Status Code* oder auch *Antwortcode* genannt und beginnen mit einer Zahl zwischen 1 und 5, wobei diese Ziffer für eine von fünf Kategorien steht. Tabelle 20.1 zeigt einen Überblick.

Code	Kategorie
1xx	Reserviert für zukünftige Entwicklungen, momentan ohne Bedeutung.
2xx	Alles klar. Gewünschte Anfrage oder Aktion wurde erfolgreich ausgeführt.
3xx	Umleitung (*Redirection*). Zur vollständigen Ausführung der Aktion sind weitere Aktionen erforderlich. Die 3er-Meldungen sind bei der Optimierung der Site für Suchmaschinen wichtig.
4xx	Client-Fehler. Die Anfrage des Clients ist aus irgendeinem Grund nicht in Ordnung oder kann nicht beantwortet werden.
5xx	Server-Fehler. Die Anfrage ist in Ordnung, aber der Server kann nicht antworten. Deutet in jedem Fall auf einen ernsten Fehler irgendwo auf dem Webspace hin.

Tabelle 20.1 Die Bedeutung der ersten Ziffer in der Antwort des Webservers

Der Browser weiß also bereits anhand der ersten Ziffer, ob seine Anfrage erfolgreich war oder nicht. Je nach Antwortnummer kann der Browser dann eine entsprechende Meldung an den Benutzer ausgeben.

Tabelle 20.2 enthält die wichtigsten Antwortcodes der Webserver.

Code	Bedeutung
200	**OK**. Alles klar. Roger. Über diese Nummer freut sich jeder Browser.
301	**Moved Permanently**. Das angeforderte Dokument wurde verschoben und liegt jetzt unter einer anderen Adresse vor, die der Webserver auch gleich mitsendet. Hilfreich bei der Optimierung für Suchmaschinen (SEO).
302	**Found**. Wie 301, aber nur vorübergehend (*temporarily*). Ebenfalls SEO-relevant.
400	**Bad Request**. Syntaxfehler in der Anfrage. Der Server kann die Anfrage nicht verstehen. Das Äquivalent zu: »Häh? Was hast du gesagt? No comprende.«
401	**Unauthorized**. »Darf ich mal Ihren Ausweis sehen?« – Wenn die »Authentisierung« (so nennt der Apache das wirklich) fehlgeschlagen ist, kommt ein Error 401.
403	**Forbidden**. Zugriff verweigert. Warum und wieso, muss der Server nicht sagen.
404	Not **Found**. Der Klassiker. Das angeforderte Dokument kann nicht gefunden werden.
500	**Internal Server Error**. »Tut mir leid, da ist was kaputt, aber ich weiß auch nicht genau, was.« Auf der Serverseite trat ein nicht näher erläuterter Fehler auf. Keine gute Meldung.
503	**Service Unavailable**. Der Server ist überlastet oder zurzeit nicht in der Lage, die geforderte Aktion durchzuführen. Bitte versuchen Sie es später noch einmal.

Tabelle 20.2 Die wichtigsten Antwortnummern des Webservers

20.4.2 404-Seite nicht gefunden: Darf's vielleicht was anderes sein?

Die Ursachen für eine 404-Antwort sind vielfältig und reichen von Tippfehlern bei der Eingabe der URL bis hin zum Löschen der gesuchten Seite. Letztlich ist die Ursache auch nicht so wichtig, denn wichtiger ist, dass Sie auf Ihrer Website den Besuchern eine gute Alternative bieten.

Im folgenden ToDo erstellen Sie zunächst eine Seite vom Typ 404 SEITE NICHT GEFUNDEN, die Contao immer dann ausgibt, wenn der Webserver einen 404-Fehler meldet: sehr praktisch, so ein spezieller Seitentyp.

ToDo: Fehlerseite für »404 Not Found« erstellen

1. Öffnen Sie das Backend-Modul LAYOUT • SEITENSTRUKTUR.
2. Erstellen Sie eine NEUE SEITE, die Sie oberhalb der Startseite einfügen. Klicken Sie auf den Pfeil nach rechts neben dem STARTPUNKT DER WEBSEITE.
3. Geben Sie als SEITENNAME ein: »Seite nicht gefunden (404)«.
4. SEITENALIAS kann leer bleiben.
5. Wählen Sie aus der Liste SEITENTYP den Eintrag 404 SEITE NICHT GEFUNDEN.
6. Klicken Sie auf SEITE VERÖFFENTLICHEN.
7. Klicken Sie auf SPEICHERN UND SCHLIESSEN.

Damit haben Sie eine Seite erstellt, die Contao im Falle einer nicht gefundenen Seite ausliefert. Jetzt fehlt für diese Seite nur noch ein bisschen Inhalt.

Sie könnten die Seite im Bereich AUTO-WEITERLEITUNG einfach auf eine andere Seite weiterleiten. Das ist besser als eine Browserfehlermeldung, aber der Besucher wird dann nie erfahren, dass es einen Fehler gab, und sich zumindest unbewusst wundern, warum er auf einer ganz anderen Seite gelandet ist.

Eine gute 404-Fehlerseite teilt dem Besucher auf freundliche Art mit, dass es die gesuchte Seite nicht gibt, und bietet ihm idealerweise auch gleich ein paar lesenswerte Alternativen, z.B. in Form einer Sitemap.

Im folgenden ToDo erstellen Sie ein bisschen Inhalt für die 404-Seite.

ToDo: Inhalt für die 404-Fehlerseite erstellen

1. Öffnen Sie im Backend-Modul INHALTE • ARTIKEL den Artikel SEITE NICHT GEFUNDEN (404) zur Bearbeitung.
2. Fügen Sie ein NEUES ELEMENT vom Typ ÜBERSCHRIFT hinzu.
3. Geben Sie eine `h1`-Überschrift ein: »404 – Seite nicht gefunden.«
4. Klicken Sie auf SPEICHERN UND NEU.
5. Fügen Sie darunter ein Inhaltselement TEXT ein: »Leider konnte die von Ihnen angeforderte Seite nicht gefunden werden. Vielleicht gibt es ja in der nachfolgenden Inhaltsübersicht eine brauchbare Alternative. Das ist alles, was wir hier haben:«
6. Klicken Sie auf SPEICHERN UND NEU.
7. Wählen Sie als ELEMENTTYP den Eintrag MODUL.
8. Wählen Sie als MODUL die NAV – SITEMAP (ID xx).
9. Klicken Sie auf SPEICHERN UND SCHLIESSEN.

Falls jemand eine nicht vorhandene Seite aufruft, sieht er im Browser jetzt folgende Fehlerseite (siehe Abbildung 20.14).

Bei Dateinamen am Ende der URL funktioniert die Sache schon prima, aber bei einigen falschen URLs, wie z.B. bei Ordnernamen, wird die 404-Seite noch nicht angezeigt. Dagegen hilft folgender Eintrag ganz am Anfang der *.htaccess*-Datei im Hauptordner, direkt nach dem einleitenden Kommentar:

```
# Fehlerseite für den 404 - Seite nicht gefunden
ErrorDocument 404 /contaobuch/index.php
```

Listing 20.5 Eintrag für die 404-Seite in der ».htaccess«

In der ersten Zeile schreiben Sie einen kurzen Kommentar, und in der zweiten Zeile geben Sie anstelle von `/contaobuch` den tatsächlichen Pfad zu Ihrer Contao-Installation an. Liegt Contao im Hauptordner, lautet der Eintrag `/index.php`.

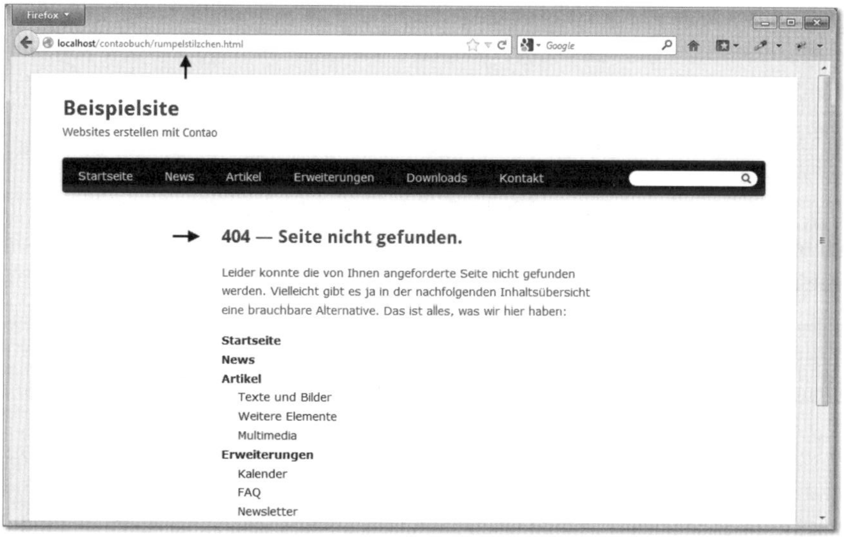

Abbildung 20.14 Die 404-Fehlerseite in Aktion

20.4.3 403 Zugriff verweigert: Diese Seite gibt es, aber nicht für Sie

Auf die gleiche Art und Weise können Sie eine Fehlerseite für den Fehler 403 erstellen. Diese Fehlermeldung erscheint z.B. dann, wenn ein Besucher eine Seite aufruft, die nur für registrierte Mitglieder abrufbar ist.

Im folgenden ToDo erstellen Sie eine Seite, die den Besucher bei einem 403-Fehler automatisch auf die Sitemap weiterleitet. Er braucht ja eigentlich gar nicht zu wissen, dass es hier für ihn verbotene Früchte gibt, aber wenn Sie möchten, können Sie anstelle der Auto-Weiterleitung auch einen netten Text ausgeben.

ToDo: Fehlerseite für »403 Forbidden« erstellen

1. Öffnen Sie das Backend-Modul LAYOUT • SEITENSTRUKTUR, und erstellen Sie eine NEUE SEITE, die Sie unterhalb der 404-Seite einfügen.
2. Geben Sie als SEITENNAME ein: »Zugriff verweigert (403)«.
3. SEITENALIAS kann leer bleiben.
4. Wählen Sie in SEITENTYP den Eintrag 403 ZUGRIFF VERWEIGERT.
5. SEITE VERÖFFENTLICHEN nicht vergessen.
6. Klicken Sie auf SPEICHERN UND SCHLIESSEN.
7. Öffnen Sie im Backend-Modul INHALTE • ARTIKEL den Artikel ZUGRIFF VERWEIGERT (403) zur Bearbeitung.
8. Fügen Sie ein NEUES ELEMENT vom Typ ÜBERSCHRIFT hinzu, und geben Sie eine `h1`-Überschrift ein: »403 – Zugriff verweigert.«
9. Klicken Sie auf SPEICHERN UND NEU.
10. Fügen Sie darunter ein Inhaltselement TEXT ein: »Der Zutritt zu dieser Seite ist aus irgendwelchen Gründen nicht gestattet. Vielleicht müssen Sie sich vorher anmelden.«
11. Klicken Sie auf SPEICHERN UND SCHLIESSEN.

Testen können Sie diesen Fehler erst, wenn Sie in Kapitel 21, »Mitglieder: im Frontend angemeldete Besucher«, einen geschützten Downloadbereich eingerichtet haben und z.B. die Downloadseite aufrufen, ohne angemeldet zu sein.

20.5 Eine XML-Sitemap für Google & Co.

Wenn die Seiten soweit fertig optimiert sind, wird es Zeit, den Suchmaschinenrobots Bescheid zu sagen, dass die Seiten indiziert werden sollen. Einer der effektivsten und schnellsten Wege, Ihre Seiten in die Datenbank von Google zu bekommen, ist es, bei den *Google Webmaster-Tools* eine XML-Sitemap einzureichen.

20.5.1 Die Google Webmaster-Tools

Die Google Webmaster-Tools geben Ihnen als Websitebetreiber eine fast vollständige Übersicht darüber, wie Google Ihre Webseiten sieht:

- *www.google.com/webmasters/*

Zur Anmeldung benötigen Sie ein Google-Konto, und bevor Sie Ihre Websites hier analysieren können, müssen Sie nachweisen, dass Sie dazu berechtigt sind, aber das wird auf den Seiten der Webmaster-Tools ausführlich erklärt.

Die Google Webmaster-Tools begannen einst unter dem Namen *Google Sitemaps*, und eine zentrale Funktion der Tools ist auch heute noch die Anmeldung einer XML-Sitemap.

Eine solche XML-Sitemap hat übrigens nichts mit der auf der Seite SITEMAP dargestellten Seitenübersicht zu tun. Die XML-Sitemap ist ein maschinenlesbares Inhaltsverzeichnis der eigenen Webseiten, das der Googlebot als Grundlage zur Indizierung Ihrer Seiten verwendet. Mit einer XML-Sitemap geben Sie dem Googlebot also quasi eine ToDo-Liste für Ihre Website mit auf den Weg.

20.5.2 Eine XML-Sitemap in Contao erstellen

In Contao können Sie eine solche XML-Sitemap in der Seitenstruktur bei einem STARTPUNKT EINER WEBSEITE ganz einfach automatisch erstellen lassen. Die Erstellung einer Sitemap können Sie auch auf einer lokalen Installation ausprobieren, die Anmeldung der Sitemap bei Google sollten Sie allerdings nur vornehmen, wenn die Site online ist und auch wirklich indiziert werden soll.

ToDo: Eine XML-Sitemap erstellen

1. Öffnen Sie das Backend-Modul LAYOUT • SEITENSTRUKTUR.
2. Klicken Sie auf den gelben Bleistift zur Bearbeitung des Startpunktes BEISPIELSITE CONTAOBUCH.
3. Aktivieren Sie im Bereich XML-SITEMAP das Kontrollkästchen vor der Option EINE XML-SITEMAP ERSTELLEN.
4. Geben Sie den gewünschten Vornamen der Sitemap ein, z.B. »beispielsite-contaobuch-sitemap«. Contao erstellt die Sitemap im Hauptordner und ergänzt die Endung *.xml* automatisch.
5. Klicken Sie auf SPEICHERN UND SCHLIESSEN.

Die XML-Sitemap wird automatisch einmal wöchentlich und bei jeder Änderung an der Seitenstruktur aktualisiert. Im Backend-Modul SYSTEM • SYSTEMWARTUNG haben Sie im Bereich DATEN BEREINIGEN zusätzlich die Möglichkeit, die Sitemap manuell neu erzeugen zu lassen, wenn Sie z.B. einen neuen Nachrichtenbeitrag geschrieben haben. Klicken Sie im Bereich DATEN BEREINIGEN auf das Kontrollkästchen vor XML-DATEIEN NEU SCHREIBEN und dann darunter auf die Schaltfläche DATEN BEREINIGEN. Damit wird der Newsfeed auch gleich aktualisiert.

Jetzt haben Sie in der Contao-Installation im Ordner */share* eine Datei mit dem Namen *beispielsite-contaobuch-sitemap.xml* (siehe Abbildung 20.15).

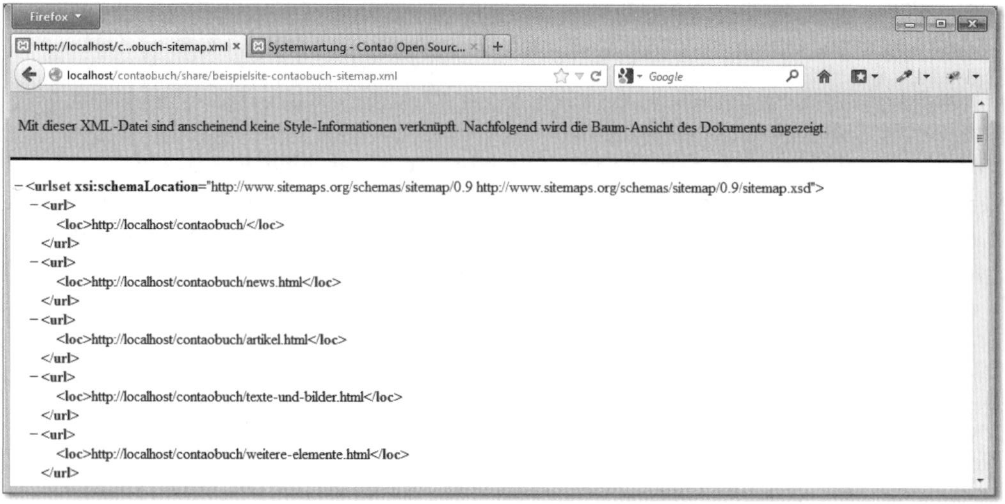
Firefox
http://localhost/c...obuch-sitemap.xml
Systemwartung - Contao Open Sourc...
localhost/contaobuch/share/beispielsite-contaobuch-sitemap.xml
Google
Mit dieser XML-Datei sind anscheinend keine Style-Informationen verknüpft. Nachfolgend wird die Baum-Ansicht des Dokuments angezeigt.
– <urlset xsi:schemaLocation="http://www.sitemaps.org/schemas/sitemap/0.9 http://www.sitemaps.org/schemas/sitemap/0.9/sitemap.xsd">
– <url>
<loc>http://localhost/contaobuch/</loc>
</url>
– <url>
<loc>http://localhost/contaobuch/news.html</loc>
</url>
– <url>
<loc>http://localhost/contaobuch/artikel.html</loc>
</url>
– <url>
<loc>http://localhost/contaobuch/texte-und-bilder.html</loc>
</url>
– <url>
<loc>http://localhost/contaobuch/weitere-elemente.html</loc>
</url>

Abbildung 20.15 So sieht die XML-Sitemap im Browser aus.

In dieser Datei sind gemäß einer von Google vorgegebenen XML-Struktur alle Seiten aus dem Seitenbaum und auch alle Seiten mit einer Einzelansicht der Nachrichtenbeiträge, Events und FAQ-Einträge aufgelistet.

Kapitel 21
Mitglieder: im Frontend angemeldete Besucher

In diesem Kapitel lernen Sie gleich am Anfang den Unterschied zwischen Mitgliedern und Benutzern kennen. Danach erstellen Sie eine An- und Abmeldung für Mitglieder und einen geschützten Downloadbereich.

Die Themen im Überblick:

Bevor Sie sich in diesem Kapitel mit der Verwaltung von Mitgliedern beschäftigen, möchte ich kurz den Unterschied zwischen Mitgliedern und Benutzern erklären. Die Benutzerverwaltung folgt dann im nächsten Kapitel.

21.1 Mitglieder und Benutzer: der Unterschied

Contao unterscheidet Frontend-Benutzer (*Mitglieder*) und Backend-Benutzer (*Benutzer*). Verwaltet werden sowohl Mitglieder als auch Benutzer im Backend in der KATEGORIE BENUTZERVERWALTUNG, die im englischen Backend den schönen Namen ACCOUNT MANAGER trägt.

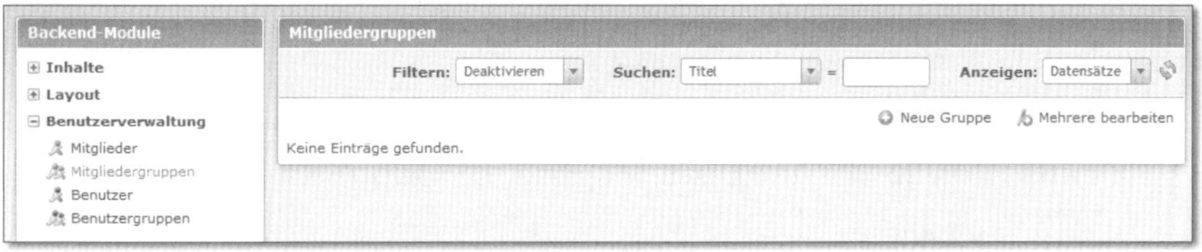

Abbildung 21.1 Die Benutzerverwaltung im Backend

Auch wenn Mitglieder und Benutzer im Backend in derselben Kategorie verwaltet werden, haben sie eigentlich nur die Anmeldung gemeinsam. Alles andere ist anders:

- *Mitglieder* melden sich am *Frontend* an und sehen nach einer Anmeldung für Gäste unsichtbare Ressourcen. Das können zusätzliche Seiten, Artikel oder Inhaltselemente oder auch ein Downloadbereich sein.

  Beispiele für die Verwendung von Mitgliedern sind Kunden, denen Sie auf der Website exklusive Informationen zugänglich machen möchten, oder Seminarteilnehmer, die nach einer Anmeldung den geschützten Bereich für das betreffende Seminar sehen. Mitglieder sind relativ einfach zu verwalten, da sie per *Zugriffsschutz* eine bestimmte Ressource im Frontend entweder sehen oder nicht sehen.
- *Benutzer* melden sich am *Backend* an und arbeiten an der Site selbst. Ein Beispiel sind Redakteure, die einen Bereich der Website redaktionell betreuen. Für Benutzer gibt es in Contao sehr komplexe *Zugriffsrechte,* mit denen Sie detailliert einstellen können, was ein Benutzer im Backend sehen soll. Ein Redakteur z.B. kann problemlos nur die Backend-Module ARTIKEL und DATEIVERWALTUNG sehen, in denen wiederum nur die Seiten und Ordner auftauchen, die für ihn freigegeben sind.

  Die Rechtevergabe geht hinunter bis auf einzelne Bearbeitungsfelder: Sie können bei der Artikelbearbeitung z.B. nur das Feld zum *Veröffentlichen* verstecken, sodass der Redakteur Artikel zwar erstellen, bearbeiten und speichern, aber nicht veröffentlichen kann. Das macht dann der Chefredakteur.

Tabelle 21.1 zeigt eine Übersicht über die Unterschiede zwischen Mitgliedern und Benutzern.

Mitglieder	**Benutzer**
Anmeldung am Frontend	Anmeldung am Backend
Frontend-Benutzer	Backend-Benutzer
Registrierter Besucher	Mitarbeiter an der Site
Beispiel: Kunden	Beispiel: Redakteure
Einfacher Zugriffsschutz	Komplexe Zugriffsrechte

Tabelle 21.1 Übersicht über Mitglieder und Benutzer

Aber genug der Worte. Los geht's mit der Verwaltung von Mitgliedern und einem Downloadbereich. Benutzer folgen, wie gesagt, im nächsten Kapitel.

21.2 Mitgliedergruppen und Mitglieder einrichten

Ein Mitglied muss immer Teil einer Mitgliedergruppe sein, und deshalb beginnen Sie in diesem Abschnitt mit der Einrichtung einer Mitgliedergruppe namens KUNDEN.

21.2.1 Mitgliedergruppen einrichten

Die Einrichtung einer Mitgliedergruppe ist so einfach, dass ein kurzes ToDo ohne weitere Erklärungen völlig ausreicht.

ToDo: Mitgliedergruppe »Kunden« einrichten

1. Öffnen Sie das Backend-Modul BENUTZERVERWALTUNG • MITGLIEDERGRUPPEN.
2. Klicken Sie rechts oben in den Arbeitsbereich NEUE GRUPPE.
3. Der TITEL soll »Kunden« sein.
4. Richten Sie keine WEITERLEITUNG ein. Dadurch bleibt der Besucher nach der Anmeldung auf der Seite, auf der er sich angemeldet hat.
5. Klicken Sie auf SPEICHERN UND SCHLIESSEN.

Das war es schon. Kurz und schmerzlos. Auf zu den Mitgliedern.

21.2.2 Neue Mitglieder erstellen

Die Einrichtung eines Mitglieds ist ebenfalls recht einfach. Im Backend-Modul MITGLIEDER gibt es dazu ein Formular, in dem Sie bei Bedarf detaillierte Informationen zu jedem Mitglied eintragen können. Pflichtfelder sind VORNAME, NACHNAME und E-MAIL-ADRESSE. Im folgenden ToDo wird Donna Evans, Studentin an der Music Academy, Mitglied der Beispielsite.

ToDo: Mitglied erstellen

1. Öffnen Sie das Backend-Modul BENUTZERVERWALTUNG • MITGLIEDER.
2. Klicken Sie rechts oben im Arbeitsbereich auf NEUES MITGLIED.
3. Geben Sie die folgenden Daten ein:

   VORNAME: »Donna«

   NACHNAME: »Evans«

   E-MAIL-ADRESSE: eine Mail-Adresse, die Sie abrufen können.
4. Donna Evans soll Mitglied der Gruppe KUNDEN werden.
5. Aktivieren Sie das Kontrollkästchen vor LOGIN ERLAUBEN.

Benutzername: »d.evans«

Passwort: »donnaevans« (Passwort auch bestätigen)

6. Donna Evans bekommt kein Benutzerverzeichnis und keine Abonnements.
7. Klicken Sie auf Speichern und schliessen.

Nach diesem ToDo haben Sie jetzt die Mitgliedergruppe Kunden, in der es ein Mitglied namens Donna Evans gibt.

21.3 Seiten für die An- und Abmeldung erstellen

Damit sich Frontend-Benutzer anmelden können, benötigen sie eine Möglichkeit zur Anmeldung. Dazu erstellen Sie in den folgenden Abschnitten wie immer ein paar Seiten und ein paar Frontend-Module, die dann in entsprechenden Artikeln bzw. im Seitenlayout eingebunden werden.

Sie beginnen mit der Erstellung von drei Seiten zur An- und Abmeldung, die Sie ganz unten im Seitenbaum erstellen. Damit der Baum nicht zu unübersichtlich wird, erstellen Sie zunächst eine im Menü versteckte Seite namens Mitglieder. Alle zur Mitgliederverwaltung benötigten weiteren Seiten legen Sie dann als Unterseiten dazu an.

Im folgenden ToDo erstellen Sie unter anderem zwei Unterseiten: eine zum *Anmelden* und eine zum *Abmelden*. Der Trick bei der Sache ist, dass Sie die Seite Anmelden nur für Gäste anzeigen. Sobald ein Besucher sich anmeldet, verschwindet die Seite und wird durch die Seite Abmelden ersetzt, die das perfekte Gegenstück bildet: Sie hat einen Zugriffsschutz und wird nur angezeigt, wenn sich ein Mitglied der Gruppe Kunden angemeldet hat.

ToDo: Seiten zur An- und Abmeldung erstellen

1. Öffnen Sie das Backend-Modul Layout • Seitenstruktur.
2. Erstellen Sie am Ende des Seitenbaums eine neue reguläre Seite:

   Der Seitenname ist »Mitglieder«.

   Robots-Tag: noindex, nofollow

   Nicht durchsuchen

   In der Sitemap anzeigen: Nie anzeigen

   Im Menü verstecken

   Seite veröffentlichen

   Speichern und schliessen

3. Erstellen Sie für die Anmeldung eine reguläre Seite als Unterseite zu MITGLIEDER, die nur Gästen angezeigt werden soll:

   Der SEITENNAME ist »Anmelden«.
   ROBOTS-TAG: NOINDEX, NOFOLLOW
   CACHEZEIT FESTLEGEN: aktivieren und auf 0 (NICHT CACHEN) setzen
   NICHT DURCHSUCHEN
   IN DER SITEMAP ANZEIGEN: NIE ANZEIGEN
   IM MENÜ VERSTECKEN
   NUR GÄSTEN ANZEIGEN: aktivieren
   SEITE VERÖFFENTLICHEN
   SPEICHERN UND NEU.

4. Erstellen Sie auf derselben Ebene wie ANMELDEN eine reguläre Seite namens ABMELDEN, die mit einem Zugriffsschutz versehen wird:

   Der SEITENNAME ist »Abmelden«.
   ROBOTS-TAG: NOINDEX, NOFOLLOW
   ZUGRIFFSSCHUTZ – SEITE SCHÜTZEN. Erlaubt für Gruppe KUNDEN.
   CACHEZEIT FESTLEGEN: aktivieren und auf 0 (NICHT CACHEN) setzen
   NICHT DURCHSUCHEN aktivieren
   IN DER SITEMAP ANZEIGEN: NIE ANZEIGEN
   IM MENÜ VERSTECKEN
   SEITE VERÖFFENTLICHEN
   SPEICHERN UND SCHLIESSEN

Im Backend sollte der neue Teil des Seitenbaums so aussehen wie in Abbildung 21.2.

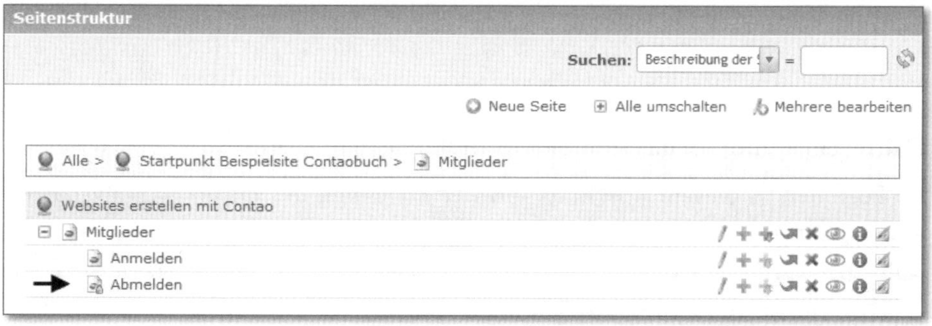

Abbildung 21.2 Die neuen Seiten für Mitglieder im Seitenbaum

Achten Sie auf die Symbole für die drei neuen Seiten: Alle drei Seiten sind grau und im Menü versteckt, aber die Seite ABMELDEN hat zusätzlich ein kleines Schloss, um zu zeigen, dass ein Zugriffsschutz aktiviert ist. Die Seiten erscheinen momentan nirgendwo im Menü, sind aber bereits vorhanden.

21.4 Frontend-Module für die An- und Abmeldung erstellen

Nach der Erstellung der benötigten Seiten in der Seitenstruktur kommen jetzt die Frontend-Module an die Reihe.

21.4.1 Die Frontend-Module zur Anmeldung im Überblick

Insgesamt benötigen Sie in diesem Kapitel vier Frontend-Module, um ein komplettes Anmeldesystem zu erstellen:

1. Ein Modul [LOGIN-FORMULAR] stellt ein Anmeldeformular bereit.
2. Ein Modul [AUTOMATISCHER LOGOUT] arbeitet unsichtbar im Hintergrund und regelt die Abmeldung.
3. Ein Modul [EIGENER HTML-CODE] zeigt für Gäste einen Link zur Anmeldeseite im Footer.
4. Ein zweites Modul [EIGENER HTML-CODE] zeigt den Anmeldenamen (»Sie sind angemeldet als …«) für angemeldete Benutzer und präsentiert zusätzlich einen Link zum Abmelden.

Die Module 1 und 2 werden in Artikeln auf den eben erstellten Seiten eingebunden, die Module 3 und 4 im Seitenlayout in der Spalte FUSSZEILE.

Ironie am Rande: Die »Benutzermodule« sind für »Mitglieder«

Um Verwirrungen vorzubeugen: Die Frontend-Module zur Verwaltung von Mitgliedern stehen in der Modulverwaltung in einer Gruppe namens BENUTZER und werden intern auch als *Benutzermodule* bezeichnet. Die Module sind aber allesamt für *Mitglieder*, nicht für *Benutzer*.

21.4.2 Ein Modul für das Anmeldeformular: »[Login-Formular]«

Sie beginnen in diesem Abschnitt mit der Erstellung des ersten Moduls, das ein Anmeldeformular bereitstellt.

ToDo: Seiten zur An- und Abmeldung erstellen

1. Öffnen Sie für das aktuelle Theme das Backend-Modul zur Bearbeitung der FRONTEND-MODULE.
2. Erstellen Sie ein NEUES MODUL mit den folgenden Eigenschaften:
   TITEL: »Mitglieder – Anmeldeformular«
   ÜBERSCHRIFT: »Anmeldung«

Modultyp: Benutzer – Login-Formular
Autologin erlauben: aktivieren
Keine Weiterleitungsseite
Bei Anzahl an Spalten wählen Sie als Template Eine Spalte aus.
Kein Zugriffsschutz

3. Klicken Sie auf Speichern und schliessen.

Das *AutoLogin* bewirkt, dass im Anmeldeformular ein Kontrollkästchen mit der Beschriftung Angemeldet bleiben erscheint, das dem Besucher eine dauerhafte Anmeldung ermöglicht.

Das einspaltige Template erstellt im HTML ein tabellenloses Formular. Die Alternative *zweispaltig* erstellt ein Formular mit einer einfachen, nicht verschachtelten HTML-Tabelle.

21.4.3 Ein Modul zur Abmeldung: »[Automatischer Logout]«

Das Modul zur Abmeldung arbeitet im Hintergrund und ist im Frontend nicht zu sehen. Nach einer Abmeldung bleibt der Besucher auf der zuletzt besuchten Seite, wird also nicht auf eine andere Seite umgeleitet.

ToDo: Seiten zur An- und Abmeldung erstellen

1. Öffnen Sie für das aktuelle Theme das Backend-Modul zur Bearbeitung der Frontend-Module.
2. Erstellen Sie ein neues Modul mit den folgenden Eigenschaften:
   Titel: »Mitglieder – Abmelden«
   Modultyp: Benutzer – Automatischer Logout
   Keine Weiterleitungsseite definieren
   Zur zuletzt besuchten Seite: aktivieren
   Kein Zugriffsschutz
   Keine Experten-Einstellungen
3. Klicken Sie auf Speichern und schliessen.

21.4.4 Modul für den Link zur Anmeldeseite: »[Eigener HTML-Code]«

Damit die Mitglieder die URL der Anmeldeseite nicht manuell in der Adressleiste des Browsers eingeben müssen, erstellen Sie in diesem Abschnitt ein einfaches Modul mit einem Link zur Anmeldeseite. Dieses Modul wird *nur für Gäste* angezeigt, und nach einer Anmeldung verschwindet es von selbst.

Für den Link zur Anmeldeseite benutzen Sie im folgenden ToDo das Inserttag `{{link_url::xx}}` und tragen dabei anstelle von `xx` den Seitenalias der Seite ANMELDEN ein, und das ist »anmelden« (kleingeschrieben).

ToDo: Seiten zur An- und Abmeldung erstellen

1. Öffnen Sie für das aktuelle Theme das Backend-Modul zur Bearbeitung der FRONTEND-MODULE.
2. Erstellen Sie ein NEUES MODUL mit den folgenden Eigenschaften:
   TITEL: »Mitglieder – Link zur Anmeldeseite«
   MODULTYP: VERSCHIEDENES – EIGENER HTML-CODE
   Bei den EXPERTEN-EINSTELLUNGEN die Option NUR GÄSTEN ANZEIGEN ankreuzen
3. Geben Sie im Feld HTML-CODE das folgende HTML ein:
```
<!-- indexer::stop -->
<div class="anmeldung">
<a href="{{link_url::anmelden}}">Zur Anmeldung</a>
</div>
<!-- indexer::continue -->
```
4. Klicken Sie auf SPEICHERN UND SCHLIESSEN.

Anstelle des Seitenalias können Sie im Inserttag auch die ID der Anmeldeseite benutzen. Um die ID einer Seite herauszufinden, gehen Sie in den Seitenbaum, fahren mit der Maus auf den gelben Bleistift und halten eine Sekunde lang still. Dann erscheint eine QuickInfo mit dem Hinweis SEITE ID XX BEARBEITEN. Der große Vorteil des Seitenalias gegenüber der ID ist seine leichtere Lesbarkeit.

21.4.5 Anmeldenamen und Abmeldelink: »[Eigener HTML-Code]«

Das eben erstellte Modul MITGLIEDER – LINK ZUR ANMELDESEITE wurde durch das Aktivieren der Option NUR GÄSTEN ANZEIGEN so erstellt, dass es nach einer Anmeldung automatisch verschwindet. Nach einer erfolgreichen Anmeldung soll an derselben Stelle die Mitteilung ANGEMELDET ALS: ... | ABMELDEN stehen.

Im folgenden ToDo erstellen Sie das dazu benötigte Modul mit zwei einfachen Inserttags. Der Trick ist dabei der *Zugriffsschutz*, der die Anzeige auf die Gruppe KUNDEN beschränkt. Für den Link zum Abmelden benötigen Sie die ID oder den Alias der Seite ABMELDEN.

ToDo: Seiten zur An- und Abmeldung erstellen

1. Öffnen Sie für das aktuelle Theme das Backend-Modul zur Bearbeitung der FRONTEND-MODULE.

2. Erstellen Sie ein NEUES MODUL mit den folgenden Eigenschaften:

   TITEL: »Mitglieder – Anmeldename und Abmeldelink«
   MODULTYP: VERSCHIEDENES – EIGENER HTML-CODE

3. Geben Sie im Feld HTML-CODE das folgende HTML ein:

```
<!-- indexer::stop -->
<div class="anmeldung angemeldet">
Angemeldet als: {{user::username}} | {{link::abmelden}}
</div>
<!-- indexer::continue -->
```

4. Aktivieren Sie im Bereich ZUGRIFFSSCHUTZ die Checkbox MODUL SCHÜTZEN, und kreuzen Sie die Gruppe KUNDEN an.
5. Klicken Sie auf SPEICHERN UND SCHLIESSEN.

21.5 Die erstellten Module einbinden und gestalten

Nachdem Sie die vier Module erstellt haben, müssen sie jetzt noch eingebunden werden.

21.5.1 Die Frontend-Module zum An- und Abmelden in Artikeln einbinden

Zunächst binden Sie die Module zum Anmelden und zum Abmelden in den entsprechenden Artikeln ein. Danach erscheinen die Module erstmals im Frontend und wären schon einsetzbar.

ToDo: Seiten zur An- und Abmeldung erstellen

1. Öffnen Sie im Artikelbaum auf der Seite ANMELDEN den Artikel ANMELDEN [HAUPTSPALTE].
2. Fügen Sie ein NEUES ELEMENT vom Typ MODUL hinzu.
3. Wählen Sie das Modul MITGLIEDER – ANMELDEFORMULAR (ID xx).
4. Klicken Sie auf SPEICHERN UND ZURÜCK.
5. Öffnen Sie im Artikelbaum auf der Seite ABMELDEN den Artikel ABMELDEN [HAUPTSPALTE].
6. Fügen Sie ein neues Element vom Typ MODUL hinzu.
7. Wählen Sie das Modul MITGLIEDER – ABMELDEN (ID xx).
8. Klicken Sie auf SPEICHERN UND SCHLIESSEN.

Nach diesem Schritt funktionieren An- und Abmeldung bereits, aber da es noch keinen Link zur Seite ANMELDEN gibt, müssen Sie die URL im Browser manuell eingeben:

- *http://localhost/contaobuch/anmelden.html*

Wenn Sie ganz neugierig sind, probieren Sie es einfach einmal aus. Dazu nehmen Sie am besten einen anderen Browser, denn sonst müssen Sie sich nach dem Abmelden als Benutzer im Frontend auch als Administrator im Backend wieder neu anmelden.

21.5.2 Die Links zur An- und Abmeldung im Fußbereich einbinden

Um die Anmeldeseite nicht manuell aufrufen zu müssen, binden Sie im folgenden ToDo die bereits erstellten Module für die Fußzeile im Seitenlayout ein. Das erste Modul, MITGLIEDER – LINK ZUR ANMELDESEITE, zeigt einen Link zur Anmeldeseite und wird nach einer erfolgreichen Anmeldung durch das zweite Modul, MITGLIEDER – ANMELDENAME UND ABMELDELINK, ersetzt. Dieses Modul zeigt im Fußbereich den Anmeldenamen und einen Link zum Abmelden.

Abbildung 21.3 zeigt die beiden Module *nach* der Einbindung in einem Seitenlayout im folgenden ToDo.

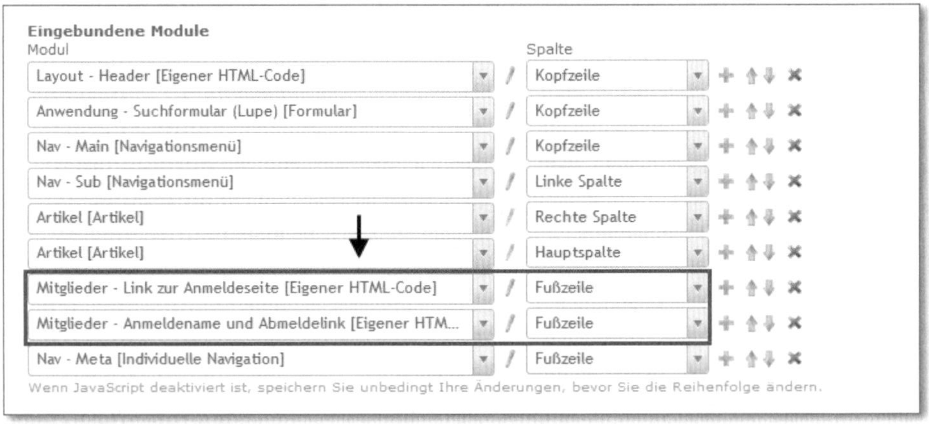

Abbildung 21.3 Die beiden Module nach der Einbindung im Seitenlayout

Da es auf der Beispielsite inzwischen mehrere Seitenlayouts gibt, benutzen Sie im ToDo einmal mehr die Funktion MEHRERE BEARBEITEN.

ToDo: Seiten zur An- und Abmeldung erstellen

1. Öffnen Sie im Backend-Modul THEMES die SEITENLAYOUTS für das aktuelle Theme.
2. Klicken Sie oben im Arbeitsbereich auf MEHRERE BEARBEITEN, wählen Sie beide Seitenlayouts aus, und klicken Sie unten auf BEARBEITEN.
3. Aktivieren Sie die Felder TITEL und EINGEBUNDENE MODULE, und klicken Sie unten auf WEITER. Danach sehen Sie die eingebundenen Module für alle drei Seitenlayouts direkt untereinander.

4. Erstellen Sie beim ersten Seitenlayout mit einem Klick auf das grüne Kreuz zwei Kopien der letzten Zeile mit dem Frontend-Modul NAV – META [INDIVIDUELLE NAVIGATION] in der FUSSZEILE, sodass Sie für die Fußzeile insgesamt drei Zeilen haben.
5. Binden Sie in der drittletzten Zeile von unten das Modul MITGLIEDER – LINK ZUR ANMELDESEITE ein.
6. Binden Sie darunter in der vorletzten Zeile das Modul MITGLIEDER – ANMELDENAME UND ABMELDELINK ein.
7. In der allerletzten Zeile sollte nach wie vor die Meta-Navigation in der Fußzeile stehen.
8. Wiederholen Sie diese Schritte für das zweite Seitenlayout.
9. Klicken Sie auf SPEICHERN UND SCHLIESSEN.

Jetzt ist alles fertig, und die An- und Abmeldung könnte auch bereits getestet werden, aber vor dem nächsten Screenshot sollen die neuen Module noch ein bisschen gestaltet werden.

21.5.3 Die Links und das Formular zur Anmeldung gestalten

Das Anmeldeformular wird vom Modul LOGIN-FORMULAR erzeugt und hat mit einem einspaltigen, tabellenfreien Template folgendes HTML:

```
<!-- indexer::stop -->
<div class="mod_login  one_column tableless login block">
<h1>Anmeldung</h1>
<form action="anmelden.html" id="tl_login" method="post">
<div class="formbody">
<input type="hidden" name="FORM_SUBMIT" value="tl_login">
<input type="hidden" name="REQUEST_TOKEN" value="e3f...">

<label for="username">Benutzername</label>
<input type="text" name="username" id="username"
       class="text" maxlength="64" value="">
<br>
<label for="password">Passwort</label>
<input type="password" name="password" id="password"
       class="text password" maxlength="64" value="">

<div class="checkbox_container">
  <input type="checkbox" name="autologin" id="autologin"
         value="1" class="checkbox">
```

```
  <label for="autologin">Angemeldet bleiben</label>
</div>
<div class="submit_container">
  <input type="submit" class="submit" value="Anmelden">
</div>
</div></form></div>
<!-- indexer::continue -->
```

Listing 21.1 Das HTML für das Anmeldeformular

Gestaltet wurde dieses HTML auf der Beispielsite mit folgendem CSS, das auch noch eine Regel enthält, um den Anmeldelink nach rechts zu floaten und aufhübschen:

```
#footer div.anmeldung {
  float: right;
}
#footer div.anmeldung a {
  color: #666;
  font-size: 12px;
  line-height: 1.7;
  text-decoration: none;
}
.mod_login form {
  line-height: 2;
  margin: 1em 0;
}
.mod_login label {
  float: left;
  width: 100px;
  margin-right: 10px;
}
.mod_login .checkbox_container label { float: none; }
.mod_login .checkbox_container input,
.mod_login .submit_container input.submit {
  margin-left: 110px;
}
.mod_login input.submit[value="Abmelden"] { margin-left: 0; }
.mod_subscribe, .mod_unsubscribe { margin-bottom: 1em; }
```

Listing 21.2 Das CSS für Anmeldelink und Anmeldeformular

Im folgenden ToDo speichern Sie dieses CSS im Stylesheet *interaktionen*, in dem auch bereits die Styles für das Kontaktformular und die Suchfunktion aufbewahrt werden.

ToDo: Seiten zur An- und Abmeldung erstellen

1. Öffnen Sie das Stylesheet *interaktionen* zur Bearbeitung.
2. Fügen Sie am Ende des Stylesheets das CSS aus Listing 21.2 ein. Die Styles sollen die KATEGORIE ANMELDUNG bekommen.
3. Speichern Sie das Stylesheet.

Nach diesem ToDo sieht die Seite ANMELDEN mit Anmeldeformular und -link etwa so aus wie in Abbildung 21.4.

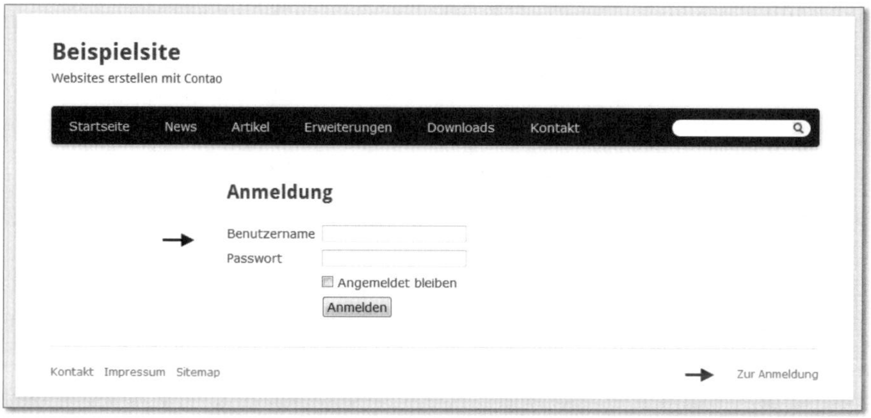

Abbildung 21.4 Die Seite »Anmelden« mit Anmeldeformular und -link

Der Link zur Anmeldeseite sitzt unauffällig rechts unten in der Fußzeile und harrt geduldig der Dinge, die da kommen, bis er angeklickt wird. Dann leitet er den Benutzer stante pede auf die Anmeldeseite, wo bereits das Anmeldeformular auf seinen Einsatz wartet.

21.5.4 Testen, ob die An- und Abmeldung funktionieren

Wenn man etwas einbaut, muss man auch testen, ob es funktioniert. Zum Testen der An- und Abmeldung nehmen Sie, wie gesagt, am besten einen anderen Browser, denn sonst müssen Sie sich nach dem Abmelden als Benutzer auch als Administrator im Backend wieder neu anmelden, und das ist auf Dauer eher nervig.

Also, neuen Browser starten und dann testen:

1. Überprüfen Sie zunächst für beide Seitenlayouts, also für die STARTSEITE und die anderen Seiten, ob in der Fußzeile der Link Zur ANMELDUNG erscheint.
2. Prüfen Sie dann, ob ein Klick auf den Link ZUR ANMELDUNG in der Fußzeile zur Seite ANMELDEN mit dem Anmeldeformular führt.

3. Der letzte Test ist die Anmeldung mit dem Benutzernamen *d.evans* und dem Passwort *donnaevans*.

Nach einem Klick auf die Schaltfläche ANMELDEN verändert sich die Seite und sollte etwa so aussehen wie in Abbildung 21.5.

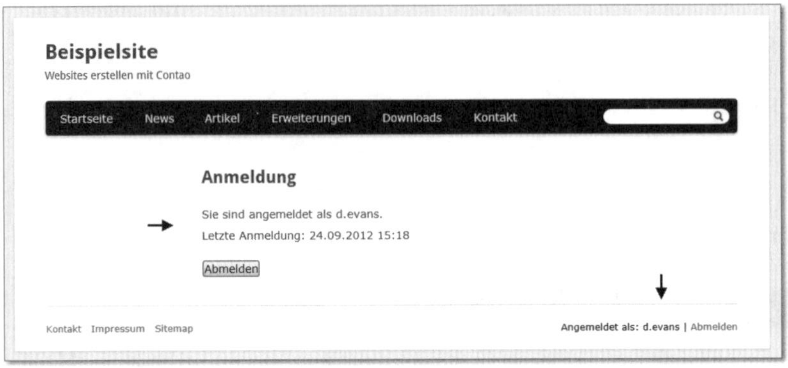

Abbildung 21.5 Die Anmeldeseite nach einer erfolgreichen Anmeldung

Wenn Sie auf andere Seiten wechseln, bleiben in der Fußzeile die Anzeige des Benutzernamens und der Link zum Abmelden erhalten, bis sich der Benutzer abmeldet. Dann erscheint dort wieder der Link zum Anmelden. Perfekt.

Frontend-Vorschau: das Frontend aus der Sicht eines Mitglieds

Wenn Sie oben im Infobereich des Backends auf den Link FRONTEND-VORSCHAU klicken, können Sie in der Frontend-Vorschau in der gelben Leiste am oberen Fensterrand einen Frontend-Benutzer auswählen. Nach einem Klick auf die Schaltfläche ANWENDEN sehen Sie das Frontend aus der Sicht des ausgewählten Mitglieds.

21.6 Einen geschützten Downloadbereich einrichten

Die Anmeldung funktioniert, aber momentan werden die Mitglieder nach einer Anmeldung vielleicht etwas enttäuscht sein, denn sie sehen dasselbe wie vorher. In diesem Abschnitt wird deshalb die Downloadseite geschützt und nur für angemeldete Besucher der Gruppe KUNDEN sichtbar gemacht. Danach richten Sie auf der Downloadseite einen geschützten Downloadbereich ein.

Schritt 1: Zugriffsschutz für die Seite »Downloads« einrichten

Um die Seite DOWNLOADS zu verstecken und für Mitglieder der Gruppe KUNDEN wieder sichtbar zu machen, müssen Sie nur wenige gezielte Klicks investieren.

ToDo: Seiten zur An- und Abmeldung erstellen

1. Öffnen Sie im Backend-Modul LAYOUT • SEITENSTRUKTUR die Seite DOWNLOADS zur Bearbeitung.
2. Aktivieren Sie im Bereich ZUGRIFFSSCHUTZ das Kontrollkästchen vor der Option SEITE SCHÜTZEN.
3. Aktivieren Sie in ERLAUBTE MITGLIEDERGRUPPEN die Gruppe KUNDEN.
4. Klicken Sie auf SPEICHERN UND SCHLIESSEN.

Probieren Sie es aus. Nach diesem einfachen ToDo ist die Seite DOWNLOADS aus der Navigationsleiste verschwunden.

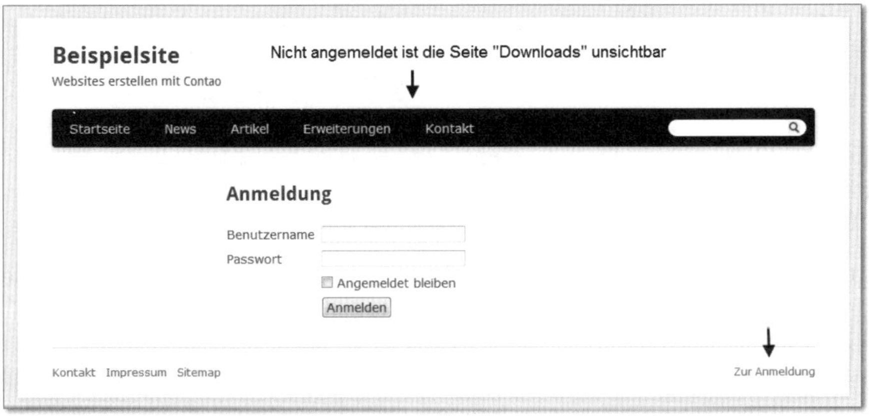

Abbildung 21.6 Ohne Anmeldung sind die »Downloads« verschwunden.

Nachdem Donna Evans sich als Mitglied der Gruppe KUNDEN angemeldet hat, erscheint die Seite DOWNLOADS automatisch wieder oben in der Navigationsleiste.

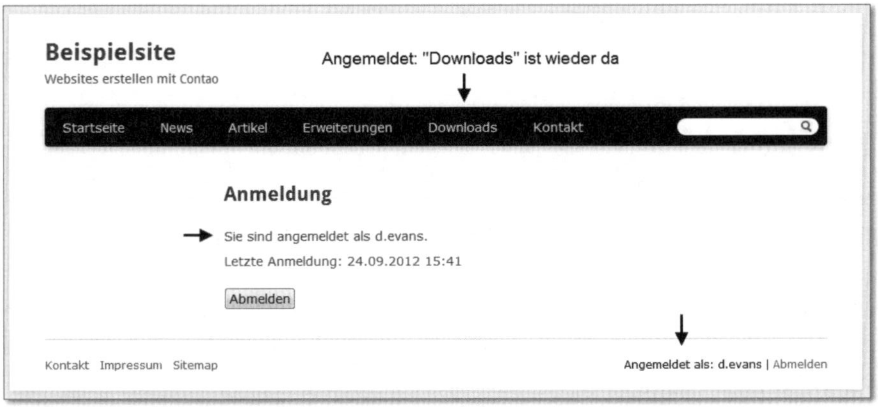

Abbildung 21.7 Nach einer Anmeldung ist »Downloads« wieder da.

Schritt 2: Den Ordner »Downloads« in der Dateiverwaltung schützen

In der Dateiverwaltung von Contao gibt es seit geraumer Zeit einen Ordner namens *Downloads*, in dem Sie Dateien zum Download anbieten können. Dieser Service soll angemeldeten Besuchern der Gruppe KUNDEN vorbehalten sein, und damit unangemeldete Besucher diesen Ordner nicht im Browser aufrufen können, wird er im Backend geschützt. Dazu benötigen Sie genau einen einzigen Klick.

ToDo: Seiten zur An- und Abmeldung erstellen

1. Öffnen Sie das Backend-Modul SYSTEM • DATEIVERWALTUNG.
2. Blenden Sie den Ordner *beispielsite/downloads* ein.
3. Klicken Sie in der Symbolleiste rechts auf das Schloss. Das Schloss wird daraufhin grau, und der Ordner ist geschützt.
4. Laden Sie mit dem Link DATEI-UPLOAD ein paar Dateien in den Ordner, die anschließend zum Download angeboten werden.
5. Falls Sie nichts zur Hand haben, liegen auf der Buch-CD bei den Beispieldateien für dieses Kapitel ein paar PDF-Leseproben von »Das große Little Boxes-Buch«, die Sie benutzen können.

Fertig. Contao erzeugt im Ordner eine *.htaccess*-Datei, die das Verzeichnis und die darin gespeicherten PDF-Dateien schützt (siehe Abbildung 21.8).

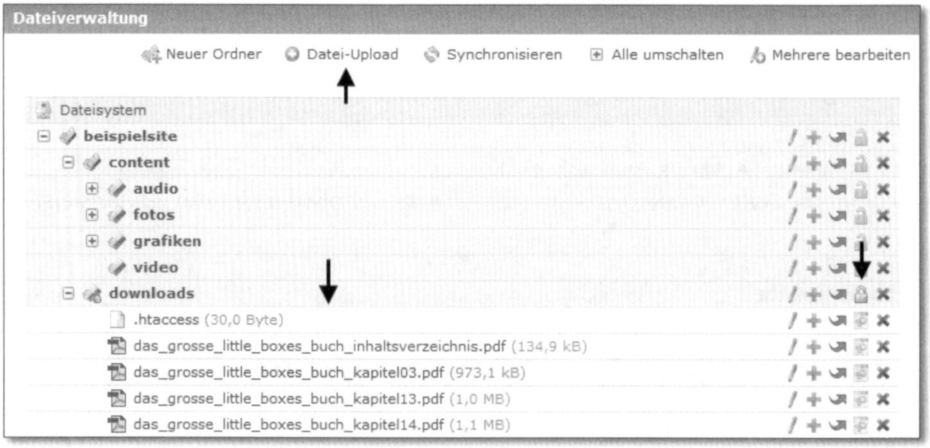

Abbildung 21.8 Der Ordner »downlads« geschützt und mit PDF-Dateien

Die PDF-Dateien im Ordner *downloads* sind so sicher, dass niemand mehr an sie herankommt. Wirklich niemand. Nicht einmal die Mitglieder der Gruppe KUNDEN. Aber das werden Sie gleich ändern.

Schritt 3: Das Inhaltselement »Downloads« konfigurieren

Es fehlt noch eine Möglichkeit, den Inhalt des Ordners gezielt für die Gruppe KUNDEN freizugeben, und auch das ist in Contao erstaunlich einfach: Auf der Seite DOWNLOADS fügen Sie ein Inhaltselement vom Typ DOWNLOADS ein.

Dieses Inhaltselement ermöglicht es, bestimmte Dateien mit einem Zugriffsschutz zu versehen und nur für eine bestimmte Mitgliedergruppe wie z.B. KUNDEN freizugeben. Ohne Anmeldung ist die Ressource über den Browser nicht erreichbar.

Das Inhaltselement DOWNLOADS listet alle Dateien in einem bestimmten Ordner auf, sein Inhaltselement-Kollege DOWNLOAD (ohne »s« am Ende) gilt nur für eine einzelne Datei.

ToDo: Seiten zur An- und Abmeldung erstellen

1. Öffnen Sie das Backend-Modul INHALTE • ARTIKEL.
2. Verkürzen Sie den Artikelbaum mit einem Klick auf den fett hervorgehobenen Seitennamen DOWNLOADS.
3. Öffnen Sie den Artikel DOWNLOADS [HAUPTSPALTE] zur Bearbeitung.
4. Fügen Sie unterhalb der `h1`-Überschrift ein neues Inhaltselement ein, oder öffnen Sie ein eventuell vorhandenes zur Bearbeitung.
5. Wählen Sie als ELEMENTTYP aus der Liste den Eintrag DOWNLOADS.
6. Wählen Sie im Bereich DATEIEN UND ORDNER als Quelldatei den Ordner *beispielsite/downloads/*.
7. Aktivieren Sie im Bereich ZUGRIFFSSCHUTZ das Kontrollkästchen vor der Option ELEMENT SCHÜTZEN.
8. Aktivieren Sie bei ERLAUBTE MITGLIEDERGRUPPEN die Gruppe KUNDEN.
9. Klicken Sie auf SPEICHERN UND SCHLIESSEN.

Und fertig ist der geschützte Downloadbereich. Gäste sehen die Seite DOWNLOADS nicht. Wenn sich ein Mitglied der Gruppe KUNDEN anmeldet, erscheint die Seite DOWNLOADS automatisch in der Navigationsleiste.

Downloadstatistiken mit der Erweiterung »[dlstats]«

Für die Inhaltselemente DOWNLOAD und DOWNLOADS gibt es eine kleine, aber feine Erweiterung, die die Anzahl der Datei-Downloads zählt:

- [dlstats] Download Statistiken
  contao.org/erweiterungsliste/view/dlstats.html

Auf Wunsch geschieht die Zählung auch mit Zeitstempel, IP-Adresse und Benutzername.

Auf der Seite DOWNLOADS prüft das ebenfalls mit einem Zugriffsschutz versehene Inhaltselement DOWNLOADS noch einmal, ob ein Mitglied aus der Gruppe KUNDEN angemeldet ist. Falls ja, zeigt es den Inhalt des Ordners an, mit Symbolen für die häufigsten Dateitypen und der Dateigröße in Klammern hinter dem Dateinamen (siehe Abbildung 21.9).

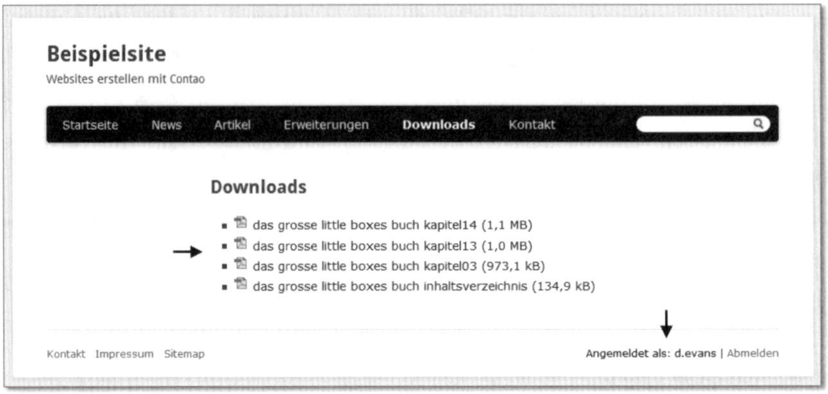

Abbildung 21.9 Downloadseite mit Dateien zum Download für »Kunden«

Wird die Seite DOWNLOADS aufgerufen, ohne dass ein Mitglied der Gruppe KUNDEN angemeldet ist, präsentiert Contao die Abfangjägerseite 403 – ZUGRIFF VERWEIGERT. Selbst wenn jemand die genaue URL der Downloaddatei kennt, gibt es kein Durchkommen (siehe Abbildung 21.10).

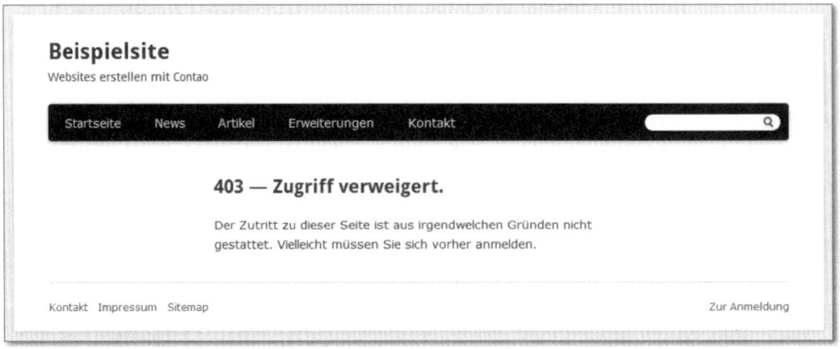

Abbildung 21.10 403 Zugriff verweigert – trotz genauer URL für die Datei

21.7 Weitere Möglichkeiten zur Mitgliederverwaltung

Zum Lieferumfang von Contao gehört noch eine Reihe weiterer Benutzermodule, die die Arbeit bei einer intensiven Nutzung der Mitgliederverwaltung durchaus erleichtern können. Es folgt eine kurze Beschreibung der einzelnen Module.

21.7.1 Das Modul »Passwort vergessen«

Das Frontend-Modul PASSWORT VERGESSEN fügt ein Formular hinzu, mit dem ein Mitglied ein neues Passwort anfordern kann (siehe Abbildung 21.11, ❶).

Contao verschickt daraufhin eine E-Mail an das Mitglied mit einem Bestätigungslink mit einem zufällig gewählten Token. Nach dem Anklicken dieses Links kommt das Mitglied auf dieselbe Seite zurück und kann dort ein neues Passwort eingeben (siehe Abbildung 21.11, ❷).

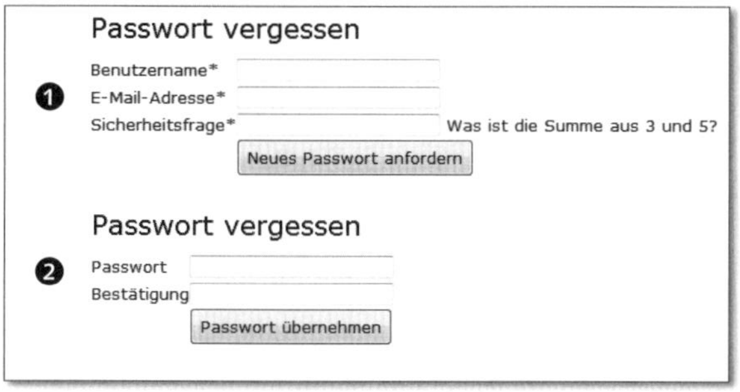

Abbildung 21.11 Passwort vergessen? Neues Passwort anfordern

Nach einem Klick auf die Schaltfläche PASSWORT ÜBERNEHMEN gibt es eine kurze Bestätigungsmeldung, dass das Passwort aktualisiert wurde.

In beiden Fällen verwendet das Modul PASSWORT VERGESSEN die CSS-Klasse `mod_lostPassword`. Das große »P« mitten im Word ist übrigens kein Tippfehler, sondern ein CamelCase: ein Großbuchstabe mitten im Namen.

Falls Sie diese Funktion einbauen möchten, benötigen Sie folgende Zutaten:

- eine im Menü versteckte Seite unterhalb von MITGLIEDER, die Sie z.B. PASSWORT VERGESSEN nennen. Die Seite wird nicht gecacht, nicht durchsucht und nicht in der Sitemap angezeigt, aber veröffentlicht.
- einen Link, mit dem das vergessliche Mitglied die Seite PASSWORT VERGESSEN aufrufen kann. Ein guter Platz für einen solchen Link wäre auf der Seite ANMELDEN direkt unterhalb des Anmeldeformulars.
- ein Frontend-Modul MITGLIEDER – PASSWORT VERGESSEN, das Sie nach dem Erstellen in einem Artikel auf der Seite PASSWORT VERGESSEN einbinden.

Beim Erstellen des Moduls gibt es ein paar Optionen. Mit einer WEITERLEITUNGSSEITE können Sie festlegen, auf welche Seite das Mitglied nach dem Anfordern eines neuen Passworts weitergeleitet wird. Wenn Sie hier nichts auswählen, bleibt das Mitglied auf der Seite PASSWORT VERGESSEN.

Zur Bestätigungsseite wird das Mitglied nach erfolgreicher Erstellung eines neuen Passworts weitergeleitet. Wenn Sie keine Seite angeben, bleibt das Mitglied auf der Seite Passwort vergessen, was in der Regel völlig in Ordnung ist. Last, but not least enthält das Modul bereits einen Text für die Bestätigungsmail, den Sie bei Bedarf an Ort und Stelle ändern können.

Listing 21.3 zeigt ein paar Styles zur Gestaltung der beiden Formulare:

```
.mod_lostPassword form {
  line-height: 2;
  padding-top: 1em;
}
.mod_lostPassword label{
  float: left;
  width: 125px;
}
.mod_lostPassword .submit_container input.submit {
  margin-left: 125px;
}
```

Listing 21.3 CSS zur Gestaltung der Formulare »Passwort vergessen«

21.7.2 Das Modul »Persönliche Daten«

Das Modul Persönliche Daten generiert ein Formular, mit dem ein Mitglied seine persönlichen Daten wie E-Mail-Adresse oder Passwort ändern kann. Bei der Erstellung des Moduls können Sie genau festlegen, welche Felder geändert werden dürfen und welche nicht.

Um das Modul Persönliche Daten einzusetzen, benötigen Sie Folgendes:

- eine reguläre Seite namens Persönliche Daten oder Mein Konto unterhalb von Mitglieder. Schützen Sie die Seite, und erlauben Sie den Zugriff nur für die Gruppe Kunden; erlauben Sie kein Cachen und auch nicht das Durchsuchen.
- ein Modul Persönliche Daten, das per Artikel auf der Seite eingebunden wird

Ein Link ist nicht zwingend notwendig, da die Seite ja nicht im Menü versteckt ist und unterhalb von Anmelden in der Unternavigation erscheint. Ansonsten würde sich ein Link per Inserttag im Footer-Modul Mitglieder – Link zur Anmeldeseite anbieten.

Das Modul verwendet die CSS-Klasse `mod_personalData` – mit großem »D« in der Mitte.

21.7.3 Die automatische Registrierung für Mitglieder

Wenn Sie keinen geschlossenen Kundenkreis, sondern mehr ein offenes Haus einrichten möchten, können Sie mit dem Modul REGISTRIERUNG ein Formular generieren, das den Besuchern Ihrer Seiten eine automatische Registrierung ermöglicht. Das funktioniert ähnlich wie bei der Registrierung für den Newsletter in Abschnitt 16.3.

Erweiterungen zur Verwaltung von Mitgliedern

Im Erweiterungskatalog von Contao gibt es noch weitere Module zur Verwaltung von Mitgliedern:

- Contao-Erweiterungen zum Schlagwort »Mitglieder«
  bit.ly/contao-erweiterungen-mitglieder

Achten Sie vor dem Installieren wie immer darauf, ob die gewünschte Erweiterung kompatibel zu Ihrer Contao-Version ist.

Kapitel 22
Benutzer: im Backend angemeldete Mitarbeiter

In diesem Kapitel lernen Sie die ausgefeilte Benutzerverwaltung von Contao kennen. Jeder Benutzer sieht im Backend nur das, was er sehen soll. Im Laufe des Kapitels erstellen Sie eine Benutzerin, zwei Benutzergruppen und diverse Zugriffsrechte: alles, was man so braucht.

Die Themen im Überblick:

Nach der Mitgliederverwaltung kommt jetzt die Benutzerverwaltung an die Reihe. Benutzer melden sich wie erwähnt am Backend an und helfen in der Regel als Redakteure, die Inhalte der Website zu pflegen.

22.1 Benutzerverwaltung: die Übersicht

Bis jetzt haben Sie im Backend ausschließlich als Administrator gearbeitet und haben dabei immer Zugriff auf alle Optionen gehabt. Ein normaler Benutzer sieht im Gegensatz zum Administrator vom Backend hingegen nur die Funktionen, die er für seine Aufgaben benötigt.

Abbildung 22.1 zeigt das eher übersichtliche Backend aus der Sicht der Benutzerin *Helen Lewis* am Ende dieses Kapitels, für die Sie ein Benutzerkonto erstellen und so konfigurieren, dass nur bestimmte Backend-Module und Seiten für sie sichtbar sind.

Die Grundregel bei der Einrichtung von Benutzern ist, dass sie von Haus aus überhaupt nichts dürfen. Sie haben keine Rechte. Null. Nichts. Niente. Sie dürfen nur das, was der Administrator ihnen bei der Einrichtung explizit erlaubt.

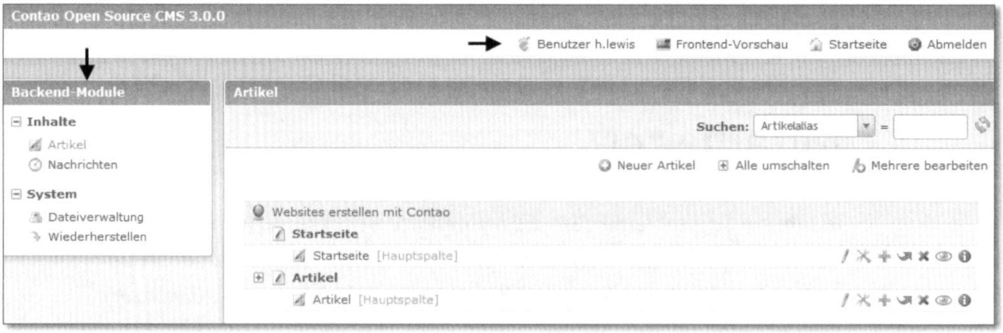

Abbildung 22.1 Das Backend aus der Sicht von Helen Lewis

Die Benutzerverwaltung in Contao ist sehr leistungsstark, und Sie können fast alles damit einstellen. Diese Komplexität erfordert eine gewisse Einarbeitung, aber wenn Sie das Grundprinzip verstanden haben, werden Sie die Möglichkeiten zu schätzen wissen.

Eine gute Nachricht noch, bevor es losgeht: Sie erstellen in diesem Kapitel keinerlei neue Seiten und Frontend-Module, die Sie in irgendwelche Artikel oder Seitenlayouts einbinden und anschließend per CSS gestalten müssen. Es findet alles im Backend statt.

Admin-Konto ändern: Wenn Sie nicht mehr Kevin Jones sein möchten

Wenn Sie als Administrator nicht mehr unter dem Pseudonym »Kevin Jones« arbeiten möchten, geht das ganz einfach:

- Melden Sie sich als »Kevin Jones« am Backend an.
- Erstellen Sie im Backend-Modul BENUTZER ein neues Admin-Konto.
- Melden Sie sich ab.
- Melden Sie sich mit dem neuen Admin-Konto am Backend an.
- Löschen Sie gegebenenfalls das Admin-Konto für »Kevin Jones«.

22.2 Die Benutzergruppe »Redakteure – Nachrichten«

Ein Benutzer gehört immer zu mindestens einer Benutzergruppe, und deshalb beginnen Sie in diesem Abschnitt mit der Einrichtung einer Benutzergruppe namens REDAKTEURE – NACHRICHTEN. Benutzer, die dieser Gruppe zugewiesen werden, sollen im Backend nur Nachrichtenbeiträge erstellen und bearbeiten dürfen.

Da die Eingabemaske zur Erstellung einer Benutzergruppe relativ lang ist, wird sie im Folgenden auf vier Schritte verteilt.

Schritt 1: Name eingeben und erlaubte Module freigeben

Im ersten Schritt geben Sie den Titel der Benutzergruppe ein und geben die Module NACHRICHTEN und DATEIVERWALTUNG frei, damit der Benutzer bei Bedarf z.B. Bilder hochladen und in die Beiträge einbinden kann.

ToDo: Seiten zur An- und Abmeldung erstellen

1. Öffnen Sie das Backend-Modul BENUTZERGRUPPEN.
2. Klicken Sie oben im Arbeitsbereich auf NEUE BENUTZERGRUPPE.
3. Der TITEL der Gruppe ist »Redakteure« – »Nachrichten«.
4. Aktivieren Sie im Bereich ERLAUBTE MODULE nur die Backend-Module INHALTE – NACHRICHTEN und SYSTEM – DATEIVERWALTUNG.
5. Blenden Sie den Bereich ERLAUBTE MODULE nach der Bearbeitung mit einem Klick auf die grüne Überschrift aus. Das ist übersichtlicher.
6. Klicken Sie zwischendurch einmal auf SPEICHERN (Alt + S).

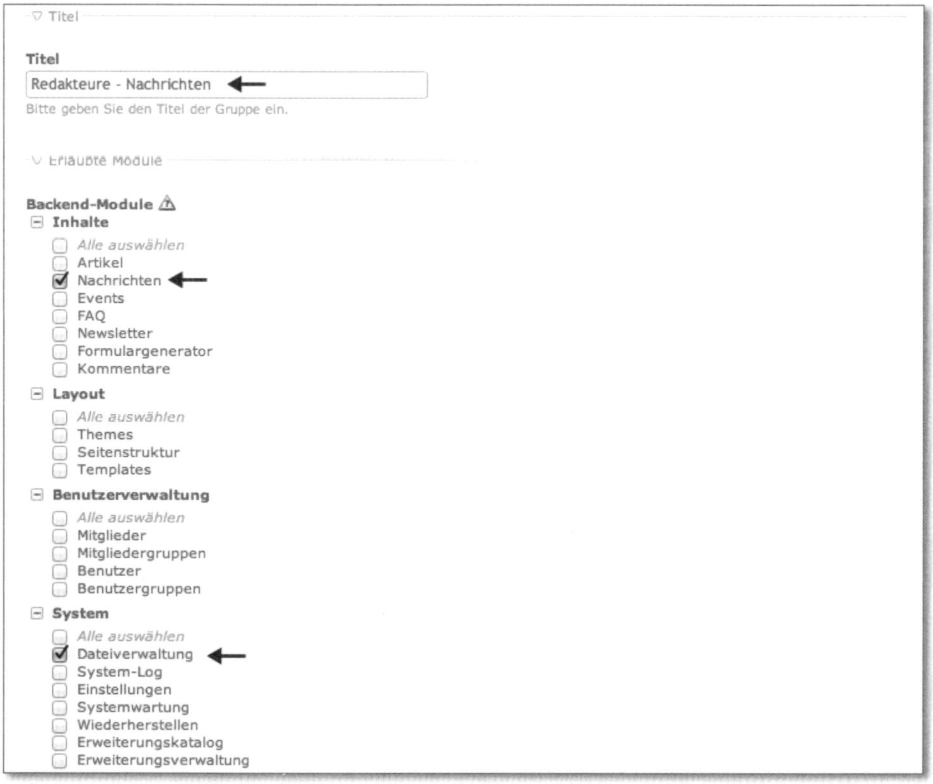

Abbildung 22.2 Titel der Benutzergruppe und freigegebene Backend-Module

Schritt 2: Pagemounts und Filemounts einrichten

Mit *Mounten* bezeichnet man laut Wikipedia »den Vorgang, ein Dateisystem an einer bestimmten Stelle, dem Mountpoint, verfügbar zu machen, sodass der Benutzer auf die Dateien zugreifen kann«. So legen Sie für einen Benutzer mit der Option PAGEMOUNTS fest, welche Seiten aus dem Seitenbaum sichtbar sind, und mit FILEMOUNTS, welche Ordner unterhalb von *files* erscheinen.

Da Nachrichten außerhalb der Seitenhierarchie in Archiven verwaltet werden, benötigt die Gruppe REDAKTEURE – NACHRICHTEN keinerlei Zugriff auf den Seitenbaum, und die Option PAGEMOUNTS bleibt unverändert (siehe Abbildung 22.3, obere Hälfte).

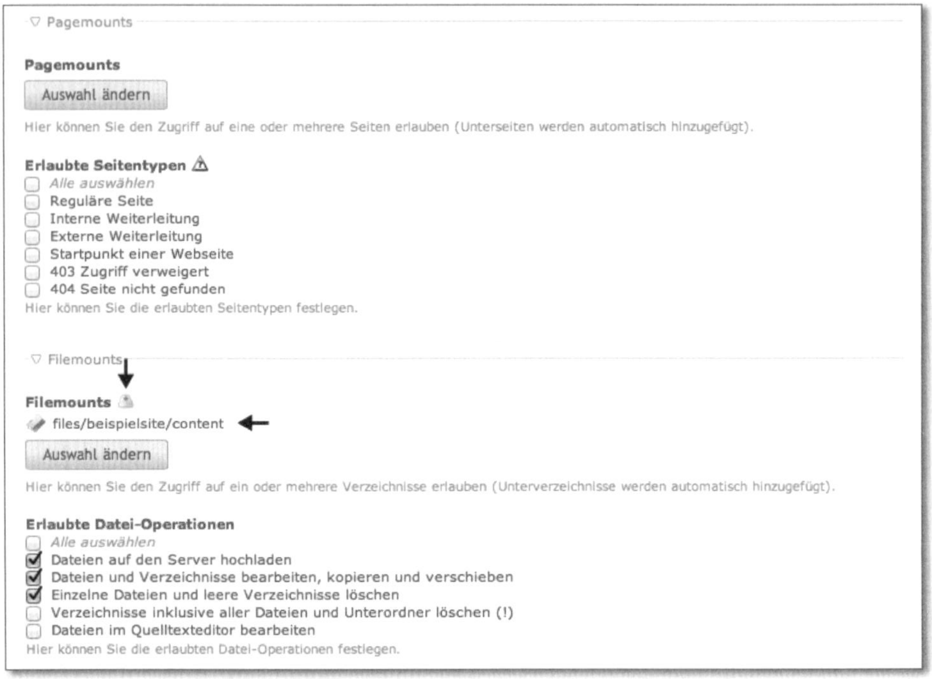

Abbildung 22.3 »Pagemounts« und »Filemounts« für Nachrichtenredakteure

Im Bereich FILEMOUNTS wird der Ordner *beispielsite/content/* freigegeben, in dem alle für den Inhalt relevanten Medien aufbewahrt werden (siehe Abbildung 22.3, untere Hälfte). Mit dem leicht zu übersehenden hellgrauen Symbol rechts neben dem Wort FILEMOUNTS können Sie übrigens in einem Overlay-Fenster direkt von hier aus Ordner anlegen, verschieben oder löschen.

ToDo: Seiten zur An- und Abmeldung erstellen

1. Öffnen Sie im Backend-Modul BENUTZERGRUPPEN gegebenenfalls die Gruppe REDAKTEURE – NACHRICHTEN zur Bearbeitung.

2. Im Bereich PAGEMOUNTS bleibt die Option PAGEMOUNTS unverändert, und auch ERLAUBTE SEITENTYPEN gibt es keine. Deaktivieren Sie alle.
3. Klicken Sie auf SPEICHERN (Alt + S), und blenden Sie den Bereich danach aus.
4. Im Bereich FILEMOUNTS geben Sie den Ordner *beispielsite/content/* frei.
5. ERLAUBTE DATEI-OPERATIONEN sind die ersten drei Checkboxen:
   – DATEIEN AUF DEN SERVER HOCHLADEN
   – DATEIEN UND VERZEICHNISSE BEARBEITEN, KOPIEREN UND VERSCHIEBEN
   – EINZELNE DATEIEN UND LEERE VERZEICHNISSE LÖSCHEN
6. Blenden Sie den Bereich nach der Bearbeitung aus.
7. Klicken Sie wieder auf SPEICHERN (Alt + S), und blenden Sie auch den Bereich FILEMOUNTS aus.

Schritt 3: Rechte für Erweiterungen – »Nachrichten-Rechte«

Im dritten Schritt vergeben Sie die Rechte für die Erweiterungen NACHRICHTEN, KALENDER, FORMULARE und NEWSLETTER. Ein reiner Nachrichtenredakteur benötigt nur Zugriff auf die Nachrichten-Erweiterung, alles andere bleibt unverändert und somit deaktiviert.

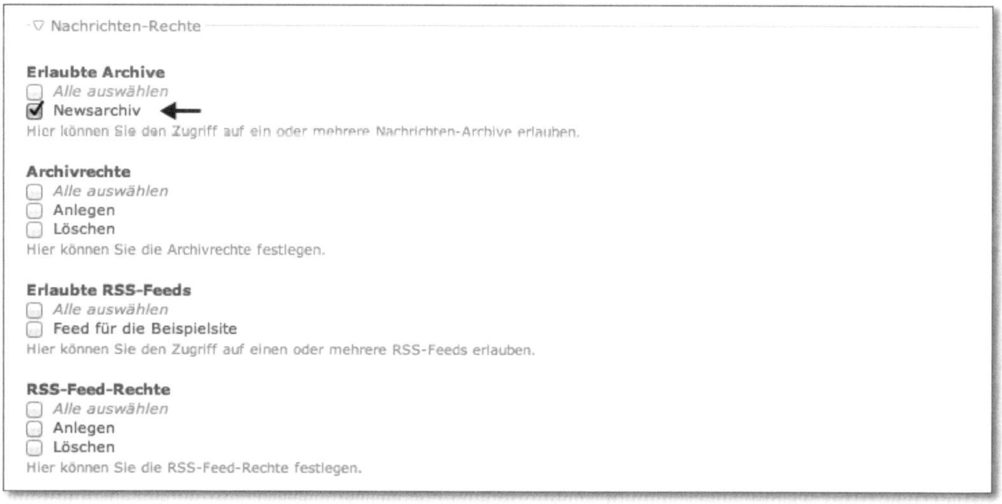

Nachrichten-Rechte
Erlaubte Archive
Alle auswählen
Newsarchiv
Hier können Sie den Zugriff auf ein oder mehrere Nachrichten-Archive erlauben.
Archivrechte
Alle auswählen
Anlegen
Löschen
Hier können Sie die Archivrechte festlegen.
Erlaubte RSS-Feeds
Alle auswählen
Feed für die Beispielsite
Hier können Sie den Zugriff auf einen oder mehrere RSS-Feeds erlauben.
RSS-Feed-Rechte
Alle auswählen
Anlegen
Löschen
Hier können Sie die RSS-Feed-Rechte festlegen.

Abbildung 22.4 Die Vergabe der Nachrichten-Rechte

Das Backend-Modul NACHRICHTEN haben Sie in Schritt 1 bereits freigegeben. Jetzt geht es darum, welche Rechte der Benutzer in diesem Backend-Modul haben soll. Er soll Zugriff auf das NEWSARCHIV haben, aber keine Archiv- oder RSS-Feed-Rechte besitzen.

ToDo: Seiten zur An- und Abmeldung erstellen

1. Öffnen Sie gegebenenfalls im Backend-Modul Benutzergruppen die Gruppe Redakteure – Nachrichten zur Bearbeitung.
2. Im Bereich Nachrichten-Rechte erlauben Sie Zugriff auf das Newsarchiv.
3. Der Redakteur soll keine Archivrechte bekommen, um Archive anlegen oder löschen zu können.
4. In den Bereichen Kalender-Rechte, Formular-Rechte, Newsletter-Rechte und FAQ-Rechte bleibt alles ausgestellt.
5. Blenden Sie alle fünf Rechte-Bereiche aus.
6. Speichern Sie (Alt + S).

Schritt 4: Felder – Berechtigungen für die Tabelle tl_news

Sie können nicht nur Rechte für den Zugriff auf Backend-Module wie Nachrichten vergeben, sondern für jedes einzelne Eingabefeld innerhalb dieser Backend-Module. Wenn Sie einem Benutzer z.B. das Feld Beitrag veröffentlichen nicht erlauben, dann kann dieser Benutzer zwar Beiträge schreiben und bearbeiten, aber nicht veröffentlichen. Die entsprechende Option ist in seiner Eingabemaske nicht vorhanden.

Die Standardeinstellung für erlaubte Felder ist »alles aus«. Erlaubt ist nur, was Sie ankreuzen. Nachrichtenbeiträge werden in der Datenbanktabelle *tl_news* verwaltet. Aus der langen Liste der Tabellen, die mit *tl_* beginnen, ist für diesen Abschnitt dementsprechend nur die Tabelle *tl_news* relevant. Alle anderen Tabellen wie *tl_article* oder *tl_comments* können Sie mit einem Klick auf das Minuszeichen davor ausblenden. Das macht die Sache deutlich übersichtlicher. Die Bildmontage in Abbildung 22.5 zeigt die Tabelle *tl_news*.

Die in *tl_news* aufgelisteten Felder entsprechen den Optionen beim Bearbeiten eines Nachrichtenbeitrags im Backend-Modul Nachrichten. Wenn Sie sich nicht sicher sind, was eine bestimmte Option bedeutet, speichern Sie einfach kurz und schauen sich die Eingabemaske zum Schreiben von Beiträgen an.

ToDo: Seiten zur An- und Abmeldung erstellen

1. Öffnen Sie im Backend-Modul Benutzergruppen die Gruppe Redakteure – Nachrichten zur Bearbeitung.
2. Blenden Sie den grünen Bereich Ausgenommene Felder ein.
3. Aktivieren Sie für die Tabelle *tl_news* das Kontrollkästchen Alle auswählen.
4. Deaktivieren Sie alle nicht gewünschten Optionen, wie z.B. Unterüberschrift oder CSS-Klasse (siehe Abbildung 22.5).
5. Klicken Sie auf Speichern und schliessen.

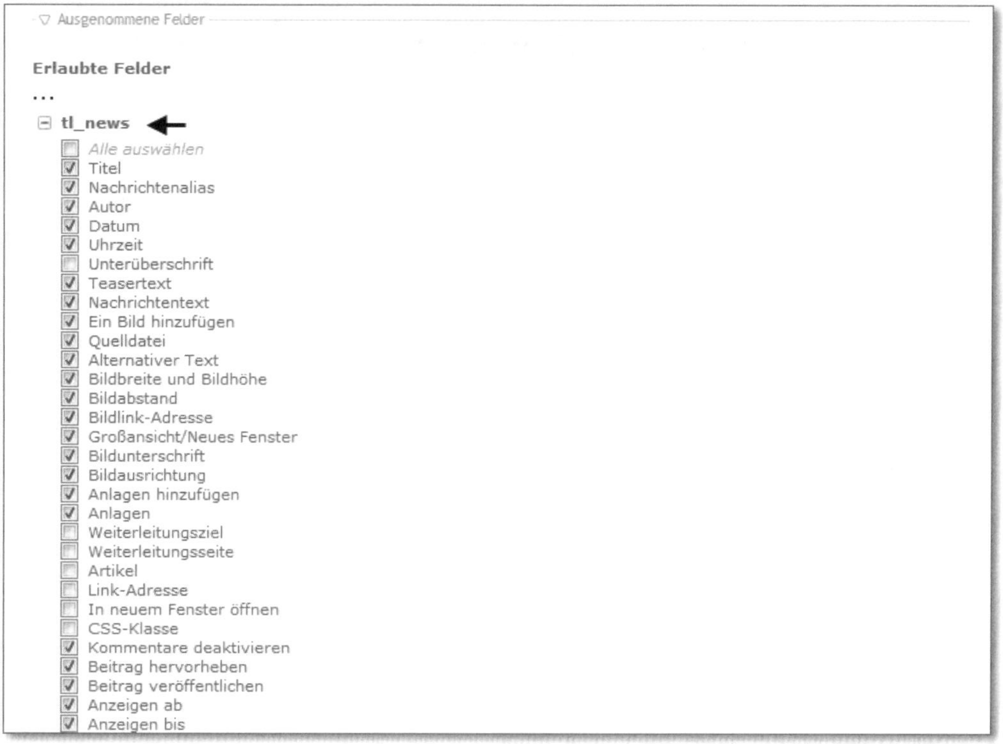

Abbildung 22.5 Die erlaubten Felder für die Tabelle »tl_news«

Fertig. Die Gruppe REDAKTEURE – NACHRICHTEN ist eingerichtet und hat entsprechende Rechte. Im nächsten Abschnitt erstellen Sie einen Benutzer, der dieser Gruppe zugewiesen wird.

Gruppenrechte am kleinsten gemeinsamen Nenner orientieren

Sie sollten bei der Vergabe der Rechte für die Gruppen vorsichtig vorgehen und sich immer am kleinsten gemeinsamen Nenner orientieren. Vergeben Sie nur die Rechte, die wirklich alle Benutzer der Gruppe haben sollen. Falls ein Benutzer zusätzlich noch etwas dürfen soll, ist es bei der Einrichtung der Benutzer im nächsten Abschnitt relativ einfach, dessen Rechte zu erweitern.

22.3 Die Benutzerin »Helen Lewis« einrichten

Benutzer richten Sie im Backend-Modul BENUTZER ein, und einen gibt es dort schon: den Systemadministrator, den Sie bei der Installation von Contao eingerichtet haben. Normale Benutzer haben einen blauen Kopf, Administratoren einen roten (vermutlich weil sie sich so viel über die Benutzer ärgern). Die Eingabemaske zur Erstellung eines Benutzers wird im Folgenden auf zwei Schritte verteilt.

Schritt 1: Benutzername und Passwort

Helen Lewis von der Music Academy soll auf Ihrer Beispielsite die Nachrichten bearbeiten. Im ersten Schritt vergeben Sie einen Benutzernamen und ein Passwort.

Name und E-Mail
Benutzername*
h.lewis
Bitte geben Sie einen eindeutigen Benutzernamen ein.
Name*
Helen Lewis
Bitte geben Sie den Vor- und Nachnamen ein.
E-Mail-Adresse*
h.lewis@websites-erstellen-mit-contao.de
Bitte geben Sie eine gültige E-Mail-Adresse ein.
Backend-Einstellungen
Backend-Theme
Passwort-Einstellungen
Administrator
Zum Administrator machen
Administratoren haben uneingeschränkten Zugriff auf alle Module und Elemente!

Abbildung 22.6 Benutzer einrichten, Teil 1

Der BENUTZERNAME dient zur Anmeldung am Backend, der NAME erscheint beim Schreiben eines Beitrags als Autorenname, und die E-MAIL-ADRESSE dient zur Kontaktaufnahme sowie zur eventuellen Benachrichtigung bei Kommentaren. Hier sollten Sie eine Mail-Adresse eingeben, die sie auch abrufen kann. Die aus Abbildung 22.6 kommt bei mir an ...

ToDo: Seiten zur An- und Abmeldung erstellen

1. Öffnen Sie das Backend-Modul BENUTZERVERWALTUNG • BENUTZER.
2. Klicken Sie oben im Arbeitsbereich auf NEUER BENUTZER.
3. Geben Sie die folgenden Daten ein:

   BENUTZERNAME: »h.lewis«
   NAME: »Helen Lewis«
   E-MAIL-ADRESSE: eine Mail-Adresse, die Sie abrufen können
4. In den BACKEND-EINSTELLUNGEN bleibt alles unverändert.
5. PASSWORT: »helenlewis« (muss bestätigt werden)
6. Helen Lewis soll *kein* ADMINISTRATOR sein.
7. Und zwischendurch wieder einmal SPEICHERN (Alt + S).

Schritt 2: Benutzergruppen und Rechtevererbung

In diesem Schritt legen Sie fest, zu welchen Benutzergruppen der Benutzer gehören soll und wie sich die Gruppenrechte zu seinen Benutzerrechten verhalten sollen (siehe Abbildung 22.7).

Abbildung 22.7 Benutzer einrichten, Teil 2

Die Zuweisung zur Benutzergruppe ist einfach, denn es gibt nur eine. Wichtiger ist denn auch die Rechtevererbung, bei der es drei Optionen gibt:

- NUR GRUPPENRECHTE VERWENDEN
  Diese Option ist die einfachste und gut geeignet, wenn man viele Leute gleich behandeln möchte. Zur Änderung der Rechte für alle Benutzer müssen Sie dann nur die Einstellungen in der Benutzergruppe ändern.
- GRUPPENRECHTE ERWEITERN
  Der Benutzer erhält die Rechte der Gruppe plus individuelle Rechte. Mit dieser Option können Sie z.B. die Rechte eines besonders erfahrenen Redakteurs erweitern und so nur ihm (oder ihr) das Veröffentlichen und Löschen von Beiträgen erlauben.
- NUR BENUTZERRECHTE VERWENDEN
  Dies sollte eher eine Ausnahme sein, denn die mühsam erstellten Gruppenrechte werden mit dieser Einstellung schlicht und einfach ignoriert.

Bei den beiden letzten Optionen erscheinen in der Eingabemaske übrigens automatisch die aus der Benutzergruppe bekannten Optionen zum Einstellen des Pagemounts, Filemounts und der Rechte für die Erweiterungen.

Für Helen Lewis soll die Option NUR GRUPPENRECHTE VERWENDEN gewählt werden.

ToDo: Seiten zur An- und Abmeldung erstellen

1. Öffnen Sie gegebenenfalls im Backend-Modul BENUTZERVERWALTUNG • BENUTZER die Benutzerin HELEN LEWIS zur Bearbeitung.
2. Aktivieren Sie im Bereich BENUTZERGRUPPE die Gruppe REDAKTEURE – NACHRICHTEN.

3. Prüfen Sie, ob im Bereich RECHTEVERERBUNG die Option NUR GRUPPENRECHTE VERWENDEN ausgewählt ist.
4. Klicken Sie auf SPEICHERN UND SCHLIESSEN.

Schritt 3: Testen – ein Klick, und Kevin Jones ist Helen Lewis

Wenn Sie wenig Erfahrung mit der Verwaltung von Benutzern in IT-Systemen haben, sollten Sie anfangs etwas vorsichtig sein, denn es gilt die alte Weisheit »Je mehr Sie *einstellen*, desto mehr können Sie *verstellen*«.

Um zu testen, ob Sie nicht versehentlich irgendetwas verstellt haben, können Sie sich per Mausklick in Helen Lewis verwandeln und alles ausprobieren.

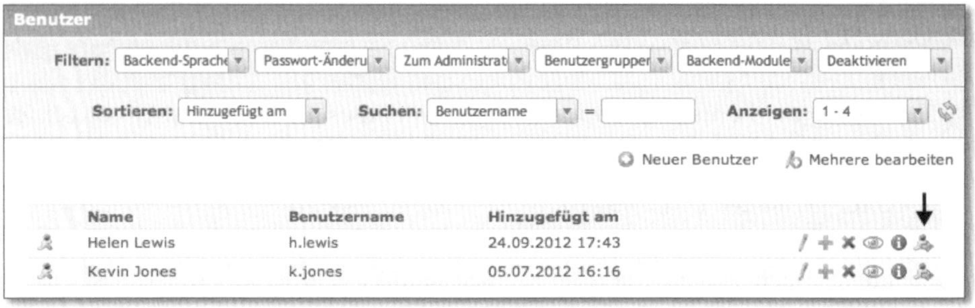

Abbildung 22.8 Ein Klick, und Kevin Jones wird Helen Lewis.

Im Backend-Modul BENUTZER klicken Sie dazu einfach in der Symbolleiste auf das Symbol ganz rechts außen, und schon sehen Sie das Backend aus der Sicht dieses Benutzers. Genau genommen, sind Sie nach diesem Klick Helen Lewis. Zumindest im Backend.

Abbildung 22.9 zeigt, dass außer den BENUTZERFUNKTIONEN nur die Backend-Module NACHRICHTEN und DATEIVERWALTUNG zu sehen sind. Und innerhalb der Dateiverwaltung erscheinen wie geplant nur die Ordner unterhalb von *beispielsite/content/* (*Filemounts*).

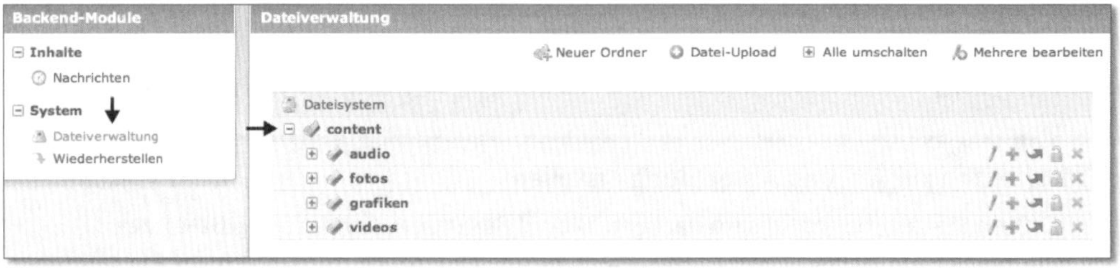

Abbildung 22.9 Das Backend aus der Sicht von Helen Lewis

Sie können jetzt in Ruhe alles ausprobieren und schauen, ob Helen Lewis das darf, was Ihnen vorschwebt. Probieren Sie, einen Beitrag zu schreiben, und schauen Sie, welche Felder in der Eingabemaske vorhanden sind und welche nicht. Möchten Sie etwas an den Benutzerrechten korrigieren, melden Sie sich ab und anschließend als Administrator wieder an.

Begrüßungsmail an Frau Lewis nach der Einrichtung

Sehr geehrte Frau Lewis,

herzlichen Glückwunsch zu Ihrer neuen Tätigkeit als Nachrichtenredakteurin auf *website.de*. Sie arbeiten in der *Backend* genannten Verwaltungsabteilung der Website. Die Adresse lautet:

- *http:// website.de/contao/*

Am besten setzen Sie für diese Adresse in Ihrem Browser ein Lesezeichen.

Mit dem Benutzernamen *h.lewis* und dem Passwort *helenlewis* können Sie sich am Backend anmelden. Das Passwort können Sie im Backend-Bereich BENUTZERFUNKTIONEN • PERSÖNLICHE DATEN selbst ändern.

Sollte es noch Fragen geben, wissen Sie ja, wie Sie mich erreichen können.

Mit freundlichem Gruß

Ihr Administrator

22.4 Die Benutzergruppe »Redakteure – Artikel«

In diesem Abschnitt erstellen Sie eine zweite Benutzergruppe, REDAKTEURE – ARTIKEL, die auf bestimmten Seiten Artikel bearbeiten darf. Anschließend weisen Sie die Benutzerin Helen Lewis dieser Gruppe zu.

22.4.1 Die Benutzergruppe »Redakteure – Artikel« einrichten

Um eine neue Benutzergruppe einzurichten, erstellen Sie am einfachsten eine Kopie der bereits vorhandenen Gruppe und ändern die gewünschten Rechte.

Die Benutzer dieser Gruppe sollen im Navigationsbereich die Backend-Module ARTIKEL und DATEIVERWALTUNG sehen. Im Artikelbaum sollen nur die STARTSEITE und die Seite ARTIKEL ERSTELLEN auftauchen. Dazu kreuzen Sie im Bereich PAGEMOUNTS diese beiden Seiten an. Außerdem benötigen Artikel-Redakteure *erlaubte Felder* für Artikel (*tl_article*) und Inhaltselemente (*tl_content*).

ToDo: Seiten zur An- und Abmeldung erstellen

1. Öffnen Sie das Backend-Modul BENUTZERGRUPPEN.
2. Erstellen Sie eine Kopie der Gruppe REDAKTEURE – NACHRICHTEN mit einem Klick auf das grüne Kreuz in der Symbolleiste daneben.
3. Der TITEL der Gruppe ist »Redakteure – Artikel«.
4. ERLAUBTE MODULE sind dieses Mal ARTIKEL und DATEIVERWALTUNG.
5. Im Bereich PAGEMOUNTS aktivieren Sie die STARTSEITE und die Seite ARTIKEL (Unterseiten werden automatisch hinzugefügt); bei ERLAUBTE SEITENTYPEN erlauben Sie nur die Option REGULÄRE SEITE.
6. Im Bereich FILEMOUNTS bleibt der Ordner *beispielsite/content/* ebenso unverändert wie die Option bei ERLAUBTE DATEI-OPERATIONEN (die ersten drei sind aktiv).
7. Deaktivieren Sie alle NACHRICHTEN-RECHTE. Auch für die anderen Erweiterungen sollen keine Rechte vergeben werden.
8. Deaktivieren Sie im Bereich ERLAUBTE FELDER alle Felder in der Tabelle *tl_news*.
9. Aktivieren Sie stattdessen zunächst alle Felder in den Tabellen *tl_article* (die Artikel) und *tl_content* (die Inhaltselemente), und stellen Sie dann bei Bedarf nicht gewünschte Felder wieder aus.
10. Klicken Sie auf SPEICHERN UND SCHLIESSEN.

22.4.2 Benutzer der Benutzergruppe »Redakteure – Artikel« zuweisen

Nach der Erstellung der Benutzergruppe müssen Sie noch einen Benutzer zuweisen. Helen Lewis hat ihre Sache als Nachrichtenredakteurin souverän erledigt, sodass sie befördert wird und jetzt auch Artikel bearbeiten darf.

Helen Lewis gehört nach diesem ToDo zu zwei Benutzergruppen, und die Rechte der beiden Gruppen werden addiert. Im Backend sollten für sie also die Module ARTIKEL, NACHRICHTEN und DATEIVERWALTUNG erscheinen.

ToDo: Seiten zur An- und Abmeldung erstellen

1. Öffnen Sie im Backend-Modul BENUTZERVERWALTUNG • BENUTZER die Benutzerin HELEN LEWIS zur Bearbeitung.
2. Aktivieren Sie im Bereich BENUTZERGRUPPEN die Gruppe REDAKTEURE – ARTIKEL.
3. Lassen Sie die RECHTEVERERBUNG unverändert.
4. Klicken Sie auf SPEICHERN UND SCHLIESSEN.

Um zu testen, ob alles geklappt hat, klicken Sie in der Benutzerliste in der Symbolleiste neben HELEN LEWIS wieder auf das Symbol ganz rechts außen.

Im Backend ist das Backend-Modul ARTIKEL zusätzlich erschienen, und wenn Sie das Backend-Modul ARTIKEL öffnen, sehen Sie entweder die knappe rote Mitteilung EIN FEHLER IST AUFGETRETEN oder die durch PAGEMOUNTS freigegebenen Seiten und die Artikel darauf.

So weit, so gut. Aber bei näherer Betrachtung werden Sie feststellen, dass die Symbole in der Symbolleiste zum Bearbeiten der Artikel nicht anklickbar sind. Die meisten Symbole sind inaktiv und grau (siehe Abbildung 22.10).

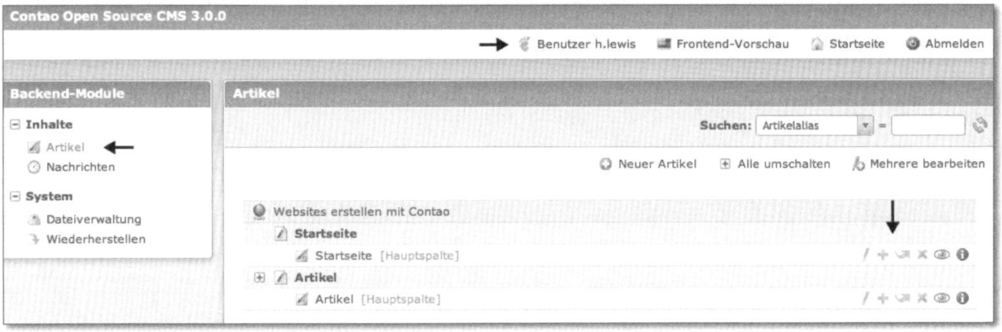

Abbildung 22.10 Die Symbole zur Bearbeitung sind grau und inaktiv.

Tja, eine echte »Grauerei« sozusagen. Es sah alles so gut aus, und auf dem letzten Meter klappt es dann doch nicht. An dieser Stelle haben schon einige angehende Admins festgesessen. Die Lösung lautet *Zugriffsrechte setzen*.

22.5 Zugriffsrechte für Seiten und Artikel setzen

Weil die beiden Begriffe *Zugriffsschutz* und *Zugriffsrechte* ziemlich ähnlich klingen, möchte ich gleich zu Beginn noch einmal den Unterschied zusammenfassen:

- *Zugriffsschutz* gibt es nur im Singular. Er regelt den Zugriff auf Seiten, Module und Inhaltselemente im Frontend für Gäste und Mitglieder.
- *Zugriffsrechte* gibt es nur im Plural. Sie regeln den Zugriff auf Seiten, Artikel und Inhaltselemente im Backend für Benutzer.

Für die Gruppe REDAKTEURE – NACHRICHTEN war die Vergabe von Zugriffsrechten nicht nötig, da Zugriffsrechte nur in der Seitenstruktur vergeben werden und Nachrichten außerhalb der Seitenstruktur in einem Archiv verwaltet werden. Gleiches gilt für die Erweiterungen KALENDER, FAQ und NEWSLETTER.

22.5.1 Zugriffsrechte: Was mit Seite und Artikel gemacht werden darf

In der Benutzerverwaltung haben Sie für Helen Lewis die *Benutzerrechte* definiert und damit z.B. festgelegt, *dass* sie bestimmte Seiten und Artikel bearbeiten darf. Mit den *Zugriffsrechten* definieren Sie jetzt, *was* genau sie damit machen darf. Abbildung 22.11 zeigt die Eingabemaske für Zugriffsrechte im Überblick.

In dieser Eingabemaske können Sie mit wenigen Klicks die Zugriffsrechte für die betreffende Seite regeln. Wie Sie sehen, gibt es ein UNIX-ähnliches Rechtesystem mit drei Ebenen: BESITZER, GRUPPE und ALLE anderen. Für jede der drei Gruppen werden die Rechte BEARBEITEN, HIERARCHIE ÄNDERN (verschieben und duplizieren) und LÖSCHEN vergeben – und zwar einmal für Seiten und einmal für Artikel.

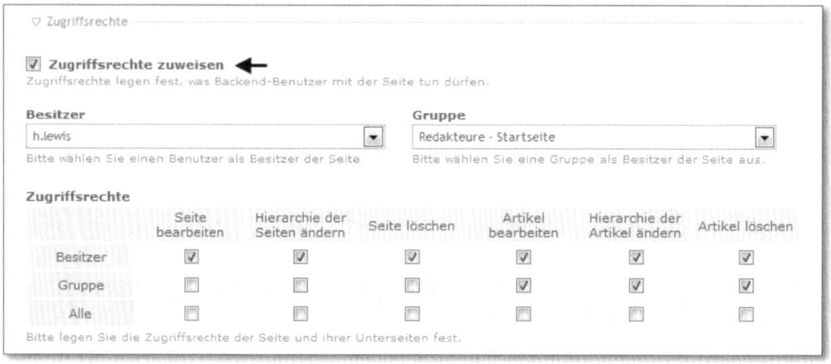

Abbildung 22.11 Zugriffsrechte in den Einstellungen einer Seite zuweisen

Standardmäßig darf der Besitzer einer Seite sowohl die Seite selbst als auch die Artikel darauf bearbeiten. Ein Mitglied der Gruppe darf hingegen nur die Artikel bearbeiten, nicht aber die Seite, und alle anderen Benutzer dürfen gar nichts.

Sie als Administrator dürfen natürlich nach wie vor alles. Sie müssen also keine Angst haben, dass Sie sich versehentlich aus Ihrer eigenen Wohnung ausschließen.

Standardeinstellung für Zugriffsrechte in »System • Einstellungen«

Im Backend-Modul SYSTEM • EINSTELLUNGEN können Sie STANDARD-ZUGRIFFSRECHTE festlegen. Dort können Sie einen *Standardbesitzer*, eine *Standardgruppe* und *Standardzugriffsrechte* definieren, mit denen Sie dann hier in den Seiteneinstellungen begrüßt werden.

22.5.2 Zugriffsrechte für die freigegebenen Seiten setzen

Zum Abschluss dieser Einführung in die Benutzerverwaltung von Contao setzen Sie im folgenden ToDo die Zugriffsrechte für die STARTSEITE und die Seite ARTIKEL

ERSTELLEN: BESITZER der Seiten wird der Administrator (Kevin Jones), als GRUPPE soll REDAKTEURE – ARTIKEL ausgewählt werden.

ToDo: Seiten zur An- und Abmeldung erstellen

1. Öffnen Sie als Administrator das Backend-Modul LAYOUT • SEITENSTRUKTUR.
2. Klicken Sie oben rechts im Arbeitsbereich auf MEHRERE BEARBEITEN.
3. Kreuzen Sie die Seiten STARTSEITE und ARTIKEL an, und klicken Sie unten rechts auf die Schaltfläche BEARBEITEN.
4. Aktivieren Sie die Felder SEITENNAME, ZUGRIFFSRECHTE ZUWEISEN, BESITZER, GRUPPE und ZUGRIFFSRECHTE, und klicken Sie danach auf die Schaltfläche WEITER.
5. Aktivieren Sie für die STARTSEITE das Kontrollkästchen ZUGRIFFSRECHTE ZUWEISEN.
6. BESITZER soll der ADMINISTRATOR sein, GRUPPE REDAKTEURE – ARTIKEL.
7. Bei ZUGRIFFSRECHTE soll der BESITZER für Seite und Artikel alles dürfen (sechs Häkchen), die GRUPPE darf alles nur für Artikel (drei Häkchen), und Mitglieder von ALLE dürfen gar nichts (Null Points).
8. Wiederholen Sie diese Einstellungen für die Seite ARTIKEL ERSTELLEN.
9. Klicken Sie auf SPEICHERN UND SCHLIESSEN.

Wenn Sie das Backend nach diesem ToDo wieder aus der Sicht von Helen Lewis betrachten, sind die Symbole zum Bearbeiten der Artikel aktiv, und Helen kann arbeiten (siehe Abbildung 22.12).

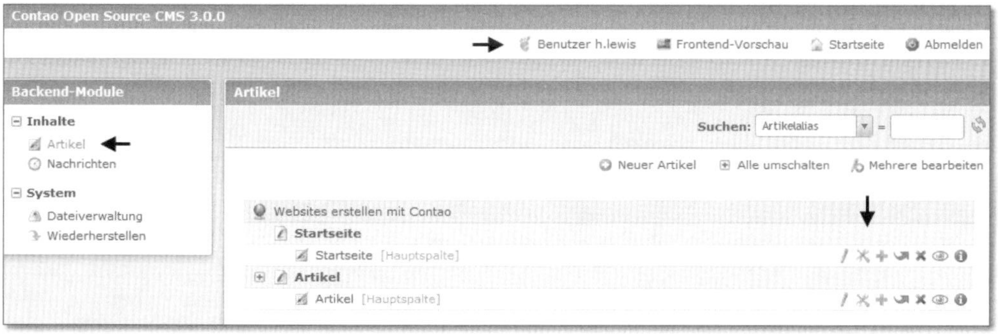

Abbildung 22.12 Die Zugriffsrechte sind gesetzt, und die Symbole sind aktiv.

Helen Lewis ist Mitglied in zwei Benutzergruppen, und um zu probieren, ob mit der Vererbung der Gruppenrechte alles klappt, können Sie als Administrator bei der Benutzerin Helen Lewis die Gruppen REDAKTEURE – NACHRICHTEN und REDAK-

TEURE – ARTIKEL einzeln deaktivieren und dann kontrollieren, ob sich das Backend entsprechend verändert.

Übersicht über alle gesetzten Zugriffsrechte

Früher oder später werden Sie sich fragen, ob es eine Möglichkeit gibt, sich die gesetzten Berechtigungen für alle Seiten anzeigen zu lassen. Die gibt es:

- Klicken Sie in der SEITENSTRUKTUR oben auf MEHRERE BEARBEITEN, wählen Sie alle gewünschten Seiten aus, und klicken Sie unten auf BEARBEITEN.
- Wählen Sie alle gewünschten Felder aus, z.B. SEITENNAME, ZUGRIFFSRECHTE ZUWEISEN, BESITZER, GRUPPE und ZUGRIFFSRECHTE.
- Klicken Sie auf WEITER.

Jetzt können Sie die Zugriffsrechte aller ausgewählten Seiten auf einer einzigen Backend-Seite überprüfen und gegebenenfalls ändern.

Kapitel 23
Wartung: die Website im Alltag

In diesem Kapitel erfahren Sie, wie Sie mit dem System-Log Aktivitäten im Frontend und Backend auswerten können, wie Sie Google Analytics in Contao integrieren, wie Sie den Cache in Contao kontrollieren, ein Backup machen und eine Contao-Installation aktualisieren.

Die Themen im Überblick:

Nach der Freischaltung der Website ist die Arbeit natürlich nicht beendet. Im Folgenden finden Sie daher ein paar Hinweise zur Systemverwaltung im Alltag.

23.1 Das »System-Log« schreibt mit

Contao speichert alles, was es tut, im System-Log, das Sie im Backend-Modul SYSTEM-LOG anschauen und verwalten können. Welcher Benutzer was wann wo und wie gemacht hat, welche Dateien generiert wurden, was in der Datenbank gespeichert wurde – kurzum: fast alles (siehe Abbildung 23.1).

Mit den Filtern oben im Arbeitsbereich können Sie genau einstellen, was unten in der Liste angezeigt werden soll, und mit ein bisschen Übung ist das recht flott erledigt. Gelb hinterlegte Filter sind aktiv.

Achten Sie besonders auf das Feld ANZEIGEN rechts oben. Dort werden standardmäßig nur die letzten 30 Einträge angezeigt. Wenn Sie mehr als diese 30 sehen möchten, setzen Sie den Filter per Mausklick auf ALLE.

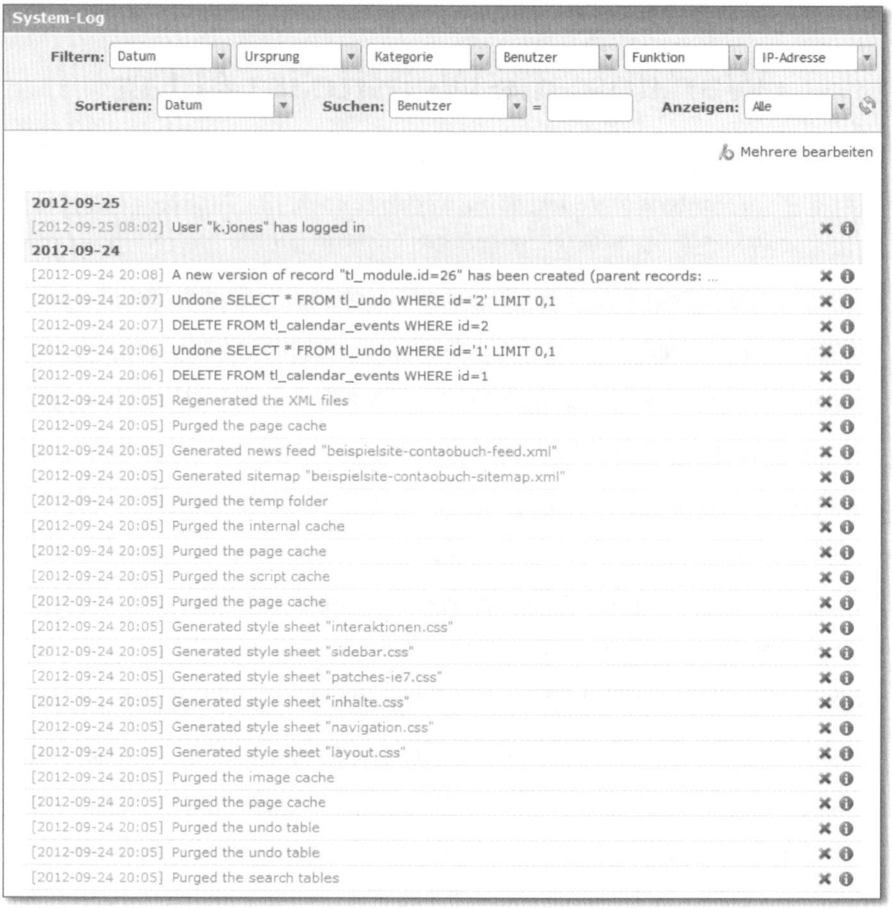

Abbildung 23.1 Das System-Log protokolliert Aktivitäten im Backend.

Um die Einträge aus dem System-Log zu löschen, klicken Sie oben rechts auf MEHRERE BEARBEITEN, aktivieren alle Einträge, scrollen dann nach unten und klicken auf die Schaltfläche LÖSCHEN. Je nachdem, wie viele Einträge vorhanden sind, müssen Sie diesen Vorgang eventuell mehrfach wiederholen.

Die Log-Dateien liegen übrigens im Ordner *system/logs*. Dort können Sie die Dateien auch per FTP löschen.

23.2 Die »Systemwartung« im Überblick

In der SYSTEMWARTUNG gibt es die drei Bereiche LIVE UPDATE, SUCHINDEX NEU AUFBAUEN und DATEN BEREINIGEN. Das Live Update lernen Sie weiter hinten in diesem Kapitel kennen. Los geht es mit dem Suchindex.

23.2.1 »Systemwartung«: Suchindex neu aufbauen

Der Suchindex wird durch das Aufrufen der Seiten im Frontend nach und nach gefüllt. Falls Sie ihn, zum Beispiel nach einer Änderung der URL-Struktur, löschen möchten, nutzen Sie dazu im Bereich DATEN REINIGEN die Option SUCHINDEX LÖSCHEN. Dadurch werden die beiden Datenbanktabellen *tl_search* und *tl_search_index* geleert.

Um danach nicht alle Seiten manuell aufrufen zu müssen, gibt es die Option SUCHINDEX NEU AUFBAUEN, die dies in einem Durchgang erledigt. Ein Klick auf die Schaltfläche SUCHINDEX AUFBAUEN, ein bisschen Geduld, und schon ist der Suchindex wieder gefüllt.

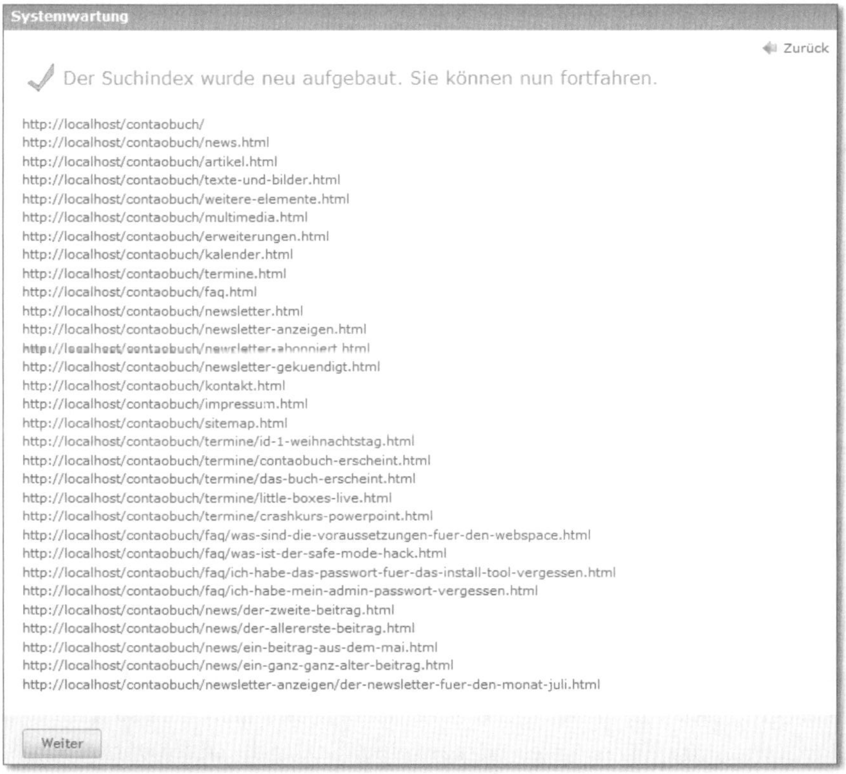

Abbildung 23.2 Der Suchindex wurde neu aufgebaut.

Wenn eine Seite nicht durchsucht werden soll ...

Um zu verhindern, dass eine Seite in den Suchindex aufgenommen wird, gehen Sie in den Seitenbaum und aktivieren in den Einstellungen für die betreffende Seite die Option NICHT DURCHSUCHEN.

23.2.2 »Systemwartung«: Daten bereinigen

Im Backend-Modul SYSTEMWARTUNG gibt es die in Contao 3 general überholte und sehr viel übersichtlichere Option DATEN BEREINIGEN, mit der Sie Daten manuell aus einigen Datenbanktabellen (*tl_**) und Cache-Ordnern (*assets/** und *system/**) entfernen können (siehe Abbildung 23.3).

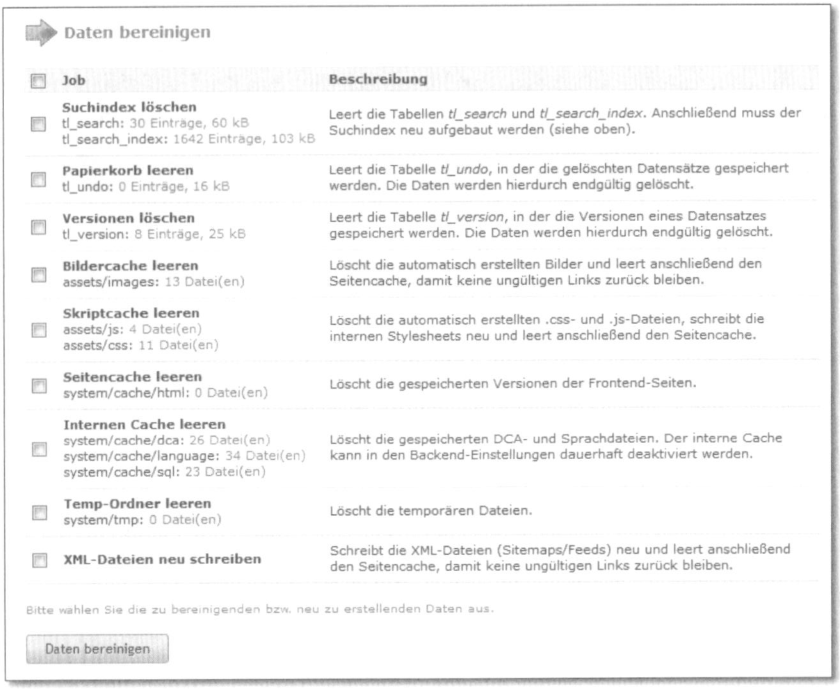

Abbildung 23.3 »Systemwartung« – Daten bereinigen

Die einzelnen Optionen beziehen sich auf folgende Daten:

- SUCHINDEX LÖSCHEN
  Die Datenbanktabellen *tl_search* und *tl_search_index* speichern die Seiten bzw. die Suchbegriffe. Nach dem Löschen dieser Tabellen wird der Index so nach und nach durch das Aufrufen der Seiten oder auf einen Schlag durch die Option SUCHINDEX NEU AUFBAUEN gefüllt (siehe oben).
- PAPIERKORB LEEREN
  tl_undo korrespondiert mit der Funktion SYSTEM • WIEDERHERSTELLEN. Wenn Sie diese Tabelle leeren, können Sie nichts mehr rückgängig machen.
- VERSIONEN LÖSCHEN
  tl_version bezieht sich auf Contaos *Versionierung*, die Ihnen z.B. bei Modulen und Inhaltselementen oben rechts im Arbeitsbereich in Form der Funktion WIEDERHERSTELLEN begegnet. Nach dem Leeren dieser Tabelle sind die Listen dort auch leer.

- BILDERCACHE LEEREN
  Im Ordner *assets/images* speichert Contao alle automatisch erstellten Bilder. Diese Option leert diesen Ordner und löscht anschließend den Seitencache (siehe unten).
- SKRIPTCACHE LEEREN
  Diese Option löscht die in den Ordnern *assets/js* und *assets/css* automatisch erzeugten JavaScript- und CSS-Dateien und leert anschließend den Seitencache, damit keinerlei alte Überreste vorhanden bleiben.
- SEITENCACHE LEEREN
  Im Ordner *system/cache/html* liegen alle gespeicherten Versionen von Frontend-Seiten und können mit dieser Option gelöscht werden.
- TEMP-ORDNER LEEREN
  Im Ordner *system/tmp* werden gecachte Seiten gespeichert. Dieser Ordner wird nur von Contao aufgerufen und wird auch *Temporärer Ordner* genannt.
- XML-DATEIEN NEU SCHREIBEN
  Diese Option generiert die XML-Sitemap für die Suchmaschinen und die XML-Dateien für RSS-Feeds neu.

Mit diesen Optionen können Sie Daten aus diversen Datenbanktabellen und Cache-Ordnern sehr gezielt bereinigen.

»System • Einstellungen • Speicherzeiten« überprüfen

Im Backend-Modul SYSTEM • EINSTELLUNGEN können Sie die genaue Speicherzeit für UNDO-SCHRITTE (*tl_undo*), VERSIONEN (*tl_version*) und die LOG-EINTRÄGE (*tl_log*) festlegen.

Falls Sie hier am Anfang des Buches die VERFALLSZEIT EINER SESSION erhöht haben, wäre jetzt vielleicht ein guter Zeitpunkt, sie wieder auf »3600« zu stellen.

23.2.3 Cache leeren für Redakteure: »Persönliche Daten – Daten bereinigen«

Da nicht alle Benutzer Zugriff auf die SYSTEMWARTUNG haben, gibt es auch in den Benutzereinstellungen (PERSÖNLICHE DATEN) die Möglichkeit, Daten zu bereinigen und aus dem Cache zu entfernen. Die Benutzereinstellungen öffnen Sie mit einem Klick auf den Benutzernamen oben im Info-Bereich.

Im Bereich CACHE LEEREN findet der Benutzer im Bereich DATEN BEREINIGEN die Optionen SESSION-DATEN, BILDERCACHE und TEMPORÄRER ORDNER. Die erste Option löscht die Daten der aktuellen Sitzung, die beiden letzten Punkte sind identisch mit BILDERCACHE LEEREN bzw. TEMP-ORDNER LEEREN aus der SYSTEMWARTUNG und leeren die entsprechenden Ordner (siehe Abbildung 23.4).

Abbildung 23.4 Der Benutzercache in den »Persönlichen Daten«

23.3 Den »Cache-Flow« in Contao kontrollieren

Cache wird »käsch« gesprochen, genau wie das englische Wort für *Bargeld*, und bezeichnet laut Wikipedia »eine Methode, um Inhalte, die bereits einmal vorlagen, beim nächsten Zugriff schneller zur Verfügung zu stellen«.

23.3.1 Cache as cache can: Cache gibt es in Contao und im Browser

Contao hat diverse Cache-Speicher, in denen Webseiten, Bilder und Skripte je nach Einstellungen mehr oder weniger lange zwischengelagert werden. Wie man diesen Cache ganz oder teilweise leert, haben Sie weiter oben in diesem Abschnitt bereits gelesen. Geschützte Seiten werden übrigens aus Sicherheitsgründen prinzipiell nicht in den Cache geschrieben.

Aber neben Contao hat auch jeder Browser einen Cache, in dem er aufgerufene Webseiten und deren Bestandteile zwischenlagert. Der Browser-Cache ist zwar unabhängig von Contao, funkt aber trotzdem manchmal dazwischen: wenn z.B. nach einem Contao-Update oder Theme-Import die Anzeige im Browser nicht stimmt oder wenn Änderungen an Stylesheets im Frontend nicht angezeigt werden.

Durch das Löschen des Contao-Cache und des Browser-Cache wird gewährleistet, dass der Browser aktuelle Daten darstellt und Sie nicht Ihre Zeit damit verschwenden, Fehler zu beheben, die es gar nicht gibt.

Browser-Cache in Firefox löschen

Bei modernen Fireföxen versteckt sich die Option zum Löschen des Cache im Menü Extras • Neueste Chronik löschen. Blenden Sie in dem Dialogfeld die Details ein, und wählen Sie aus, was gelöscht werden soll. Eine der Optionen ist der Cache.

23.3.2 Der »Cache-Modus« von Contao in »System • Einstellungen«

Contao ist sowieso schon ein recht flottes Content-Management-System, aber bei gut besuchten Sites können Sie mit dem Cache die Auslieferung der Seiten noch weiter beschleunigen.

Abbildung 23.5 zeigt, wie man im Backend-Modul SYSTEM • EINSTELLUNGEN im Bereich FRONTEND-EINSTELLUNGEN den CACHE-MODUS konfigurieren und festlegen kann, ob die Seiten von Contao (*Servercache*) und vom Browser (*Browsercache*) zwischengespeichert werden sollen.

Die Standardeinstellung DEN SERVER- UND DEN BROWSERCACHE VERWENDEN sollte, wenn alles problemlos läuft, nicht verändert werden.

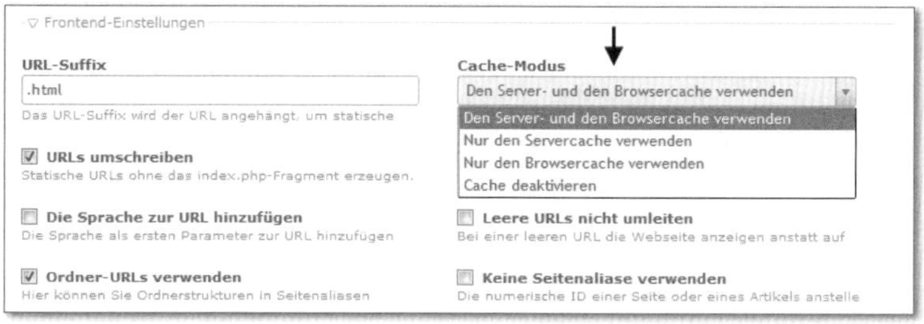

Abbildung 23.5 Cache-Modus festlegen in »System • Einstellungen«

23.3.3 Die »Cache-Einstellungen« in der Seitenstruktur definieren

In der SEITENSTRUKTUR können Sie Contao mitteilen, dass es ausgelieferte Seiten für einen bestimmten Zeitraum zwischenlagern soll. Diese CACHEZEIT legen Sie fest, indem Sie neben der gewünschten Seite auf den gelben Bleistift klicken und dann im Bereich CACHE-EINSTELLUNGEN einen Zeitraum wählen.

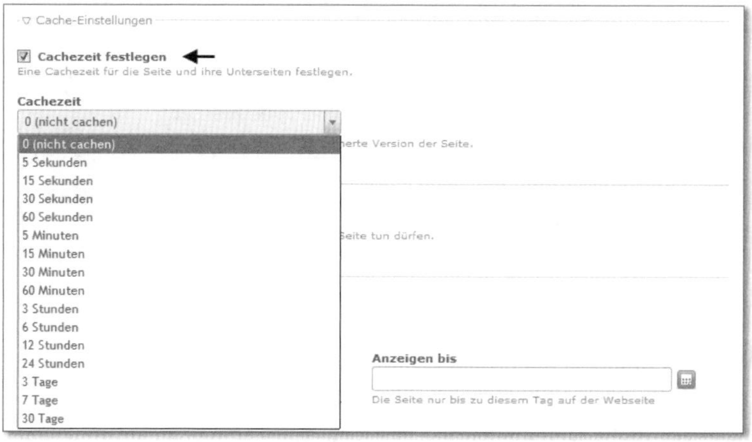

Abbildung 23.6 In der Seitenstruktur können Sie die Cachezeit für eine Seite festlegen.

Da die Cachezeit automatisch auf alle Unterseiten vererbt wird, ist es am effektivsten, im Seitenbaum für den STARTPUNKT EINER WEBSEITE zunächst einmal eine allgemeine Cachezeit von z.B. ein paar Stunden zu definieren. Für andere Seiten definieren Sie explizit eine kürzere Cachezeit:

- Für Seiten mit sich häufig ändernden Inhalten wie die STARTSEITE oder die Seite NEWS können Sie eine deutlich kürzere Cachezeit von z.B. fünf Minuten einstellen.
- Für Seiten mit nicht redaktionell erzeugten Inhalten, die sich bei jedem Aufruf ändern können, setzen Sie die Cachezeit am besten auf 0. Beispiele sind die Seiten mit den Suchergebnissen oder die Sitemap.

So muss im Bedarfsfall die Cachezeit nur an wenigen Stellen geändert werden.

Notizen machen mit [x_backend_notes]

In der in Abschnitt 5.4 installierten Erweiterung [x_backend_notes] können Sie im Feld BACKEND-NOTIZEN direkt beim Startpunkt und den entsprechenden Unterseiten eine kurze Notiz speichern, wie Sie die Cachezeiten eingestellt haben

23.4 Backups erstellen: Datenbank und Dateien sichern

Eine Contao-Installation besteht immer aus zwei Komponenten:

1. die MySQL-Datenbank mit allen Daten
2. die Dateien und Ordner auf dem Webspace

Bei einem kompletten Backup müssen Sie unbedingt immer beide Komponenten sichern. Es gibt zwar den schönen Satz »Backups sind für Feiglinge«, aber der Übergang zwischen Mut und Dummheit ist bekanntlich fließend. Oder anders ausgedrückt: Regelmäßige Backups sind eine ziemlich gute Angewohnheit.

Vor einem Backup aufräumen, um die Datenmenge zu reduzieren

Vor einem Backup sollten Sie die Größe der Datenbank und die Anzahl der zu sichernden Dateien reduzieren, indem Sie den SYSTEMLOG leeren und in der SYSTEMWARTUNG alle nicht benötigten DATEN BEREINIGEN.

23.4.1 Die MySQL-Datenbank sichern

Das Backup der Datenbank kann ohne zusätzliche Erweiterungen direkt in der Verwaltungsoberfläche Ihres Webspace mit einem Tool wie phpMyAdmin erledigt werden. Das Ergebnis wird in einer Datei mit der Endung *.sql* auf Ihrer Festplatte gespeichert. Damit haben Sie die eine Hälfte Ihrer Installation gesichert.

Die Erweiterung [backup_db]

Zur Sicherung der Datenbank gibt es die Erweiterung [backup_db], mit der die Sicherung der Datenbank von Contao bequemer ist als mit phpMyAdmin.

23.4.2 Die Daten auf dem Webspace sichern

Um auch die Dateien auf dem Webspace zu sichern, ist es am einfachsten, die Ordnerstruktur per FTP vom Webspace auf Ihren lokalen Rechner zu übertragen (siehe Abbildung 23.7).

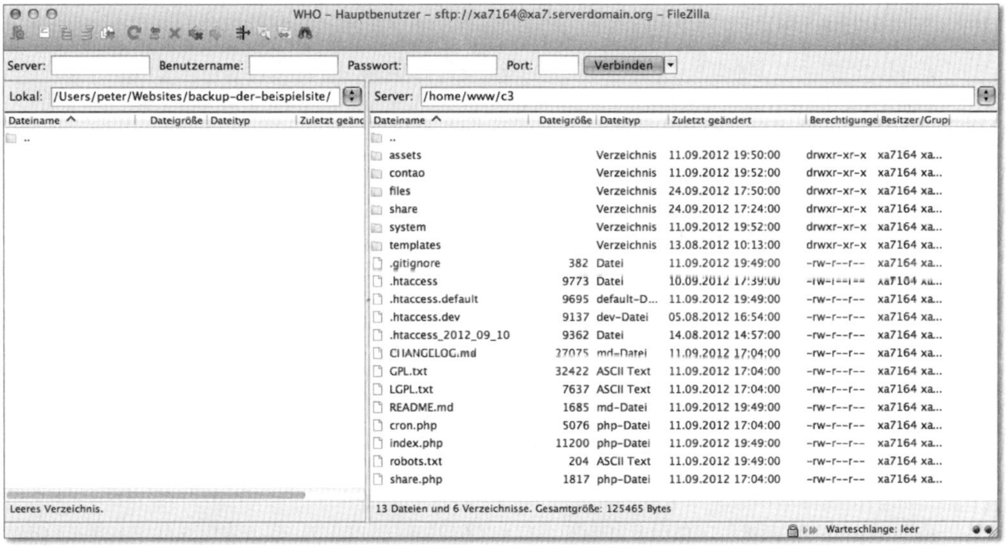

Abbildung 23.7 Alle Dateien vom Webspace herunterladen

Contao besteht aus einigen tausend Dateien, aber besonders wichtig sind die folgenden Dateien und Ordner:

- im Hauptordner die Dateien *.htaccess* und *robots.txt*
- im Ordner *system/config* die vier Konfigurationsdateien *localconfig.php, dcaconfig.php, langconfig.php* und *initconfig.php*
- der Ordner *files* mit allen Unterordnern
- der Ordner *templates* mit allen Unterordnern

Diese Dateien sollten Sie auch zwischendurch ab und an einmal sichern, sodass Sie im Bedarfsfall eine möglichst aktuelle Version parat haben.

Außerdem sollten Sie alle Dateien sichern, die Sie selbst geändert haben. Beispiele dafür wären die *.htaccess* im Hauptordner der Installation und gegebenenfalls die Konfigurationsdateien für den TinyMCE.

Vielleicht stellt Ihr Webhoster Backup-Tools bereit

Schauen Sie einfach einmal in der Administrationsoberfläche für Ihren Webspace nach, ob es vielleicht Tools für eine bequeme Komplettsicherung Ihrer Datenbanken, Ordner und Dateien gibt.

23.5 Updates: die Versionsnummern von Contao

Ein Sicherheits-Update sollte man so bald wie möglich durchführen. Für alle anderen Updates gelten die folgenden Überlegungen, die mit einem kleinen Überblick über den Contao-Update-Zyklus beginnen.

23.5.1 Das Bugfix-Release: 3.0.x

Ein Bugfix-Release ist ein kleiner Versionssprung von z. B. Contao 3.0.0 auf 3.0.1 und dient ausschließlich zur Beseitigung von Fehlern im System.

Ein Bugfix-Release enthält keine neuen Features und keine Änderungen an der API, der Datenbankstruktur oder den Templates, es sei denn, die Beseitigung eines Fehlers zieht solche Änderungen nach sich.

Erweiterungen aus dem Erweiterungskatalog können nach einem Bugfix-Update in den meisten Fällen problemlos weiterverwendet werden, allerdings sollte man dies sicherheitshalber bei den entsprechenden Erweiterungen prüfen. Am besten *vor* dem Update.

Bestehende Websites sollten ohne Anpassungen aktualisiert werden können.

23.5.2 Das Minor-Release: 3.x.0

Ein *Minor-Release* ist ein Versionssprung von z. B. 3.0.* auf 3.1 und enthält meist auch neue Features. Dadurch sind Änderungen an der API, der Datenbankstruktur oder den Templates wahrscheinlich. Das *Minor* ist also ein wenig irreführend, denn ein *Minor-Release* kann es, was Neuerungen und Änderungen betrifft, durchaus in sich haben.

Vor der Veröffentlichung einer neuen Minor-Version gibt es eine Beta-Phase sowie mindestens einen Release Candidate, sodass interessierte Anwender die Neuerungen bereits vorab testen können. Grundlegende Änderungen des Bedienkonzepts oder der Funktionsprinzipien von Contao sind in einem Minor-Release allerdings nicht zu erwarten.

Installierte Erweiterungen aus dem Erweiterungskatalog sollten vor einem Minor-Update unbedingt auf Kompatibilität mit der neuen Version geprüft werden. Bestehende Websites können zwar in der Regel mit einigen Anpassungen (Erweiterungen, Templates etc.) umgestellt werden, die Frage ist aber, ob das notwendig ist (siehe unten).

Minor-Releases werden nach Bedarf veröffentlicht und sind nicht zeitlich festgelegt, meist gibt es aber nicht mehr als zwei oder drei pro Jahr.

23.5.3 Das Major-Release: x.0.0

Ein *Major-Release* ist ein Versionssprung von z. B. Contao 2 auf Contao 3. Dieses Buch schildert die Arbeit mit dem Major-Release Contao 3.0.0.

Ein Major Release enthält neue Features, in der Regel Änderungen an der API, der Datenbankstruktur und den Templates sowie eventuell ein neues Erscheinungsbild oder ein geändertes/erweitertes Bedienkonzept.

Installierte Erweiterungen aus dem Erweiterungskatalog laufen in der neuen Version meist nicht ohne Anpassungen oder Update. Bestehende Websites können ziemlich sicher ebenfalls nicht ohne größere Anpassungen umgestellt werden.

Vor der Veröffentlichung einer neuen Major-Version gibt es eine Beta-Phase und je nach Bedarf einen oder mehrere Release Candidates. Aktuell ist geplant, etwa alle zwei Jahre ein Major-Release zu veröffentlichen.

23.5.4 Sollte ich eine funktionierende Contao-Website updaten?

Mit dem Erscheinen einer neuen Contao-Version taucht früher oder später die Frage auf, ob man updaten sollte oder nicht. Die Antwort auf diese Frage ist natürlich oft abhängig von Details, aber trotzdem gibt es einige Richtlinien zur Orientierung:

- Ein **Sicherheits-Update** sollte man möglichst zeitnah einspielen. Allerdings gibt es die bei Contao nicht besonders häufig.
- Ein **Bugfix-Release** sollte man so bald wie möglich einplanen, besonders wenn man von den Bugs betroffen ist. Bugfix-Updates lassen sich mit »größtenteils harmlos« umschreiben und sind via Live Update oder auch manuell meist in wenigen Minuten erledigt, da es keine grundlegenden Änderungen gibt.

- Ein **Minor-Release** von z.B. 3.0 auf 3.1 ist hingegen ein anderer Schnack und wird oft unterschätzt. Das macht man nicht mal einfach so eben zwischendurch. Wie weiter oben, beschrieben gibt es bei einem Minor Release neue Features und Änderungen an API, Templates oder Datenbankstruktur.
- Ein Update auf ein anderes **Major-Release** wie z.B. von 2.11.6 auf 3.0.0 ist eine sehr komplexe Angelegenheit und benötigt gute Planung, viel Zeit und meist trotzdem noch eine hohe Frustrationstoleranz. Ein Major-Release enthält auch neue Funktionsprinzipien wie z.B. grundlegende Änderungen am CSS-Framework.

Ein Update auf ein anderes Minor- oder gar Major-Release will also gut überlegt sein. Wenn eine Website z.B. problemlos läuft, gibt es nur wenige Gründe, *sofort* auf eine neue Version upzudaten. Außer zu viel Zeit und Neugier ist der wichtigste Update-Grund wohl, dass man unbedingt eines der neuen Features nutzen möchte.

Anders ausgedrückt: Wenn eine Website problemlos funktioniert, es kein Sicherheitsproblem gibt und die neuen Features nicht benötigt werden, gibt es keinen Grund für ein sofortiges Update. Gut Ding braucht Weil, lassen Sie sich also die Zeit, die es braucht.

23.5.5 Checkliste vor einem Update

Für die Fans von Checklisten hier noch einmal als Zusammenfassung die wesentlichen Punkte, die es *vor* einem Update zu beachten gilt:

- Infos zum Update auf *contao.org/ankuendigungen.html* lesen.
- Changelog studieren: *contao.org/aenderungsliste.html*
- Überlegen, ob ein Update nötig ist und Sie Zeit dafür haben.
- Installierte Erweiterungen auf Kompatibilität checken.
- Prüfen, ob eigene Templates angepasst werden müssen.
- Backup von Dateien und Datenbank machen.
- Forum lesen und schauen, ob es Hinweise auf Probleme gibt.

Und dann viel Erfolg beim Update, egal, ob »live« oder »manuell«.

Changelog enthält Links zum Ticket-System

Im Changelog gibt es hinter den Meldungen oft einen Link zum Ticket-System auf *GitHub.com*, in dem Bugs und Featurewünsche erfasst werden.

Der folgende Artikel enthält eine kurze Einführung in dieses Ticket-System:

- *contao.org/contao-entwicklungsprozess.html*

23.6 Der »Live Update«-Service: das automatische Update

Der *Live Update Service* ist eine Dienstleistung von iNet Robots, der Firma des Contao-Gründers Leo Feyer und in keiner Weise Voraussetzung für den Betrieb von Contao. Das *Live Update* vereinfacht lediglich die Aktualisierung Ihrer Installation aus dem Backend heraus (siehe Abbildung 23.8).

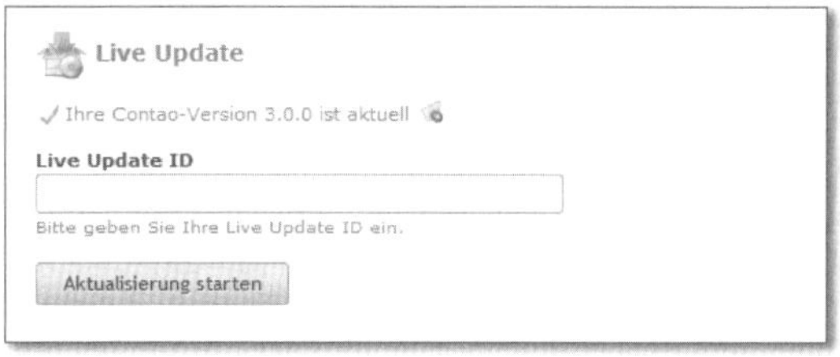

Abbildung 23.8 Das Eingabefeld für die »Live Update ID« im Backend-Modul »Systemwartung«

23.6.1 Mit dem »Contao-Check« prüfen, ob der Webspace geeignet ist

Das Live Update wurde gegenüber älteren Versionen grundlegend überarbeitet und hat neben diversen neuen Features auch relativ hohe Anforderungen an den Webspace. Während ich diese Zeilen schreibe (Oktober 2012), gibt es zum Beispiel aufgrund der verwendeten Phar-Technologie bei diversen Webhosting-Anbietern noch Schwierigkeiten mit dem Live Update.

Der Contao-Check, den Sie in Kapitel 4, »Die Installation von Contao«, bereits kennengelernt haben, prüft sämtliche bekannten Probleme und verweist gegebenenfalls auf weiterführende Informationen im Netz. Checken Sie Ihren Webspace also, bevor Sie eine Live Update ID erwerben.

23.6.2 Das »Live Update« kann auch Installationen reparieren

Der neue Live Update-Service liegt als selbstständiges Skript vor, das auch unabhängig vom Contao Core aktualisiert werden kann.

Mit dem Live Update können Sie nicht nur auf eine neue Version updaten, sondern auch eine bestehende Contao-Installation überprüfen und gegebenenfalls reparieren lassen, sogar ohne dabei die Version zu wechseln.

Nach einem Update prüft das Skript erneut, ob alle Dateien vorhanden und aktuell sind. Auf diese Weise wird sichergestellt, dass das Update tatsächlich erfolgreich war. Sogar eine Template-Überprüfung ist mit eingebaut.

Mehr Infos zur neuen Version des Live Updates finden Sie auf *contao.org*:

- *contao.org/de/news/neue-live-update-major-version.html*
- *contao.org/de/news/live-update-mit-template-pruefung.html*

23.6.3 Das »Live Update« macht auch ein Datenbank-Backup

Das Live Update versucht auch, ein Backup der Datenbank zu machen:

> *Das Tool nutzt dabei die PHP-Funktionen shell_exec() oder exec(), um auf die Kommandozeile zuzugreifen und dort die Kommandos mysqldump bzw. mysql aufzurufen.*
>
> *Sind diese PHP-Funktionen nicht verfügbar oder können die MySQL-Kommandos nicht mittels which gefunden werden, wird das Live Update wie gehabt ohne Datenbank-Backup durchgeführt.*

Bevor Sie das erste Mal ausprobieren, ob das Feature auf Ihrem Webspace funktioniert, sollten Sie mit phpMyAdmin oder der Erweiterung [BackupDB] ein Backup der Datenbank machen, denn auch Begrenzungen der Laufzeit und des Speicherbedarfs für PHP-Skripte können dazu führen, dass das Backup nicht vollständig ausgeführt wird.

Weitere Infos zum Datenbank-Backup mit dem Live Update:

- *contao.org/de/news/live-update-mit-datenbank-backup.html*

23.6.4 Machen Sie vor dem ersten »Live Update« ein Komplett-Backup

Murphy's Gesetz lautet »Alles, was schiefgehen kann, wird auch schiefgehen«. Der Einsatz von IT jeglicher Art optimiert Murphy's Gesetz und sorgt dafür, dass es genau zu dem Zeitpunkt schiefgeht, an dem es den größtmöglichen Schaden anrichtet.

Kurzum: Machen Sie zumindest vor dem ersten Einsatz des Live Updates ein Backup der Datenbank und der Dateien auf dem Webspace. Wie das geht, steht in diesem Kapitel im Abschnitt 23.4 ab Seite 600.

Nach einem Live-Update ist Contao im abgesicherten Modus

Wenn das Live-Update geklappt hat, befindet sich Contao im abgesicherten Modus ohne alle Erweiterungen. Eine entsprechende Meldung wird oben im Backend ausgegeben. Den abgesicherten Modus stellen Sie im Backend-Modul SYSTEM • EINSTELLUNGEN wieder aus, und zwar im Bereich SICHERHEITSEINSTELLUNGEN.

23.6.5 Eine »Live Update ID« erwerben

Um das Live Update von Contao zu nutzen, erwerben Sie auf der Website *inetrobots.com* eine *Live Update ID* und tragen diese im Backend-Modul SYSTEM • SYSTEMWARTUNG im Eingabefeld für die LIVE UPDATE ID ein:

- *www.inetrobots.com/contao-live-update.html*

Stand Oktober 2012 kostet eine Live Update ID 9,90 Euro. Diese enthält die Lizenz für *eine Domain* und gilt für *ein Jahr*. Falls Sie mehrere Contao-Installationen auf verschiedenen Domains updaten möchten, erhalten Sie zusätzliche Domainlizenzen für nur wenige Cent pro Monat.

Die Aktualisierung einer Contao-Installation ist besonders bei einem Bugfix-Release per Live Update mit einem kurzen Vorab-Check in kurzer Zeit erledigt.

Ich selbst nutze den Service seit Jahren, und auch mein FTP-Programm findet es nicht schlimm, dass es für die Contao-Updates nur noch für das Downloaden der Dateien auf dem Webspace beim Backup benötigt wird.

Auch beim »Live Update« nicht einfach nur draufklicken

Das Live Update ist eine tolle Sache, aber Sie sollten nicht einfach nur Daumen drücken und auf den Button UPDATE STARTEN klicken, sondern vor *jedem* Update zumindest die Checkliste von Seite 604 durchgehen.

Bei Sicherheits-Updates und Bugfix-Releases gibt es fast nie Probleme, aber bei Minor Releases (z.B. von 3.0 auf 3.1) und besonders bei Major-Releases (z.B. von 2.* auf 3.0) sollten Sie auch mit dem Live Update kein »Zwei-Minuten-Ein-Klick-Update« erwarten.

23.7 Das manuelle Update per FTP

Falls Sie lieber ein manuelles Update machen, ist auch das kein Problem und in der Regel in wenigen Minuten erledigt.

Schritt 1: Backup von Datenbank und Dateien

Wie Sie ein Backup erstellen, wird im Abschnitt 23.4 »Backups erstellen: Datenbank und Dateien sichern« ab Seite 600 beschrieben. Tun Sie es. Wirklich. So viel Zeit muss sein.

Schritt 2: Aktuelle Contao-Version herunterladen und entpacken

Lenken Sie nach dem Backup Ihren Browser auf die Contao-Website:

- *contao.org/herunterladen.html*

Auf dieser Seite steht immer die neueste Version zur Verfügung. Nach dem Herunterladen entpacken Sie das Archiv auf Ihrer Festplatte und werfen einen Blick in die *CHANGELOG.txt* im Hauptordner. Darin sind alle wichtigen Änderungen aufgelistet.

Schritt 3: Das entpackte Archiv vorbereiten

In diesem Schritt prüfen Sie, ob das entpackte Archiv noch Dateien enthält, die Sie bei einem Update definitiv nicht benötigen. Durch das Löschen dieser Dateien verhindern Sie, dass auf Ihrem Webspace gleichnamige, wichtige Dateien versehentlich überschrieben werden. Das ist einfacher, als nach dem Update die Dateien aus dem vorher gemachten Backup wieder hochzuladen.

Die ersten Kandidaten sind einige Konfigurationsdateien im Ordner *system/config/*:

- *localconfig.php*
- *dcaconfig.php*
- *langconfig.php*
- *initconfig.php*

Diese Dateien sollten in einem frisch entpackten Contao-Archiv eigentlich gar nicht vorhanden sein, da sie erst vom Installtool bei der Installation erzeugt werden, aber ein kurzer Check schadet nicht. Better safe than sorry.

Weiterhin sollten Sie die folgenden Ordner überprüfen und alle nicht benötigten Dateien darin löschen:

- */templates/*
- */files/*

So stellen Sie sicher, dass nicht versehentlich wichtige Dateien auf Ihrem Webspace überschrieben werden. Nicht benötigt werden z.B. alle Dateien für die Beispielsite *Music Academy*, wenn Sie nicht vorhaben, diese zu installieren.

Schritt 5: Datenbank mit dem Installtool aktualisieren

Nach Schritt 4 sind die Dateien auf dem Webspace auf dem neuesten Stand, und es folgt die Aktualisierung der Datenbank mit dem Installtool:

1. Starten Sie das Installtool von Contao (siehe Abschnitt 4.2).
2. Geben Sie das bei der Installation vergebene Passwort für das Installtool ein. Das ist *nicht* das Passwort, mit dem Sie sich am Backend anmelden.
3. Scrollen Sie bis zum Abschnitt über die Aktualisierung der Datenbanktabellen.
4. Bestätigen Sie eventuelle Änderungen mit einem Klick auf die Schaltfläche DATENBANK AKTUALISIEREN.

Fertig. Vergessen Sie nicht, den Contao-Cache und den Browser-Cache zu löschen, sich probehalber einmal am Backend anzumelden und das Frontend zu überprüfen.

23.8 Webstatistiken mit Google Analytics und Piwik

Google Analytics hieß früher mal »Urchin Analytics« und ist in den letzten Jahren zu einer sehr beliebten Lösung im Bereich der Webstatistiken geworden:

- *www.google.de/analytics/*

Um Analytics nutzen zu können, benötigen Sie zunächst ein Google-Konto und dann für jede Website eine *Analytics ID* wie z.B. *UA-123456-x*. Diese ID wird in einen sogenannten *Tracking Code* integriert, der auf jeder einzelnen Seite eingebaut wird.

Contao erzeugt diesen Tracking Code auf Wunsch automatisch. Sie müssen nur die Analytics ID in das Template *analytics_google* eintragen und dieses dann aktivieren:

1. Öffnen Sie das Backend-Modul TEMPLATES.
2. Erstellen Sie mit dem Link NEUES TEMPLATE eine Kopie des Templates *analytics_google.html5*.
3. Wählen Sie als ZIELVERZEICHNIS den Ordner des aktuellen Themes.
4. Öffnen Sie *analytics_google.html5* zur Bearbeitung (2. Symbol von rechts).
5. Ersetzen Sie die Zeichenfolge »UA-XXXXX-X« durch Ihre Analytics ID.
6. Klicken Sie auf SPEICHERN UND SCHLIESSEN.
7. Wechseln Sie in das Backend-Modul THEMES • SEITENLAYOUTS.
8. Aktivieren Sie in allen Layouts im Bereich SKRIPT-EINSTELLUNGEN die Option ANALYTICS-TEMPLATE für GOOGLE.
9. Klicken Sie auf SPEICHERN UND SCHLIESSEN.

Vor dem Testen sollten Sie sich vom Backend abmelden, denn das Skript wird den Seiten im Frontend erst hinzugefügt, wenn Sie nicht mehr im Backend eingeloggt sind.

Ohne zusätzliche Erweiterung: »Piwik« statt »Google Analytics«

Sie können in Contao 3 auch die Statistiklösung *Piwik* einsetzen, mit der Sie anders als bei Google Analytics die Daten auf dem eigenen Server speichern.

Die Vorgehensweise ist ähnlich wie bei Google Analytics, nur dass Sie für Piwik das Template *analytics_piwik* öffnen und dort Ihre *Piwik site ID* and *Piwik URL* eintragen müssen. Sie benötigen keine Erweiterung mehr.

TEIL V

Tipps und Tricks

Kapitel 24
Tipps und Tricks bei der Arbeit mit Inhalten

In diesem Kapitel lernen Sie einige Tipps und Tricks kennen, die bei der Arbeit mit Inhalten in Contao sehr nützlich sein können.

Die Themen im Überblick:

24.1 Text im Fußbereich mit dem TinyMCE pflegen

Im Footer der Beispielsite stehen bis jetzt die Meta-Navigation und ein Link zur Anmeldeseite. Falls Sie darunter noch zum Beispiel Ihre Adresse platzieren möchten, würde man das normalerweise mit einem Frontend-Modul vom Typ EIGENER HTML CODE machen, das dann im Seitenlayout eingebunden wird.

Diese Vorgehensweise haben Sie in Abschnitt 6.3 bereits kennengelernt, und sie ist einfach und praktisch. Ideal wäre es aber, wenn die Adresse im Fußbereich von den Redakteuren im gewohnten Editor TinyMCE gepflegt werden könnte (siehe Abbildung 24.1).

Um das zu erreichen, hinterlegen Sie den Text für den Fußbereich auf einer im Menü versteckten Seite. Auf dieser Seite erstellen Sie einen Artikel, den Sie mit einem Inserttag in einem Frontend-Modul aufrufen. Dieses Frontend-Modul wird dann wie gewohnt in den beiden Seitenlayouts eingebunden.

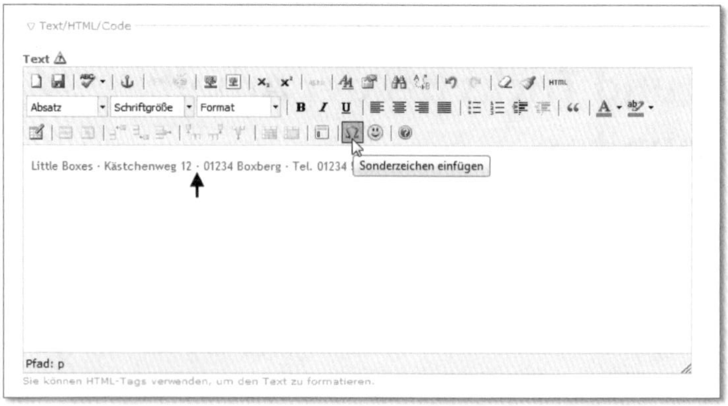

Abbildung 24.1 Den Text für die Fußzeile im TinyMCE pflegen

Das klingt komplizierter, als es ist. Die folgende Anleitung skizziert, wie das geht:

1. Erstellen Sie am Ende der Seitenstruktur eine neue Seite vom Typ REGULÄRE SEITE. Nennen Sie die Seite z.B. »Zusätzliche Informationen«. Die Seite soll veröffentlicht, im Menü versteckt, nicht durchsucht und nie in der Sitemap angezeigt werden.
2. Ändern Sie den Titel des Artikels auf der eben erstellten Seite, und nennen Sie ihn z.B. »Adresse im Fußbereich«.
3. Fügen Sie ein neues Inhaltselement vom Typ TEXT ein, und geben Sie dort eine Adresse ein. Die in Abbildung 24.1 dargestellte kleine »Kugel« zwischen den einzelnen Adressteilen bekommen Sie im TinyMCE über das Omegasymbol zum Einfügen von Sonderzeichen.
4. Vergeben Sie zur späteren Gestaltung per CSS im Inhaltselement eine CSS-Klasse wie zum Beispiel `adresse`.
5. Merken Sie sich die ID des Artikels, indem Sie im Artikelbaum mit der Maus in der Symbolleiste rechts außen auf das weiße »i« im blauen Kreis zeigen. In Abbildung 24.2 ist das die *ID 29*.
6. Erstellen Sie für das aktuelle Theme ein neues Frontend-Modul vom Typ EIGENER HTML-CODE, dem Sie z.B. den Titel »Layout – Adresse im Footer (TinyMCE)« geben.
7. Fügen Sie das folgende Inserttag ein, das den im vorherigen Schritt erstellten Artikel mit der ID 29 aufruft:

   ```
   <!-- indexer::stop -->
   {{insert_article::29}}
   <!-- indexer::continue -->
   ```

   Mit dem Inserttag `{{insert_content::ID}}` könnten Sie hier anstelle eines Artikels auch einzelne Inhaltselemente einbinden.

8. Fügen Sie in beiden Seitenlayouts das neue Modul LAYOUT – ADRESSE IM FOOTER (TINYMCE) hinzu, und zwar als allerletzte Zeile.

Fertig. Jetzt kann ein Redakteur die Adresse ganz einfach editieren und sogar neue Inhaltselemente einfügen, die automatisch im Fußbereich unterhalb der Adresse erscheinen.

Abbildung 24.2 Der Artikel »Daten im Fußbereich« mit der ID 29

Gestalten können Sie die Adresse mit einem einzigen Style, den Sie am besten bei den anderen Footer-Styles im Stylesheet *layout* speichern:

```
#footer .adresse {
  color: #666;
  font-size: 12px;
  margin-bottom: 1em;
}
```

Listing 24.1 Die Gestaltung der Adresse im Fußbereich

Falls Sie in dem eben erstellten Frontend-Modul noch einen Copyright-Hinweis einbauen, bei dem sich die Jahreszahl automatisch aktualisiert, schreiben Sie folgende Zeile direkt in das Frontend-Modul, am besten *nach* dem Inserttag und *vor* dem schließenden `indexer`-Kommentar:

```
<p class="copyright">&copy; IhrName {{date::Y}}</p>
```

Listing 24.2 Copyright-Vermerk mit automatischer Jahreszahl

24.2 Recycling: Inhalte auf mehreren Seiten wiederholen

Mit Ausnahme des eben gezeigten Tricks für die Fußzeile haben Sie auf der Beispielsite Inhalte bis jetzt fast immer nur in der Hauptspalte eingebunden. In diesem Abschnitt möchte ich Ihnen verschiedene Möglichkeiten zeigen, Artikel und Inhaltselemente mit Verknüpfungen zu erstellen und so auf mehreren Seiten zu wiederholen. Änderungen am Original-Element wirken sich dabei an allen Stellen aus.

24.2.1 Möglichkeit 1: Für einzelne Seiten – Verknüpfungen

Die einfachste Möglichkeit zur Wiederholung eines Artikels oder eines einzelnen Inhaltselements ist es, eine Verknüpfung einzubinden.

Nehmen Sie z.B. den in Abbildung 24.3 gezeigten Artikel mit den Akkordeons in der rechten Spalte der Seite WEITERE ELEMENTE. Stellen Sie sich vor, Sie möchten diesen Artikel auch auf der Seite MULTIMEDIA einbinden. Die einfachste Möglichkeit wäre es, eine Kopie des Artikels zu erstellen und auf der Seite MULTIMEDIA wieder einzufügen, aber dann müssten Sie bei Änderungen beide Artikel bearbeiten.

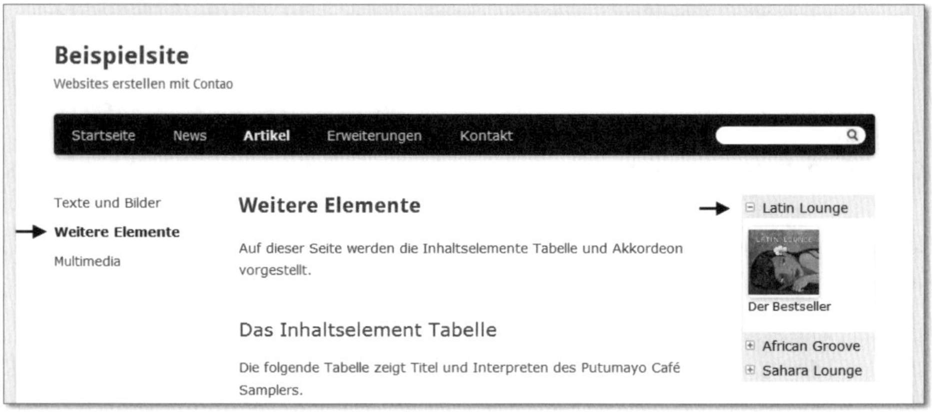

Abbildung 24.3 Der Artikel »CDs im Akkordeon« auf der Seite »Weitere Elemente«

Einfacher und effektiver wäre es, eine Verknüpfung zum Artikel mit den Akkordeons zu erstellen, denn dann wirken sich Änderungen am Original auch in der Kopie aus.

- Erstellen Sie auf der Seite MULTIMEDIA einen Artikel mit dem Titel »CDs im Akkordeon (Verknüpfung)«, der in der rechten Spalte erscheinen soll. Nicht vergessen, den Artikel zu veröffentlichen.
- Erstellen Sie in dem Artikel ein NEUES ELEMENT, und wählen Sie als ELEMENTTYP den Eintrag INCLUDE-ELEMENTE – ARTIKEL.
- Wählen Sie aus der daraufhin erscheinenden Liste BEZOGENER ARTIKEL auf der Seite WEITERE ELEMENTE (ID XX) den Artikel CDs IM AKKORDEON (RECHTE SPALTE, ID XX).
- SPEICHERN UND SCHLIESSEN Sie das Inhaltselement.

Auf der Seite MULTIMEDIA erscheint jetzt der verknüpfte Artikel (Abbildung 24.4).

Wenn Sie jetzt im Original-Artikel auf der Seite WEITERE ELEMENTE Änderungen vornehmen und z.B. die Reihenfolge der Akkordeons ändern, gelten diese Änderungen automatisch für beide Seiten.

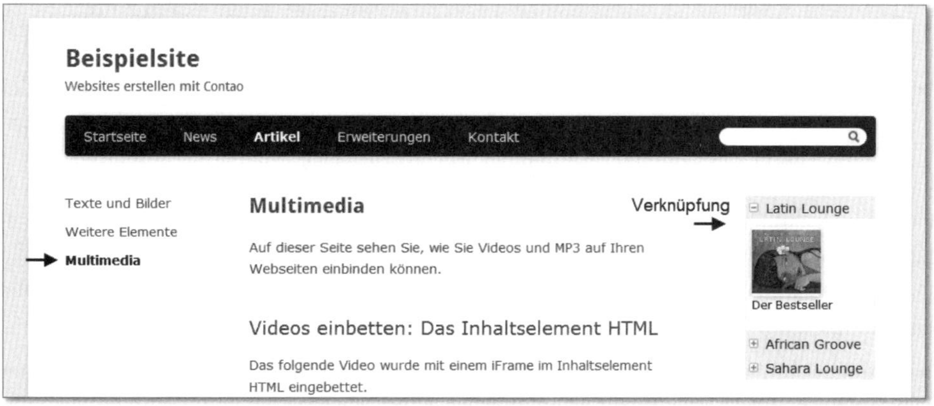

Abbildung 24.4 Der verknüpfte Artikel auf der Seite »Multimedia«

Verknüpfung zu Inhaltselementen

Mit dem Elementtyp INCLUDE-ELEMENTE – INHALTSELEMENT können Sie auch Verknüpfungen zu einzelnen Inhaltselementen herstellen. Das ist ideal, um sich ändernde Daten wie z.B. Öffnungszeiten auf mehreren Seiten aktuell zu halten.

24.2.2 Möglichkeit 2: Für alle Seiten eines Seitenlayouts – Frontend-Modul

Die Möglichkeit zur Verknüpfung von Artikeln und Inhaltselementen ist sehr praktisch, wird aber bei zu vielen Verknüpfungen leicht unübersichtlich. Möglichkeit 2 eignet sich, wenn Inhalte auf allen Seiten eines bestimmten Seitenlayouts erscheinen sollen.

Um den Artikel mit den »CDs im Akkordeon« auf allen Seiten zu zeigen, die auf dem Seitenlayout STANDARDLAYOUT basieren, bietet sich folgende Vorgehensweise an:

- Verschieben Sie den Artikel auf die versteckte Seite ZUSÄTZLICHE INFORMATIONEN.
- Finden Sie im Artikelbaum die ID des Artikels, indem Sie mit der Maus auf das weiße »i« im blauen Kreis rechts daneben zeigen. In diesem Beispiel soll das die ID 15 sein.
- Erstellen Sie ein neues Frontend-Modul vom Typ EIGENER HTML-CODE, dem Sie z.B. den Titel »Inhalte – CDs im Akkordeon (Verknüpfung)« geben. Fügen Sie das folgende Inserttag ein, das den Artikel mit der ID 15 aufruft:

```
<!-- indexer::stop -->
{{insert_article::15}}
<!-- indexer::continue -->
```

Mit dem Inserttag `{{insert_content::xx}}` können Sie auch Verknüpfungen zu einzelnen Inhaltselementen erstellen.

- Öffnen Sie das STANDARDLAYOUT, und binden Sie das Frontend-Modul in der rechten Spalte ein. Achten Sie darauf, dass für das Seitenlayout im Bereich MOOTOOLS-TEMPLATES das Template *moo_accordion* aktiviert ist.

Jetzt erscheint der Artikel mit den Akkordeons automatisch auf allen Seiten, die auf diesem Seitenlayout basieren, in der rechten Spalte, und Änderungen am Original-Artikel auf der versteckten Seite ZUSÄTZLICHE INFORMATIONEN wirken sich auf alle Seiten aus.

Gleiche Inhalte auf verschiedenen Seiten: [boxes4ward]

Die in diesem Abschnitt gezeigten Möglichkeiten haben den Vorteil, dass sie mit Bordmitteln von Contao erstellt und daher updatesicher sind. Wenn Sie die Idee der Verknüpfungen prinzipiell interessant finden, schauen Sie doch einmal, ob die Erweiterung [boxes4ward] von Christoph Wiechert (4ward.media) bereits für Contao 3 verfügbar ist:

- *contao.org/de/extension-list/view/boxes4ward.de.html*

Nach der Installation haben Sie im Bereich INHALTE ein neues Backend-Modul namens INHALTSBOXEN. Hier können Sie Artikel an einer Stelle sammeln und dann einfach beliebigen Seiten zuweisen.

Der Vorteil beim Einsatz dieser Erweiterung ist, dass die verknüpften Artikel übersichtlich an einer Stelle gespeichert werden und so leicht zu verwalten sind. Nachteilig ist (wie bei jeder Erweiterung), dass Sie mit einem Update von Contao warten müssen, bis die Erweiterung für die neue Contao-Version verfügbar ist.

24.3 Die Erweiterung für Google Maps: [dlh_googlemaps]

Ein häufig gewünschtes Website-Feature ist eine Anfahrtsskizze in Form einer Karte, und dass man dazu nicht einfach einen Stadtplan einscannen und bearbeiten sollte, hat sich inzwischen wohl herumgesprochen.

24.3.1 Die Erweiterung [dlh_googlemaps] im Überblick

Die Erweiterung [dlh_googlemaps] *Google Maps Modul* von Christian de la Haye ermöglicht die einfache Einbindung von Google Maps in eine Contao-Website. Infos zur Erweiterung finden Sie unter der folgenden URL:

- *contao.org/erweiterungsliste/view/dlh_googlemaps.html*

Abbildung 24.5 zeigt ein fertiges Beispiel mit der Bonner Adresse von Galileo Press.

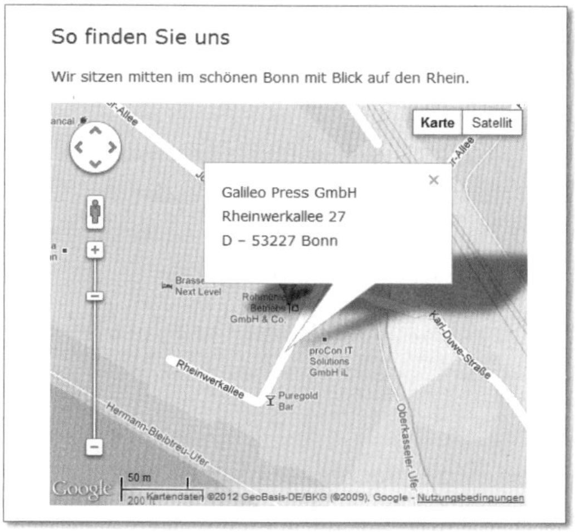

Abbildung 24.5 Eine Anfahrtsskizze mit »[dlh_googlemaps]«

Installieren können Sie die Erweiterung wie immer mit dem Backend-Modul SYSTEM • ERWEITERUNGSKATALOG. Nach der Installation der Erweiterung gibt es einige Änderungen im Backend:

- ein neues Backend-Modul INHALTE • GOOGLE MAPS
- im Backend-Modul INHALTE • ARTIKEL den Inhaltselementtyp BILD-ELEMENTE – GOOGLE MAP
- im Backend-Modul LAYOUT • FRONTEND-MODULE der Modultyp VERSCHIEDENES – GOOGLE MAP

Sie können mit der Erweiterung beliebig viele Karten erstellen, die Sie dann als Inhaltselement oder als Frontend-Modul auf Ihren Seiten einbinden.

Im Folgenden möchte ich Ihnen kurz zeigen, wie Sie eine einfache Anfahrtsskizze erstellen und als Inhaltselement in einem Artikel einfügen.

24.3.2 Schritt 1: Eine Karte erstellen in »Inhalte • Google Maps«

Erstellen Sie zunächst eine neue Karte, indem Sie im Backend-Modul INHALTE • GOOGLE MAPS rechts oben auf NEUE GOOGLE MAP klicken.

Die wichtigsten Parameter zur Erstellung der Karte aus Abbildung 24.5 sind:

- TITEL: »Anfahrtsskizze für Galileo Press«
- ADRESSE FÜR GEOCODING: »Rheinwerkallee 27, 53227 Bonn«
- LAND: DEUTSCHLAND

- Die Geo-Koordinaten werden anhand der Adresse beim Speichern ermittelt und automatisch eingefügt.
- Anzeigemasse Breite x Höhe: 520 x 400 px
- Zoom-Faktor: 15

Anzeigemaße und Zoom-Faktor können Sie weiter unten beim Einfügen der Map als Inhaltselement noch überschreiben. Nach dem Speichern erscheinen die Geo-Koordinaten automatisch im entsprechenden Eingabefeld. Falls nicht, wird weiter unten noch eine andere Methode zur Ermittlung der Geo-Koordinaten gezeigt.

In der Eingabemaske können Sie noch zahlreiche andere Parameter definieren. Probieren Sie einfach aus, welche Einstellungen für Ihre Karte am besten passen.

24.3.3 Schritt 2: Karten-Elemente – eine Info-Sprechblase hinzufügen

Nachdem Sie eine Karte mit dem Titel »Anfahrtsskizze für Galileo Press« erstellt haben, können Sie Karten-Elemente wie z.B. eine Info-Sprechblase oder geometrische Objekte zur Karte hinzufügen:

Öffnen Sie im Backend-Modul Inhalte • Google Maps zunächst die eben erstellte Karte mit einem Klick auf den gelben Bleistift rechts daneben. Um eine Info-Sprechblase hinzuzufügen, klicken Sie rechts oben auf Neues Karten-Element und füllen dann die Eingabemaske aus:

- Titel: »Adresse von Galileo Press«
- Typ: Info-Sprechblase
- Aktivieren Sie das Kontrollkästchen vor veröffentlicht.
- Geo-Koordinaten: 50.7172938,7.1541055 (siehe Schritt 1)
- Geben Sie im Eingabefeld Infoblase die Adresse ein: »Galileo Press GmbH, Rheinwerkallee 27, D – 53227 Bonn«. Zeilenumbrüche erhalten Sie mit ⇧ + ↵

Das Karten-Element »Markierung«

Man könnte zu der Karte auch noch ein Kartenelement »Markierung (gegebenenfalls mit Routing)« hinzufügen. Damit hätte man dann zusätzlich zur Info-Sprechblase auch noch einen Marker (ein roter Pin) auf der Karte, der die Adresse entsprechend kennzeichnet.

24.3.4 Schritt 3: Das Inhaltselement »Google Map« in Contao einbinden

Jetzt haben Sie eine komplette Karte erstellt, die Sie nur noch in Contao einbinden müssen. Dazu gibt es wie erwähnt zwei Möglichkeiten:

- als Inhaltselement
- als Frontend-Modul

Soll die Karte nur auf einer Seite erscheinen, wird sie auf der gewünschten Seite in der gewünschten Spalte in einem Artikel als Inhaltselement eingebunden.

Wenn die Karte hingegen auf allen oder zumindest auf mehreren Seiten erscheinen soll, können Sie ein neues Frontend-Modul erstellen, das Sie im Seitenlayout einbinden.

24.3.5 Gewusst wie: die manuelle Ermittlung der Geo-Koordinaten

Sollte die automatische Ermittlung der GEO-KOORDINATEN nicht funktionieren, müssen Sie diese manuell ermitteln und eintragen. Die Geo-Koordinaten für eine bestimmte Adresse bekommen Sie am einfachsten direkt im Browser bei *Google Maps*:

- Surfen Sie zu *maps.google.de.*
- Geben Sie oben im Eingabefeld die gewünschte Adresse an.
- Klicken Sie mit der rechten Maustaste auf das Pinsymbol in der Karte.
- Klicken Sie im Kontextmenü auf »Was ist hier?« (»What's here?«).

Die genauen Koordinaten ersetzen oben im Suchfeld die von Ihnen eingegebene Adresse, fertig zum Markieren, Kopieren und Einfügen.

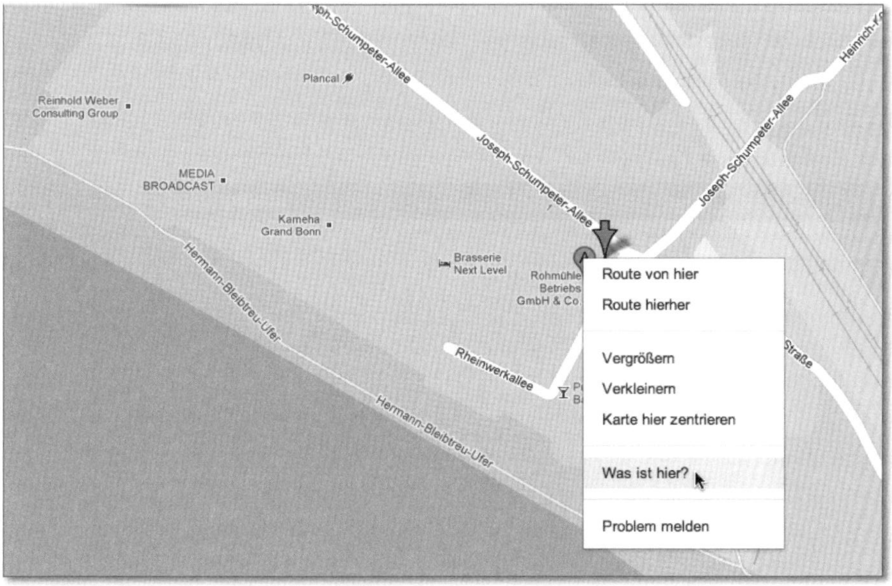

Abbildung 24.6 Klick auf »Was ist hier?« zeigt die Koordinaten im Suchfeld.

Ein API-Key für die Google Maps ist nicht mehr nötig

Früher musste man zur Nutzung einer Google Map einen API-Key beantragen, der immer nur für eine Domain galt und dessen Verwaltung gerade im Kundenauftrag eher lästig war. Da die Erweiterung [dlh_googlemaps] die Google API V3 benutzt, ist ein solcher API-Key nicht mehr nötig.

Seit Anfang 2012 ist die Nutzung von Google Maps übrigens nicht mehr komplett umsonst. Momentan (Oktober 2012) sind bis zu 25.000 Kartenabrufe (*map loads*) pro Tag kostenlos:

- *developers.google.com/maps/faq#usagelimits*

Wer dieses Limit an 90 aufeinanderfolgenden Tagen überschreitet, wird sich näher mit den Lizenbedingungen beschäftigen müssen.

24.4 Artikelteaser auf Übersichtsseiten

Auf der Beispielsite gibt es die beiden Seiten ARTIKEL und ERWEITERUNGEN, auf denen bis jetzt noch kein wirklicher Inhalt vorhanden ist. Beide Seiten dienen eigentlich nur als Verteilerseite für die Unterseiten, auf denen die Inhalte stehen, und bieten sich geradezu an, um die Arbeit mit Artikelteasern zu zeigen.

In diesem Abschnitt erstellen Sie für die drei Artikel auf den Unterseiten von ARTIKEL einen Teasertext. Mit diesen Teasertexten erstellen Sie dann auf der Seite ARTIKEL eine inhaltliche Übersicht, die so aussehen könnte wie in Abbildung 24.7.

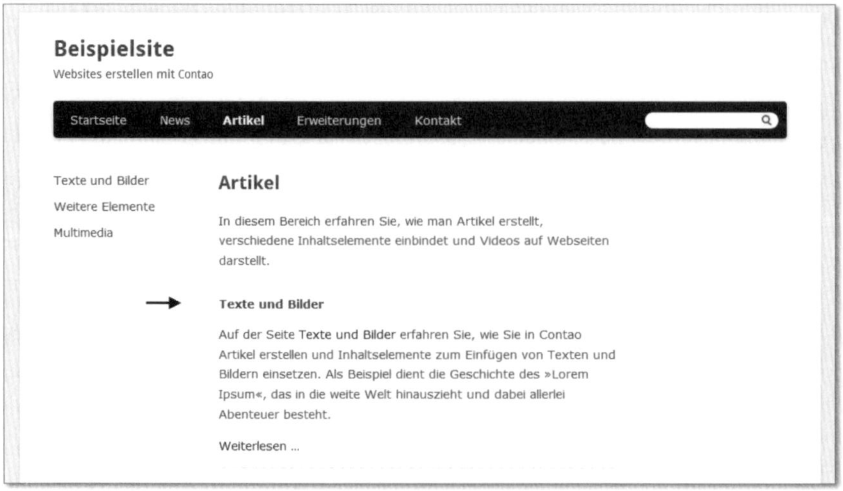

Abbildung 24.7 Die Seite »Artikel« mit einem Artikelteaser

Alternative: automatische Weiterleitung auf die erste Unterseite

Eine Alternative zur Erstellung der Artikelteaser für die Übersichtsseite wäre es, die Seite ARTIKEL gar nicht anzuzeigen und direkt auf die erste Unterseite TEXTE UND BILDER weiterzuleiten.

Um das auszuprobieren, öffnen Sie die Seite in der Seitenstruktur und wählen als SEITENTYP die Option INTERNE WEITERLEITUNG. Anschließend definieren Sie noch den Weiterleitungstyp (301 PERMANENT oder 302 TEMPORÄR) und die Weiterleitungsseite TEXTE UND BILDER. Wenn ein Besucher jetzt den Menüpunkt ARTIKEL anklickt, landet er sofort auf der Unterseite TEXTE UND BILDER.

Wird keine Weiterleitungsseite definiert, nimmt Contao übrigens automatisch die erste Unterseite. Das ist praktisch, wenn man öfter mal die Reihenfolge der Unterseiten ändert.

24.4.1 Teasertexte für die drei Artikel erstellen

Um auf der Seite ARTIKEL für jede Unterseite einen Teasertext darstellen zu können, müssen die Artikel zunächst einmal Teasertexte bekommen.

Öffnen Sie dazu zunächst im Backend-Modul INHALTE • ARTIKEL auf der Seite TEXTE UND BILDER die Artike-Einstellungen für den Artikel mit dem Namen TEXTE UND BILDER[HAUPTSPALTE].

Geben Sie im Feld TEASERTEXT einen kurzen Text ein (Abbildung 24.8). Optional können Sie zur Gestaltung des Teasers eine TEASER-CSS-ID/KLASSE eingeben. Das Feld TEASERTEXT ANZEIGEN kreuzen Sie in diesem Beispiel bitte *nicht* an, denn es würde bewirken, dass der Teaser auf der Seite TEXTE UND BILDER anstelle des Artikels dargestellt werden würde (sofern es mehrere Artikel gäbe). Sie haben hingegen vor, den Teaser auf der Seite ARTIKEL einzubinden.

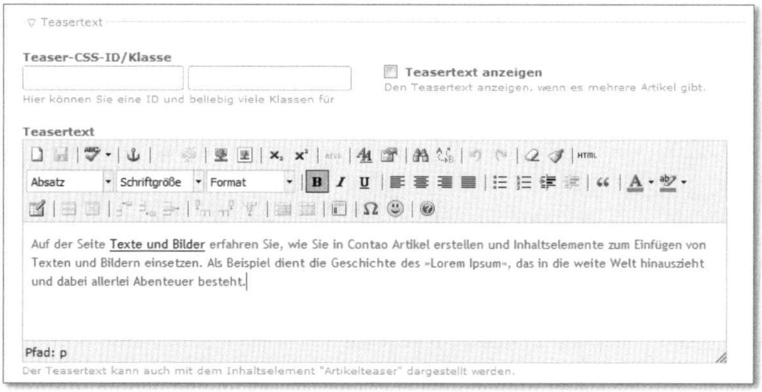

Abbildung 24.8 Teasertext für einen Artikel eingeben

Erstellen Sie auf die gleiche Art und Weise Teasertexte für die beiden anderen Unterseiten WEITERE ELEMENTE und MULTIMEDIA.

24.4.2 Die Teasertexte auf der Seite »Artikel« einbinden

Nachdem Sie für die Artikel auf den drei Unterseiten Teasertexte erstellt haben, können Sie diese jetzt auf der Seite ARTIKEL anzeigen.

- Öffnen Sie auf der Seite ARTIKEL den Artikel mit dem Namen ARTIKEL [HAUPTSPALTE] zur Bearbeitung.
- Fügen Sie direkt unterhalb der `h1`-Überschrift ein neues Inhaltselement TEXT mit z.B. folgendem Text ein: »In diesem Bereich erfahren Sie, wie man Artikel erstellt, verschiedene Inhaltselemente einbindet und Videos auf Webseiten darstellt.«
- Fügen Sie darunter ein neues Inhaltselement ein, und wählen Sie aus der Liste ELEMENTTYP den Eintrag ARTIKELTEASER.
- Wählen Sie aus der daraufhin erscheinenden, alphabetisch sortierten Liste ARTIKEL den Eintrag TEXTE UND BILDER (HAUPTSPALTE, ID XX).
- Fügen Sie darunter die Artikelteaser für die Artikel WEITERE ELEMENTE (HAUPTSPALTE, ID XX) und MULTIMEDIA (HAUPTSPALTE, ID XX) ein.

Jetzt erscheinen die Teasertexte untereinander auf der Seite ARTIKEL (siehe Abbildung 24.9).

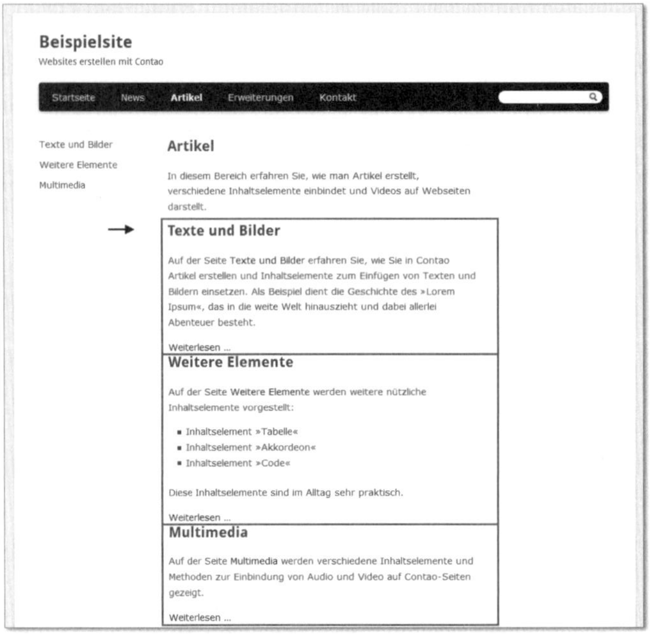

Abbildung 24.9 Drei ungestaltete Artikelteaser auf der Seite »Artikel«

24.4.3 Das HTML für die Teasertexte auf der Seite »Artikel erstellen«

Jetzt fehlt nur noch ein bisschen Gestaltung. Zunächst werfen Sie dazu wie immer einen Blick auf das HTML eines eingebundenen Artikelteasers, das vom Template *ce_teaser.html5* erstellt wird:

```
<div class="ce_teaser ce_text block">
<h1>Texte und Bilder</h1>
<p>Auf der Seite ...</p>
<a href="#" title="Den Artikel lesen: Texte und Bilder" class="more">Weiter-
lesen …
<span class="invisible">Texte und Bilder</span>
</a>
</div>
```

Listing 24.3 Das HTML für einen Artikelteaser

Umgeben von einem `div` mit der Klasse `ce_teaser`, besteht der Teaser aus drei Elementen:

- Der TITEL des Artikels, der bis jetzt noch nirgendwo in Erscheinung getreten ist, wird als `h1`-Überschrift eingebunden.
- Der TEASERTEXT ist ein ganz normaler Absatz.
- Der Link WEITERLESEN … enthält das Attribut `title` und in einem unsichtbaren `span` für Screenreader den Titel des Artikels.

Falls Sie die Überschriftenebene von `h1` auf z.B. `h2` ändern möchten, können Sie dies im Template *ce_teaser.html5* tun.

Dieses HTML können Sie z.B. mit den folgenden Styles gestalten, die Sie im Stylesheet *inhalte* und der KATEGORIE »Teaser« speichern können:

```
#main .ce_teaser {
  font-size: 13px;
  padding: 10px 0;
  border: 1px dotted #d9d9d9;
  border-right: none;
  border-left: none;
  margin-top: 1.5em;
}
#main .ce_teaser h2 {
  font-size: 14px;
  font-weight: bold;
}
```

Listing 24.4 Die Artikelteaser in der Hauptspalte gestalten

Perfect URL: Die Erweiterung [ce_page_teaser] verlinkt auf die Seite

Wenn ein Besucher in einem Artikelteaser auf den Link WEITERLESEN ... klickt, wird er technisch gesehen nicht auf die Seite, sondern direkt zum Artikel weitergeleitet. Aus diesem Grund erscheinen in der URL auch das Schlüsselwort *articles* und der Titel des Artikels:

- *localhost/contaobuch/texte-und-bilder/articles/texte-und-bilder.html*

Die Erweiterung [ce_page_teaser] behebt dieses URL-Problem, indem sie das Inhaltselement ARTIKELTEASER, um die kleine aber feine Option erweitert, anstatt auf den Artikel direkt auf die übergeordnete Seite zu verlinken:

- *contao.org/erweiterungsliste/view/ce_page_teaser.html*

Mit diesem kleinen Trick erscheint in der Adresszeile des Browsers die URL der Seite.

24.5 Mehrere Artikel auf einer Seite

Bei der Sortierung von Inhalten in der Hauptspalte haben Sie in Contao die Wahl zwischen zwei prinzipiell verschiedenen Vorgehensweisen:

- viele Seiten mit je einem Artikel
- weniger Seiten mit mehreren Artikeln

Bis jetzt gibt es auf der Beispielsite immer nur einen Artikel pro Seite oder zumindest pro Inhaltspalte. Im Folgenden möchte ich Ihnen die Vor- und Nachteile dieser beiden Varianten kurz zeigen.

24.5.1 Methode 1: Nur ein Artikel pro Seite und Spalte

Die erste Variante, bei der auf jeder Seite nur ein Artikel in der Hauptspalte benutzt wird, ist sicherlich gängiger und leichter zu managen. Bei diesem Setup bleiben Artikel-Einstellungen wie TITEL und ALIAS weitgehend ungenutzt und die URL wird durch die Seite bestimmt. Der Artikel auf der Seite ist quasi nur ein Container für die Inhaltselemente, und auf jeder Seite gibt es pro Spalte nur einen solchen Container.

Wenn der Site eine gut durchdachte Informationsarchitektur zugrunde liegt, bei der die zu veröffentlichenden Inhalte in etwa gleich großen Einheiten auf gut beschriftete Navigationspunkte verteilt wurden, dann ist die Abbildung dieser inhaltlichen Sortierung im Seitenbaum von Contao sehr einfach.

Kurzum: Wenn Sie bei der Erstellung Ihrer Site nichts vermissen und den Seitenbaum nicht zu unübersichtlich finden, dann spricht nichts gegen die Variante, nur einen Artikel pro Seite und Spalte einzusetzen. Sie ist effektiv, leicht umzusetzen und einfach zu verwalten.

24.5.2 Methode 2: Mehrere ganze Artikel pro Seite und Spalte

Sie können auf einer Seite aber problemlos auch mehrere Artikel anlegen, z.B. um einen langen Artikel mit vielen Inhaltselementen aufzuteilen, oder um auf einer Seite zwei verschiedene Themen darzustellen.

Solange Sie die Artikelteaser nicht benutzen, brauchen Sie dazu überhaupt keine Einstellungen zu ändern, denn das im Seitenlayout einer Layoutspalte zugewiesene Frontend-Modul ARTIKEL gilt für alle Artikel, die auf dieser Seite in dieser Spalte vorhanden sind, und nicht nur für einen.

Mehrere Artikel in einer Spalte werden also einfach untereinander dargestellt. Die Reihenfolge, in der die Artikel im Frontend erscheinen sollen, legen Sie im Backend-Modul INHALTE • ARTIKEL fest.

In der Menüstruktur und in den URLs tauchen die Artikel nicht auf, auch wenn in einer Spalte mehrere Artikel dargestellt werden.

24.5.3 Methode 3: Mehrere angeteaserte Artikel pro Seite und Spalte

Weiter oben in diesem Kapitel haben Sie mit Artikelteasern auf einer Übersichtsseite die Artikel der Unterseiten übersichtlich dargestellt. Das gleiche Prinzip können Sie auch auf *einer* Seite einsetzen.

Auf der Seite TEACHERS der Demosite Music Academy sehen Sie ein Beispiel:

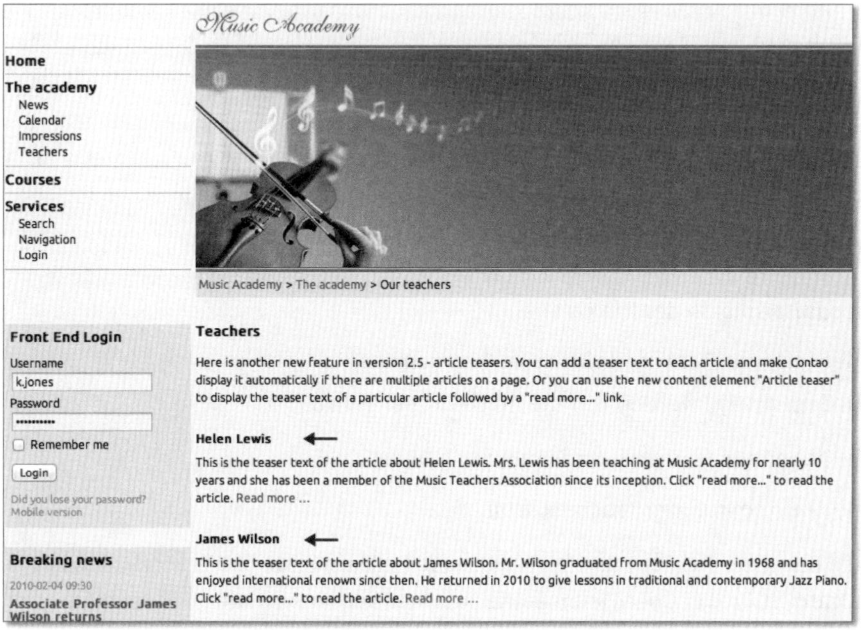

Abbildung 24.10 Mehrere angeteaserte Artikel auf einer Seite

Und so wird es gemacht:

- Erstellen Sie mehrere Artikel auf einer Seite.
- Öffnen Sie für jeden Artikel die Artikel-Einstellungen, und legen Sie fest, dass der Teasertext angezeigt werden soll.

Bei dieser Vorgehensweise wird der Artikeltitel als Überschrift verwendet, und der Teasertext erscheint auf der Seite, gefolgt von einem WEITERLESEN-Link.

Wenn der Besucher auf diesen WEITERLESEN-Link klickt, bleibt er auf derselben Seite, sieht aber den ganzen Artikel. Unterhalb des Artikels fügt Contao automatisch einen ZURÜCK-Link ein, der zur Teaserübersicht führt. Sobald der ganze Artikel angezeigt wird, ändert sich die URL.

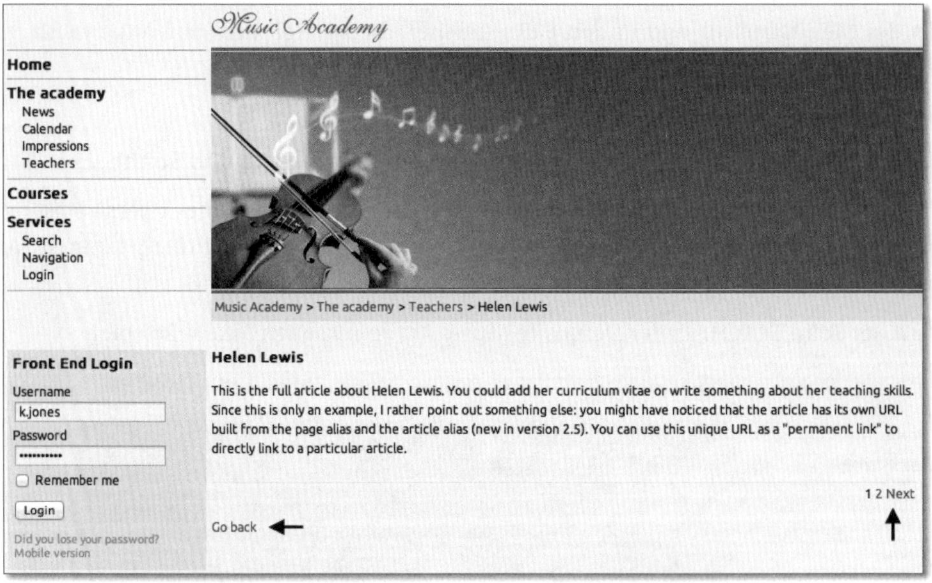

Abbildung 24.11 Der Artikel mit einem Zurück-Link und Artikelnavigation

So sieht das Beispiel in der Praxis aus:

- Auf der Seite *teachers.html* gibt es mehrere Artikel.
- Von jedem Artikel werden nur die Artikelteaser gelistet.

Die Seite TEACHERS ist unter der folgenden URL erreichbar:

- *http://demo.contao.org/teachers.html*

Wenn ein Besucher jetzt auf den WEITERLESEN-Link am Ende des Teasertextes klickt, um den ganzen Artikel über Helen Lewis zu lesen, ändert sich die URL wie folgt:

- *http://demo.contao.org/teachers/articles/helen-lewis.html*

Contao entfernt also das URL-Suffix *html* vom Seitenalias, hängt das Schlüsselwort */articles/* an und komplettiert die URL mit dem ARTIKELALIAS, gefolgt vom URL-Suffix.

Dieses Prinzip kennen Sie bereits von den Erweiterungen NEWS, KALENDER oder FAQ, bei denen in der URL Schlüsselworte wie *items* und *events* eingesetzt werden (sofern sie in den Systemeinstellungen nicht mit der Option AUTO-ITEMS unterdrückt werden).

24.5.4 Die Frontend-Module »Artikelliste« und »Artikelnavigation«

Wenn Sie auf einer Seite mehrere angeteaserte Artikel darstellen, verlassen Sie also in gewisser Weise die Seitenstruktur. Bei der Erstellung von Frontend-Modulen gibt es zwei Modultypen, die in diesem Zusammenhang nützlich sein können:

- NAVIGATION – ARTIKELNAVIGATION
- VERSCHIEDENES – ARTIKELLISTE

Beide Modultypen ergeben nur Sinn, wenn auf einer Seite mehrere angeteaserte Artikel vorhanden sind.

Das Modul ARTIKELNAVIGATION ist in Abbildung 24.11 bereits im Einsatz. Es erzeugt rechts unten im Inhaltsbereich das 1 2 NEXT:

- Wenn ein Besucher auf einer Seite mit mehreren Artikelteasern alle Artikel lesen möchte, müsste er zum Lesen des ganzen Artikels auf WEITERLESEN und nach dem Lesen wieder auf ZURÜCK klicken, um zurück zur Teaserübersicht zu gelangen.
- Die Artikelnavigation erspart dem Besucher diesen Zick-Zack-Kurs und zeigt unterhalb des Artikels eine Artikelpaginierung auf der Seite, in der Art von ZURÜCK 1 2 VORWÄRTS, die das Lesen mehrerer Artikel vereinfacht.

Das Modul ARTIKELLISTE kann eingesetzt werden, um z.B. oben auf einer Seite die Artikeltitel aufzulisten. Ein Klick auf den Titel zeigt den ganzen Artikel an, ähnlich wie bei der Anzeige der drei neuesten Nachrichten auf der Startseite.

Beide Modultypen erfordern ein wenig Vorüberlegung bei der Informationsarchitektur, also bei der Verteilung von Inhalten auf Seiten und Artikel.

Kapitel 25

Tipps und Tricks zur Systemverwaltung

In diesem Kapitel lernen Sie noch einige Tipps und Tricks kennen, die bei der Arbeit mit Contao im Alltag sehr praktisch sein können.

Die Themen im Überblick:

25.1 Wichtige Konfigurationsdateien von Contao

Im Laufe des Buches haben Sie immer wieder einmal Hinweise auf die eine oder andere Konfigurationsdatei im Ordner *system/config* erhalten. In diesem Abschnitt möchte ich Ihnen die wichtigsten Konfigurationsdateien kurz vorstellen, in denen Sie Änderungen update-sicher speichern können.

25.1.1 Die Systemkonfiguration: »localconfig.php«

Normalerweise nehmen Sie Einstellungen im Installtool oder im Backend von Contao vor, und Contao speichert diese automatisch in der *localconfig.php*. Hier werden die Verbindungsdaten zur Datenbank ebenso aufbewahrt wie das zu verwendende Datumsformat, Angaben dazu, ob URLs umgeschrieben werden sollen, oder auch das Passwort für das Installtool.

Falls Sie z.B. bei einer Installation oder einem Update das Passwort für das Installtool dreimal falsch eingeben, erhalten Sie folgende Meldung:

> *Aus Sicherheitsgründen wurde das Installtool gesperrt, nachdem dreimal hintereinander ein falsches Passwort eingegeben wurde. Um es zu entsperren, öffnen Sie die lokale Konfigurationsdatei und setzen Sie installCount auf 0.*

Mit »lokale Konfigurationsdatei« ist die *localconfig.php* gemeint. Öffnen Sie die Datei, und suchen Sie die folgende Zeile:

```
$GLOBALS['TL_CONFIG']['installCount'] = 3;
```

Um die Sperre wieder aufzuheben, löschen Sie einfach die ganze Zeile. Oder Sie setzen den Wert wieder auf 0:

```
$GLOBALS['TL_CONFIG']['installCount'] = 0;
```

Wenn Sie die Datei speichern (unbedingt im Format *UTF-8 ohne BOM*, siehe Hinweiskasten weiter unten) und das Installtool erneut aufrufen, haben Sie wieder drei neue Versuche.

Falls Sie sich partout nicht mehr an das von Ihnen vergebene Installtool-Passwort erinnern können:

- Öffnen Sie die Datei *localconfig.php* im Editor.
- Löschen Sie die folgende Zeile:
  `$GLOBALS['TL_CONFIG']['installPassword']`
- Speichern Sie die Datei.

Danach werden Sie wie bei der ersten Installation vom Installtool gebeten, ein Passwort für das Installtool einzugeben.

Wenn Sie eigene Einträge erstellen, müssen Sie diese oberhalb der Zeile `### INSTALL SCRIPT START ###` oder unterhalb von `### INSTALL SCRIPT STOP ###` speichern. Zwischen diesen Kommentarzeilen stehen die Einstellungen aus dem Installtool und die Backend-Einstellungen. Wenn der neue Eintrag *oberhalb* des Kommentars steht, kann er mit einer Einstellung aus dem Backend überschrieben werden, wenn er *unterhalb* des Kommentars steht, hingegen nicht.

Dateien editieren? UTF-8 ohne BOM

Dateien in Contao sollten unbedingt mit dem Zeichensatz *UTF-8 (ohne BOM)* editiert und gespeichert werden. Das BOM (kurz für *Byte-Order-Mark*) besteht aus drei Bytes, die normalerweise unsichtbar ganz am Anfang eines Dokuments stehen. Da es im Alltag eigentlich nur Probleme macht, sollten die Dateien ohne BOM gespeichert werden.

Grund dafür ist, dass in der allerersten Zeile der Dateien vor dem öffnenden `<?php`-Tag keinerlei Zeichen gespeichert sein dürfen. Wirklich nichts. Also auch kein Leerzeichen oder eben ein BOM. Zum Testen, ob eine Datei ein BOM enthält oder nicht, gibt es von Glen Langer (aka Bugbuster) die Contao-Erweiterung [bom_checker]:

- *contao.org/de/extension-list/view/bom_checker.html*

Unter OS X wird übrigens standardmäßig ohne BOM gespeichert, bei Windows-Editoren ist die Lage unterschiedlich und abhängig vom Editor. Aber irgendwo kann man »ohne BOM« in jedem guten Editor einstellen.

25.1.2 Die Sprachkonfiguration: »langconfig.php«

Die *langconfig.php* dient zur Sprachkonfiguration. Mit dieser Datei können Sie einzelne Sprachlabels update-sicher ändern.

Wenn Sie z.B. bei Teasern anstelle von WEITERLESEN ... lieber ein einfaches MEHR ... verwenden möchten, erreichen Sie das mit der folgenden Zeile in der *langconfig.php*:

```
$GLOBALS['TL_LANG']['MSC']['more'] = 'Mehr ...';
```

Listing 25.1 Das Sprachlabel »Weiterlesen ...« ändern

Sie können dort auch eine Grafik einfügen:

```
$GLOBALS['TL_LANG']['MSC']['more'] = '{{image::files/more.gif}}';
```

Listing 25.2 Das Sprachlabel mit Grafik

25.1.3 Infos zu Datenbanktabellen: »dcaconfig.php«

Data Container Arrays (abgekürzt DCA) dienen zur Speicherung von Informationen zu den Datenbanktabellen von Contao. Das ist sehr praktisch, denn mithilfe von DCAs und der Datei *dcaconfig.php* können Sie viele Einstellungen von Contao beeinflussen.

Je intensiver Sie Contao nutzen, desto häufiger benötigen Sie die ID für eine Seite oder einen Artikel. Um diese ID im Seiten- bzw. Artikelbaum immer sehen zu können, reichen folgende Zeilen in der *dcaconfig.php*:

```
// Seitenbaum: IDs für Seiten anzeigen und formatieren
$GLOBALS['TL_DCA']['tl_page']['list']['label']['fields'][] = 'id';
$GLOBALS['TL_DCA']['tl_page']['list']['label']['format']
  = '%s <span style="color: #bbb;">[ID %s]</span>';

// Artikelbaum: IDs für Artikel anzeigen und formatieren
$GLOBALS['TL_DCA']['tl_article']['list']['label']['fields'][] = 'id';
$GLOBALS['TL_DCA']['tl_article']['list']['label']['format']
  = '%s <span style="color: #bbb;">[%s, ID %s]</span>';
```

Listing 25.3 IDs für Seiten und Artikel im Backend sichtbar machen

Die mit `$GLOBALS` beginnenden Zeilen sind jeweils ohne Zeilenumbruch und sollten in einer Zeile stehen.

25.2 Tipps und Tricks zum TinyMCE

Der Editor TinyMCE ist für viele Redakteure das wichtigste Werkzeug zur Eingabe von Text. Hier sind ein paar Anregungen zur Optimierung des Editors.

Die Erweiterung [TinyMCE_Customizer]

Ich zeige in diesem Abschnitt, wie Sie den TinyMCE mit einem Editor direkt in den Config-Dateien konfigurieren können. Falls Sie die Anpassung des TinyMCE interessant finden, ist der [TinyMCE_Customizer] für Sie vielleicht eine lohnenswerte Erweiterung von Contao:

- *contao.org/de/extension-list/view/TinyMCE_Customizer.html*

Mit dieser Erweiterung können Sie die Konfiguration für den TinyMCE bequem im Contao-Backend erledigen.

25.2.1 Ein Stylesheet für den TinyMCE: »files/tinymce.css«

In der Standardkonfiguration des TinyMCE gibt es in der zweiten Symbolleiste etwas links der Mitte eine Auswahlliste namens *Format*, in der drei CSS-Klassen zur Auswahl angeboten werden (siehe Abbildung 25.1).

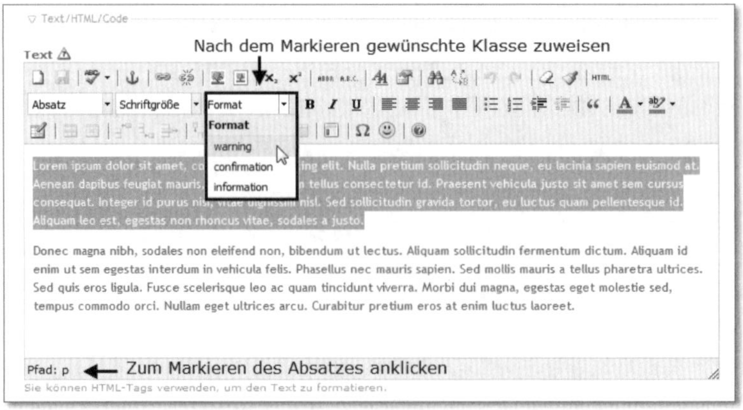

Abbildung 25.1 Zuweisen von CSS-Klassen im TinyMCE

Um einem Absatz eine dieser Klassen zuzuweisen, setzen Sie den Cursor in den gewünschten Absatz, klicken auf das p in der Statuszeile, um den Absatz zu markieren, und wählen dann die gewünschte Klasse aus der Liste.

Die drei im Editor angezeigten Klassen stammen aus dem Stylesheet *files/tinymce.css*:

```
.warning { color:#c55; font-size:1.1em; }
.confirmation { color:#090; font-size:1.1em; }
.information { color:#999; font-size:0.9em; }
```

Listing 25.4 Die drei Beispielklassen aus »files/tinymce.css«

In diesem Stylesheet definierte Klassen tauchen in der Auswahlliste des TinyMCE wieder auf, und die drei Zeilen aus Listing 25.4 sind nur Beispiele, die Sie nach Belieben ändern können und sollen. Eine kurze Anleitung finden Sie im (englischen) Kommentar am Anfang der Datei.

Sie können in diesem Stylesheet auch Schriftgrad und -farbe für die Standardschrift im Editorfenster gestalten. Die Voreinstellungen von `12px` und `#666966` stammen aus *system/themes/tinymce.css*. Diese Werte können Sie mit folgendem Style in der *files/tinymce.css* überschreiben:

```
/* Text im Editorfenster gestalten */
body#tinymce div,
body#tinymce p,
body#tinymce li,
body#tinymce th,
body#tinymce td {
  font-size: 14px;
}
```

Listing 25.5 Beispiel zur Formatierung des Textes im TinyMCE

Beachten Sie, dass mit diesem Style aufgrund der höheren Spezifität die Schriftgradangaben aus den CSS-Klassen aus Listing 25.4 eventuell überschrieben werden. Falls sich nichts ändert, müssen Sie vielleicht noch den Browser-Cache leeren, um die neuen Formatierungen im Backend auch tatsächlich sehen zu können.

»Seitenlayouts«: das Stylesheet »files/tinymce.css« einbinden

Wenn Sie möchten, dass die Styles aus *files/tinymce.css* auch zur Formatierung der Webseiten im Frontend benutzt werden, aktivieren Sie im Backend-Modul LAYOUT • SEITENLAYOUTS im Bereich STYLESHEETS das Kontrollkästchen vor TINYMCE-STYLESHEET.

Möchten Sie *files/tinymce.css* nicht nutzen, können Sie einfach löschen.

25.2.2 Textbausteine im TinyMCE: Inhalte aus Vorlage einfügen

Sehr nützlich ist im TinyMCE das eher unscheinbare Symbol *Inhalt aus Vorlage einfügen* in der dritten Reihe, rechts neben den Symbolen zur Bearbeitung von Tabellen. Ein Klick auf dieses Symbol öffnet ein neues Dialogfenster, in dem Sie vorher definierte (HTML-)Vorlagen anschauen und einfügen können.

So kann man häufig benutzte Quelltextschnipsel quasi als Textbaustein abrufen, von einer komplexen HTML-Tabelle über eine horizontale Trennlinie `<hr>` bis hin zu häufig verwendeten Textpassagen wie rechtlichen Hinweisen oder Ähnlichem (siehe Abbildung 25.2).

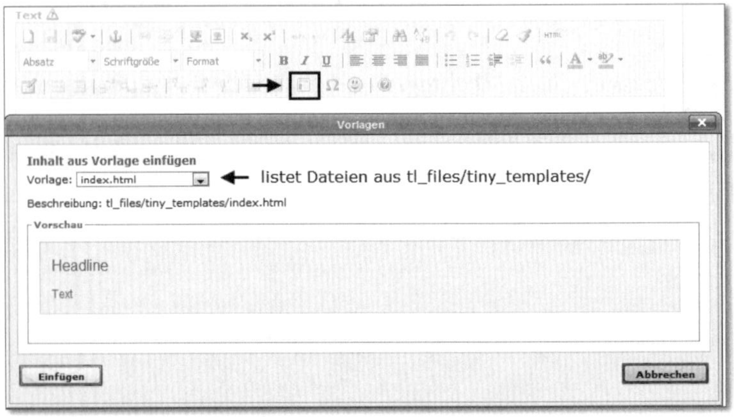

Abbildung 25.2 »tiny_templates« – fertige Quelltextschnipsel einfügen

Um einen Textbaustein zu erstellen, speichern Sie einfach eine Datei mit dem gewünschten Quelltext im Ordner *files/tiny_templates/*. Der Dateiname spielt keine Rolle. Die Dateien sollten nur die Quelltextfragmente enthalten und kein vollständiges HTML-Grundgerüst. Als Beispiel gibt es dort eine *index.html* mit einem `div`-Element, das eine Überschrift, einen Absatz und ein bisschen Inline-CSS enthält.

25.2.3 Die Symbolleisten des TinyMCE anpassen

Der Editor TinyMCE bietet mit seinen drei prall gefüllten Symbolleisten für viele Autoren fast zu viel des Guten. In diesem Abschnitt möchte ich Ihnen zeigen, wie Sie die Symbolleisten im Editor abspecken und nach Ihren Wünschen gestalten können. Der Editor könnte danach z.B. so aussehen wie in Abbildung 25.3.

Zur Anpassung der Symbolleisten im Editor müssen Sie nur zwei Konfigurationsdateien im Ordner *system/config* ändern:

- Im Ordner *system/config* gibt es eine Datei namens *tinyMCE.php*, in der die komplette Konfiguration für den TinyMCE gespeichert ist.

- In der Datei *dcaconfig.php* teilen Sie Contao mit, dass eine andere Datei zur Konfiguration des Editors verwendet werden soll.

Sie beginnen mit dem ersten Schritt, der Konfiguration des Editors.

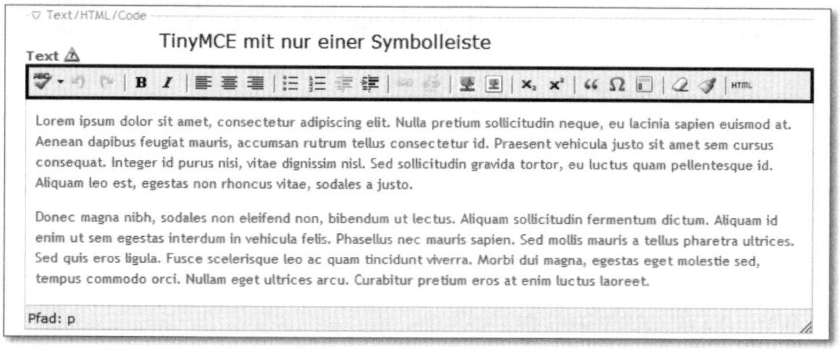

Abbildung 25.3 Der TinyMCE mit nur einer Symbolleiste

Schritt 1: Konfiguration des Editors update-sicher ändern

Um die Konfiguration update-sicher zu speichern, erstellen Sie zunächst eine Kopie der Konfigurationsdatei *tinyMCE.php* und speichern diese unter einem anderen Namen.

In der Datei werden unter anderem etwa ab Zeile 82 die drei Symbolleisten definiert: `theme_advanced_buttonsX` heißt der Befehl, wobei das X für die Zahlen 1, 2 und 3 steht.

Im folgenden ToDo specken Sie den Editor so ab, dass die wichtigsten Symbole in der ersten Symbolleiste stehen. Die anderen beiden Symbolleisten werden ausgeblendet.

ToDo: Seiten zur An- und Abmeldung erstellen

1. Erstellen Sie in einem Datei-Manager Ihrer Wahl im Ordner *system/config/* eine Kopie der Datei *tinyMCE.php*.
2. Benennen Sie die Kopie in *tinyMini.php* um.
3. Öffnen Sie die Datei *tinyMini.php* in einem Editor.
4. Suchen Sie die Zeile, die mit `theme_advanced_buttons1` beginnt.
5. Ändern Sie die Zeile z.B. wie folgt (alles ohne Zeilenumbruch):
```
theme_advanced_buttons1 : "spellchecker, undo, redo, |, bold, italic,
|, justifyleft, justifycenter, justifyright, |, bullist, numlist, out-
dent, indent, |, typolinks, unlink, |, image, typobox, |, sub, sup, |,
blockquote, charmap, template, |, removeformat, cleanup, |,code" ,
```
6. Ändern Sie die folgenden zwei Zeilen wie folgt:
```
theme_advanced_buttons2 : "" ,
theme_advanced_buttons3 : "" ,
```
7. Speichern Sie die Änderungen.

Wenn Sie die Zeile `theme_advanced_buttons1` mit der Symbolleiste in Abbildung 25.3 vergleichen, wird das System der Konfiguration sehr schnell deutlich: Die gewünschten Symbole werden mit englischen Kürzeln durch Kommas getrennt aufgelistet. Anstelle des Schlüsselworts `separator` können Sie wie im ToDo einfach einen senkrechten Strich »|« eingeben. Das ist übersichtlicher und spart Tipparbeit.

Schritt 2: Die »dcaconfig.php« von Contao anpassen

Standardmäßig verwendet Contao zur Konfiguration des Editors die Datei *tinyMCE.php*. Um zu erreichen, dass die eben erstellte *tinyMini.php* eingesetzt wird, ergänzen Sie im folgenden ToDo die *dcaconfig.php*.

ToDo: Seiten zur An- und Abmeldung erstellen

1. Öffnen Sie die Datei *system/config/dcaconfig.php* in einem Editor.
2. Fügen Sie irgendwo vor dem schließenden PHP-Tag ?> die folgenden Zeilen ein, um die neue Konfigurationsdatei für Textelemente zu benutzen (ohne Zeilenumbruch):

```
// tinyMini.php für Textelemente in Artikeln, News und Events
$GLOBALS['TL_DCA']['tl_content']['fields']['text']['eval']['rte']
= 'tinyMini';
```

3. Folgender Code aktiviert die Konfiguration für Teaser von Nachrichtenbeiträgen und Events (ebenfalls ohne Zeilenumbruch):

```
// tinyMini.php für Teaser in Newsbeiträgen
$GLOBALS['TL_DCA']['tl_news']['fields']['teaser']['eval']['rte'] =
'tinyMini';
// tinyMini.php für Teaser in Events
$GLOBALS['TL_DCA']['tl_calendar_events']['fields']['teaser']['eval'][
'rte'] = 'tinyMini';
```

4. Speichern Sie die Änderungen in der *dcaconfig.php*.

Wenn Sie jetzt im Backend einen Text bearbeiten, erscheint die neue Minimalkonfiguration des Editors aus Abbildung 25.3. Sollten Sie bestimmte Symbole vermissen, ändern Sie die Symbolleiste in *tinyMini.php* und speichern die Datei. Meist sehen Sie die Änderungen im Backend schon, nachdem Sie die Seite mit dem Editor neu geladen haben. Manchmal müssen Sie sich aber auch erst einmal abmelden und den Browser-Cache leeren.

25.2.4 Konfiguration des TinyMCE pro Benutzergruppe anpassen

In diesem Abschnitt erfahren Sie, wie man Benutzergruppen eine eigene Editorkonfiguration zuweist. Dazu reichen ein paar Zeilen PHP in der *dcaconfig.php*.

Falls Sie Listing 25.6 ausprobieren möchten, sollten Sie die im vorangegangenen Abschnitt in der *dcaconfig.php* erstellten Zeilen zur Konfiguration des Editors auskommentieren. Außerdem müssen Sie die IDs der gewünschten Benutzergruppen heraussuchen. Dazu fahren Sie im Backend-Modul BENUTZERGRUPPE mit der Maus über ein beliebiges Symbol zur Bearbeitung der Benutzergruppe. Kurz danach erscheint in einer QuickInfo die ID der Gruppe. Merken Sie sich diese.

In Listing 25.6 werden zur Bearbeitung des Inhaltselements TEXT folgende Varianten zugewiesen:

- Der Administrator bekommt die Mini-Version, die Benutzergruppe mit der ID 1 bekommt eine besondere Konfiguration, die sich an Word orientiert und in *tinyWord.php* gespeichert wurde.
- Alle anderen Benutzer bekommen die normale, in *tinyMCE.php* aufbewahrte Editorkonfiguration.

Los geht's im folgenden Listing:

```
// Verschiedene Konfigurationen für verschiedene Benutzergruppen
$this->import('BackendUser', 'User');

if ($this->User->isAdmin) {
  $GLOBALS['TL_DCA']['tl_content']['fields']['text']['eval']['rte']
  - 'tinyMini';
}
elseif ($this->User->isMemberOf(1)) {
  $GLOBALS['TL_DCA']['tl_content']['fields']['text']['eval']['rte']
  = 'tinyWord';
}
else {
  $GLOBALS['TL_DCA']['tl_content']['fields']['text']['eval']['rte']
  = 'tinyMCE';
}
```

Listing 25.6 Verschiedene Konfigurationen für verschiedene Gruppen

Auf diese Art können Sie theoretisch beliebig viele Konfigurationsdateien für den TinyMCE bereitstellen und jeder Gruppe eine andere zuweisen.

25.3 Layouts für Fortgeschrittene

In diesem Abschnitt geht es um ein paar Tricks beim Erstellen von besonderen Weblayouts.

25.3.1 Eigene Layoutbereiche erstellen und aktivieren

Contao stellt standardmäßig die fünf Layoutbereiche `header`, `main`, `left`, `right` und `footer` zur Verfügung. Falls Sie einen zusätzlichen Layoutbereich z.B. für die Navigation wünschen, können Sie im Backend-Modul SYSTEM • EINSTELLUNGEN im Bereich LAYOUTBEREICHE ganz einfach EIGENE LAYOUTBEREICHE hinzufügen (siehe Abbildung 25.4).

Abbildung 25.4 »Eigene Layoutbereiche« in »System • Einstellungen«

Die Position der eigenen Layoutbereiche definieren Sie in den Seitenlayouts.

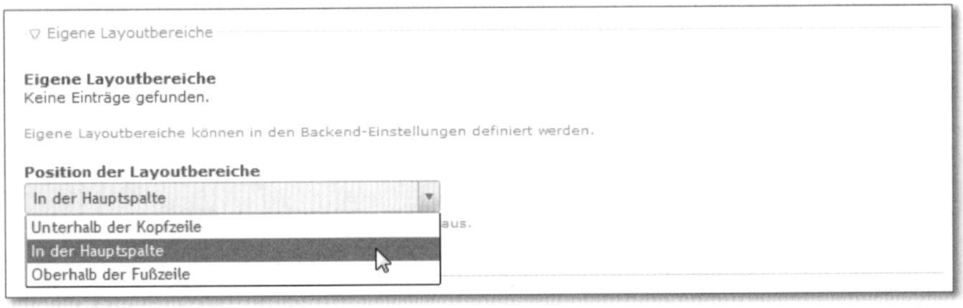

Abbildung 25.5 Aktivieren der eigenen Layoutbereiche im Seitenlayout

Anschließend können Sie dem neuen Layoutbereich die gewünschten FRONTEND-MODULE zuweisen. Contao erzeugt im Quelltext an der gewünschten Position einen zusätzlichen Layoutbereich mit innerem `div` und allem Drum und Dran:

```
<div class="custom">
<div id="navibereich">
<div class="inside">
...
</div></div></div>
```

Listing 25.7 Ein eigener Layoutbereich im Quelltext

25.3.2 Eigene Seitentemplates erstellen

Falls ein bestimmtes Weblayout sich auch mit zusätzlichen Layoutbereichen nicht umsetzen lässt, können Sie anstelle der *fe_page* ein eigenes Seitentemplate *fe_** erstellen.

Als Basis für ein eigenes Seitentemplate sollten Sie eine aktuelle Version der *fe_page* nehmen und darauf achten, dass Variablen wie der Seitentitel im neuen Seitentemplate korrekt eingebunden werden. Der Aufbau der *fe_page* wird in Kapitel 8, »Das CSS-Framework von Contao«, detailliert erläutert.

Wenn Sie ein eigenes Seitentemplate einsetzen, sollten Sie vor einem Update von Contao auf *contao.org/aenderungsliste.html* im Changelog prüfen, ob sich beim Aufbau der *fe_page* etwas geändert hat, und diese Änderungen gegebenenfalls in Ihr Seitentemplate übernehmen. Mehr zum Updaten von Contao finden Sie in Abschnitt 23.5.

25.3.3 Contao mit anderen CSS-Frameworks nutzen

Falls Sie es gewohnt sind, mit einem bestimmten CSS-Framework wie YAML oder 960GS zu arbeiten, können Sie dies auch weiterhin tun.

In Contao 3 können Sie im Seitenlayout bei Bedarf alle Komponenten des Contao-CSS-Frameworks deaktivieren und an gleicher Stelle etwas weiter unten die Stylesheets eines externen Frameworks einbinden.

Wenn ein CSS-Framework keine bestimmten HTML-Strukturen voraussetzt (960GS, Skeleton etc.), dann funktioniert das mit der Gestaltung über die Vergabe von Klassen in den Artikeln und Inhaltselementen. Dazu stellen Sie im Seitenlayout den Layout-Builder auf ein einspaltiges Layout. Die Gestaltung innerhalb dieser Spalte wird mit den Klassennamen des Frameworks bei den Artikeln oder Inhaltselementen erledigt.

Die Arbeit mit einem CSS-Framework wie YAML, das bestimmte HTML-Strukturen voraussetzt, ist ein bisschen aufwendiger:

- Erstellen Sie ein neues Seitentemplate mit der erforderlichen HTML-Struktur, z.B. *fe_yaml.html5*.
- Öffnen Sie im Backend-Modul SEITENLAYOUTS die gewünchten Seitenlayouts zur Bearbeitung.
- Aktivieren Sie im Bereich EXPERTEN-EINSTELLUNGEN • SEITENTEMPLATE das neue Seitentemplate.

Wenn Sie ein externes CSS-Framework benutzen, arbeiten Sie wahrscheinlich am besten, wie in Abschnitt 7.6 beschrieben, mit externen Stylesheets.

Die Integration in Contao, insbesondere in das Backend-Modul SEITENLAYOUTS, ist bei externen CSS-Frameworks naturgemäß nicht so nahtlos wie beim Contao-CSS-Framework.

25.4 Mehrere Websites in einer Contao-Installation

Zum Abschluss möchte ich Ihnen noch ein weiteres Feature von Contao vorstellen: die Multi-Domain-Fähigkeit und Mehrsprachigkeit. Im ersten Kapitel hieß es dazu bei den Highlights:

Man kann mit einer Contao-Installation sowohl mehrere Websites (Multi-Domain) betreiben als auch eine Website in mehreren Sprachen. Oder auch mehrere Websites in mehreren Sprachen.

Das Geheimnis liegt in der Seitenstruktur.

25.4.1 Ein Startpunkt für jede Website

Bis jetzt gibt es im Backend-Modul SEITENSTRUKTUR nur einen einzigen Seitenbaum, der mit dem Startpunkt BEISPIELSITE CONTAOBUCH beginnt. Um mehrere Websites in einer Contao-Installation zu betreiben, erstellen Sie mehrere Seitenbäume, von denen jeder mit einem eigenen Startpunkt beginnt.

Welchen dieser Seitenbäume Contao aufruft, entscheidet es anhand der DNS- und Spracheinstellungen im Startpunkt. Abbildung 25.6 zeigt diese Einstellungen für den vorhandenen Startpunkt BEISPIELSITE CONTAOBUCH.

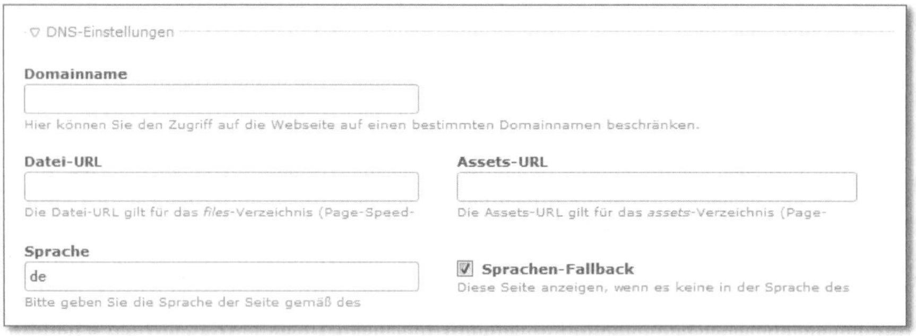
▽ DNS-Einstellungen
Domainname
Hier können Sie den Zugriff auf die Webseite auf einen bestimmten Domainnamen beschränken.
Datei-URL
Die Datei-URL gilt für das files-Verzeichnis (Page-Speed-
Assets-URL
Die Assets-URL gilt für das assets-Verzeichnis (Page-
Sprache
de
Bitte geben Sie die Sprache der Seite gemäß des
Sprachen-Fallback
Diese Seite anzeigen, wenn es keine in der Sprache des

Abbildung 25.6 DNS- und Spracheinstellungen für einen Startpunkt

Da das Feld DOMAINNAME leer ist, wird der Zugriff auf diesen Seitenbaum nicht auf einen bestimmten Domainnamen eingeschränkt. Als Sprache ist DE eingetragen, und da der Sprachen-Fallback aktiviert ist, präsentiert Contao diesen Seitenbaum immer dann, wenn für die vom Browser gewünschte Sprache kein anderer geeigneter Startpunkt vorhanden ist.

25.4.2 Mehrsprachige Websites

Um eine mehrsprachige Website zu erstellen, erstellen Sie einfach einen zweiten Seitenbaum, bei dem Sie im Startpunkt in den DNS-Einstellungen die gewünschte Sprache eintragen. Für eine englische Variante der Beispielsite, die unter demselben Domainnamen erreichbar sein soll, würde das so aussehen wie in Abbildung 25.7.

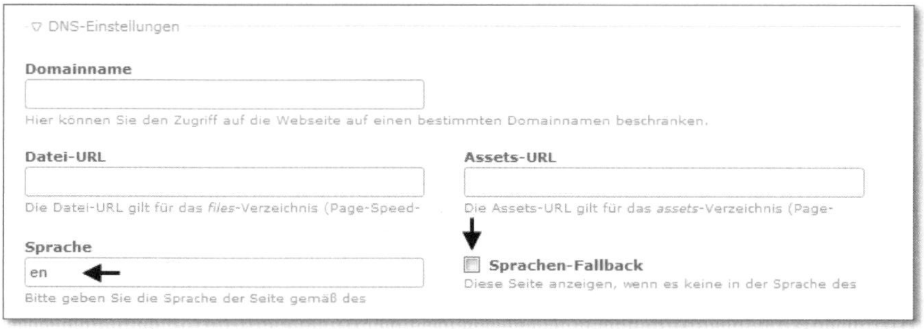

Abbildung 25.7 Einstellungen für einen englischen Startpunkt

Das ist alles. Wenn ein Browser den Sprachwunsch EN äußert, liefert Contao automatisch diesen Seitenbaum aus. Für alle anderen Sprachen wird die deutsche Website genommen, weil dort der Sprachen-Fallback aktiviert ist.

Google empfiehlt bei mehrsprachigen Websites, die Sprache am Anfang des dritten Teils der URL explizit anzugeben. Das würde zum Beispiel so aussehen:

- *contao.org/de/herunterladen.html*
- *contao.org/en/download.html*

Um das zu erreichen, aktivieren Sie im Backend-Modul SYSTEM • EINSTELLUNGEN im Bereich FRONTEND-EINSTELLUNGEN die Option DIE SPRACHE ZUR URL HINZUFÜGEN.

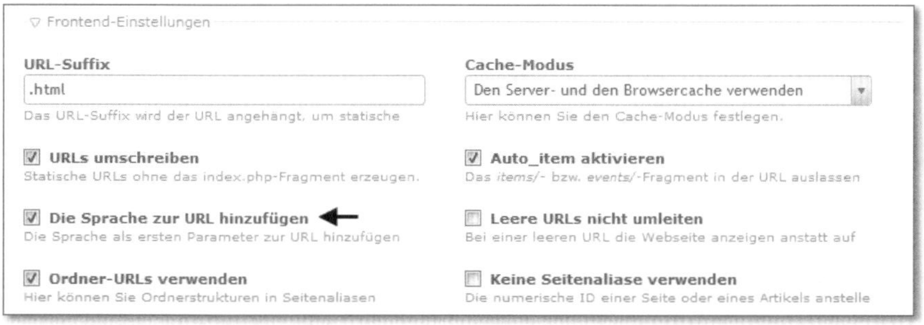

Abbildung 25.8 Die Sprache zur URL hinzufügen

Mehrsprachige Websites mit Sprachauswahl: »[changelanguage]«

Die Erweiterung [changelanguage] von Andreas Schempp erlaubt dem Besucher ein seitengenaues Umschalten zwischen Sprachen:

- Die Erweiterung »[changelanguage] Sprachenwechsler« im Repository *contao.org/erweiterungsliste/view/changelanguage.html*
- Eigener Bereich zu [changelanguage] im Forum *bit.ly/9VZeRe*

25.4.3 Mehrere Domains in einer Contao-Installation

Contao kann zwar mehrere Domains in einer Contao-Installation verwalten, aber ein Wort der Warnung vorweg: Die in einer Installation vorhandenen Websites sollten schon verwandt sein und miteinander zu tun haben. Durch Themes ist zwar eine saubere Trennung von Seitenlayouts, Modulen, Layoutgrafiken und Stylesheets möglich, aber zum Beispiel Erweiterungen werden von allen Websites gemeinsam benutzt.

Es ist also zum Beispiel in den meisten Fällen keine gute Idee, völlig unterschiedliche Websites von völlig unterschiedlichen Kunden in einer Contao-Installation zu pflegen.

Wenn Sie aber in derselben Contao-Installation zusätzlich zur zweisprachigen Beispielsite noch eine deutschsprachige Homepage unter der fiktiven Domain *noch-eine-site.de* betreiben möchten, erstellen Sie einen dritten Seitenbaum mit den DNS-Einstellungen aus Abbildung 25.9.

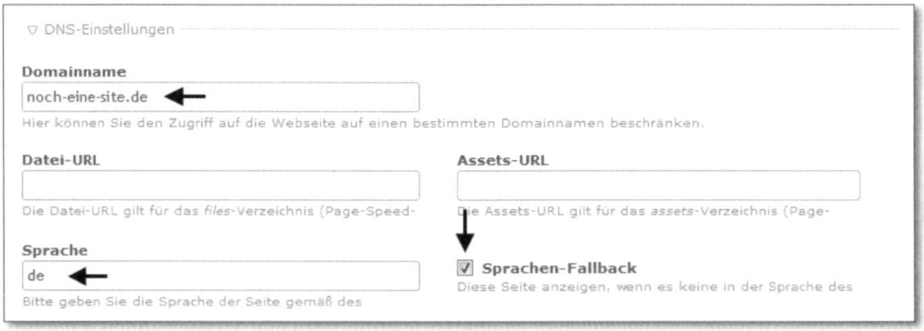
DNS-Einstellungen
Domainname
noch-eine-site.de
Hier können Sie den Zugriff auf die Webseite auf einen bestimmten Domainnamen beschränken.
Datei-URL
Die Datei-URL gilt für das files-Verzeichnis (Page-Speed-
Assets-URL
Die Assets-URL gilt für das assets-Verzeichnis (Page-
Sprache
de
Bitte geben Sie die Sprache der Seite gemäß des
Sprachen-Fallback
Diese Seite anzeigen, wenn es keine in der Sprache des

Abbildung 25.9 DNS- und Spracheinstellungen für eine neue Website

Der Unterschied ist die Einschränkung auf einen bestimmten Domainnamen. Contao benutzt für Anfragen an den hier eingetragenen Domainnamen diesen Seitenbaum, für alle anderen Anfragen je nach Sprachwunsch einen der beiden anderen Seitenbäume.

Für diesen Startpunkt ist übrigens der Sprachen-Fallback wieder aktiviert, damit die Site nicht nur an Browser mit der gewünschten Sprache DE ausgewählt wird. Außerdem bekommt die Site ein eigenes Theme mit eigenen Seitenlayouts, Modulen, Layoutgrafiken und Stylesheets. Mit dem Theme-Manager ist dies kein Problem.

25.4.4 Domainumleitung: www.domain.de zu domain.de (oder umgekehrt)

Die Domain aus Abbildung 25.9 ist übrigens tatsächlich ausschließlich unter dem Domainnamen *noch-eine-site.de* erreichbar und nicht unter dem ebenfalls üblichen *www.noch-eine-site.de*.

Um zu erreichen, dass Aufrufe für *www.noch-eine-site.de* auf die »leere« Domain *noch-eine-site.de* umgeleitet werden, genügt eine kleine Änderung in der *.htaccess*: Entfernen Sie einfach die Kommentarzeichen vor den fett gedruckten Zeilen am Ende von Listing 25.8.

```
##
# Uncomment to redirect domains with "www" to the empty domain.
##
RewriteCond %{HTTP_HOST} ^www\.(.+)$ [NC]
RewriteRule ^ http://%1%{REQUEST_URI} [R=301,L]
```

Listing 25.8 Domainumleitung von »www.« auf die leere Domain

Falls Sie es lieber umgekehrt hätten, dass Aufrufe für die leere Domain *noch-eine-site.de* auf *www.noch-eine-site.de* umgeleitet werden, nehmen Sie in der *.htaccess* die Option ein paar Zeilen weiter oben (siehe Listing 25.9).

```
##
# Uncomment to redirect domains without "www"
# to the "www" subdomain.
##
#RewriteCond %{HTTP_HOST} !^www\..+$ [NC]
#RewriteRule ^ http://www.%{HTTP_HOST}%{REQUEST_URI} [R=301,L]
```

Listing 25.9 Domainumleitung von leerer Domain auf »www.«

25.4.5 Zusammenfassung: mehrere Websites in mehreren Sprachen

Bis jetzt enthält die Contao-Installation die zweisprachige Beispielsite unter der fiktiven Domain *beispielsite.de* und eine weitere Site unter *noch-eine-site.de*. Dafür benötigen Sie drei Startpunkte. Tabelle 25.1 zeigt die DNS- und Spracheinstellungen.

Startpunkt für	Domainname	Sprache	Sprachen-Fallback
deutsche Beispielsite	bleibt leer	de	ja
englische Beispielsite	bleibt leer	en	nein
private Homepage	noch-eine-site.de	de	ja

Tabelle 25.1 Beispiel für mehrere Websites in mehreren Sprachen

Tabelle 25.2 zeigt, zu welcher Site ein Besucher, abhängig von der Domain und seiner Browsersprache, weitergeleitet wird.

Domain	Browsersprache	Weiterleitung
beispielsite.de	Deutsch (de)	deutsche Beispielsite
beispielsite.de	Englisch (en)	englische Beispielsite
beispielsite.de	Spanisch (es)	deutsche Beispielsite (mit Sprachen-Fallback)
noch-eine-site.de	alle Sprachen	zur anderen Site (mit Sprachen-Fallback)

Tabelle 25.2 Contao entscheidet nach Domain und Sprache.

25.5 Die Inserttags im Überblick

Inserttags haben Sie im Verlauf des Buches bereits kennengelernt. Sie sind Platzhalter, die bei der Ausgabe einer Seite durch bestimmte Inhalte ersetzt werden, und sind damit eine sehr praktische Sache. Inserttags können Sie fast überall in Contao verwenden.

Eine Übersicht finden Sie auf *contao.org*:

- *contao.org/inserttags.html*

25.5.1 Inserttags für Link-Elemente

Mit den folgenden Inserttags können Seiten und Artikel anhand ihrer ID oder ihres Alias verlinkt werden.

Inserttag	Beschreibung
`{{link::*}}`	Wird durch einen Link zu einer internen Seite ersetzt. * kann ID oder Alias sein.
`{{link::back}}`	Wird durch einen Link zur zuletzt besuchten Seite ersetzt. Kann auch zusammen mit den Inserttags `link_open`, `link_url` und `link_title` verwendet werden.
`{{link::login}}`	Wird durch einen Link zur Anmeldeseite des aktuellen Frontend-Benutzers (falls vorhanden) ersetzt.
`{{link_open::*}}`	Wird durch das öffnende (`<a href="seite.html">`) bzw. schließende (</a>) Tag zu einer internen Seite ersetzt: `{{link_open::22}}Linktext{{link_close}}`

Tabelle 25.3 Inserttags zum Erstellen von Links

Inserttag	Beschreibung
{{link_url::*}}	Wird nur durch die URL einer internen Seite ersetzt: <a href="{{link_url::42}}">Linktext</a>
{{link_title::*}}	Wird durch den Titel einer internen Seite ersetzt: <a href="..." title="{{link_title::13}}">Linktext</a>
{{article::*}}	Wird durch einen Link zu einem Artikel ersetzt. * steht für ID oder Alias.
{{article_open::*}}	Wird durch das öffnende Tag eines Links zu einem Artikel ersetzt: {{article_open::69}}Linktext{{link_close}}
{{article_url::*}}	Wird durch die URL eines Artikels ersetzt: <a href="{{article_url::60}}">Linktext</a>
{{article_title::*}}	Wird durch den Titel eines Artikels ersetzt: <a href="..." title="{{article_title::50}}">Link-text</a>
{{news::*}}	Wird durch einen Link zu einer Nachricht ersetzt. * kann ID oder Alias sein.
{{news_open::*}}	Wird durch das öffnende Tag eines Links zu einer Nachricht ersetzt: {{news_open::39}}Linktext{{link_close}}
{{news_url::*}}	Wird durch die URL einer Nachricht ersetzt: <a href="{{news_url::34}}">Linktext</a>
{{news_title::*}}	Wird durch den Titel einer Nachricht ersetzt: <a href="..." title="{{news_title::35}}">Linktext</a>
{{event::*}}	Wird durch einen Link zu einem Event ersetzt. * kann ID oder Alias sein.
{{event_open::*}}	Wird durch das öffnende Tag eines Links zu einem Event ersetzt: {{event_open::25}}Linktext{{link_close}}
{{event_url::*}}	Wird durch die URL eines Events ersetzt: <a href="{{event_url::22}}">Linktext</a>
{{event_title::*}}	Wird durch den Titel eines Events ersetzt: <a href="..." title="{{event_title::14}}">Link-text</a>

Tabelle 25.3 Inserttags zum Erstellen von Links (Forts.)

Inserttag	Beschreibung
`{{faq::*}}`	Wird durch einen Link zu einer FAQ-Frage ersetzt. * kann ID oder Alias sein.
`{{faq_open::*}}`	Wird durch das öffnende Tag eines Links zu einer Frage ersetzt: `{{faq_open::44}}Linktext{{link_close}}`
`{{faq_url::*}}`	Wird durch die URL einer Frage ersetzt: `<a href="{{faq_url::29}}">Linktext</a>`
`{{faq_title::*}}`	Wird durch den Titel einer Frage ersetzt: `<a href="..." title="{{faq_title::11}}">Linktext</a>`

Tabelle 25.3 Inserttags zum Erstellen von Links (Forts.)

25.5.2 Benutzereigenschaften: Inserttags für Frontend-Benutzer

Mit den folgenden Inserttags können Eigenschaften eines angemeldeten Frontend-Benutzers (Mitglieds) ausgegeben werden.

Inserttag	Beschreibung
`{{user::firstname}}`	Wird durch den Vornamen des angemeldeten Mitglieds ersetzt.
`{{user::lastname}}`	Wird durch den Nachnamen des angemeldeten Mitglieds ersetzt.
`{{user::company}}`	Wird durch den Firmennamen des angemeldeten Mitglieds ersetzt.
`{{user::phone}}`	Wird durch die Telefonnummer des angemeldeten Mitglieds ersetzt.
`{{user::mobile}}`	Wird durch die Handynummer des angemeldeten Mitglieds ersetzt.
`{{user::fax}}`	Wird durch die Faxnummer des angemeldeten Mitglieds ersetzt.
`{{user::email}}`	Wird durch die E-Mail-Adresse des angemeldeten Mitglieds ersetzt.

Tabelle 25.4 Inserttags für Eigenschaften von Frontend-Benutzer

Inserttag	Beschreibung
`{{user::website}}`	Wird durch die Internetadresse des angemeldeten Mitglieds ersetzt.
`{{user::street}}`	Wird durch den Staßennamen des angemeldeten Mitglieds ersetzt.
`{{user::postal}}`	Wird durch die Postleitzahl des angemeldeten Mitglieds ersetzt.
`{{user::city}}`	Wird durch die Stadt des angemeldeten Mitglieds ersetzt.
`{{user::country}}`	Wird durch das Land des angemeldeten Mitglieds ersetzt.
`{{user::username}}`	Wird durch den Benutzernamen des angemeldeten Mitglieds ersetzt.

Tabelle 25.4 Inserttags für Eigenschaften von Frontend-Benutzer (Forts.)

25.5.3 Umgebungsvariablen

Mit den folgenden Inserttags können Umgebungsvariablen wie z.B. der Seitenname oder der Domainname (*Host*) ausgegeben werden.

Inserttag	Beschreibung
`{{page::id}}`	Wird durch die ID der aktuellen Seite ersetzt.
`{{page::alias}}`	Wird durch den Alias der aktuellen Seite ersetzt.
`{{page::title}}`	Wird durch den Namen der aktuellen Seite ersetzt.
`{{page::pageTitle}}`	Wird durch den Titel der aktuellen Seite ersetzt.
`{{page::language}}`	Wird durch die Sprache der aktuellen Seite ersetzt.
`{{page::parentAlias}}`	Wird durch den Alias der übergeordneten Seite ersetzt.
`{{page::parentTitle}}`	Wird durch den Namen der übergeordneten Seite ersetzt.
`{{page::parentPageTitle}}`	Wird durch den Titel der übergeordneten Seite ersetzt.
`{{page::mainAlias}}`	Wird durch den Alias der übergeordneten Hauptseite ersetzt.

Tabelle 25.5 Inserttags zum Einfügen von Umgebungsvariablen

Inserttag	Beschreibung
`{{page::mainTitle}}`	Wird durch den Namen der übergeordneten Hauptseite ersetzt.
`{{page::mainPageTitle}}`	Wird durch den Titel der übergeordneten Hauptseite ersetzt.
`{{page::rootTitle}}`	Wird durch den Titel der Website ersetzt.
`{{env::host}}`	Wird durch den aktuellen Hostnamen ersetzt (seit Version 2.9.0): `website.de`
`{{env::url}}`	Wird durch Protokoll und Hostnamen ersetzt: `http://website.de/`
`{{env::path}}`	Wird mit der aktuellen Basis-URL samt Pfad zum Contao-Verzeichnis ersetzt.
`{{env::request}}`	Wird durch den aktuellen Request-String ersetzt, z.B. `news/items/beitrag.html`
`{{env::referer}}`	Wird durch die URL der zuletzt besuchten Seite ersetzt.
`{{env::ip}}`	Wird durch die IP-Adresse des aktuellen Besuchers ersetzt.

Tabelle 25.5 Inserttags zum Einfügen von Umgebungsvariablen (Forts.)

25.5.4 Include-Elemente

Mit den folgenden Inserttags können Ressourcen wie z.B. Artikel, Module oder Dateien aus dem *templates*-Verzeichnis eingebunden werden.

Inserttag	Beschreibung
`{{insert_article::*}}`	Wird durch den angegebenen Artikel ersetzt. * kann ID oder Alias sein.
`{{insert_content::*}}`	Wird durch das angegebene Inhaltselement ersetzt. * kann ID oder Alias sein.
`{{insert_module::*}}`	Wird durch das angegebene Modul ersetzt. * kann ID oder Alias sein.

Tabelle 25.6 Inserttags zum Einfügen von Elementen, Dateien und Formularen

Inserttag	Beschreibung
`{{article_teaser::*}}`	Wird durch den Teaser eines Artikels ersetzt. * kann ID oder Alias sein.
`{{news_teaser::*}}`	Wird durch den Teaser einer Nachricht ersetzt. * kann ID oder Alias sein.
`{{event_teaser::*}}`	Wird durch den Teaser eines Events ersetzt. * kann ID oder Alias sein.
`{{file::*}}`	Wird durch den Inhalt einer PHP- oder XHTML/HTML5-Datei aus dem *templates*-Verzeichnis ersetzt. * kann ID oder Alias sein. Sie können dabei auch Argumente übergeben: `{{file::file.php?arg1=val&arg2=val}}`
`{{insert_form::*}}`	Wird mit dem referenzierten Formular ersetzt. * kann ID oder Alias sein.

Tabelle 25.6 Inserttags zum Einfügen von Elementen, Dateien und Formularen (Forts.)

25.5.5 Verschiedenes: Datum, E-Mail und Sprachen

Mit den folgenden Inserttags können Sie verschiedene Aufgaben erledigen und z.B. das aktuelle Datum oder ein Lightbox-Bild einfügen.

Inserttag	Beschreibung
`{{date}}`	Wird durch das aktuelle Datum gemäß dem globalen Datumsformat ersetzt.
`{{date::*}}`	Wird durch das aktuelle Datum gemäß einem individuellen Datumsformat ersetzt.
`{{last_update}}`	Wird durch das Datum der letzten Aktualisierung gemäß dem globalen Datumsformat ersetzt. Das gilt für Änderungen an Inhaltselementen, Nachrichtenbeiträgen und Events.
`{{last_update::*}}`	Wird durch das Datum der letzten Aktualisierung mit einem individuellen Datumsformat ersetzt.
`{{email::*}}`	Wird durch einen verschlüsselten `mailto`-Link zu einer E-Mail-Adresse ersetzt, sodass Spambots die Mailadresse nicht erkennen.
`{{email_open::*}}`	Erstellt einfach nur ein öffenden Link.

Tabelle 25.7 Inserttags für verschiedene Sachen

Inserttag	Beschreibung
{{email_url::*}}	Wird durch die E-Mail-Adresse ersetzt, und dann wird ein *mailto* mit der verschlüsselten E-Mail-Adresse erstellt.
{{lang::*}}	Mit diesem Tag können fremdsprachige Wörter in einem Text markiert werden: {{lang::fr}}Au revoir{{lang}} = <span lang="fr" xml:lang="fr">Au revoir</span>
{{iflng::*}}	Wird komplett entfernt, wenn die Sprache der Seite nicht mit der Tag-Sprache übereinstimmt. Sie können so sprachspezifische Bezeichnungen erstellen: {{iflng::en}}Your name{{iflng}}{{iflng::de}}Ihr Name{{iflng}}
{{image::*}}	Wird durch die Vorschauansicht eines Bildes ersetzt: {{image::files/image.jpg?width=200&height=150}} Mögliche Parameter sind: width = Breite des Vorschaubildes height = Höhe des Vorschaubildes alt = Alternativer Text class = CSS-Klasse rel = rel-Attribut (z.B. »lightbox«) mode = Modus (»proportional«, »crop« oder »box«)
{{label::*}}	Wird mit einer Übersetzung aus der Sprachdatei ersetzt: {{label::CNT:au}} Das Beispiel lädt aus der Übersetzung der Länder das Land mit dem Kürzel au, also Australien. Beachten Sie, dass innerhalb des Pfads zur Bezeichnung nur einfache Doppelpunkte verwendet werden.

Tabelle 25.7 Inserttags für verschiedene Sachen (Forts.)

Index

Und hier das Stichwortverzeichnis, weil man Papier ja nicht durchsuchen kann.

C

D

E

F

G

H

I

N

O

P

T

U

V

W

X

Y

Z